U0858092

国家清史编纂委员会·文献丛刊

义和团运动文献资料汇编

中文卷（下）

路遥 主编

山东大学出版社

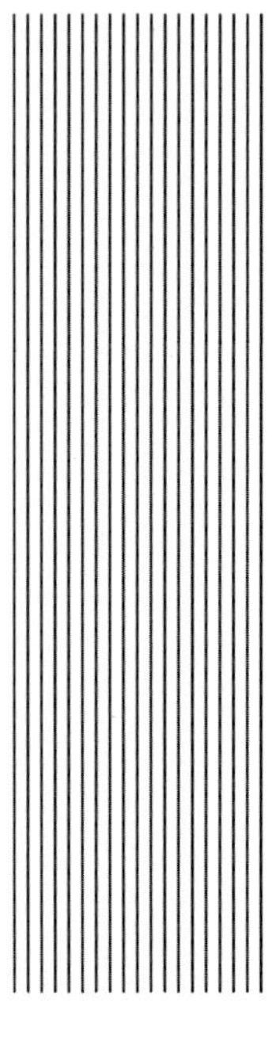

国家清史编纂委员会出版委员会

审者　王道成　邱远猷

本卷编者　苏位智

戴　逸
邹爱莲　孟　超　徐兆仁
成崇德　李文海　陈　桦
马大正　于　沛　朱诚如
（按姓氏笔画排序）

目　录

光绪廿六年

光绪廿七年

光绪廿九年

光绪三十四年及以后

光绪廿六年

七月初一日(1900 年 7 月 26 日)

《新闻报》

订约保护

旅寓榕垣各国洋人,因北方拳匪倡乱,深恐闽省亦有不逞之徒乘机窃发,当各禀请本国调兵前来保护。而闽省军、督二宪闻知后,又恐各兵舰到时民心震动,因饬洋务局总办杨观察向各领事官一再婉商。略谓贵国如派兵舰莅闽,反使民情惊骇或滋意外,不如由华官竭力保护,派兵分驻各领事署及洋行等,严为防卫,庶无他虞。闻各领事俱欣然允许,订期上月某日由军、督二宪率领司道以下各官,亲临南台广东会馆,会同各领事订立约章,互相画押。旋经军、督二宪会衔出示晓谕文曰:"镇闽将军善、闽浙总督许为出示晓谕事。照得前准各国领事照会,现因北方拳匪滋事,是以各国调兵来华,专为保护、弹压,并无别意等因。查福州地方民情向称安静,各国商民在此极为和好,本将军、本部堂现与各国领事商明,所有各国寄寓福州官商教士人等身家财产,必当竭力保护,以期中外相安。业经分派弁兵严密巡查,责成地方文武各官切实遵办。倘有无知匪徒胆敢乱造谣言,希图煽惑,乘机滋事,即行查拿,从重办罪,决不姑容。为此示仰阖省军民人等一体知悉,尔等须知中外和好决无别意,切勿造言生事,自取罪戾,其各(懔)[凛]遵毋违"云云。想此后福州亦当安如磐石矣。

《中外日报》

[论说] 覆不平子及彭君诸人函

辱蒙不弃,远赐箴规。呜呼!天祸中国,凶乱骤起,津沽之间,死亡枕藉,薄海人民,谁不痛叹?然团匪不足责,即今日诸贼臣亦不足罪。远之则三数十年之士大夫,近之则东南明白时局之督抚,实执其咎。盖先则不能持正以治民教交涉之案,而使民积怨于外人;又不能开通利源使民切齿于失业割地赔款之不惭,而忿怨积于下,则前次士大夫不能善外交饬内政之故也。今也奸慝处政府,而与国同休戚之大臣,不能毕心协力锄而去之,则此数督抚实不能辞其咎。然今日之匪党,谓为积忿之民则可,以为仗义之民则不可。盖自古以来在下之人忽创非常之原，而不见罪于清议、不见议于后世者，皆有义可执、有名可立者也。今则不然，非有国家之命令，非有确然不可忍之故，而猝举大事，其为祸始则行之无本矣。中外相处初无衅隙，乃乘民间之小忿，烧教堂，杀教士，则出之无名矣。不辨何国，不问何业，同遭焚戮，共被抢掠，则过于鲁莽矣。电线、铁路，中国产业亦毁坏无遗，甚至华人服用外洋之物亦须褫裂，则失之不辨矣。何况震惊朝庙，戕杀无辜，坏太平之局，贻宵旰之忧。诱童孩使陷锋镝，则失之不仁；行邪术而无实效，则失之欺诳。是虽甘蹈水火而贻累国家，罪已擢发。且天下有就事办事之法，有就事论事之法。而来书反谓此事本之宫庭，何以抹煞？抑思此事岂吾国家所能任受乎？夫列国使臣忽无故拘戮，虽在英俄之强尤不能任，而况在积弱之中国乎？又谓本报不应专铺张各国战功，而于华兵及团民战功多抑而不书。不知各报纵未尽确实，然已十得八九。此次大沽炮台力守至六点钟，攻租界之兵力战至十余日，皆不易得之事，而在中国尤为创见，此足为中国战事之进步。然如此已极难，故西人亦时时赞之。若如外间谓西人死数万，轰去兵船十余只，则虽以西国久练之兵犹未能如是，况聂董之军成军未几者乎？至谓拳匪种种神奇尤不值一笑，稍明事理之人即知之。试观古来成大事者，从无倚仗邪术之事。而以邪术惑人者，虽其初煽动颇众，亦终无能成大事之理。历观古史，皆有明证。至来函所驳，多系本馆译报项下之事。不知译报一门类聚本埠各西报译而登之，以见西人举中国之事如此，论中国之事如彼，使当事者得闻而预为之防，非谓西报所言语语确实也。吾华人盛于气而暗于事，骋于辞而短于谋，虽蹈死如饴徒长乱阶，亦可悲矣。诸君子志存自立，不甘下人，实所钦佩。所愿平日深察事理且究心时局，庶临事明察不至复有舛谬，则本馆所深望者也。因各省志士往往不免为此等谣言所动，故不惮烦言辨之，如此尚望察之。

《申报》

救时策

呜呼！我中国时至今日，危矣！殆矣！从前偶与西人龃龉，势均力敌，未必强弱悬殊也。乃一战英而缅甸弃，一战法而越南亡，一战日本而台湾失、巨款偿。论者谓，中国之兵未必不可用，皆由执政者狃于和议，漫无整备，遂至为敌所乘。诚哉！探原之论也。夫以中国幅员数万里，人丁四万万，而竟不能与他国抗衡，且不能与藐小之岛国争胜，更遑论聚众强国而与之敌耶！乃拳匪之变，坐令环球诸强国协而谋我，聚而攻我。无论以一服八，必不能胜。即幸胜矣，而各国势成骑虎，各出其坚船利炮，同心协力以求逞其雄图。从此祸结兵连，势不至灭此朝食不已。况德国自使臣克林德被害以来，德皇积怒甚深，日夜以雪恨复仇为事。每遣一兵舰，必亲临勖勉，则其军士之忠勇奋发，可想而知。今复助以群雄之力，大局岌岌，其能幸保瓦全乎？顾鄙人窃以为中国之患不在德国，亦不在英、法、美、日诸国。所可忧者，惟俄耳！俄自占据旅顺、大连湾后，处心积虑，无日不思逞志于东方。此次义和拳匪扰及京津之始，驻京各国使臣以中国政府不允雕剿，议向本国征兵为自卫之计。俄使以为时尚早却之，而实则先已电达俄廷，故当祸起仓皇，俄兵到者独较他国早而且多，其心之叵测如此。迨后日本以邻近中国，拟先调集大军救护各国官商。英政府方感其盛意，作书褒美，而俄人独阻之。后虽声明恐日本恃其兵众不与各国同谋，岂真由衷之语哉？盖自西伯利亚铁路可通至吉林、牛庄等处，俄人常思席卷而东，只以中国无隙可乘，故尚静以有待耳。一旦得所借口，而各国统将又以俄提督资格最优，奉为盟主，愿归节制。俄人私心窃喜，自谓可以惟所欲为。嗣见各国不欲瓜分中国土地，未便独肆狡谋，乃复与黑龙江将军寿军帅开衅。日前珲春来电，谓军帅领兵过江至俄国属地，开炮猛击。俄人亦调兵过江，轰击黑龙江附近之某城。华兵复在江边排炮多尊，不准俄船行驶。骤观此，信似军帅难免卤莽之讥。然安知非俄人有意激怒，将藉此以为口实，以示与各国联军不能同一办理之张本，而其奢愿乃可以偿。故至此而谓俄于中国无割地之意者，吾不信也。而或者乃欲联俄以纾祸，引虎入室，岂不谬哉？然则为中国计，将奈何？曰是亦惟联合英、日、美三国以遏俄谋，而平各国之愤而已。美国素不以拓土开疆为事，五月二十一日大沽炮台之战，独向劝阻，后卒不与其役，是宜邀请调和战事，本报前论既详言之矣。然事关众怒，恐非一国之力所能见功，故莫若再结英、日以助之。近闻中国政府已有此意，尝颁发国书与英言经商之利，与日言唇齿之谊。盖英国在扬子江一带商务冠绝一时，今自拳匪肇乱以来商务骤然减色。若复相持日久，振兴更觉为难。英人未必不见及于此，诚使中国动之以情，激之以义，自必力为匡助，挽回危局，以自保其利权。日本谊属同洲，唇亡齿寒，素知以虞虢为戒。平时于俄人一举一动加意防维，且常悯中国不能自强，思为臂助。今目击俄方谋得志于中国，而独不忍区区书记被戕之愤，坐视不救，当无是情。至谓英、日、美三国与各国本系同仇，安肯贸然出为排难？则应之曰，是在当轴者因势利导耳。矧今者各国之兵，名虽联络一气，实则未始不心志各殊。故除剿匪雪耻之外，可决其别无他图。惟俄人诡计阴谋，跃跃欲试。英、日、美三国知之，其他各国亦共知之，则与其效捕蝉之螳螂，而令黄雀得乘其后，何如留此交谊，共保万全乎？略抒管见，质之关心时事者，以为何如？

《知新报》

拳匪汇志

探得神机营、虎神营均奉懿旨，各赏给银十万两。武卫军前已赏四万两，又加赏六万两。初一日，中国有总督六人致电美廷，请各国暂时停战，俟李鸿章至北京与之调停。美廷不肯代达于各国。各国统兵大帅悬重金以购端王之首。

安徽某提督入都陛见，附近京城地方，团匪喝令止步。某提督抗言："汝等既称为国出力，我提督独非大清官乎？"不顾而去，团匪衔之。越日，提督抵京谒客，乘车至宣武门，遇多人拽出车杀之。又天津城已为西军占据，西军阵亡六七百名，两湖巡抚统军北上。专电云：闻西后未赴颐和园之前，曾面谕董福祥务须保护洋人，答以臣亦义和团等语。又西后日前有密旨下江督刘制军，令撰国书，寄英、俄、日本三国，略谓前因乱兵猝起，延及都城，焚掠财物，戕杀人民，并累及各国使馆，西后、皇上均极抱歉。现由敝国竭力将乱党剿除，如力有不逮，再请外兵协助云。此项国书由江督寄交驻扎三国钦使，转呈三国君主。闻尚须补备一份送呈美国总统。其余各国，则请三国出为调停。

按西后既知拳匪应剿，何不当初剿之？既知洋人应保，何不当初保之？今大局已烂，乃欲以一书塞责。书中并云皇上均极抱歉。试问干皇上甚事？皇上之权为训政者所持，五洲莫不知之。今虽欲分过于皇上，窃料各国必不问皇上，而仍问训政者也。

北京各西人已同归于尽之信,现亦无须再为瞒蔽,盖此信恐已确实矣。据英总领事悲惋而言,京中各西人性命现已无可指望,而道台亦与此说相同。所愿内中或使臣或洋人尚能脱逃,如前者牛弗儿君从苏丹逃出时无异,则甚深望耳。并据华人云:北京被围,各西人食物、军火业于前月三十号告尽。端王手下人即入内肆行焚烧,尚有一切言语,悲痛之余亦难尽述。各使臣、各教士、各关员、各教习等姑不具论,所最痛者妇稚三百余人竟无辜遭此惨祸,殊可悲也。此种恶毒举动,自有史书以来,通地球中实未之见。兹惟为伊等祷告上帝,遭难之辈死则从速,毋徒受活罪而不死,并望请伊等仇恨不久即为报复。

昨日本埠东友接烟台电云:此间传闻庆王因力保各国使馆之故,被端王纵兵戕害。又电云:东抚袁世凯已宣告当尽力保护西人,惟劝各西人暂离内地,以免不测。又云:聂军进京,与董军大战,已救出庆王。又探得裕制军有致电各省督抚云:大局已不可收拾,惟有拼命一战,或有万一之希冀云云。又闻北京拳匪与华兵联合一处,探悉西兵往援北京之信,早已筹划计策,三路夹攻以阻西兵进路。当议定由董福祥军门率其所部甘军,在天津北面六十英里之黄村地方扼守,以抵各西兵之前。而聂功亭军门则率其所部,现在驻扎于天津东面二十英里之直隶,兵士抄出以攻西兵之右。并拳匪一大队由芦台聂营中配足新式军装,即往袭西兵后路。惟留空左边,盖该面适当铁路也。

又日本东京《日日新闻》登大沽来信云:大沽炮台失陷之后,各国提督会议将此炮台归日本兵驻守;西北炮台归英国驻守;南炮台共三座,一归俄国兵驻守,二归德国兵驻守。目下俄国有守台兵三百四十名,英国兵士二百名,日本兵士三百名。北炮台在白河之口,颇占形胜,日兵驻守其中。搜得华军所遗电灯,每夜间必大放光明,远照数里之外。

本馆西字报接上海访事二十日五点十五分钟来电云:西军已占天津西船政厂。此役日军力最多,华军伤亡甚众。又同日九点四十分钟又接电云:十五晚华军往攻东船政厂,该处有俄军驻扎,相持六点钟之久,华军卒被击退,刻下西人合军进攻天津城。该城有一隅为日军将华军击退,英、美两军又向别处猛扑,现已入城占据矣。

又云:俄国现调到兵士四万人,马三千匹,军火无数,向京进发。又云:本月十一日,日本与团兵大战两昼夜之久,团兵死伤无数,日本兵亦死伤不少。闻天津西岸炮台暨军械局已经华兵夺回。又云:日本现有人回国,添调重兵,前来剿灭拳匪。

自京津电线割断,消息不通,后南省各督抚均委派妥员至上海暨济南府以及他处紧要地方,坐探北省音信。闽督许制军所派驻沪两委员于十一号接到本月七号信云:聂军门督兵九千人业已抵京。当拔队行时,因团匪暨端王之兵由天津至京一路,在在皆有。恐与相遇,故绕道东北,由遵化府南面经过宝坻,向京进发。讵行至离通州一百十二里之某处,忽遇端王之兵前来阻截,不准前进。盖因庆邸、荣禄业由团匪围住,端王深恐聂军到时援救,故特派兵以阻之也。幸聂军俱极精锐,枪炮瞄头极准,故端军虽多,亦无所济,竟为聂军击败,由是军门遂乘胜进京,以救庆王。然聂军部下已伤折二千人矣。目下荣禄尚被围甚急,军门亦往解救矣。京中只有两使馆尚存,除德使被戕外,余各使臣均未遭害,即在所存之两使馆中躲避。目下聂军既已到京,当可将各使臣等救护矣。军门现拟与庆王及荣禄所部各军会集,合力以驱围攻使馆团匪。所幸北京团匪势焰稍衰,十成中已减其四,故团困使馆亦较前者大松矣。端王兵士与西直隶及陕西所来之团匪,已自相攻打两次。该队匪目李来中籍隶陕西,为直隶匪中最著名之头目,即董福祥军门手下之武弁也。董军门现亦自行带兵驻守京津一路。又闻七月五号皇太后由颐和园中,潜地传出亲笔密谕一道,着荣禄与聂、宋两军联合,先救各使馆,后即攻剿端王暨剿团等。

客云:当各国致哀的美敦书于大沽炮台时,惟美提督不允签字。其言曰:“中国此际慎固封疆,坚守炮台,于公法并无不合。且以夺地论,目前固非难事,惟夺之虽易,守之则难。盖中国地势,利通商、不利战争,如师老而无功,饷糜而情敝,某窃为诸公不取也。”事后人咸服其有先见,当攻打炮台时,美兵舰早经抽出,不与其役,及事毕,仍行驶回。凡中西兵士之受伤未死者,悉为救出。以上录《上海报》。

译西报论华事

伦敦《太晤士报》云:此次中国之乱,所恨者我英因南非洲军务未平,不能出其全力办理。所望南非军务早靖,趁此全军未经遣散之际,即可移往东方也。惟观中国此次之乱,虽不敢指明西太后有偏袒拳匪之事,然致令拳匪蔓延若是之广,势焰若是之狂,中国政府竟尔无能为力平靖土匪,足见其昏懦无能。前此虽有人赞太后有才,然细为详观,不收罗党羽,过以包揽其权势而已。所以此次欧洲各国若将拳匪办楚,必断不再将其权归还太后,亦断不可再令此老妇人干预朝政。若将太后之权卸去,窃料中国数百兆之人同心欢跃,再扶光绪圣主重登宝位光复新政也。惟光绪皇帝复位之后,其内外所有大臣率皆昏懦无能,求其深谙政体、办理交涉事务者,殊觉寥寥无人。势不能不借助于外国人(材)[才],为之协理,窃料华人亦无不同心欢跃其有是事也。盖此时中国之大员,实心报国者仅有三四人,屈指可数,其余皆不过顾禄位保妻子而已。所以此辈俱当勒令休致,方望可兴。而光绪帝必须召用新党,以及香港、南洋一带有经济之华人,充补其缺。此外更须聘请日本伊藤侯为相,赞理枢机,以各国所有大臣深知中国情形者,当以伊藤侯为最。其海关总税司一缺,自当仍归赫总税司办理。其户部大臣一缺,则无过于以代理香港汇丰银行之总办惹申君补授,因惹申君之为人,中国人无不深信之也。其现在办理中国火车路之总办根打君,以之补授工部大臣,兼办矿务大臣,甚属相宜。至若办理火车局事务,免致各国争相包揽者,则莫若以现任管理巫来由属地之辅政司瑞君其人。其中国练兵一节,则当以买里士福君为兵部大臣,因买里士福君前曾游历中国,深知华兵优劣情形故也。至于将领偏裨之员,须由各国商议参用,庶免纷争。其现在中国已成之营兵不得全行裁撤,须择其年强力壮者充作兵勇,并为巡捕等差,以为保卫闾阎之计。其余则派交工部大臣,以之开造火车路,修整黄河等工最为合式。至于总统中国兵权之大员则不可延聘外人,须以中国人之有大(材)[才]者掌之。另再设立武备学堂,教训华人少年子弟,将来学业有成,自能办理军机,庶不至时求他国将领为之训练。其海军一节,无庸多增,因中国地方甚大,不必更求海外之地,只须巡缉内地河道及沿海一带海口,俾免海盗横行而已。若以此时中国海军论之,尽足敷其调遣也。其余目下中国地方官虽奸贪昏庸者甚多,然其中亦不乏束身自爱、实心为民之人,果能增其廉俸,严其赏罚,亦可以暂时任用。以后民间另有各等学堂,由其中拔取而用之。不出二十年,吏治自不难蒸蒸日上矣。至论此次乱事,所有杀害外国人民,焚烧外国屋宇等项,各国自必纷向中国索赔偿。然新党之人不必与之理论,但须邀请欧洲各国及日本素有公正声望之大员,请其代为酌议调停,赔恤若干,自不难于了事也。此次之乱,较之上年其克烈底之乱,其办理艰苦之处不啻增有一千倍之多。殊非欧洲一大国之人所能办,且非合中国之华人,亦不能办也。录《天南新报》。

津事详录

接上海友人十五日手书云:据周君寿臣由津回沪,称自五月廿一日下午起,忽有弹子坠落租界。初不知自何而来,所见弹子打过河东一边,人以为外国兵攻对河武备学堂。不料,乃是聂军门之兵来攻租界。初时其弹从高处飞过,及后似有把握,多中租界屋宇。洋人疑是界内有华人通奸,故所有中国人俱在被疑之列。后因张京卿燕谋之屋左近有白鸽飞出,又疑其用白鸽通传消息。于是先将张京卿拘住,后铁路总办唐少川亦被拘执,随后卢某又被拿。当时按军律审讯,按察已判定律以死罪。后有一人云"须再查明方可",因而中止。迨查得此三人被禁之后,华兵依然如此攻击,始显知非界内人通奸,疑团略释。但各华人被搁留在屋内,不许出门,防其传递消息,故各人全无音信寄回。查得租界之内男女老幼约有千余人,分开各地方居住。太古行三四百,招商局二三百,怡和行约二百,高林行约二百,开平局约三四百,中国银行三百左右。是时各人俱不许出外,而亦不宜出,因炮弹横飞,不可出者一也。外国兵或误会燃枪相击亦未可知,又或强令做粗工,如搬死尸、运米包、挑水、倒粪等事。而周寿臣因改扮洋装又入美籍,所以各兵官与彼认识,绝无猜疑。此次得其救活多人,因华人所住各处火食缺乏,水亦告竭,周乃时常通知洋官设法送给。各人日中所食者,大米、花生两样,油、盐亦均缺乏。太古行之人半是染病,因多食花生粥而致腹泻。

先是北平船到紫竹林,约有二三百人,已经落船听候开行。但河道不通,两旁皆贼,在在堪虞。是以未敢启行。各人在船上两日一夜,此船为炮弹所中者七次,所幸弹由上而落,只跌下船面,船身未坏。船上各人因此慌忙无措,皆复走回岸上分散,在以上所列数处居住。张京卿与唐少川初禁于太古行之小房,后得放归其本宅,仍受软禁。法租界几于焚烧净尽,美租界约烧去二三成,今仍日日相攻。周寿臣初十下船之日,仍见复来攻击。其在天津下船时与洋人一队男女大小约四百人同舟南下。迨至塘沽,先到美国兵船住一宿,越日适有公司船"海龙"驶至,提督命该船载此船人往长崎。因在大沽时传闻烟台已烧毁一空,上海亦焚烧约半,所以提督令各人往东洋去。恰于未开行之先,适遇"新济"船到,方知上海并无动静。即此观之,至近如上海,虽是提督亦无确耗相通,可见信息传递之难。"新济"到沽时,该提督谓各人云:愿往上海者则赴上海,欲往东洋者则赴东洋。因是有百余人到上海,余往东洋,而天津留下之千余华人待船甚急,望眼欲穿。太古行亦拟放两船北上,招商局大约亦续派船前去。在租界之同乡各人闻皆无恙,但闻唐君少川之妻女俱被弹子击毙。其余名望之人,未曾闻得有谁死于难者。裕禄与黄花农大概逃往保定,惟未有确据。

其头次打租界者乃聂军,打至数日,其兵死者、散者不知凡几。一二日又复有军来攻,闻系马玉昆之兵,由山海关到者。今租界之外,中国地方多被烧毁,变为一望平阳。当初拳匪趾高气扬,见有官宦乘舆而过者拖拽出轿,去其冠,申饬一番乃放之去。百姓畏之,焚香跪迎。凡有用洋式之物,皆不准,即如洋伞之类亦必抛掷之去,东洋车因有外国牌捐洋字码,多被毁坏,后改粘"太平车"字样乃得无事。至广东人尤为受害,因以洋人视之,其待粤妇也尤惨，其缠足者斩之。男女死亡甚众，尸积满河，有断臂者，有斩手者，又有多尸从城里上游流下，沿河臭秽异常。靠河水之供饮食者，殊不可耐，所幸近日雨水略多，聊资沾溉。此次中国之兵打仗，颇为奋勇，虽租界未能攻入，而确有舍命不顾情形。故西人谓华兵与东洋接仗时，果如此认真，断不至积弱因循，至有今日之祸云。现西兵陆续调到，大概待有兵十万八万，乃一齐进京。闻塘沽一带民房全行焚毁，惟招商局货仓屋宇未坏，但货物全已抢夺清楚。天津各洋行及招商局栈房几于无一间不受炮弹中伤，尚幸未有倾塌。货物有失去者，亦有未动者。大约兵制以英、美、日三国为最严，不乱冒犯中国人，亦不乱抢夺物件。德国兵向来颇好，惟自闻德使被戕后渐变残酷，殆仇愤使然耶。录《华字报》。

专电又云：华人自六月十七号起，开炮轰击天津。至二十三号止，计被轰击六日。西兵来解围者，计英兵三百人，俄兵一千七百人，由铁路断处一路攻入。至离津三英里地方遇有美国援兵三百人，该兵等起程较英、俄两国兵士先行三日，当即合兵一处，一同攻进天津，围遂解。当时华兵之轰击天津者，共有一万二千人，大半系聂军门由芦台调来之部下洋操兵。所带多毛瑟快枪，并有极好炮队。该兵即将新式各炮安置于天津城内炮台上面，贴对紫竹林租界。该炮台为华人特地私建，西人所未经知晓者。台上有一极大之炮，当该炮轰击租界时，洋人称之为太后炮，此外又有小炮三尊。其太后炮共开有五百门，租界房屋无一处不被击毁者，惟西人只被击毙三人。某日接连开炮，直击有十二点钟之久始已，所有妇稚等俱在戈登堂及附近小屋躲避。西兵与华人接战，于六月十八号在铁路车站处一仗最厉，俄兵二千名内竟死伤五百名。华人此次甚勇敢，为从来所未见。向尚不信其有此耐战之心，目下观之，彼等之勇猛及耐心之处，较被围西人之心更胜矣。录《中外日报》。

会议保护

鄂督张香帅会同江督刘岘帅派候补道陶观察来同盛京卿，与驻沪各国领事关道余观察以下中西各官四十二人在洋务局会议时事。闻系保护长江各口租界，昨日已见本馆传单。兹闻议定长江一带概归中国派兵驻守，保护各教堂西人等财产，而西国兵舰则不得驶入扬子江口。诚恐居民惶惑，致有他虞，本埠租界则归各西商团练兵保护，吴淞口则归中西各兵互相驻守，界外一切教堂及制造局等处概由台道派兵保护。各已允约签字矣。想此防护妥善，南省一带保无虞也。录《同文沪报》。

《清议报》第五十二册

义和团滋事五志

六月十八日上海电云：浙江省温州租界地之外国人多逃往别地，其地之地方官最好排斥外人，故煽动乱民使屠杀外人。现时其地有三千暴徒，且有兵队一千人执武器，在炮台有欲发炮轰外船之势。又云据湖北省宜昌来电，谓湖南衡州有乱徒暴动，杀害意国牧师二名，其牧师之姓名不详。

十九日上海电云：初十日（一说十二日）在北京之诸公使及外国人被杀害云。又云李鸿章、袁世凯、盛宣怀等始与诸外国之代表者判议。又云上海美国领事接得盛宣怀之报，谓各国公使及外人皆被杀戮。又云德国派遣礼士路将军统率步兵八个大队、四个中队来中国。又云英国巴兹将军率引百四十名之威路士精兵,附泰山火船由香港往大沽。又云盛宣怀恐匪徒掠夺其家产,故现已买燕梳保险。又云上海有某某外国商人贩卖军器与华人云。又云十六日袁世凯打往英领事之电报,谓二公使及斯斯加(外国客栈名)皆无事。又董福祥之部下士官战死者五名,其余兵士战死者甚夥,且外国护卫兵乘夜袭击董营,兵士死伤者百名以上。又云李鸿章、袁世凯、盛宣怀三人皆阴为端亲王造事,而阳则故表好意于外人。又云李鸿章于廿一日,以安平火船由广东来上海。又云昨十八朝,天津城被外兵所破,外国联合军死伤约六百人。芝罘电云:英、美、日三国合兵在一处,俄、德、法三国合军在一处,夹攻天津城。至十八日晓,日本军占领天津城。德、俄不能入。外国联合兵死伤六百人。又云据美国舰队旗舰之报,谓十六日天津所有之炮台悉为外国所破,只遗一个不落而已。伦敦电云:据赊摩将军之报告,谓联合军于十二日在天津租界地之东南方攻击兵匪之阵地,日本兵将中国兵围困,且获炮四门,日本骑兵追逐兵匪不遗余力。又外国联合兵将西机器局烧毁,并掠夺大炮二门。兵匪之战死者三百五十名,外国联合军损害甚轻少。其后十四日有大队华兵袭击铁道车站,与外兵相持三点钟之久,遂被联合军所击退。联合兵损害百五十名,华兵损害甚巨。

二十日上海电云:湖南、湖北、河南各巡抚均奉端王之命,张之洞不能统御之云。又云前报所传之浙江暴动不确。又云有列国联合巡洋舰五只于十四日侦探山海关,有少许被中国驻在山海关之防守兵所发见。又云天津之西机器局于十一日被日本骑占夺。又联合军攻击天津之中国兵掠得大炮四门。又云聂士成经已战死。又云在汉口之德人得接德皇回电云,今已遣军舰往中国,方在途上,并续发数艘保护扬子江云云。

二十日上海电云:湖北省襄阳府之加特力教堂于十四日为暴徒所破坏,传教师悉遁走。又云河南省南阳府之教堂被破坏,僧正及十二名之传教师甚危。又加拿大长老教堂之传教师二十名,于南阳府之东十里之地,十二日为匪徒所袭,尽夺其所有。又云有意大利传教师十二名在河南省南阳府被暴徒所围。又云于袁世凯身上有两个风说:一言袁世凯与董福祥战于通州,获捷;一由德人之报,谓山东省之传教师尽被暴徒所杀,一人不存,袁世凯亦被杀云。又云据香港电,言英国运送船乃伦搭载烹渣布步兵一队向北方航驶。又云有名保守派湖北巡抚及湖南巡抚之二人共服从端郡王之敕诏,决意排外(搔)[骚]扰,已起于湖南、湖北两省。湖广总督张之洞恐不能制御之。又河南巡抚亦服从端郡王之命令云。伦敦电云:意大利约发五千兵来中国,其第一次以西历七月十八日(即中历六月廿二日)起程云。

二十一日上海电云:汉口至九江之电信不通。又云两江总督刘坤一以上海税关长梯拉氏代赫德任临时总税务司。上海之列国代表者承认刘坤一为正当之中国政府代表者。又云十六晚日本兵爆发天津城门。翌日午前一点钟击入城内,华兵损害无算。日兵在城内掠得货币约百五十万两,焚烧街市。外国联合兵之损害者七百七十五名。又云田庄台之俄兵被驱逐,目下集合于牛庄。

廿二日上海电云:中国兵由齐齐哈尔发炮进击黑龙江岸布拉哥非钱斯克。俄兵烧毁希林布中国街。又云据上海中国《加捷脱报》得接香港特电,言李鸿章于廿一日午后八点钟,乘安平轮船到香港,往拜访香港政厅。英国总督布力克氏及诸将军等接见会议,于席上惟总督布力克一人与李鸿章对语,总督将李之语转告诸将军等。席次言及李总督近日得接西后来书，书中载诸公使皆无事，唯德国公使一人被害而已。又布力克总督劝李氏留止广东不可北上。李答以不可不趋君命，今必由香港先至上海，后往北京。且云去后广东亦必无事，请各安心等语。又云李鸿章转任直隶总督，军机及总理衙门大臣刚毅代李鸿章为两广总督。又云天津之战，中国军中亦有外人，一外人战死，二外人被联合军所虏云。又云天津之战，日本兵掠得货币二百万两。又云前御史杨崇伊(刘学询之师)受端亲王之密命往南京，至其所造何事则不明。又云聂士成已死，其部下之兵转属于马玉昆之下。又云据江西通信，景德镇之教堂被破坏，华人之基督教徒被杀害，传教师等由饶州及抚州逃去。福州电云：十六日福州之西北古田地方，有顷菜匪之暴徒作乱，杀害华人基督教徒三名。幸外人先已引去，不至受祸。目下闽浙总督派兵若干镇压。朝鲜京城电云：闻最可凭之说，团匪已延及义州。香港电云：李鸿章以廿一日乘安平船往上海，已由香港出发。李氏此行为直隶总督，受列国交涉之委任。

廿三日上海电云：廿一日李鸿章已由香港到上海，在巴布林龟路街刘学询之家停泊。又云上海列国领事多不曾见李鸿章，只有日本领事小田切与李鸿章会见商议云。又李鸿章以英国军舰护卫赴大沽。又云上海之各国领事禁止该国商人，不得于中国乱卖军器，必经已国领事允许方准。伦敦电云：中国兵乘俄国之不意，袭击黑龙江岸布拉威钱斯克之地，俄京圣彼德堡之人心甚鼓躁；且中国兵之袭击布拉威钱斯克之时，遂直溯黑龙江，阻俄国之汽船，于河之沿岸筑造炮台云。朝鲜京城电云：据朝鲜军部接得由咸镜道驻屯军队来电，朝鲜兵铳杀中国盗贼红匪二名(大抵是义和团之类)。此贼越国境至朝鲜甲山附近，大抵是来侦察者也。

廿四日厦门电云：数日来义和团匪传排外人之檄，以耸动厦门及鼓浪屿之人民。虽目下不见有暴动，然其他附近之外国人民，日抱危惧之念。故其地之海关道屡发示镇压。上海电云：据本日山东来电，谓袁世凯得接北京实信，言北京列国公使安全无恙，且有中国政府之保护云。香港电云：廿三日有运送船二只载印度兵七百人，向中国北部航驶。福州电云：前报说古田地方之骚扰，今确查知是虚传之语。现时福州地方，实中国中之最安全之地也。上海电云：有俄国人二百名，在辽东半岛之盖平地方被杀。现时俄国救助兵既由旅顺向该地进发。又云山东沂州府之教堂被劫掠。又济南府之地，外国流威斯博士与其仆从及华人耶稣教徒三名俱被杀戮。又云上海之卑路芝、法兰西、俄罗斯、日本四国领事会见李鸿章，其余诸国领事皆意存轻侮，故作不知李之到此者，欲以弄李氏云。伦敦电云：列国有各遣兵四万往中国之说。又云法国外务卿德路加塞氏回文，约列国协同禁止输军器于中国。又云在北京被杀之人，廿三日于先坡路寺院开追吊会。

廿五日上海电云：李鸿章本日由本港上岸，着军服，有二千兵护卫，入巴布林龟路街之官舍。有传谓其行李中藏有许多弹药，实未知确否。仁川电云：在本港之俄国水雷艇二只，今朝由本港出发往旅顺。

廿六日上海电云：据中国《加捷脱报》所接芝罘来电，依由牛庄到来之登州火船之报，有外国人使用之仆一人(中国人)十六日由北京逃来，口称本日北京之英国公使馆被破坏，外人之屋宇被焚烧，且多被屠杀者。又云本日接到芝罘来电，言山东巡抚袁世凯于昨午达电于芝罘道台曰，中国衙门大臣等廿一日于北京开阁议，决议以下之事：第一，今回之难皆起于华人与耶稣教徒之间，今宜速商量保护外人之方法。第二，严捕加害德公使及日本参赞者。第三,由直隶总督之训令,调查外人财产之损害。又云据重庆之报,四川总督宣言与两江总督及湖广总督合同运动,其地之官吏保护外人甚恳切。

廿七日上海电云:上海英国代理领事倭连氏函问山东巡抚袁世凯曰,足下屡言北京各国公使无事,何以绝不见各公使有一文书来?袁世凯答以并余亦不知之。自后外人愈不信中国官吏之言矣。又云河南府来电,言其地之义和团匪戕杀进教者,当局官吏不敢镇压之。又云江苏省徐州之教堂廿二日为暴徒所烧。又云镇江府来书,谓山东、河南、江苏三省交界之地方,有暴徒将起乱。又云保定府私电,谓北京英国公使馆于初十日已被破坏。又云江苏省江宁府江浦县,于廿二日其地之教堂被焚烧,传教师逃去。又沙河府近之顿遮顿教堂及湖北之樊城教堂、湖南之衡州教堂亦俱被烧毁,传教师等尽逃去。福州电云:昨日漳州总兵曹率兵千二百人,由福州出发,经浙江衢州府,陆路北上(与团匪对抗)。芝罘电云:据本日由宁州来之中国人之报,其地及近傍村落之民众多练习义和团之邪法。又闻威海卫近傍之人多仇视外人者。又云日本军队于二十六日由山海关上陆,与中国兵大战。中国兵败绩,至其详细一切不明。伦敦电云:英国政府预算海军军费百二十六万九千三百(磅)[镑],以便临时支用。又英国前派往阿非利加之印度兵,今已编成军队派往北京。别有战斗舰二只、巡洋舰四只,亦派往北京云。又云德皇致书欧美诸大国云,我德国并不求瓜分中国,亦非乘此济得其专益,所专求者惟平静北乱为主耳,务望各大国政府同心办妥此事,不可各怀私意,则事必成矣云云。又上海电云:十八日天津之战,英、日、美、德、俄、奥六国联兵计有七八千人,带炮四十五尊,分两路进兵。中国兵约有二万五千以至三万名,终为联军所败。华人死亡无算,尸横遍野。联军死亡约有七百七十五人云。

七月初二日(7月27日)

《中外日报》

[论说] 东南变局忧言

东南自立互保之约论者,以为七省疆臣能识大体保半壁,厥功伟矣!乃未几而勤王之师出矣,乃未几而北方宣战招团之矫诏来矣,又未几而调停求和之中旨下矣,又未几而李傅相奉诏北上矣。夫东南疆臣既已与诸邻邦立约,则东南疆臣已有代理政府之权。身为政府而更受北京贼政府之命,是谓失权。东南疆臣既已许诸邻邦以保护之利,则东南疆臣已有亲专国命之权。身秉国命而更听北方伪朝旨之牵掣,是谓失位。观望周章,略无布置,讨贼之名义未正,保境之经略毫无,是谓失机。北方匪徒以焚教启衅,而南方立约以后,湘汉浙东均有焚堂害教之举,其愚戆之地方官甚且遵照伪旨招团敌洋,其劣弱狡猾之地方官亦复以预先照会不能保护为卸责。一甘召衅,一甘背约,是谓失利。呜呼!有此四失而欲不贻忧大局而自速祸变也,其可得哉?夫揣东南诸疆臣之用心,讵不曰吾约已定,外人决无背约中变兵占东南之虑,目前之局苟安焉已矣。至于和战之成败,既由北方发端,则当由北方结局,于吾不与可也。岂知南北既不分治,则北方之命令不论真伪均可至南，愚民何知戎心已伏？况更有无知满员愚瞽汉臣为之提倡乎？是欲归恶于北京，其计未必能成；而启乱于东南，其机则转至速，此变局之可忧者一也。北方兵匪交合，故乱不易弭。今东南之兵变，湖湘之间又所有闻，是东南乱萌业已发端，虺蘖不摧，滋蔓难图。北难一起，兵动环球，而瓜分之议尚为迟迟者，外人原恐南方亦变起不测也。设南方亦一日启祸，是徒速分割而已，吾恐疆臣既不能存国又无以保位，身贻大戮，贻误全局，此变局之可忧者二也。或者曰剿匪之后自可言和，否则北京一破亦必以平和了结，吾且俟之可也。夫剿匪之事，外兵已占大沽炮台矣，今且破袭天津矣。前师之举无一出于东南诸疆臣之调度者，而谓西兵东师可由东南之疆臣借用乎，抑谓各省勤王之师可由北上一二人节制乎？他人用力功将垂成，而我东南疆臣坐收其利，恐东西之统帅无此愚顽之人也。勤王之师剿匪敌洋，未定宗旨，谓新易统帅即可勒之以助东西各兵剿匪，未必如此之易也。即曰可用，安知西东之兵深信不疑允与协力也？此剿匪而后言和之计，只为欺弄邻邦之语而已。如其坐俟西师已破北京而后靦颜议款，则其人必然以市交对朝廷，而以买办采货视邦交。北方之戮，南方之奴，彼毫无动于中矣。至于愚民之愤外人之欺压，激变而起事，与夫权利坐失民穷财尽，枭桀之才乘之以肇难，更非意所及料、防所必周也。此变局之可忧者三也。怀依违坐失之谋，贻蕴酿启变之忧，此吾不能为东南诸疆臣宽，而杞人之言深望其幸而不中者也。于是乎作忧言。

七月初五日(7 月 30 日)

《新闻报》

论和局办法

昨论当今时局，宜和不宜战矣。然而和与战之权，各国操十分之七而中国只操其三，吾必尽吾之当尽者，而后和局易于就绪也。吾之当尽者，在救出使臣与剿平团匪。不救使臣，不剿团匪，则虽有一二国君相愿致太平欲出而为仗义之言，究有何义之可仗？则虽各国君相愿致太平欲即和平了结，然因何而开战，因何而息战？是故不救出使臣、不剿平团匪而欲以空言搪塞，则断不能强各国以不战。山东袁中丞屡得京电，皆言除德使外，各国使臣皆无恙。又言荣中堂从中极力周旋，又言兵匪已停攻使馆，董军守御河桥之北，洋兵守御河桥之南。又言已接济粮食，又已由总署俄股文章京往晤各使，又言拟请派孙军门万林护送出京。凡若此者，果足证使臣之无恙？然一则未能得使臣之密电，二则不能与各使商和平之策而分界国书。即此以观，使馆尚在围困之中，惟兵匪停攻而已，究未将各使救出。荣中堂、文章京与各使惟暗中往来而已，究未尝公然晋接，是亦敷衍办法而非切实办法也。不切实办理，则使臣无恙之说不足以取信于各国。虽美国等有首先出场转圜之意，其何辞以劝各国？故今日办法，一面将跋扈之臣、跋扈之将重办一二，则匪党即失奥援，剿捕当易为力；一面将各使救出，即与各使互商了结之法，即请各使径电其政府，不必自界国书。皇太后、皇上既肯下谦卑之国书，何不能勒令大小臣工救出使臣？皇太后、皇上与各使亲议于内,而一二大国仗义执言于外,则和局未有不成者,此第一办法也。不幸而权臣悍将叛兵巨匪,其势尚盛,依然猖獗,势不能与各使在京会议,势不能保各使之永远无恙,则必赶紧将各使护送至津。一面先代各使传发密电,使各国君民恍然于各使之的确无恙,而知中国政府实无为难各使之意,然后和局可以开议,而别国可以转圜,然而其事必不能稳妥而速,此第二办法也。更不幸而不能护送各使出京,则代传密电之事断不能无,盖袁中丞以荣中堂之电告无恙转电各疆臣,各疆臣转告各领事。然而各国议论则颇以此事为可疑,假使无真实凭据,恐各国君臣反因之而疑各疆臣,故荣中堂不可不为各使代传密电。盖如此办法,于北事虽无甚大益,而东南各疆臣可与各国永保交际,未始非和局之一助,此第三办法也。总而言之,各国互相猜忌之心均不能免,惟既动公忿则猜忌暂化,犹之兄弟阋墙外御其侮。及至使臣救出,则公忿暂息,必能顾全大局,渐就和平,故曰中国宜先尽当局之办法也。中国办法既尽,而后一二大国可以仗义执言和平了结也。

《申报》

与客论英国水师提督南来事

西摩氏,英之水师提督也。津沽之役,方统率水陆师旅,奋其威武,大创匪人。乃日前忽航海而南,小驻沪上。于是向之谣言甫息者,至此又惊疑不定,弓蛇市虎,互起猜嫌。执笔人曰:噫!西摩氏之来,特欲一窥南中互相保护之局耳,恶用是惊疑为?客曰:否,不然。我观西人之待我华终未尝怀好意,彼西摩氏位高责重,衔命而出,总统师干,日夕连筹,犹虞不给,一旦轻裘缓带游览申江,岂惟是模山范水云尔哉?殆别有深意存乎其中,恐不免欲于南方恣其鹰瞵鹗视耳。或曰是亦未必。西人尝宣言于众,谓此次事由北方而起,仍当于北方了之。况上海为西人立足之区,经营五十余年,赀财不下千百兆。一旦用兵于此,燎原势盛,必致玉石俱焚。人虽至愚,安肯贸焉从事?矧如西摩氏之夙负重望、智勇兼全者乎?我意今之来此,实只纵览山川形势,考其扼塞之处,并默观华兵之布置若何,而未必心中有所叵测也。执笔人曰:是皆不然。今者驻京各国使臣被困久矣,其翘盼西兵援手,几若大旱之望云霓矣。西摩氏既亲统六师,岂不思及早督队入京,俾各使得离虎口?特目下大军未集,调遣尚恐不敷万一。津沽之兵直指都下,而南方疆吏顿背互保之约,突然而起,戕害西人。斯时欲分兵杀之,而鞭长既苦不及。欲恝然置之,而顾此又虞失彼。南方各通商口岸,凡官于斯、贾于斯、工作于斯者,身家性命势必糜烂不堪。故于联军未入京之前,伺隙一行,微窥华官之举动,庶日后得专心致志入京救出使臣乎。客曰:子何以知之深而言之决若此?曰:仆盖观其所带兵舰而知之。今者,中国师船方麇聚沿江各埠,使西摩氏而果欲于南方发难,则区区兵舰二号,何足以抵我十余号之多?且所订保护章程,华官甫发其端,而西官即首为之肯,使竟前言尽食,则是堂堂诸大国,胥不足取信于人。西摩氏虽武员,断不肯贸然为此。然则只身来此足矣,何必带二兵舰?曰是耀武也,是虞华官之或背前盟而示之以兵力也。回忆当日所订章程,虽创始于张、刘二制军,而两广浙闽亦皆照此办理。今李傅相已由两广交卸来沪,行将应诏入都。浙闽许筠庵制军素以守旧闻与西人,未必情投意洽。所恃者惟张、刘二帅。设使前约顿废,则西人之在南省者跕跕不安。而各使虽望救甚殷,西摩氏即不能放心前进,故先耀我威武,俾南省诸疆吏见西人之兵舰若何坚利，军械若何精良，而又于游览之余潜窥其营垒炮台、岩疆要塞，将中国防务一一了然于胸中。此足见西人之别具深心，而非卤莽仓卒者所可几及也。客曰：然则西摩氏既抵沪，适傅相亦秉节而来，或者可乘此机会议和，免致日久兵连祸结乎！曰：是则不能。议和之事使臣任之，而其旨必受之政府。西摩氏，武员也，其责任惟在于平拳匪、护使臣，安能越俎而筹及和议？惟俄、美、日本既已愿作调人，但使西摩氏他日入京中途不复有乱兵梗阻，而各使之在京供职者皆安然无恙，实未尝殒命于戈矛炮火之中，则以玉帛易干戈当亦易于为力，而中国大势当不致离析分崩。特如何而可以行成？此时尚难于逆亿耳。客曰：子言实有见地，敬闻命矣。盍将今日一席话笔之报牍，免使人心因之惊疑乎？执笔人曰：诺。遂书此，以付手民。

七月初六日（7 月 31 日）

《申报》

劝各国停战说

义和拳匪起于山左，延及顺直，以仇教为名，毁铁道，焚教堂，杀教士，横行于京津之间。致动各国公愤，兵舰云集于津沽，占我炮台，阻我海口。现更攻入津郡，京城危若累卵。似此中外交哄，实为古今未有之变局。自西人言之，现虽调兵遣将，不遗余力，而实无瓜分中国土地之意、残害中国人民之心。惟教堂被毁，教士被戕，并害及日本书记、德国使臣，故恨拳匪刺骨，务欲剿除净尽，以泄其恨。且非但为剿匪泄恨起见，现在各国使臣尚坐困京城，雁杳鱼沉，存亡未卜。朝廷虽屡下保护之谕，疆吏虽时通无恙之电，而其疑终莫能释。倘使臣一日不能出险，则各国之心一日不安。况拳匪满布京城，中国即力任保护，而日久困守，难保无意外之虞。其欲力攻京城也，亦出于万不得已，非有意与中国为难也。窃窥各国之心，非但欲力攻京城，且深咎中国之兵阻其去路。一若我兵若不相阻，则奚难直入京城，俾拳匪之患立平，使臣之围立解，庶北方之事易了，何至兵连祸结，彼此伤残？窃以为其计非不甚善，然要未尝谅及中国之苦心也。夫拳匪不急剿灭，以至祸及旅人，中国诚难辞其咎。然现在朝廷谆谆以保护各国使臣、剿办拳匪为宗旨，可见断不欲开罪于各国。其阻各国进兵之路者，实处于情势之不得不然。何以言之？外兵一入，必至玉石不分。即各国别无他意，而投鼠或不能忌器，宫寝必为之震惊，人民必遭其蹂躏。故中国不能不竭力阻止，非与各国有意为难。然彼此相持，兵祸何时能解？拳匪何时能灭？北方人民何时始得安静？东南商务何时方有转机？曰是非劝各国先停战不可。战务一停，诸事自易办理。中国政府初虽瞆瞆，今亦当已如梦之醒，其不能尽力剿匪者，大抵兵力以分而益疲。若战务一停，自不难撤御敌之兵，一意剿匪。匪虽满布，当不俟外人越俎而立见歼除。此战事之宜停者一也。原各国兵士之急欲入京者，意在救护使臣出险耳。不知使臣现虽被困，尚有中国朝廷保护。苟一旦外兵入内，兵匪混乱之际，中国将自保之不暇，更乌能顾及使臣？纷纷扰扰之中，或反为匪人所毙。是欲救之，适以害之，窃为各国所不取。

不若订期停战,俾中国自行痛剿匪灭,则使臣自能出险。此战事之宜停者二也。传教经商为各国所并重。北事未定,牵动南方,不但闹教之事层见叠出,即沪上商务之坏,亦几致不可收拾。必俟战端既止,商货始可流通。商货流通,则人心自静。人心一静,而各处匪徒闹教之事自然瓦解冰消。此战事之宜停者三也。有此三者,深愿各国释目前之深恨,顾将来之大局,易干戈为玉帛,彼此均裨益多多矣。诚何必劳师糜饷为哉?

七月初七日(8月1日)

《申报》

论俄国狡谋

环球各国,星罗棋布。若英、若法、若德、若俄、若美,皆所称著名之强国也,而尤以俄为有大志。盖其国势跨有欧、亚、非三洲之地,疆宇辽廓,人民众多。而其君自大彼得以来,又皆好大喜功,时思拓土开疆,混一区宇。所惜黑海之利为英所得,俄不能得志于欧西,乃转而图东亚。其租我旅顺、大连湾为屯兵停舰之所,而亟亟焉经营西伯利亚之铁路,岂无故而然哉?此其阴谋狡计将图逞志于中国,固已不待智者而知矣。今者北省拳匪肇事,仇杀洋人。政府诸臣如醉如梦,方欲引拳匪以自卫,以致各国纷纷调兵入寇,酿成中外交哄之变端。大沽之海口沦亡,津郡之岩疆连陷,京师岌岌,倍极阽危。英、法、德、美诸国虽皆言并无瓜分中国之心,而窃窥俄人之隐谋,则恐未必与各国之心相合。观于当兵衅未开之先,各国以乱匪不靖、公使可危,会议调兵入京,藉资保护。而俄员独以为事尚可缓,初不料其意怀叵测,已先发电至国遣兵来华。于是各国皆知俄之用心不良,纷调雄师,驰至津沽助战。德皇亦知其意,故虽以使臣被害,公愤宜伸,而曾移书欧美诸邦,谓“中国此次乱端,我德断无乘势瓜分之意,惟冀北省早日平静,庶惬中怀。想贵邦各有同心,尚其协力勖劝,勿存私见”。盖德皇虽不欲以瓜分之事创之于德,而反以渔利让之于俄也。俄人亦知各国用意与己相违,而又牵掣多端,碍于各国,他日即欲肆其囊括席卷之志,知各国必不肯从,因遂别出一途,以冀偿其大欲。日前西报纪珲春来电,谓黑龙江将军寿军帅山某日领兵至俄国属地开炮猛击,俄人亦调兵过江轰击附近之华城。华兵爰在江边排炮多尊,不准俄舰在江中行驶。俄廷闻信甚为愤愤。电音所述止此,至两国因何启衅,则尚未知其详。余谓此乃俄国之狡谋,其衅断非中国之所启。盖现在北省兵端方亟,各国联军方环以相攻。时局艰危,神京震恐。寿军帅即极不知利害,何至无端发炮与俄人再启兵端?惟俄人知北省拳匪之事,既为各国所牵制,不能逞其长驾远驭之雄心,因遂于黑龙江别启衅端,为将来独自称兵地步。窥其意以为如此设计,则为中俄两国之衅,他国不能置喙,日后可以惟所欲为。或割取地方,或要求商利,俄可于中国自为操纵,不必步各国之后尘。此正俄国之毒计,而为我中国无穷之大患也。况即京津兵事观之,俄国亦较他国为勇往。其先后所调之兵已络绎而至,不啻雾沛云屯。陆军之在鸭绿江及蒙古、西伯利亚、旅顺口等处者约共七万名,加以莪加士义勇四万名,合之已得一十一万名。近复由海参崴派出可杀克兵八千名，于华历六月初八日遵陆驰赴天津，既而又派可杀克兵四千名驰抵津沽。至水师战舰之在中国者，则有十八艘，荼火军容尤较他国为盛。是非有求逞于中国之心，曷为而有此举动耶？我是以知俄之志量非小，各国虽皆无瓜分中国之意，而俄则未必无剪取中国土地之心也。俄真可畏乎哉！

《汇报》

民教相仇辨

夫言，心之声也。择言不当，心之偏也。言不当而无碍于事，亦听之而已，何必辨？言不当而大害我名，或局外习焉不察而受之者，痛痒相关，乌可以不辨？溯自近岁以来，闹教之案层出不穷，动辄曰民教相仇，或则曰民教寻仇，或则曰民教不和。其见于报章者斯言，其见于官示者斯言，其见于上谕者亦斯言。万口同声，一喙莫置，原其心无他，与其责民重而民不悦，孰若抑教民而教亦受也？是以曲直不分，慢作平量之语。然而静心论事，教民果相仇否耶？相者共也，胥也。尔击我，我亦击尔，谓之相击。不然一人强暴，一人受屈，不可以相仇目之。乃者平民仇教往往而然，教内仇民未之前闻。如应万得闹教于浙，教民被害者数百家。余栋臣闹教于蜀，教民流离者万余人。他若贵溪之案、巴东之祸，皆民害教而教则未尝害民。姑不论往年之事，而只以近者言之：拳匪以义愤为名，随在与教堂为难，杀教士已十余人，毁教堂已数百座，毙教民不知实数，谅亦不下二千。河间教堂收养遗孩二百余口，济南教堂亦收养一百余口。或匪类自往劫掠，或地方官押令出堂，任人抢劫，甚有呱呱婴子投入火中，忍视其焚身之惨。呜呼！襁褓孩童无知无识，果何害于拳匪而待之乃尔也？自近代以来，文教日兴，虽蛮野黑人亦不复出此，而堂堂中国残忍至斯，其为天下笑不亦宜哉？然历观各埠报章，中西家函，有谓教民亦聚众数千，与拳匪对垒者乎？有谓教民焚平民之屋，抢平民之财，以泄其积恨者乎？方闹事之初，北直某村教民突被匪人围困，势将就戮，噍类无遗。于是投砖掷瓦，短戈迎敌，出死力以御祸，毙匪三十余人，此困兽之斗，出于不得已，非教民之寻仇也。又闻之盛京匪类方炽，主教求助于军宪。军宪奉有伪诏不敢轻违，答以我力不能护，惟愿给与军火，尔教民自行护卫。主教听之，唤集教众为背城之战。卒以官军麇至，众寡势殊，主教与五教士、二西女死焉，教民被杀者七百余人。此军宪明准拒匪，非教民之寻仇也。溯自明季迄今，天主教传行日广，备历艰难，然恒自含忍，何尝一谋不轨？故每闻某教揭竿，某教倡乱，而天主教无是事也。则所谓相仇者果何在乎？或曰教民果能安分，何官民上下皆深恶而痛嫉之？予曰：官民之恶之者固多，而不恶者亦复甚夥。其所以恶之也，或以守旧之心胜畛域之见，固以为我行我教，何必从外洋之教？于是，凡为信人皆其眼中钉矣。或以倨傲存胸，聪明自用，扬言我族不得入教，我乡不得入教。苟有入者辄行阻挠，教士鸣之官，官或斥之，而与教民成切齿仇矣。或又派教民出资赛会，以所欲不遂而辄敢仇教。或又以不逞之徒混入教中，肆行欺诈，教士不之察，反为袒护，此乃偶有之事，百无一二，而其受屈于平民，盖不可擢发数。然平民已同抱不平，必欲起而仇教矣。由是观之，民固仇教，而教则断不仇民。苟公道在人心，我愿立言者尚其审之。

七月初九日(8 月 3 日)

《新闻报》

安居上海说

万事不外乎情、理、势三者,一言之来,不察其合于情、理、势与否,以定其事之虚实,遽尔惊惶失措,轻举妄动,不亦可悯之至哉?回忆上月初旬上海地方即已谣言蜂起,竟谓难过六月十五日。于是无知之徒纷纷迁避,恐后争先。其皇皇之状,一若略迟一刻真有性命之忧者,以致上船上岸有拥挤落水之事,见财起意有中途被劫之事。及至十五日无恙,造谣者逐节约期而逐期无恙。今日已七月初九日,安居上海者至今无恙,当更知谣言之不足信矣!何以近来复有轻信谣言,纷纷迁避者?岂犹信只有某日并无某日之说耶?近日谣言约有四端:一谣传湖广总督张香帅不能再守照约保护之原议;二谣传英水师提督西摩乘轮南下意将有事于长江;三谣传长江商轮停班;四谣传各国兵舰之停泊浦江,将有事于上海。不知某西报所载武昌汉口种种谣言,业经张香帅电咨领事转嘱更正,可证香帅不能保护之说尽属子虚。至于西摩乃英国水师提督,洋兵第一次由津入京由西摩统率,其后夺取大沽炮台,夺取津城,皆非西摩主持其事,实非现在各国联军之领袖提督,其乘轮南下亦何足惊骇?而且水师提督本有保护商民之责,华官与各领事言定自行保护,该提督未见实在情形,至长江中巡视一周,亦属恒有之事,何足为奇?初四日已谣传长江商轮初五日停班,然自初五日以来仍日有商轮往来,长江停班之说更属荒谬不经。至于各国兵船由外洋赴津必于中途添装煤斤粮食,刻下大队来华,在浦江中装足煤斤粮食再行赴津,亦属常事,更无足怪。总之,此等谣言不足凭信如此。然而人之信之者,终虑各国之有事于长江,即当有事于上海也。今请以情、理、势三者,必上海之无事。当大沽被占之后,轰击天津租界之时,外人之旅居各处者,咸惴惴然有戒心。而长江各督抚深明公理,既不乘人之猝不及防遽与为难,更能力任保护东南各通商口岸至今安堵。故各国外部均有感谢之言,此以情而论,可以必上海之无事也。各国联军之宗旨,首在于剿捕团匪,救出使臣,早经领袖提督明白宣示。今东南各省既无团匪,又无使臣,岂能毫无缘故遽加扰害?此以理而论,可以必上海之无事也。团匪布满直隶,各国仅据津沽,联军定期进京,若非节节屯扎重兵,即有拦腰截断,前后相失之弊,故各国调来之兵现方专力北方,岂肯有事于东南以自分其兵力?此以势而论,可以必上海之无事也。从前中法一役、中日一役,以一国之意见尚能顾全各国产业不动上海,今各国联军由各国互商办理,而谓各国反不自顾其产业乎?一有战事,则各国产业之在上海者难保,此亦以势而论,可以必上海之无事也。总之,上海地方多一日之安居,则中西官之布置多一分妥帖,中西官之交谊多一分敦睦,中西人之信心即当多一分坚固。故上海可以日见其安,然则轻举妄动者,岂非昧于情、理、势哉?

七月初十日(8 月 4 日)

《申报》

保教策

义和拳匪以仇教为名,起事山左,延及顺直,焚教堂,杀教士,毁铁道,攻租界,戮及教民,不顾同种。西人调兵集舰,占我炮台,阻我海口,陷我郡城,中外交哄,京城危迫。自来闹教之案,未有如是之大。中外交涉之事,未有如是之难办者也。顾北事虽极万分危急,南中各省则经两江总督刘岘帅、两湖总督张香帅会商各疆吏,与西人订定保护章程,东南半壁不啻固若金汤。凡我民人自可安居乐业,乃不意各处闹教之案仍层见叠出,几如铜山西崩,洛钟东应。四川则闻成都府大主教堂有被旗民拆毁之事。湖南则湘潭县福音堂有被乡人焚毁并延烧民房数家之事。山西则太原府等处亦有土匪与各教堂为难,传闻教士有被害之事。江西则景德镇教堂于六月十五日之夜被匪徒焚毁。安徽则南陵、铜陵等处有会匪揭竿倡乱,亦以闹教为名。宿松县亦有乡民聚众七八百人与教民为难。浙江则衢州府属之江山县、绍兴府属之诸暨县,均因民教龃龉,几致酿成大祸。诸暨之事刻虽办理已妥,而江山教案尚未能平,且匪人窜至西安县、龙游县、常山县,致有西安被围、龙游戒严、常山失守之说。而近日沪上又接陕西西安府来电,谓此间有教士五十名惨被匪人戕害,教民被害者亦实繁有徒云云。以上各案,有因地方官办理不善,以致酿成事端者。有因事起仓卒,地方官不及派兵弹压,致教士、教民受害者。窃意西人来华传教,信与不信本听之华人,而匪人必欲与之为难,其果何所憾于西人(与)[欤]?无非借端起事,希图抢劫财帛耳。揣匪人之心,若平空抢劫必犯众怒,故必以闹教为名,庶乡愚易受其惑,以为若辈与西人为难耳,与华人无与也,于是得逞其凶横。迨地方官得悉,或其势已成,或其祸已肇,即能早平,而地方已为蹂躏。是故现欲为安静地方计,当以保教为要图。而保教之方,亦宜变通办理。盖当无事之时,各处即有匪人,尚不敢轻于肇祸,地方官亦易于防范,可获保全。值此多事之秋,匪类皆蠢蠢欲动,而西人传教者几遍于各省、各郡、各邑、各乡,无论疆吏鞭长莫及,即地方官亦耳目难周。如欲各处保护,亦安得如许兵力?苟无兵力,则空言保护,亦何济于事哉?鄙意各处地方官宜照会各教士,凡在各乡各镇者一律暂迁至城,或竟迁至省会。盖省中兵力较厚,防范易周,疆吏及地方官皆易为力,各教士可免受惊,且各处匪类无所藉口,地方亦可免遭殃,非一举而三善备乎?或虑各教士设立教堂亦非易易,安土重迁,未必肯允,曰是在各地方官陈之以利害,婉转劝导,则各教士亦何致拘执一见,自蹈危机乎?况教士非土著可比,奚必恋恋于斯?一俟北事敉平,民心安静,即可依旧迁回,照常传教。各教士又何恶而不允乎?吾故窃以为不欲保教则已,如欲保教,舍此别无良法也。有地方之责者,其亦不河汉斯言否?

七月十一日(8月5日)

《新闻报》

大臣被戮感言

呜呼！中国政府何其竟无人也。今有许侍郎、袁京卿之死于力争，则中国政府亦不得谓竟无人也。团匪本么(魔)[麽]小丑，左道惑人，既不能剿，又不能抚，遂使匪党目中不复有人，而敢于蹂躏京畿，震惊辇毂。端邸本远支郡王，藉孺子之贵，侵持政柄。彼见一切奸谋无人摘覆，而后敢于挟制两宫，号令天下。董军昔平甘乱，本有战功，及入京都，遂尔跋扈，其目中且无武卫统帅，安有他人？故敢于戕杀外官，劫掠相府。各国与中国办理交涉，早欺总署之无人。自团匪肇祸，既无人剿灭匪徒以自谢于邻国，又无人保守疆土以拱卫乎神京。坐使各国联军长驱而入，宫寝之外将为血战之场，而况太后困于群小，匡救者何人？小民堕于涂炭，拯救者何人？所闻者，某员携眷出京，某员携资出京而已。故环球人士现所(属)[瞩]目者，曰团匪，曰端邸，曰董军，曰各国联军，其他无人也。乃不谓昨报载称：许侍郎景澄、袁京卿昶以痛陈利害骈首市朝，顿使人人心目中为之一醒，盖今而后不得谓中国竟无人矣。故事军机堂官若干人、总署堂官若干人，然能议论是非、措置政事者，首座一二人而已。其余皆唯诺成风，鹿马不辩。大局之败坏，虽败坏于一二人之手，然而火及眉睫，而安常蹈故，始终缄口者，果亦不足以谢天下也。今许侍郎、袁京卿痛社稷之将亡，悲宫闱之难保，于会议之时不复守唯诺之风，痛陈利害，冀挽危亡，终以舍生取义，骈死市朝，岂不胜于缄口结舌坐待死亡者哉？彼缄口结舌者，岂不自以为明哲保身？然时至今日而犹缄口结舌，既非明哲，尤不能保身。一国之师不能敌各国，明哲者所宜知；乌合之匪不能敌联军，明哲者所宜知；洋兵到京之后玉石不分，亦明哲者所宜知。知之而不言，与不明不哲同。盖今日之事，言果不能保身，不言亦不能保身。与其不言而糊糊涂涂以死，不若言之而明明白白以死；与其不言而同归于死，不若言之而或可以不死，并可以救人之死。彼之所以死许、袁二大臣者，岂非欲以儆其余？然使其余大小臣工，凡能洞明利害者，不畏斧钺，继起直言，前者仆、后者继，死而无悔，则太后虽困于群小，然一念乎人皆贪生恶死，而兹能奋不顾身以陈利害，必能怦然动心，翻然变计。盖向以不畏斧钺为章奏之空言，而今则二人已死，再能进言者真是死谏。假使大局幸而挽回，一身可以不死，并可以救人之不死。不幸而不济，与其死于玉石俱焚之日，不若死于力争。然则许、袁二公已开其先，何不继其后哉？呜呼！许、袁二公悲宫闱之难保，痛社稷之将危，惜生灵之涂炭，遂不惜以血肉之躯体为中国之牺牲。使有继起者竟挽危局，果当以二公为首功。即无继起者，而许、袁二公果可以自谢于天下，非徒死也。然使二公既死，其余臣工益复缄口结舌，竟无继起之人，则中国仍不得谓有人也。

《申报》

书报纪英相宣言后

英国相臣西厘氏尝在教会中宣言曰:“自今以后,深愿尔等各牧师遇事必三思而行,断断不可卤莽从事。第一宣教于东方一带者,每与诸色人等交涉,纵不顾一己身命,亦应顾及本国人身命。如有摇动大局之处,更宜仔细思量。”本馆会录其语于七月初四日报中,执笔人读之,乃书其后曰:观英相西厘氏之语,其殆微有不满于教者乎!夫西人之入中国也,始请传教,后索通商,是西人初入中国之意,固首重传教也。自明万历年间,意大利国人利玛窦航海东来,入京进献方物。天子嘉之,公卿重之。利玛窦于是撰《天主实义》诸书,述天主教之说,士大夫争尚之,是为天主教入中国之始。后其徒来者日众,如艾儒略、汤若望、南怀仁诸人,类皆彼教中知名之士。善天文家言,为中国参校历法之错舛,由是名望日益重,而信从之者亦日益多。沿及至今,中国广开通商口岸,西人之以懋迁来华者趾错于道,而传教之士亦遂连镳接轸而来,到处建立教堂,劝华人崇奉其教。通都大邑以及繁盛乡镇,几无一地不有教堂,亦无一处不有教士之踪迹。华人之服习其说者,亦日繁有徒,其教可谓盛矣。顾教民既多,其中岂无一二不肖、不能恪守教规者?或倚势凌人,与平民互相龃龉。教士偶不深察,致为所蒙,稍加庇护,于是平民有嫉视教民之意,而教民亦愈思藉教以压平民。民教不和,大都因此。各处群不逞之徒益复造作种种不经之语,煽惑愚民,或谓迷拐幼孩,或谓剖心挖眼。愚民无识,信而不疑。由是仇教之心益深,而各处闹教之案亦几于无年蔑有。夫彼教中迷拐幼孩、剖心挖眼之语,确由匪党之妄造,不过欲借端生事,以肆其焚掠之谋。然考之名儒顾炎武所著《[天下]郡国利病书》,已有烹食小儿之说。可知是说之流传已久,而无怪愚民笃信之深。但当时中外悬隔,未能深悉其情,故漫以诞妄之言,笔之简籍。今则西人之传教于中国者已及三百年,相处既久,知之甚深,稍明事理者皆知旧说之讹传,并无所谓迷拐幼孩、剖心挖眼之事。彼教宗旨无非劝人为善,一意仁慈,虽不能同我周孔程朱之教,然要未有妖异残虐,足动人以疑者。只以匪徒簧鼓妄思,借故为非,而平民或受教民之欺,积愤日深,以致一发而不可遏。是民教不和之案,虽半由平民之轻信蜚语妄启衅端,然半亦由教民欺压平民所致,此吾不能为彼教讳。即使彼教中人反己思之,当亦不能自辞其咎也。英相西厘氏殆亦见及于此,故宣言教会戒各牧师于自今以后,遇事三思,切勿卤莽。盖深知中外失和之事,大都因民教不安而开;而民教之不安又不尽平民非而教民是,迨至衅端一启,弃好寻仇。西人虽国势雄强,足以抵御中国,然生灵涂炭,商务萧条,即使中国让之以边疆,偿之以巨款,而西人得不偿失,亦未必果获利益也。西厘氏之言自有微旨,固不难寻绎而得之。吾愿自后各教士之传教于东方者,深体西厘氏之意,毋有所纵,毋有所庇,则民教可以相安,而中外亦庶几同享升平之福乎!

《清议报》第五十三册

义和团滋事六志

六月廿八日上海电云:陕西省西安府有匪徒暴动。又云德意志似有与俄国合同运动之意。又云昨日法国领事往访李鸿章,问曰:“阁下果有制压天津拳匪之成算乎?”李答曰:“有。”又问:“阁下能出北京列国公使于重围乎?”李答曰:“然,或可保护其出来无恙。”又问:“能将端亲王与刚毅交出以谢外国乎?”李答:“以力微,非余所能。”(按今回之事,实荣禄、端王、刚毅等所共主使也,而荣禄为其尤。今外国人只知端、刚之罪,而不知荣禄之罪,吁荣贼可谓狡矣)伦敦电云:天津英国领事于礼拜一日(即廿五日)接得在北京英国公使之书,内言求援甚切。谓目下粮食只可再支持两礼拜,护卫军又寡少,不敌官匪兵之众,恐到底不敌,且现今既已战死四十四人,负伤者倍之云。又云英国下议院再预算追加军费千一百五十万(磅)[镑]。又云上海徐家汇地方,有传教师二人及西妇被杀害。

廿九日伦敦电云:《泰晤士报》接得俄京圣彼得堡特电,谓俄国陆军大臣其拉帕地坚氏欲自率兵向中国,且兼欲指麾联合全军云。又云美国大统领麦坚尼复答中国皇帝之电曰:“清国政府能保全各国外交官无事,与各国联合军协同,力谋回复,则我美国自当于清国与各国之间,务求排解纷乱,使享平和之结局,不敢辞劳也。”

七月初一日上海电云:李鸿章之幕友传谓各国公使及其家族,目下有武官孙万林保护其出北京,现在途上,不日将到天津云。虽然,上海之外国人多有不信此说者。又云湖广总督张之洞忧匪徒之一旦暴发,故限于十日之内,求外国人退出其所辖之地云。又云英国恐扬子江不稳,故特加严防。英国东洋舰队司令长官赊摩中将以所乘之兵舰名先昭伦,直南下至吴淞,即转乘别船来上海。上海英国总领事代理窝连氏往访之,商议防备扬子江一带之事。又目下碇泊于吴淞之英国军舰四艘及碇泊上海之英国军舰六艘,皆以防备扬子江也。

初二日杭州电云:浙江省衡州之常山及开化诸县为暴徒所占据,其知县已逃去,并派官兵七百五十人以谋恢复。上海电云:“前月廿八日有一伪谕,其意云今杀害各国公使不便,而送还之亦不便,只可留之以为强制要挟之用。并严责李鸿章不速进京。因裕禄不知兵,故使李鸿章任直隶总督”云云。又云李鸿章读以上之上谕,甚不悦,有归卧合肥之意云。又云义和团于前月十二日在直隶保定府东关近傍,袭击外国传教师及华人基督教徒。外国医师一名及华人基督教徒约二千名俱被杀害。又数日前于山西省平阳地方,有基督教徒之家屋及人口多被焚劫杀害。又云据某信,谓李秉衡进北京,途次经直隶省景州,命其部下之兵士杀害法国教士一人、华人教徒数千人。据此报思之,若李秉衡一至北京之后,将必更加一层祸乱矣。伦敦电云:英国陆军次官温深氏在下议院演说军费预算事,对中国之兵费须支出三百万(磅)[镑]。

初三日上海电云:直隶省通州、保定、广平各地之传教师、技师、医师与诸外国人及华人之信外教者,于去月廿三日被杀害。伦敦电云:德皇送其运船三艘出发之时,临别赠语曰,务宜奋力战斗,使彼豚尾汉震慴慑伏,虽将来一千年之内,犹不敢横目以视德国人云云。

初四日伦敦电云:意大利政府禁输出兵器于中国。又云英国传教师布路其斯被杀害以来,即以其公书在议院提议,英国之有权力者,多主遣兵之事托诸日本,劝告日本派军往中国,而自担其财政之责任。

初五日上海电云:去月廿九日,中俄之兵战于熊岳城,俄军遂失其城市。本月初一日,有俄兵二百由牛家屯来,于牛庄南门外袭击中国兵,两军皆有死伤,俄兵再退回牛家屯。

又是日有华兵八千人，于大石桥攻击四千俄兵，互战终日，胜负不决。

初六日上海电云：四川省崇庆及温山等处，有暴徒将基督教徒百名杀害，破坏教堂。官兵尽力扶助教徒。又四川省壁山有法国药师一名，亦被暴徒袭击，幸得救助。又云南省蒙自有为法国军队所占据之说。伦敦电云：据前月廿五日驻北京英公使麦格之报云，自二十日以来休战，而防护兵之战死者六十二名。总员之一半在病院调治，妇人孺子全在公使馆云。

初七日上海电云：据由总理衙门达袁世凯之电，英国及他国诸公使皆无事。又英公使麦格之电云，李秉衡于去月二十六日抵北京，二十七日谒见云（此廿六、廿七日不能辨其是中历抑是西历，至其谒见何事不明。原文只书 Audience Throne，译言“朝见宝座”之意）。又云现有一二国与贼政府（指荣、刚、端等辈）商议，欲救外人在北京之生存者云。又云两江总督刘坤一答某领事之问曰：“如列国联合军进北京，予亦遣军队及弹药共同进京云。”又云据某华人之信，公使馆（大抵指英国）既被破坏，外国守备兵战死者过半，目下北京之拳匪约有四五万人。又云俄兵占据北仓（距天津约九里），二千华兵溃走。又云中国官兵于北京之近傍，烧毁基督教徒之市邑及外国教士五名、教徒一万。又云天津各国联合军皆切望进军，唯英兵不欲。又云华兵袭击英公使馆时，英国海军大佐米翳路氏及美国海兵与之战，华兵被击退，及被获小铳弹丸数百。是战披布氏负伤，医生立别氏负重伤。又云联合军决于明日初进军。又云据初二日牛庄来报云，联合军在大石桥，东北两面皆被攻击。虽得战退东面，而北面仍连续战斗不息。拳匪又时时加添，今其租界地将有被攻击之恐。又盖平州之车站已烧毁，其地之华人基督教徒被杀害，及俄兵五千被一万六千华兵所围。又云据某英人之报，在北京之外国妇人小儿等，今遁在宫城内云。又据某华人之报云，李秉衡掌握由扬子江发遣四营兵之司令权。又云赊摩中将于南昌与刘坤一会谈，又于武昌与张之洞会谈，所谈何事，尚未详知。

七月十二日（8 月 6 日）

《新闻报》

大臣被戮愤言

吾于许侍郎、袁京卿之被戮，恍然大悟两宫之不能自主矣。夫天理、国法、人情三者为立国之具，今二公之死，朝廷盖无天理、无国法、无人情。自团匪起衅，朝廷颁诏有治命、乱命之别。治命者，两宫之命；乱命者，端邸、刚相之命也。疆臣之所以遵治命、抗乱命者，盖以两宫深仁厚泽涵濡人心，又能英明决断，不为群小蒙蔽，故慨然陈说东南大局，而皆以剿灭团匪、和睦邦交为宗旨，以冀社稷之不即灭亡。内廷如庆邸、荣相、许侍郎、袁京卿诸人，皆明白此等事理者也。东南各臣共约保守疆土，故西兵纷纷北上而无意南来，即北上亦申明为剿匪而施，并非有亡人家国之举。西报固屡言之，虽不可信，亦未始不可姑听也。当斯时也，中国一举一动要当慎益加慎，明益加明。大局当设法以保全，外人当多方以笼络，其一切无天理、无国法、无人情之事，未可偶出自朝廷也。乃不意忽有许、袁二公被戮之惨也。夫一国有主，臣所以忠于主者，生受主之恩，死即与主之难，生死原无足惜。然两宫固所谓深仁厚泽涵濡人心，又所谓英明决断不受群小之蒙蔽者，方以治命遵之，胡为亦出以乱命耶？许、袁二公痛陈利害图存社稷而死之，端、刚诸逆助匪倡乱，倾败社稷，而不敢稍抑其权。两宫之不能行其治命，是明明不能自主矣。谓二公为端、刚所死，则两宫应生之，谓二公为李帅所死，则两宫更应生之。如是则两宫能自主。今诸臣欲死之，两宫即死之。以诸臣意中所欲死之人，何止二公？假使移其爱欲生、恶欲死之心，日日请之两宫，而两宫无如何一一从其欲，则凡与东南之约者皆岌岌可危又意中事也。如是则朝廷可谓无主也，臣之忠于事者以朝廷有主，今两宫不敢稍违端、刚之意，残害忠良而惟逆谋之是从。是明明两宫非主，而端、刚为主。端、刚为主而臣尚忠于事、忠于两宫乎，忠于端、刚乎？忠于两宫，两宫死之；忠于端、刚，端、刚亦洋兵到京所难免报复之人；端、刚受洋兵报复亦必死，然则为之臣者盖亦莫所适从矣。呜呼！向且以两宫有治命，而东南诸臣有主可事。食主之禄，受主之恩，即当忠主之事。今忽治命不能挟制乱命而杀戮大臣，是则端、刚之中国，非两宫之中国也。两宫既不能保我臣民而又驱我为端、刚之臣民，大臣且可无辜杀戮，何况苍生赤子之性命，又安能冀其保爱怜惜乎？一国存亡之际，惟视恩怨为何，如今当危急之秋，最患人心漓散。若令大小臣工人人灰心寒胆，则凡忠鲠成性者相率辞官，凡卑鄙无耻者相率唯诺，一任端邸跋扈数十日，专擅数十日。迨西兵大队到京，未必不以杀戮之事转而报之端、刚也。残害忠良，是桀、纣亡国之为，天下闻之伤心曷已？吾益悲两宫之治命不能制端、刚之乱命，其不能自主，凡在臣民盖已莫知适从矣！

《申报》

续保教策

前日，本馆曾撰保教策弁之报首，愚者一得，恐于事机或有未宜，乃昨经友人录示，某观察上南中各督抚条陈，窃喜所见大略相同，而其藻密虑周，多有发本馆所未发者，不禁为之欢欣鼓舞，而深望坐而言者之即可起而行焉。观察之言曰：为保约防患，谨陈管见，仰祈宪鉴事。窃职道忠良之后，世受国恩，蒿目时艰，亟图报称。上月北地拳匪滋乱，致成中外之衅，京师震恐，南省亦复戒严，幸各大宪权衡至当，遵旨和衷，联合保守疆土并与各国订约，分任保护之责，俾兆民得以安居。职道以为我民仇教之心未尝或忘。未与各国订约，保护之责固重，既与各国订约，保护之责尤重。保护不周，彼必以我为背约而兵衅自此开矣。南省教堂，何地无之？实有防不胜防之虑。官绅劝谕虽明，而空文终无实际，差勇巡防虽力，而百密不免一疏。中东一役，外人轻视我久矣。自大沽之战，始知中国未尝无人。彼见我防堵严密，断不肯轻开兵衅。是东南各省得各大宪，未雨绸缪，诚哉安如磐石。所有戢内匪以杜外患，安教民以保和约，诸事能不郑重思之哉？职道管见所及，拟请照会各国，将各郡县教堂财产点交地方官收管看守，西人之游历者亦然。牧师、教士咸于省城择地安置，通商口岸责成关道，此有数利焉。教民与我民究同乡土，或关戚谊，断不轻意仇害。民教之案，每先自焚毁教堂始，匪徒惟志在乘间伤人劫财耳。今知教士在省，郡县徒存空屋，人无可伤，财无可劫，更何必起而为难？即使偶失防维，则责成地方官赔修。苟得教士无恙，办理定易措手。大宪平章军国，日勤庶务，如此则保护西人之责可抒宪廑。省城兵士云屯，匪徒何敢蠢动？是能保约，即无后患。东南半壁各大宪保障之功，岂不伟欤？职道仰见大人，荩谋硕画布置周详。而一得之愚，不能自秘，是否有当，伏候察核施行。观察之言如此。窃以为迩来各省教案蜂起，警电纷传，大吏苟遵而行之，则教士既得所依归，匪徒自不至肆行无忌，安全之策诚无有善于斯者矣。且此非托诸空言也，前固有行之而收实效者。犹忆甲申之役，中法构兵，无锡薛叔耘京卿方备兵四明、石浦。马江敌氛甚恶，甬上民情汹涌，以教士多来自法国，咸欲得而甘心。而钦奉纶音：有法国教民愿留内地安分守业者，着一体保卫等。因斯时护之则拂民心，逐之则违圣意，踌躇再四，措置良难。加以定海奸民散播谣言，有教堂置炮藏奸之说。爰函商英领事及法主教，一面令郡城教士迁至江北岸租界中，而将羸病及十二岁以下者暂留堂内，选一本地教民之勤妥者为之照料。一面拨兵勇之老成稳慎者悉心看守堂屋，以免疏虞。厥后和议告成，教士同声感谢。粤省则办法大同小异：堂屋由地方官权时封锢，教士一律谕令出境暂避，事定始准折回。诚以民人戕害教民，仅见于四川、直隶、山东诸省。若东南各处，则惟鸠聚匪党，焚掠教堂，从未有恶及教民，恣行屠戮者。故但使教堂教士保护周详，虽有奸民，当不致生意外之变。否则中西既订互保之约，万一事起仓猝，西人即以首先背约责我，我将何说之辞？岂非张、刘诸大师孤诣苦心一旦付之流水耶？鄙人无似偶贡刍言，采而行之，是所望于群公衮衮已。

七月十三日(8 月 7 日)

《新闻报》

英国筹华章程

自北匪肇祸，殃及各国，遍地皆兵，生民涂炭。今英国政府目不忍睹，屡开议院，为中国代谋平匪治乱之法。故西历八月二号由各议员于下议院议定章程数则，通饬内外大小臣工照章办理。昨日驻沪英总领事霍必兰君接到电谕之后，立将详订原稿发交本馆，嘱代登报，以供众览：“一、我英急宜会同欧亚各强国迅速派兵入京，解散使馆之围，保全各国公使，务使中国政府不得压制各国公使及欧洲各国自行保护本国官民及为本国官民雪恨之权。二、扬子江及扬子江附近毗连之处，本由该管总督等与我国商定会同保守。以后我英无论水陆师团，亦理宜与该管督臣等协力相助，平靖匪乱，以符定章。而军民所到之处，该总督等亦当设法预备粮食，使我西人有所供给。该总督等亦须始终如一，不得中道悔盟。三、我英此番既阻止他国瓜分中国，亦宜照会各国循章办理。四、中国乱事平靖之后，其将来政治或由北京主政，或由他处分政，其权仍归华人，而欧西各国钦使断不从中干预。五、各国钦使自此以后理宜益加留意，设法将华兵谋归西官训练，以便两获其益。六、我英既联合强国之兵，代中国扫除内患，中国亦当酌偿兵费，以免亏累。西历一千九百年八月二号沙里士堡来谨订。”译《字林报》。

七月十四日(8月8日)

《新闻报》

英国筹华章程书后

昨报纪英国筹华章程六则,系英相沙侯为中国代谋平匪治乱之法。崇论宏议,洞中机宜,登高一呼,众响必应。其能保全我中国疆土,固我四百兆人民,所感恩戴德不忘者也。夫中国积弱既久,日渐衰疲,圣明虽图自强,而限于权奸之扞格,志士虽筹新法,而苦于官吏之阻行。地土非不膏腴,生民非不智慧,所以受各国之倾压而不能起振者,盖政治废弛之所致也。今年北匪肇乱,酿成衅端,贸易则阻滞不灵,人民则奔逃不暇,兵连祸结,中外同殃,大国通商,因之败坏。知不待干戈相搏,必早有悔祸之心也。论一国动各国之公怒,必至败亡;一军受联军之猛攻,终归糜烂。寡不敌众,弱不敌强,虽愚者亦知之。然乘人之危以取之人之国,谓之不仁;欺人之懦以取人之国,谓之不勇;取人之国因而置其国于穷,取人之国则仍陷其国于乱,亦谓之不智。则与其取人之国而两有所损,何若还人之国而两获其益哉?顾救弱扶危必归大国,而取威定霸尤推首盟。英为大邦,其筹华章程六则,盖中外联和之一大关系也。惟是利在一国则各国所不受,利在各国则中国亦不从,理非秉公不足以成议,事非持正不足以服人。故沙侯所议,窃不揣冒昧而书于其后,以定是非焉。

其第一则,会同强国派兵入京保全公使等语,自是正办。盖疆臣虽奏请护送,谕旨虽准派护送,究之道路甚险。一不妥,华兵难靠;二不妥,权奸叵测。难保半途无意外之虞,故宁待西兵到京自行救危,中国轻一分担承,即省一分危虑。其第二则,我英水陆师团在扬子江与该督臣等协力相助,该督臣当供给粮食等语,尚未妥惬。夫长江大臣之力任保护者,以能专兵权、能服人心之故,西兵虽愿协剿,试思吴淞偶集西舰,长江且震动。若居然派兵前来,又纷索粮食,则百姓惊疑,必至逃窜四方,不安生业。且内地深阻,西兵亦有难到之处,不如听该管地方官之熟手自理,易帖民心也。其第三则,阻止他国瓜分中国等语,极为明通。某尝论西人如以中国为商场则可以致富,如以中国为战场则可以致穷。盖无论佳兵不祥,造物所忌,即失鹿共逐,群雄并争,亦必互相戕杀不可底止,故不议瓜分谓之上策。其第四则,事平之后,或北京主政,或他处分政,权归华人,各钦使不干预等语,尤其智谋。近来办理交涉,钦使过恃权势,总署略怀怨嫌,不免因龃龉而生仇恨,故不干预一层最足通情好,最足泯衅端。公正和平,人心共服。西人凡办理交涉,如能守定此意,尚何患民教相争、商情不洽乎?其第五则,华兵谋归西官训练等语,尚须斟酌。近来中国营制凡购置枪炮、操演阵式悉皆仿用西法,而水师、陆师武备自强,亦皆聘用西人充为教习。中国非不力图上进也,故归我聘用则宾主显分,归西官谋充则反宾为主,将来兵权全操外人,毋亦嫌于干预乎?其第六则,中国酌偿联军兵费等语,自应酌行。此番战衅,将来议和偿款,理所固然。惟各国调兵来华宗旨,自称代平匪乱无意瓜分,则保全中国人民即是爱惜中国财力。中国贫穷已极,又复国债递加,吾知各国体恤入微,必不至过于要求,使我元气丧尽,盖中国穷则西国亦无致富之术,此理极易明晓也。夫自北乱以来,焚教堂,杀教士,戕害书记、钦使,中外之衅仇结已深,实有不可收拾之势。当斯时也,固甚望有居间之国出为调停,又甚望有声望之国出为筹画。堂堂大英倡为首议,其他诸大国有愿和平了结者,当亦不外斯议也。祷之,盼之,馨香以叩之。

《申报》

论英、俄两国用心不同

英吉利以商务立国,虽亦开拓疆土收取属地,然要惟注意于经商,故其国之富冠于环球各大国。中国地大物博,为泰西各国所不及。惜乎拘守旧例,不知变通。器用则不求精良,物产则不知培植。昔年闭关自守,不与外人交,而外人则已察知中国土地有可以致富者,于是请辟通商口岸,而以西洋之货懋迁于华。捆载而来者,无不获利而去。而英吉利尤擅能事,盖以英人于商务最精也。今者北方拳匪肇事,仇杀洋人,中外失和,致成交哄之局。英、美、俄、德、法、意、日本诸国分调雄师,联军攻我,大沽之炮台失,天津之郡城陷,近且各派军旅进逼京师。时局艰危,正不知日后作何底止?草茅忧世之士,或恐西人瓜分中国之说将见于今兹。即不然而政柄外移,君权旁落,仅存守府之号,致贻半主之羞。悲愤填膺,深叹挽回无术,而尤恨各国之鹰瞵鹗顾,视我中国如砧上之肉、釜底之鱼,不肯稍留顾惜之心,而惟以蚕食鲸吞为事。殊不知此次各国成连鸡之势,环以相攻,即中国兵弱财贫不能抵御。而各国欲割取土地,终不能如五雀六燕彼此均匀,以致互怀猜忌之心,阴存牵制之意。况中国商权之重惟英为最,商务之大惟英为最,商利之厚亦惟英为最。若中国果为各国所分,则于英实所有损,非仅无益而已也。观其外部侍郎布得力氏宣言,议院谓已核定措置中国之方:一曰我英宜速与各国联军入京,保护驻京诸使。二曰中国既不能剿除乱匪,我英不得不遣兵保护本国官商,兼平匪乱,惟一切费用将来必向中国索偿。三曰我英惟向中国索偿所费,别无他求,或他国欲将中国土地瓜分,我英必竭力抗拒。四曰外间谣言谓我英欲照治理印度章程与他国治理中国,我政府决不如此。五曰上海一隅我英定当竭力保守,决不妄动干戈。六曰长江一带或有匪徒生事,各督抚无力敉平,我英必助之剿抚。若此,则英国于中国北省匪乱一事办理尚属和平,日后言和尚非十分难事,不过欲向中国索偿一切费用而已,余可保其无甚深求也。而英国某领事亦尝语诸两江总督刘岘帅云,英国首重商务,人言意图兼并,然我英之意但能经商获利,民乐其业,更复何求?中国苟能保护各国人民产业,非但英国无异词,即德、法、俄、美、日,亦断不多事。且言大沽一役,各国咸欲用炮轰击,此实各国之违背公法。英国及美提督劝阻不允,因将兵舰开向口外,其意以为英实不欲与中国开衅也。然吾闻大沽之役英亦开炮轰击,或且言攻陷天津时英人开放毒气炮,致我军伤亡殆尽。忍心害理,未有若此之甚者。事非亲历,不敢决其确否。顾其不欲兼并中国土地,而但求经商获利则似非虚语誓言也。或曰:虽无瓜分中国土地之心,乌能保各国之不存此意?应之曰:各国中惟俄以兼并为心,且北省之地又与俄近,各国皆知其计,故不欲以渔人之利让俄。俄人亦知各国之意不与己同,而又格于众人公言,不能不随声附和。因于黑龙江别开衅隙,与中国相争,俾他国不能阻挠,俄人得独收其利。盖英人之志在通商,故不求分地。俄人商务不甚兴旺,故志在开疆。势有不同,故用心亦各异。然则今者各国联军入京，中国虽危，他日和议告成，或尚可无削地之虑。而俄人于黑龙江一事，则他日重寻盟好，恐中国边鄙又为俄人所蹙矣。此可为中国叹息者也！

遵谕保护外人示

湖广总督部堂张、湖南巡抚部院俞为晓谕事：照得北省民教寻仇，匪徒乘机烧抢，致开外衅，本部堂、本部院节次钦奉上谕。现在京城仍竭力保护各国使馆并徐图补救，暨各省督抚相机审势，保守疆土各等因。是衅端之启，原非朝廷本意，且并无废约之文，则所在教堂教士与游历洋人，仍应钦遵历年谕旨，照约保护。特恐民间未能深明事理，徒逞意气，自诩义勇，或误听浮言，托称忠爱，别生事故，亟应明白开导，以期保境安民。吾民须知住堂教士、游历洋人为数无多，如或恃众欺凌，不足以称义勇。一旦构成衅端，上贻圣主南顾之忧，下累宗族乡邻受无穷之害，自蹈罪魁祸首，尚何忠爱可言？湘省士民率多明达，必能深喻此义。匪类奸人造谣生事，希图因利乘便，固不待教而诛。除责成文武官弁将所有教堂及游历洋人照常保护外，合行出示晓谕，为此示仰阖省士商军民人等一体知悉。父兄子弟务各交相劝诫，切勿误信浮言，召衅生事，致碍大局。倘有痞匪造谣逞凶，定饬兵勇严拿，尽法惩办，决不姑宽。各宜凛遵毋违，特示。光绪二十六年七月　日。

遵旨保护地方示

重庆访事友人云，六月二十五日，成都将军绰留守会同四川总督奎乐峰制军发出告示一道，其文曰："为遵旨保卫地方，出示晓谕事。照得北方近因拳匪滋事，各国纷纷调兵到京保护，以致乱民乘机肆扰。本将军、本部堂钦奉谕旨，饬令保守疆土，自应妥为办理，以期地方安静。现经两江、湖广总督部堂刘、张会同与各国领事官约定，各国兵舰不入长江，凡内地各国人口、产业均归地方官保护。业经妥议，电奏在案。诚恐民间未知此次办法，或有土匪莠民造谣生事，藉端骚扰，转贻地方之害。为此，特行晓谕一切军民人等知悉。尔等须知，此次北方开衅，本非朝廷意料所及，现在长江以上各省外洋商民，既经与各国商定，仍旧归我保护。川省系长江上游，自当一律办理。况我国出使官员及人民之寄居各国贸易者，各国均照常保护；则各国官商教堂及游历洋人之在中国者，自应按照无论何国一体保护，俾地方安靖如常。尔等务须安分守法，互相劝诫，切勿受人愚弄，轻启衅端。倘有匪人造谣生事，煽惑人心，藉端肆扰者，定即严拿重办，决不姑宽。其各凛遵毋违，切切，特示。"

七月十五日(8 月 9 日)

《申报》

论英、日宜助中国拒俄以纾后患

予前作救时策，谓英、日、美宜为中国排难解纷，以遏俄谋而纾各国之愤，固即目前大势言之也。然美国素不以拓土开疆为事，即于中国商务亦远逊英人，兼之相距甚遥，不若日人之谊关唇齿。故为大局计，英、日宜先美国创此义举。何则？英、日与中国情谊最亲，而与俄国则素相猜忌。俄自不得出黑海以窥欧洲，改而求逞于东亚。甲午之役，日本(徼)[侥]幸战胜，大获利益，俄人起而攘之。中国之旅顺、大连湾，朝鲜之蔚陵岛、马山浦，日人已得之地皆被俄人夺回，积怨如此之深。故日添战舰，俄即增水师，彼此防维不遗余力。英自俄人得志，凡有谋于中国政府，时遭俄人掣肘，愤愤之气积不能平。去年英出全力以争搭浪施华列，俄即乘间窥伺阿富汗及印度徼外，并在古巴、希腊等处聚集大兵，欲牵制英人施于印度加褒路之权力。俄国水师统将某君与美员纵谈时事，谓俄、日二国不久将有战端，且谓战务一开，德必助俄，英必助日，亚洲之战必将连及欧洲。盖俄、日结怨已深，识者早知其不能久保和局也。不谓俄之祸未发于日本，竟先施于中国。夫中国义和拳匪之乱激成各国兴兵，与众发之，与众收之可也。乃俄人闻各国使臣议调兵自卫，则托词以缓之。闻日本发兵独多，则设法以阻之。嗣见各国联军不能与之同志而又迫于大义，未便坐收渔人之利，遂别生一计，寻衅于黑龙江。我镇守黑龙江将军寿军帅督兵御之，势甚勇锐。俄军不能逞，由是中俄之衅遂成。论者谓中国内迫于拳匪，外困于各国联军，更何堪与环球最强之俄国争胜？予则以为，俄人此举，虽欲别异于各国，而发之太骤，未免招各国之忌，而转不足为中国忧。夫中国此次之变，非朝廷意料所及，各国知之，各国当共谅之。故其调兵入京也，皆曰代剿拳匪而已，保护使臣而已。至于瓜分中国土地，则先声明并无此心。盖以各国兵力欺压孱弱之中国，胜之不武。中国与邻邦交接，初无失礼，一旦承其敝而取之，不仁。各国因保护使臣纷纷调集雄师，固皆出于一时之义愤。若为自私自利之计，异日割地不均，恐以义始者，必以怨终，是为不智。人虽甚愚，必不至此，况俄今日狡谋已为各国所共见乎？夫俄亦曷尝一日忘英、日哉？只以英、日防之甚密，故俄不敢显然发难。今俄乘中国多事之秋贸然开衅，中国而有失无论，唇亡齿寒，日必为虞之续。即英国在华商务，安见不尽为俄人所夺？前此俄谋未发，英、日虽欲助华，或尚留以有待。今则事机已见矣，欲保亚洲，以纾欧祸，及今不早为之，所悔将等于噬脐。予非谓英、日可明助中国，以遏俄人也；惟当知中国兵力虽疲，民心尚能固结。试观俄军夙号精悍，乃此次加兵于黑龙江上，胜负互见，未必能一往无前。推究其原，盖因东三省华民平日屡受俄人虐待，故皆誓死与俄为敌，决不让其虎踞鹰瞵。是故英、日而不顾大局则已，英、日而欲顾大局也，闻此消息，必将跃然而起，力劝各国早日言和，俾中国得专其力，以抗俄师。如此则中国全，而日本亦全，英亦可免后日侵凌之患，岂非目今最要之一大关键哉？或曰英国水师提督西摩氏之南来,实奉英政府密谕,或即与此意暗合,然则忧深虑远如日本者,其必知之矣。略抒所见,且以验诸异日何如?

《知新报》

荣禄隐衷

此次祸衅,实荣禄暗中主使。盖各军均归伊统属,心中常以与洋人为仇。外面故意装疯,盖恐万一事败,伊尚能为政府也。可谓巧矣,聂军欲剿义和团,荣极力阻止并函责之,谓义和团乃忠义之民,万不可剿。此函人多见之,在津西人亦多知之云。录《同文沪报》。

又有人得京函,言董军已围庆邸,荣禄名为救护西官,实则围困使署之事,皆其所主持。又昨探实徐桐未死,当拳匪攻击东交民巷时,先向徐通知,将其家属、器具移往他处,始行动手。故徐家并无损失,盖徐与匪同一派也。录《中外日报》。

逆藩近事

据华人言,逆藩端郡王载漪,本非天璜支派,盖道光皇帝之第五子,即光绪皇帝之叔醇王之螟蛉子也。逆王之母,乃醇王府之乳媪,当时醇王之福晋抚乳媪之子为子,故得封端郡王之职。虽系满人,其实非宗室嫡派云。又探得某君得京中家信,言端王前曾招募年富力强之勇士百人随身护卫。又端逆前以拳匪之势可恃,未及三思,遽尔妄动,至酿巨衅。日来有发狂之说,不知确否。录《采风报》。

津城陷后情形

昨有至自天津者带来信息云:天津租界与城中各处遍地瓦砾,情景殊形惨目。城内各衙、署、局、所,所存现银约有六百墩,均遭洋兵肆行劫抢。洋兵入城后,一点钟之间,见男女老少尸骸满地,其为俄人所攻之处,杀人尤多。各国受伤兵士欲得适口养病之物,颇非易易。计牛乳一罐价一元七角,鱼一罐则需洋两元有零,至面包则更无处可买矣。目下中外各军并不以炮相攻,一礼拜前虽经抢到华军大炮十八尊,而礼拜五之日尚有华兵用枪遥遥相攻,俄兵死伤亦有数人。新济轮船大副于二十一号起身,据述天津车站情形,笔难尽罄。所有墙壁、房顶、铁路、客车以及火车上所用之零星机器无不碎坏,堆积甚厚云。其离车站不远之义塚,现在堆置华人尸骸竟以千计,俱系毒气炮所毙者。城内人家又多为毒气炮所薰死,其死时,家人妇子尚坐一堂。又有英国水手见一华人兵倚墙而立,手持洋枪,如欲开放之状,就近观之,则亦为毒(药)[气]炮所薰毙者也。目下租界河畔流来尸骸甚多,闻将开放浮桥,以便使之流下云。录《中外日报》。

天津地方,现在情形极为可惨。河内皆系华人尸身,男女均有,一望皆是。流至近岸往往停滞,朽腐之后气息难忍。西兵亦有发瘟疫者。又云:津城自失陷后,商民逃走一空,所余贫苦之辈借居城外者不下二千名。今英、俄、日三国统兵大员皆拟复旺此城,设法鼓励,务使逃出之百姓回城居住云。又昨晚得确信,知天津城被西军攻破之后,夺获军械甚巨,所获库银共有六百墩之多。其余大绅富家私珍被夺者,更属不赀,靡有孑遗。西军死六百余人,华兵死约二千人。又昨探得上海某君接烟台电云:大沽口各国兵轮已派出三分之一，驶往山海关。又《字林西报》接烟台念号专电云：洋人现已在天津设立政府，以便暂时办理各事。又各国西军目下驻津者共三万余人，已将所有围攻之团匪、华军等全行击退。又将大沽、天津本近一带土垒及拳匪前所占据村庄等，以炸药轰毁，与平地无异，以防拳匪仍旧暗伏其间，袭击各西营云。

拳匪汇纪

探得津城乱兵及团匪大败后已退至北仓及杨村，现团匪止有五六万人。又探得英兵现已派兵舰五艘至山海关，拟将宋、马二军攻破后，即剿除在杨村、北仓之团匪，再行入都。又江督刘制军得接某提督电云：现拳匪与官军两相龃龉，官军讥匪无功，匪诿时会未至。刻下匪皆束手，毫无斗志。又探悉(唐)[塘]沽铁路司事马某由津到上海，述及拳匪有不惧枪炮，现为西兵所破，盖其术不过半点钟之久，过半点钟之后，则其术无用。西人知之，与之相遇辄奔，约半点钟之后突转鏖战，则复胜云。又先是义和团到租界与西人接仗，约二千人均手持竹器，并无军械，于三更时掩入俄营，俄兵起而攻击，二千人死无焦类。又当第二次义和团与聂军合攻租界时，聂军以该匪颇谙法术，因令充当头阵，及西人开炮轰击，团匪死者千余人，聂军死者亦复不少。又端王并董福祥二人除决运粮河堤之外，又恐西兵尚可由他道至京，故将最要紧之永定河堤掘毁，以致河水涨溢，浸地更广。按此河每年费银百万修整堤岸，是端、董此番举动，不但与西人为难，直与国家为难，恐不能逃诛戮矣。

黑龙江中俄开衅

近日华兵出俄人不意，在黑龙江北攻打勃拉谷凡吃斯克一带。俄都得信后，颇为震动。同时并经华兵在黑龙江边筑有炮台，不令俄舰驶上。

闻黑龙江将军寿山分致黄河以南各省督抚电语云：尔来未接天津、北京各处信函，不知近日情形如何。奉天之某江要隘已为俄国所据，因此近六七日内马递已不能通，曾屡次电致驻俄大臣杨星使儒，请为转询俄廷，究系如何用意。俄廷覆称因团匪滋事，焚烧铁路，担误工程，地方官不能平匪以安生产，本国不得已派兵前往剿平，借将财产保全等语。某闻信后，托赖两国素日和好并与俄国总督以及各工程师等平素友谊，议请两国将兵撤回，以免滋事。讵料于某日得信，俄国总工程师人等已于十一号在齐齐哈尔西面七十里地方，自将房屋延烧，并将附近之中国电线私行割断，即乘坐火车往嘉平河地方躲避。今晨俄人之乘坐小火轮南下者，竟以千计。旋接嘉平来电，始知俄人心怀狡诈，谓我首先攻洋人，所有东三省铁路亦惟中国国家是问。现在日被俄人所逼，情形十分吃紧。因此电告各位，请速将以上情形登诸报端，谁是谁非，当必有能定之者。至于东北一带，某亦定当尽力保守也。二则录《中外日报》。

营口中俄开衅

昨接营口来信云：客有自盛京回营者，述及途中所见甚详，因录于后。据言："余于五月下旬由盛京返，拟附营口火车回营。及至车站，见俄国人因团匪滋事皆逃避于辽阳城外之火车站。辽城以北五六十里，有村名土屯，俄人造大桥一座，以置铁轨。于六月朔日，被奉天育字军之马队焚毁，由省达辽之火车至是阻住。遥见该马队用秫秸将桥燃起，即策马驰去。当时车中所载逃难之俄国男妇约数十名,见桥断车停,皆股栗失色,哭声振野,惴惴焉惟恐育军、团匪追至为难。亟事修葺。三四日始略可行驶。余时已不可耐,又恐玉石俱焚,遂舍车遵陆诣辽,该火车旋即尾随而至。”又云:土屯桥梁被焚后,华兵于次日驰入辽阳,又将城西十余里之桥梁焚毁。俄人见浓烟迸起,知桥路着火,急派马队四五十人驰往灌救,良久始灭。俄兵无所泄忿,见桥南有村名蔡家屯,相距里许,当即驰至,遽将该村富室赵某之柴堆、屋宇纵火延烧,见一驿卒驰马急奔,俄兵以为放火之党,群起驰逐,欲得而甘心焉。彼时育字军马队种火后,即入店午炊。有行告以烧村逐卒各节,该马队遂舍炊负枪而出,伏于高塚之下,向俄兵放枪一排。俄兵愕然,勒马四顾。此时驿卒业已逃去,遥见塚后烟浮,料必有伏,亦望塚还击,适为坟墓所蔽。俄兵见无动静,前行数武又放枪一排。如是者三,已距塚一二里许。育军陡起,又发枪一排。俄兵应声落马者五人,马亦仆地。俄兵急抢尸而归,计共死二人,伤三人,毙马两匹。录《华字报》。

得牛庄友人专电云:俄人因被华兵攻击之故,遽将该处村庄尽行烧毁。其居民则尽驱入树林中,纵火焚烧。有一半则驱令尽登木排,放诸江中,由兵士在两岸尽情击毙。

营口来函云:自六月朔,育军等将俄人所造桥梁焚毁后,俄人无所泄忿,分派马队四外寻觅,势甚汹汹。月之二日,辽阳西相距四十里之沙河,有镳银六车,乃营口号庄解赴沈水者。行至该处被俄兵瞥见,突将镳师击走,将所解现银数万两强劫而去,并将保镳之械枪抢去,将车夫缚而凌虐之。银主幸得脱逃,奔至辽城挝鼓鸣冤。州官廉得其情,代向俄人讨索。俄人坚不交出,未知将来作何办理也。

又云:俄人自受育军之创,次日即分派马队驰诣辽城东北之章台子,因育军前日烧土屯桥时,曾在此村午炊歇马,遂迁怒于该村车店之人,遽将店中村民及行人缚去廿余名,榜掠几无完肤。经各家属赴州署鸣冤,陈刺史代向索取,往返数次,竟无端绪。不得已将俄员之舌人拘禁,命其代为伸理,谓如仍不放,当先诛汝以谢众怒。舌人惧,始函祈俄员释放众人。三则录《中外日报》。

按此次中外开衅,团匪残杀,无理取闹,固宜剿灭不待言。惟各国联军号称文明有节制之师,自应与团匪行径特别。乃此次俄人借端残虐,视拳匪尤甚。据天津逃难南归之人亲述,租界内及津城陷后,凡华人一遇俄兵者,勿论良歹,无不被杀,否则抢掠一空,甚至淫及幼女,种种暴酷不堪言状。此虽或以告者过,然据中外报纸所载,历历可证。是则以文明之号而行野蛮之事,安得不激华人之愤,而鼓滔天之祸哉?敬告各国将帅欲如解公使之困,亟宜申明公约,禁制俄军勿得妄为。庶几祸患易释,亦不至伤天地之和也。

李相到沪后情形汇纪

李鸿章初由港至沪,巡捕房已盖搭彩棚,预备迎迓。英领事闻知,亟令拆去。商务总会又电香港总会,嘱阻港抚派兵迎护李傅相一事。后得港会复电,言电到太迟,傅相已到多时。今晨即派出西兵数营沿街站队保护,鸣炮十七响,以致敬意。

西人论李傅相云:自北省团匪、乱党与各国为仇,当时长江张、刘二制军探知诸事,实系端王、刚毅、赵舒翘等专权所为,故与驻沪各总领事互商,立约保护长江各省西商人等。不论北省情形如何,概不问及,惟以仍准向来和约办事为主,以顾大局,保全疆土,不遗余力,其志可嘉,诚他省督抚所莫能及。该二大臣,在华各国官绅商民人等莫不钦佩信服,业已迭次专禀各该国政府，凡涉中外政务大局者，我等只认张、刘二督臣为中国政府，凡事必与彼二人互商办理。至李傅相先与沿江各督抚联络一心，保守东南，言明不奉伪诏。曾未几时，竟奉北京伪政府之命，离粤北上。是从前驻沪各总领事与之互相签字，保全东南各省者，原是与两广总督立约。今李已补授直隶总督，欣然赴任，直隶为民麇集之区，为端王权利所压制，与各国相战，故我各国可以不必认他。况又有一说，李既能奉北京伪诏，着令离粤，伊必得实在信息，方始动身。北京既有实在信息，何以各国公使安危实在情形伊反不知？此等欺人之言，夫谁信之云云。甚矣！此言之骇人听闻也。二则译《字林西报》。

据西报载，李鸿章抵沪后照会驻沪各领事，请订日会议。各领事之意，以为傅相既言北京公使无恙，应议之事可以进京与各公使会议，领事并无会议之权云。录《苏报》。

美国城京来电云：有中国某大臣或云系李傅相，近日有专电致美国伯理玺天德麦坚尼，托其代请各国国主停兵，如不前进攻击北京者，则中国当将各钦使交还各国，以为酬谢等语。据云美总统接读电书，并未允所请云。

本港西字报昨日接到上海来电，言法国驻申总领事卑疏劳曾以一书托李鸿章代递与该国驻北京公使，而李鸿章却之，将原书璧回，并云各国既不缓兵，必北上攻击，则当此军务吃紧之际，朝廷已不准外臣传递消息，此事实不敢代劳云。至上海之各西人，咸谓中国政府必以各公使为质，以缓北上攻击之师。又言月之初五日，各国之兵已由天津拔队北向。俄、日两国兵士较多，故为前部。行至距津十英里附近北仓之处，已遇华兵。至英国之兵则共有二千三百名，连在香港运往者在内，悉归嘉士利统带，想必有一场血战矣。录《中外新报》。

各省闹教汇录

盛京自端节后，义和拳即盛行，至月底尤甚。除儿童不计外，凡土人之游手好闲者皆演练神拳。至六月初四日，拳匪聚集数百名，声称将烧教堂。于初五日即将耶稣教堂烧毁。初六日，齐集南关之天主教堂门首，持刀直入。适教堂中自闻拳匪聚会，所有教士、教民皆聚于该堂院内，男妇约千余名。四面墙阴已置快炮数尊，更有毛瑟无烟枪数百杆，子药皆备，令教民昼夜严防。故拳匪至门数次，皆被击而退。晚餐讫，又往攻打，扰攘达旦，内外均有伤亡。至初七日，突来中国兵二营，推巨炮安于教堂门首，置格林炮于四周之高埠，猝然轰击，将门击毁。拳匪乘间而入，持火具燃之，所有房屋咸付一炬。堂中人奔出欲逃者，皆毙于刀枪之下，而妇女之葬身火窟者，尤不可胜计。法教士亦在其中。此堂既焚，拳匪又分向他处搜捕教民。

初一日，本港接上海电云：山西省内有传教西妇二人，一名韦夏储，一名施尼劳，于日前被人杀毙。

初五日，上海来电云：旅居保定府之西人于日前尽行被杀，查该处有西人十八名，想已难望生还矣。电又言有法国神甫二人及教民一千名，在山东、直隶交界之广平府地方，被土人杀害云。

山东潍县美教堂已遭焚毁，华教民数人亦被杀毙。该处道台已奉上台命令，着即拘获肇事首犯，严行惩办。据闻该处之乱，亦颇利害。四则录《中外新报》。

初七日接特电，言李秉衡往北方，有焚毁教堂及仇杀教民之事，故李傅相奏折内言此时办事甚难措手,惟将李秉衡革退,并将各使臣释放,力剿拳匪,保护教民,庶可有济云。又得江西信息,言景德镇教堂已被匪人焚毁,教民亦有被害者。鄱阳湖左近各教堂中之西教士已避往他处。录《苏报》。

本埠内地教会教士得陕西英国某教会教士来电,言现有英国女教士两名在该省某县被害。另有男教士一名已由该县逃至省城。译《字林西报》。

浙东各属现又有土匪滋事,并向教堂寻衅。诸暨县土匪于十七日集众数百人,拥入董牧司所创之耶稣教堂抢劫,并纵火焚烧。当由倪愚山大令将火扑灭,护送董牧司赴省医治,立获为首纠众鸣锣之边某等五人,于当日按照军法处斩。乱党乃敢举竖奉旨兴清灭洋红白旗,欲与大令为难。幸城守营见势汹湧,当将城门紧闭。各土匪被阻难进,围绕不散,声言须杀却倪大令,以报五人无端受刑之仇,即可退辞归农云云。兹由绍府尊熊再青太守电禀到省,奉刘中丞饬委前任诸暨县调署钱塘沈剑芙大令,会同胡都戎惟贵,带领新军两营,飞骑往诸,相机查办,未识作何了结。

是日同时焚毁之教堂,有二十余所之多,内有教民数人,查无下落,是否被害,殊难逆料。顷有闻枫桥镇地方乡民现已聚众与教堂为难。二则录《苏报》。

浙省多乱

探得浙江衢州匪乱甚为猖獗,距兰谿不远之清湖电局子店已于二十一日被匪徒拆毁。又得杭州访事人专电云:与江山相连之西安县亦乱,有在该处之西教士四人被害。传闻吴大令小村亦被戕害,因严于办匪之故。廿六日,抚署连接衢州三次警电告急。末电则云:江山失守,县令逃避。至廿七日,电线不通,刘中丞惊悉之下,于廿八日将驻扎拱辰桥之两浙新军左营拔队向上江进发。又绍兴来函云:衢州府属之江山县自廿六日被土匪占据后,该匪旋即分往攻龙游县,幸高大令锡爵,急将城门紧闭,现尚未破。而北连之常山县,亦已失陷。又本馆西报接上海电云:浙江衢州府有教士九名并该府及吏胥六名,俱被戕害。录《中外日报》。

按:衢属之江山、常山与福建之浦城接壤,现浦城之刘加福揭竿起事,与衢匪相应,使勾通联合,声势渐大。该处又山多丛杂,剿捕极难,恐向应日多,闽浙无干净土矣。

《中国旬报》第十九期

纪乱:拳党护照

《字林报》言:沪上地方官接到北方消息,言南省人之为京官者,几历险阻,由京逃出,至黄河之南。闻有拳党头目给与护照,始免沿途为难,保其行至直隶、山东交界之沧州府为止。闻过此以往则非权力所至。拳党此项执照,视乎其人,由五两至三千两不等。每照依中国文凭款式,独上书拳党头目名字,纸边及包皮各有暗记。每执照另有红色棉布袋贮之,以免中途湿烂。料此项人由北京走出者,因拳党、端王、董军残忍,并接到消息,俄兵及某国兵极恶津沽华人起见。据所接各消息言,由京逃出之人,携带执照,沿途并无留难。迨一到山东途中,遇李秉衡兵士,有等逃难人被其滋扰或被夺什物。料想逃难人与兵南北相撞,将来恐难平靖云。

纪乱:西人论天津战事

此次天津华军与西兵苦战月余,西人咸谓如此死战,实为从来所未见。又西人战法,凡两军饷械屯积之区,相距必二三日程,今相距才十余里,皆炮弹可及之地,尤为危险。华人此次临战极为勇敢,虽死者山积,气犹不馁。枪炮又极有准头,与以前迥异。惟其短处尚多,否则西人取胜更难。华兵短处:一、布置未宜,如大沽、塘沽守备空虚,致西人上岸时无以抵御。二、发枪时不专注一人,故多虚发之弹。三、发炮时不知伺敌兵积聚时发,而专攻租界中领事府等,故虽中而轰死人甚少。四、连夜劫营皆在夜间十二点钟,故西人得以为备,此皆疏失之处。聂军守车站,初至时以远行才至,状颇困惫,衣服又不鲜明,西人见之多笑。不意战时极勇敢,不畏死,西人颇惊。西兵每人携枪弹不过二百颗,华军乃携至四百颗之多。天津初开战时,华军有一炮,来处极为闪烁,如是者数日。后一日经西人之炮无意中轰去乃止。又有一炮,轰击数日亦不能测定方向,后捕得炮丁讯之,据云初将炮定于坚固洋房之顶上,才发一炮,即移至他处,故敌兵无从测准也。

纪乱:辽阳交战

辽阳自六月朔日育字军马队与俄兵交哄后,俄人迭次添兵巡守。未几,省城之奉军步队奉都统札派四营赴辽拦截俄兵入省,相机办理。及官军至辽,正遇拳党将省城教堂烧讫,分队南窜。初九日抵辽阳,即会合官军与俄兵交战。自晨至午,鏖战未息,俄兵当场毙九人,受伤极众,官军也有伤亡,俄势不支,旋向西南败走,拳党及官军追至距城四十里之沙河,俄人返戈死斗,弹飞如雨,直至傍晚始各收军,俄人伤亡益多。自是各筑营垒,相持不下。兹闻省垣当更有接应之兵开赴辽南,以资臂助。俄人自受育军之创,次日即派马队驰诣辽城东北之章台子,因育军前日焚土屯桥时,曾在此村午炊歇马,遂迁怒于该村车店之人,遽将车店中村民及行人缚去二十余名,掳掠几无完肤。经各家属赴州署鸣冤,陈州牧代向索取,往返数次,竟无端绪,不得已将俄员及舌人拘禁,命其代为伸理。谓如仍不放,当先诛汝以谢众怒。舌人惧,始函祈俄员释放众人。

纪乱:家书照录

京员某家书一封,于京城乱事,逐日记载,极为详尽。按自京津匪扰后,消息久断,偶有所闻,非出自传述,即挂漏殊多。惟此函系某君以身所亲历之事函告其家,且所居又与使馆附近,自非道听途说者可比。故亟为登录,一字不易,藉存其真。

义和团肇自山东,本年春间,始延至顺、直界。以戮教民、焚教堂、杀洋人为事,聚众筑坛,设祖师位祝之。自称神附其体,即能运械如飞,不畏枪炮,且能使敌人之枪炮不燃,举国信从。入团者童子尤众。

四月间,据涿州城,戕官且毁铁路。上意已主剿矣,而执政王大臣信之甚深,护之益力。

五月初四日,董福祥召对,又以力敌洋人为己任。由是朝旨大变,命大臣刚、赵等出示近畿招抚之;而各国亦调兵四百余人入都保护使馆。至初七日,京津铁路亦毁。团党之入京者日以千计,遍地设坛。斯时,近畿教堂尽毁,教民避难,纷纷入都中交民巷使馆潜居自固。此初十前后情形也。

十七日傍晚,大学堂瞥见四处火起,即速回寓,知东城所有教堂皆焚,灯市口火光尤烈,至翌早尚未息也。

十八日早,过盘石寓,其寓舍后即董军行台,时甘军已先数日入都矣。午间,武举杨朝爵差人来约眷属翌早一同出都,力辞之。盖日间已传闻津轮停,近又闻通州大乱,铁路、电线皆毁,沿途又有续调入都之洋兵,又闻天津大乱,以故决意不行。后紫竹林一带果于二十一二三日大战,洋兵两千名行至杨村附近为团兵所截,鏖战未已。至今杨君夫妻、父子凡三人杳无音耗,未知生死如何,是眷属不与同行之一大幸也。是晚,人声鼎沸,皆在东西大街。已而枪声大作,盖头条胡同西口为王府大街之南,即长安牌楼十字街也,街之西为奥国使馆,距寓所仅十数丈耳。惟时团民鼓噪,逼迫奥署,故洋兵以枪击之。至三鼓后,人声、枪声始息。

十九日早,西口外有死人数名,皆夜间枪毙。闻夜来之团民不过十数人,其随之鼓噪呐喊者,皆好事之平民也,然团民亦死去三人矣。

二十日午,前门外火大作,乌烟蔽日,作淡黄色,盖大栅栏有老德堂药房,团民往焚之。已而西南风大作,延烧不止,东尽前门大街,西尽煤市街,南至河沿,又逾河而至月墙两荷包巷,前门之外,谯楼尽焚,计所烧铺房数十,亦大劫也。自珠宝市垆房焚后,市面大坏,四恒因之关闭矣。自十八日晚,团民受创后,不复逼迫洋署。夜间,人声颇静。闻团民自以所学未精,权候老团入都再攻云。数日之内,无时不火,非焚教堂,即焚教民之居室也。

二十三日午,德使偕其译官乘轿赴总署,行至东单牌楼北,轿中枪声忽作,盖身中所带手枪误触机而发也。适比使署,洋兵疑为官兵发枪——比使署在德兴堂隔壁也——辟门放枪击人。官兵还击之。往返之间,而轿中人已误中,其一即德使也。是为决裂之始。朝廷知事不可收拾,始议派甘军进击各使署。先是十九日,有旨命那桐、许竹筠两侍郎出都往止洋人勿进兵。二公携带译官三人,马拱宸其一也。翌日就道,行至丰台为团民所拦截,牵入坛内将甘心焉。二公再四申说,皆不听,曰:“吾团民知有祖师之命,不必问朝廷之命,二公此行必将通情洋人以害我等耳。然既为朝廷大臣,亦未便遽加诛戮,升表请祖师示可也。”乃升表至三道皆不起,至四道乃有转机。团民曰:“赦则赦矣,然公等毋得前行,即回京复命可也。”险矣哉!

二十四日下午四点钟,甘军在王府大街长安牌楼北与奥使署洋兵开仗,枪炮声大作,飞弹如雨,霍霍有声,竟夜不息。

二十五日,枪声大作,寻见西邻屋顶有甘军数人伏身房脊放枪,恐洋人对之还枪,则寓所必受飞弹,因速将妻妹及一女一幼子逃入交民巷。未刻,甘军攻破奥国使署。申刻纵火,恰在寓所之南,相距不过三十余丈,中隔长安一街耳。入夜,奥国使署之东偏中国银行及银元局火起,火光熊熊,满院星飞,竟夕不敢安眠。天甫明,火自东而西,隆隆烛天,较前尤烈,盖奥国使署与银行之间尚有铁路学堂一大座也。

二十六日早九点,甫将用膳,忽闻西邻破扉之声,继以枪声,人声鼎沸。家人李玉仓皇入先曰:“官兵抢夺矣!”余与叔弟相顾失色,急嘱李玉:“若闻叩门即开,勿待其破扉。并善言告之,勿触其怒。”未几,即纷纷拥入,率从西邻而来,亦有从大门入者,二十余人皆手持枪械,汹汹登堂。余与叔弟携印儿出立堂外,迎而告之曰:"此乃京官住宅,诸君如必携取,亦所不靳,惟勿惊小孩可耳。"众不语,入室尽斫衣箱,出衣物列庭中,择佳者攫去。未竟而他兵又至,则取其次者;后至者取其又次者。约至七八起而衣物尽矣。身中所挟银票亦为其搜刮而去。已而叩东邻马氏扉,而门坚不能破,兵乃大怒,登院墙越屋而下,放枪无数,弹横飞,余率印儿等奔至主人家中暂避。斯时,人声汹汹,枪声隆隆,前后人啼鬼哭,四处皆兵,危坐房中。忽有枪弹破窗而入,一座皆失色。忽而东邻马宅火起,烟大作。是时,胡同前后左右皆抢物之兵丁,不敢出门一步。则门外已死人卧地上者三,房东外厅内死一人,则西邻王氏之公子也。大骇无措,伏地约一时,而东邻火益烈。突有一兵登堂,以枪指众曰:"速将银子来,否则取汝命。"房东老妪哀告之曰:"已被攫尽,真无有矣。"始悻悻而去。移时,闻门外人声稍静,与叔弟等谋,先奔孙家鼐宅暂避。甫出门不数武,有数兵出,以枪指曰:"打!"是时,比屋皆大门洞开,因急奔入门内,幸不追入。已而探视门外无人,则又奔。甫数武,又有兵来以枪指曰:"打!"则又窜入他门避之。是家李姓,距寓东第五门耳。其家人父子均伏地痛哭,收拾残唾云,十数万金尽矣!俄转西风,马宅之火益近李家,家人谋奔出,而又苦门外兵阻。正进退维谷时,而东口纷传营官马队来矣。闻兵自东而西,返身而遁,沓沓声大作。盖时大营方知官兵焚掠来弹压也。余乘此时奔至孙宅,适值孙家鼐登坐明轿(即入朝之朝马也),神魂失措,将舁往徐颂老处也。孙宅抢夺尤烈,其世兄只余短衫,兵丁以枪指孙家鼐索银,家俱什物亦为之一空。盖孙宅蓄车二具,兵丁即以之运载而去也。时望见火渐息,不敢回家,因决意即在孙宅过此一宿,时方未刻耳。已而喧传大营令下,劫者正法枭示,即有马兵将人首悬于孙宅门外,是时,劫兵尽散,因步回家一观。沿途尸骸无数。闻各家皆有击毙者,即文给事之夫人亦被斫死。而东邻马宅死者三,二门丁一车伕也。西邻王宅死者三,两仆一主也。始知顷事之险,盖贼至家中未放一枪未伤一人,固由开门迓之而善语之,亦由先期一日命妇女幼孩先避去也。否则妇幼恐号,必撄其锋矣。万幸万幸!此役也,实出意料之外。先数日,城内外颇有土匪抢掠,惟此一带官兵团团围护,万无疏虞。故居人无一迁者,且有他处之人迁至本胡同者。不意事变突出,官兵且较土匪为尤烈也。寻闻徐桐宅及肃王府亦均被掠,继之以焚,诚无忌惮矣。其先抢者甘军也,而司弹压者,则武卫中军也。不惟不能弹压,且随之而抢掠,故后抢者武卫军为多焉。

二十七日早起,荣禄亲赴孙宅查验,因乘其便随其后,出东口奔往马拱宸家中。晚[台]基厂及交民巷东头皆焚。登屋远望,火光延长如龙。

二十八日以后,枪声四起,御河桥一带尤甚,因翰林院后壁为英使署,各国洋兵皆聚焉。方对击也,教民多人自使署窜出逃生,携有枪械,逢人便击,官兵、团民亦追击之,以故道无行人。连日搜杀教民、劫焚房屋,所杀教民多置灯市燃其尸。

六月初一日,攻破美使署,洋兵窜入堂子胡同。交民巷焚烧略尽。夜,枪声忽密,究不知为何也。

纪乱:津沽战事函述

日人阳洲居士客寓津沽,以近日战仗致函沪报,其叙西摩入京与匪交战尤为详悉,今特录下,以供快睹。

西历六月九号夜九点钟,各国领事及统兵官均会于法国理事府,前此法理事接在京英、美两国钦差电,据称京中形势叵测,祈转函大沽驻泊各国水师提督拔队入京保护使馆。于是由该理事咨各国理事、统兵官会议,派兵救援。英、美二国理事主直派兵之说,意谓铁路受毁未甚,我积载工役物料,且驶且修不难,三日而达京。拟由列国领事联名移文直隶总督裕禄饬派火车。俄统兵官欧伽克、法理事并以此举为不易办,盖由铁路为匪所毁既经四日,其受损处不止一处,纵向直督照会,万无应允之理。德理事亦赞其说。但日、意、奥三国理事、统兵官左袒英、美理事,愿均派兵入京。于是五国联合之约成,由法理事即夜具文照会裕禄以办火车之事,议毕而散。翌日十号午前六时,直督复函至,内开议允之事,期午前九时三十分开车。我日本水兵由森海军中佐督带,如期抵于车站,与四国兵会同北进。英提督西摩既在车上,英、美、奥、意四国水手从之。西摩云:今朝俄、法、德三国理事允派兵,拟由第二次火车北上。现在车狭人多,难容多名,愿贵国兵少缓,与三国兵一齐进发。森许之。午前十时,三国兵至,我与之乘坐火车同行。此役各国统兵官、各军及兵数如左:

英统兵官,水师提督西摩,水兵九百十五名;

德统兵官,汉萨号管带伍士特母,水兵四百五十名;

俄统兵官,俄罗号副管带查仁,水兵三百十五名;

法统兵官,坦特勤喀士度号副管带某,水兵一百五十八名;

美统兵官,湟华克号管带奴喀罗,水兵一百名;

意统兵官,职名不详,水兵四十名;

奥统兵官,职名不详,水兵二十五名。

我军水兵系笠置兵轮水兵,其数五十一名,编为一小队。海军少尉宇佐川某统领,由海军中佐森督率全军,计有二千五十五名。以英提督西摩班位最高,推为总统。我军开至北仓车站,傍见华兵约二营露阵,盖聂军一股也。抵于杨村车站,犹全有聂军牙营驻于此地,约有十五营。闻该军分驻于北仓、杨村,两地间互相策应,以备拳党南侵云。自杨村北进二英里,见一列火车停在一桥,乃系西摩所乘坐。前此拳党将铁路基材撤去及于十余丈,我车不得进行,我军待第一车补修二点钟而竣。行二里有一铁桥破损如前,施修而过,若是者数次。是日火车唯行二十五里,日暮傍轮宿于车中,四出哨兵警戒不虞,此夜无事。十一号午前六时五十分开行,越北受损越甚,至距落垡三里之处,此时第三次所发之火车载英、俄后队四百五十名而至。午后六时二十五分,有一股拳党现于前方二百密达之地,列国水兵皆下车在路右方布阵,严备而待。敌不敢迫,放英兵二小队冲之,纷纷逃去,追歼其三十名。夜十一时三十分,遥闻炮声殷殷,不知其所。各国兵皆蹶起装束,然无敌来近者。(二十)[十二]号早起,派兵修路如前日,十一时开轮。落垡附近修毕,乃留英兵六十名于车站,以备后路。此夜停宿落垡、郎坊两站间。夜,第四次火车载德、英两国兵而至。十三号修路渐进如前。午后二时五十分抵于郎坊,将水补充汽机,此夜无事。十四号午前,第五次火车至,自天津系积载粮食者。午前九时三十分,拳党突现于第一、第二两车间,其数约三百名,青龙刀、蛇矛等类,间有携旧式鸟枪者,蜂拥而来,意气甚锐。我军防战二十分而走之，敌死者七十余人，联合军惟失意兵四人耳。午后四时四十分，英提督使一裨将来告我日本军，据云落垡英军为贼千余人所围，颇形危急，请烦贵军返车赴援。无几提督亦至，坐我军所坐之车鼓轮向前路，时四时四十五分也。于五时抵落垡，战斗正酣。我第二号所乘之日、法、英、俄四国与四百五十人直下车向敌，兵势大振，敌兵交战不二十分而退走，我追蹑之，杀其三百人。此日车站守兵惟伤二人，无一死者。提督虑附近情形不测，留英兵三十五名驻落垡，午后七时凯旋郎坊。

十五号午前六时三十分，饬英将某乘坐火车返天津报告战状，兼取粮食、军火。各国兵竟日力作，补修前路。讵午后四时二十分，曩所发之火车退至郎坊。据云：后路再修，破坏梗塞不通，才至距杨村二里之处而返。盖直督阳应我请代办火车，阴嗾拳党绝我退路，联合军皆落其术中而不觉也。此夜各国统兵会议阵势，或谓自此至北京犹有三十五里铁路破损，补不堪补，且以匪贼满野，形势不可，难于长驱前进，孰若退保杨村以南与天津连络，以为后图，众皆然之。十六号昧爽，派第一号及第四号两列车积载物料退返后路，别使第二号、第三号两列车往复郎坊、落垡间，巡查匪人，以备破坏铁路。以至十八号获无事，午后提督专差至，述使命云：杨村以南，铁路受损甚大，出于意料之外，非旦夕所能修补。又据捕掳所供云：聂军以十四号悉数撤杨村以守。其临去，破坏车站及附近铁路，天津联络一绝，不可复通矣。事态如此不堪设想，本提督拟与诸公面商后图，请从速退回。众皆愕然，直拟退回。然此时机器所贮之水既告罄竭，现在挹注中，不得即时回轮，至午后二时三十分始能开驶云。

七月十六日(8 月 10 日)

《中外日报》

［论说］ 书昨报续警信条后

昨日本报所登副都统庆恒眷属被团匪杀毙，旋庆恒亦被凌虐致死一节，盖从上谕录出者。其原文则曰："义和团民为国宣力，人数既众，良莠不齐，甚至有意寻仇肆行无忌。本月竟有伪义和团戕副都统庆恒眷属一案，当经该统率王大臣查明，将该义和团正法五人。乃闻尚有人哓哓不已，竟将庆恒凌虐至死，殊属不知法纪，着该王大臣确切查明，务将真正义和团众尽其恪守戒规，义以和众；其有匪徒假托义和团之名寻衅焚杀，着照土匪之例即行严办。经此次淘汰之后，义和团之真心向善者，益当爱惜声名，同心御侮；其伪托之匪徒，自无所逃于显典。从此泾渭攸分，当亦该团之所深愿也。"按此谕词句颇有不可解处，大约系电码之误。然其命意则亦有不可解者，夫团民即作乱之匪徒耳，何所为真，何所为伪？真亦匪也，伪亦匪也。吾不知所(为)[谓]真者何从而分之，所谓伪者又何从而办之。又不知政府所以待真团民者果何若，所以待伪团民者又何若也？意者杀教士，杀公使，攻使馆，焚教堂，皆可谓之真团民。杀旗员即可谓之伪团民欤？凡为真团民者，皆当得优奖，当得厚赐。凡为伪团民者，即当得重咎欤？是皆未可知也。揣政府之意，其于团匪之杀教士,杀西使,攻使馆,焚教堂,固所谓正中下怀者也。以彼积忿外人既久,而又不知自强之政策,又无不战而胜人之本领。于是日日思杀教士,日日思杀西使,日日思攻使馆,日日思焚教堂。而团匪探知其隐,造为扶清灭洋之名目,彼遂以为天赐之奇人,以遂其夙愿也;且以为天予以机遇,以成此大功也。故于团匪必庇之、护之、厚奖之、重赐之;至于杀及平民、焚及民居,则已无可解矣。然所戕者,他人之性命也;所焚者,他人之房屋也。彼固不动心也,且又可诬之曰所杀之人非教民即通洋之匪人也。所焚之屋特不幸而延及,非人力所能为也。至于毁铁路,砍电线,毁国家之产业,则更无可解矣。然铁路、电线固彼政府所深恶,岂肯责之?而又迫于众议不能置之不问,则且诿其过于匪徒,而为团匪洗刷净尽。此固考诸五六两月之矫诏而又洞知其隐者也。

至是而又有戕杀庆恒之案,则彼为政府者又几乎无以自解矣。大约此庆恒者亦幸而为旗员耳,非与中朝有肺腑之谊,即与政府有亲故之雅。使其为汉人,则如陈侍郎学棻、杜太史本崇诸人惨被戕杀,政府何尝问及?又意庆恒死状必是惨不可言,势难掩人论议,故不得不下诏声罪。然又恐明白斥责或致触匪之怒也,又欲迴护己之前非也,乃又臆造真团民伪团民名目以开脱之;于庆恒被祸之故则以"凌虐致毙"四字了之,冀以杜众议而博匪欢,此又读此次之矫旨而可深知其隐者也。旨中又有"团民真心向善者益当爱惜声名"等语,尤为奇险不可思议。以彼团匪之罪擢发难数,除杀人、劫物、焚屋诸罪不计外,无故猝启衅端戕害德使,动强邻之公忿,召列国之大兵,致使二百余年宗社有沦胥之忧,千百万人民被涂炭之苦。虽寸磔尚不足以蔽辜,彼岂知有声名,何尚欲其爱惜声名?岂以其邪术惑人尚为未足,更欲其效古来奸雄之举动,以其小信小惠笼络愚民为窃据非常之计耶?呜呼!此矫诏者之罪上通于天矣!自五月二十以后之旨,东南诸疆臣相约不敢奉行,实为有见。本馆亦屡持此议。而论者多不谓然,诋斥交至,吾不知论者试观此旨,又以为何如也?吾又思勤王诸大臣自必以剿杀匪徒为宗旨,然同一团众也,前此与西人为难则是真民也,非匪也,不可剿也;此次戕一旗员则是真匪也,非民也,可杀也。一团之内,在甲可谓之为匪,在乙又可谓之为民。一人之身,今日可谓之为匪,明日又可谓之为民。听之不能,杀之不敢,彼勤王者又不知何所措手也!

《申报》

论近日沪上迁徙之多

残暑将退,凉飙飒然。执笔人方与管城子即墨侯相周旋,藉以消闲情而遣旅兴。有客造寓楼相访,一揖就坐,从容而言曰:"吾子安砚沪江有年矣,见闻之广,信息之灵,固不同乡曲腐儒轻为浮言所惑。敢问今者北方拳匪肇乱,激成中外衅端,到处谣说纷传,惊心风鹤,沪滨一隅地果能安如磐石,永无意外之虞乎?"执笔人曰:"匪警远在京津,距此三千余里。若辈虽无谋无识,亦何肯自趋绝地率众南来?若虑外人在南方各省忽启兵端,则沪上为各国商人荟萃之区,方与中国官绅订立约章,默筹保护,岂有轻自挑衅遽背前言者?故以鄙见观之,他处或虑土匪乘间起事,难免殃及池鱼。沪壖则既为各国公共市场,尽可高枕无忧,不必多生疑虑。"客曰:"子言既闻命矣。然自上月初旬以来,居民之在沪受廛者,无不携辎重挈妻孥,纷纷然为迁地为良之计。其中固贫苦下贱者居多,而稍明事理之人亦或未能免俗，敢问何谓也？”则谨应之曰：“居人之竞谋迁徙，在发端者固系轻躁好事之徒，惑于谰言，自以为适彼乐郊即能消祸机而免惊恐。迨后去者益众，即镇静者亦不能不起而效尤。此中固有为难情形，而不仅图免祸乱已也。盖租界中居民大半来自四方，粤人、甬人之多，尤为首屈一指。平时或经商或作工，皆有业可图，足供事畜。于是携眷来沪，一枝鹪寄，暂图乐叙天伦，然其故乡房舍田园固依然无恙也。今者商务减色，各厂相率停工。工人既辍业以嬉，商人亦无利可获，而又米珠薪桂物价日昂，与其坐困他乡，不若暂回故土。此迁徙之故一也。沪上房租昂贵，为他处所骇闻。每屋一幢约需洋银十元，苟非境况从容，虽赁庑下之舂亦不易易。于是工于心计者，辄将余屋转赁与人，借租金以资补救。故数椽之屋，栖止者必非一家，明知蜗舍难容，而欲省租金，不能不出此下策。今自谣传之起，同居者相率迁移，则房租即独力难支，不得不同谋他往。此迁徙之故二也。酒浆缝纫，妇职之常，内地寒俭之家往往私自操劳，不必资力于佣妇。沪上则浣衣购物不便良多，非有佣人，举动每多掣肘。一自讹言四起，若辈先心存恇怯，次第辞归。如或勉强挽留，竟或不别而行，潜图逃避。提汲既无人料理，则起居服食窒碍多端，不得不暂返故园，再定行止。此迁徙之故三也。由乡僻而至城市易，由城市而回乡僻难，此亦人情之常。故沪上虽费用之繁，视他处几及数倍。而既已移家来此，为妇女者或溺于视听之娱，或习于团聚之乐，虽所入不敷所出，亦只暂时隐忍，未便轻赋归与。今亲戚邻居既已同谋避地，亦何防乘此机会遄回故里，依然返朴归真。此迁徙之故四也。总之，在沪之人多系客居，并无土著。此时迁回固易，倘他日和局一定，市面渐有转机，携家而来者又可不崇朝而群集。盖此辈本流徙无常，并不得以内地之移居例之也。故愚谓：凡在此作寓公者，如实宜于暂迁，固不必向之劝阻；苟非有为难之处，尽可从容镇静，不必多此往返之劳。而他处逖听风声，亦不必因沪滨徙避之多，疑此间实非乐土。此则商务之枢机，亦人心之关系也。”客唯唯称是，三揖而退。爰诠次其语，付之手民。

七月十七日(8 月 11 日)

《中外日报》

［论说］　书俄帝宣言派兵事后

中国自拳匪肇乱，外交政策变乱靡常，时局之危间不容发。近日忽喧北京政府与俄人立有密约，识者方为中国危、为列国惧，恐俄人得志必将旁出横溢扰乱东亚也。乃日前本馆译东报载俄帝宣言曰：俄虽派兵往中国北方，然并无他意，不过保护黄河一带之俄人，并期与列国平和云云。斯言也，其由衷耶，抑不由衷耶？然自有是言，而向主联俄之策者益信俄人为可亲，势必至神州操纵之权浸假尽入俄人掌握。是此一言也，实隐系乎中国之存亡，东亚之利害，列邦权利之得失，全球大局之安危，而不可不详加体察也。夫波兰非亲俄者乎？而俄人分之；回部非亲俄者乎？而俄人并之。俄人之可亲与不可亲，不烦言而自解。盖俄自彼得称雄而后长驾远驭，专以开辟为能。其历代所经营，列朝所擘画，莫不耽耽逐逐思欲开拓疆土,增长势力为得尺则尺之计,以逞其志于全球。今则据亚洲西北一隅,蓄锐养精,因利乘便,南向而与中国争衡,势如高屋建瓴,将一发而莫可遏。观其要求朝鲜海港者,即其有意于东南洋也。其赶造东方铁路者,即其不忘于亚细亚也。然则,当此中国大乱,神京震摇,正俄人有机可乘之时,虽与中国密约,约岂足凭?虽有俄帝之言,言岂足恃?若以联军牵掣俄不得独求所欲为言,则今日华京联军之约,犹昔日法京联军之盟。观乎法京联军之不可凭,即知华京联军之不足恃。何言之?曩者,巴黎之会各国联军执言仗义,禁俄船不得驰入黑海。俄以众怒难犯奉命唯谨,无何而法被德蹶,俄船遂往来黑海如梭。然则巴黎之会既有盟,则必有守盟约款,而俄竟弃之如遗,则中国之约亦可弃之如遗也。巴黎之约既有禁,则必有申禁章程,而俄竟背之不顾,则联军之禁亦可背之不顾也。不特是也,俄之行不顾言,久为各国所诟病。当同治八年,俄将加支可字谓英使曰:“贵国疑俄欲假道波斯进窥印度,我国实无是心,请与使君盟。自今而后,俄兵决不至阿吐累特河。”乃誓墨未干,而俄兵已逍遥河上矣。同治十年,俄有事于机洼,遣使告英曰:“机洼不服,故临以兵,请与大国盟,俄兵此行决不占其土地。”乃使臣甫返,而阿梅大雅河已陷于俄矣。由是观之,俄人惟利是图,虽有约而不必循,虽有盟而不必守,岂今日联军之约可恃乎?岂今日俄帝之言可凭乎?况以近事而言,勒令日本归还远东者俄也,要胁中国索取旅大者亦俄也。前以有害亚东大局责诸人,后竟以责诸人者而自犯,则其谋略亦可知矣。比得黑龙江将军寿军帅山文告,知俄人之藉端寻衅尤出意料之外,则其欲离联军而自立,以求所欲于东三省,固已较著彰明,乃俄帝犹为是言以为掩饰之计。呜呼!俄人之虑远谋深,诚列史中所罕见。不特中国所宜慎,抑亦各国所宜防矣。

《申报》

续劝各国停战说

义和拳匪以仇教为名,起事山东,蔓延顺直,酿成中外交哄之局。京城危迫,迄今两月于兹。现在各国联军已于本月初七日首途进逼畿辅,乃行至离天津三十二华里之北仓地方,猝遇华军,鏖战七下钟之久,华兵始纷纷溃散。联军虽夺得第一重土垒,然华军有马军门玉昆所统之兵一万名尚在北仓屯扎,宋宫保庆统兵一万名在杨村屯扎,董军门福祥所部甘军分屯郎坊、落垡等处。似联军即欲入京,尚非易易。然聚六七国之精兵,与一孱弱不振之中国相敌,识者固早知中国之不能取胜矣。且西人火器极精,闻日前攻陷津城,联军用毒气炮轰击,以致直隶提督聂功亭军门所统之军伤亡殆尽,军门亦即阵亡。此次北仓之战,闻联军复以毒气炮取胜。夫并各国之力以攻一地,已知中国之不敌,况更用极毒之物以攻乎!北仓离京虽尚相隔二百华里,然各国苟并力相攻,吾知入京之期亦必不远。东西兵一入京城,非但北事不堪收拾,即南方亦必为之动摇。盖朝廷为一国人心之所系,未有朝廷至存亡危迫之时,而尚南北分疆,漠然置之度外者。故南方现虽由各疆吏筹商保护,然北事至极急之时,即保护恐亦有难恃之势。愚窃以为各国计,果欲南方常保安宁,非速成和议不可。说者谓:求和之议出自中国,如中国果欲议和,何以调各省之兵络绎北上?窥中国朝廷之意,盖非战至极处不能转圜,以是言和,恐目下尚非其时也。应之曰:中国之调兵北上者,本为助剿拳匪起见,初非与各国联军相距也。顾联军日逼一日,则势亦不能不阻其入京。然则欲议和，非先停战不可。夫各国之必欲进攻京城者，不过欲援驻京使臣已也，不过痛恨拳匪思欲剿除尽净已也。并未尝有瓜分中国土地之意，各国曾自言之。若是，似宜先停战事，请中国速将使臣护送出京；一面尽力剿匪，然后各国允与中国共议和局。倘中国不将使臣送出，并不肯竭力剿匪，各国亦何难重振六军，再图进取？至是中国当无辞以谢，而天下万世亦当共谅各国之用心。若逼之太紧，则和局不能早成。和局不能早成，则商务将日益不振，而中西人民咸受其累。是非特中国之祸，抑亦非各国之福也。海外秉国之士，其亦深体鄙人之言，而思维持大局乎！

七月十八日(8 月 12 日)

《新闻报》

论英兵来沪

上海与长江一带联络维系，是咽喉之要隘；与苏杭各属旁通贯注，是腹心之重地。故北事虽警而长江及苏杭之不改常度者，惟上海是倚是赖，咸于此间之安危卜各处之安危焉。财货之繁盛，产业之厚重，四方人民之居处，五洲交易之荟萃，创造经营垂数十年而成此一极大商埠。譬之树木，长江各处则枝叶，上海则根本也；譬之江河，长江各处则支派，上海则源头也。自中外互市以来，洋货为大宗，上海为通商公地，中西商贾取裁于兹，内地商贾仰给于兹。据今时势而论，上海之一发能牵动各处之全体也。况地方广阔，缔造恢宏，十四国之公界、各领事之交涉、工部局之政治，要皆以上海为中西枢纽，较之他处口岸租界，关系尤为重大，故中西之人咸于此(属)[瞩]目焉。屡月以来，上海之银根紧而各处随之市面滞，而各处随之不约而同如出一辙。东南疆臣所以必与驻沪各领事公订保护之约，工部局所以必邀各业董事公议安民之法者，无非以上海为咽喉之要隘、腹心之重地。上海安则各处安，上海危则各处危。自订保护之约以来，上海租界银根稍松，市面稍活。虽仍有纷纷迁徙者，而既经有智识之人将各领事及工部局之良法美意明白剖晓，大众亦遂安民乐业。工部局复一再出示晓谕劝解，于是人心大定。近月以来皆能安常处顺，固保护条约之全力也。工部局西团向来得力，近复增添巡捕包探，加意防维，极力查察，故流氓地棍虽号称繁多，卒远飏而不敢犯。租界以内于北匪毫无关涉，人皆恃西团之足以力任保护也。寓沪绅商偶有议团之举，皆为工部局阻止，谓既不合章程且反多添扰乱。见解甚高，莫敢不从。

近以西人索借吴淞炮台及制造局之谣，工部局复苦口力辩其诬，亦可谓示人以信矣。乃近闻英水师提督西摩君，有奉该国政令由香港派兵来沪保护之举。工部局已经出示晓谕上海各业绅董，虽公禀道宪请设法阻止，无如租界之权为该国所管辖，道宪不能代定行止，不过可与领事商办安顿之法耳。论保护租界即所以保华民，原不可无兵弹压，然尽所有之西团已经敷用，即欲加兵亦应就沪募团或十四国公议联团，数百人亦足矣。今调派保护租界之兵，在英国一国已一千四百名，诚如各董公禀所论如各国照办，与西报所论如各处租界照办,中国岂不布满洋兵乎?况上海洋兵过多,则长江与苏杭皆洋兵可分到之处,安在不摇动内地人心乎?夫租界以内本靠西兵保护,西兵愈多,流氓土匪踪迹愈远,而商贾产业愈以保全。英国之意诚哉,利租界,非害租界也。然人之信英者五,人之疑英者亦五。信英者,信其商务多在上海,自应多派兵来以资保护。疑英者,疑其不与各国同商联团,而忽调其一国之兵前来,未免为长江一惊一虑也。此其立意似与各领事及工部局之主见微相左也,然而揣其派兵来沪之意,亦无非为厚集兵力,庶保护弹压不托虚谈。工部局之示谕所谓别无他意、万勿惊恐者,要亦实在真意。各业商人及居民人等不愿租界庇护则已,若愿租界庇护,当极望西兵力足而后匪力始无从攻入也。故联团数百人为上策,各调本国重兵来资保护为中策。惟重兵既为保护而来,果能设法妥为安顿,立定规条不骚扰、不招摇,不再加增,处处使华民无疑无虑,则中策犹为上策也。总之,租界华民既归工部局保护,要惟其命是从,慎勿纷纷自扰、多方惊疑,则大局之幸也。

七月二十日(8月14日)

《新闻报》

再论英兵来沪

凡事必取信于人而后人不乘其隙,凡事必取胜于人而后人不攻其短。自北方起衅迩月以来,长江一带得以安靖如常者,疆臣保护之功可谓不遗余力。然其中有防范不到者。当此乱世,不独伏匪易于起事,即无业之民为饥寒所迫,亦可聚党数十人劫掠抢杀。此外,土棍地痞何在蔑有?彼等忽而工作,忽而弃工而哄,忽而贸易,忽而舍贸而嬉。无论兵力不能遍及,即征兵往剿,彼等当大兵未到之先,已经分散或又他窜,往往兵力追之不及也,且兵亦不尽良善也。仓卒招募,其中有土匪,有流氓。彼等变态无常,乱兵骚扰,与土匪凶狠无异。此等漫无节制之兵,不独用以剿匪不甚靠住,尤虑其变而为匪,为害更甚。在该管营官压服不下,要亦非故为纵放也。而疆臣不能遥制,虽苦心苦口整饬防务,亦不能亲躬前往,故华兵之不足保护地方,据种种情节而观,亦当原谅。然而西人则据华兵不足保卫一层生出计议。夫互相保护之约西人同盟,而其心不甚坚信者,亦何怪其然哉?即以上海租界而论,假使撤尽西团、西捕,尽归华兵华捕弹压,其不能保护租界,虽妇孺亦知其然也。况前约有租界以内归该国自保,租界以外归中国自保等语。则是租界以内中国必不分兵力保护,亦不暇分兵力保护,且西人亦甚不以华兵为可恃。合之租界章程,华兵更无调兵租界之例也。则是租界以内,西人之用西兵以自相保护,亦其严慎办法,如此则“保护租界”四字非空谈也。论毗连内地,西兵纷来易于摇动人心。然租界居民华人多于西人,今西兵之一体保护华人,正好藉资庇荫可以安居,可以乐业,稍有智识者固必不致有所疑虑,则愈信“保护”二字坚稳可靠也。然而华绅之所以上禀道宪及往说工部局总办请其阻止,道宪之所以往商英领事,工部局之所以与道宪一再示谕者,岂不以无故调兵动人惊疑,不得不剖晓大众哉?顾租界归西人管辖,道宪只有会商之权,则不能归咎道宪之不阻止;

工部局只有遵办之职，则不能归咎工部局之不阻止。故英兵来沪为已成之局，既安顿于杨树浦，则商民不必疑虑矣。独是追本穷源，英兵之所以来沪者，岂贸然哉？为彼思之，必谓租界不调兵驻扎不足资保护，而租界以外流氓充斥，假使渐渐侵入为患租界，则华洋商民何能安居？彼又见华官"保护"二字往往有题无文，即有文亦不甚切题。故一舆论"华兵"二字，彼等辄摇首，一再谓靠不住也。此西兵来沪保护之缘来也。惟中国既受西人菲薄华兵之言，则所急宜严益加严、慎益加慎者，舍防务外则无善策。欲杜西兵不到租界以外，则当于租界以外不使防务稍懈。欲杜西兵不到长江一带，则当于长江一带不使防务稍懈。必令匪徒灭迹，兵力坚稳，地方得以安堵，而后西人无从藉口代为平匪、代为防备也。不然者，忽而浙衢匪耗矣，忽而蕲州匪耗矣，又忽而大■匪耗矣。西人心中、目中本已久存觊觎之念、越俎之谋，中国又授之以柄，则亦何怪其有代为平匪、代为防备之说哉？总之，上海租界英兵来沪已成事不说矣，惟此后内地长江防务加倍严密，则庶几不召外侮，而上海租界以外防务尤宜加紧。某所谓凡事必取信于人而后人不乘其隙，凡事必取胜于人而后人不攻其短，于英兵之来沪又何责焉？

七月廿一日(8 月 15 日)

《新闻报》

直督阵亡感言

城存与存，城亡与亡，守土之道也。批击权贵，不畏鼎镬，正君之道也。盖人臣致身事君，诚有所谓死而后已者，况当此存亡危急之秋哉？虽然吏部许侍郎、太常袁京卿而竟死，真所谓批击权贵不畏鼎镬者。至于直隶裕制军之死难，虽亦合于城亡与亡之义，然亦不能无遗憾也。夫使顺直各省并无团匪肇祸，则各国不动公愤，不致于公夺大沽、公夺天津，不致于联军赴京，即裕制军不致于死。裕制军身为封疆，将士云腾，独不能镇压土匪，绥(静)[靖]地方。阖省骚乱，外兵争集。当其未死之前，其上为国家谋、中为一身谋、下为百姓谋者，夫亦有未尽然也。团匪之祸虽为政府权臣所养成，然身任督抚究不能诿为无权。盖团匪初起本在山东，自袁中丞巡抚山东，而山东之祸遂变为直隶之祸，则非袁中丞之幸而裕制军之不幸。制军当时之依违两可、趋附权贵，即现在之所以死也。呜呼！衙署被焚，岩疆竟失，内有团匪之相逼，外有洋兵之交攻，以总督之尊贵流离道路，战死疆场，可不痛哉，不惜哉？夫城存与存，城亡与亡，裕制军之死难，亦可以上报国家、下谢百姓也已。而谓为尤有遗憾者，则以裕制军之死不若许侍郎、袁京卿之死也。许、袁二公不避权贵，批击逆鳞，虽已成莫须有之狱，然所谓语多离间，必因痛斥端王。端王之召乱误国，震惊宗庙，涂炭生灵，凡属臣民皆当痛恨。然大权正握，圣聪正蒙，若非不畏鼎镬，如许、袁二公者，谁敢一言其奸谋？二公言之而太后悟，则果社稷苍生之福。言之而太后不悟，死可以对祖宗于地下，故宁以躯体为百姓之牺牲。而凶耗遥传，海内之人无不惋痛，且犹冀所传之不确也。夫使大小臣工皆无趋附权贵之心，而有不畏鼎镬之志。日日以端邸之奸谋、团匪之荒谬，纷陈于太后之前,则端邸之权亦不至于如此之专擅,而团匪之势亦不至于如此之诪张。独有爱恋禄位、趋附权奸之徒,日日以团匪之神奇、端邸之忠荩蒙蔽太后,于是大好河山误于若辈之手矣。大沽既失以后,裕制军曾以团民迭获胜仗等语蒙奏朝廷,遂使朝廷愈以团匪为可恃,外人为可欺,而时事愈决裂。卒以天津失守,迎阻洋兵不能得团匪之相助,力战阵亡,败军逐北,使外兵又得进步,岂非死有余憾者乎?同此一死,许、袁二公之死,则论者谓中国大臣果有洞明利害力谏而死者。若裕制军之死,一死于始事之初不能绥(静)[靖]地方,再死于失地之后反而蒙奏战功,虽死难而不无可议也。虽然,裕制军果自知失地之咎,死于国难矣,以视贪生误国之徒,亦可为差强人意者乎?夫贪生误国之徒,当其枢廷坐论,则慷慨淋漓,独肩力逐外人之任;当其祭旗申誓,则发指眦裂,颇有灭此朝食之情,而且举动跋扈,言语夸张,几若真是忠臣良将者。及至时势紧急,非逗留京师,号为持重,即一战不胜望风而逃,至于一退北仓,再退杨村,再退河西务。时势至此,朝廷虽欲问其误国之罪而不能及。若而人者,可不痛恨哉?

《汇报》

恭读七月初八上谕书后

呜呼!时至今日,事理曲直尚可明哉?盖自拳匪之乱起,而拳教混为敌体,教不害拳亦谓害矣,教不抗官亦为抗矣。不知教者,守天主命者也。天主垂诫十条,祈禳之外,首重君亲。凡在教中能恪遵规例者,不特赋税正供、输纳恐后,即朝廷误听谗言,欲驱之杀之亦惟俯首就刑,不敢抗拒。无他,抗君长,即为天主之罪人,身后遗殃,不可当也。炎汉季叶,教会初行泰西,各国仇教甚酷,先后三百载教民被害者不下千万,要皆甘心忍受,未尝一谋不轨。中国自明季以来,教行日广,历朝褒宠,迭沛洪恩。惟世宗宪皇帝为太子时,偶为教士所触怒,一朝践祚,立降雷霆,刀锯兼施,桁杨并用。于是教民冤死者,不可屈指数,然未尝发一矢、投一石与胥吏相抗衡。此何以故?朝廷有命,不敢违也。拳匪以胶州之失,初惟积恨于德人,继且迁怒于各国。爰藉仇教为名,逞其灭洋之志。然其意尤在于劫掠,故李傅相告示有云,拳匪倡乱以攻教为名,实则焚掠劫杀,坐使生灵涂炭、宫禁震惊,罪大恶极,法难宽宥云云。不谓端邸、刚相诸公信其扶清之语,目为义举,重为义民,不惟不剿,且更纵之。于是大张旗鼓,辄肆横行。其焚教堂,杀西人,戕德使,戮教民,遗祸不可收拾,此众人共晓,无须覼述者。幸朝廷爱民若赤,柔远心诚,虽未下剿匪之谕,而仍以保商保教为词。煌煌帝语,标榜国门。姑不言他,而六月廿一之谕,犹谓各国洋商、教士,在通商各埠及各府州县者,按照条约认真保护,不得稍有疏虞,则朝廷无灭教之令彰彰也。朝廷无灭教之令,而官民私行仇教,是显违廷旨。草芥生灵,谓之匪徒可也,谓之乱兵可也,谓之贼臣亦可也。无故肆杀,国有常刑,保善安良,官司专责。及官不能保,而民自守望,已是不得已之苦衷。此团练之法所由起,无论中外,理相同也。

乃者宝坻教民,频受拳匪攻杀,长吏置若罔闻。于是盘踞村庄,掘濠筑垒,聊以自卫,亦守望之意,非以抗官也。如必曰抗,则抗不遵功令、私行灭教之匪。质诸天下,谁曰不可?乃以宋庆诬奏上谕有抗拒官军迹同叛逆等语。异哉?官军之责,原当保护教民。宋军果往保护,教民将感德不遑,安有抗之之理?意者:该军之意本欲杀害,故教民抗之耳。

何以知之？予于其一闻不害立即解散知之。但许以不害犹为未足，又当禁阻拳匪不复攻杀。非然者，犹之执人之手不任其用武，而潜纵仇人披颊击背，谓为保护，可乎？否乎？呜呼！云雾障空，罕睹天日。中国行教三百年，被难未有如今日之烈。请问教民何罪？奉教即其罪耶？斯罪也，予不能认。盖天主者，天地主也，天下君、天下父也。敬天主而有罪，世之忠君孝父者皆罪人矣。质之蛮野，当不出此，况华人乎？将谓其欺抑平民耶？拳民强悍至此，谁能欺之？即或偶有所屈，理当凭官争论，何容炽意横行，直至牵动中原，置江山于累卵？此拳党之大恶，虽妇孺亦知也。总之，教民之血，义血也。千万善良无端被害，问李监帅诸公，何忍下此毒手？夫作善降祥，作恶降殃，此理千古不易也。一旦天谴赫临，诸公其何以当之？我故不为守教冤亡者惜，而偏为忍心害教民者危之。

《清议报》第五十四册

荣禄主谋结拳匪攻西人信据

顷拳匪之变，焚杀西人，几亡中国，中外汹汹，咸知罪端逆、刚毅矣。然有最奇者，于首谋之荣禄多恕词，不特恕词，且有从而群称其力谏者，又有从而称其令各省督抚勿奉二十五后之旨者。鄙人既得京师确信，知荣禄实阴为通拳匪杀西人之主谋，绝无力谏之事。至令各省督抚勿从伪谕之说，尤为齐东野人无稽之谈。今将各信附列于后而先辨之。夫荣禄何官乎？非军机大臣乎？今号称政府出谋定策者，皆出于军机。军机中首座礼亲王，则荣禄之亲家也。军机中旧例，凡有与上问对、传旨、述旨，皆首座、次座为之。荣禄与刚毅虽同在军机，而位居其上，又有兵权。虽同为废上之元勋、李联英之门生，而荣禄多一亲家为军机首座。故荣与刚对较权宠，刚为一军机，而荣兼二军机，一也。刚为下军机，而荣为上军机，二也。荣为总内外兵权之军机，刚为匹夫之军机，三也。荣为机警聪敏之军机，刚为蠢愚冥顽之军机，四也。有此四者，荣、刚之孰为有权无权，不待计矣。荣既有权，然则凡军机之出谋定策出自何人，又不待言矣。通拳匪为如何政？杀西人、戮公使为如何事？若荣禄不肯，彼挟礼王而合争之，岂患不能胜一蠢愚之刚毅哉？凡一切出谋定策、降谕传旨，皆出军机。试问今京津流血，召怒万国，明明庇团开衅，几亡中国，此何事？而谓荣禄不尤能行之乎？或者曰刚之力诚不如荣矣？然通拳匪杀西人之事，出自端逆之意也。端逆者，候补太上皇也。荣禄将臣之事之，岂敢抗之？岂能阻之？刚与端亲比，故荣虽在军机，无如之何，此近者信荣禄之理也。然如所信云云，荣禄力请剿团、勿攻使馆，且今各省督抚勿奉伪旨，是荣禄深知拳匪之不可用、公使之不可犯、各国之不可开衅，端王之为逆矣。夫杀西人，戮公使，召各国之交攻，则中国将亡，荣禄亦不免矣。夫荣非西后心腹之臣乎？椒房之亲乎？今既频忤端邸而听其横逆，至于能矫旨幽弑太后，矫旨攻各国，矫旨令各督抚通团攻各国，则荣禄既有忤端邸之祸，又失太后之倚，此天下第一大事大祸。即使中国尚存，荣禄亦必见诛于端邸矣！

夫从古乱世，以何为定乱之资乎，非兵力乎？今京师之兵权，谁最大乎，非荣禄乎？计京师之兵：虎神营一万人，端王统之；神机营将二万人，庆亲王统之；步军二万人，荣禄所属之心腹崇礼统之；此外，左翼前锋护军各一万人，火器健锐共万余人，而武卫军五万人，则荣禄统之。京中各军皆旧法，甚且有张弓挟矢者，惟荣武卫中军一万五千人实为洋操，聚各国克虏伯、吉林毛瑟黎姆斯至精之械,实于其中。不独京营诸军所无,实惟全国各军所不及。若夫武卫诸军,董福祥、聂士成、宋庆、马玉昆以骁雄著于一国,尤其赫赫矣。是端逆之权,在京师十五万大兵中不过十五分之一耳,荣禄实为三分之一,孰强孰弱,不待决矣。况神机、步军之四万又有不与端合,则不与端者三分之二矣。况武卫军之强为天下精兵,迥非虎神之比乎,此又无可对较者也。荣禄如知杀公使之不可,怒各国之不可,中国将亡而己身不免,又已数忤端逆,端若既篡,必不容之。故论拳匪之害,则将至国亡身死;论端逆罪,则矫旨幽君。荣禄若恶拳匪也,将为各国讨贼;若忠太后也,必清恶君侧。身为宰相,挟其武卫百练之五军,猛将精兵,枪炮绝伦,下平乌合之拳匪,上除谋逆之端王,一指顾事耳,何求不得?而肯坐听拳匪蹂躏京津,杀西人,戮公使,开衅万国,几亡中夏哉?又肯坐听端王幽太后哉?故荣禄若不定通拳匪杀西人之谋,断无坐视戮公使、矫旨幽后之理也。

或曰端逆既为候补太上皇矣,荣禄虽有兵权、政权,不敢逆之,故只有咨嗟叹息而无如何。应之曰:荣禄而统臣也,则端逆既矫旨幽后矣,义当讨之,况端逆犹为大臣乎?荣禄之兵权最大,何难为王文成之缚宸濠乎?且荣禄昔以皇上变法,新旧意见不同,恐上不容遂幽皇上,荣禄之为跋扈权臣久矣。夫皇上不便已,犹敢干名犯义而创谋废弑之。于端王之杀西人、亡中国、矫旨废后、将害及己身,则坐听之,有是理乎?故荣禄而为纯臣也,则将讨贼;荣禄而为奸雄权臣也,亦必讨贼。夫荣禄之聪狡诈黠著于天下久矣,政权、兵权皆在其手。若其忤端,则必讨之;若不讨之,则必不敢与端立异而忤之。荣禄意见既与端殊而频忤之,端逆又已矫旨幽后。荣禄手总大兵,可以直行其意。同则附和,不同则诛讨,何为日日言力谏,日日言主剿,甚且以为伪旨令各督抚勿从之?而彼以手握大兵之人,明知伪旨而俛覗俯首赵趄,半进半退,有如坐听束缚,无所能为者可欤!且不虑频忤端逆,而端逆杀之欤!夫中朝大臣,虽在军机、总署。意见与端王不同者,苟无兵权,皆匹夫耳,心虽愤怒,诚无如端逆何?则不得不叹息咨嗟、俯首赵趄,以一听端逆之所为,如王文韶、廖寿恒之流是也,凡京官皆是也。故两年废弑之事,京官之含愤权贼,如沈鹏者不可胜数,特皆为匹夫,无如荣禄之兵权何耳。今以荣之跋扈奸雄狡贼,总军机之大权,统武卫之雄兵,俯仰顾盼,则大业可定,安有托于匹夫无兵者之所为;但俯首叹嗟,赵趄嗫嚅,半进半退者乎?此又不待辨而可决其诬也。

抑吾闻荣禄之才也,其统武卫五将,颇握操纵之妙。其发五军之火药弹子,皆五日一发,度尽而后给之。故袁世凯戊戌之秋欲兴兵救上,而扼于药弹不足无如之何。夫今天下所知杀德使、御西兵者,岂非董福祥乎?近大战于天津者,岂非聂士成、宋庆乎?是三将者属于何军,非武卫乎?统于何帅,非荣禄乎?五日从何所领药弹,岂非荣禄取发乎?若荣禄不欲通拳匪杀西人,则董福祥何能违帅令而行之?宋庆、聂士成更是老于交涉之宿将,更何能违帅令而独攻西人乎?彼三将者虽欲仇杀西人,而荣禄不欲,彼三将从何领药弹乎?发药弹由荣禄,指调三将由荣禄,而德使既杀矣,天津既开仗矣,两军杀人如麻矣。而天下犹信荣禄主剿拳匪,犹谓荣禄不攻西人,则是持刀杀人,而谓非我也,刀也。可乎?令各省若有提督、总兵开衅西人,而谓督抚不预闻,其谁信之?凡一军之中全听帅令,此中外之所同也。乃荣禄犹是总武卫之职权也,以武卫五军助拳匪攻西人几月矣,而其统帅曰非我也,吾属将之董福祥、聂士成、宋庆自为之也,有是理乎?且或又为之说曰是端逆之命,荣不得已而从之也。折之曰:荣既能电告各省督抚以勿从廿五后伪旨矣,彼乃自从之乎?且端既矫伪旨,荣禄以之告戒天下,则已显悖端逆矣。身总大兵,又何畏于端逆而屈从之乎?皆无可解者也。即如京师各军,皆无精械,且多用弓矢,惟荣禄乃盛贮军械耳。今拳匪十数万,皆有精械,从何得来?若非荣禄与之,从何得之乎?故谓荣主剿拳匪,不攻各国,皆诬辞也。所可怪者,荣禄既已显奉端命,身率五军董、宋、聂之众,以助拳匪攻西人,事实显确,而人犹听谣言而信蜚词,真可异也。

然则此等谣言从何来也?夫京朝之事,帷幄密谋,备极秘谨,虽亲子弟,鲜有知者。观于王文韶、廖寿恒、许景澄、袁昶之议论,外间无所传闻可见也。夫此四人者,于大臣中稍明中外之故,必不愿连拳匪杀使臣,以祸中国而祸及其身。其必谏之,可断断也。廖寿恒近逐出总署,此必力谏通团开罪外人之故。此乃力谏之有凭据者,其他言论,实无由传出。盖中国大臣向来风气,不言温室,实无密谋轻传之理。即端、刚逆谋,亦复难传。尊如礼王,未闻一言传出。而荣禄言论意旨,乃报上频频登之。考之京官来书,则大相反,何也?盖结拳匪杀西人御外国之举,其根因实由去年十二月废立而来。去年废立之举,实因前年八月之变而出。前岁八月之幽圣主而欲弑之,实荣禄、刚毅主持之,庆王、端王翼成之。既幽之年余,日思所以废弑而别立新主。至十二月诸贼定谋,于是西后立端逆之子,而无端先下一诏,谓外国以强凌中国。各督抚皆预存一"和"字于胸中,殊可痛恨。后此有衅,各督抚即开炮迎敌。其因恶新法而仇外人,已可见矣。此事皆荣禄、刚毅、庆王等主之,盖诸人前既废上,实有骑虎难下之势,理固然也。沈鹏三凶之奏,事有明征;戊戌政变之记,人所共见。不料新党大倡保皇会,诸埠华人数百万人爱戴圣主发电力争,海内继之,凡四十六电。京师震恐,西后变色。诸贼恐惧,废弑逆谋,抑不敢发,于是改为立嗣,且伪施恩科。然抑之已深,则诸贼日思所以拒新党之计及御外国之谋。适有团匪党大人众,端逆乃密通之,庆、荣、刚乃阴附之。始则超擢匪目御吏王培佑为京尹,继则召见匪目韩某为都统,端逆自为团首,西后乃召拳匪入宫而教宫人。盖以为匪有神术,可御西人,故托为心腹,恃作干城。盖皆出于废弑皇上之谋,以为保护伪嗣皇之计,故支离旁出,而为此下策也。凡贼党之首预谋废皇上者,无不同之,盖实有不得已之苦衷。荣禄首谋废上者,故与端、刚谋联拳匪,亲率董、聂大攻西人,亦其不得已者也。然荣禄非绝无知识者也,彼于去年废立之举,彼知不足以塞人心,而将有勤王讨贼之事也。乃以废立之罪归于庆、刚,而自称力谏勿废,且故传言触忤太后,将革己官。天下报传之,然正月已擢为内大臣,又令总各直省行营事务,为天下兵马元帅矣。其有触忤太后而将革官乎?不待辨也。

今荣禄亦恐数十万拳匪、数万武卫之未必能胜各国也,各国胜则彼将不利也,又日宣言于外而归罪于端逆、刚毅,而自称主剿团匪,力谏勿杀西人。其党亦恐冰山之倒而冰虫无可倚也,又为之发扬其意,至谓电告各省督抚勿奉伪旨,盖皆荣禄狡黠之巧谋。事成则居功,事败则不居过。前年夏秋之间,欲弑上,则先传上之重病。欲杀康有为、张荫桓,则先传康、张之进丸。已媚李连英而得政,则扬言打李连英而失宠。去年十二月废立之案,今岁通拳匪祸西人之谋,皆荣禄与端、刚主之,则日日宣言归罪于庆邸,归罪于端、刚,同一术也。以其日日有意宣言,且(属)[嘱]其党传播之,故大臣之行事多不着,而荣禄之言论独着也。且端、刚之事本不着,其着之者,亦荣禄借以归罪而代着之也。然凡此宣着之事,李连英、端、庆、刚毅之事,本人皆不知之,更不知为荣禄诬之、归罪之也,然天下信以为真矣。中国之朝局甚秘,上下相隔甚远,草茅之士欲知甚难。若欲考其大略,则戊戌废弑皇上为一党大宗旨。凡戊戌废弑之人,即今日通拳匪、杀西人、戕公使之人也。根本既能考见,条理乃可寻求,党派乃可分别,然后谣言纷纭,乃可辨其真伪是非也。其外省大小官僚,则随风附和,视势之强弱为转移。皇上无力,则从西后。北政府倒,则不敢得罪各国。所谓中立者也,苟寻出因由,得其条理,则此案一切可明如燎烛矣。即如通拳匪、杀公使之事,今外论皆以为端逆主之,甚且以为端逆尽掌大权,西后几为幽弑,此亦荣党伪怒之言也。外国不知中国掌故,故易惑之。报上辗转传之,人遂误信,然实万无是理也。中国朝章,凡臣下入朝者,虽在亲王,入至内朝,只一身耳,不能带从人也。若端逆异谋,而又与手握重兵之荣禄意见不睦,则端逆必不能带兵入宫也。若端逆带兵入宫,则荣禄与之频忤,先诛之矣。端逆既不带兵入宫,则入朝仅一人耳。太后与荣禄合谋诛之。一人力耳,安能迫胁太后乎,安能逼太后而废弑之乎?故知必无是事也。太后既未废弑,一切大权皆西后主之。凡一切通拳匪杀西人之事,皆太后与端、荣、刚诸贼谋定而行之,荣乃指挥董、聂、宋诸军以御西人。故京官之信,乃实情也。恐天下不明因由,而令奸贼漏网。今得此书,益足以考朝事,而证荣禄之售奸以欺天下也。虽然,天下知董福祥、聂士成之战西人,而信荣禄之主剿团匪,勿攻西人。西人信之,中人信之甚矣。中西人之易惑也,宜荣禄之日售其奸乎?盖信之者之召之也。今特辨于此,俾贼魁无漏网焉。

抄白京师某部郎来信

再启者前书言通拳匪逐西人之事,实荣禄创谋,而端王、刚毅等从其指挥。今查荣禄之招募武卫军各营,团匪居其大半,其论说皆以屠逐为要图。端、刚诸人联为一气,外去西人敌新党,因以内图废弑。而以权谋论,则莫如荣禄狡黠诡谋。欲以团匪拒西人,而国家佯为不预。又欲以结团匪、屠西人之事委于端邸,而己不预。皆胜则居功,败不居过之法。今得其与董福祥来往密函,由董幕传出者,可以为证。此人不通外事,而阴狡有才,害皇上、害西人以祸中国,迥非端邸、刚毅蠢愚之比。仆在京观察实情,深为忧虑。既酿成团匪之骄横如此,将召怒万国,中国恐不可收拾。士大夫咸知之、咸痛之而无如何。此间纷乱如麻,乱象不可言。某亦已收拾行装,不久南下。到时再图面话,以罄所怀。此复再请大安,某顿首。五月十三日。

抄白荣禄与董福祥信

星五仁弟得书已悉,具见忠愤,各彝欺凌我国甚矣。近来尤多干预挟制,令吾办内事不便,尤可愤恨。讲洋务者皆畏之如虎,其实彼除以船坚炮利藉为恐吓外,彼地小民少,且藉攫中国之货以为计耳。彼除船坚炮利枪制颇好可以恐吓外,更无他物。今其枪炮我已有之,诸军近来训练渐精,可不畏彼。去岁意国索三门湾之事,我坚拒之,彼即无法。今与端邸新抚有义和团民数十万,皆热心嫉恶洋彝教民者,又有神术。得此义民,天助我也。各彝在此无多,除之极易。誓当尽屠彼族,以绝其挟制。弟将才命世,所部精锐,诸彝向来畏之,又宿抱屠灭诸彝之志。今有义民相助,可善用之,并助以军械,俾之拒敌,建不世之功也。此问筹安。荣禄顿首。

抄白董福祥复荣禄书

中堂钧座敬禀者昨蒙钧示：教以各彝欺凌太甚，誓当尽加屠灭，以绝挟制，并以团民忠义，可抚用拒敌。仰见中堂舍身为国，忠愤激昂。福祥不才，久存此志。今奉中堂之令，敢不努力？所幸义和团民，技术神奇，咸皆忠勇爱国，奋不顾身，勇不畏死。将来扫荡彝狄、驱除洋人，必有其效，此皆中堂明决卓识之功也。福祥奉命后，已戒备一切，相机行事，惟有以一死报中堂。务祈中堂随时教示为幸。所有军情自当随时禀报，谨请崇安，福祥谨禀。

义和团滋事七志

七月初八日芝罘电云：日本兵二万、英国兵一万、美国兵五千，以西历八月三号（即中历七月初九日）进北京。伦敦电云：据喀什噶尔俄国领事之电，言该地之回回教徒乘乱蜂起，形势甚可惊云。上海电云：近传闻李秉衡有退去北京之说。又云华兵四万据大石桥附近之高地，以瞰视铁道之交界处，有俄兵五千由旅顺依海来援。又初五日华兵炮击大石桥，被外兵击退。又目下俄国由旅顺口派援兵千六百名，往助牛庄之俄国炮垒。又云董福祥之甘军及拳匪，在山东德州互相冲突。袁世凯部下某将军之兵亦于是地败北，失去将校二名、兵卒二十名。又云德国因山东省即墨骚乱，即由青岛派兵往该地。又云闻李鸿章、刘坤一、张之洞电奏，请保护外国人及土人，并饬各督抚镇压义和团及反逆兵勇，以救助良民云。海参威电云：初五日俄兵占据珲春，华兵与之相战。自午前五点钟至午后八点，华人死者约千人，俄兵损伤不详。伦敦电云：英国再发印度士兵一师团来中国。烟台电云：闻京中各使署前当万分吃紧之际，总理衙门忽与言和，随请各公使阻止各国联军勿庸进京，该衙门亦当饬令董军不得攻击各使署，并求各公使转致各政府勿罪皇太后、端王、刚毅等云。

初九日上海电云：据南京来电，言英国赊摩提督要求刘坤一尽取去江阴、吴淞及扬子江沿岸诸炮台之大炮，停止上海制造局之业。又云四川省英领事恐将来省内骚乱，与该地之各外人同往上海避难，今在途上。又云浙江省摇动日甚。又云李秉衡在北京归附篡逆政府，于初二日奏杀总理衙门大臣袁昶、许景澄二人，及弹劾刘坤一、张之洞与南方各督抚。又云上海道台余联沅求各国军舰退出港外，各国领事不应之。又云河南省拳匪已侵入湖北境内。又云齐齐哈尔左近，有法国教士二人被杀。芝罘电云：中国政府求美国为介，请各国休战。重庆电云：英政府命驻重庆英领事，及英国人民与各国人同附轮避往他处。该地税关所雇之外国人亦退去，而邮政局则已关闭云。

初十日上海电云：汉口附近有教士四名被杀害。又云据天津来电，言有专差于前月廿三日出京，日前至津。述称目下总理衙门已与各国公使议和，以故现已停战。又云天津廿九日来信，言马玉昆统率残兵一万余人在距津六七英里北村驻扎，闻其粮草军装均各缺乏。又云闻英国陆海军总司令官科连非路氏为英政府派来中国，如抵步后，北方一切事宜，英廷准该氏全权办理云。又云烟台初六日来电，言天津于初二日得德使署前念五日来函，内云德使署内各员均安好，惟保护使署之德兵死有十人，伤者十二人。各使署均被炮毁坏不堪。华人已于念一日停攻各署，然援兵仍宜速至。德公使尸身闻已经华官寻获云。

又云北京《泰晤士报》访事于前月廿五日来信，言各使署中伤亡人数，以日使署独多。目下英使署中受伤人数共有一百三十八名，其已在医院者则有一百八十二名。粮食无虞缺乏。防守不敢少懈，盼援甚切。英使署中官员死共三人、外交官一人、学生二人云。又云有某精于中国文字之西人，当津城失陷之后，欲察华官与拳匪往来之实迹，尝至各衙署搜检公文，在直隶署内觅得天津府收字一纸，乃直督发给顶上白面粉六百包，仰天津府转交拳匪头目德成王者。此外另有数纸，皆阵亡或受伤各拳匪眷属收领恤银者，其间或三十两、一百两不等，并检得各乡拳匪花名册，其年貌籍贯悉载其间，以及所领各项军装均有册籍可考云。又云据北京来信，拳匪到京，必先到端王处禀到挂号，俟验过合式，乃许留京效力。否则，饬令各回本土防守云。

十一日上海电云：北京政府命捕缚李鸿章、刘坤一、张之洞、盛宣怀等，此说未知确否。若果然，此必是李秉衡进京后之结果也。仁川电云：初六日来仁川之俄兵，今转向旅顺出发。又云据日本船伊势丸入港之报，牛庄形势极危急。各国商民于初五日尽避往别处，其内有三百余名由芝罘上陆。又上海电云：天津各国联军共五万五千名，已于初八日由津启行入京救援各公使。闻日兵约二万五千名，俄兵约一万名，英兵约一万名，其余各国约共一万余云。又云各国联军因天津附近尚有华兵二万人，故虽入京救援，仍留大军驻守津城，盖恐为华兵所袭也。又云浙江常山、西安两县业已失守，土匪已闯至衢州地界。又云闻北京朝廷因见各国大军陆续抵津，行将攻陷北京，故现在已定迁地为良之计。将宫中要物悉用车辆搬往保定府出张家口，从草地至陕西云。又云目下天津天时不正，各兵多患痢疾，日军染患者已有三百余人之多。

十二日上海电云：英提督赊摩于今朝归至上海。又云据李鸿章之言，列国公使于初九日荣禄派兵护卫其出京。又一说谓董福祥之兵要截途上，阻挡列国公使及护卫兵，且公使之食粮不给云。芝罘电云：日本公使馆二等书记官楢原氏受重伤，后遂死去。以此电观之，则北京列国公使之攻击犹未已也。上海电云：本处人多传西后及其侍从已脱北京往陕西，目下已到直隶省宣化府云。天津电云：据诸种牒报，目下李秉衡统率聂士成部下之残兵及在南京招募之兵，与宋庆、马玉昆之兵同在北仓附近防御阵地。又董福祥之兵亦南下，此诸将之兵合共有二万人。又云据牒报，吕将军以二十营由南方来杨柳青，沿途掠夺粮食。此报未知确否。(杨柳青在天津西方约三里半之地)杭州电云：杭州城内形势甚危。本日英国领事及随员等已迁移于外国人之租界地。

十三日上海电云：十一日联合军攻击北仓，由午前三点钟至十点，共战七时间，互受大伤。英兵损害六十名，日、俄兵损害尤巨。华兵向河之上流北奔，为联合军所驱逐。西贡电云：法国发兵一万五千六百往中国。其内一万九百人，限于八月九号至二十四号之内(中历七月十六日至三十日)，即乘船起程。福州电云：据有一确信，列国公使皆安全。袁世凯之兵三千人在北京郭外，更等政府训命，以护送列国公使往济南府云。

十四日上海电云：俄兵占领牛庄城，且破坏之云。又云距天津三十里之地，有华兵千五百人准备攻击天津城云。又云十一日北仓之战，联合军之死伤者，日本四百名、英兵百二十名、俄兵六百名。又云联合军六千，大炮十四门，留守天津。又云天津之西南约二日行程之地，有华兵一万五千，炮数门，在此屯扎。其所行之事，实欲奉回复天津、大沽之谕也。

十五日上海电云:英国兵四千人、法国兵千二百人,欲于上海上陆。此兵既经英提督赊摩于刘坤一会见之际请许,然刘恐士人惊慌,故力止其上陆。又云李鸿章受全权大臣与列国议和之上谕。又云天津迤北九英里地方,于前月廿五六七三日均有战事。预战者先惟俄、日两国联军与华人苦战三日之久,嗣英兵亦出助战。是役廿五六两日,俄、日两国兵死亡之数,不下千余人云。俄京电云:刻传言俄军驻扎奉天盛京省城南一带,屡败于华军。并闻东三省之华民因俄人平昔暴虐,皆一气与俄人为敌。未知确否。

十六日上海电云:七月十三日有一上谕,略言此次中外启争,各国不无误解。中国地方官亦有办理不全之处,遂至兵连祸结,实全地球之不幸也。今命李鸿章全权大臣,即日电请各国外部,先行停战,当决议事宜,分别协商云。又云有二万拳匪将袭天津、塘沽、大沽。又云联合军于十四日晓,已占据杨村。又美国于其进军时失去兵士七十名。又云据十四日牛庄来报,土人街市静稳无事,唯俄兵步哨于近傍肆行暴虐云。又云烟台华人恐再有战斗,故多有陆续逃避者。又云盛宣怀通告上海各国领事,谓有上谕准各国公使由总理衙门发暗号电报回本国。若各国领事欲通信于北京各国公使,亦可发暗号电报云。又云本月初十朝,义和团袭击牛庄之租界地,华兵助之。交战终日,华兵卒被击退。至午后俄国炮舰二只炮击牛庄市街,损害不少。华兵与道台渡河遁走,城垒及税关皆归俄国旗下。是战,俄国之平民无一死伤,华兵之损害亦极少。日本炮舰二只亦不与于此战,唯驰往租界地以助御防而已。又云目下香港英兵三千,受往助御防海上之命。又云本日有一万五千英兵,午后由香港出发。又云中国帝室于本月十三日已往陕西。又云通州府目下将有骚扰之忧,近日其地之拳匪已将府尹杀害云。又云李鸿章昨日任全权大臣,今朝已电知各国。又云安徽省大通土人起义勤王,只烧去邮政局及破坏电线五里,余皆不侵犯。此人多哥老会党,其详细尚待探知。又云七月初三日有上谕命张荫桓于新疆自尽。香港电云:刘永福率麾下黑旗兵三千,于七月十二日从广东出发,遵陆驰往北京。

十七日烟台电云:初十日夜半,联合军由白河两岸涉北仓及火药局附近,与中兵对敌。十一日早联军略取火药局及韩家树,续占领北仓及王庄茶栅,目下以一部进攻。中兵约二万余人,纷纷四散。是役日兵死伤将校兵士三百余人,中兵遗弃尸体二百余云。又云十二日联合军在白河两岸追击中兵,略为战斗,遂占领杨村。中兵退往白河两岸之北方。十三日联合军并占领南蔡村。上海电云:盛宣怀及张某(译音)受讲和全权大臣之命,以副李鸿章。又云北京政府命李鸿章为讲和全权大臣,向列国表谢罪之意,但此举不过欲延缓外兵之进京耳。

七月廿二日(8月16日)

《申报》

论英人调印度兵来沪驻扎事

有客问于执笔人曰:“上海一隅为各国商务根本,自闻北省拳匪之变,即经两江总督兼南洋通商大臣刘岘帅派员与各国总领事议定，协力保护，各不相扰，于是各国总领事及工部局董严密筹防。除中西印各捕千余名外，其西商团练兵向只三百余名者，今复增至千余名，加以各国兵舰一望如林，有事时可调兵千余名登岸，统计三项人数约共三千余名。如火如荼，声威可谓壮矣，防范可谓严矣。无论匪徒不敢妄生窥伺之心，界内居民皆可高枕而卧。即使偶有蠢焉思动者，亦不难立刻荡平。乃何以英人复由香港檄调孟买及谷尔甲兵前来，已于本月十六日由将军鸽列氏督率登程，是岂保护之力尚未足耶，抑其中别有阴谋耶？仆窃疑之，愿先生明以教我。”执笔人曰：“此项兵士之来，英国水师提督西摩氏实召之。西摩氏统率师干，以上海关系紧要，特由津沽移节而来详加查察。知浦江中所泊水师仅足保卫东隅，至沪西一带平原漫无布置，设有不测，未免有鞭长莫及之虞。爰电告英政府转饬港督移驻此军，以辅西商团练兵及各国兵船之不及，谓非始终保全之善策哉。”客曰：“英人之调兵至此，仆固闻命矣。所不解者，英人素重经商，广揽中国权利，沪上产业亦较他国为多。拳匪肇乱以来，商务骤然减色。为英人计，苟思设法挽回，宜劝政府出为调人，早成和议，庶沪上可恃以无恐。乃于北省，则增兵调舰汲汲皇皇，沪地更临以重兵，度势揆时，能信其必无他意乎？”执笔人曰：“如子所言，不为无见。然子独不闻英国外部侍郎布得力氏之言乎？布得力氏尝在议院中宣布章程，其第五条谓，上海一隅，我英定当竭力保守，必使晏然无事，决不妄动干戈。第六条谓，若长江一带或拳匪或溃勇或土匪乘机作乱，如各督抚无法削平，则我英必助之剿抚，俾地方安静，大局不至纷更。盖英人在扬子江一带权力最盛，常恐他国起而夺之。是以前者中国简驻伦敦大臣伍秩庸星使，请将上海作为局外中立地，英执政大臣沙路司培利侯即明白承认。盖保全上海，即以保全各国商民。而华人之旅居此间者，即可藉获庇荫。若既声明竭力保守而不讲求所以保守之方，万一变起仓皇，将何以为万全之计？且即上海幸保无事，而长江一带幅员辽阔，伏莽滋多，纵各督抚布置周详，无虞窃发，而在英人欲求自固，亦不可不为未雨之谋。故此次调驻重兵，英政府实具有深心。惟若辈赋性蠢愚，每易滋事。平时印度捕之蛮横，居民已耳熟能详。今之兵士纷来，尤易使人惊恐。所望统带官严加约束，不准出外游行。军令既明，秋毫无犯，以之镇定人心也可，以之消弭匪患也亦无不可。沪上磐石之安，不将于此军卜之哉？”客唯唯称是而退，遂诠次其语，列诸报端。

七月廿五日(8月19日)

《中国旬报》第二十期

存疑：姑妄听之

五月二十、廿一、廿二等日，太后、光绪帝召见翰詹科道，垂询开战事宜，众皆默然。有阁学联元者奏云：“奴才自阅史鉴以来，即至两国失和亦无杀害使臣之理，况公法尤以不能保护使臣为野蛮之制。今使署中之西兵仅有一千余人，聚而歼旃亦非难事，但虑各国乘间而起，径扑京都，不幸而入，势必尽情杀戮以泄其恨。奴才窃为不取。”语未竟，太后以其有意抗旨,即命正法。联神色不变,旋有某亲王代为跪求,始免。又云:团党初起时,荣禄颇深忧之。五月十九日建议召李鸿章以议和,召袁世凯以剿团,擘划周详,颇足钦佩。盖此时各国尚未决裂,大局尚可收拾。讵刚毅于二十日由保定回京面奏,义和团之如何忠义、如何神通,太后遂为所惑。适同日,总署大臣赴英使署道歉。英钦使曰:“汝国剿除土党尚且不能,何以为国?然使太后归政光绪帝复辟,则各事当易议了耳。”此语渐为太后所闻,不禁大怒,即命董军团党拦杀洋人云。

存疑:假传令箭

探闻本月初四五日,德州地方到有义和团百余人,手持北洋大臣令箭,口称稽查团民是否安分。当由德州地方官电禀袁世凯。旋得复电云:现在津京岌岌,凡属义和团悉在该处防战,今既冒称团民潜入东境,必系匪徒无疑,该地方官应立即会营拿获正法等因。地方官得电后,当即特示团民头目,该团目不敢逗留,即由营兵押送出境。

存疑:俄报谈中

俄国外务衙门刊有照会一书,言五月廿一号各公使联合照会总理衙门,要求以下条款:一、拿办沿街生事各团党及揭帖人等。二、拿办容纳团党之地主,此等须照叛逆办理。三、将容纵团党或勾结团党之巡捕官重办。四、谋杀性命及放火者杀。五、其有指挥团党造事或助以财物者杀。六、将此意谕知直隶及北省人等,使众周知。自此次议允此条款之时,各公使决定商议善法。如所要求者五日内不依,则调兵登岸入京。及后俄公使特告知华官,必须尽力弭乱。廿四号总理衙门复书,言政府已于十七号颁谕,已命步军统领、顺天府尹、五城御史立定章程,力禁扰乱。所定章程,其大略与公使等要求符合。当时总理衙门又命直隶总督及地方官尽法救乱。信末又言,照此以治,团党不至再有滋扰。俄国外务衙门辨之曰:此等推诿回音不能满公使之意。公使于是即再聚集,再议调兵于此次协商之前半点钟。总理衙门大臣命一部员,往言于俄公使曰:已用严法弹压祸乱。此委员突然而来,大约中国政府欲免公使等多生枝节。当时事已照规矩而行,无奈调往弹压之兵被团党击败副将一人及杀毙官兵六十人。此系当日北京之情形,此后则与外边消息隔绝矣。

七月廿六日(8 月 20 日)

《中外日报》

[译报] 日本:公使密信

日本驻华公使西德二郎君于二十六号派密使赍信天津,兹将原信录后:

列国使馆之馆员仍供职守,日使曾在署中,列国妇孺则避居于英国使馆。德兵守城壁之东隅,奥、美兵守城壁之西隅,该处备有巨炮,命天主教徒为先锋,该炮夺自中国者。十七号休战,太后赠西瓜三四百枚,其后无闻。目下彼此尚严队以待。董福祥斩兵二人,乃为外人托购物件者。二十四号上谕:因裕禄、宋庆所奏,命袁世凯、李秉衡及登州海镇克复白河,使在津沽河道夺其小轮,以断后路而尽逐据津西兵。现在华民之在西人保护界内者约三千人。英国使署于馆内四周掘坑,深二丈宽三尺,以防装置地雷,盖鉴于德国使署也。目下外人皆啜黑麦啖马肉,粮食尚可支持两月,其不列戎行者仅啜粥以延命。京城门外由团匪守护,城上由官兵守护,城内外市廛皆闭户歇业,唯出售日用所需之物而已。列国使馆皆望援军抵京以延一线。城之内外有白莲教匪,曩据永定门附近饭店之内,近增至二千,以弑君、杀官、篡位为主义,其名簿为官搜获,杀其七十名。此匪闻拟九月举事,人心更觉汹汹。该匪胆敢以纸扎成天子及显要肖像至菜市杀之。天主教徒避难于北(塘)[堂],有法兵、意兵四十名保护,念三、四两号由团匪攻击。又通州东南三十五里有张家屯及蔡村,距此二十五里有太沽屯,天主教徒皆集于此,团匪拟于廿六、廿七两号袭击。三四日前有团匪首魁张得世于天津西南四十里许之王家店,索取军费五万吊。土民大怒,有刘某者起而杀之。译《长崎报》。

[译报] 日本:责备华员

团匪倡乱,日廷遣兵。夺大沽则日军为先锋,陷津城则日军为前敌,因此南方督抚遂启猜疑。然日本出兵宗旨及列国出兵宗旨原无两歧,不外欲援救星使而已。欲救星使必至北京,则凡大沽、天津有阻我去路者,不得不相见以兵戎,此乃理所当然,毫无足怪。列国星使为匪党所围已两月矣,北京政府及其他督抚不独不能尽力剿匪,反令端邸部下从而助之,致使星使大声疾呼求救本国,此督抚之所知也。则列国进军急于星火,凡有碍我行程者,不问兵匪皆得而歼之,夫岂得已哉?故夺大沽、陷津城、派大兵入北京皆不让列国,亦不外欲援救星使等耳。甚至有谓日军与列国同一行径者,是乃昧于事理,致出是言。使南方督抚而以端、刚所为为是乎,则何以不令其部下同为攘夷之举也?使南方督抚而以团匪跋扈为非乎,则闻其倡乱理当崛起而镇定之也。乃计不出此,徒知坐镇东南袖手旁观,致使西师云集日增一日,反从旁訾议,其陋亦甚。团匪灭洋谬旨与端、刚辈若合符节。且两国交战不害使臣,公法昭然,督抚所鉴。今番未启战端,而端、刚辈遽与匪通虐待星使,征诸公法,于理不宜。日本纵念唇齿之谊,然值此烽燧之秋,揆诸名分,不得不与列国同一行径,此理亦南方督抚所易明。使知而赀议日军,是暗助端、刚谬旨也;不知而訾议日军,是昧于大局不通事理也。曩者,日本方谓南方督抚明于大局,足兴东亚,近征其言动,殊失所望。溯自变起以来已阅两月,南方督抚除奏请护送公使外,噤无一言。彼等虽不奉逆端伪诏,然未闻有一人起而反抗伪朝、联合中外声罪致讨者,是则为日本所疑、亦列国所怪者。昔明末闯贼入京犹有乞师讨贼者,今团匪扰及辇毂,仇及国家,端、刚辈肆立伪朝,矫传廷旨,而南方督抚仅守不奉诏之约,雌伏东南,无一人乞师讨贼者,亦可陋矣。要之,南方督抚訾议日军固可置诸不议不论之列,然于落落数人乃欲求一举兵讨贼者而不可得。呜呼! 茫茫后路,万事休矣。节译《日本报》。

七月廿七日(8 月 21 日)

《中外日报》

[论说] 中英安危大势论

乌虖！利于中国有事而不利于无事者，其为俄乎？利于中国无事而不利于有事者，其惟英乎？何则？俄人之志在辟地，英人之志在通商。志在辟地者，必思耀武扬威，得陇望蜀，一日兵戈扰攘，则因利乘便，大可展其雄图，其不能不利于有事者，势也。志在通商者，必思安居乐业利用厚生，苟能寰宇澄清，则操奇计赢大可兴其财政，其不能不利于无事者，情也。是故英人之于中国，论其英伦三岛虽无利害相关之势，观夫东亚一洲实有安危相系之形。于何征之？则请征诸近事。中国自拳匪扰乱，时局变迁，动八国之联军，激列强之公愤，斯固非英一国之事，然英人之受亏最甚，英商之被损尤多。盖以商务而言，英为首屈一指，不特通商各口自风声四传人心慌惑，因而贸易停止，市面萧条，英人固大失其利，而且累及印度之商务。日前西报载印度孟买棉纱大厂先后停歇，工人大半辍业以嬉。盖以所出棉纱向多销于中国，自中国乱于拳匪，北方既不能运售，南省亦观望不前，遂至囤积愈多销场愈滞，不得不相率停止。观此则知中国之治乱安危，实与英人大有关系，而英人之于中国，谓非利于无事而不利于有事哉。不宁维是，迩者联军已抵京城欲救公使，而公使已救矣，欲剿拳匪而拳匪可剿矣。窃为英人计，救使剿匪之外，亟宜惩前毖后，力任调停，俾得和议速成，庶几大局可维、商务可振。否则兵连祸结，则英人之不利必有甚于今日者。吾请详言其故。中华商务之盛，列邦居三分之一，英独居三分之二，而其销于北方必以津沽为总汇。今若兵祸不息，则门户壅塞，洋货不能销流北省，北货不能运出外洋，浸假而制造者停工，浸假而懋迁者辍业，浸假而航海者失利。揆诸通商之本旨，盖未免大相径庭，此中国安危关系英人之确证矣。英人以三岛控制五洲，其商力所能通，即其兵力所能达。由大西洋起迤逦而东，属地联贯如珠，故英虽僻在欧西，不啻其即在亚东，而亦关心亚东之事。今中国若为强俄所乘，则必旁出横溢。印度近在肘腋，其能安枕无忧乎？香港首当要冲，其能有备无患乎？南洋新加坡各外府胥精华荟萃之地，其能苞桑永固而匕鬯无惊乎？况俄英两雄势不并立，俄人列代所擘画，恒欲弱英人之势而侵英人之利，苟得志于中国，讵复有利于英？此尤中国安危关系英人之明征矣。然则亚东大局与中国相维相系者，日本之外则为英，与其图泄私忿而贻噬脐之患，何如顾全大局而为救变之谋？权衡利害得失，必有能辨之者。则知排难解纷、议和息战，英人固不得不出其全力，而以保全中国者即以保全利权焉尔。

各地来函汇录

顷得济南友人来函云：山东自毓贤莅任后，大刀会匪日盛一日。后经慰帅惩创，匪始匿迹乡间，不敢猖獗，而根株尚未尽绝。近闻袁慰帅遵旨饬各州县清查匪踪，当经各州县分头拿获,禀报到省声请解府讯办。慰帅阅后立即批饬就地正法,交六百里马递分投各州县,以期迅速。想从此大经惩创,当不至死灰复燃矣。

《申报》

论联军入京事

义和拳匪以仇教为名,起事山左,蔓延至顺直各府县。政府误信其有神奇之术,不即兴师■剿。星星之火,遂至燎原。迨至阑入京师,益复目无法纪,杀书记,戕使臣,焚教堂,害教士。各国痛心疾首,义愤难平,于是占炮台,陷郡治,节节进取,攻入京城。其意盖欲援救使臣,剿平匪党,并得袒匪之人而甘心。以故所过北仓、杨村,攻之甚力,虽有华军阻止,然亦势不能支。日前,西人由天津电致烟台转达上海云:东西各国联军已于华历本月十九日行抵北通州,二十一日直薄京城。在路时,华军略为抵御,然亦不甚勇猛。及抵京,即由东直门入。在京各营并不与之鏖战,是以联军未及以枪炮从事,各使皆获安好。此外,官绅商贾则若存若亡,一时尚难查悉云云。执笔人阅竟,不能不追原祸始,叹息痛恨于袒匪误国之人也。夫拳匪之初起,不过无赖之辈以邪术愚人。使政府知为乱萌,火速痛剿,安有今日之祸?乃非但不剿之,且纵容之,致干犯众怒,一发难收。宫寝震惊,人民蹂躏,师徒挠败,将成城下之盟。呜呼!噫嘻!果谁之咎耶?

鄙人前曾两著论说,劝各国停战。盖早知兵连祸结,必有今日之事,故不惮唇焦舌敝,冀各国顾全交谊,而我国家亦得转危为安。今者各国虽昌言并无夺取中国土地之意,而兵力所及,难保不玉石俱焚。遥望神京,杞忧非一日矣。乃西人入京之后,并未以枪炮从事,又深幸各国之能克践前言。并闻沪上西人有言,此次各国联军之往攻京城也,无非以援救使臣、剿平拳匪为宗旨。则知本报所纪并未以枪炮从事一语,西人固言而有信,并无干犯朝廷之心。或谓各国联军尚未入京,现在互相传述者皆得之西字报,实系西人讳败为胜,一面之辞。斯说也,虽愚而无识者辗转传扬,而仆则未之敢信。盖不但入京之信已得有数日,几于通国皆知,且入京之期亦言之凿凿,不似无稽谰语影响模糊。总之,以数强国攻一京城,强弱显分,安有不克者?即使华军奋勇迎战,联军致有损伤,然亦岂能与之持久?鄙意联军多败一阵,则将来善后之事更难办一层。联军能早一日入京,则和议亦可早成一日。此一定之局也,不然朝廷已授李傅相为全权大臣与各国议和,何以至今尚无眉目?诚以各国之意,非联军入京之后,不肯与之互商耳。彼以联军之败为幸者,其心虽出于忠君爱国,然亦尝统时局而一筹之耶?所愿各国联军入京之后,即易干戈为玉帛,俾人民免于涂炭,国家幸获平安。若过于苛求,和议不能早成,瞬息变故丛生,不特非中国之福,恐亦非各国之福也。各国其亦计及于此,而不为已甚乎!

七月廿八日(8月22日)

《中外日报》

北事补述

昨承山东友人以京中及东省近事详悉函告,兹为照登如下:

吴郁生太史放主考出京后,家中存储古玩金石甚多。一日为义和团掠去尽送至端王处,端王乃留古玩金石,其余一概散给义和团。

自庆恒被杀,虎神营中人大噪曰:纵谓庆恒有罪,戮其身可矣,何至戕其全家?端王亦大怒,操刀出欲与义和团长相斗,刚、赵诸人力阻之始罢。

《申报》

书六月二十一日上谕后

嗟乎!吾读六月二十一日上谕,而叹朝廷惑于谗夫之言,何颠倒是非竟若是之甚耶?上谕谓:"各国开衅,京津各军尚皆可用,惟聂士成一军,平日第讲洋操,临敌为洋教习所制,以致未战先溃,委械授夷。兵弁中有入洋教者,甚至倒戈相向,甘心从逆。而其沿用洋装洋号,动为拳民猜疑,自相斗杀,误国亡身,实堪痛恨。各路统兵大臣,凡夙习洋操及用洋装式、洋口号者,务即悉数更换,一律仍归旧日兵制。其中如有入教及私通洋人兵弁,尤宜严加分别,认真淘汰,俾兵为我用,不以资敌。将此由六百里通谕知之。钦此。"夫直隶提督聂功亭军门,素号知兵,其所统武卫军平日颇勤训练,惟悉仿泰西陆军规制,故延洋人教习之。迨拳匪乱起,朝廷迭降谕旨,令剿乱匪,不与外人开衅,是国家固以和好为主,初未尝宣旨与各国开战也。国家既未尝宣旨与各国开战,则聂军平日所延之洋教习亦断不能贸然辞去,致贻外人开衅之疑。即使临敌时果为洋教习所制,未战先溃,委械授人,此亦朝廷不先宣战、令将洋教习辞退之故,军门固不任咎也。况闻东西各国联军攻夺天津郡城时,施放绿气毒炮,致华军伤亡殆尽,军门亦因此阵亡。然亦可见,是役华军能以死力相御,初非拱手以岩邑让人者,不然洋人又何用绿气炮以毙华军耶?

乃上谕复谓:兵弁中有入洋教者,甚至倒戈相向,甘心从逆。而其沿用洋装洋号,致动各军猜疑,自相斗杀。窥朝廷旨意,一若津城之陷皆聂军从逆所致。顾自军门捐躯以后,部下亦已无存。上谕所谓倒戈相向者,无人矣。自相斗杀者,亦无人矣。吾意华军于此,必能奋其忠勇,大创各国联军,俾尽退回外洋,不敢再与中国启衅。是亦中国人民之所愿,而千古非常之盛事也。乃何以北仓之战华军败于联军矣?杨村之战华军复败于联军矣?北通州之战华军又败于联军矣?节节溃退,致联军不半月而入京。上谕所谓可用之军而竟若是之无用乎?是岂尚有如聂军之倒戈相向者乎?自为斗杀者乎?何以联军之攻陷津城也,则须用绿气炮而始胜?而攻夺北仓、杨村、北通州以达京师也,反有长驱直入之易乎？呜呼！此而犹谓聂军倒戈相向，甘心从逆，恐薄海内外，未必竟以为信也。夫上谕谓聂军倒戈相向，甘心从逆，以及沿用洋装洋号，致动各军猜疑，自相斗杀者，无非因军门不肯附和拳匪，与洋人为难耳。故当四五月间匪乱起，军门即以剿匪为事，杀毙拳匪不知凡几。在军门方以为办法固应如是，而孰知朝廷之意，阳称剿匪，阴实纵匪，以与各国为敌。于是以军门为非解人，而军门亦遂不[敢]复以剿匪自任。顾军门虽不肯附和拳匪，而当联军攻夺津城时，亦岂肯如甲午之役丁汝昌以海军降敌哉？列甲向敌，舍生报国，在军门方自谓可告无罪于朝廷矣。不意庇护拳匪之奸人，乃即以误国之罪加之于聂军，而朝廷又复不加深察，轻信谗言，遂亦以军门为误国亡身，降旨痛斥，曾亦思误国者果何人乎？呜呼！是非倒置，吾不暇为军门悲而宗社阽危，吾先不胜为朝廷惧，盖一念及骄纵拳匪之王大臣，而恨不得扫除君侧，以告我列祖列宗在天之灵矣。

《汇报》

论洋人在中国

近日灭洋之说蜂起，佥谓洋商分我利，洋教锢我心，洋将洋兵侵我土地，洋员洋署侮我人民，一唱百和，皆欲得洋人而甘心。义和拳其显焉者也，其意盖谓洋人于中国有损无益，华人受其欺凌，恨不聚而歼旃，以绝祸种。为此说者，不知洋人在中国未尝无益也。洋商货物，大如铁路、轮船、各种机器，小如刀环、灯镜、各种玩具，举足以药华人之愚，开华人之智，见所未见，闻所未闻。粤人与洋人相接最久，故广货几与洋货争奇。此非效法洋商，何以致此？洋商虽至中国，而中国市井依然阛阓，依然未闻因洋商而流荡，因洋商而饥寒；且中国丝茶等有经洋商带回本国销售者，是洋商不专分中国之利，亦分其利于中国也。我苟讲求商务贸易，出洋与洋商角胜，洋商并不嫉忌阻拦，何华人跬步自封甘为井蛙瓮鳖？反怨洋商多钱善贾，跋涉神洲，是犹以鸴鸠笑大鹏，僵骸妒优孟耳。洋教传流中国，设医院，筑婴堂，养老有居，训蒙有塾，善举不可悉数。入天主教者，类多安分良民，不与世俗征逐。试观监狱之犯、窃盗之徒，天主教人有几？良以正教足以约束人心、维持世道，故教民率皆端谨也。即间有一二败类恃教横行，若非蒙上，必系冒充，一经官吏觉察，理当尽法惩治。至于教士，舍里井之欢，历风波之险，越数万里始来中国，初非为名为利，只冀成己成人。昔孔孟周流列国，志在牖启苍生，然不出大夏之境。今教士自西徂东，铎声广播，乃华人以莫须有之事肆意诬陷，可不悲哉？

洋将洋兵果有侵我中土者，然俄据旅顺，法据广湾，德据胶州，英据威海，皆以我与以可乘之隙，故彼辈敢要求耳。若中国力致富强，将来择肥而噬，即以洋人之待我者待洋人，鉴有前车遵辙报复，洋人夫复何辞？然窥洋人之意，不过欲得一泊船屯物之处，未必觊觎中国土地。故圆明园被毁之役，各国立约讲和，尽弃前仇，反助中国攻平发捻。中国君臣数十年来旧物未失，得安衽席，不可谓非洋人所助。今乃以怨报德，吾恐背施无亲，怒邻不义，晋惠失德，未可效尤也。洋员洋署驻扎中国，固为保护本国人民，然亦禁止本国之人虐待华人。屡见华人焚毁洋房，杀戮洋人，而洋人罕有无故与华人为难者，非洋员洋署之善治洋人乎？他如洋人受职中朝，如国初汤若望、南怀仁诸公督理钦天监，至今华人犹受其惠。目下赫总税司襄助税务，国家得度支不绌余，或教授文字语言，阐明格致术数。洋人何负于中国而必欲置之死地也？因作是说，以质之仇视洋人者。

七月三十日（8 月 24 日）

《申报》

追纪西人会议事略

西字报云：当西人未占大沽炮台时，英国水师提督西摩氏邀同各兵船统领于华历六月初九日至森多利恩坐船聚议。其时俄、法、美三国水师提督，德、日、意、奥四国水师统领，咸命驾而至，握手入座。西摩氏既道感忱，即宣言曰："我等来此宜先订立章程，不知诸君以为何如?"众皆曰："唯唯，章程奈何?"西摩氏曰："章程有九。第一条，我等此来并非欲与他人见仗，惟各自保护本国旅人之身家性命而已。第二条，目下并不欲与中国交兵，缘中国向与我等和好故也。第三条，我等惟应以剿洗拳匪为务，观拳匪形势，非中国朝廷所能消灭。第四条，拳匪势力既大于中国朝廷，我等欲保旅人之身家性命，自应力助中国设法敉平，倘中国不先平定，则我等各国应代为平之。第五条，我等此来，自应襄助各国使臣定敉平匪乱之策，将本国旅人力为保护。现在各国旅人之身家性命皆不稳妥，我等所当同心合力，务使安全。第六条，以上五事今当照此行之，惟日后倘在京使臣消息不能传递，则自应改计而行。第七条，倘须改计而行，则各统帅应向上台禀命。第八条，目今事势岌岌，不及禀命，是以亟须自行议定从违。第九条，自今日聚议之后，订于明日午前十下钟时再议。"在座诸人皆鼓掌称善，惟美国水师提督作而致词曰："鄙意应查明各国水师可调令登岸者共若干名，缘日前檄调入京之兵只四百二十八名，扼守津沽之兵只四百四十一名。如遇事急，应再添调若干，以资保卫。"法国水师提督则谓："倘我等日后消息不通，即应请驻津各领事官设法与京师通信，并须照会直隶总督，申明事已至此，各兵舰应调兵登岸保护地方，华官亦应派兵襄助。至于将来我等各舰在海中相遇，须用旗号问答。"此当日聚议情形也。事略未毕，明日续登。

八月初一日（8 月 25 日）

《新闻报》

大臣遭难补述

昨接京友抄来许侍郎、联阁学、袁京卿等召对时，遘难各情，颇甚详悉，补录如下，以供众览。原函谓团匪起事后凡叫大起三次。第一次皇上命许景澄近前，执景澄手泣曰："汝在外国历练过，此次可战否?"许奏："不可战。"皇上曰："战则我的百姓受荼毒。"太后怒曰：

"这是什么样子?!"皇上释手,因大哭。联元奏:"此次战无名,如听团匪杀了各国使臣,将来京城必至鸡犬不留。"太后斥曰:"胡说!"端王曰:"混账极了,拿下去砍了。"庄王叩头代求奏:"联元是翰林出身,不懂事,言语冒犯,求太后施恩。"遂交刑部。第二次袁奏团匪是邪教。刚毅争曰:"哪里是用他法术,是用他忠义之气。"皇上曰:"气是虚的,这也不是忠义。"刚曰:"是民心如此。"皇上曰:"这哪里算得民心?"太后怒曰:"这不是民心,难道是要民造反倒好么?"上又哭。第三次立山奏:"户部无钱与各国开衅,债无借处,枪炮无买处。"端王曰:"既如此,你去鬼子府求他了事。"立山曰:"我向不认得各公使。"端王吩咐:"派徐用仪同去就是了。"按此函半系京话,本拟改作文言,然恐反失本真,故特一字不易。俾海内皆知我皇上之圣明,而遭此不造,为可痛也。

《申报》

续录追纪西人会议事略

至初十日复议。西摩氏云:"顷得英国使臣来电,令添调兵士七十五名入京。本督因恐电报往来稽延时刻,故已调七十五名至天津,听候行止矣。"奥国统领云:"本国之兵早经预备,不知此刻电调至天津否?"西摩氏曰:"可。"美国水师提督曰:"我观目下情形,各国皆可调兵登岸保护本国民人。"奥国统领又曰:"我等各国调兵登岸,应各由统领管辖否?"西摩氏曰:"此刻事尚不大,各听统领指挥可也。"德国统领曰:"我国兵舰刻在塘沽,倘各国统领或士卒有需用者,用之可也。"西摩氏曰:"刻得天津英领事电称,刻下如可开战,请飞速多调兵士至津,缘地方日坏一日故也。并言本领事已电达使署,特不知以后能常常传递否?本督自接此电,即已添调兵士登岸赴津矣。"美国水师提督曰:"现在我等兵丁登岸,惟保护各国人身家性命,兼通京津消息。如中国调兵前来攻击,则我等当据理而争。"西摩氏又曰:"本督接英国使臣来电,略谓在京各使已电致外部大臣,告以京事日见败坏,电线恐被阻截,我等将行止不得自如,届时请即饬大沽各统领挥兵入救。此电如德奥、如意、如日、如法、如俄、如美,同一语意。大约日内尚须由兵部添派兵船也。"法国水师提督曰:"事势如此,各国兵士应归一大统领总辖。"德国统领曰:"各国之兵应各归本国统领督率,惟须候驻京使臣命下施行耳。"西摩氏曰:"如欲调兵入京,自应归一大统领总辖,请各统领择定一人可也。"法国水师提督曰:"天津货物多堆积街头,应告知领事,凡有危险者,须饬货主移开。至于紧要事机,随时飞报森多理恩兵船,以便邀集各统领集议。"

《知新报》

东南变局忧言二(录《中外日报》)

余前者曾作变局忧言,臆想之语,未征实事,逆料之端,不出一二。固谓赐之多言,或幸不中耳。乃由今观之,则东南之祸决不能弭,而东西之友邦不能恃成约以忘备,其亦明矣。请为宣言,以为天下告。一曰东南疆臣不绝北京政府,其约不可恃也。北匪之乱,政府提倡,宫廷主持,在国民视之,则为国贼,在邻邦视之,则为国仇。东南大吏既与邻邦立约互保,即不宜与北通忱。乃日者本埠某国领事接到某省电报,大致称颂西后之恩德,而咎新党之肇祸，仍欲禁报，并欲禁及西报。夫拳匪之猖狂，实由端、刚诸逆蛊惑宫廷，成案具在，非可掩也。假使西后不受其惑，则(么)[幺](魔)[麽]小丑何至酿成杀教民、焚使馆、杀德使，兵连八国之祸？惟太后主持于上，而后端、刚敢恣行于下，激成此变。罪魁祸首明有确证，岂可移狱新党乎？如拳匪之祸果由新党结成，何播流言于海外者不闻兵端开自海外乎？如曰新党之流言由海外移于东南，何不闻兵祸开于东南乎？新党在海外、东南，而拳匪起于北京，是谁主之，显然可见。乃于新党及报馆则深咎之，于主持拳匪之人则深扬之，岂知北匪之警，东西友邦已深怀仇恨之意。以友邦深恶之人而反揄扬其美，则触其忌而甚其怒，失计一也。今日保全大局之计，开除苛禁，收拾人才为第一义。犹复新旧纷争，不顾大局，徒益新党之恨而树之敌，失计二也。拳匪变端未甚之时，华洋诸报早烛先几而献谠议，当局诸公苟能采及刍荛，为曲突徙薪之计，于弭祸之机不无小补。乃未事、已事毫无布置，而转咎陈言者之多事，是非倒置，贻人言而资邻笑，失计三也。拳匪之起，起于执政，仇视新党，欲杀之而不能，乃转咎友邦之袒庇，故移恨新党之心以恨友邦，欲于杀一二友邦卿士，之后余威所及以次被于新党，其用心行事，行路咸知。今此电颂西后、咎新党，即是暗责友邦之擅起兵衅，先以立约而后施以反对之策，北祸未纾其怒，南疆又撄其锋，诸公独不为我皇上疆宇人民计乎？甘悖谬而贻忧患，失计四也。

此电一出，成约必解，其可忧者之一也。一曰东南勤王之师，明为敌洋，其约不可恃也。立互保之新约者，张、刘、李也。出勤王之师，李、鹿、锡也。以立约诸臣之尽责而论，则宜诘明出师者之宗旨，宣告友邦，以免忌而生隙。或察出统帅者怀有异志，则宜去其兵柄，免生他患，方为保护如约也。乃诸疆臣威力既不足以制之，劝谕又不足以感之。某师北上，自言本为剿匪也，乃闻兵至淮、徐，即已害法教士数名，安知鹿芝帅、锡方伯诸人不继之而起欤？北方之端、刚未除，而东南之端、刚又起。北方有依违欺友邦之荣、庆，而东南又有不遵约章之勤王将帅。东西友邦如觑破此患，必将责其失约之罪，而再派重兵驻于东南。北京一破，东南必(沈)[沉]。畏贼虐之加于一时，失自立之机于万世，辱国失民，无辞自解，其可忧者一也。一曰东南内匪不(静)[靖]，保护不能尽责，其约不可恃也。北方之祸全在兵匪不分，东南既立保护之约，诸疆臣所宜首尽其职者，即在约束守兵剿灭会党。乃一月以来，江南只有招降徐老虎一事，其余则浙江最为首难，诸暨则有教案焉，金衢则有斋匪焉，其他各地团党之搆煽、诸处匪徒之播谣"仇教灭洋"之语，愚民无知公腾于路。诸疆臣方讳疾益深，熟寐罔觉。东西友邦如过逼则生患堪虞，如坐视则性命莫保。于行路而谋筑室，既无信义之可恃；挟威以震人心，又无间隙之可藉。缓急两难，中外两弊，其可忧者一也。要而言之，东南疆臣甘失权利，不顾民生土地，万非可倚之人，而国民如再为其所胁，首发难端，则不独贻害大局枉送性命，且速瓜分之祸而永受奴戮之惨矣。吾于立约之初，非不望夫疆臣之有为也；及今则不望疆臣而望国民，不望东西友邦恃疆臣之约，而望其设法以防在上之启乱，而下助国民之独立。倘东西友邦能及早图之，则东南之局或尚不至瓦裂而莫救也。知我罪我，以俟知者，于是再作忧言。

统领武毅军直隶提督聂士成死事纪略(录《中外日报》)

自团匪创乱，始发涞水。副将杨福同以总督调赴弹压被戕，朝廷归咎官军，不肯议恤，天下怪之。然是时匪乱方炽，猝无以防，制之则近畿一带立被糜烂，而任直隶提督者，适为聂公士成,统全军方驻芦台。总督裕禄立檄调数营至涿州,复分派多营防守津京一路。五月初八日,匪焚黄村铁路,聂军一小队救之,匪遽迎击,伤数十人,军中大愤。其后聂军在沿途剿匪多次,落垡一役所击杀尤多。匪大憾,因其党诉于朝。是时朝廷匪党已成,立白太后,降旨痛斥直隶派出各军骚扰等情。复以聂多年宿将,所统皆久练节制之师,过触其怒,则其仇团民愈深,恐不易敌,谋所以和解之。乃使总统武卫全军大学士满洲荣公致书于聂,略谓公军装式颇类西人,易为团民误认,故致寻衅。团民志在报国,具有忠义之忱,似不宜肆行剿戮,惟公慎之。聂得书复曰:"团匪病国害民,必误大局。且士成本任提督,境内有匪,理应肃清。事定之后,虽受大罚,靡所逃死。"此皆为五月十二三以前事也。自是聂军大队专守杨村,遏匪南侵。至十四日,英提督西摩统各国兵入京。过杨村,聂欲阻之。电告裕禄,裕禄不可。聂大发愤,谓所属曰:"身既为直隶提督,直隶有匪,既不能剿;直隶有敌,又不能阻。安用此一军为耶?"欲拔队竟向芦台,既而不果,卒在此一路往来,牵制西兵,使不得骤入。西人以兵少,又颇惮聂军大营在后,乃径议退回。而朝廷以为团匪大功,大奖励之,赏赐巨万,而聂军毫无所得。至二十日,朝旨决意失和,旋得大沽炮台被夺之信,聂则奉命攻击天津租界。围攻甚力,恶战者十数次,相持八日,炮声不绝。西人谓自与中国交战以来,从未遇此勇悍之兵。故自大沽失守以后,津京日夕可危。有能首创西兵以御急难,使津郡得延一月而京师得获暂安者,则聂军之为也。至二十八日,各国兵大队赴援至津,聂以久战之兵,又无继援,势始不支,然犹退守津城附近,力遏西师。是时苟无内讧,专御外侮,则聂之身未必亡,聂之军未必覆。聂军不覆,而津城未始不可暂支,以待转机。

乃未几而有聂家为团匪所劫,而练军助匪枪击聂军之事。方五月下旬,聂军之急攻租界也。团匪始犹出陈,继以数受创,乃不敢往,常作壁上观。及四处焚掠,所当敌者,惟官军而已。聂颇愤,以为倡灭洋以酿祸开衅者,团匪也。及临事见不妙,而以大敌诿官军再四血战,断头颅、折肢体者已至十二三。而彼犹内窃忠义之名,以误朝廷;外肆盗贼之行,以害闾里。不重惩之,无以慰军人、谢百姓。一日者,方恶战,甫归营,遽下令曰:"今日尽力攻团匪。"于是军四出,所击杀者千余人。匪愈恨,乃乘其与洋兵苦战时,以多人拥其家而去。聂家属妻女子(息)[媳]多人,老母年八十三,有衰疾,亦在行中。是时,西师方大队援津。聂军方退守甫定,遽闻信,急引兵追之。所谓练军者,故多直人,与匪通。见聂军追匪,急欲救之,遽哗曰:"聂军反矣。"共开枪横击之,聂军不备,遂败。是时聂内外被敌,进退失据,犹自愤身为提督,拥兵十余载,身被数十创,而内不见谅于朝,外复见侮于匪,则大慷慨。又以为近日贼臣匪党,欲排异己,动以通外为词,欲亡身殉国,以间执谗口,谋所以死敌者。适六月初四日,马军至津,聂仍收集数营,日夜助战,每身轻前敌,欲以求死。至十三日,在八里台果以身中数炮腹裂肠出而死,死状为最惨。事闻,朝旨并不优恤。惟责以调度掣肘,伤身误国,曰死不足惜而已。天下闻而悲之。自聂死后,凡五日而津城陷。

记者曰:聂起自行间,经百余战,积功至提督,其始事不能尽详。然甲午之役,聂统偏师防守奉天,将及半年,使日本倾国之师不得过辽阳一步,功最不细。身为提督,欲自遏匪乱以安百姓,力保疆土以御外人,不为不尽职。徒以不能附和,致触时忌,遂使数十载亲甲胄、驰戎马以争死敌者,曾不如一张空拳。其积而发愤,亦可悲矣。身死之后,家属被掳,不知存亡。母老又病,以八十之年亲见家祸,又陷虎口。生人之惨,盖不可言。二子流落,间关江淮，以狼狈北行，求马革裹父尸，而尚不得，呜呼痛欤。噫！此古人所为功名之士，负戟而长叹者也。

拳匪汇纪

闻都中大小京官其籍隶南方各省者，近有多人回籍。因向义和拳首领创立路照，保其由京以至山东、直隶交界处，沿途所经不至遇险阻碍等情，故欲南来者必领路照而后行。该首领因是得集巨款，其路照之价值不一，但以官职之大小及资财之多寡以定之也。少则银百两，多则银二千两不等。其式如寻常之文书，内载团首姓名，为发给护照事云云。其边有花纹、戳记甚多，以杜假冒，外以红布袋套之，俾免沿途毁湿。此举乃义和拳首会同端王并董福祥所创也。近有人由京领照避难南来，前日到沪。述云：当经过直隶各属，各拳匪验照放行，并无留难阻滞；及至山东，遇李秉衡所带之兵路经该省入京，反吃大亏，尽遭劫夺云云。但兹适各省派兵勤王，络绎不绝于道。窃恐难民南来者，无不叹行路之难也。录《同文沪报》。

江苏候补知府某太守顷已由津南旋，云道中遇匪，搜查綦严。匪遇逃亡者，必焚黄表数道，以烟焰升上者为佳。太守途中迭遇匪徒，共焚黄表至十三道之多，幸烟皆直上，故得无恙。又云江西某大员之眷属由安省西上，途遇新裁乱兵，将其所携抢劫一空。又云某廉访之眷亦于渡江时为乱匪劫掠，并其怀抱之子悉投江中。录《中外日报》。

探得陈桂荪侍郎学棻，上月廿八日奉派验看，趋赴午门，途遇团匪，即举枪将乘马者轰毙。该侍郎见而急欲下车，又一枪继至，毙车夫一人。随从者急呼曰："此奉派验看之陈大人也。"团匪即用刀背将该侍郎周身扑击，遍体重伤，辇回寓中，因以毙命。录《苏报》。

南下之友人云：拳匪声言，除聂军门外，尚有必欲杀者二人，一为袁中丞世凯，一为梅军门东益。又闻军机处满汉章京，已逃散略尽。录《中外日报》。

又云：津沽一带，民人憎南方人实甚，被其所杀害甚多。盖北人以为南人有进步思想，且欲依外人成事，将其腹割开，试观有何巧处也。录《同文沪报》。

昨接西友来信云：当天津城失陷时，西人即往总督衙门搜查一切公文，内有收条一纸，系天津府收到给送拳匪头目王德成白面六百包。另有收到赏给阵亡义民恤银一百两及收到赏给临阵受伤义民恤银三十两等样收条，及各匪会名片、花名册、军装单无算云。录《新闻报》。

又此次变生意外，实由毓贤一人而起。毓本刚党，故前曾痛劾江督，藉以迎合刚意。刚廷对时亦遂以毓言为证，幸两宫圣明，不为所蔽。毓在山东任性仇教，情见乎辞。属下各员迎合此意。义和团探知其隐，遂明目张胆，起而与教民为难。及为言官所劾，开缺入京，遂极口揄扬义和团之忠勇神奇，以之愚惑刚毅，掩饰己过。刚固不学，又回护前次保案，为之饰词朦奏，故毓复有巡抚山西之命。因是端邸信义和团之意日益坚切，八旗子弟之列显要者，以大阿哥为其所出，无不望风承旨，交口称誉义和团之神术。风声所播，举国若狂。上自邸第，下至寺人，无不以习拳为事，遂以酿成今日之祸，则毓贤、刚毅为之也。迨之不可收拾，则已势成骑虎，遂不惜以二百余年之基业，博孤注于一掷。使大阿哥不立，端王决不能如此之横；若无刚、赵左右其间，端王亦必不至如此之横。现在都中亦设督办军务处，旨意拟出即发，多不呈两宫核夺云云。录《中外日报》。

浙乱续报

衢属江山等县失陷,均志本报。兹闻失事之由,实前因有刘姓土匪为首,齐集数十人在常山县乡,劫掠富室。县令闻警,集绅招团防御,一面即报知江山县,嘱其防备。不料江山县周大令绪益闻报,密令官眷先由水道兼程回省,已则以上府请兵为名,逃遁赴衢。百姓遮道乞留不得,以致刘匪得耗,乘虚袭城踞掠,所有民屋焚烧几尽。迨翌日,有福省勤王军两营共一千名过境,时刘已聚众三四千人,即与福军开仗,共死数百人,福军伤百余名。刘匪见势不敌,分两股窜入常山、开化焚掠,以致二县亦先后失守。迨省中闻警,调军云集。刘匪分窜山乡,并劫掠徽省之婺源、休宁县界。此项匪类,以纸槽失业工匠为多。近虽大势无碍,惟三县同遭糜烂,皆由江山县徐令一人弃城而起。故闻省宪有拟查明缉获,军法从事,俾谢三县死难之士庶云。

昨得杭友来电云:抚署接军报,衢属常山、开化两县均已克复,匪势已蹙。二则录《中外日报》。

浙衢团练新兵纠众扰乱,西安县县主吴小村大令德绣及长三两公子幕宾家丁等均被伤害等情,已志本报。闻扰乱之由,系大令创办团练,军法太严,致干众怒。故同城之道府营厅各兵,毫不干犯,即县两傍之粮捕二厅尊,亦皆安然无恙,库狱公文印信一无失落。惟大令以下共死十三人,均在道署前,由亲兵守护,备棺收敛。至城乡天主、耶稣各教堂,实系匪徒乘机焚毁,共死教士五人,尸身亦由道宪在署前代殓。录《新闻报》。

《清议报》第五十五册

义和团滋事八志

十八日上海电云:杨村被外国占夺之役,俄人死伤者十数名,日本人一名,华兵死伤颇众。又杨村以西之道路并无破坏,华兵现退在杨村以北数里许之南蔡村。又云十七夜湖南机器局附属之龙华火药厂爆发,烧去地方几所。又云北京法公使发电本国外务大臣,谓若非联合军进京护卫,则诸公使断难得脱云。

十九日上海电云:因媾和之事,已有四国复牒李鸿章,然其详细尚未知。伦敦电云:美国通牒中国,此牒非决绝之战书,唯求停攻公使馆,及美兵与救援队合同耳。又云德国哇德路谢元帅于二礼拜间即来中国,为联合军之总指挥官云。又云卑路芝亦编成远征队将派来中国云。上海电云:列国联合军于十七日已达安定,华兵多退入北京。自杨村失后,并未有开战。又云据《加捷脱报》所得之特电,列国联合军于十四日占夺杨村,以十五夜达河西务云(河西务与北京约距八九十里)。又云据某氏之北京近报,公使馆再被攻击,由宫廷给送与各公使之粮食亦绝。其供给粮食之官吏亦被杀害,且及其家属云。又云有俄国军舰二艘已抵吴淞。又云英国陆兵于今夕可抵芜湖。又云有上谕命张之洞北上,但张氏不奉命云。又云北京美公使发电广州美领事,言被官兵所围困,现事体甚危迫,且死者六十人,负伤者逾百名,罹病者数名,幸余外兵众等尚健全云。又云据重庆电报,言该地总督接得(缴)[歼]灭洋人之上谕。现该总督不实行之,唯令外人退出该境而已。

二十日上海电云:英国提督赊摩率军队至吴淞。美、法、俄三国领事劝其不可上陆。

赊摩提督不悦曰:“若我军队不上陆,则不能为防备,请辞防备上海之任,望将英舰撤去,以上海听华兵所为”云云。西贡电云:法国夫礼将军现率法兵攻击北京。又云德国哇德路谢元帅以廿七日向中国出发。仁川电云:据龙田舰之报,十八日联合军已集合于通州,遂由通州进北京,大抵二十日可抵北京云。又云俄人于天津被陷之后,随修复由津至杨村之铁道,本月廿六日可竣工云。又据某氏由山海关发来之报,俄人修复塘沽芦台间之铁道云。仁川电云:闻李秉衡率兵二十营抵北京谒见西后之后,即率其军队出京,不知将往何地。又云西后欲迁避山西省太原府。芝罘电云:牛庄被俄国占夺之后,该地俄领事为民政官,其参赞代其领事之任,税关职员仍执业如常,但属俄国国旗下耳。今该地骚扰已尽平定,通商亦渐次恢复,土产大豆亦有输出,并劝告各商人归还其地,仍旧通商贸易如故。

廿一日上海电云:英国军队接本国训令,已不由上海上陆,而向威海卫进发。又云华兵与联合军战于通州,华兵败绩,遂退去。芝罘电云:十六日俄兵于大石桥附近占夺阵地三所,华兵被击退在海城。昨朝又在海城开战,约有两点钟时候,华兵又败,遂被俄兵将海城占夺。是役俄兵死伤甚少。

廿二日芝罘电云:通州于十八日被日本师团占夺。华兵未有抵抗之者,盖于昨夜半已退于北京云。又日兵掠得精米约五万石及米库与兵器等。上海电云:联合军以十九日占领通州。又云北京荷公使十七日电上海荷领事云,荷兰人有七名在北京,虽得生存无事,然日曝露于铳火之前,且粮食欠乏,亦最危之事。又荷、奥、意、(俾)[比]四国公使馆已被破坏,幸法公使馆尚可维持数部。城内之欧人战死者不下六十名,负伤者约有六七十名。又云前英国命其军队不登上海而往威海卫,今又改命其不往威海卫,仍碇泊于吴淞。又云联合军廿一日攻击北京。又云陕西巡抚往直隶境界,欲迎皇上及西后云。福州电云:衢州土匪甚猖獗,地方官被杀害。苏州电云:该地之职绢工人约有千余人,因失业之故,于昨廿一日午后突然蜂起,后被官兵镇压。获巨魁十四人,其乱遂止。

廿三日上海电云:庆亲王开皇城以迎联合军。又云联合军十九日在距北京八里之地,预备明日开战。又云据牛庄十七日之报,有二千华兵攻击俄军堡垒,后被俄兵击退。华兵损害甚大,俄兵伤损亦不少,其病院为之充塞。后又有华兵一万五千人进击牛庄。俄国现由旅顺派遣军队来牛庄援助云。又云刘坤一染有重病。

廿四日芝罘电云:联合军二十日朝攻北京城。至夕,日军攻破朝阳门及东直门,遂进入城内。各国兵由东便门、崇文门进入。公使馆之护卫兵亦出接应,公使以下诸人皆无事。是役华兵死伤者约三四百名,日兵死伤百余名。又云据天津来信,二十日朝联合军炮攻北京城之东方,日、俄兵由通州运河之北,英、美兵由运河之南进击。至夜间日兵于鞑靼街之东部炸破城门二所。英、美兵由东便门进入,直分兵往公使馆会合。厦门电云:汀州府及龙岩州之暴徒破坏基督教堂数所,目下外国传教师尽逃出内地。上海电云:皇上及西后经紫荆关向山西省五台县进发。端亲王随行,庆亲王、荣禄、刚毅尚留北京。

廿五日上海电云:皇上及西后十六日出北京,由宣化府到山西,驻驿五台山。巡抚毓贤出迎。又鹿传霖电达各处,命送粮食、军器于北京者,宜送往山西省云。又云北京陷落之后,庆亲王综览万机。又云李秉衡于十六日与外兵交战,负伤过重,翌日遂死。同日张春发被暗杀,陈泽霖战死,马玉昆负重伤。又云山东登州府下黄县地方有团匪千余人,势甚猖獗,芝罘亦有危险之虞。又云江苏徐州府甘泉县地方有盐匪千余人蠢动,徐老虎率新管水师讨之。

廿六日芝罘电云:西后蒙尘西安(即古之长安)之事似实。上海电云:庆亲王有为全权大臣与列国议和之说。又云上海列国领事之意见,唯欲使中国政府悔悟而得复平和而已。列国拟先请皇上归还北京云。又云廿三日九江哥老会徒欲由九江市街三面放火,藉势攻击。先遣七人入市,兵士等疑而捕之,将四人斩首,仅得无事。又云李鸿章得接十九日北京之报,兵部尚书徐用仪、户部尚书立山、总理衙门大臣联元等处斩;军机大臣荣禄、内阁学士某某二人,翰林院侍讲学士黄思永等监禁云。又云联合军现向保定府追逐端郡王。又云天津以北之电线为风雨所破损,故今北京之情况不甚得知。又云据保定来电,皇帝及西后七月十九日以董福祥所率之军队护卫出都,经涿州、易州及紫荆关,望五台山一路进发。又端亲王、庄郡王、刚毅、徐桐、崇绮等有旨命其留守北京,刚毅任武卫军之总指挥官云。又云法国军舰载法兵约七十名,于二十四日由上海上陆,以保护其租界地。又云有美人得接华盛顿之报,言美国派兵来上海。又云此次李鸿章讲求善后之策,其幕友等议曰,若拟偿款则必不胜,不若以盛京省割与日本,以新疆割与俄国,以西藏割与英国云云。果然则英、俄、日既得偿,而德、法、美岂可坐视?吾不知其又以何物偿此三国也。又云北京列国公使皆已电回本国,请其政府之训令云。仁川电云:俄国乘今回之乱遂占夺满洲全部,为永远隶属,但其总督亚力赊符扬言曰:“今我军队之驻于满洲,非欲永远占夺,不过该地常有土匪屡将铁道破坏,于俄国之民政实有损害,故不得不屯兵于此,以为自卫之计,若暴徒镇静后,自当撤还云。”

八月初二日(8月26日)

《中外日报》

名论照录

昨承寓居日本友人寄到藤田一郎君撰《告中国仁人君子文》一篇,其笃念唇齿相依之谊,不惜大声疾呼之情实为可感,兹特照录如下:

> 大日本国藤田一郎注满腔之热血,谨告我所尊亲爱敬之大清国仁人君子,希纳不肖一郎之忠言而成贵大国恢复兴盛之大业。伏惟贵国者,宇内最古之开明国也,又宇内第一之文物国也。自尧以来四千三百有余岁,史籍粲然,无不备者。如文武、周公之治世距今实在三千五百年前,如孔子之大圣、孟子之大贤距今在二千三百余前后,是以四邻称贵国为孔孟仁义之国。当此时,今之欧洲大陆诸国则虎狼之巢窟而已,野蛮之部落而已。
>
> 然而宇内之形势次第变迁,虎狼之巢窟者变成麦田桑圃之沃野,蛮民之部落者变成金殿玉楼之都会。众积宇内之宝玉,网罗人类之权利,不夜城之乐、长夜之宴,俨然如临他列国之人民者焉。退而观察亚细亚大陆诸国之形势,印度、安南之灭亡,暹罗、波斯之不振,使予辈半夜追怀,不觉泪下潸然。呜呼!黑海之东方,苏士之河东,天地

自暗淡，草水自萎靡。依然不改其形容者，印度之雪山、贵国之天山而已，岂不悲哉！

贵国近来国力不振，人民之气象亦与往昔异，加之百祸千难交起，如将陷不测之大祸者。贵国若不幸而失此大国之面目，至不可再兴之悲境，堂堂亚细亚大陆之山河如之何？古人所谓可痛哭流涕长大息者此也。敌国幸天子圣明，群臣忠良，蚤达观于宇内之大势，洞察于今日之时势，非往昔之时势。锐意热心采用欧美列国之长处，改正法律，更革治道。陆则速成火轮车之设备，海则改造军舰火轮船。电信、电气诸大事勿论，天文、地文、动物、植物、金石、医术等之学术，无不更新。亚细亚古来之事物，必令世界列国之长技、当世富国利民之事物，无所不备。是以兵既练矣，马既肥矣，即不幸与欧美二三强国酿祸端，又与世界列国生违言，亦不患无防卫己国之力量，然亦不忍举我兵以加于比邻之贵国也。如夫光绪二十年之役实出于不得已，决非好弄兵者也，况如一郎者蚤已提唱亚细亚平和之义者乎？当时私心忧虑，窃祷两国之平和克复而已。

尔来贵国有所大更变，陆则有火轮车之设备，海则有军舰火轮船之新造也。一郎窃意贵国从此大改面目，骎骎乎可进步也。不图突有义和团匪之祸害，北清之风云次第凶恶，辇下之山野极形骚扰，因之列国举兵向北，骤发大祸。呜呼！天乎？时乎？一郎为贵国欲不悲得乎！

贵国今日之急务，君臣卧薪尝胆之时也，练一国之人心成一团之时也，矫正百般之旧弊一洗各自私好之时也。如此而论贵国中兴之大业，犹未可谓日月有余成功可期，况于上下不亲、官民不和、一国不团结乎？孟子曰："天时不如地利，地利不如人和也。"敝国土地不如贵国之十一，户口亦然。虽然，古来未尝有革命易姓之历史，况亡国之历史乎？予未闻保亿万无数之土地，有四亿余万之人民，有终废亡之国也。一郎为友邦贵大国不胜愤慨，是以不惮不敬，不顾无礼，注满腔之热血，谨呈忠言，顿首、顿首！

光绪二十六年七月　明治三十三年八月

《申报》

三纪西人会议事略

华历五月十一日，各国水师提督及各统领在大沽第三次会议。西摩氏宣言曰：顷得本国驻京使臣电报言，目下义和拳匪大约盘踞杨村一带，昨晚眺见杨村之外桥上有土人纵火。闻聂军门已赴天津迤南芦台地方，先由火车载兵士一千五百人前往，随又派令火车驶至杨村，续载二千人。此信若真，则其心中并不欲将京师保护矣。又有一电，系森都利恩兵舰统领由天津发者。其文曰，传言拳匪现已驰至杨村。如果属实，则天津铁路恐不稳当。至天津英领事则已电达驻京使臣请示，倘得覆电饬保火车站，则当尽力遵行，并须添派兵士若干名，携带机器炮。窃思天津河道须用小兵船，三十号往来行驶，其船只须长四十英尺。今已调去水师五十名、机器炮一尊，复从恶老辣兵舰添调水师九十名、机器炮一尊赴津，另令水师九十名在大沽登岸伺候。厥后天津英领事又来一函，遂饬兵舰名狠伯者驶至北带河，保护西人。至今日狠伯统带来电，述及北带河一带颇觉平安，爰由英、法、德三国各派一小兵船巡察天津河道。法提督曰:“今当饬礼宏兵舰由大沽入天津,襄同巡察。”日本统领曰:“刻得使署来电,欲调兵五十名入京,倘事机恰好,则应如数调往。”德提督又曰:“刻由本国来电,命与各国统领商办救护使臣之事。”法提督曰:“现在应告知中国政府中人,速灭拳匪。”俄提督曰:“鄙意亦宜如此。”德提督曰:“此事似宜由各国使臣办理。”众议佥同,此事遂不复再议。阅日西摩氏接英使电音,内开刻下京师棼乱益甚,倘君等不火速拯救,势将无及云云。遂即倩人分录遍致各提督及各统领,并言本督此刻不复迟疑,定于今晚将能调之兵悉数调令登岸,俟天明当即督带入京。君等意见如何,请速来此商议。

浔江团练

九江访事友人云:七月二十二日,广饶九南兵备道九江关监督兼九江营务处督办团防事宜,明华亭观察会同调办九江营务处总办团防事务、湖北补用道孙观察,发出示谕一道。其文曰:“为会衔出示晓谕事。照得北省拳教寻仇,风声所播,人心异常浮动。九江为水陆通衢,五方杂处,匪徒最易溷迹。本道等虽奉督抚宪札,饬添募营勇,会同保卫商旅,防护教堂。惟近来谣言时起,民情惶惑,若不举办团练,一旦有外来会匪乘间勾结,滋生事端,则尔商民等无从查悉,闾阎势更惊惶。惟团练之法,其要有三:曰工团,曰商团,曰民团。上海机器纺纱各局及汉阳铁政枪炮两厂均已禀准团练,此寓兵于工之法也。浔阳素无局厂,自应举办商团、民团,以资自卫。但商团、民团同时举办,恐有竭蹶之虞。拟由九江府署妥议章程,先办商团。诚得各帮绅商通力合作,由各店铺自募壮丁,赴团防总局报名登册。日则会齐操练,夜则各归各店,彻夜巡查。遇有宵小窃发,立即鸣锣团捕,非特官商声气可通,市廛亦得守望相助之益。其获益实非浅鲜,俟商团办有端倪,然后再饬德化县督同公正绅董接办民团。俾得众志成城,共维大局,将见攘往熙来,安居乐业矣。除由府署议办外,合行出示晓谕。为此示仰商民人等,一体知悉,遵办毋违,切切,特示。”

八月初三日(8 月 27 日)

《新闻报》

论匪徒每多假托

凡匪徒之起事,非徒手所能也。忧党羽之不多,必先有收拾人心之举;忧奥援之不力,必先有趋乘机会之法。故其起事以前,必有假托之名、假托之义。其名其义为有权力者所积想,则可得权力之奥援;为亿兆所积想,则可有亿兆之党羽。而不知匪魁之发难,其私意实别有所在,不过借此以得他人之一助,以便成事而已,岂有爱于人哉?昧者不察,因有感于心思之积想,遂不察乎事体之中道,贸然许之,贸然附之,而终致于身败家亡。平日之积想,仍不能一偿,可不深痛?故于汉口获匪一案,而深有感也。汉口有唐才常、林述、向联升等定期起事,幸事前拿获匪魁正法,得以销患未萌。否则势渐燎原,将使平安之南方亦有团匪类也。唐匪与团匪之名义大相反，然团匪皆直隶、河南、山东、山西、陕西之人，习见该处教民之权势、外人之权势、政府之宗旨、庶民之公愤，于是有趋乘机会收拾人心之法，起而曰“扶清灭洋”。北方各省见闻不广，故“扶清灭洋”之说入于耳而感于心。朝野上下自王公以至庶人无不靡然从风。不究其真伪，不察其力量，而甘为奥援，甘为党援，以致名城沦陷，白骨如山，宫闱震惊，国脉如线。所谓扶清者何在，灭洋者何在？而自王公以至庶人无不以一念之误，徒遭此流离死亡之苦也。唐才常者，见“扶清灭洋”之说创于北而南方之感之者少，复旧封港之事起于北而南方之应之者少，因知南方之人心固异于北方之人心，南方之督抚固异于北方之政府也。于是欲以反对团匪之名义，集成其党羽，借助乎奥援。

彼又知起事之后，中国有乱必有各国帮助剿捕，惟有借反对团匪之名义而后可以安外人之心，免洋兵之干预，故托称康党，托称康有为之徒。其会中最要宗旨，禁不与外人为难，以免南方之剿捕，以免各国联军之剿捕，盖与团匪之托名扶清以免政府之剿捕者，其名相反而其意实同，其用心可谓狡矣。夫南方士民见闻既广，知旧时之政策为弱民贫民之政者甚多，民穷思变，忽有人从中煽惑，则可虑者一。端王专权，圣躬受制，半新半旧之徒皆疑新党之暗，然无闻忽有假托者出，必无暇细察其真伪，则可虑者二。各处土匪近均小有蠢动，散而不合，其势易平，忽有借有名之人以号召天下者，必争相附和，则可虑者三。各省分兵勤王，兵力不足，乘此煽乱，扑救为难，则可虑者四。故张香帅能于事前拿获骈戮巨魁，实为长江一带造无形之福也。识者不察，疑唐等实为新党，而不知其为假托。夫新党如康有为等，岂无识见、无学问之人，而乃冒昧仓卒至于如此者哉？康等以得罪政府致诬以叛逆之虚名，海外皆冤之，何至再有作乱之事，以实犯不韪耶？呜呼！无论中外上下之人，凡有血气者必有积想，而匪徒之起事即因人之积想以肆其煽惑。然人必徐观其举动，默察其隐微，究能符合其所假之名义否，而后感动其积想，则其心不乱，而匪徒之术乃穷。故因张香帅之戮匪，而愿中外上下之人同此一心也。

匪首正法详函

汉口有唐才常等自称康有为之徒，几乎肇事。经张香帅访闻，拿获为首三人正法，已由飞电到申，录登昨报。兹接汉镇访事人函称：汉地于上月下旬先已谣言四起，故此通镇文武无不严密稽查。廿七日午后，泉隆巷某剃发匠见本街住有唐姓者，形迹甚属可疑，于是报知本坊把总。旋由把总禀知陈庆门都戎，带同该匠前往拿获唐等四名。唐供系三等头目，武昌、汉阳、汉口同党甚多，并有余党在下江一带源源而来，约于二十七晚发给军装，二十八日三处同时放火举事，鸣炮为号。又诘大头目名向联升者，供出党名颇多，有某住汉镇宝顺里，某住汉阳鹦鹉洲等处。经江汉关道讯供是实，电禀鄂省大宪，即于当晚在四官殿地方正法。廿八日清晨，又在洋街某洋行内捕获伪日本人二名、广东人二名。未几太古某轮船到埠，有匪三人起岸，亦为差勇捕去。而所供住居汉阳鹦鹉洲之头目即瞿凤鸣，当由江汉关道星夜飞函，请汉阳协带勇往拿。协台得信之下，亦于二十八日寅早立派弁兵改装往查，获得瞿凤鸣及鲍源顺二名，俱系湖南永州人氏。所供各节与唐略同，并云有军装等件藏匿汉口宝庆码头左近。刻闻二匪已由汉阳府审讯得实，送交江汉关道覆讯，日内亦当正法云。

《申报》

团练说

自北省拳匪事起,东南诸大吏惩前毖后,思患豫防,谆谕民间,捐集金赀,举行团练,盖远师古人守望相助之意也。执笔人曰:嗟乎!团练岂易言哉?其有市井游民临时应募,既未明有勇知方之义,更安有同仇偕作之情?惟是乌合成群,跳刀拍张,日持械往来于市肆,一呼百应,肆意横行,恃有护符,全无忌惮。问以枪炮若何而命中?戈矛若何而摧坚?则皆瞠目不能答一言。惟是糜费口粮,驿骚闾里,无事则高歌酣饮,遇敌则弃甲曳兵。此其弊在团而不练。抑或游手好闲之辈,自恃男儿好身手,平日惟以凌弱暴寡为能,一经招募成营,领得军装,益复恣行不法,欺陵孤独,威吓懦良。偶有睚眦之嫌,即称戈私斗,不遵绅士之约束,不听将领之号令。平日既离心离德,遇敌即弃械溃逃。虽有贲育之才、羿奡之勇,亦惟是为民厉阶,从未能万众一心,同伸敌忾同仇之志。此其弊在练而不团。嗟乎!团练岂易言哉?而奈何今之牧民者尚纷纷然举行团练哉?

虽然,团练而果实事求是,其益有胜于勇营者,以土著之人卫土著之身家性命。自幼即同乡共井,夙敦洽比之情,一遇寇盗之来,自必奋力争先,决不忍旁观袖手,其益一。为兵为勇粮饷皆领之官中,团练则城镇乡村各自举办,诸费出自绅商捐集,不烦官吏代筹,无虚糜帑项之虞,无索饷哗噪之习,其益二。外省或有不虞,兵勇须调赴前敌。以故好人家子弟惮于征战,决不肯隶名细柳营中。若团练则自卫乡闾,例不听他处檄调,尽有草野之具忠肝义胆者,欲保故乡桑梓,欣然应召执殳,戮力行间,为一乡之保障,其益三。团勇既募诸土著之人,平日各有所事。一旦地方平靖,即不难散伍归农。不似练勇额兵,漫无归宿,一经撤遣,则江湖流落,纠党为非,其益四。有此四益,苟举办者实心任事,不潦草以塞责,不仓卒以图成,则犁云锄雨之流,皆可收杀敌致果之效。谁谓团丁练勇不堪为井里间御侮折冲也?且不观湘乡曾文正之已事乎!当道光季年,文正之在家读礼也,亦不过以团练卫乡邻耳。洎乎湘乱既敉,即改团丁为勇丁,出省剿贼,转战十有余省,发逆、捻逆以次荡平。用能浴日补天,奏中兴之伟绩,团练之效不昭然欤?当事者果师其法而行之,不糜费,不扰民,不有始而鲜终,不务名而无实。将见其始仅用以保一乡一邑者,其后即可用以保天下国家。推而行之,文正之成规不难复行于今日,更何患拳匪扰害,强敌凭陵?若夫有团练之虚文,无团练之实际,如上所云团而不练,练而不团,甚且借团练以敛赀财,恃团练以祸井里,则不特有团与无团等,且直蹈北省义和团之行为矣,岂举行团练之人始念所及料者哉?

鄂中诛乱记

四五日前,沪上某西字报谓:近有新党中人在汉口约期作乱,致被大吏所诛。本馆意新党者,即康逆余孽之自谓。彼其人时言之不怍,自称保国保皇,岂有效赤眉、铜马之行为,以致自罹法网者?是以未敢贸贸然译列报端。迨昨日得汉口采访友人手书,始恍然于此事之巅末。采访友人之言曰:汉口为鄂中巨镇,上通巴蜀,下达申江。台榭云连,瑰奇山积,萑苻群盗,时啸聚焉。自北省拳匪作乱,若辈即思乘机而起。分散票布,要结党徒,期于七月二十八日晚间纵火为号，戕官吏，劫军装，占踞城池，与王师抗。讵料事机偶泄，即为逻者所知。细细侦之，得其巢穴所在，乃自诸营县调兵至泉隆巷对门某宅及下街某洋房，一拥而入，擒获匪党二十余名，内有一妇女及甲乙丙三日本人。旋复搜出号衣、军械、火药、信函、名册之类，解交夏口厅同知署。厅主陈少石司马立即升堂推鞫，知为首者一为湖南辰州人向连生，一为湖北柏泉人邓永才，皆在就获之内。并称羽党约共五千名，皆自愿从逆犯顺者。司马乃星夜禀知汉黄德道岑馥庄观察。观察飞电督辕，禀陈一切。未炊许，即接督宪张香帅电札，饬将首逆就地正法。司马爰委彭仁甫千戎将向、邓二逆犯绑至四官殿前枭首，其余二十余犯督解赴督辕，听候裁夺。此二十七日夜间事也。或曰苟非康逆党中人，何以能勾结外人以洋房为窟宅？意者西报所述，固不尽无稽乎？此则非执笔人所知，刻已函询在鄂友人，一俟得有真情，即当录登报牍也。

八月初四日（8 月 28 日）

《申报》

务实说

今之天下，一战国之天下也。闲尝纵观大势，弱固莫中国若矣。然初不料弱之至于斯也。盖向之所谓弱者，不过任外人夺我属藩，据我边地，而京师未尝受困，宫寝未尝震惊，是虽弱犹足以图存。不料拳匪事起，政府昏庸，致动外人公愤，相持两月之久，京城卒为所破。虽西人有并不瓜分中国之言，而一局残棋，终究不堪收拾。即使以后和议有成，而经此败坏之余，国库空虚，民财困乏，必至事事受人节制，恐中国之弱尚未有艾也。回溯中东交战之后，说者每谓中国虽已痛深创巨，然苟能克日振拔，则二十年后尚堪转弱为强，乃不谓政府非但不思振作，且更昏庸。如此行为，不弱何待？夫治国如治病，然人有病必求对病之药疗之，否则补泻乱投，人鲜有不因之而毙者。弱者，中国之病也。不明其致弱之由，而妄议富强，其弱恐因之日甚一日。弱何以致？或谓因兵力之不厚也，器械之不精也，海军之不设也。此数者诚足为中国病，然中国病根则究不在此。中国向设绿营兵六十万，后因疲苶无用，改为练军。满洲驻防兵亦不减于此数，兵力诚不可谓不厚。加以军火日益精美，昔之购自海外者，今且设局铸造，可知中国不患无精兵利器，患在有而不能用耳。窃意欲救中国之弱，宜先正中国人之心。人心至今日败坏极矣。仕途之心术坏，则蒙蔽之习成；士庶之心术坏，则夤缘之风盛。上下相蒙，酿成一虚伪之局，兼之康、梁余孽，惑煽多方，妄称保国保皇，实则图为不轨。至于此次北省拳匪之乱，不过借邪术以愚人。究之并邪术而亦为虚托，乃初则乡愚信之，继则士夫信之，久且政府视为神奇。虽至溃败决裂，而依然如梦未醒。时局如此，尚何言哉？尤可笑者，联军入京之后，已得确实电音；而沪上犹喧传联军为华军所败，伤亡殆尽。有为之辨者，则张目裂眦，指为奸人。此其忠君爱国之心，非不可敬，其如虚伪之气太甚，致不议时务，不知轻重，不明进退，不顾为识者所笑何？窃意中国之人苟能幡然一变，戒虚浮，处处务实，则外人非但不敢以干戈从事，且必肃然起敬,谓为奋发有为,更奚必求器械之精、兵力之厚,始足以固国本而慑强邻哉?变之奈何?曰多设学塾以教之,俾各有实在学问,则虚浮之气自除。再使游历外洋,以长见识,于是不经之语自不出诸口,不经之事自不敢妄为矣。久而久之,尽中国之人皆能黜浮崇实,庶倾轧蒙蔽之习、夤缘奔竞之风,一扫而空。至此而中国犹不能转弱为强,吾不信也。若诿之于兵力之不厚、器械之不精,是求其末而未求其本,有何益哉,有何益哉?纵笔及此,质诸当世有志之士,能不以鄙言为河汉否?

记西摩氏告上海道余观察语

英国水师提督西摩氏电调印度兵来沪保卫租界商民,此已纪诸前报者也。兹阅香港《循环日报》,登有华历七月十七日上海关道余晋珊观察在英总领事署与西摩氏会商。西摩氏历告以故曰:一、此事早经议定,兵已由香港动身。二、此等大事两国大员商定后,除非有新出紧要大故,今无故忽欲更改,实属不合。三、今并无新出要故。四、上海各西商以时事日非,心中不无惊恐,故请调兵一万来守上海。五、本提督只调兵三千以应之,显见是保护之兵,非攻击之兵也。六、此三千兵调至上海,已足令匪人生畏,况浦江中兵船如林,华人并未生惧,乃独于此三千兵则惧之,何耶?岂此兵非与兵船同为保护而来者耶?七、西商但求安居乐业,以上海财产之多,断不肯自生衅隙,致速焚劫之祸。八、此次调兵来沪,本提督万想不到于上海地方有损,请贵道明以教我。九、如无损碍,则租界中得此节制之师,保守地方愈妙,足可安心居住。十、保护租界之责不在华官,惟匪人来攻租界,则华官不得辞其责。上海财产较巨,与他处通商口岸,大不相同。十一、上海口岸开关五十余年,曾遇匪寇迭来攻击,均由西兵保守平安,则此次调兵乃以前所有之事,不足为奇。十二、上海西人从前未尝攻击华人者,现在何必惊惶?十三、咸丰年间,西兵曾经驻扎上海。

鄂中诛乱记二

四五日前,沪上某西字报谓:近有新党中人在汉口约期作乱,致为大吏所诛。本馆意新党系康、梁余孽之自谓。彼其人虽言之不怍,自称保国保皇,然不过借以敛钱,未敢为赤眉铜马之事,故未译列报端。迨前日接汉口访事人来函,始悉为首起事者一为湖南人向连生,一为湖北人邓永才,即经拿获正法。余党二十余人则押解督辕,听候裁夺。昨又接武昌访事友来书,则谓此事实由康、梁二逆主谋,爰再录之,以供众览。来函云:湖广总督张香涛制军近接两江总督南洋通商大臣刘岘庄制军密电,内开访闻康、梁逆党,匿迹长江,潜图不轨,请饬属一体查拿等因。因即密谕汉黄德道兼江汉关监督岑馥庄观察,督饬地方文武,严行查缉。上月二十七日访闻汉口洋街一马头某洋房有多人租住,行踪诡秘,出没无常,爰派汉口都司陈庆门都戎率兵前往查拿。时已深夜,若辈知事机败露,胆敢持枪抗拒。都戎指挥,士卒奋勇争先,立将匪党二十余名全行拘获,并起获木质伪印、花名清册及军械、旗帜等物,随即押解省垣。制军委营务处、司道会同研究。据供:“小人等皆受康有为、梁启超所指使,同党有数千人之多,约期二十九日起事。”内有三犯作东洋装,诘之,则一犯籍隶日本,其余二犯本系华人。未几,日本驻汉领事照会制军,请将日人省释。制军以案情重大,未便姑宽答之。同时,都戎又在汉镇九连庵缉获会匪一起,供系红教会,党羽甚众,定期二十八日武汉三镇同时起事云云。因将要犯向连生、邓永才二名正法枭示,以寒匪胆。连日，文武各官搜查余党昕夕不遑，而居民风鹤惊心，争先迁徙。衙署中人，亦多有挈眷他适者。

八月初五日(8月29日)

《申报》

鄂中诛乱记三

汉口采访友人云：当上月二十七日之夜，汉口拘获谋叛匪徒时，在箱内搜出伪印一颗，上刊“管领中国大士会”七字，并康有为、文廷式诸逆党往来手札。严加刑讯，供称会中自头目以下分别五等。入会者由匪首给予凭条，月领薪水洋银六圆。窥其意旨，定系康逆余孽图谋不轨，固非与寻常哥老、红灯诸会匪所可等量齐观者也。幸天佑圣清，事机败露。否则，星星之火，可以燎原，后患尚堪设想乎？至于是夜在花楼街李慎德堂内拘获之日本人三名，经夏口厅同知陈少石司马解省详加研诘，内有甲乙二华人伪作日装，且曾登科第者。自认康逆羽党不讳，因之立即骈诛。惟一人自称籍隶日本某处，姓甲斐，名靖。后由日本驻汉领事官再三力索，始交来使带回。刻已将各匪首级盛以木匣，分悬汉口各码头矣。

《汇报》

外交先治内乱论

今有一病者于此，躯体日瘦，皮肉日削，夜不成寐。诸疾交侵，瘦骨支离，疲乏不起，延医诊治。曰：吁！殆哉！猛攻之剂，是速其死，万不能施，固夫人而知之矣。惟有慎其饮食，节其起居，所幸口尚知味，胃气未绝，以禽兽之血肉啖少许以扶正气，纵不能强健胜常，亦可以延岁月。又有一病者于此，气体甚强，素无疾病，忽患外症，疽发于四肢，不旬日而骤高大如盂如杯，治以化毒退消之药，而其势已盛，不能见效。俟其成熟，以刀刺之，血出盈碗，毒去大半，四周之肿亦随之而退。于是敷以拔毒之药焉，贴以生肌之膏焉，不旬日而居然新肉重生。用药以培养元气，而其人遂强健如恒矣。可知外症之与内症，其轻重固大相悬殊也。又有一病者于此，方其少壮之时，本无疾病。斲丧过甚，遂患劳瘵，业已骨瘦如(豺)[柴]，风吹欲倒矣。忽又患外症，用峻厉之药，元气顿亏；用扶原之药，毒势益盛。日听庸医之播弄，而不能自主，此其人未有不死者也。呜呼！今日之中国，非内外症并发之时哉？

客有造救时子之庐而问之曰：“大局岌岌矣，强邻逼于外，乱民讧于内。外固莫测，内更可危。政策有二，曰御外，曰靖内。二者孰先孰后，孰急孰缓？请为我决之。”救时子曰：“御外必视其力，安内在握其要。今中国欲杜门谢客，力或不足，而各省伏莽又滋蔓难图。团匪煽焰于北，哥匪潜伺于南，内不安而能御外者，未之闻也。窃料北省兵力颇厚，足以制团匪而有余。若果严行剿办,非特北匪指日可平,即长江与内地各匪伺隙以思蠢动者,亦必猬伏而不敢发。慎防其萌芽,而抉剔其根株,总以不事姑息,为安内御外之上策。至于外交之道,但当羁縻之,联络之。或据理以相争,或平情以相谅,或推心以相与,或优礼以相将,勿使遽起衅端,我得有数年之暇。整饬吏治以立根本,讲求武备以图自强,振兴学校以培人才。内治既修,外侮自无由而至,岂可不忍一日之诟而卤莽以挑列强之怒哉?夫医国犹之医人也。人之有疾也,治手足易,治腹心难。今不急于剿匪而欲逞志于外人,是犹以手足溃烂为虞,而忘腹心之患也。"客曰:"然则外不可御乎?"救时子曰:"否,否,不然。吾所谓不可遽启衅端者,正为御外地也。我惟亟亟于安内,而不肯轻用其锋于外。及吏治已肃矣,武备已精矣,人才已众矣,然后于换约之时,执公法以难之。能就我羁勒则已,否则即以兵戎相见,亦不过开衅于一国,非他国所能干预也。胜负之数虽未可知,然平日既修政事,其视法越之战、中东之役,必有间矣。且我知各国之有所畏忌,而不敢轻发难也,此尤外御之无形者也。孟子有言曰:'国家闲暇,及是时,明其政刑,虽大国,必畏之矣。'然则政刑者安内之本也,大国畏之,则御外之效也。先后缓急之分,不皎然可见也哉?"客作而对曰:"敬闻命矣。"拟之于病,本非绝症,特以患病者始则不知调摄,日复一日,症将莫疗,而付诸刚愎自用之庸医,生死惟命,病者亦不得自主。斯人也而有斯疾也,后顾茫茫,不知如何结局,岂不危哉!

《中国旬报》第二十一期

国是:许袁被害详志

许景澄、袁昶同遭惨戮,迭详前报。兹有南汇刘姓,精通西国语言文字,向在许处为翻译,因许、袁拿交刑部,连夜出京,由陆到沪,特遣往访许、袁被祸底蕴。据述:"端邸在军机处大会群僚,余随而往。端邸询和、战两策孰宜?主战者十有六七,依违两可与唯诺不置一词者亦有三四。惟许、袁二公痛陈利害,极言议和为是,并斥主战之谬。维时端邸已现愠色,佯笑谓二公曰:'当日中东议和,至偿兵费二百兆,今各国派兵来华,且又逼迫畿辅,如据二公高见,不识共偿若干?'二公不知讥讽,据理条对,擘画甚精,并称如再迟疑,消亡立待。端邸闻而微哂,拂袖径入。未几,朝旨逮系,并着搜捕同党,下狱治罪。余闻此凶耗,恐被波及,匆匆回寓,携银而潜出都城。幸所雇车夫贪走小路,追捕者反由大路,始得出险。然至今言及,尚觉心悸。"

邦交:英人创立新中国会启

六月二十七号,英国《泰晤士报》载有英人《创立新中国会公启》一篇,节译如左。其启云:"中国多故,土匪蜂起,互市各口,均以我英商务最大,将来一旦开通展拓,更无限量。以我政府之明察,并非不能及时兼顾,只以贸易多途,往往因一家之私利,而置大局于不问。商人既自意见各殊,虽政府亦未如之何也。是以应付中国之政策,迄今总无定见。今日立会,首先应办之事乃有两端:一、随时演讲或著为论说,俾观者、听者了然于心,知应付大东本有良策。二、朝廷政策,每藉公论,以维持公论之能上达,与能动当道之听,辄仗议员之力。本会自应联络议员,以助政府之所不逮。至所云应付之策,亦并非展拓疆土之谓也。其大要厥有三端:一、条约所载通商利益,应遍行于中国,尤应固守权利,不得稍有迁就。二、中国弊政,我英宜与各国合力设法改革,徐图维新。复持之以久,为之以渐,以保东亚太平之局,以固中国自主之权。三、力持大东平权之局以杜窥伺,亦可使我印度边境无烽火之虞。"此条补译,八月六号译《字林西报》。

邦交:外交政策

伦敦八月八号来电云:是月二号,英国外部侍郎勃乐叠立克君曾在下议院宣言,发明英国外交政策,为时甚久。大旨谓北中国土匪搆乱,吾英应为之事厥有数端:一、宜与欧美各大国全力以救北京各使臣。一、使长江一带无烽火之警。万一有事,该各省督抚兵力不足,吾英宜有以接济之。一、无论上海有事与否,总宜设法保护。前调印度兵赴华者,职是之故。除以上各节,吾英并宜确守保全中国不使瓜分之策。虽后事如何,莫能悬揣,而吾英之所为,则直可告无罪于天下。盖无论以后中国国家如何改革,总须以华人治华,吾英决不干预。以吾观之,不但吾英不欲见中国为印度之续,即各国亦不能与吾意见不同也。事定之后,兵费自应归中国筹偿。至如此巨款取于何处,则俟将来再议。惟日后团党虽平,远东当自有一大变。吾英所望者,以后中国新立国家,政教日进文明而已。

邦交:局外公论

奥京某报云:近日中国北方之事,实因欧洲各国往往无理干预,且有意蚕食中国疆土,中国忍受折磨为日已久。故一旦起而与洋人为难也,惟戕害洋人身家性命,理应各国合力剿捕。所虑者,今日平之,明日复起,则又将奈何哉?计惟有以西学教华人,庶熏陶日久,所见亦将与我洋人无异,然后可望恒久太平耳。即以我欧洲近事而论,某国人前曾痛恨英人,形于言表。以某国素号文明,尚有专以虐待犹太人为事者,况中国之痛恨教士隐忍有四十余年矣。即以近六年而论,亦无时不觉洋人之渐食其肉也,又何怪其乘机滋事,思有以脱去洋人制压之痛哉?乱平之后,各国其慎思所以待华人之法,勿仍蹈前四十年中之所为,则庶几乎可矣。

邦交:旁观者清

日本台报论曰:中国而能中兴也,天下之大幸也。中国而至于灭亡也,汉人中必有奋袂而起,更造新国以与列强抗衡者。夫华盛顿有民主之变,而美得自主之权。维也纳有列邦之盟,而奥无亡国之祸。方今世变已新,地力回转,全球之运将进升平,五洲之机亦归中土。一旦新机独运,爰力相联,如俄罗斯之变法自强,如普鲁士之联邦雪耻,如美利坚之力争立国,如法兰西之大伸民权,则是置之死地而后生,置之死地而后存也。夫今日之支那,如大鹏之伏焉,三年不鸣,一鸣惊人;三年不飞,一飞冲天。苟搏摇而上九万里,则亚洲之局,东洋之枢,辅车相依,势无覆辙,不独东、中两国之幸,抑亦我黄种之幸也。

邦交:英对中国之政策

伦敦[八月]三号电:英议员布君,日前在议院宣布英国现对中国之政策。其言曰:我英现已会同各国大兵救护驻京各公使矣。若中国果能将各公使竭力保护,使之安然无恙,将来中国议和之日,决不割取其土地,惟向之索偿兵费而已。所愿各国均有同心。自此次议和后,各代中国经营布置,尽辟其门户之见,使人人知西学之可以治世,共享太平之福。嗣后各国或起瓜分中国之议,我英自当力为阻止,不致有误。至长江上下游及上海等处,必须刘、张两总督合力保护,务使安全。或致力有未逮,我英亦当一力助之。又云:中国国家所有事权,万不可再令满人管理,须择汉人中之明白事机者为之,庶可彼此相孚,不再疑虑。此则我英之所深愿,谅亦各国之所同情也。译《字林西报》。

纪乱:大通警耗

安庆访事人云:大通镇归池州府铜陵县管辖,对岸为和悦洲,市面繁庶,商贾云屯,设有厘金、督销等局。昔年英、法两国人曾在镇上建立教堂。七月十五日晨,省垣官场接到警电,抚台王之春即调新募之武卫副前营傅永贵督勇一哨,附江孚轮船驰往弹压。阅日,有自和悦洲避乱来省者。据述:十二三日,土民聚众焚毁教堂,大通水厘局兼办保甲委员许鼎霖,立督局勇拿获滋事土民数名,严刑诘讯。翌日,群不逞者簇拥至局,环求许守施恩,许不允。若辈遂将被获之人劫去,各持利刃,大肆凶锋,局中人惧,四散奔逃。若辈遂劫掠利和钱庄,随复阑入督销局行劫。十五日,大通、和悦两岸各肆,均闭门罢市。许电达省垣请兵。迨傅带勇抵埠,竟无划船渡登彼岸。闹事之人见勇丁不能登岸,猖獗益甚。傍晚时,四处纵火,扬言九龙山大盗来此,或自称系义和拳民。店铺居民多被劫掠,仓皇奔窜,扰攘纷更。是处本有水师参将张某驻防,至是急觅船渡江,饬某某都守率兵防堵。讵知部下军士不听指挥,各解号衣,竟与匪徒联合一气,肆行抢劫,并将赃物储诸炮船。张见号令不行,投江而死,或言吞金而亡,未知孰是。王之春连接急电,复饬新募武卫楚军五营,每哨酌调勇丁二十名,计共五六百名,即乘长龙炮艇,用小火轮船带往,相机剿办。

随有由池州、大通到沪,揭有该处揭帖一纸云:"中国自立会会长为讨贼勤王事。照得戊戌政变以来,权臣柄国,逆后当朝,祸变之生,惨无天日。至己亥十二月念四日下立嗣伪诏,几欲灭弃祖制,大逞私谋。更有义和团,以扶清灭洋为名,贼臣载漪、刚毅、荣禄等,阴助军械,内图篡弑不得,则抗然与中外为难。用敢广集同志,大会江淮,以清君侧,而谢万国。"传檄远近,咸使闻知。(宗旨)一、保全中国自立之权;二、请光绪帝复辟;三、无论何人,只系有心保全中国者,准书名入会;四、会中人必当祸福相依,患难相救,且当一律以待会外良民。(法律)一、不准伤害人民生命财产;二、不准伤害西人生命财产;三、不准烧毁教堂、杀害教民;四、不准扰害通商租界;五、不准奸淫;六、不准酗酒逞凶;七、不准用毒械残待仇敌;八、凡捉获顽固旧党,应照文明公法办理,不得妄行杀戮;九、保全善良,革除苛政,以共进文明而成一新政府。又有大通合埠商人出名揭帖一纸,并录于下:大通于七月十五日八点钟,有自立义会起事。大通、和悦洲沿河两岸居民,秋毫无犯。其宗旨系为讨贼勤王,不比寻常土匪滋事。我等甚为感激,为此特行通知,免致他处居民纷纷逃避。现经芜湖水师营刘荩臣游府,于十八日夜间,在内河某柴船拿获抢劫大通厘局钱庄劫匪张桂友、万启承两名,并搜获宝银六锭。次晨,解经芜道吴季卿研讯数点钟之久,该匪供认不讳。午后,吴道即饬营县,将二匪押至署前斩决,并将首级二颗悬挂官厅码头示众。至芜湖新关副税务局办理大通厘税、邮政等局。吴乐富君幸获平安,已于十七日由大通至芜,十九日命与诣道辕拜会,面陈匪警一切。又接大通来函悉,连日由省城到有兵丁四百,匪徒遁往青阳县一带而去。邮政局已于十八日开办,惟大通、芜湖电线中断,仍未修竣。大通、和悦洲两岸手艺营生之人,刻已大半交易,惟各处商民铺户仍然双扉暂闭。据言,该处自经此次匪扰,市面大坏,非十年不能复原云。

纪乱:从军录

六月廿二日,联军攻陷天津城。当时情形,早经散见各报。今有东人,亲在行伍,当时目击战阵,特为缕陈如左。按:此系东人之言,阅者分别会意可也。

初,华兵在津城附近地方,日日猛击洋街。各洋人危甚。各国联军主将皆欲奋兵,俄将挨儿克雪甫倡议,谓:"欲脱目前之厄,速救护各国钦差,须先扫灭津城及附近之敌军,除此别无良策。联军宜大举并力攻击,贵官所见如何?"各国主将皆赞此议,谓并力攻击之策最善,愿共与从事。俄将即曰:"并力攻击之策既决,请论其攻击之法。现下华军马玉昆之兵约十三营,屯淀河之北岸,聂士成之兵在津城与其附近。今欲攻之,使俄军一部东机器局之方面,迂回淀河北岸,以击其左,则使他联军攻其正面。"各国主将概却此议,更建策曰:"在敌之正面唯配置少数之炮兵与掩护之步兵,以防敌军之突击而牵制之即可。其余各兵,宜悉集合,以机器局方面涉渡淀河,出其北岸,从旁迫之。"于是计定,乃协议各国当出之兵数如左:日本步兵二个中队,山炮一中队,炮六门。俄国步兵一千六百人,骑兵五百人,炮十六门。英国步兵五百人,山炮四门,麦克沁木炮四门。德国步兵二百五十人。法国山炮一中队。美国步兵五百人。时六月十五号下午九点三刻前记。联军除英兵之外,悉通过俄国桥而集合,俄兵之幕营地更将向淀河之桥架进。然架桥搬运材料殊属万难。架桥一时不能就,则联军行动亦不能预定,终至散归矣。联合军大举如此,虽将冲敌之侧背,敌者却而欲侵我火车路守卫地方,以翌日十九早突然袭击,联合军受创,于是咸服并力攻击之善。

我第五师团后发军续到,日本军势又大振。福岛将军与幕僚策议,偶法军参谋长皮打罗氏赍同司令官之旨意而来,曰:"如今旷日弥久,徒为无益之战,兵气沮丧,有使彼逞其所欲之虞。故我联合军纵令冒险,不如大举全灭敌军炮火,贵军所见如何?"福岛将军对曰:"我军所见亦同。"于是计定。列国指挥官遂依本邦司令官提议攻战计画:俄兵与德兵若干、法国一中队共阵,在津定河攻击敌军之左侧,以之迫水师附近炮垒;日、英、法、美四国兵自西南方可迫天津城南门。即分联合军而为左右两军:一以俄兵为主,在津定河北岸追敌兵,迫水师营炮垒;一以日兵为主,如有后顾之虞,即还向突攻击之正面。方略已定,以日本为主之一军,依我司令官所定之方略,将试进军。其要旨:一、期西历七月十二日上午三点半,日、英、美、法四国兵为三纵军,可行进西机器局方面。一、中央本队日本兵,出西南门,自土壁约队五百前进,可到西机器局正面。一、右翼为法国兵,出自英炮有备之门,沿土壁外侧可进军。一、左翼为英兵及美兵,出梁园,自东楼子方面转回,西自本队,再西北可作包围西机器局之形势。一、左翼之外有外翼兵,为我骑兵一个中队、步兵一个中队,自东楼子经跑马场排置八里台道路,俾无敌冲我军后面之忧。而本队日本军之兵数,则第十一联队,此内有三个小队及二个中队;第十二联军第一大队,此内有二个中队,炮兵大队,法炮兵一中队,加之工兵中队,骑兵中队。又他三国之兵数,法兵八百名,英兵七百名,美兵六百名。各队均如期上午三点半整军而进。四点半,本队已达机器局正门。栗谷大佐为队长,令于军中曰:“旗帜鲜明,器械精备,前进。”局门有小流,忽见桥梁烧落,欲渡不能。于是我工兵队架设桥梁,直进海光门。斯时,敌兵由城上频发炮火攻击我军,弹丸雨注,加之英、法等左右翼兵误期不至,我军亦不能预定正军列,即先使炮兵沿土壁之外边将炮陈列,又使属服部少佐之指挥一大队向津城南门展开,以壮军势轰击。前日装置土壁之英炮九门相助,力击津城,而城内之敌兵亦奋勇接战,炮声殷殷,震撼天地。英、法诸国步兵赶至,与我日兵乘势共为炮战,有如潮涌,侵入海光寺门内,而在南门大道排列左右,以待炮战之结果矣。如约一点钟之后,我兵为中军,法兵为右翼,英兵为左翼,美兵更为法兵之右翼,于是进击。上午七点钟纵队突击,将向南门突进。然敌兵亦奋斗力战,枪弹雨注不可进。栗谷联队长即令二分其兵,一使江口少佐率之,一使村山少佐指挥。江口队突进之时,令村山队留为掩护射击。村山队突进之间,令江口队留掩护射击。我兵听令,益踊跃,渐次向城门进步矣。然由海光门到津城南门足有二里余,其间一路屈曲相通,两旁皆沮洳泥泞之地,加之数日以前降雨,濠沟积水,徒涉为难,故宜列我右翼而进之法兵,亦有不可不与我军相前后而进者。各队虽奋勇猛进,城上敌兵抵御尚顽强,射击益甚。我先锋大队长服部少佐并副官中村中尉遂为炮弹所击,第十一连队第十二中队吉泽大尉,中弹俱死,而翻译官熊谷、右井二氏亦负伤,其他死者、伤者皆倒卧路侧。突进愈难,退却则又有敌军追击之厄,乃奋死直前。我军伤亡愈众。此盖从上午六点钟至八点钟之情形也。

夫在一无遮蔽之路,纵队进军,进固难,退亦难。若退而稍损我兵及将军全队,使敌军长傲增气,宁进战而毙。于是我将士知有死而不思生,遂于上午九点钟令全军前进,距城门百数十步之地暂据荫蔽之处,与城上敌兵相对而战。其所谓荫蔽者,非能御炮弹,也不过最粗之土屋耳,不然即敌兵设造以防我兵行进之所耳,终究不可不更为突进,而城濠之桥梁,敌兵谅早撤去。濠既无梁可渡,徒涉不利,而其地附近又无一材可为架桥者,又敌兵猛射之。无奈,于是将士纷纷,真可谓陷于死地者矣。先是,华军炮弹之尽不过违向敌乱发耳,然小枪射击极猛。不但城上有兵,即城外濠沟亦有隐身其中向我军射击者,三面枪火,一齐举发,密如雨注。我军危险极甚,负伤殊多,然能固守不退。至夜十点余钟接战,前哨在敌前露营彻夜,工兵队若干名得架桥材料归海光门。英、法诸国兵不敢敌前露营,悉退至海光门而布营。是日,联军死伤殆有八百名。由黎明战至夜分,为近古以来罕见之恶战。华兵殊善战,非甲午之役可比。虽欧西列国素称强兵,亦为退避三舍。独日军奋勇绝伦,为列国将士所惊叹焉。

六月十八日,西历七月十四号也,天将黎明,我工兵队欲为架桥之准备,至城濠边看视,桥梁依然,乃通之。粟屋联队长将进至城门,城上之敌军知之,力为射击。我军不退,遂进达城根,将绵火药数包置于城门外扉,退出爆(然)[燃],诸兵呼声响应,全军皆振。我第十一联队兵争先突入门内,将纵兵直入。讵知此尚是外门,其势若方箱状,尚有内门未破。然先入之队已经在内外门之间蝟集箱内,城上敌兵枪弹不断下射,殿后诸队亦陆续奔到。是时,进退不可,见机忽敏,我兵士或攀沿内城破屋而升,或用绳梯而上,敌兵虽乱投瓦石,然我兵奋甚。时有一军曹名藤井房一郎,扒城而上,乘敌兵狼狈之间,一跃直下门内,斩关而出,于是中队长小岛大尉、小队长西村、特务曹长等各麾其兵突进，直奔上城，追其残兵，使揭其带来之日章旗于南门楼。是日，先登此为第一功。于是，联军知我兵夺得此门矣。各队遂相继突进，其一队沿城壁之侧进西方，他一队由城侧进东方，而第五中队诸队一直在正面大路上前进，搜击逃残之敌兵在两侧家屋内而抵抗者，遂达鼓楼。楼上日章旗临风而展，飘飘扬扬，时上午五点半钟也。

先是，我兵既先登南门，英、法兵继至，我兵促之，使各立其国旗于他处。英、法兵皆极感激，调之奏歌我国君代曲，听者以为我皇威德振天地也。美国兵后到，谓我军曰："贵军善战，能得先登第一之大功。今追击败兵之事，我请当之。"遂疾驰出东门外，见败兵既渡河而逃，即捕获白河河岸敌兵使用之小轮船两艘而归。于是，日、美二国之战闻名于联军，而津城全归联军之手矣。

又当攻击敌兵左侧之任之俄、德两国兵，如约进淀河方面。在此方面，敌兵从初用力配备大炮七十余门，以距离最近之故，频炮击洋街，震撼各军营舍。六月十七日，与我军开天津城攻击。同一时，俄、德联军亦咸放臼炮痛击水师营、海关道、火车站等处。而华军亦发射七十余门之大炮与津城攻击相应，炮声震撼天地。然此方之敌兵足有二千五百名，比俄、德联军更盛，遂一面向洋街冀图攻陷联军根据地，频放炮击，两国兵殆不敌。我留守队即第十一联队中之三中队及三小队，也不得已而应战，与俄、德两国协力当之。从十七日至十八日上午，日、俄、德三国兵乘势抵敌炮七十余门，极形苦战。十八时上午三点钟，敌之炮击益猛，俄、德一队小却，敌兵即开门从水师营突出，纵横驰骤，俄、德队中不知不识，两国兵退若干。当此时，若使华兵洞悉联军机宜，必致涉河冲留守单寡之洋街根据地，使津城攻击军腹背受敌。毕竟此一刹那，真是岌岌乎一大危机也。于是我留守队出猪谷大尉之一中队，将令击敌之侧面。时敌兵见俄、德兵退却，乘势空营而出追之。我兵第十二中队则横进入水师营，第九中队向海关道衙门进，遂不伤一兵全占据此地矣。而退却之俄、德兵，依我兵应救，返击追兵，恰好会英军之炮弹轰击城内火药局爆炸之声，震动天地。敌兵大惊，回顾津城已陷，复见水师营上有日章旗飞翻，进退维谷，即乱队而逃，从津城东北门逃入城内，更混城内败兵从北门而窜到此，俄军大叫而进。华兵溃走之时，既达水师营壁垒。先是俄军未知营已归日军之手，配置臼炮于附近之高地，以拟开轰。后知津城已被日军占领，急使我福岛司令官请备大炮东北门上，以炮击水师营，司令官许之。配列炮门渐终时，占领水营我中队之报书到，司令官即更驰传骑使之俄军。俄军得报，欢喜不知所为，拥我传骑，大加赏赞日军之勇武，在前后左右问战况，不使传骑容易归去。骑恳说其任务之纷繁，乃得谢归云。

天津全城既归我联军之手，福岛司令官特与英、美、法主将相议曰："占领此城，其先登第一之名，举敌国军队所应受也，虽然贵国军队援助之力亦多矣。今日以寡兵能拔此坚城之功，四国军队皆一也。将天津城内，从东西南北四门画十字形道，乃分之为四区最妙，请四国各限一区占领之如何？"三国主将皆应诺。乃我国依其先登之功，先占领城中繁盛之东北部，即从北门达鼓楼折到东门之一区。次使美国占领东南部，即从东门入折到南门之一区，乃撤先我所揭南门之国旗，揭美国旗。英、法二国从其既揭国旗之处，西北部即入西门折达北门之一区，使英占之，西南部即入南门折达至西门之一区,使法领之。于是,我军更提议四国曰:“津城内所有之战利品,我军所当占有,虽然,我独占有之不是我所欲,请在占领之区域内之战利品各为其国之战利品,以表协同之实。”三国将士闻之,皆无不言我国之厚于礼者矣。

区处既毕,福岛司令官以下悠然驱马而归,时上午十一点钟。昨日炮弹雨注之处,今变为兵马来往之大道,土壁上及其内外列国军队往者来者,皆欣欣然有得色,与我将士相逢之礼,一若特为敬重者。至城内外死尸狼藉,南门高楼全被烧落,街上之各处余烟犹烬。而我军独规律严肃,秋毫无所犯,民人之私物财宝一无所掠,妇女匿避者皆放使出去,壮丁非有奸细确证,一无所杀。于是城内民人争捧鸡豚酒肉,以得日章旗愿为我邦顺民者,巷街相接。至十九、二十两日,依我军主尽力将各事整顿,保护良民。民心安堵,各归来其家者多,街上每户揭日章旗,出户外者,不论老少男女,悉持日章之小旗以倚赖我军之保护。他各国兵亦视吾兵规律云。

国是:直督阵亡

济南电云:北洋大臣、直隶总督裕禄因督兵迎敌,十四日在杨村地方力战阵亡。

国是:电调劲旅

宁友来函云:前日两江督辕接奉电谕一道:“着各省督抚赶速酌拨精练劲旅数营,各由旱道星夜驰往京师备敌。如所拨之营至京不能应用,则惟该督抚是问云云。钦此。”江督奉此当与司道统将一再筹商,闻拟简大同总镇统领亲卫等军刘华轩提督前往。又闻有派统领江西威武新军王德忆副将前往之说。目下各军俱已料理开差,行色颇为匆匆云。

存疑:团党获奖

津城未破时,闻西太后于七月六号,曾派天津土人刘恩溥为钦差。抵津后即以东门内电报总局为行台,当往拜谒义和团头目,奖励一番;并称带有太后旨意,随即开读云:“此次北省竟有义和团民,同心同德以保全国家、驱逐洋人为分内之事,实朕意料所不及,朕心甚为嘉悦。兹着刘恩溥带出内廷帑金十万两,交裕禄发给该团民等以示奖劝。钦此。”刘复告诸义和拳云:“设使尔等能竭力抗阻洋兵以助朝廷,后来太后必有不次之擢,尔等即可因此而致富贵”云云。以上为天津未定时之事,彼时军情严密,无人知此者。兹由城内人作函寄来爰亟登报,以见内廷与团党交结之言不妄也。信后又言以上均系确实之言,非蜚语可比。

八月初六日(8 月 30 日)

《申报》

鄂中诛乱记四

闻之官场中人云：此次汉口康、梁诸逆党之变，其首犯系湖南人，姓唐名才常。自去冬即匿迹申江，与党中人散播流言，结会谋叛。甫于七月下浣，潜赴汉口。未几，即事发伏诛。至所获匪党中尚有一张姓者及出洋游历而回之某书院学生某甲某乙，解至鄂垣之后，经湖广总督张香帅批饬正法者，计共十有一名。自作孽，不可活，诚彼党之谓欤。

八月初七日(8 月 31 日)

《中外日报》

厦门：日兵赴华详情

厦门之事，全为城中小屋一所被焚而起。该屋经日本僧多人承租，因积久欠租遂为房主所逐，即时将佛像以及各种器具等移往他处。是晚该屋忽然火起，救火时中国官到者甚多，觉火场中煤油气味甚烈，即询其故。该僧之仆人答谓，本日火未发时曾购有煤油四桶，此时该僧尚未离开。后告日领事，谓此屋为华民纵火。二十四号之夕即有日兵一队，带机器炮多尊由英租界登岸，英租界督带巡捕官某问日兵官云："日兵由此登岸曾奉准否?"其答语如何，未有所闻。次晨，日领事即赴英领事署，谢未告而由英界登岸之罪。刻下日兵近六百人在内城驻扎，华民大惊。厦门对岸有一小岛，其中本多西人，刻下亦有日兵出入操作。因此西人均甚不平，咸谓此事全系日人为之。英领事亦声明，此火并非华人所纵云。以上译《文汇报》。

八月初八日(9 月 1 日)

《中外日报》

[论说]　厦门驻日兵忧言

自北方团匪事起，兵祸之急共分三节：第一节，各国公使照会总署速剿匪徒，是为交游忠告之谊,其理最真,其势最缓。第二节,占我炮台,踞我天津,其势已逼,其祸渐烈。第三节,东南约成,内匪不缉、北匪不剿,而所发勤王之师转助匪敌邻。于是英调印兵驻沪,北京被破,西幸仓皇,其局大坏而其结局亦愈难。今闻俄发大兵十五万入东三省,德以戮其使臣之故誓不允和,于是英、美、日向操保全中国之宗旨者,亦复隐然中变。虽行在靡定,文诰未通,连军布置,其详难闻。而其因俄、德二国一意决裂,不能不因之转计,固至明也。厦门之地僻在南服,况中国南海早在保护界线之内。成约既立,自主有权,即有匪徒窃发,只照会立约之督抚剿除足矣,何必借口保护再发重兵以驻要地哉?且闻此次厦门火焚日人居屋,并非匪徒土民肇祸。正在查办而日本突然派兵三百人入城踞守,以绝无关系之件忽然起而踞守,且东南督抚及全权大臣婉与商酌,而日军竟复以兵已登岸难于退回。此言也,乃泰西各国开荒殖民压逼土番之例,岂所以对邻邦大臣者乎?盖即近因言之,则已目中国为不能自主之国,目诸臣为无主之臣矣。以前事言之,则以东南疆臣不能自剿北匪,其督师北上者乃助匪敌邻,则已为邻邦所藐视矣。迨至神京沦陷,乘舆出走,于是其势已成。自剿之局既易,而代剿互保之约亦转而代保。列邦环视,互争权利,因之并东南诸省亦失自主之权利,此东西列国所以借口保护纷派大兵占地于东南之由来也。

夫强邻之布置每争其先,而中国之布置每倚其成;强邻之进求每用其争,而中国之对待每用其让。今日中国除蛮悍鲁莽如端、刚、徐、董诸臣外,其所谓深明时局、老于交涉之重臣,多系意存观望首鼠两端之辈。所以北肇乱而南不免于酿乱,北速亡而南亦不免于坐毙也。果使东南督抚于立约互保以后,明绝北匪,力任剿除,则靖北难即所以固南服,此上策也。即使疆寄邻交自顾难分,而简拔英才授以重柄,或约东抚专任剿匪而自任接济,或招怀聂、马诸军使完晚节而归正用,或咨会邻国联军共剿匪徒,共入北京代送公使,则北方破败之余犹收桑榆之效,南方绸缪于未然即无可乘之机,此中策也。乃上、中之策无一能行,直至北方化为公战之地,南方变为代保之局,方始群起而争。成约于始者争执于终,让避于前者责言于后,而暗行瓜分之局终无可挽,亦何及哉?亦何益哉?故于日本驻兵厦门之事,而深感中国之时局已无可为也。

《申报》

鄂中诛乱记五

鄂中诛乱,本馆已四志报端。兹又得武昌友人来函云:此次所获逆党多系学堂中人,内有傅慈祥一名,系鄂省武备学堂卒业生,夙为提调徐稚生观察所赏识,派往东瀛肄业。不知何时私行回鄂,自蹈刑章。又唐才常一名,系湖南浏阳县拔贡,素负文名,昔年创设《湘学报》,主持之力为多。又林锡圭一名,系某中翰之同族。均自认邀集会匪、结党谋逆等情不讳。湖广总督张香涛制军以若辈纠众为乱,罪不容诛,当即恭请王命,将首要十一名绑赴市曹正法,首级分悬各城门,以昭炯戒。惟傅慈祥供词异常狡展,现仍暂禁狱中,俟覆讯后始能定罪。至各犯供词牵涉士大夫不少,香帅不欲株连,已谕饬承审各官,毋庸深究。连日又续获会匪三起,均发交江夏县暂行羁禁,想一经讯实,亦须明正典刑也。

《汇报》

论上海宜保乱险

自拳匪起于北省，二三老臣倡锁国之议，以能杀外人为忠君爱国，草野奸民从而附和之。于是兵匪相合，纵恣王都，坐令千里邦畿无尺寸干净之土。各省会匪闻风兴起，如常山之蛇，击东则西动，击西则东动，各处居民畏祸，迁徙纷纷。上海为各国财产所聚，公家重地，关系非轻。乃五月间，谣诼繁兴，谓拳匪专仇西人，凡教堂、租界皆不得免。彼不明义理，胆小如鼷者，途中相遇，必聚谈时事，谓某洋行闭市，已不肯付银，某轮船到申，杂载民匪甚众。数十里租界无非杯弓蛇影之疑，以致有身家者风鹤相惊，不敢以一廛受庇。而尤以宁波之产为多，致江天、北京两轮船每赴四明，必有数千人之多。局中虽多开两艘，尚拥挤同登，无立足之地，船价顿增一倍。其余富商大贾明哲保身者，无不挈梅鹤以回籍。自申至洞庭山，雇一舟需洋五六十元。各路航船故意抬价，向来每客出洋五角，今则增至一元多，带一箱必另增价值，甚至浦东、西摆渡亦勒索重资，一若拳匪已在目前者。幸中外官场公订章程，长江一带归中国办理，上海租界归西人办理。一面广颁示谕，禁止谣言，又以合保之由向商民宣布，一时浮议渐息，仍以租界为安乐窝。

迨英提督西门君南下，群谣又起。或谓西门巡阅长江，为后来夺取张本。或谓英国已预备兵舰二十四艘，来攻长江。或谓东南督抚遣师勤王，又以军火解北，与原约之旨不合，将以江浙湖广为战场。或谓西官公议，欲借海容兵船，吴淞炮台及制造局已在浦江测量。商民习闻此言，知中外有一番战祸，于是移家者又觉纷纭。向之明事势不肯遽迁者，今亦不敢托足，故检行李、携妻孥、聚银钱，有不可终日之势。致匪徒得计要劫，中途失事之人不可计数。窃谓如此纷乱，虽有安民示谕，仅可以晓明达，而不足以解愚蒙。今上海保险公司林立，中西官长宜变通其保险之法，合股设立公司，专保乱险。盖移徙者大都自卫身家，苟有人保之，则中心安悦，必能化险为夷。其章程中，一须预备房屋若干，为临危避匿之所。二须预备轮船数艘，停泊黄浦，如有变乱，令保险者悉数登轮，由兵船保护出口。如有失事，照保单如数赔偿，此保身险之说也。若保家险，则经理人前往查验，若有衣物器用若干，填造清册，给予文凭。其贵重之物，另行封固箱中，移置保险公所，事平后给还。笨重之物，则仍存商民家中，不许其别移他所，且每间若干日，由公司派人查验一次，如有移动，不许赔偿。惟所保人物，须因匪乱损失，方准照赔，其余与乱险公司无涉。果能如是设法，非独居民心逸，鸡犬无惊，即他处之逖听闻风者，亦当尽室偕来，振兴市面，而公司又获无穷之利，岂不懿欤？

八月初九日(9 月 2 日)

《中外日报》

厦门日本教堂火起详志

厦门山仔顶日本教堂名本愿寺者,其房屋系日僧大谷向某孀妇所租,每月租洋十二元。今春该僧束装回国内,惟二日人在堂看守,以致房租无着,积欠甚巨。房主某氏屡向索讨,该堂日人置之不理。七月二十八日又向该堂催讨甚急,讵看守之日人将该堂家伙于前二日搬徙一空。至二十九夜十二点钟后忽然火起,幸地方各文武官闻信驰至,极力灌救得以熄灭,未至延烧。各当道查问起火情由,则邻右咸谓火自该堂庭中而起且只焚烧一厅,前面大门、廊房后之厨房厦屋均各无恙。乃日领事即以此要索厦门,惟时有日本兵船二艘在港,至三十日九点钟该兵船俱升红旗索战。杨西园军门无奈只得应之,当命各炮台亦升红旗并将各营药弹枪械发出,谕各备战。惟英领事及税务司二人不允,当即偕往见日领事,劝以不可开仗。日领事上野君答以战阵之事乃兵船管驾主之。于是英领事及税务司又至日兵船谒其管驾某君,谓如欲开战,则所有在厦英商财产当惟日本是问。管驾当答以限三日内候厦道如何回复再议。至八月初一日,兵船又拨日兵百数十名登岸,把守三井洋行一带街道,押人搬取该行货物彻夜不绝。现闻英领事亦电致香港调兵船二艘来厦云。

《申报》

与客谈德帅华尔德西氏总统联军事

有客问于执笔人曰:“阅七月初贵报不尝纪俄国朝廷以中国北省匪乱,特简兵部大臣孤罗八今氏来华总统各国水陆师徒乎?”执笔人曰:“有之。此译自英京伦敦来电,子何为而忽有此问也?”客曰:“俄廷既简孤罗八今氏来华总统各国水陆师徒矣,何为而不半月间德廷又简伯爵华尔德西氏为大元帅来华总统各国联军乎?是岂各国前后之意见忽歧欤,抑前说之传闻失实欤?”执笔人曰:“传闻失实或亦有之,但总统联军之责必为各国所公推,本国政府不能自主。故俄之简孤罗八今氏至华,也不过总统本国军旅而已。而伦敦来电谓,大约各国之兵将来亦须归其统率,是本拟议未决之词也。至德廷授华尔德西氏以大元帅之任,亦不过令其总统本国之师而已。而各国政府中人闻之,会议将津沽各处大军悉隶其麾下,是华尔德西氏之总统联军也,固由乎各国之公举也。”客曰:“子言既闻命矣,然各国群推华尔德西氏而不推孤罗八今氏,岂孤罗八今氏之威望不及华尔德西氏欤,抑其才干不若欤?”执笔人曰:“此亦恐未必然之事。仆意拳匪之乱,各国使臣虽皆被困,惟德使受戕,是德之被祸最烈也。故各国群推华尔德西氏为大元帅,总统联军,听其意旨,非必果有轩轾于其间也。”客曰:“德廷之简华尔德西氏至华也,在联军未入京之先,果安所得知各国使臣之皆无恙,而遽以总帅奉之乎?”执笔人曰:“初华官屡有使臣无恙之语,而各国皆不能无疑。迨七月初二日，天津洋关税务司达鲁氏得京师总税务司赫鹭宾榷宪六月二十五日手书，知驻京各使除德使外，固皆一律平安也。意者得此实信，故群推华尔德西氏为总帅乎。”客曰：“子言良是，然亦闻华尔德西氏之意旨若何乎？”执笔人曰：“仆尝略知华尔德西氏之为人矣。年富而性甚雄武，前以积功封男爵，■晋伯爵，威望卓著，东西各国皆知之。今者奉德廷简命而又为各国之所推，总统师干，事权归一。以拳匪无理已极，意甚激昂，大有屦及窒皇、剑及寝门之概。且闻新简驻华德使史华增祥氏年只三十余，性之雄鸷，与华尔德西氏等。他日办理中国各事，各国既皆听命于华尔德西氏，华与史又皆一以奋发踔厉为心，恐议结之事正非草草可了也。”客曰：“然则外间传言华尔德西氏欲示威于中国，拟令各国雄师遍覆中国之境，藉以震慑人心，俾无复有如拳匪之事，斯言殆信而有征乎？”执笔人曰：“仆亦尝闻是说矣。西人每以华人不信西国之雄强，市井流传妄言夸诞，此曰西兵已为华兵所败矣，彼曰西兵已伤亡殆尽矣。无稽之言不信者一，信之者百，而群不逞之辈遂以西兵为无足惧，辄思起而侮之。是故道光季年，中国已为各国所逼，辟埠通商矣。而咸丰朝复有天津之事，中国颇受大创，致文宗出狩木兰。而光绪朝复有法越之役，南洋海军尽毁。乃甫及十年，而复有中日之战，北洋战舰全覆，直至割地偿款以言和。讵料不数年，而复有今者拳匪之变，是非大示以兵力，遍临以威武，恐中国人心必不畏服，而终无由使之永远安靖，此西人之所以有此举动也。”客曰：“是举也，华人得无以深仇积怒、忍耻受辱之故而与西人为难乎？”执笔人曰：“是举虽为华人之所愤怒，然又无力以与之抗也。所虑者，联军欲耀武于中国，到处扬威，则华民仓皇惊窜之情为事势之所必至。试观北氛不靖，南省士庶尚极惊惶，又何堪令列国雄师观兵各处乎？嗟乎！华民何辜，遭此惊乱？试一念及，当亦各国君主之所不忍闻见者也。安得是言非确，俾华民皆得享乐业安居之福乎？”客唯唯称是而退，执笔人乃诠次问答之语，录之报端。

详记联军入京后事

东西各国联军由津入京一事，本报已再三译录，不厌求详矣。兹又阅日本大阪某日报云：顷者，日本陆军中将山口氏由京电达本国陆军省，内开东历八月十四日，即华历七月二十日，清晨九下钟许，日兵攻击京城东隅朝阳、东直二门，至晚八下钟越四十分以迄九下二刻，两门火发，日兵遂长驱直入。占据京城东北诸门，随派一联队抵内城正门，一联队守使署。先是俄、法、美三国之兵合力与拳匪鏖战，迨匪势不敌，即从东便、崇文二门攻入。薄暮七下钟许，英兵亦攻破城门，直达使署，见使臣以下诸人皆无恙，不禁喜出望外。十五日清晓，守护内城之华军奋勇冲出，与日本联队互斗，竟日不休。日兵开巨炮击之，始退避。十六日将内城正门夺得，侦知五六日前自宗室王公大臣以下皆已望西安府出走，甘军总统董星五军门率兵三万护从。目下京城人民异常紊乱，联军统帅议定分地镇守。日兵守北半城，并由英、美、日各派一人整理庶务。一面由日军中佐柴氏挥兵，将拳匪及八旗败残兵卒节次扫荡。守备内城之日兵复将某处所禁耶稣教民释出，纵火焚端郡王邸第。是役也，击毙敌人约六百名，夺获克鲁卜炮五尊、旧式炮约一百尊、大小军械无数。日本将校以下死伤者，共二百余人。步兵第四十一联队少尉矢崎要作战殁。步兵第四十二联队大佐渡边章，中尉东正彦、尾寺藤三，少尉饭田国助、后藏久市，步兵第二十一联队大尉富田七郎、道■次郎，中尉竹内升藏皆负伤。日内师团诸联队皆就城北练兵场安营驻扎。司令部则暂驻使署中。按此系日本人所述,故他事不免简略,而言日兵举动独详也。

伏莽宜除

芜湖访事友人云:前者皖南各内地土匪相继窃发,经地方官飞禀,徽宁池太广兵备道吴季卿观察请发大军剿办。上月二十三日,观察调派皖南练军三哨赴南陵,安徽巡抚王芍棠中丞亦就近檄饬抚标练军一营前往援应。迨四路兜捕,即拿获匪党多名。内有四名,讯系头目,供证确凿。二十八日,由铜陵县桂大令正法,余亦以次骈诛,民心由是大定。抚标练军以为肤功既奏,即于次日拔队回皖,中途忽奉省宪电檄,斥其不应急返,乃又转舵驶回。本月初一日道出芜湖,由县署派公差为(乡)[向]导,先遣两哨遵陆驰往,其余三哨封雇民船,由鲁港溯流而上至芜湖。所发练军,则至今尚未凯旋。盖因南陵迤南旌泾太等邑以至徽州府属城乡村镇,几无一处不有匪徒,飘忽往来,东窜西奔,正非旦夕可平定也。先是上月二十六日,繁昌县左大令来芜请兵,观察咨请精健左右两营各派劲旅百名前往。至则有会匪五六百名由铜陵、南陵败退,窜扰至县境老虎山,收拾羽党,正图再举。大令探悉情形,夤夜率兵往捕。及逼近匪党盘踞之村落,则门户扃闭如常,而椽瓦皆已揭去。盖匪党仓率间已由屋面飞逸,仅擒获五名,解回研讯。内有一名系大通闹事之正犯,即由大令按照军法从事。余俟缉获羽党对质,然后行刑。按此辈勾结县署中人以为内应。内有五名曾充散捕,虽立刻查拿,已被闻风兔脱,乃责令卯首勒限指交。其太平府刘太守由芜请去之衡字营一哨抵郡后,亦即拿获匪首二名,继又拿获四名,次第明正典[刑]。旋于七月杪拔队回芜,留驻道署,并闻广德、宣城等处匪徒狡焉思逞,亦各拿获十有余名,均已枭首示众。南陵所斩匪首四名,内有二名系某某二堂所雇看守空屋之人。因其确有证据,且众供均有举为头目之说,故亦未能免于显戮。说者谓,此等会匪到处皆是,设欲澈底根究,须专选劲旅为游击之师,方得克期奏效。否则,兵至则散而为民,兵去则为匪如故。且胥吏兵役多与声息暗通,大通、繁昌是其明证,当事者盍早鉴之。

八月初十日(9月3日)

《中外日报》

照录杭州伤心人来函

联军破京则中国之亡可决,日兵占厦则瓜分之局已成。凡在封疆以及草莽,宜如何匍匐奔命以救君父之难哉?而乃南诿之北,下诿之上,坐以待毙,莫肯起视亡国之惨,情景之奇不忍言矣。为今日计,在上者宜各奋起,一面议和,一面平匪,一面迎跸。三者并行,不特瓜分可免、中国可保;即以现在东南而论,既为此大应人心之举,各党会皆明大义,自可弥乱于无形,移彼就此转危为安,又何必局促一隅哉?此各省督抚之责也。在下者宜联集同志电告各督,责以大义,请其勤王,而吾侪亦应各为之备。盖西人视一国之存亡,皆以一国之人心向背为主。今见华人如此爱国、如此忠君,必不敢冒险趋害而行忍事,非特不敢,亦不肯也。且各督抚所以迟迟不起者,畏做难人耳。既得此电,则有辞可假,师出有名,又何惮而不为哉?此吾侪士大夫之事也。凡此二端,宜急为之,不可再缓。余浙人也,当在浙省做起以为之倡。各处同心,其各和而应之,幸甚幸甚。此函乞刊大报,以告天下。

《申报》

觉愚警顽

松江访事友人云:义和拳匪起于山左,祸及京津。南方虽未染腥,闻而人心终不免因之浮动。大宪绸缪未雨,叠颁示谕,谆谆诰诫,固已详明剀切,不难唤醒痴迷矣。迩者,署江苏藩司陆春江方伯又颁到《拳教晰疑》一书,札饬所属各州县官会同绅董详细讲解,俾发聋振聩,良民不致误入迷途。此书为直隶吴桥县知县劳大令乃宣所撰,原名《拳教源流考》。江苏候补道桂芗亭观察见而善之,转呈江宁藩司恩艺棠方伯,方伯为易今名转发至苏通,饬各属派人劝解。其中所载,洋洋数千言。略谓此风起于嘉庆十三年时,江苏颍、亳、徐三州,河南归德,山东曹、沂、兖等处皆有匪徒,创立顺刀会、虎尾鞭、义和拳、八卦教等名目,经周给谏廷森暨那文毅公先后奏请,严查匪党,务绝根株。当获滦州匪人王秉衡、庐龙县匪人王殿魁、滑县匪人王正纪等,并起获《九莲如意皇极宝卷真经》、《元亨利贞钥匙经》诸邪书,复有大乘教、义和门、金丹、八卦、清茶门、如意门之类。十六年,获巨鹿县匪人徐俭,解散其党一千六百余名。十七年,获刘帼名及滦州董怀信等羽党各三十余人,均置诸法。解散入会之男女五千余名口。十八年,获李经、张九成等,讯知所传皆义和门暨佛门教,又有葛锡章、邢士魁及故城葛立业皆传习义和拳棒。托言练习义和拳者有神灵附体,口念咒语,即能抵御枪炮。所奉有祖师及大师兄、二师兄等名目。续经官宪搜捕,立即扑灭。今之拳匪,实即白莲教余孽,无甚伎俩,愚民惑之,丧身祸国,悔莫能追,可胜浩叹。书中所言,大略如此。总之,无论其术有无神异,终类电光爝火,不久自必消除。人即冥顽不灵,闻此清■钟声,当明于邪正之途,不复敢以身试法矣。

八月十一日(9月4日)

《中外日报》

[论说] 平北难即以弭南祸论

有忧时子造知机先生之庐,而前席请言曰:中国之变岌岌殆哉!北京之亡激于义和团,南方之忧启于富有匪,何中国人心昧于大局而好乱之甚也?幸而东南督抚力守成约不事提倡,以免纵乱之祸而奏保安之实,否则各地云扰,四邻责言,更何以御之哉?先生明乎时势,精乎理辨,其以为何如?知机先生曰:其然乎!虽然吾所惜者,东南各大僚能弭乱于南而不能弭乱于北,能先事定乱于互保立约之后,而不能先事定乱于北匪初起之时,则似乎有坐视国祸之嫌,而于公而忘私、国而忘身之义有所未尽而已。即以匪之情势较之,北方团匪之乱交通宫廷王公贝勒、政府大臣，骤发大难，以致北京沦陷、六飞遁荒，其祸孰大于此？东南大府，其可以保土安民，坐视朝廷之亡如膜外之疴痒乎？南方即有匪党乘机思逞，然而形势败露，疮痍未溃，其势之厚薄、患之轻重，南北大有分别。兼弱而不攻昧，侮亡而不取乱，东南督抚长于保守则有之，如以为成功可居，吾不敢人云亦云也。凡乱之起，必有其名。北方匪徒之起以扶清灭洋为名，于是上自西后下至愚民，无不信其忠义，群为附和。卒之国家所置之电路则毁之矣，朝廷所命之重臣则杀戮之、掳劫之矣。于是东南之士民知其事出无名，祸足败亡，决不应之以贻国家之忧。

乃今者武汉乱起，则明在北京已破，两宫已西幸之后，而又以勤王讨政府为号。其时为国民理应靖难之时，其义为国民分当报君之义，事非不正。所不应为者，只有放票勾结、起事掳劫二端，似近乱徒之行径耳。然汉高之起尚诛沛令，唐宗之兴亦藉敌资，起自草莽，形势孤穷，其不能无所资藉也。亦情势所有，不可以为彼党罪。且尤怪者，传闻擒获匪党株连孔多，甚至有某当道亲信之营委、深赏之留学生皆在其中。此非东南疆臣徒恃成约不欲身靖北难，有志之士目睹国家将丧，外势之日逼，遂致亟图一逞耶？不然，何其易于受愚之甚也？倘使东南诸疆臣依然坐守己疆，不能迎皇返辟剿除北地余匪，则虽劳瘁乎王事，力睦乎邻交，吾恐有志之士深痛瓜分之惨近在眉睫，黄种之亡不待转瞬，因之追原祸始责备贤者，既不足以正为乱者之罪，尤不足以塞未来之乱。此诛南方会匪之事，不足为诸公之上功又至明也。以愚意观之，东南督抚如其漠视国难，徒除梗命之徒，则在东南一隅借口于弭内难亦已足矣。倘欲免恃约自卫不顾国难之嫌，则乘此次平匪之后，即当招携人才连师西上，迎还两宫，谢退联军，方足以树不世之威而怵匪徒之胆。不然，天下之大、人心之殊，恐贼其身而贻患人民者方兴未艾，其祸未尝不于南方开之矣。故为今弭祸之策，非北方主权早正一日，不足以镇南方思乱之心；非北方匪徒明正典刑，不足以明南方逞乱之罪。诸公志在匡时，谅必能绸缪已事、卓立殊勋也。不然钩党之哄既非今日之急务，事功之寡尤为天下所共见。诸公虽欲张设威严以制乱萌，徒假外人以侵权占地之基，而保护之约只为诸公自保之地。是非顺逆之所在，诸公即不计及，天下之士尚有能辨正而诘责之者，吾不能不为诸公虑也。吾子心切杞忧，其无徒逐流俗之论，而不顾大局之安危也。于是忧时子长揖而谢曰：先生之见可谓探源穷流，不随于俗，亦不陷于乱。小雅怨悱之旨，其先生之谓。愿先生自献忠告于当轴，毋畏难而扪其舌也。客既去，因发此论以质天下知言之士。

续志厦门日本教堂被焚事

当延道请出各国公使调处时，自愿将所焚教堂为之代赔，或另修盖教堂一所，或赔款若干；而日使声称其国政府必索厦门，遂于厦道会议后添派日兵二百余名上岸。一时厦地民心惶惶，大为惊骇，多有与之为难者。延道闻信赶即派员多名沿街安抚百姓，一面电致福州许制帅请示办理，一面又请各国领事商议办法。讵初二日日本又添派三百余兵纷纷上岸，并又搬运车仔炮十二尊于虎头山顶安放。四尊直对城内道署提督，其余六尊则置于望高石山上以示兵威，于是人益惊骇。杨军门愤极，誓必率领各营与日决一死战，以报国恩。延道则再三恳请各领事，转向日领事阻止。日领事以自己无权，须俟转禀本国政府再行定夺。至初三日，日领事文告杨军门速速备战，限初四下午四点钟相见。杨军门接文后，当饬各营员弁预备一切，并谕炮台赖管带以如见日轮进口，即行开炮攻击。此信一出，居民之搬徙者拥挤不堪，船价顿增数倍。各营管带如张、李、杨等辈亦皆送眷回籍，惟杨西园军门、延道台及张同知、叶巡检均皆预备一死报国。迨初四午刻，日总督乘轮来厦，赖启明协戎在炮台瞭见，当升旗不准进口。日轮遂停港外，由别轮送日督玉儿[①]到日领事署驻节。各国领事当往谒见商议，谓须顾全大局通融办理。日督业已首肯，惟索赔款十五万元。延道尚未允定，而求其先行撤兵回船。刻经延道出示安民后，人心业已稍定矣。

《申报》

续务实说

余前论中国之弱由于人心之不正，人心之不正由于竞尚虚浮不知务实，致酿成欺饰蒙蔽之局。苟欲补救而挽回之，惟有先将一切虚浮之习一扫而空，夫然后人心始正，国势即可望转弱为强。客有见而韪之者，因复推广其义，以补前说之未尽。中国文教之开，先于列国，故声名文物冠五大洲，列国莫不推重焉。自通商以来，事事相形见绌。西人每谓中国不能尽人读书识字，以致人才日衰，国势因之孱弱。余谓不能尽人读书识字，固中国之弊端，然即能尽人读书识字，而所读者非有用之书，所识者非有用之字，则其患反较不读书、不识字而更深。何则？经、史、子、集美矣，善矣，然义理渊深，士人穷年矻矻尚不能融会贯通，岂一知半解之流所能得其毫末？下此则不经之书，汗牛充栋。在作者之初意，无非欲开发人之智慧，遂不顾附会臆说，支离肤浅，俾人易于翻阅，以冀由浅求深。而不料风俗之忧、人心之害，实基于此。朝廷知其然，故禁之等甚严。然惟导淫之书，始悬为例禁，其他弗问焉。夫导淫之书，最足坏人心术，禁之固宜，然鄙意宜禁者当不独此也。淫书之害，不过一身一家。而虚无飘渺之语，蜃楼海市之谈，其流毒较淫书为尤甚。自来妖孽之兴，必创为鬼神之说以愚人，妄托神仙之术以自炫。愚民习见习闻，无不信以为实，于是众口交推，随声附和，遂致酿成祸乱，不可收拾。黄巾赤眉，其殷鉴也。

目今义和拳匪其起事时，亦假托神鬼附体，枪炮不入，书符诵咒，如醉如狂，愚而无识者信之入骨，醉心至死不变。即有正言以辩者，彼必面红耳赤，龂龂与争。此皆中毒于演义小说诸书，故深信不疑，一成不易也。日前遇一贸易中人，自北方避难南来者，谈次言及义和拳不破财戒，红灯会不破色戒。既又言当时同行之某少年，中途为红灯会中人所扣留。余诘以红灯会既不破色戒，何以见少年而欲扣留乎？答称亦犹樊梨花之与薛丁山，前缘所定，不足云破色戒也。余知其愚不可破，一笑置之。盖北方之人素称强悍，其所喜阅之书不过《水浒传》及《七侠五义》、征东征西之类，受毒既深，而又以神仙渺茫之说附会其间，无怪乎易于淆惑也。由此观之，演义小说诸书非较淫书之流毒为尤甚乎？并闻寄居南洋各埠之华人，亦最喜阅此种说部。各书肆常年运出，获利颇丰。夫居华之人苦少阅历，既已出洋肄业，自宜潜心有用之学，俾坐而言者可起而行，而乃轻信浮伪之书，以致酿成虚(恀)[骄]之气，中国又何望其能自强哉？不但此也，谶纬之学自古不废，而虚伪之病，即根据于此，所宜一律禁绝。使识字者专攻有用之书，纵不能人人以西学为宗，而现在译书既

① “玉儿”乃“儿玉”之讹。

多,翻阅亦易。务实之学,莫过于格致一道,深以成深,浅以成浅,使中国而能人人讲求此诣,即不能遽底富强,而富强之基无不在是矣。若狃于习俗,不思变迁,吾恐中国之人无有用之日,而国势亦无自强之日,将不徒步印度之后尘矣,不亦甚可惜哉!

《清议报》第五十六册

义和团终局后志

七月二十七日上海电云:端王去北京之前日,杀皇族十二三人,盖谓彼等不欲去北京,恐其与外人通结也。又云联合军骑兵现在向保定府追逐端王。又云四川省佳定、打箭炉、保宁之传教师皆来上海,想其地必有不稳之事也。又云联合军到北京时,英公使馆之弹药已尽,且董福祥指挥团匪攻击甚急。若联合军到京稍缓,则公使等恐或不保矣。

二十八日汉口电云:彼地有大火,烧去八千余户。监狱之囚徒悉逃去,人心稍不安。上海电云:安徽南陵县太平府不稳。又云刘坤一命徐老虎之党徒二人,募集三营,编成军队,任其统辖之职。又云李鸿章有北上之意,欲附安平轮船云。又汉口电云:有改革党三十余人及一日本人在汉口被擒,日本人当即释放,余皆斩首云。

二十九日仁川电云:华兵发掘日本及各国兵士战死者之墓。又云传说德兵一万五千于西历九月中旬可至大沽云。

三十日汉口电云:汉口之华人有志者设立一独立协会,其布告之大概云:"我等不认满洲政府为统御我中国之适当政府,我等之责任将一变旧中国而为新中国"云云。又云:"今若幸得皇上生存,则迎之复位,戮除奸党,奋行新政,创立一立宪政治之国。若皇上万一不讳,则吾等合我国民之团力,以建一共和政体之国"云云。又云:"我党宗旨在与各国和亲且大开门户,任各国人居住贸易,一切教堂与教士之生命、财产皆竭力保护云。"西贡电云:李鸿章为全权媾和大臣,虽经请于各国,然各国皆拒绝不认之,无一国允与之商议云。

八月初一日上海电云:前各处皆传言荣禄下狱,或又传其自杀,或又传其有上谕赐死,种种皆属风说。实荣禄之故播谣言者,否则好事者故为此无稽之说也。今得确实消息,荣禄与崇绮共往保定,欲与西后同行云。又云李秉衡实非战死,实服阿片自尽也。又云湖北道台在汉口银行借银五十万两以为兵费之用。仁川电云:据庆源郡守之报告,俄兵既占领珲春以来,华人之越豆满江而避来者联袂结队,其中因遭兵燹而家产全毁者甚多。此辈人无以糊口,故今多流为盗贼,以抢掠良民云。

初二日上海电云:皇上、西后非在山西省,实在陕西省云。然各种谣传各持一说,到底不知孰是。又云据前月廿五日之加捷脱北京特电云,目下北京之战斗尚未尽止,有华兵一大队尚在京城南方。又云陕西巡抚魏光焘得李鸿章电云:西后欲赴陕西省,今途次在山西省大同府之阳高县云。又云大阿哥尚在北京,其他皇室诸员皆随西后往阳高县。又云李鸿章上表辞全权媾和大臣之任,请委张之洞、庆亲王、荣禄等充之云。又云闻李鸿章亦有废立之谋,现劝端王求俄国援助,使大阿哥即位。已命杨崇伊往俄国,今杨已在途中云。

初三日上海电云:昨日新任中国德公使萧哇儿赞乘德国邮船到上海。又云武昌之富家醵金十八万两献于张之洞。又云张之洞与英国借银五十万两,由上海香港银行支出。英政府保认之,以盐厘金为押云。

自立会布告檄文

安徽大通起义勤王，已略纪前报。兹接由该处寄到檄文一纸，照录于下：

中国自立会会长为讨贼勤王事。照得戊戌政变以来，权臣柄国，逆后当朝，祸变之生，惨无天日。至己亥十二月念四下立嗣伪诏，几欲蔑弃祖制，大逞私谋。更有义和团以扶清灭洋为名，贼臣载漪、刚毅、荣禄等阴助军械，内图篡弑，不得则抗然与外国为难。用敢广集同志，大会江淮，以清君侧而谢万国，传檄远近，咸使闻知。

宗旨

一、保全中国自立之权；二、请皇上复辟；三、无论何人，凡系有心保全中国者，准书名入会；四、会中人必当祸福相依，患难相救，且当一律以待会外良民。

法律

一、不准伤害人民生命财产；二、不准伤害西人生命财产；三、不准烧毁教堂，杀害教民；四、不准扰害通商租界；五、不准奸淫；六、不准酗酒逞凶；七、不准用毒械残待仇敌；八、凡捉获顽固旧党应照文明公法办理，不得妄行杀戮；九、保全善良，革除苛政，以共进文明而成一新政府。

又有大通合埠商人出名布告一纸云：

本埠于七月十五日八点钟有自立会义兵起事。大通和悦州沿河两岸居民秋毫无犯，其宗旨系为讨贼勤王，不比寻常土匪滋事。我等甚为感激，为此特行通知，免致他处居民纷纷逃避。

八月十二日(9 月 5 日)

《中外日报》

［论说］ 防俄篇

前日《字林西报》所载路透电，一曰俄国政府告美国政府云：中国皇太后已愿保护各国商务利益并设法平定土匪，使地方永远平靖。按：俄国此言盖隐为中国政府表明求和之意，即代求各国降心相定速议和局也。电又曰，俄廷告于美国政府云：刻下各国公使业已救出，俄国即将使臣及北京驻兵调回。按：俄国此言殆又以退兵为议和之开端，故特首先退兵以为诸国倡也。夫当此中国倾危，不绝如线，天子蒙尘，万姓无主，外忧既迫，内讧渐起之际，得俄人出而调停提倡和局，使各国交谊弃而复修，亚东大陆危而复安，其有造于我国家盖非浅鲜。惟是俄自彼得以来，其政府世世相传开疆辟土之政策，与其分裂波兰之已事，谅亦众所深知，无待赘言。姑即以近事言之，马关议和之役，俄亦仗义执言代中国索还辽东。彼时亲俄、附俄、感激俄者，方且称颂俄国不去口；乃未几而东三省铁路归其掌握，未几旅顺、大连湾无端索取，今则牛庄海口已折而入于俄，设官置戍，俨如属地。夫辽东为中国要区，日本不得有，岂俄人转得而有之？俄人恫吓日本，禁使不得取，而旋即取为己有,是为不恕。先以索还疆土示德色于中朝,而旋即不动声色以次占据,是为无理。往事既尔,后此可知。然则俄人提倡和局之举,其居心殆未可知也,未可知也。窃谓中国此时已处危险之极境,不得已而议和,以求一日之安,以冀万一之补救,亦当择其与我关切足资臂助者,请为主持和议,庶不致遗累异日或贻后悔。善乎南皮制军之言曰:甲午中东一役,英不肯早作调人,致让俄占先手。今此时俄势正盛,英若迟疑观望,事变百出,大局将糜烂不可收拾,徒遂他国瓜分之计,非英之利也。又曰:美及日本与英国意见相同,敢请趁此时首先倡议停战,邀同美、日两国即日开议和局,则大局幸甚云云。凡此数语,瞻言百里,实为熟权利害、洞中机宜之论,其与意主联俄者殆有冰炭之别。盖英于中国商务最大,保全中国即所以保全英国商利。日本与我有同洲之谊,唇亡则齿寒,虢亡则虞灭。日本通人讲之已久,虽不必果有爱于我,而要之利害所关,即为离合之所判。若俄则高掌远蹠雄视一世,殆非并吞全亚,不偿其大欲不止。若中西政府漫不加察,以主持和局之权让诸俄国。此日既因以居功,异时即将藉以索酬,必有过于辽东成案万万者。许之不可,拒之不能,噬脐之悔,宁有已时?䑛糠及米,何以善其后,此不能不为当轴正告者矣!

警信八十二志

昨探得有京官徐郙、李端遇、曾广銮、郭曾炘、张亨嘉、黄均隆、朱祖谋、高枬、杜本崇、柏锦林、刘福姚、郑沅、宋育仁、黄曾源、郑叔忱、汪贻书、王鹏运、陈璧、陈懋鼎、林开章、张嘉猷、于式枚、曾广镕、高树、陈秉崧、李希圣、乔树枏、王世琪、卓孝复、许柽蕃、傅嘉年、高向瀛、劳启捷,共三十三人备具公函,于初一日递至山东,请袁抚台转电上海,请李傅相早日赴京挽回大局。

三志厦门日本教堂被焚事

初四晚日本总督由台抵厦,未敢升旗鸣炮迎接,提道致函道歉。当接回函谓非总督,乃台湾民政局长后藤昏君来厦商议要事云。初五日,英、美、德、法各领事电调之兵船先后到厦,均未鸣炮,恐惊民心耳。然厦民见前此举动,大半已经迁徙,虽有存者,通已罢市。刻下道上行人绝少,景象极为荒凉,惟厦港各营有将军米运出卖与居民者,其价闻每石三元云。

《申报》

鄂中诛乱记六

七月二十七日之夜汉口会匪破获一事,本报前已五记情形,兹又得汉口采访友人手毕云:此项会匪实系康逆所创保皇会之余孽,特改名大士会,以免人疑。会中头目分五等,二、三等月给洋银百圆或五十圆,最下者亦有六圆之数。所售富有票上有"业精于勤"戳记,得此者可持往领取洋银。内地城镇乡村皆有若辈踪迹,被其惑者多不胜计。上宪网开一面,予以自新。业经出示通衢,限本月初十日为止,各将匪票缴呈,不复深究。旋更沿途设桶,准就近投票入内。有知其巅末者谓,会中人专以联络各项会匪乱民为主义,与新堤红灯会消息暗通,赠以军械火药不少。湘南某大吏之稚子因其兄于戊戌年在京正法,遂输资入会,图报私仇。迨事败,已效黄鹄之高举矣。至是夜破案之处,一为泉隆巷对面小弄中某宅,一为辰州向寓,其总寓则在花楼街宝顺里,门悬李慎德堂木牌。日本人甲斐靖、湖南匪目唐才常、林圭即林树堂暨羽党二十余名皆由此擒获,搜出箱中书札及康、梁诸逆笔据甚多,立即解呈汉黄德道署。道宪岑馥庄观察屏退左右,亲自启封,不知书中是何阴谋诡计也。此外,尚有东洋刀数十柄,手枪火药不计其数。连日严加讯鞫,各犯惟吁求斩首,然言外隐隐有为康逆复仇之意。所斩邓光才、向连生二犯,特莽夫耳,无足为患。至唐才常、林圭等均系功名中人,颇有轩昂气宇,乃竟甘心从逆,以致骈首市曹,殊不值得。二十八日又在武昌斩决十二名。本月初七日复斩七名。先一日汉阳另斩党羽一名。闻唐逆为某学堂肄业生,曾赴日本东京游学,故得与康、梁二逆连为一气,酿此祸胎。各处所派头目中,以湘、粤两省人为多。目下各宪防范周详,每遇上下水轮船必留心侦察。连日在汉阳鹦鹉洲及由申抵汉之某轮船上,各获党羽数名,故现在仍严密巡逻也。

八月十四日(9 月 7 日)

《申报》

龙溪教案

日本大阪某日报云:顷得厦门来信,略语福建漳州府属龙溪县境有地名哺南者,向由泰西宣教士建设教堂。东历八月十八日即华历七月二十四日,突被暴民聚众击毁。警报到厦,驻厦水师提督杨西帅即于二十六日督率勇丁二百名驰往镇抚。嗣是数日之内,寄居各内地之泰西宣教士及日本本愿寺僧人次第至厦门暂避,盖以暴民声言欲戕害外人也。

八月十五日(9 月 8 日)

《中外日报》

各地来函

苏州

访友来函云:苏垣现在开办团练,经首府濮紫泉太守出示晓谕,略谓筹备团练不外富者出资,贫者出力,现共招得团兵七百人。城厢内外分为七路,每百人为一路。所需经费,铺捐不足,继以户捐。捐费数目上等每月捐钱三千文,中等每月捐钱一千八百文,下等每月捐钱九百文云云。

宁波

访友来函云:奉化县地方现因盗贼众多,居民不能安枕,日前由该处绅耆来宁赴道署呈请派兵驻防以安闾阎。道台诚观察准词后,已于十二日酌商提台余军门拨派并札饬宁府高太守遵办,一面批饬该绅耆兴办民团,协同捍卫。

江西

访友来函云:抚台松中丞奏派前护陕西巡抚李芗园中丞为江西通省团练大臣,除原议招勇二百名外,再添招八百名,凑足千人在省训练。俟精熟后,分派各属教习团练,各军一律皆成劲旅。大县五百名,中县四百名,小县三百名。所有省垣及各属团练饷需、军械分别就地筹费,不支官款。松中丞已于月之初四日督同司道府县,敦请李中丞在百花洲开办通省总局。闻有初五开招、初八点名之说。

又云:新建县江云卿明府举办团练后,当派绅曹孝廉鼎、胡茂才铎为董事,招募乡农千人编列队伍,给发军械,朔望操练,只给饭食。余日归农,听其晚间自相练习,是以费减而易行。

《申报》

论各国不允俄人为中国劝和事

当联军将入京之际,政府误国庸臣始知拳匪之不足恃。敌氛之日以逼,计无所出,遂请朝廷加李傅相为全权大臣,与各国议和。傅相以美与我最为辑睦,数年来未有间言,且此次大沽之战,美提督曾有不可开衅之语,故即电商美国政府,请作调人。美国家要以数事,嗣以未能如约,而联军亦已入京。宗庙震惊,乘舆出走。傅相复商之美国,恳为劝和。美廷以我国政府未能将前语照行,不允介绍。薄海士庶莫不惧和局之不成,不知时事将伊于何底也。乃数日前,忽闻俄廷电致美国政府,略谓:目今各国使臣之在京被困者已得共庆安全,且得中国要电,皇太后已明降懿旨,愿力保各国商务永不损伤,并绥靖匪人,以后不复向外人骚扰。敝邦驻京陆师自应及早退出,因请各国悉蠲夙忿,重复联和。未几,美廷即发覆电谓:以上所云如果确实可信,则敝国愿撤退驻京兵士,奉迎懿驾回宫。随即电致各邦,敦劝认李傅相为全权大臣,与之商订和约。法政府已经允劝简使与中国议和,并电商各国朝廷可否认李傅相为中国议和全权大臣,俾得事权归一。至此薄海士庶又欣然于和议之将成,复睹我汉官朝仪,共享天下承平之福矣。不意前日本埠官场中人谓:此次俄人照会欧美诸友邦,愿撤退驻京之军,与中国重敦睦谊,英廷疑中俄别有计划,以故尚未允从。而伦敦来电,亦谓此事除美、法二国已应允外,英、德、意政府皆未乐从,以为开议之先,不应令联军退出。德人亦谓:“我国政府与英人意见相同,决不能徇俄人之请。”英京《泰晤士日报》复从而论之曰:“此事未经开议而联军先自出军,则华人将谓我有畏惧之心,而和议多所轇轕,欲望中国行维新之政,其可得乎?”夫和事未经开议,不应令联军退出,英、德、意政府之意未足为非也。若云华人将谓各国有畏惧之心而和议多所轇轕,则此言似尚未得。盖中国此时京师已破,慈驾蒙尘,度理揆情,实有不得不和之势。苟非要以万不能堪之事,总可曲从。其言华人将谓各国有畏惧之心者,殆谓华人将疑各国有畏俄之心,遂欲倚俄以自重,因而议和之事亦不能尽如各国之意乎?窃以为俄人既愿为中国介绍与各国言和,初不在撤兵与否,盖各国断不能因占据京城之故多所要求。而强令各国一律撤兵,则转嫌恃强抑勒,况俄方以兵攻夺东三省,不能撤东三省之兵而徒撤京师之兵,使各国皆从其命，以与中国言和，宜乎英、德、意之皆不允，而美亦渐有悔心也。假使俄人果有爱护中国之心，则宜先将东三省之俄兵悉数撤退，然后布告欧美各国，谓中国至此已时穷势迫矣，我俄无贪得中国寸土之心，故已将东三省之兵全行退去，各国似亦应顾念邦交，不为已甚。且中国皇太后已愿力保商务，绥靖匪徒，想此后各国西人自可安居中土，敢请各国与中国重敦睦谊，同享升平。似此，则各国方信俄人之无他，或可允从其语。否则俄人虽首创和议，恐各国非徒不允，反因而生疑也。和议安望能成哉？

《知新报》

湖北近事颠末志

汉口起事之首领，实系湖南拔贡唐才常。当陈都司士恒往拿时，同唐就擒者共二十三人。内有日本人一，即甲斐靖君；又华人改日本装者二，闻一系天津人，一系福建人云。是夜又在淮盐督销局间壁拿获三人，在汉杀害。其余二十四人，并皆解省，并在栈搜出后膛枪数十枝，军火数箱，以及印信、旗帜、信函、册籍多件。其印文曰："中国国会总统南部军务之印。"又刻有檄文一道，大旨谓旧党乱政，力扶皇上复辟，大伸民权云云。又刻有富有票多张，上刻"富有堂"三字，中刻"凭票取钱一千文"，旁刻"实行其德，业精于勤"八字。据云：人会者以钱一千文购票一张，嗣后来往轮船水脚可以不取，册籍中载有一千八百余人。据云：约期廿八日举事，先夺汉阳枪炮厂，然后渡江，赴省攻击省垣，并谋将统将张彪、吴元凯及督抚拘禁。惟严饬手下各人，不得劫杀平民，惊动市面。廿八日，司道府县在营务处会讯，供认不讳，群呼速杀。廿八夜二更后，在大朝街溜阳湖畔，即明季贺文忠公殉节处行刑。各人延颈就戮，毫无惧色，共杀十一人。前云杀十六人，实系传讹。中有一人云："今日尔等杀吾党，吾党同志必继起以杀尔等也。"其余十数人现尚候讯。内有武备学生一名，派赴日本游历者，亦入其党。廿六甫抵汉，当道以其情节较轻，拟宥之。日本人甲斐君，已交驻汉日领事讯办。闻栈中尚有首领一人，当捕拿时从晒台逸去，迄未得获。其往来书函，则日本、广东、上海、湖南均有，多载外号，无真姓名。会审时百姓往观，数千万人，道路填塞，人声鼎沸，当道亦为之动色。录八月初五日《中外日报》。

按：日本变法之始，由布衣处士倡之，诸侯藩镇成之，故遂有今日之强。中国则布衣处士倡之，诸侯藩镇推挫之，故遂成今日之不可收拾之局。唐君才常，康南海之高弟，谭浏阳之死友，为自立会之领袖。赴危蹈险，以救中国，卒为张逆所害，与三十余君子从容就义。虽其事不成，而继六君子流血，视日本之象山吉田，何多让焉！凡我国民，激发义愤，再接再厉，前仆后起，枭逆贼之头，雪铺天之愤，以慰义士于地下，以成中国之新机，此则志士所拭目俟之者也。

汉口各官会审自立会义士时，观者环立如堵。承审官曰："鸠众煽乱，意欲何为？"唐征君才常曰："勤王耳。效日本倾藩覆幕之举，以救我中国耳。"一员曰："糊说。"唐君厉声曰："天子蒙尘，逆藩祸国，四海岌岌，亡在旦夕。逆贼张之洞坐拥重兵，束手不救。平日知有西后，知有端王、荣禄、刚毅，不知有明圣之天王。故忠君爱国之人，不得不起而勤王耳。"承审官面面相觑，噤不作声。良久，乃询林君述唐与各义士。林曰："不必多说。这一干人等均是救君救国之人，欲杀请速杀，何问为？"于时观者泣下，人丛中有放声大哭者。司道官恐激变,登即退堂。张之洞遣人催促立杀,驿马奔驰于道。是夕即在贺文忠公殉节处,杀害数人,余为张之洞提往武昌严刑讯鞫。各义士均责以大义,侃侃陈词。张逆为之气沮。有蔡君者,年才弱冠,从日本学堂回,张平日所心赏者。而蔡君最不屑张,故张衔之尤深,重杖数百,血肉狼藉,然后杀之。张之次子有与诸义士交好,闻变咨嗟。且闻外间人言啧啧,亦大不直乃父之所为云。录《沪报》。

按:张逆不恤人言,专仇新党。此次骈戮数十人,内有湖北武备学堂学生,同声以大义责张。张尤羞怒,特押往该学堂门外行刑,欲以警其余也。殊不知中国人心奋发,日起有功。前两年杀六君子,继起者即有三十余人。今日杀三十余人,异日继起者安知不有三百、三千、三万也?大义所在,赴者如归。张逆能遍杀之哉?其子亦不直张之所为,可与王莽之子并传矣。

又云:廿七日湖北当道在汉口拘获二十余人,内三人立时致命。廿八日解往武昌,又被杀十余人。闻本拟廿八日举事,而盐局旁所挖地道适于廿七日被人察觉,事遂发露。连夜逮捕,内有日本装二人,送往领事署验视,均谓非是,因亦并送省城。

拳事汇志

邓小赤中丞在都时,遇义和团,叱问何人,从者对曰:"是新放贵州巡抚大人。"匪叱令下轿,邓未允。即拽之出令跪,邓未即跪,则以数人按之跪。又由二师兄为焚香,香烟直上,挥令问前后车辆:"皆汝一起乎?"曰:"然。"曰:"何用如许?且汝等皆何人?"邓曰:"是吾子及仆从。"匪曰:"汝子作何事业?"曰:"在京供职。"匪曰:"然则汝何故携去?"曰:"以癃老欲其奉养。"匪曰:"汝精神甚好,何用此?"即挥之去。邓仓皇走二十余里始遇一仆,携一包袱,内有麻布袍等,邓取服之。又步行四十里,始遇某君,假得三百金,以百九十金雇车至德州。沿途地方官多不认其为赴任大员者,后遇某公又借得数百金,始得南行。至前同行之眷属及家丁等共十二人,则均不知所往。

又陈侍郎棻于五月二十八日至吏部验看月官,同僚事者惟司官丁某而已。月官计十三人,忽义和团突至,呵叱无礼。陈叱曰:"此何地,汝辈敢无状乎?"匪怒,遽以刃斫之。丁惧而冲出,匪追欲杀之。时聂军在署外亟阻之曰:"此人不可杀。"丁仓皇得脱。俄闻枪声两排,后闻月官死三人,陈则已毙。

又各部衙门焚毁后,诸京官纷纷出京。黄慎之学士将出京,家中器具遍托诸亲友。已出至通州,恐所托尚不妥,乃复入,重遍托之,复出都。遇匪诘之,黄曰:"欲出城视亲友耳。"匪曰:"时已旰,岂是探亲友,必欲逃耳。"将杀之,或止之为请命于太后。太后命勿杀,而团匪不可,刚、赵等执奏,谓不宜惜一人而失大众之心,宜思善处之道,乃命拿交刑部云。闻有人得京中消息,言两宫未经启跸之时,团匪即将宗室中之有声望者先行搜杀,约计有二十余人被害。又董军门与西兵鏖战,迄今共死千余人,营官一人,哨弁二十余人,其余伤害者甚多。又闻拳匪称洋人为"大毛子",称教士为"二毛子",称办洋务之华人为"三毛子"。又东抚袁世凯不助拳匪惩土匪,为[东]民所憾,皆有欲杀之势。民间谣云:"杀了袁鼋蛋,我们好吃饭。"并在抚署照墙画红顶花翎之大龟,伏于洋人臀后,以示痛恨。故世凯防范甚严,有于卧室外护密铁网之说。又肃王府第亦被拳匪焚毁,顺治门仅开一扉,午后即闭。正阳、崇文二门为匪踞守,盘诘甚严,有形迹可疑者,立即被杀。录《沪报》。

自北京陷后，各官纷纷逃窜，携家挈眷，苦不堪言。有章京数人与拳匪遇，问系居何职，对曰："小军机处行走。"匪曰："然则善行文者，盍为我辈作奉天承运文一张？"章京愕然，不敢应命。匪怒曰："汝是读书人，宁不知惠世扬之事乎？其为李闯封禅文云：'一夫授首，四海归心，比尧舜而多武功，继汤武而有文德。'名言至理，至今称之。今云不能，是抗命也。"遂将章京等拥去，不知所之。又有京官数员带辎重回里，拳匪与之遇，谓其以贿迁，亦捉之去，罔知生死。拳匪之无法一至于此，而端邸始终目为忠义，抑又何欤？录《同文消闲报》。

满洲中俄战务续述

驻沪美总领事接牛庄五号来信，据称拳匪于四号之晨扑攻牛庄，当被俄兵击退。俄兵官声请道台将军械、子药交出，其意盖欲占据该城也。经道台请于各国领事，力辩俄人要索之非理，后即逃向山海关而去。闻俄人遂据有城垣，至五号俄人居然管理租界事务，并将俄国旗帜悬挂税关之上。各国领事竭力辩驳，俄官答称此举亦不过为暂时保护平安起见耳。录《中外日报》。

牛庄十三日来信云：日来渐觉平静，且有难民复回故土。惟各项商业则悉仍停罢，无有过问之者。刻下港中有俄国兵舰七艘、日本兵舰二艘、英国兵舰一艘。俄国某兵舰管带名库乐格者，奉俄廷委为暂管牛庄巡抚事。前礼拜六晚之战，俄人不分良莠，任情屠戮，以致拳匪、华兵死者不下一千五百余人，伤者亦必千计也，而俄兵之死伤则有限耳。嗣闻拳匪、华兵退至田庄台，互相残杀，匪党又死有一百五十余人。盖华兵以拳匪无端惹祸，荼毒生灵，群起而攻之也。本处道台已挟其辎重，由田庄台附火轮车往山海关矣。前数礼拜，豆饼屯积于田庄台者，已有六十余万担，日来但见货船、驳船连樯而下，皆装运豆饼者也。昨俄国运船名亚黎者由此装载俄兵一千五百名，开赴大沽。辰中港内并无商轮停泊，此间各西人眷口经于未战之先悉数避赴日本，诚大幸也。录《同文沪报》。

又俄兵前在旅顺沿铁路至盛京并营口相接处与华人大战。华兵毙者约有三千余人之多，败兵拳匪退向海城、辽阳、盛京各处。刻下盛京南境铁路，有数处已被该匪拆毁矣。又盛京各处铁路矿务机器师，绕道逃赴旅顺者为数甚众。据称彼等路过海城、辽阳，见附近各处机器师尸首数具，并称沿途铁路车站毁坏甚多。又某处某矿业已焚毁，幸执事各西人逃遁，兹已安抵旅顺矣。又奉天之盖平、熊岳二城均已失守，并闻珲春、漠河两处亦为俄人所占。又承东友见告云：联军进京后，俄国已向政府索取东三省。据烟台友人电云：闻俄人决意收取地方以为己有，故不添兵至京云。录《中外日报》。

英报名言

英国《福乃立报》云：中国戊戌政变，其来太骤，为众所不及料，殊难先事预防。惟政变之后，中国政府之用意所显然易见，惜乎各国又漠然不及察。俄国本欲乘政变之机以渔利，因此各国不能合力以保光绪。倘彼时英国挺身而出，独任其难，必为各国所忌。但我英国之商利实与光绪交相维系，与他国情形迥殊，惜乎我政府又竟见不及此也。查开通中国保全太平之局，不使分裂，是我英国之利。而惟变法庶几可以办到，是以光绪维新之政，英国理应竭力相助，况华人盼望维新，其心甚切。我若能助中国政府推行新政，华人之德我者必众，是我一举而两得也。况光绪外交政策的系联英，曾忆维新某大臣尝请特派全权大员,商请英国办理中国全境矿路之事,是我英政府应助光绪也,明矣。不幸我政府不特不原谅光绪变政之难,反从而訾议之。犹议戊戌八月之后,我驻京公使有云:中国维新之机,全被新进者所害。不亦异乎?夫不能阻止戊戌政变,犹有可诿,其后中国政府遇事与洋人为难,惟恐不力,我又不能及时竭力阻止,有何说乎?设使当日我驻京钦使见及帮助中国推行新政,为有大利于英,则于后来皇太后作为,必能加倍留意,设法以阻之。而我钦使无目,不能有见及此,不亦重可惜乎?前之所不及见者,实不能不归咎于在京之公使,何则?近数年来,中国皇太后以及总署堂官所为之事,大约人人皆知,更以各通商码头所有洋报何尝不大声疾呼?冀使英廷早知,得以未雨绸缪乎?即今前数月各报观之,亦可见彼辈之言不谬矣。《字林西报》于二月间曾力劝各大国设法将义和团首领拿获,并将利害备陈,今可引出以供众[览]。其词曰:事虽未见,而机则已伏,留意东方事者知之,否则不察也?以吾观之,来春北方必有大变。自黄河以北长城以南,必至土匪大作,与西人为难。不但西人在内地者大受其害,即京津西人亦必至有不可终日之势,所望留意东方时事者,及早措置云云。逾数礼拜又有一报,谓皇太后及北京之当权者,深信中国北方兵力足恃,拟与英国启衅,而驱逐西人,使出京津。五月九号又有一报云:近来团匪到处皆有,所有在京华人知事势甚亟者,告人云:执政之满洲人,决意驱逐西人之在京津一带者。即以上数报观之,其言可谓至矣尽矣。而执政者尚不之察,不亦傎乎?东方有事之时,何尝无人将事势利害揭出?而外部往往不信,即如中国各口岸所有洋报亦见及此,而人皆不之察。自戊戌政变以来,皇太后所为之事,诚足令人深忧。而英国外部不之留意,其他各国所以亦未见及此者,盖他国与中国关系较英国为小,利害相较,有不得不然者,非若我英也。虽然,前事不忘,后事之师,及今为之,犹未晚也。后此我英东方政策,总以无所求于中国,不受他国牵制为主。事平之后,宜保全中国,使之大开门户,请光绪皇上复辟,务令一切自主。如此行之,当未必有人与我英为难,即有之,我英亦无所失也。《中外日报》译《字林西报》。

张之洞仇杀新党

张之洞在汉口捉获维新党三十人,谓其谣言煽乱,遽行杀之。据别处维新党言,若辈仍往汉口压抑哥老会党,使之不可轻动耳。西报又云:现接电报,谓张之洞因搜捕新党之故,武昌士庶心滋不平,不难贾乱。如其言,则刑罚不中矣。译《孖剌西报》。

张之洞又发札查拿前日上书之孙明经,札云:为严密札饬查拿事。照得近日查阅《中外日报》,称有常州明经孙保维,上本部堂之书件。查孙保维不知系何等人,本部堂与之素不相识,亦并未接其来书。惟据该报中所载,书内言语极为悖逆不道,断非臣子所敢言,意图搅乱大局,实堪发指。并捏称上书本部堂,居心尤不可问。当经密电两江督部堂及上海道余道,严密查拿。据余道电,查得孙保维籍隶湖阳,闻现在鄂。其兄孙保宜,系湖南知县。如来沪,遵示密拿等语。查孙保维近日既在沪作书登报,则似应即在上海。所云闻在鄂省之说,恐系其同党掩饰支吾之词。惟既据上海道电称前情,应即由武汉两府及夏口厅江夏县密派妥人侦其踪迹,所在地方不动声色,掩拿到案,禀报究办。合亟札饬到该府厅县,即便遵照,严密侦拿孙保维,务获听候查究。此等狂悖之徒,断不容其幸漏法网。倘稍泄漏风声,致令脱逃,并干咎戾,勿违切切。录《同文沪报》。

按:救皇上复辟一语,最刺张之洞心肝。不知之洞与皇上何仇?凡有言欲保皇上者,彼必通芟而绝之。彼汉口之维新党,及孙明经之上书,其宗旨不外黜除贼臣,扶皇上复辟耳。志义之心,中外所共谅,乃不见杀、见捕于顽固之贼臣,而独见杀、见捕于口谈新法、名尊君权之张之洞。呜呼!吾不知之洞与皇上何仇,必不使人有救之之事,有救之之言也。

闻大通起事之人,现已趋往宁国府一带。陷泾县城池长江一带,谣言蜂起。近又有大通肇事,故沿江各居民纷纷迁徙。日来长江轮船抵沪,每有扶老携幼而来者,内中江西人实居其半,盖因衢州匪徒曾窜陷玉山之故。录《中外日报》。

衢乱续述

杭州来函云:西安戕官一案,闻衢州道府禀报上台,竟欲以"通匪"两字,锻炼成狱,并谓江、常等县匪乱皆由吴小村大令激成,盖以吴令既已被害,则无从对质耳。又云:衢匪自不得窜入徽州,仍在江西边界一带出没无常。其势殆成流寇,见有官兵即逃,无官兵则聚。闻近日开化县复又吃紧,省垣欲续派兵赴剿。又云:江山民风素称强悍,业船户者尤甚。此次常山失守,县署官眷逸出,只携箱子二只。途中为船户所算,人财两伤。府城紧急时,阖城纷纷雇船迁移。船户绝不计较价值,及行李既下,船已解缆,遂百端挟制,恣意恫吓,故中途遇劫者,不知几凡。又云:自江、常、开化既陷,衢城被围,龙游、兰谿等处城门紧闭,城内由百姓作主,见有形迹可疑、面貌生疏之人,格杀无论。因之戕毙甚夥,中多冤死之人。又云:在杭城作柴业生意之江山人,自闻警信,纷纷驰回。惟随身辄带有快刀,经沿途官兵、团练兵搜出,以为定系匪中奸细,杀死数人,余均丧胆不敢前进,仍行折回杭州。录《中外日报》。

又浙江衢州自江山、常山相继失守,西安县令被害后,匪势益张。兹闻硖口地方匪党甚多,分防同知余元眉、司乾耀不知去向。该处与江西、安徽接壤,恐将窥扰邻省,现由省宪移请设防矣。

又晤浙友,谈及衢州乱首。江苏扬州人,名谢家才,曾为官场幕友,后因失馆又降而为仆,且甚通文墨,不知何以甘心为此也。岂亦于国事有所不平乎?果若是,则堂堂正正倡义勤王可矣,何以闹教掠民闻哉?二则录《苏报》。

浙江衢州匪徒肇乱,迭陷江山、常山两县,西安令为贼所戕,开化亦有失守之谣。龙游以下若兰谿、若金万,均岌岌可危。而绍兴、诸暨亦以闹教滋事,全省震动,风鹤频惊。乃闻该疆臣某公并不以此为虑,犹复从事于稗官小说,日手一编,孜孜不倦,盖其生平固酷嗜此也。虽然,某公好学诚挚矣,尚无狃于《封神演义》等书,致流义和拳一派,幸甚。江省官场传述广信府有警报到省,据称广丰县城失守,系为福建匪党窜扰,仓卒不及防守,遂为所乘云。录《苏报》。

《中国旬报》第二十二期

邦交:俄人设官新章

牛庄自归俄兵驻扎,俄政府拟设总理事官一员,归俄国陆军提督上请俄皇派充。总理事官外另设工部局一以辅佐之,以下各员,有事时须传请会议:牛庄总兵官及各领事所派之人,洋商所派之人,华商所派之人,海关税务司、清道局督巡官。工部归总理事官总其成,如总理事官告假或有病,则由牛庄统兵官代理。华民亦设工部局一,以辅总理事官。华商、华民所闻所见者,可由华工部局以达总理事官分别商办。总理事官设参谋官二员,督带巡捕武员一员,城内按察司三员,守藏官一员,验收税厘官一员,清道局督巡官一员。尚有必须翻译多名,亦由总理事官派充。牛庄统兵官一员归俄提督派充。所有牛庄之兵,除巡捕兵外悉归管带。其应尽之职、应有之权提督手定。总理事官应有之权如下:一、造律;二、加税;三、安置中国国家所有产业;四、掌管所有出入财款;五、与各国领事会同议事,督带巡捕武员正、副各一员,专管遣派巡捕,分巡城厢内外以及河道各船。巡捕有察报民间户口、丁口、房屋数目之责。河道巡捕则严禁华兵军装等项不许进口。验收税厘官及守藏官有收取民间例税之权,验收税厘官兼造册报销。其册每三个月一缴,呈俄提督察核。中国海关则由俄国政府验收,所有章程一切仍旧。海关内另设中国民船司一,专收中国民船税厘,此款不入海关,另交总理事官收用。管理中国民船司者,月薪较他员为优。华民狱讼归按察司,照中国会审公堂章程主审,如俄人、华人及他国人无领事在埠者,亦归该按察定判。他国民人互相控讦,则归其本国领事主审,如华控西人,则归被控之本国领事主审;如西人控华人,则归按察司主审。劫掠、谋反以及有时之私漏军装各案,则归陆军提督派员主审。清道局督巡官所管之事务,使街衢洁净,房屋高爽,使民不生疾病。该局应设医官若干员,以便时时查验。以上各员统归俄国陆军提督派充。如有办理不善等情,亦归提督撤差。总理事官有派员承充各项差使、酌定各员薪水之权。各局所详细章程,由总理事官与各局所商议停妥,呈请俄国提督鉴定。所有经费,归俄国政府由牛庄各项税厘支销。一千九百年八月九号,俄军海陆军提督押。以上译《字林西报》。

邦交:德皇誓师

此次德兵之来也,德皇于送行时谕之曰:“两国本称和好,今忽起此风波,杀我历年交涉之使臣,此等残忍大罪,实属令人发指。今各国驻华钦使,朝不保夕,而保护使署之兵与及参赞随员人等,咸岌岌然有性命之忧,其生死存亡,实难悬忖。我德之国旗受人污辱。至此,我德之声名为人亵侮若此,此等大罪,固非加等致讨不可也。当朕调集汝等众军之初,距今尚无几时,而华京景况乃愈久愈坏。当其始时,朕以为用水师、步兵之力已足平服,今益棘手矣,故必须合各国联军以制之。今日有巡船水军提督一员来请朕旨,拟调一大总管往问华罪等语。尔等今到亚东,亦未可轻敌。华军之敢死,亦不在尔等下也。此华军皆我欧洲武员所教练之兵,亦能用我西人军械者也。但仰托上苍垂佑,俾汝等与在东方之水陆各国军及我国之水师军,咸尽其职分,以克敌致果,保全我德国曩日荣名。今朕既遣汝等往问华罪,断无中辍之理,必须我德国之旗与各国旗高悬于北京城上,俾满洲政府俯首就我范围而后已。汝等若到亚东,须与各国兵士互相辑睦。须知此次系为‘教化’二字而战,无论俄、英、法、美、日、奥、意之人,皆同此宗旨也。今汝往矣,军旗上之保兰典卜诗,汝等皆须永志之。诗曰:‘仰托穹苍,奋武疆场,增国之荣,亦已之光。顺天而行,有荣无辱,克敌无前,莫敢不服。’今我德国军旗飘扬于汝顶上,汝当无忘此敌忾之诗也。今第一次出征,朕望汝等执此国旗而出,奋勇清洁,令人无暇可指,保全此国旗荣光而归。朕虽身在本国,而默当祈祷之时,朕之心神亦与汝等以俱往矣!”誓毕,三军之士咸勃勃然有不可遏之气云。译德报。

纪乱:联军入京情形

昨得北京访事来信,详述联军于前月二十一日入京战情,各节如下:二十一日联军攻陷都城,现已入城矣。英军首先进城,驰援被攻六十余日之英使署也。英军抵东门时,城扉紧闭,第二十四队潘斋印兵攀垣入内,门为之开,而华兵亦不之拒,英军队伍乘势冲入。某报访事充为先导,带英统领革斯理所部之印兵长驱直进,数分钟即抵英使署矣。既至使署,悲喜交并,互相庆贺,欢声雷动。该署筹划设防,极臻周密,盖多得于美国某教士之力也。署前筑垒掘濠,以防敌人暗设地炮。但虽极力严备,而势已万分紧迫。使援军迟至一二日,则恐弗及矣。盖敌已迫近濠前,相距不过数码,且能闻及华官常令其勇冲入屠杀西人云云。署中粮食甚缺,即马肉亦所剩无几,次则军装短绌,异常掣肘。各西人所有军械藉以御敌者,除新式洋枪外,惟有奥、意、美小炮一尊,旧式排炮一尊,又在铜铺内觅得前一千八百六十年时所用之旧炮一尊,并俄使署中所有之苦利眉亚炮数尊而已。当军装短绌,署中所有五金器皿不计贵重,但可以改制子弹者,悉数汇集,由奥苏度机器匠改铸成弹,巧妙绝伦。该匠曾造有一磅重之子弹,并以铜壳两副,制成小炮一尊。迨后此炮未用,因其不甚便利故也。此外,又造有沙袋一万个,其间或织花绣金线袋不少,盖是时弗暇计及贵重也。使署解围之后,第二十四队潘斋印兵偕第一队某印兵与华兵巷战移时,旋夺天神庙。嗣该印兵带炮四尊,攻克南门。而某队兵则占正阳门而守之。日军虽较各国军队先行一日,但抵京后未即攻城,故入城在英军之后,不然必系彼军先入也。英军先攻某门,后见某军进城亦由东门而入,惟时已傍晚耳。联军由津至京,长驱直进,随陷京城。不料华军防务之不可靠如此,诚出意外也。本日美军入攻皇城,少顷退出,或示爱于中国也。然此次祸变,但观近日历次上谕已可知矣。中国屡次违约,使再不认真办理,迁就姑容,因循了结,中华必曰西人不足虑。华政府现拟卸责于拳党,其实迭次与西兵接战者,半系中国大员率其所部华兵亲临督战。况各该华官历次奏报战情及仇敌西人各上谕,均载诸《北京日报》,皆可稽也。前华政府屡劝西人出京,许以派兵护送,各西人未坠其术。盖一离使署,必被屠戮无遗。又该政府曾送使署西瓜两三颗,以符暗备粮食接济西人之说。一日忽悬白旗以示保护,未几竟复开炮轰击。闻联军将此抵京之信,总理衙门请示期来署,欲与各公使一晤。公使十一人中,有四人拟却之,嗣经函复,订其翌日来署。后至次早,复得该衙门信称:西人日昨击毙华兵二十人、华官一人,以致各员不敢遽来。末又附云:事忙难以分身云。

纪乱:日报军情

北京日军统帅将日前京中战情禀报日政府如下:七月二十日九点钟,日军到城东两门攻击竟日,至是晚八九点,以棉花火药轰陷而入,遂即占夺北方并东北方两门,并立遣步军两队,一入内宫,一往日使署。美、法、俄三国联军在东便门亦猛攻竟日,始得入城。英军由广渠门入城,系从沟道而进。该沟仅设有铁栏杆,随彼该军拆卸,长驱直入,并无有抗之者,即于是日下午三点钟到英使署。日军一小队由东便门入者,至是晚七点钟始到日使署。查悉署中自公使以下均无恙,惟使署少有毁伤耳。

二十一日,日军又遣一队入宫。既至与守宫华兵鏖战,旋即退出,因议定不毁内城故也。迨至二十二日,始攻克内城。查悉西太后及以次王公大臣业已避赴陕西西安府。董福祥带队三万护跸随行。刻下京中扰乱不堪云。

日来城中不见华兵踪迹,间有所剩,皆汉军兵勇并拳党等。

端亲王府业已被联军焚毁为平地。日军在京共计死伤约二百名。天津至京,随军电线已由日军入京时沿途安设。

纪乱:英员军报

英将军加斯利前月(七月)二十一日来电报称:十八日协议,各联军聚于离京五里之地,二十一日,扑攻京城。遂由通州赶行十五英里,英军在左,攻京城之东南,无人阻拒。第十七旗拉砵队及二十四旗宾汁队破门而入,轻枪队及第一旗印兵队及马队随进。调马队及宾汁队前赴天坛,以助左翼夺路以抵使馆。下午三点钟,英军参谋及第七旗拉砵队、第一旗印兵队七十人入使馆,并无伤亡。未几,炮队继进,攻北京城中门。时有美、俄兵一队循城垣扑攻,英兵续至夹击,城门遂陷。下午约五钟,将军渣非统英兵入使馆,随向京城中门而攻。是夜,即宿于城门。夜间,英军攻天坛,与华军开战,华军力战,伤亡甚重,南门遂陷。是日,英军伤亡尚未查悉详细,惟度是日,日兵伤亡必重,因日人最为出力。拟是日复攻紫禁城时,天气炎酷,且水势泛滥,进兵甚难。故二十日入城,水师队赶赴不及。

八月十六日(9月9日)

《中外日报》

慈谿王君来函照录

敬启者,窃谓今日至危至苦颠连号泣于水火之中者,莫如京畿一带之官商吏民矣。始受拳匪、土匪戕害,已经死伤百万。联军入都虽颇有纪律,而现闻京师街巷积尸如山。呜呼,惨矣!永定河决田无人种,凡四路厅所辖皆已荒歉。通州仓为敌所据,粮米一空。前闻京中米一石需银二十五两,今则百两亦无处可买矣。诸官商大都逃避于近京诸小州县。北方早寒,金风已厉,烽火四惊,饥寒交逼,欲归无路,然则京内外官民不死于拳匪,必死于盗贼;不死于洋人,必死于饥饿;不死于饥饿,必死于秽恶之疫疠,深可痛也。古人救灾恤邻,虽本系敌国,犹输粟相救,况南省北省,本属一体,而我南人不得归者尤众,其存其没家莫闻知,哭望天涯,奋飞不得,此真凡有血气者所痛心蹙额、寝食不甘者也。贵馆与沪上诸大善士并属同气相求,希面商诸善士公立一赈救直隶兵灾善会,鸠集赀财,雇定招商局轮船若干只,往大沽招致京内外官绅士商一体搭轮南下。有赀者按旧例收票钱,无赀者送给船票,此事须公议章程后,禀明各当道,照会各国领事。令各国在京诸军一体保护,给与护照,庶由京至津直达无碍,先救回若干人至沪,回轮再往更番拯救,则被难者渐次得离水火,功德安有涯?量此事倘得诸大善士创始,凡我南省官商士庶轸痛同气,必乐于输助,集赀似非所难，惟现在则不得不先筹垫款，方能济急耳。今日在位大吏方急图保卫行在，馈饷挽输力不遑暇，安有余心余力念及此等？然则燕都救灾恤患之事，非诸善士孰能创之？至既创有规模，则诸大吏必能嘉许助力，照会各国，以成善举。凡办大事，独力则难成，群力则易就。我中国大患，在视同气如秦越，痛痒绝不相关，此举亦痛痒相关之一端也。伏惟贵馆与诸善士商订章程，变通尽利，以期可行，或登诸报章以备采择，不胜企望之至。

《申报》

鄂中诛乱记七

康、梁逆党，匿迹汉皋，勾结匪人，潜图不轨。事发后，讯实被戮者多至二十余人，本馆前已六志报端，且更著为论说矣。昨日武昌采访友人函告云：此事当大宪讯供时异常严密，营务处左近各街巷一律拦阻行人，以故详细供词无从探悉。惟官场中人传述，各犯中唐才常最为狡悍，对簿之际供称事由康有为、梁启超指使，意在改换中国政府，以图自强。只因兵力过单，不得不借会匪之力。日前大通匪乱亦系党中人所为。党中首领大半肄业日本之官学生，惟向连升、邓永才二名为红教会匪首，由犯人勾结入伙者。犯人自知机事不密贻误大局，自愿一死以谢同人。嗣于唐行箧中搜出逆信及伪檄文，富有匪票甚多。内有伪札二件，一委伪官林锡圭管带中营，一委伪官沈某管带右营。林逆已于当夜拿获后立正典刑，沈逆知风远飏，今尚无从踪搜捕。闻沈逆久在鄂中候补，现充振捐局委员，且曾在某宪辕襄办文案。察阅匪首所定规约中，有起事后焚杀三日，然后封刀等语。穷凶极恶，无殊明之献、闯及本朝洪、杨诸逆之行为。宜乎远近闻之，无不发指眦裂也。其伪印文为中国国会管领中营、右营关防，伪札上书“中国国会南部自立军”，并无名姓。

鸠江诛匪记

芜湖采访友人云：自七月中旬匪党谋乱以来，地方文武管汛密拿首要各匪，擒渠扫穴，骈首市曹，大好头颅已断送十有余颗矣。本月初二日，先锋振字等营统带李葆林副戎在芜湖南岸怡和洋棚内拿获大通肇乱之匪首徐得胜时，徐匪由大通乘某轮船抵埠，同行者尚有箫桂亭一犯，亦匪党中著名渠魁也。行装甫卸，盥漱未既，逻者已环伺于旁。箫见之，急掣出六响洋枪，且放且走。逻者穷追未获，只将徐匪捆缚，连行李解送徽宁池太广道辕。道宪吴季卿观察委发审局员刘大令陈直刺及芜湖县张筱珊大令研鞫徐匪，供称：“小的系江西某邑人，向操钉秤业。本年六月，由大通匪首黄花亭勾引入会，给以富有匪票，所带行李抢自大通督销局，计皮箱内有衣服三十余件、宝银一锭、珠花一朵及朝珠、珊瑚顶等珍贵之物。”旋由观察亲提复勘，所供无异。遂于午后五下钟时，传令城守营胡千戎拥至道署照墙外斩首枭示。其箫桂亭一犯逃至鲁港，经繁昌县左大令派捕擒获，就地正法。此真天网恢恢，疏而不漏矣。初六日，副戎部下线勇又由大通捕获匪首金子奎。讯之，供称：“小的向在大通某署中当役，迨犯事斥革，即由匪党举为头目。此次自知大限已到，甘受极刑。惟妻子荏弱可怜，求大人免予株连，并准将小的尸身领回埋葬。”观察准之。行刑后听其妻市棺收殓，偕犯侄扶归。初九日，缉捕营线勇复由鲁港解到徐庚贵一犯，搜出黄绫制成之富有匪票一纸。观察讯无叛乱佐证，原其无知被惑，将票存案，饬即觅人保释。

八月十七日(9月10日)

《中外日报》

厦事本末纪

昨承厦门友人以厦事本末纪见示,兹特照录如下。记云:

厦门自上月二十九日夜山仔顶日本教堂焚后,日领事上野君即于次日派日兵舰名高千穗,船内水兵百余名,手持洋枪沿街游行,厦民一时大惊。当经延道亲往日领事署问其派兵之故,答以专为保护日商财产起见。至初二日又添派水兵二百数十名,搬运格林车仔大炮架于虎头山顶,声称将于初四日四点钟开炮。于是厦民益形惊慌,皆纷纷携眷挈物逃避他处,继而候补佐杂等员亦纷纷弃职携眷附轮他往。厦民因此愈忧,阖厦旋即罢市,土匪乘机抢劫,银根一紧,十室九空,厦之大局几不可问。幸延少山观察不为少动,一面电致上海李傅相暨两湖总督张制军、上海道余观察请为调停,一面又电致省垣许制军、善军帅请兵请饷以备不虞。杨军门一面传令备战,延少山观察连日往晤各国领事,恳其居中转圜。各领事即会晤日本上野领事,问日本此举是否奉有政府密谕,抑已与各国外交部商定。日领事亦以保护商务起见,并无他意为答。

《申报》

鄂中诛乱记八

康、梁逆党匿迹汉皋,潜谋揭竿起事。自上月二十七日破获后,迭次诛戮者多至二十余人。本报已详志其事,兹复经汉口访事人函述,唐、林等人图逆情由,爰再录之,以供众览。据云:唐逆系湖南浏阳人,丁酉拔贡,与已正法之谭嗣同同里。当时谭曾偕之北上,力荐于朝,称其才可大用。继而谭因谋围颐和园,事发伏诛,唐遂遁迹日本,与康、梁诸逆游。林逆系湖南安化人,先年入学为舍生,其父曾以观察使者备兵某处。迩岁游学日本,得与康、梁二逆及唐等深相结纳,引为同心。嗣康逆创设保皇匪会,煽惑愚人,集捐既成,遂有谋乱中国之意。以唐、林二逆有桀才,委以招集党羽等事宜,许事成后封唐为七省经略使。于是唐、林二逆同于去夏至汉皋,勾结匪党。迨秋间,唐回湖南故里。湘人士恶其为康逆羽党,群起而攻。其父系岁贡生,颇有文名,因子之故,遂挈眷赴沪,假居租界中。唐则依旧逗留汉上。上月二十三日,洋务局委员李鹏生明府忽奉督宪张香帅密谕至唐等寓所盘诘,时香帅只知有康党来汉,不料其蓦起祸端也。讵料唐等不知敛迹,胆大于天,竟敢约期二十九日之夜起事。二十四五六等日,下游羽党之附轮船至汉者,为数甚众,携带火药颇多。唐匿迹英租界一马头洋务局比邻洋房内,外悬李慎德堂门牌。至花楼宝顺里所获者,余党也,被某剃发匠看出破绽,赴关署禀报,故得一鼓成擒。其伪为日本装束之甲乙犯二,均系广东籍。除真日人甲斐靖开释外，湖北某县员生王玉之等二十余人先后诛戮。其确情由唐仆李一供出，并言另有树义堂逆会，当拿获唐逆时在寓所搜出诸逆物并洋银七千五百元。

八月十八日(9 月 11 日)

《中外日报》

[论说] 论赈救直隶兵难会用意之善

昨本报得宁波王君来函，劝沪上大善士绅富宜设立赈救兵难会。执笔人读之，为之起立而敬叹曰：善矣哉！王君之论能握今日国民相爱之根荄，而固国民自立之基础也，其用意可谓知本矣。夫当北直拳匪之起，衅启一哄，师连八国。东南官民一无准备，东西师团尚未云集。其时东南有志之士轸念国恤，相与谋所以纾难自存之方。忆某适在座，作而向众言曰：今日我中国国民自存之方，有目前之事，有后日之事。目前之事，有官责，有民义。官责何在？在乎连师北上，力靖国难。民义何在？在乎设立保安会多练团卒，代官守土以实践互保之约，并与东西各国红十字会立约，随连军北上吊伤扶死。诚以官不靖难，无以平匪徒贼臣而谢邻邦；民不从事于保安，无以树文明之望而免隶属之辱。至于日后之事，在官则有迎皇复辟、力图维新之事，在民则有教养立业以存黄种之事，姑不具论。而即此所陈目前之事，大吏徒恃成约以自保，而不闻远略之施；士民徒闻虚论大言妄逞时难之举，而不闻有固结国民之局。无不与鄙见大为抵触，乃深恐一夫之见未合天下人心之公，故所料多不中耳，遂亦思扪舌而息矣。今得见王君来函，抑何先得吾心之所欲言，宛如笙磬也。夫国民自立之道何在？曰在于众力之集成，而众力之集成在于相亲相爱之力相维结，而相结之力不可无所丽以显之也。于是自家而族而宗而种以成为国，于是以生以死以饥以乱而交相恤。此力结于一地则为民力，此力结于全邦则为国力。故无论立宪政、共和政，一邦之中自上至下无不有会，而惟专制之政则禁士民之会，何也？恐其合力以抗上也。乃至今拳匪之起，政府袒匪而督抚不敢问，外人代剿而本国不能佐以成功，岂非由于民力之弱而愚哉？然而，为政之道在乎因势利导而已。此次拳匪之祸，罪只在政府亲藩，于匪无与也。上不奖用，匪何能逞？而于东南之国民无与也，于北直之难民亦无与也。即甚至拳匪亦乌合之愚民耳，非借亲藩政府之力亦不能跳梁而肇巨祸。故匪之乱足罪，匪之情非罪也。假使中国官民深于爱力，平日之交维有素，则北直一隅虽遭震惊，而有义师义会勇于急难当机立赴，外兵既无夺权之机，神京两宫亦无震惊之事矣。故事至今日，其罪又不只政府受之已也，而其罪乃在全国之臣民。呜呼！民不知爱国何由强，此坐亡所由致欤？今虽事机已失，而得王君一言，发明国民相爱急难之义，大声疾呼为当世告，使善士仁人能闻声觉悟，毁财纾难，仿前者绅集义赈之成例，于拯难之外再广存多款以设教工院。使流离愚(卤)[鲁]之余生得有所资以营生，则树民望，表国华，而所以消绝乱萌者亦寓其中，而其事实自唤起国民之爱念固结始。夫能唤民爱念者，又莫若拯难善举为得其要领也。事机已晚,众情难知,惟王君之言实与愚见为同臭味,而不禁深叹见本知源之论为不多觏也。因为表其用意焉。

追述袁、许二公遇害事

许尚书及袁侍郎被害之事,本馆已屡据所闻登报。日昨袁侍郎之家属由京南下,本馆亲往访问,承以详细情形见告,与前所登载略有异同,兹为照录如下。据云:

先是五月下旬及六月中旬曾两次拜疏。首疏大旨谓义和拳能避枪炮,乃愚人自愚大不可信,臣等往东交民巷亲见尸骸狼藉,显被洋枪击毙,此等不法之民愈纵愈横,宜剿不宜抚。疏上,端、刚谓死者乃伪义和团,真正义和团实无一死者,将其折留中。次疏大旨谓春秋之义不斩来使。此次因乱民肇衅,攻毁使馆,不合公法,激怒各国,以一敌八,自古为戒。请旨保护使馆,仍以剿匪为第一要义,荣相既拥重兵,宜事权归一,应抚应剿请饬荣相相机行事,不宜另简重臣以致分歧。时刚相适总统义和拳,谓为倾己,亦置之不报。迨六月下旬,西兵麇集势将直扑京师,二公相对曰:“等死耳,奚待为?”遂又会衔上疏,大旨谓拳匪始萌之际,一旅之师足以剪除,乃养痈成患以至于此。亲而天潢贵胄,尊而师保枢密,莫不信为神术,屡创不悟。今西兵日逼都下,万一不幸,其如宗社何?非剿拳匪不足谢敌,非诛主持拳匪之人不足以剿匪,疏上而祸作矣。七月二日,步军统领逮二公下狱。闻狱卒言,二公在狱中谈笑自若。次日赴菜市,许公大骂端、刚不绝口,袁公仰天长叹曰:“至此尚不悟耶!”就义时,拳匪充塞道路拍手大笑,端、刚、赵、董相贺于朝云。

厦事本末记 续前稿

初五日申刻,延道接得上海盛京卿复电,内开:在申晤小田切君,据云日兵登岸意在保护商务,并无攻厦之意,业已请其撤兵回船云云。旋又接上海道余观察及李傅相、鄂都张制军电,谓已会商英、德、美各总领事,电致日本外部大臣,请其撤兵另议。各领事亦愿为调停,惟该道务宜竭力弹压,万不可与该日兵再起衅端,多生枝节云云。延道接电后,当即出示安民,谕令不可迁避,自相惊扰,示出而人心为之稍安。初七早,日兵遂将山上大炮搬运回船。同日,英领事见本国兵船到厦后,当即商请延道派英兵五十名登岸,驻太古洋行保护本国商民,延道许之。英领事先出示,晓谕厦民以派兵登岸之故。未几英兵船续到一艘,美兵船亦到一艘。各国领事又均电致日本外部,谓各国领事既与两江、两湖、两广各总督同立和约,各督抚保护各国商务、财产、性命,各国亦不攻南方各省。今日本此举似有不合各国与各督抚所立和约,已属不废而自废。日国外部复以并无攻厦之意,并允电调上野领事回国。初七早,上野领事奉到该国之电即遄返本国。一切后事,现由延道与其新领事名芳泽谦吉者另议。大约大局不致决裂矣。一切善后事宜,容再续探。

《申报》

鄂中诛乱记九

康、梁诸逆党图扰长江,并分遣匪人在鄂省蒲圻、羊楼峒一带聚众滋事。经湖广总督张香涛制军派兵剿捕，先后拿获首要匪犯多名，解省讯勘，迭次诛戮至二十余人之多，本馆已缕纪于报。兹又得武昌访事友人来函云：湖北派赴日本游学之武备学生傅慈祥，前因潜踪回鄂入会为非，拘获讯供，坚不吐实。迨经督辕营务处司道迭次推鞫，傅始供认不讳。本月某日禀知制军，恭请王命，与各要犯一同绑赴武胜门外法场处决。当行刑时，护军武恺各营均擎枪环立，并将城门暂行扃闭。盖因若辈羽党众多，恐有劫夺情事，故不得不格外慎重也。

八月十九日(9 月 12 日)

《中外日报》

记海城近事

接营口友人专函云：海城失守后官商居民逃避一空，而俄兵尚恐内有伏兵，未敢入城。迨数日后侦知城内空虚，始由营派弁带同舌人诣海城安民，则仅得父老三五人而已，所有钱财什物均已无主。俄弁复自营口雇大车四十辆至海城，将所有布匹器皿尽行装至营口牛家屯拍卖，价值极廉。其兵在外所抢之衣服首饰，亦皆一律出售，至其金银珍奇等物均为通译买去云。

俄人自得海城后，即欲进兵攻取辽沈。以华兵之扎于辽阳以南者约有数万，防范极严，一时未易轻越，故拟由山僻小径越过。行至吉同峪，不意该村练有团勇数百，由一金姓绅士统带伏于深林幽谷之中。见俄兵至即迎头轰击，鏖战数次，俄兵大受其创，死伤以数百计。俄大将军怒甚，设计将俄兵改为华兵装束，驱大车五十余辆，声言华官为该村团勇送军火等物，实暗藏精锐千余名以冀攻其不意。孰料为金绅查悉，约齐团勇，让其车头过去，从半腰击之，俄兵大窘，四散奔逃。除击死兵弁若干外，生擒数十名，内有统兵大员二名，大将军一名，并马姓舌人一名。是役也，俄兵逃回无几。现将该三员解送盛京，交奉天总督发落。次日营口俄水师提督阿君即函致华官，请勿杀害所擒之员，行将仍旧和好，不然当令此埠抵偿。初六日由省城来华官二名，赍到将军公文投递俄提督，约停战百日，以俟北京议有端绪，再行核夺。

《申报》

示安居民

厦门访事友人云：本月初七日，兴泉永道延少山观察得苏松太兵备道余晋珊观察急电，知日兵登岸一事，现已与日总领事商妥，即日撤回，爰即出示晓谕曰：照得日本兵士登岸，业经本道分别电禀直隶总督北洋大臣李傅相及各衙门转商日本外务大臣，撤兵另议。旋于本月初五日申刻接准上海道余来电，已蒙各宪会电英、美、德国总领事，竭力调停，一面电致日本外务大臣等，复经出示晓谕在案。兹又接盛京卿来电云：顷日本总领事奉外部电,饬撤回保护书院之兵,其余相机撤回。日本之兵既奉外部撤回,则地方百姓自可安业无恐。合再示谕,为此示仰阖厦诸色人等知悉,自示之后,仍各照旧营生,弗怀疑虑,各宜凛遵毋违,特示。同日,厦防同知张文治司马亦颁出六言简明告示曰:厦门通商口岸,各国商人云集,近因畿疆不靖,此间亦多谣说。日本派兵上岸,原期保护巡缉,其实并无他意,为中外所共悉。现奉傅相电谕,事已调停妥帖,从此厦岛商民,可以安居乐业。凡此禁暴诘奸,实于良善有益,但使偶俱无猜,断不别生枝节。谕尔大小铺户,生理照常贸易,民居一律安心,切勿惊慌避匿。

八月二十日(9月13日)

《中外日报》

[论说] 请复辟即以存中国说

呜呼!吾中国自有史记以来,乌见有聪明仁圣,毫无失德,临御二十有六年,为通国臣民所曾敬畏而事之、感戴而奉之者,为舍身变法以救百姓、一旦失势而长致幽废者哉。究其所以致变之由,则皇上之所力行者,设学堂也,废八股也,广报馆也,裁冗官也,变官制也,省部例也,开经济特科也,准士民上书也;犹欲增官俸,厚兵力,励农桑,劝工业,讲商务,免厘金,未及施行而大难遽作。统观诸所行事,何一获罪于宗庙?何一不利于臣民?而当日顽固之辈悠谬之言,固皆以轻更旧制为吾皇罪案。则夫一二年来,所以法祖敬宗,用人行政,始谓尽善而终酿大祸者,其上慰九庙、下安百姓为何如矣?使彼其时,有二三老成调和于内,六七疆臣抗论于外,则两宫未始不渐释嫌疑,群小未尝不有所忌惮。而是时惟独新宁刘公电阻废立,此后则继请复辟一无所陈。于是乎大臣不言而小民言之,国中不言而外人言之。如海外华商之电请圣安,驻京使臣之颇陈说论,皆以极下干极上,至疏论至亲,愈以触怒当局,无益救败。端邸以近支王公久觊神器,既谋立其子,欲速正大位,思倡大乱以行非常,司马昭之心路人皆知。故今日之祸,通国上下稍明时事之人,固知其必如此也。虽然,既往之事不可追也,当日之势犹未迫也。至今日则大沽失、天津陷、北仓败、杨村溃,京师既破,全国将亡。而二三重臣展转周旋,一再祈请各国,初提和议,即首以复辟为词。故就目前时势言之,复辟则国势尚可图存,不复辟则瓜分即在俄顷。为朝廷计,为中国计,为太后万年计,为端刚后裔计,为朝臣计,为疆吏计,为维新计,为守旧计,为全部军人计,为通境庶民计,此二三重臣宜及斯时以力请复辟自任。一面上奏朝廷,一面布告各国,并要以我太后两次垂帘,诸事尽美。于一切外交大政素主和平,此次为人蒙蔽,各国推原祸始,万不能涉及内廷。如此则太后颐养于内,皇上忧劳于外,中外允协,上下交庆,使中国危而复安,绝而复续。何惮何疑而久不为此?若谓复辟之后,以康、梁复用为忧,则试核以当年所行新政,亦不过兼采众论,未必遂专授大权。况二人自戊戌以后蹈迹溟海,而腾谤宫廷,自皇上视之,当亦以为得罪母后所不敢赦。即圣朝宽大,亦惟听优游海外,断不能复预政权。是不复辟而康、梁尚可托名保皇,既复辟则康、梁便当息谋待罪,更何费十万之金乎？若谓近岁以来于开化一派诸人压制太过，恐其复起或至寻仇，则除最有名之急进党一十余人或遭杀戮，或在放逐，此外则尚在仕版、散处内地者虽其人甚众，然大半以从容任事、和平接物为宗，且大半与康、梁一派举动迥殊。徒以当时欲一概加诸其人，亦不肯急于自辩，致议论庞杂，是非错出，彼此纷糅，党派淆乱，至今日耳。总之，中国此次国破家亡，痛深创巨，正当以此时破满汉、帝后、新旧、南北种种界限，使大众一心，万流归海，而后可为此一种开化。党人亦惟在变法不在复雠，揆诸恒情，当无过虑。要之，皇上一日复辟则中国一日可存，中国存则通国之中一切分者合之，仇者解之，利者兴之，害者去之，倾者正之，弱者强之，一人复而万事得其统矣。书曰："一人有庆，兆民赖之。"盖信乎其所以赖之(与)[欤]!

《申报》

日衅已平

厦门访事友人云：日本调兵登岸一事，已由兴泉永道延少山观察电达苏松太兵备道余晋珊观察商诸驻沪日总领事小田切氏，准即将兵撤回，一面出示，晓谕居民俾各安生业，此已录登昨日报章者也。嗣悉此事起衅之由，实缘有江湖卖解者至东亚书院附近旷地上卖弄神通，借博蝇头微利，时适日领事上野氏过此，见其以两指夹青蚨二十■，顷刻碎如(虀)[齑]粉，误以为拳匪也，立即电致外务省大臣，请派兵来厦保护。适日僧所建本愿寺被火，益复有所借口，向地方官声辩断断。日政府深恐两国失和，即将上野氏撤任。本月初七日，上野氏起程回国，日兵亦即于是日回船。当事之初起时，各国领事咸有戒心，争先调舰增兵，为保全之策。于是港中除日舰两艘外，另有英舰三艘、德舰一艘、美舰一艘、俄舰一艘。迨事平，俄、德诸舰及甲、乙二英舰先后鼓浪启行，只存日舰二艘、英舰一艘、美舰一艘，仍下椗原处。日内传闻，日舰亦将次起程矣。

详述大通匪乱情形

上月十五日，安徽大通镇会匪勾结水师突然作乱，本馆已将苏、皖各处访事友函告情形录登报简。兹又得芜湖采访友人笺素云：当此股会匪肇乱之前数日，徽宁池太广兵备道芜湖关监督吴季卿观察已饬缉捕局李副戎侦悉，飞禀抚辕。抚宪王芍棠中丞尚未批回，即卒然变起。先是十四夜，其党在上游相距六百丈许之江干一带，焚杀淫掠，蹂躏不堪。十五日午前十点钟时，分乘各划船蔽江而下，对准江岸施放排枪。大通所泊水师炮艇弁勇闻之，即翕然响应。快枪利炮远近交轰，为匪为兵几不能辨。和悦洲督销盐局药弹丛集，栋宇全倾。岸上更伏有悍党若干人，呐喊连天，几如鼎沸。合埠店铺仓卒扃门，街后居民更女哭男啼，嚷成一片。捷足者纷纷逃至江浒，渡往对面铁板洲。其有未及奔逃者，锋刃猝撄，惨无天日。督销局中官幕箱箧被劫一空，并将幕友马君砍伤。旋复往劫利和钱庄、中大杂货铺，自十一点钟时事起，至午后四点钟时方止。是处仅有省城练军五十名，分驻盐厘各局。当起事之际仓卒，并无药弹，只放空枪抵御，以致被伤十有余名。原其起衅之由，佥谓匪党预约之期实系下旬某日，不料风声泄漏，被大通厘卡总办许太守所知，派人擒获匪首黄花亭等六名，拟即讯明正法。余党遂迫不及待，先于是夜群起为非。江干泊有常平官轮船,被匪开炮击沉,并毁及商船数号。所获六犯未经斩决,均被劫回。督销局总办钱观察避入厕中,得免于难。是役也,除督销局及利和、中大二铺被劫外,某裱画店主启户探视,中枪殒命。某待诏见洋银遗弃满地,俯身拾取,饮刃而亡。此外,断头折肋、倒毙街心者,多不可以数计。最惨者,居民当仓皇唤渡时,挤入河中致淹毙二十余名口。或曰此事已据汉皋所获匪犯供出,亦系康、梁逆党所为。若是,则其肉已不足食,而犹得妄称保国保皇哉?

八月廿二日(9 月 15 日)

《中外日报》

警信九十二志

昨晚探得庆亲王有电致各省督抚云:洋兵进京,两宫西狩,本爵奉便宜行事谕旨,会同李相议和,即须开议。宗社安危关系重要,希严饬各属竭力保护在华洋人及教堂教民,如有匪徒滋扰,立即尽法惩治,勿任再生枝节,致误大局云云。

探得北京庆王、昆相、崇尚书、裕尚书、那阁学桐、舒观察文于十一日在广慧寺与各国商议和事,十二日复在贤良寺会议。

又探得十八日有上谕,饬令直督严剿拳匪。李傅相未到任以前,责成裕护院办理。

探得李傅相日前已与江督刘制军、鄂督张制军、东抚袁中丞诸人会衔参奏酿祸诸大臣,请两宫乾纲独断,立加严谴,以维大局。

八月廿三日(9 月 16 日)

《中外日报》

警信九十三志

探得庆邸在京与各国先行商议停战事宜,各西使先以四款相要索:一、东三省暂作公地;一、天津暂作公地;一、交办拳匪头目;一、各处通商口岸准西兵屯扎。探得十六日东抚袁中丞电致各省督抚云,有密旨庆邸回京催李相北上会同议款。初六日驾仍在大同。

又探得舒春舫观察文已奉庆王及荣中堂会札,派充议和头等参赞。

八月廿四日(9 月 17 日)

《中外日报》

满洲:军事丛谈

八月三号,俄军至武府沿黑龙江驱逐华兵,华兵整队以待。俄军稍怯,然仍鼓勇而进,遂据一村落,沿途搜捕华兵所弃军火无数。某大佐捕得军旗皆书有"大拳民"及"扶清灭欧"等字。既而某大佐率队以野战(白)[臼]炮包击爱珲华营,营内火起,华军齐向齐齐哈尔退却。是日,俄弁死者一名,哥萨克兵死者三人,伤者十九名,华军死者三百余名。满洲事起,俄国命黑龙江沿岸军队齐集于博夸拉尼、松花江、爱珲之处,又自本国及贝加尔附近派遣援军,而命李年康少将统领右后一队于八月三号达武府,与顾利部中将同司战务。该队乃合蚩塔联队二大队、后贝加尔炮兵独立队一中队、哥萨克半中队而成者。李军既到,俄军顿振,于是自博克洛府进至武府,扫荡黑龙江沿岸,添置戍兵而进攻爱珲。李将既据爱珲,更追袭退至齐齐哈尔之华兵,振旅而回。于八日拔部下骑兵向美尔汗进发,翌七日与华兵战。俄军被围,四合包击。华兵据于林密沟深之地以攻俄军。俄军既失地利,甚形掣肘,弃马步行,苦战既久,力遂不支,遂致败北。是役俄弁死者一名,哥萨克兵死者八名,伤者二十五名。军马死者十九头,伤者二十七头。翌日自武府急派援军,遂得恢复。九号,李将拔队至爱利璋村,距爱珲六十五俄里,与华兵战。是役华兵步队一千,马队三百,大炮二门。十号,华俄合战,俄以众寡不敌,率队而退。十五号,李将大破华兵,占领兴安岭某寺院,骑兵得炮兵之助追袭华兵步兵,遂憩于距爱珲城南百二十三俄里之瑞璋村。俄军所获军械有六十七密利半突之克虏伯速射炮四门及其他枪炮无数。七月廿六号,驻扎哈拉宾之华兵初向俄军开枪,寻发大炮。俄军遂召集铁道护兵及预备兵约三千五百,列阵以待,长约十俄里。而华兵号称一万,军容凛然。两军交战后,俄军败北,死者数十名。翌日,华兵于阿吉海被俄军夹攻,阛阓连云,悉付一炬,伏尸狼藉,彼此不分。惨哉!八月六号,华兵卷土重来,其势甚猛,袭击霸洋司地方。萨哈罗甫少将统带轮船六十七艘,满载兵员,来自霸府。华兵遂一败涂地,悉进齐齐哈尔。八月二号,阿洛夫少将统贝伊拉队自翁古芦车站向温丹古车站进发,与华兵小战,遂据贝伊拉。华兵皆进至齐齐哈尔,俄军捕得麦粉燕麦以供军饷。八月十号,贝伊拉前卫马队占领耶克希车站,华兵远遁,遂另置戍兵。八月十三号,华兵七千自耶苦希袭击俄军,形势甚急,俄派哥萨克旅团援之。俄军水竭,甚形狼狈。正酣战时,暴雨骤至,百步之外不能见物。然俄将大有灭此朝食之概,遂于午后达耶克希俄营,是夜某某二将率哥萨克队向绵主海军站继发。是日,华军战甚猛,俄兵死者三名,伤者十名。俄国既扫荡满洲各地华兵之后,其兵力皆萃于吉林。其部署约略于左:一贝伊拉队自后贝加尔州经蒙古入满洲;一、松花江军溯松花江入哈拉宾;一、尼古拉斯军自尼古拉斯经博夸拉尼进宁古塔;一、士博齐齐军自辽东进奉天;一、诺乌吉爱司军由阿伊古少将将之,既拔晖春,则由此进军;一、阿洛夫少将一军于扫荡黑龙江附近华兵后向蒙古进发;一、李年康少将一军由顾利部中将节制,于扫荡黑龙江右岸后向齐齐哈尔进发。此条节译。

牛庄:俄人举动

牛庄炮台被俄人占据以后,俄军在该处强暴情形笔难尽述。其后俄军将牛庄铁道事务所作为民政厅,以治理牛庄一处。现在屯驻牛庄俄兵约三百名,日前有由旅顺派往六百名之说。目下尚留该处之他国人,计日本人及领事共五名,美人五名,英人十五六名。留在该处之船舰,计英一艘、俄二艘,又水雷一艘云。

齐齐哈尔:俄人占据

本月二号接得浦盐斯德发来电信云:俄军现已占领齐齐哈尔。

八月廿五日(9月18日)

《中国旬报》第二十三期

存疑:北事要电

二十七日上海电云:此次议和闻太原有谕旨,添派荣禄、刘坤一、张之洞会同庆王、李鸿章议和。又云:荣禄趋赴行在,途次闻命折回,惟各国不认荣禄为议和大臣。又云:李鸿章自出上海,即在吴淞避风。迨风势稍杀,再鼓轮前往。昨已抵津,拟逗留两天。得晤俄使后,乃往北京。又云:德国索先交拳党首要,乃肯议和。又云:李鸿章、刘坤一、张之洞、袁世凯会参端王、庄王、澜公、刚毅、赵舒翘、英年六人。又云:外国尚索董、毓等多名。

存疑:许、袁被戮缘由

许景澄、袁昶被戮缘由,其说不一,屡纪本报。兹者袁世凯之两公子奉其母夫人旋里过沪,采访前往探问,始悉二公于六月下旬曾联名上疏,极言团党之不足恃。且谓有事与外国开衅则可,无故与外国开衅则不可;与一国开战犹可,动天下之兵则不可。其末有一疏词尤激烈,谓今日之时局非急议和不能图存,非剿拳党不能议和,非罢斥袒党之大臣不能剿党。端、刚见而大怒。于七月初二日午后被逮,初三午后就刑。二公在狱中草有《孤忠录》数十纸,为团党所焚弃,故遗稿遂不可得。二公之尸骸系徐小云尚书闻信前往收殓,即葬于浙江谊园云。

存疑:日员微服

北京乱作时,日本公使传所有日团练兵聚议防守使馆事宜。日本兵官不期而至者计三十五人,皆微服执他业散居各处者。内有一人素业西人剃发匠,又一人乃某照像馆主人,踪迹诡秘,殊堪骇异。日本人于中国情形甚为熟悉,所有紧要消息亦先知之,大约皆此辈之所为也。

八月廿六日(9 月 19 日)

《中外日报》

浙省勤王军事汇志

得清江友人专函云:浙江行营转运局陶兰泉太守湘饬令委员张宝棻、薛宜湜管押浙省入卫定胜新后四营第二批月饷四万数千两,装车八辆,拨给步队四名,马队四名,于二十一日由浦起解,随同蒯游戎德浦所解大帮京饷前赴山西行在。太守前派押运是项饷银之潘委员运恮,因另有要差,饬令赴浙公干。

又云浙省恽藩司委令候补知县谢瑞黼管解浙江行营九、十、十一、十二四个月饷银前赴清江浙江转运局投纳。谢大令已于二十日行抵清江,差次将前项饷银如数交局。

浙江候补知府刘少棠、太守国宗现奉浙抚刘景帅委办程军门营务处,业已随同程军门前赴颍州府驻扎。

又云浙江勤王兵于七月初行抵德州,旋奉浙抚军饬令改赴山西扈跸。该营余总兵朝贵、雷协镇芸桂即饬令将士折回临清州,初八日由临清启程。因所带军火过多,车辆缺乏不能雇载,改由水路前赴卫辉。惟水流异常湍急,挽运颇为濡滞,大约八月杪始能由豫入晋。并闻统领新后军雷协戎芸桂因近日(政)[身]体违和,禀请浙抚延请帮带某君襄理军务。

《申报》

遣重臣巡阅长江以弭匪乱议

江水发源岷山,经巴蜀,下荆襄,蜿蜒至于夏口。汉水自西北汇之,滚滚滔滔,直趋海澨。以南北论之,则天堑之险也;以东西计之,又建瓴之势也。在昔春秋时,吴楚争强,即倚江为重。迨至三国之扰攘、六朝之纷争,尤以扼守长江为聊固吾圉之计。唐宋以后,中原一统,江表乂安,铁锁无沈,金瓯已固。盖古今之局势不同,斯防守之情形亦异也。本朝咸丰初年,洪、杨诸逆倡乱广西,由桂林趋长沙,胁其徒众残武昌,围九江,扰安庆,陷金陵。丑类数百万,舳舻蔽江东下。沿江各行省闻风哗溃,大局岌岌可危。湘乡曾文正公以在籍侍郎特倡义兵,屡摧悍寇,终以陆军不娴水战,不足以制贼之死命。于是就衡阳创立水军,以彭刚直公玉麟统率其众,转战湘潭间,既而出江剿贼。数年之间,攻克鄂城,长驱田镇,回援楚北,驰救江西,破湖口之名区,铲浔阳之剧寇,以及鏖兵安庆,决战芜湖。平铁垒于西梁,耀金戈于东坝。凡雄师所指,无不翦除大憝,荡涤妖气。盖粤逆之平,非借水师固不足以扼其吭而拊其背。而水师非得彭刚直公之统率与夫诸将佐之,勤奋耐苦,力济时艰,亦不易成如是之大勋也。至同治三年六月,金陵既克,滨江五省战事大定,文正公奉总制两江之命,议将所募水勇改为经制水兵,奏设长江水师提督一员,建行署于安徽之太平府与湖南之岳州府。上自荆州、岳州,下至江苏、崇明,江程五千余里,均归统辖。凡所属各汛,有水盗划船抢劫巨案逾限不获者,由提督专案参劾,不得稍涉推诿,以重职守而绝盗风。其章程之严密、计画之周详,固已利弊兼权,无微不至矣。而朝廷慎重江防,犹恐辖境辽阔,提督一人不足以资控制。于是特简刚直公为巡阅长江大臣,每年分赴上、下江巡缉一周。凡员弁之操练不勤者、勇丁之沾染习气者,会商提臣,参罚从严,无稍宽纵。当是之时,盗贼潜踪,江面安谧。虽曰经画之周,毋亦因时际中兴,宿将重臣威声素著,得以从容坐镇,弭乱无形。

与今者时阅三十余年,事过境迁,规模渐变。续补之员弁,添募之勇丁,大率溺于宴安,不能如曩时之振刷精神,终岁驰骤于洪涛巨浪中,不敢稍耽逸乐。不特此也,当时曾、彭两公所定之章,长江水师提督既于上江之岳州府、下江之太平府分设行署,则每年必须沿江周历巡查。驻上江则巡阅至洞庭湖、荆州而止,驻下江则巡阅至狼山而止,并顾兼筹,毫无偏重。今则海防吃紧,长江门户特重吴淞,而狼山、福山、江阴等处锁钥森严,尤不得不加意防范。以是长江水师提督只能专顾下游,而上江之芜湖、大通、武穴、九江、汉口、新堤、黄石港等处巡缉未及之所,皆有枭匪、会匪乘间肆乱。虽经各省大宪派兵剿灭,不致酿成祸端,而若辈羽党众多,时有蠢蠢思动之意,苟使根株未绝,难保不死灰复燃。愚意欲弭隐患,朝廷宜仿彭刚直公故事,特简知兵大臣,畀以巡阅长江之职,每岁督率师船巡历各省。凡枭匪、会匪麇聚之所,务须联合内河水师毁其巢穴,毋任再肆鸱张。而长江水师提督则以时往来于狼山、福山、江阴之间,专顾下游防务。如此则数千里江面当不至沦为盗窟,贻害商民。而与当日创设水师之意亦不甚相戾,岂非今日弭乱之一善法哉?至于僚采之能否和衷,巡查之能否得力,则有治法,尤贵有治人。固任事者之责,而非愚之所可逆料矣。

八月廿七日(9月20日)

《中外日报》

东事汇述

顷得寓东友人来函述东事甚确,特为录照如左。函云:

德州地邻直隶,拳匪时思入境。七月内有大股拳匪向地方官请给军火,慰帅电饬孙军门金彪迎头攻剿。军门狃于积习未即痛剿,反被拳匪于夜深时将军门队伍冲散。经慰帅立派武卫军一营驰往痛剿,拳匪始行溃败,以后安堵如故。惟德州知州宋刺史,慰帅以其曾代拳匪请抚,故即撤(住)[任]。

临清州等处亦有大刀会匪滋扰,袁慰帅因旧令办理不善,特委杜大令秉高前往署理。杜令莅任后即将匪首三人擒获,当日就地正法,余匪溃散。刻下,地方甚为安靖。

红花铺一镇为山东、江苏交界之区,时有匪徒抢掠。当六月中山东学政眷属回南时，被逃勇抢去箱笼什物，当即禀报县汛查拿。嗣经袁慰帅、刘岘帅访闻，山东则派抚标马队沿途驻扎，藉卫商旅，江苏则派漕标营驻扎红花铺、峒峿一带，盘查逃勇，匪类为之绝迹。

联军入京以后，官商之逃至山东者实繁有徒。车价因之顿昂，计自德州至清江浦，大车每辆需银八十两，较平时增至数倍云。

《申报》

江西全省团练营制

一营之制：营官亲兵六十名，亲兵什长六名。分立前、后、左、右四哨，哨弁四员，哨长四名，护勇二十名，什长三十二名，正勇三百三十六名，火勇四十二名，一营共五百人，营官一员，哨弁四员在外。营官亲兵之制：亲兵六队，一队劈山炮，二队刀矛，三队劈山炮，四队刀矛，五队小枪，六队刀矛。每队什长一名，亲兵十名，火勇一名，计六队共七十二名。

一哨之制：前后左右四哨，每哨哨弁一员，哨长一名，护勇五名，火勇一名。每哨八队，一队抬枪，二队刀矛，三队小枪，四队刀矛，五队抬枪，六队刀矛，七队小枪，八队刀矛。每队什长一名，火勇一名，其抬枪队正勇十二名，合什长、火勇为十四名，其刀矛、小枪队正勇十名，合什长、火勇为十二名。每哨一百零八人，计四哨共勇丁四百三十二人。昨由南昌采访友人云，采访友人邮示赣省大吏手定团练营制，爰照登之。

八月廿八日(9 月 21 日)

《中外日报》

各地来函：南京

访友来函云：富有票匪到处蔓延，江、鄂两督会同刊发《劝戒歌》数十万张，粘贴两江、两湖所属地方，意在解散羽党。讵匪首所在多有，昨又拿获匪首董林一名，交县严讯。二十一日，江宁捕役又在城北清泉茶馆查获票匪一名，身藏匪票甚多，当由城守营兵护解该匪到县讯办。

又云：江南提标营弁解送哥老会匪头目王金龙一名来省，发交上元县审讯，多次未得确供。经龙大令详奉江督示谕，科以永远监禁之罪，现系上元狱中。

又云：江督刘制军晓谕军民，凡有误买富有匪票，务将该匪票立时销毁，随后如被查出未毁之票，定即就地正法云云。

又云：江督刘宫保因长江上下迩来匪类甚多，特饬水师营参将陈、参戎麟书雇用民船多艘，载兵往来巡察，严密查拿。

又云：江宁藩司恩艺棠方伯因两宫西幸太原，特请江督代奏呈乞觐见。昨奉朱批允准。方伯当即料理一切，以俟江督委人署理，即行交卸篆务，克日前赴行在。闻江督拟委正任江安督粮道吴观察重憙署理,然犹未见明文。

又云:江督刘宫保顷奉上谕,着饬统领督标亲军山西大同镇刘镇军光才统带亲军各营,迅赴山西新任,宫保爰饬镇军克日率队启行。

又云:前任江宁藩司瑞方伯璋由京避乱南下,中途遇险者屡,家属、财物丧失净尽,孑身行抵清江,飞禀江督告帮,刘宫保即寄银五百两以济急用,并许代为张罗,又为函托漕督以下各官推情资助。

《申报》

论俄人倡议撤兵事

自乙未年中日和议之局成,而中俄密约之说起。盖因其时中、日两国虽兵端既弭,旧好重敦,而日本竟欲割我东三省之地,于是俄人纠合法、德二国仗义执言,代中国逼令日人还我辽东旧壤。日人迫于众论,不得不唯唯听从。中国感俄协助之功,各派大臣在京定议,许俄国西卑利亚铁路接至东三省,以便两国往来运货,并固水陆各防。此约既定,欧洲各国深相惊讶。以为俄人既在中国得此绝大利权,将来于各国商务不无损碍。虽无术阻挠,而彼此相猜相忌之心,则从此深矣。至今春北方拳匪乱起,各国统兵大员咸议调兵入京,以资保卫。俄员独以为事尚可缓,而暗中电达本国立调重兵来华,密布于东三省各要隘。适黑龙江将军寿山措置失宜,轻启边衅,以致三姓等城相继失陷。推俄人之意,以为联军入京自不能不参预其间,然终难免意见各歧,动多牵制,梗议既有所不便,从众又有所不甘,不若在东三省别搆衅端,为将来独自称兵地步。其谋之狡、计之深,(因)[固]已非寻常所能窥测。尤可异者,联军入京,翠华西幸,在常情必思久驻大兵,俾将来议和时可以藉端要索。不意俄国忽于前日驰檄各国,愿即撤退驻京兵士,奉迎两宫回銮。夫开衅之初,俄既先调雄师,及失和之后,俄更别开衅隙,其求偿大欲之念固已显然,不意今于已成之局而忽自甘退让。是非别有深谋,胡肯贸然从事哉?故电音既布,美廷首先倡议电告各与国,谓如不能同心合力,则以后敝邦当与中国自订通商之约。英国亦电达俄国政府,谓撤兵之议固善,然未与言和,先弛兵备,敝国未便允从。德廷虽有拟饬使臣改驻天津之说,而兵士则须仍留驻京师。日本亦以为和议既定,方可退兵。惟法与俄交谊甚深,并无异说。在俄人之建此议,岂不以中国虽甚孱弱,然人心未尽涣散,武备未尽废弛,囊括席卷之谋似未可骤行于今日。且恐端倪一露,各国效尤纷起,必至大启争端,逐鹿中原,究不知死于谁手?故不若暂为隐忍,且劝各国共议退兵,以为市德于我之计。事成,则中国感俄之情必格外图报。事即不成,中国亦惟怨各国之恃强,而于俄终以为可恃。此其谋虑之深,与曩时助中国索还辽东无以异,亦即令地球各国设立弭兵会,而独自并力经营西卑利亚铁路以遂其兼并之心也。呜呼!俄之设谋如此,谓非地球诸国之隐患哉?虽然,吾观于此,而不能不为美惜矣。当各国联军会议入京之先,中国政府曾致书美廷,请出作调人,俾各捐弃前嫌,重归于好。倘美于此时能力任调停之责,则各国方以兵连祸结,于商务实属有亏,未尝不欲睦谊重敦,易干戈为玉帛。不意美廷竟设词推诿,事机既失,无可复追。转令俄得以别出诡谋,为此借公济私之举。现虽各国从违各别,而他日苟有行成之事,俄岂能不挟此旧德藉肆格外之要求?吾恐斯时中国既无从谢绝各国,亦岂能阻挠同为鹬蚌之争而俄独得渔翁之利？苟非美人自甘为退让，何致若斯？故吾于退兵一事，深为美廷惜，而又甚为中国危也！

八月廿九日(9 月 22 日)

《申报》

中国宜止各国调兵论

自各国联军入京之后，义和拳匪多半解散，虽或余孽未尽，然已如弱草之露、萤火之光，不久自当消灭。各国似无庸劳师动众，聚而歼之矣。其不即将兵撤退者，诚如英廷所谓，未与言和，先弛兵备，为各国所不取也。今者李傅相已遵旨北上，和议当不难成。顾外洋尚调兵来华，其故安在？岂传闻之未必可凭耶，抑各国固别有深意存乎？其间非外人所能窥测耶。顷阅南洋新加坡《叻报》登德京来信云：德国下令招军赴中国，一时报名注册者，将弁多至三千六百五十员，兵丁多至十二万名。其所以踊跃从公者，因知此次赴华断无战事，实不异于出外浪游，故咸愿隶名军籍云云。然以予所闻，德国自逢中国拳匪之变，调兵转饷所费不资，曾向美国纽约克称贷英金四百余万(磅)[镑]。目今中国匪患将平，又何必多此一举？意者日后必将取偿于中国，故不复爱惜金钱欤。在中国兵费之偿，势所不免。然各国能少费若干，即可少偿若干。当京城危迫、使臣被困之时，各国遣将运兵诚无足怪，乃事机已解，和局将成，何以仍复添兵不已？况一国如此，各国自不肯退让。《泰晤士报》已有力劝英廷添兵之说，盖因德国屡有战舰东行，其数较英舰为倍，恐一旦变起不虞，英之水陆两军势力皆不能敌。倘各国皆有此意，续调来华，非但中国将来偿款过巨，必至力不能支，而各国借剿匪保商之名，互相比较强弱，恐中国将为战地，不更岌岌可危哉？窃意李傅相现既受全权之命，宜先向各使劝止调兵，开诚布公，袒怀相示，告以当时拳匪之乱，中外震惊，实误于政府不明，致动各国公愤。现在朝廷幡然觉悟，严饬剿匪。中国兵力虽不足御外侮，尚足以靖内忧。以后各国可无烦越俎代庖，节饷减兵，彼此有益。倘各国定欲互争雄长，则虽有所费，不能添入偿款之中。再告以各国既无割取中国土地之心，无庸增添兵力。否则兵力一厚，必致各存意见，另起衅端。非但以中国为战场以致人民涂炭，即各国兵连祸结，成败亦所难知。西人皆以保教保商为大宗，若在中国弄兵，教与商必均受其祸。此次北方扰乱，各国商务为之牵动，教士锋镝惨罹，其明证也。似此婉转劝导，想各国必唯唯允许，不特中国可免以上之害，且各国亦可并收其益。猜嫌悉泯，和议遂得速成。旋乾转坤，不在此一举哉?！所愿全权在握者，龂龂与辩，不惮唇舌之劳。此则牖下书生翘首跂足而甚望者尔。

《汇报》

论议和之难

通海以来,中国遂多交涉。圣天子智周宇合,德备含宏,不责仪文,优予利益。此固劳来之盛举、柔远之宏规也。惟常人罔测高深,未喻真旨,徒识尊王之义,摈绝荒远之交。始则违理妄争,使彼得所借口,继则惟言是听,反成摄挟之求。溯自道光壬寅,以迄光绪乙未,与各国议订条约已有数次。道光二十二年与英立天津约十三款,二十七年与瑞典立广东约三十三款;咸丰八年与法国在上海立天津条约,是年与美国亦立天津约三十款,与俄立十二款,十一年与德立约四十二款;同治二年与丹马立五十五款,与荷兰立约十六款,明年与班立约五十二款,又明年与比立约四十七款,又明年与意立约五十五款,八年与奥立约四十五款,十年与日立约五十一款,要皆为禁商闹教而起。其后法于安南,日于高丽,德于胶州,法于广湾,每立一约必失一地,而台湾之创为尤甚。今年四五月间,大刀会、义和拳起事,由山东、保定蔓及京师。政府不惟不诛,且从而羽翼之。皇上以退政无权,一任跋扈者任意妄为,致祸发而不可收拾。以太平之世而天子蒙尘,亦千古所罕有。近者列国兴师,京津失陷。上谕李傅相入京议和,其事难谐,明如观火。盖以一敌一尚可勉力支持,今则英、美、法、德、俄、日、意、奥诸邦皆与我为仇矣。虽中国地大物博,岂能尽给其所求?况各国愿欲不同,数国允从,一国相梗,彼仍联为一气,不肯弃同好而偏袒中华。向者议和仅害其教士商民,不至大伤国体。今则戮其官,杀其使,兵民商旅受害甚多。昔胶州之失仅以教士二命,而今则钦差、书记皆被戕矣。往年天津、芜湖、川东之役事在一时,尚且往返商议,时日迁延。今则京津、山东、山西、河南、湘鄂同时闹教,几如铜山西崩,洛钟东应。教事糜烂,顾此失彼,而各公使同罹苦难,或存或死,遭际不同。受难既有重轻,需索亦分厚薄。议和时或不能坦示大公,稍分优绌,则怀奢愿者其心仍不能平。闻之列国允和,要索四事:一、须中国力保公使,西人永久相安。二、痛剿刀会拳匪,以杜后患。三、将袒匪之大臣,秉公治罪。四、赔偿兵费,悉补所亏。今一端未办,全欲冀外人之不追既往,虽有休休之量,亦觉未易下场。尤难者,政府无主,一国三公。上有罪己之诏,恐亦他人所出。而各国但认皇上,不喜他人。若不令皇上亲自持权,祸根终不能绝。倘外人以此借口,更觉扞格难通。所幸各国顾全大局,不欲践昔日瓜分之说,贻后来无已之争。然则傅相此次北上,大有关于存亡治乱者也。窃谓此次定盟,须内政外情处处顾到,务使以后闹教纵奸之祸永不复萌,使西人各得平心,中国无失体制,斯可谓长久之谋而无遗憾者矣!

八月三十日(9 月 23 日)

《申报》

整顿民团说

自顺直义和拳肇事,风鹤频惊,各省为之牵动。地方有司诚恐各处土匪乘间窃发,谕令各城乡镇绅士设立民团。各城乡镇绅士亦以民心皇皇,皆禀请府县拨给军械,筹款召募。其多寡视市廛之衰旺、地方之肥瘠为衡,多或三四十人,少或十余人。数月以来,但就江苏一省论之,已无地不设。或归绅士统率,或由地方汛弁兼带。长街短陌,朝夕梭巡,亦可谓有备无患矣。而地方人民每视为无用,以为(括)[刮]地方有用之财,徒饱市井无赖之腹。以之防鼠窃狗偷之辈,尚患其力有不逮,更何足以御匪人?夫民团而不认真办理,诚无用矣。然苟能训练有方,无不可为地方保障,岂得以人少而忽之!不忆当时发逆之乱乎?当匪势猖獗之时,所向披靡。各处所驻绿营几无一兵之可用,任扰乱至十余省,窃据至十余年。直至曾、左诸公手订团练兵制,用能杀敌致果,扫净贼氛,湘军之名几满天下,是岂湘人之果生而劲悍哉?亦由统领之得人、训练之得法耳。既而左文襄复贾其余勇,奏请西征,绝域策勋,恢复新疆二万余里。于是人皆谓中国兵士强莫与京,殊不知当曾文正公在籍创设之时,不过部勒子弟戮力戎行,与今之民团无以异,只缘能认真办理,始终不懈,得以成此大功。事定之后,文正尝言,各军皆有暮气,恐不复能用,人皆未之信。迨中日之战,果如文正所云,岂真兵之强于前而弱于后耶?盖文正之为是言,逆料后来无人认真接办,兵力必至于衰弱不堪。可见兵不在多,端在得人以统率。苟处处务求实际,虽少亦能成劲旅。若徒事夸多斗靡,即授以精良之器械、鲜明之旗帜,亦不过焜耀乡里耳目,一旦使之对垒,其不辙乱旗靡者几希。即今董星五军门所部甘军,向称西北劲旅,乃往京遇敌,伤亡枕藉,几于靡有孑遗,亦可见仅有虚气而无实功,虽多亦奚益哉?今之各处设立民团,人数诚嫌过少,然苟不以少而忽之,取法当时曾、左诸公,办理务求实际,庶一人有一人之用,而地方可赖以又安。虽一乡一镇不过数人、数十人,然合之各乡各镇已不下数百人、数千人。即一乡之中有此得力之数人、数十人,亦足防窃盗之患。吾知民团虽少,实力练之,当胜于无用额兵远甚,惟断不能归汛弁兼管。现在武营积习日见其深,武弁大都玩怠成性,安见其能实心训练?计惟举公正无私、不辞劳苦之绅士,责之以守望相助,勖之以有勇知方,久而久之,或者可望起色乎?抑今者江浙两省枭匪横行,藐视营兵,勾通游勇。若欲恃兵力以为防剿,恐历久终不能敉平。惟有将各处民团实心整顿,庶乎可免内忧。然而实心整顿者谁乎?亦终见其内忧之固结而已矣。噫,吁嘻!

鄂中诛乱记(九)[十]

武昌采访友人云:康、梁诸逆党私售富有匪票,煽惑愚民,虽首要业已伏诛,犹恐死灰复燃,后患难弭。湖广总督张香涛制军因札委记名提督谢友鹄军门,率领弁勇驰往沿江一带严密侦查。先后擒获匪党十余名，复折而至崇阳、蒲圻，缉获十余名，一并押解至省。连日由营务处司道逐加研讯，内有九名确系会匪头目，当即恭请王命，立正典刑。计此案自破获以来，次第正法者已不下三四十名矣。

闰八月初一日(9 月 24 日)

《中外日报》

[论说] 论议和时尚未至

联军至京一月有余矣，既而俄人电告各国请退兵，既而合肥相国慷慨北行力主回銮之议。巢幕之燕，坐井之蛙，方以为又可苟目前之安，享无事之乐也。而近日各报所记，则俄人又进兵吉林矣，联军又会攻良乡矣。从其迹而观之，则似乎各国以和误我而以战欺我，而不知此时固和无可和、战无可战之时也。何也？俄、法与英、日异见，或主瓜分，或主保全，则其势不得合也。俄人利合肥之亲己，而英、日忌之；日人喜于庆邸之无他，而俄人忌之，则其人不得合。俄势在西北，退兵之后复进甚易。英、日在东南，退兵出京，津门冻闭，则再来甚难，则所处之地亦不得回也。且有极不能和者，德公使为虎神营所戕，使德国漫然愿和，则将来德国遣使，各邦人皆得而杀之，何以自立于地球之上？若德人决计攻战，则列国方有退兵之约，而德人恰当进兵之时，则中国之进退维艰，而和事更无可措手。故此时不独非庆邸、李相之所能讲，即使欧洲明公法、审时势之名家，亦无所措其谈论也。或曰目今勤王之师云集畿甸不下十数万，团匪亦尚数十万，抚而用之决一死战，敌兵不多当有所惧。即不然，而太原地势高屋建瓴，井陉一关是称天险，列国其如我何？此晋人所谓表里山河，必无害也。试观保定省会逼近天津，洋兵犹迟迟不敢进攻，而况远在千里外乎？此又不知古今、不审时势之论也。联军之入京也，以为两宫未必出幸，既救使臣，即议条款，机至便也。迨不得谒龙御陈本怀，而势遂变矣。首祸之人亦逍遥于汾水之上，而玉津园之故事不能行也。百官庶僚各奔走于燕赵之交，而小平津之失路尤可悯也。各国于是欲厚集师旅，先取保定，复取河南，而俄人横恣于东方，德人注意于河北，英之于长江，日之于福建，皆勃然动其攘取之心。如此，则山陕一隅，其攻之固可虑，即不攻而亦坐困矣。当马、聂各军全盛之时，犹不能保守天津，捍御京圻，乃至今日而转欲恃各省奇零之兵、苦窳之器，用已经挫折之拳民，其尚能背城借一乎？徒驱赤子于锋镝，召天下之祸乱而已。故和既无可和，而战亦无可战，至今日而俱穷之势也。然则如之何而可？曰天下非常之变，必有非常之才出焉。朝廷而有悔祸之心，则祈天永命非无其策，而特非今日任事诸人所能见及而行之者也，或数月以后事机再变，而天心亦转，余当详述鄙意以告世之君子。

警信一百零一志

探得念六日，德国统兵官欲索取北塘、房山两炮台，该处守将不肯退让，即于是晚十二点钟开战，直至念七日午刻十二点钟该炮台力不能支，遂被德军占夺。闻两炮台之中本由守将埋伏地雷，德军知之，故分军两路攻击，以避地雷之险，而台上守御亦甚力，故战至一日之久云。

得济南友人专函云：直隶与德州交界地方尚有义和拳匪，纠合溃兵共约万余人，虽经直、东两省统兵官出示解散，而若辈抗拒如故。

各地来函：杭州

访友来函云：沿江等省查拿富有票纸，前由江南、湖北两督院行文到此，请浙省一体访拿。顷，当道已通饬各属遵照办理。

又云：温州神拳会首领许一雷、陈飞龙等，闻押解来省之先，系由瑞安绅士某部郎设法诱至，并力许其决不致死，故刻下当道拟定以永远监禁之罪。

《知新报》

详述北京蹂躏情形

《字林西报》北京访事人于本月六日来信，详述北京遭劫后各情形。据称自遭兵燹后，蹂躏不堪。南城一带昔称花天锦地之场，今为瓦砾荒凉之所，殊令人增今昔之慨也。现英兵驻扎天坛，美兵则驻守对面之先农坛。某国弁兵日以抢掠为事，有数段地方，其中一带房舍俱被抢掠一空，每日见有无数赃物运入军营之地。尤奇者，该洋兵弁有时稍为约束士卒，而反自去抢夺，肆掠无忌。各街巷寂无居人，只有洋兵强勒备用之车夫与小工辈而已。传闻有全家人口畏惧而先行自尽者，不乏其人。甚至乞丐亦先行逃避。现在所余之居民，门户多悬插白旗，其旗上书明某国顺民字样，而以书日本国为最多。至于通州蹂躏情形，较之北京、天津为尤甚。盖缘该处于五月间其土人曾毁丰台车站及铁路，又焚美国教堂、书院，故洋兵恨之切齿，而得以复仇也。约计该处房舍被毁者四分之三，有一庙宇储藏火药甚多，某日忽然焚炸，附近该处民房俱被震塌，房屋亦大半被焚，所余无几。该居民原有七万五千之众，现不过仅存百家之谱。由通州至天津一带，现为俄、日之兵所巡缉，河边一带，只有洋兵所用之小工来往耳。现有美国人多是传教士及其家属，约共四十名，于七月二十七日已离北陆行，即平安抵津。据称沿途甚为安靖云。录《中外日报》。

北京中国通商银行其西司理厚士敦君于日昨安抵上海，该北京分行早已被匪人焚毁并将其银仓毁破，所有银物无存，其银钞多有已签字而尚未发行者，尽被掠去。自东长安街头条胡同至四条胡同，十家九户俱遭劫夺，连劫两日一夜，几于靡有孑遗，甚至门槅亦被匪人拆去云。

又北京初乱之际，有传教士数人特往外国某钦差衙门叩恳，准其教民三千人同入洋人地界避难，求庇之情甚切，屡次吁恳，钦使不允其请。幸后得《太晤士报》访事人代求，始允诸教民在王府邻近处躲避。幸彼等团聚该处，竭力筑围守御，故得保守该王府，以致使馆亦赖以保卫平安，因该王府地方与使馆密迩，倘其地为华兵所踞，由此以近攻使馆则甚为得地，而使馆则更可危矣。录《同文沪报》。

《字林西报》载称中国富商许姓现旅上海，忽于日昨接到京中家书，谓伊所设京都银号、典铺数家，均于上月廿五日为俄兵劫掠一空，其丝绸及皮服珍贵等物约值洋银二十万元之多。且阖门眷属虽幸由日本兵保护，得保无恙，然统计银号、典铺伙伴三十八人，尽死于俄人之手云。录《中外新报》。

拳匪汇志

初津城未破时，中朝于七月六号曾派天津土人刘恩溥为钦差。抵津后，即以东门内电报总局为行台，当往拜谒义和团头目，奖励一番，并称带有内廷旨意，随即开读云云："此次北省竟有义和团同心同德，以保全国家、驱逐洋人为分内之事，实朝廷意料所不及，甚为嘉悦。兹着刘恩溥带出内廷帑金十万两，交裕禄发给该团民等，以示奖劝，钦此。"刘复告诸义和团云："设使尔等能竭力抗阻洋兵以助朝廷，后来必有不次之擢，尔等即可因此而致富贵"云云。以上为天津未破时之事，彼时军情严密，无人知此者。兹由城内人函寄来，爰亟登报，以见内廷直与团匪交结之言不妄也。信后又言以上均系确实之言，非蜚语可比。录《中外日报》。

京师珠宝市，前被拳匪全街计焚，毁去铺户房屋一千八百四十余家。通州则自中西兵战后，万余家今存四百家。录《同文沪报》。

京中大小官员被戕者十居一二，逃出者十居其三，而被匪焚掠者约居大半。又闻有翰林徐某，现已开坊，前在广东学政任时，多向富家小童纷纷卖学，所得贿银宦囊甚厚，至是亦为匪所劫掠一空云。守旧党致仕尚书钱应溥出京逃走，于十一日道出清江运副，各官均往谒见。据云伊于五月十四日起程，沿途改装易服绕道纡回，迟至五十余日，方抵扬州。此外北方官商之被劫死者，不一而足，而尚书京中房屋、宦囊资财因之亦悉数遗弃。此次南来，沿途雇有镳师十六名，酬以万金，始得幸离虎口云。

日本东京某日报云：迩者北河之畔河孟一带时有拳匪余孽，出没于高粱之内，跳刀拍张，要劫行人。天津附近杨柳青亦有拳匪万余名，负嵎为患。刻下联军之留驻天津各处者，方四出翦除，然伏莽未清，终不敢安枕而卧也。二则录《华字报》。

东省近事

闻山东德州边境团匪，自经孙军门会同勤王兵击退后，现又纠约同党数千，伪称奉有密旨，与东抚为难。

又烟台来电云：东省刀匪现竟潜合拳匪入境滋事，已经袁世凯严密饬拿，先后缉获十余人，均置之法。二则录《中外日报》。

又青岛十一日来电云：日昨德兵官一员带兵二十名行至距胶州约十英里，沿东北向某镇与大队拳匪相遇。旋被德兵击败，匪党死约三四十人，德兵并无一失。又云青岛附近各属地方均觉安谧如常。

又山东莱州府属某处有教士多人，教民一千二百余人，麇聚其间，势殊危迫。拳匪三次往攻教堂，均被守堂者击退。兹闻该教士等颇有粮食、军装不足之患，殊为之忧。又此间干旱异常，窃恐秋收无望。二则录《同文沪报》。

衢州乱事纪

昨承衢州友人以所撰三衢乱事始末见示，因照录如下。其中所载与各报略有异同，观者可互相参考。记云：

当会党之起事也，皆乌合之众。本无刀枪器械，江山游击陆某一闻寇至，惊魂失魄，弃城而逃，刀枪器械为寇所得。洋枪数十杆，寇得之而无所用，皆弃置河中。常山县都司杨某于斋党未至之前已不知去向，军械亦为寇得，中有火药数箱，寇用以纵火焚屋，乘机掠掳。百姓之遭殃受害，皆二将之功也，二县令亦逃匿无踪。江、常二县遂于六月二十四、二十五两日相继失守。百姓俱逃至衢城，其时府城已闭，均以竹篮挂上，约有万余人。二十六日，西安县父子幕友家丁均被难，眷口尚存十三人，余皆被害。初西安县吴县令兴利除弊不遗余力，与该处劣绅素不浃洽。斋党事起，劣绅等遂乘机设计，布散谣言，惶惑众心，是以该县为百姓所害。近来指使之人业经访出，俟道府进省禀明后，想不难水落石出矣。是日西教堂教士及男女幼童均惨毙，满城之中喊杀之声不绝，协镇年老昏聩不知所措。城守之营闭门不发，洪府官束手无策，鲍道险受重伤。阖城人心大为震动，类皆丧魂失魄不知昏晓者矣。以当日情形观之，有不可终日之势。幸次日鲍道招团勇与百姓登城共守，枪炮之声昼夜不绝，杀寇数百人，寇势稍衰，始逐渐退去。七月初，省中大军陆续而来，而新镇数军门亦由福建带兵来衢，腹背夹攻。斋党大败，四散逃遁，而其首领刘家福死焉，衢城之危始解。开化乡团皆猎户也，大都技艺纯熟，枪无虚发，故寇不敢近，华埠厘局得以保全。此皆由民心之坚固，团练之精悍也。初斋党之势力甚小，自得江、常二县，寇之声势遂大，附和者益众，卒至蔓延四县，荼毒百姓。呜呼！国家所养之官，不及百姓所练之兵，不及猎户，可慨也已！录香港《中国日报》。

厦事虚警补述

厦门自日本调兵登岸，以致人心大乱。今虽日兵业已撤退，人心始定，然当时纷扰情形实有间不容发之势。据厦友来函述初四日以后情形云：日来提道厅及石浔分司各官咸皆镇定，未将家眷、资财先行搬走，而三段总查某二尹竟不顾职守，携眷挈带重资，搭温州轮船于初五日赴申，径返宁波，以致其余各佐杂委员十逃七八。至于土人之纷纷逃避者，携眷挈资，齐渡船向内港漳泉各处逃乱，皆谓咸登乐土，得庆更生，不致有枪炮锋镝之苦。讵天心难测，风云不时。初四日顿起风飓，将船吹刮，沈溺淹毙者数百名之多，逃生反以送死，亦可哀矣。厦港营官则以平日克扣兵饷，宦囊已盈，竟命家眷携带重资，搭轮往上海逃避。以故营中兵士咸以平日粮饷七折八扣，今复数月不发，众向各营官闹饷，并声称须置营哨于死地。事为杨军门所知，亲自驰马前往弹压，罚令各营官跪地，将以军法从事，嗣经多人劝救始止。各兵士夙受军门之恩，一经抚慰咸踊跃欢呼，誓以死効。军门当即商同延观察，向海关拨饷五千两散放，各兵士无不感激图报，盖亦几几乎酿成大祸也。延观察则日请各领事出场调处，又电致李鸿章、盛京堂、上海道，请为调停。初五夜均得回电，延道特为出示一道，内开日兵登岸持枪游行，民心惊慌，纷纷搬避。当经致上海道禀明李鸿章，昨于申刻接准上海道观察暨李傅相回电，称已电商日本外部大臣撤兵，允宜镇定弹压，不致地方与之启衅，再滋事端，当为调停。又接英、美各国领事愿为调停等因准此。惟思既经调停，当可消弭于无事，为此出示晓谕，阖厦诸色人等各宜照常安业，不得轻信谣言，纷纷迁避，自相惊扰，切切凛遵云云。此初六日道示。示出后，盖厦地民心始略稍定云。录

《华字报》。

厦门消息

厦门消息云:二十四号二点,厦门城内有日本寺刹被毁。至四点,该处日舰调兵六十登岸,约点余钟,将白抄诋毁日人者撤去。据华人称,该刹欠租许久,前数日已将物件迁去,忽然自焚。查该处向称安谧,讵日本筹备一切,故借端生波。英德民等国当早调炮船往厦,方保无虞。又初四晚,亦接厦门来电云:有法炮船泊于云澳海面,离汕约百里遥,不知何故,该处有土人三名毙命,三人受伤,传闻是由该炮船燃枪所致。是否,现尚未悉。闻该炮船已驶往他处。录《华字报》。

《清议报》第五十八册

张之洞论

公非处士问于公是先生曰:两湖总督张之洞者,岂非中国大名者哉,岂非最言忠节者哉?受皇上厚恩,由编修一年超拔巡抚,位极封疆,岂非二十年穷富极贵者哉?学问深博,能知西事,岂非一国之通才而为新党之领袖者哉?戊戌八月,皇上被废,荣、刚用事。那拉后深畏疆臣之拥兵有望者,电问张之洞上宜废否,又使鹿传霖、奎俊过长江而问张之洞以上可废弑否。刘坤一欲抗逆议,乃问张之洞以联名。张之洞不允联争而敬奉逆命,于是上竟废矣,伪嗣立矣。当戊戌废上时,张之洞自以己为新党魁也,恐惧震慑,惧及党祸,乃电请杀六烈士以自免,于是六烈士杀矣。六烈士皆与张之洞有交。御史杨深秀者学行素高,张之洞抚山西开令德堂以教士,特请为山长者也。谭嗣同者,其同僚湖北巡抚谭继洵之子,张之世侄而频见者也。林旭者,沈文肃公之孙婿,向在江南,张之洞所激赏之士也。若杨锐者则其第一亲信入室弟子,岁以千金养之,托以京师事者也。刘光第者亦其深知,与杨锐二人托于陈宝箴奏荐者也。惟康广仁乃其未识,亦其亲敬之康有为之弟也。乃荣、刚未杀,而张之洞犹忍心请杀之,天下以为如何哉?及伪嗣之立,巡抚于荫霖怫然不悦,布政使岑春萱欲以官力争,属官五十余人,部民千数,诣辕泣请力争,张皆阻之。天下以为何如哉?意者皇上之有仇于张之洞耶?则授为二十年督抚矣。意者荣禄、刚毅与张之洞亲交耶?则善恶之薰莸不同,新旧之意见迥异,向来不睦,天下固知之。然而张之洞手握重兵,身负硕望,何以低首敛心,亲事荣、刚?负心绝义,显仇皇上,乃至仇及皇上所用彼亲爱之人,相反若此,是真不可解者也。鄙人常服膺张之洞学问之博,议论之正,气节之高,仰之如山斗焉。乃今者其举若此,蒙窃惑焉。

公是先生怃然曰:张之洞者鄙夫也,是佞人也,是巧宦也,是逆党也,是贼臣也,何难知哉?其事迹君既详知矣。夫从古谄佞之臣,乡愿之士,大儒负盛名,若张禹之经义、胡广之中庸、王祥之孝子、冯道之圣人,岂非一代伟人哉?当承平无事,雍容揄扬,高议云台,著书幽室,或治民循理,或操守清节,岂非清望绝伦者哉?而一临大节,蒙大难,当君臣之际,撄权奸之焰,则屈节俯首,酿成逆焰,至于君国俱亡,天下涂炭。此其初岂不谈忠义、讲气节者乎?而诛伏于清议,吐骂于千秋,迄今论之,乃不能比于人数何哉?不过为保身家、恋富贵之一念耳。此念既起,则是非极明而不敢言是,逆顺极辨而甘于从逆。譬如三角法之点线，稍差其端，失于毫厘，其末相反，已不可思议算数。孔子所谓苟患失无所不至，则以华歆之盛名耆儒，身缚伏后；王经之为儒林丈人，躬背帝髦。若张之洞之文学、气节、儒望，岂能过于数子哉？其缚伏后而背帝髦，亦其固也。且张之洞惟其素领袖新党，素恶荣、刚，其为善类也彰彰，故其得大名也鼎鼎，然后其惧祸也慑慑，故其奉伪命也唯唯。其今日背逆忍心之由，乃其昔日高节重望之所至也，子何惑焉？嗟夫！张之洞者其始不过鄙夫耳。其后曲媚荣、刚为逆党，显仇皇上为贼臣，真所谓苟患失之无不至者矣。君其未信孔子之言乎？

公非处士曰：先生之论，可谓扶经心，执圣权矣。顷京邑蹂躏，庙社震惊，那拉出奔，荣禄无踪，载漪出亡，贼党流离。万国公议，皆言救上，不认那拉，张之洞于此何去何从？

公是先生曰：张之洞之心巧宦也，无所不可去，无所不可从，但欲安其身保其富贵而已。至于今者张之洞之心必悔悟从贼党矣，必欲附从帝党矣。然张之洞自政变以来，其所以轻背皇上者已著矣，其所以攻禁擒拿帝党者无不至矣。已处背水之阵，欲归未敢，跋前疐后，狼狈无依。欲仍附贼党，而大势已败；欲复归帝党，而仇怨已深；欲起兵自立，而魄力不敢。徘徊踌躇，震动恐惧，进退维谷，去从无所，此张之洞今日之心事也。嗟乎！丈夫立世，大臣处国，安有中立取巧而能保者乎？终亦必败而已。张之洞非不见及此，而起点既差，末路自难，此亦张之洞之所无可如何者也。

公非处士曰：然则张之洞今日何为乎？

曰：吾既言之，彼与帝党仇怨既深，归恐难保。倒行逆施，其将忠于逆党，永为贼臣乎？然普天之怨恨逆党莫不入骨，怀思圣主，同于望岁，成败之效既睹，则归附之心全翻。恐张之洞虽欲附逆党，而其属未必从之也。其属官幕府多通才志士，能审时势通外事，本已有合同新党之心，与新党沆瀣既同，归亲尤甚。若张之洞欲攻新党，不独大失天下之心，而令属官攻新党亦不啻以新党攻新党也，必有前途倒戈之祸，或有变生肘腋之忧。吕布起于萧墙，思明生于左右。张之洞一身不能自保，寝食不能自安，而况欲攻人乎？徒见其愚惑而已。

公非处士曰：然则张之洞者宜如何？

公是先生曰：张之洞本新党之亲交，徒以附于逆党而即决裂耳。今那拉得罪于宗庙社稷，得罪于兆民，得罪于万国，其必不能存，愚者皆知之矣。晋夷吾之返国，已辱先君。唐明皇之幸蜀，推立灵武。举国之拥戴者既在皇上，万国之议救者亦在皇上矣。以为义则如此，以为势则如彼。张之洞即不论义理，若识时审势，亦当扶救圣主，然后引合新党，改易新政，则唐之五王，周之晋郑，功德巍巍，岂有过之？张之洞既悔祸立功，皇上必加非常之待。新党志在救上，无他意见，亦忘嫌复旧，相与同心，而张之洞身家既保，功盖天下矣。且张之洞即欲保西后，亦非保皇上不可。亲有保皇上之功，然后可为调停两宫之计，此乃深为西后者也。若循承平之空文，仍行巧媚之曲说，徒曰两宫慈爱，天下其谁信之？皇上岂能听之？张之洞既不能自保，亦不能保西后也，终于两尽矣。试问民心如何，国事如何？而尚可以空言旧势敷衍塞责乎？天下非痴非聋，民心已动难静。区区挟鄂督之力，遂欲逆天理、绝人心而行，亦见其不知量也。然而张之洞身经丧乱，神魂交丧，举动乖谬，几与端、荣等矣。瓦注者巧，金注者昏。夫两湖总督其为金注也重矣，能勿昏乎？昏者岂可与料事？患得患失，难进难退，疑死疑生，徘徊不决，摇惑仓皇。若此者尚可与论大事哉？其究也身名俱丧而已。张之洞其不免此乎！

勤王兵计数

溯自五月以来,南省各督抚遣军北上勤王。路经清江浦者,据官场册报,前后共有六万名。其间四万五千名,尝已行抵京津,与联军接战数次,现皆溃散四方。其统兵官或经阵亡,或图逃遁,亦无一存。至江苏鹿抚台前于六月间统兵六千名由苏州启节,既至清江浦,观望不前。及闻北京失守、两宫西幸之信,始行拔队从河南而入陕西,以避直隶之联军。然使联军追袭入陕,该军不亦与其相遇乎?计各省勤王之师,目下尚在清江浦者共有七千五百人。其间二千五百人属于安徽,一千五百人属于江西,二千人属于浙江,又一千五百人属于福建云。

闰八月初二日(9月25日)

《中外日报》

营事汇述

昨日营口友人专函云:俄人得营口之日,其兵沿门抢劫不拘,铺店、居民咸遭掳掠。有诣俄署喊控者,反遭呵斥。盖其国军律,凡交战所得之城镇乡村,准其兵弁抢夺三日,以故俄兵行径如斯也。及八月初旬,由领事官带同幕友通译及兵士数人至永成银号,将关道所存之税款三万六千余金尽行搜去,复将银号账目查阅一通,照账索取,将执事人带去勒令限日交足,并至和盛源号将将军厘金局所收之厘款一万五千余金亦行索去,不足者限日交出,且须觅妥实保人具保,以备潜逃云。

明观察初十日临行时,所有衣箱廿九只不便携带,当寄于赵水如少牧家中。不意十四日为俄领事访知,立饬弁带兵若干名,将该衣箱尽行车至领事署中。

营口官粮栈,每年夏季存贮元豆、小米万余石,以备运京供用。今年各粮尚存未发,有人告知俄人,即由领事将大会及赵少牧传去,饬令书立字据,声明实系官粮,以便俄人取用,惟会商尚不敢立此字据。

俄人将营口海防厅署改作囹圄,以为禁拘罪人之所。并闻转运厘金等局凡属官府所买之房屋尽被占据,惟道署本系租住,特为让出。

俄人自得营口后极力布置,近经议定将街市道路一律鸠工修理,复设立电灯以便宵行,疏通水源以便应用,并有设立工部局之议。

俄人与营口公会商议,特请营口及各省驻营绅商为理事长,办理事宜,而皆无薪水。

《申报》

中国守旧维新之人均不得其要领说

中国初无守旧维新之名也,自日本变法后,其名始流及中国。然中国虽有是名,而并无是党。所谓维新者，不过欣羡西法，目中国之事为陈腐而已。所谓守旧者，不过眼界未扩，目西人之事徒惊骇而已。乃通商日久，交涉渐熟，喜谈西法者亦日多，而绳趋尺步者皆目为维新之人，一若不屑与之为伍者；维新之人亦以守旧者之如布帛菽粟、陈羹土饭，而无可与言。于是门户之见渐起而党祸以兴，致酿戊戌年康、梁诸逆臣矫旨征兵，谋逼皇太后之事。未及一年，而义和拳匪创乱于山东，渐扰及顺直一带。政府不明，不急痛剿，致动各国公愤，京城不守，慈舆西幸，人民涂炭，国用支绌，商务败坏。未始非朝野上下之人，各囿于所见，有以阶之厉也。至今怀新旧之见者，尚不明所以然之理。或以口舌相争，或以文字相诋，不啻冰炭之不相入，枘凿之不能容。在守旧之人则曰：中国闭关之时未有如是之贫弱，即通商之后吾行吾素，则今之中国当犹昔之中国，何至颓败若此？此皆厌故喜新之辈妄事纷更，致外人得以乘间而入。中国之弱，罪在维新。而维新之人则曰：通商以后中外事事相形见绌，倘不幡然改革，何能自强？所惜被守旧之人多方阻挠，不克举国以从，以致见轻于外人而外侮不已，其致中国之弱者，皆守旧者之过也。因是而推守旧者之心，必使中国无一维新之人，中国即不难垂裳而治；推维新者之心，使中国无一守旧之人，中国即不难驾越五洲。二者之立志非不坚，其如各无学识，各执一见，所谓维新守旧之道，均未得其要领者也。何以言之？中国自尧、舜、禹、汤、文、武、周公、孔子以来，礼法遍四海，文明冠五洲。虽屡经损益，而前王矩矱至今尚未尽泯，岂能一概变迁？然人事之升降盛衰，犹天道之阴阳寒暑，有不能不变者，惟视乎所变之何如耳。试举一二言之，有不能不守旧者，概从维新不可也。有不能不维新者，概从守旧亦不可也。中国以伦纪为重，礼经所谓“君臣有义，父子有亲，夫妇有别，长幼有序，朋友有信”。又言妇有三从。此君民不能平权，男女不能平权，当守旧而断不能维新者也。中国工商不若西人远甚，是宜竭力整顿。且西人格致之学精于华人，更宜取法。当未通商以前，圣祖仁皇帝尚用西人汤若望、南怀仁辈，推准历数。可知维新之事，亦不自今日始也。吾窃怪今之守旧者，于名教纲常之大，未必躬行实践，惟以不染西人习气，谓已足表率群伦，挽回风俗。以此等人而立朝无不败国，以此等人而居乡无不愚民，又乌足云守旧耶？直聩聩而已。吾又窃怪今之维新者，于西人工商之务、格致之学未尝涉历，而惟于起居服用之间竞尚洋货，而并以耳食唾余高谈时务，渐至逾闲荡检，置伦纪于不问，是直狂妄之徒，何足言维新？中国自有此等守旧之人，以致北事如此糜烂溃败。自有此等维新之人，以致流为匪党阴售富有之票，渐萌叛乱之心，中国又安望自强乎？必俟大有作为之人出，俾守旧维新之事合而为一，不矫情独立，不随声附和，庶利于因者守之，利于创者改之，不必泥古而因循之习自除，不必求新而富强之基自立。世有其人乎？吾不禁馨香祝之，祷祀期之已。

闰八月初三日(9月26日)

《新闻报》

论赔款之难

今天下之喁喁而望太平者,无不望北事之速结也。然各国之中有须先索罪人者,有欲屯兵京师者,意见纷歧,和议尚无起点,故全权大臣所周旋者在此,而天下人所(属)[瞩]目者亦在此。至于苟能开议,则赔款一层固中外朝野所共视为平常者也。虽然,窃有忧焉,以中国度支而论、商务而论,均有日渐贫穷之势。是无事之时尚难支持,况加以兵事、重以赔款,必至如油干灯灭、痰干气绝。是故各国此次若但知向中国索取赔款而无开源之法,则中国终不能太平,即全球终不能太平也。中国之贫穷既非各国商务之利,况人当穷极无赖,必有铤而走险之祸。虽现在和议尚无起点,然喁喁望太平者必望中国永远太平,必望中国和议有成,则不能不就中国之度支、商务为之通盘一算也。

中国度支向无专书,兹就其散见而可据者汇而计之。一、关税。以光绪二十五年为最多,计进口税、船钞、药厘合共二十六兆六十六万两有奇,此为从来未有之数。将来能否照收未可预必,惟今、明二年已无望此数矣。二、地税。查会典所载应征之数为三十二兆八十四万两有奇,嗣后朝廷另颁官宦指南所载,只二十九兆二十八万两有奇,加以水旱偏灾民欠官欠,近年各省册报都不过二十五兆两有奇。三、盐务。从前盐课、盐厘并计不过十三兆两有奇,甲午以后盐斤加税,每年约可多征四兆两,共计十七兆两有奇。四、厘金。此项最为中国弊政。商民所宗纳者不下三十兆,然多归中饱,其由各省册报者自十二兆两至十四兆两而已,约其中数不足十二兆两。现虽由刚中堂勒令多缴,尚无实在把握。五、折漕。江苏、浙江、江西、安徽、湖北、湖南、河南、山东八省漕折银,共计不足六兆两。六、常关。未有洋关以前各货均由常关征税,通商以后各货类装洋船由洋关收税,故常关收数日见短绌,加以节节中饱,兹统计各关册报每年不足二兆两。七、土药税。自土药征税以后,民间遂公然栽种罂粟,故此项进款实为害民之款,顾近来种者虽多,所收土药税要不过二兆两有奇。八、杂项。如闱姓、海防捐等,约计亦不过七兆两。统计以上八款,中国进款每年约共九十八九兆两,盖尽于此矣。而应支之数实不止此:一、旗兵及内务府应支二十兆。二、满州防护经费应支一兆八十四万两有奇。三、新疆、云南、贵州、广西四省应由各省协济六兆四十五万两有奇。四、黄河岁修及各项工务应支五兆两有奇。五、各省报销各款,如官俸、公费、驿递等应支三十二兆二十二万两有奇。六、南北水师及闽粤船政学堂等经费应支十五兆两。七、炮台、陆兵、武卫军饷项应支十兆两有奇。八、摊还洋债本利应支十四兆五十万两有奇。九、关税内应支各项,如税务司经费、海关监督经费应支正税百分之十,如出使经费应支百分之九,如船钞应归灯塔、同文馆等支,如子口税应拨归各省公用,故廿五年关税项下应支出五兆两有奇。以上九款统计应支银一百十兆两有奇,而兴办铁路、增广学堂、临事增兵、购置船械一切巨款尚不在内。就平昔而论,每年不敷银已在十一二兆两以外，此中国度支可使闻者寒心者也。

以商务而论，光绪廿五年关册进口货估值之数多于出口货估值之数二十一兆两有奇，此中国商财之所以日竭，亦可使闻者寒心者也。呜呼！此次之祸幸而议结，已属万幸，而犹欲惜此赔款，诚谚所谓“落水要命，上岸要钱”者也。然度支、商务之竭蹶如此，各国若但知索赔款，中国若但知敷衍太平，均不知开辟中国利源，则终于不太平也。

《中外日报》

俄官文告照录

昨得营口友人专函云：俄人修整道路、路灯及自来水后，近复议设工部局，以总理其事。局中所需款项由营埠街市及居民房宅抽拨，计每房宅价值千两者捐银二两。并闻冬日车辆进街亦行收捐，以备局中资用。至局中人员则由公会公举，今将其告示照录如下：

大俄国钦命管理营口事务兼管税关监督敖为出示晓谕事。窃照营口五方杂处，为通商荟萃之区，今既隶归我国，本监督有管理地方事务之责。现拟设立工部局，仿照上洋局面，专司本埠道路、沟渠、路灯、河岸。局中人员由公会公举，在会者二人，会外商业内者二人，本埠绅董内者二人，直隶、山东、广建、三江等帮内者二人，回教内者二人，充当理事长。所有局中一切章程悉由该商会等拟议，胪款具陈。除知会该商会等分别查照外，合亟出示。仰本埠商民人等公举二人，务于二十一日来署可也。特示。

《申报》

赣省团练章程

南昌采访友人云：江西巡抚松鹤帅慨念时艰，亟思靖内忧而御外侮，爰举行团练以杜乱萌。奏请钦派前护理陕西巡抚李芗帅为督办大臣，华再云侍御、梅少严太史、梅子肇部郎、程雒庵部郎、陶补孙主政为会办，绅董南昌府江讯吾太守为营务处。旋又手订章程，俾众遵守：

一、时事孔艰，人心浮动，内患堪虞，外侮洊至。现在虽蒙上宪添募勇营，足资捍御，然万一边境有事，势不能不悉供调遣，则保卫桑梓全赖民团。第各州县团练向系按户派丁，人数虽多，无所统属训练，守望相助则有余，防剿匪徒则不足。拟每州县各招练团勇一营，大县五百名，中县四百名，小县三百名，分为五哨，合成一营。即以该州县官为管带，营官另选谙练兵事者为帮带合之。一府则以知府为统带，一切均照营制、营规部署，以期成为劲旅。

一、省城为总汇之区，声势宜壮。拟南、新两县各实练五百人，其与邻省交界州县匪徒易于出没，宜分别州县大小，照首县一律实招实练。至若地居腹内而又瘠苦难于筹费者，拟变通办理。如五百人一营，平日但长养帮带营官一人、营官亲兵什长一人、亲兵九人、哨官四人、哨官护勇什长四人、护勇三十六人、各哨什长四十五人。其散勇四百零五人，责令各哨什长每人招九人。招齐之后教练半月，给以腰牌，注明年岁、面貌、籍贯,遣散归农,军器皆缴归本局。每月朔望聚练一次,到局时先验腰牌,以杜顶冒。是日酌给口粮,余日非征调不给。如此常川训练,是以养一百人之费得五百人之用矣。中小州县照此类推。惟此系为瘠苦州县而设,所有力能实练或可以并行者各听其便。又向章按户派丁,守望相助,亦可藉壮声威,应由州县官斟酌情形另行办理。

一、某府团练拟即以郡名名其军,如上一字相同,即用下一字,所辖州县以中、左、右、前、后等字增减,以示区别。

一、通省团练必须联为一气,不分畛域。拟其处有匪,事小则州县自行酌量调遣防剿,事大则由府调邻县帮办,如离本府较远即由邻府饬调附近州县帮剿。有功者,禀请上宪酌予奖励。坐视不救者,分别惩处。倘有奋勇向前因而受伤者,由有匪之州县酌予抚恤。

一、省城设合省团军总局,以资督催而联声气,现经抚宪奏派大员总办其事。各州县举办民团有无成效,均由总办随时稽查考核。局中由总办访请廉明稳练者三四人襄理局事。

一、举办民团所需经费,自应就地筹画。拟由各州县会商公正绅士,设立公局劝募,因地制宜,不拘一律。但不准有按粮科派名目,并将筹款章程禀明核夺。至应筹多寡,总视地方贫富、募团若干、必需之款若干为衡。无庸多捐,以示体恤。

闰八月初四日(9月27日)

《中外日报》

[论说] 论伏莽为种祸之胎

国家当全盛之秋,天子端拱于上,群臣赞襄于下,宏利用厚生之道,大明伦饬纪之规。熙熙焉,皞皞焉,率土皆随流而化,而祸乱不致潜萌。及其敝也,君民之情不达,上下之气不通。长民者不能兴利源以养之,广学校以化之,而徒恃威驱势迫,压制之,束缚之,抑勒而蹈藉之,遂致四万万众之国,俨存四万万种之心。良弱者无可为生,辗转填乎沟壑;桀骜者挺而走险,相率陷于刑章。呜呼!爱力减而阻力生,中国之祸乱其未有极乎?中国之隐忧其未有艾乎?盖观拳匪之乱,平日潜滋暗长,祸胎久伏于隐微。一经政府提倡于前,纵容于后,其势遂如泉之始发、火之始燃,一发而不可遏。上以震惊宗社,下以涂炭生灵;内以贻大局之忧,外以激列强之怒。是则为国家之祸者,诚莫甚于乱民矣。今者皇上下罪己之诏,广直言之路,加派庆王、荣相会同李傅相议和,并声明自行剿匪以谢列强。则是北方乱民不啻釜底之鱼,无难一网而尽矣。独是各省伏莽如北方之恣睢者不知其凡几,各省官吏如北方之迂谬者又不知其凡几,是则祸胎之隐伏,正未可预料。若非皇上亲政,改定国宪,延揽人才,通天下之情,振士民之气,使薄海内外咸与维新,则中国之祸乱正未有极也,中国之隐忧正未有艾也。不然,以各省情形观之,何省而无伏莽?当夫拳匪猖獗之始,浙省既在保护之列,乃土匪斋匪互相勾结,竟敢揭竿创乱,始而掳物,继而戕官,终且沦陷城池，占据土地。由是西安、江山、常山、开化相继遭其蹂躏，而温、台二府之匪党至今犹东窜西没，飘忽无常，余党或窜入江西，或扰及安徽，行径竟同流寇。盖此辈聚则为匪，散则为民，势不能玉石不分，尽执形迹可疑之人，加以叛逆之罪。此诚中国之祸胎，而防之不可不早者也。然此犹为已形之患，更有无形之患，蓄之愈厚、发之愈烈者则莫甚于会匪。长江一带若哥老会匪、若安清道友，其徒不下十数万。而福建毗连各省更有会匪之类三：一曰红头会，说者谓即拳匪之别种，头缠红巾故名，漳州一带有巢穴焉；一曰菜会匪，其会专食菜蔬谷麦等品而不食动物，大抵与斋匪宗旨略同，向发源于豫章，近萃于古田等处，力主攘夷仇教，故其地教案频闻；一曰乌白旗会，会中旗印胥用乌白色，福州、泉州及江西接境皆有焉。呜呼！三代下君子无会，小人有会。君子之会禁之、制之而不稍宽容，小人之会淡焉、漠焉而漫不加察，此中国之祸乱所以未有极也，此中国之隐忧所以未有艾也。苟欲伏莽潜消，则必自国家维新始；苟欲国家维新，则必自皇上亲政始。

台事近述

昨得驻台访友来函云：邱昌言三于十三日枭示后，其兄邱昌言近集众三千余人拟与营哨为难，并作函分致其族长慎五大令及营弁陈胜珠，略谓闹教不干某事，今受此冤，抑敢请与营哨一决胜负。陈弁得信后竟于十六夜奔避新桥保甲总局。该局即知会十三分局，集得勇丁一千二百，分段梭防，遑遑竟夕。刻下水斗门一带居民迁徙无存，慎五大令家亦已远避。

《申报》

中国议和宜先痛剿拳匪说

北方义和拳匪之乱，中国政府不肯及早剿办，以致激成各国公愤，大动干戈，祸结兵连，生灵涂炭，甚至京津糜烂，乘舆播迁，国之危甚矣，君之辱至矣。海内商民之困苦，亦已深矣。朝廷蒿目时艰，急思挽救，特命北洋大臣直隶总督李傅相为议和全权大臣，俾与驻京各使弃嫌修好，妥议约章。皇上更亲颁国书，求东西各国共襄和局。关心时事者，方怀兵凶战危之惧，以为从此当可重联玉帛之欢矣。不意各国覆书，咸责中国不将拳匪痛加剿洗，无有愿出为调人者。迨后俄皇传电各国政府，略谓顷得中国要电，悉皇太后已明降懿旨，愿力保各国商务永不损坏，并绥靖匪人，以后不复向外人滋扰，请各国悉蠲夙忿，重复联和。法国与俄交谊最笃，首先降心相从。英、美二国虽尚在疑似之间，然中国果能实力剿匪，除责偿军费之外，本无他求，当不致因此梗议。惟德国因挟使臣被害之恨移书各国，必令中国将纵使拳匪作乱之人先行惩办，方可议和。且谓若不如此办理，今即言归于好，将来难免不另起风波。事虽要挟难堪，而所说不为无见，中国纵难一一应命，苟将拳匪祸国殃民之罪暴而讨之，彼纵之庇之者，即不加谴责，当亦内不自安矣。

恭读八月十四日行在上谕："此案初起，义和团实为肇祸之由，今欲拔本塞源，非痛加铲除不可。直隶地方义和团蔓延尤甚，李鸿章未到任以前，廷雍责无旁贷，即着该护督通饬地方文武各官严行查办，务绝根株。倘仍有结党横行，目无官长，甚至抗拒官兵者，即责成带兵官实力剿办，以靖乱源而安民庶。钦此。"是剿匪之事中国已慨然自任仔肩，决不至如前此之默为袒护。惟欲将纵使拳匪作乱之人先行惩办,则实有为难之处。不从其请,恐各国之心不快,和议仍不能成;从之,则亲贵重臣一旦竟科以大罪,不但情有所不忍,且亦无此政体。然德国此言虽欲将纵庇拳匪之人得而甘心,实则仍惟是深恶拳匪而已。故无识者或恐和议因此阻挠,而鄙人则谓,和议之成不成在乎匪之剿不剿与剿匪之力不力耳,岂必欲得庇匪者以快其私忿而后已哉?夫拳匪残害各国教士、商民可谓甚矣,各国恨之刺骨,岂不思聚而歼之?只以此辈聚则为乱,散则为民,辨认既难,搜捕亦不易易,且恐临以大兵,未免玉石不分,转使无辜良民惨罹锋镝,故尚迟迟有待。俾中国自为之计,而其心则未尝一日或忘,不观各国联军之举动乎?上月十四日,侦知保定府一带尚有拳匪余孽将欲入京为患,拟派兵士四千名前往堵截。十六日,知拳匪仍啸聚于沧州,议派英、日、俄、意四国兵士驰往雕剿。十八日,德兵两营侦知拳匪数千人盘踞良乡县城,即会同印度马兵四十名长驱攻入。盖各国调兵宗旨早已声明救护使臣及代剿拳匪而已,今使臣既幸保无恙,而剿匪之事尚未奏肤功,诚使中国先督饬雄师大张挞伐,则将士云屯雾集,当不难将匪类剿灭无遗。拳匪平而各国之心慰,各国之心慰而和议可望其成。事有固然,势有必至。靖内忧以遏外侮,吾知傅相老成硕望,当已计之周详矣。

闰八月初五日(9月28日)

《新闻报》

潍县谣言汇志

潍县念六日访事来函云,山东一带会党常有韵语折贴,兹将潍县内所宣匪谣录左:“先是大刀会,后是红灯照。烧了鬼子楼,盖成全和庙。砸了电杆线,掘了火车道。出了磊古山,鬼子没处逃。”按:东省大刀会匪皆年轻子弟,为数甚多。其红灯照会,则皆幼妇女耳。所云磊古山者,在潍县城南仅一坵垤而已。数月前铁路工程师曾于此处竖有旗帜,见者皆以为异。今谣中独指是处为西人逃路,固属不解,然亦不过造言而已。

又目下潍县群以煤油可以肇祸,相戒不用,存油千余桶弃沟洫云。

又西人所造铜钮,近亦哗传谓其可以毁衣。此言一出,竟有钮数千副委弃道路,甚至各典铺亦复哄动,皆将衣上之钮解堆一处,以示未将衣服损伤云。

美教堂被闹未几,自城中某面店烘制馍馍,见内含乳质,一时人又喧谓系窃西人之面粉而制者,则店主拥至庙中焚香忏礼,谓可免食者误受其毒云。

传闻又接有电报,谓西兵已在北京大败,华人嗣幸地神往解,将西兵逐退仍回原舰,得获全胜云。似此谣言惑众,殊不值识者一笑也。

《中外日报》

北京:照译丁教习韪良条陈

以下数节乃北京未围时所拟,业已送呈各国使臣核览。今皇太后已西狩,事势虽异于前,重行复阅亦无可增减者。北京同文馆教习丁韪良志:

目前,应为者乃设法使地方平静,且使经此一变之后有成效可睹,以下四节似宜办到:

一、欲使民生不受皇太后之害,必先将皇太后迁徙他处,而使皇上复辟,归各国协同照料。

二、自戊戌政变以来,皇太后之政令所及所派大小臣工,除非已经新政府许可者,悉不可用。

三、皇上复辟所有新政,须各国许可然后可行。

四、各国可将其分界分别清楚,每国应派一人管理各省政府所为之事。

中国不可使一概自主。以上数节可使中国不乱而便行新政,且得智慧华民之助,否则,惟有废去大清政府而瓜分之耳。此事一办,则后来战争之日无已时矣。如按照吾言行之,各国则得以时使其政策合用,而中国之法亦可渐变,其所得者较瓜分为多也。再,治中国须以华人,无他术也。一千八百九十年(编者按,应为一千九百年)六月十八号在北京作。

将以上数节复阅后,尚有一节应添,盖各国宜设一公会,凡与各国利权有碍者可蠲除之。此外,各国亦宜引进新法于中国也。以上译《京津七日报》。

《中国旬报》第二十四期

存疑:俄李密约

现俄兵未有形迹预备出京,但闻俄国钦差不日由京城退出。又闻:俄国与李鸿章密约,李许俄国护中国北方铁路、矿务权利,俄国允借款与中国,以还英国贷款云。未知确否。

存疑:纪晋抚事

昨得山东友人来函云:“晋抚毓贤曾于六月间大索全省西教士,共得三四十人,缚至辕门,尽行处斩。毓抚亲手刃一教士,以为倡率,其余由拳党中幼童持刀乱斫,死状甚惨。”毓抚笑谓僚属曰:“从此民气可大伸矣。”按:本馆七月中曾闻人言,毓贤曾召集拳党聚居省中,又以保护为由令各处教士悉行移入省城。迨各教士到齐,乃阴令团党于夜间围而歼之,鲜有得免者,与此略殊。

存疑:德俄密约

八月十六伦敦《太晤士报》驻德京探事电称:俄国、德国于办理远东政策,其中用意经已泄露。其约略言:德国准俄全据满洲,则俄国亦准德国抢夺山东以扼黄河一带。德国又言:德国并不嫌俄国多夺满洲疆土,因英国已声明不夺中国疆土云。

闰八月初六日(9 月 29 日)

《中外日报》

详志大刀会匪被创事

昨得山东访友来函云:日前有德人厨役某甲由即墨县往胶州,道经距兰村十五里之某村,有大刀会匪多人将该厨役拦阻,诘问是否洋佣,该厨役答云不是,始得放行。因即驰报德武员聂北君,遂于翌日偕德武员赵北君统马兵十九名,命该厨役引导往昨日遇匪之地查看。兵过兰村之东北,忽右边有村人放炮来攻。德武员留数兵看守马匹,即率余兵直入该村,见有二百余人缠裹红巾,手执抬枪、线枪、马枪、大刀、长矛等件蜂拥而来。德兵待其来至相距二百米达远近放枪轰之。该会匪亦伏在田间放枪炮还击,少时即行逃溃。德武员欲将该村焚毁,忽有人驰马来报者,谓看守马匹之数德兵被大刀会匪所攻。故聂北不暇焚村即率军还救。将至该处,忽见相距六百米达之远,有华人四五百名手执红旗,携有大炮及各军械。德军复行百米达即开枪轰击,华人小半逃去,尚有大半仍复来攻。德军待其来至三百米达之远,排枪齐放,于是华人尽逃,其伤者亦负去,不留一人。计是役会匪死者约三四十人。越二日,在兰村及胶州间之铁路营造师闻铁路公司传话人来报云,距兰村西八里之大辛町有大刀会匪千人在此屯聚,拟攻击兰村附近地方。少时又接一铁路营造师之信,谓距兰村七奇罗买之某村,有教民被大刀会匪攻击。于是各营造师,遂同驻防兰村之德外委一员、德兵九名往援。见该村有多人身穿号褂,手执旗帜、长矛、刀盾、抬枪、鸟枪,大声喊杀而出。德兵待其来至三百米达远近,放枪轰之,一面逼进。村民遂弃械而走,轰毙二十人,遗下抬枪、洋枪、刀矛无算。德军在村内又轰毙数人,并焚毁村屋及草堆多处而还。然闻附近兰村各地方,有大刀会党多人屯聚高密县等处,尚欲前来滋扰也。

闰八月初七日(9 月 30 日)

《新闻报》

救国安民论

懿欤!休哉!中国之幸有圣主也。恭读闰八月初二日上谕,革二亲王、二贝勒,惩一郡王、一公爵、一察院、一协揆、一尚书。此实本朝历代之创格,而且满人居其八,汉人居其一,则创格之创格也。夫诸王大臣纵庇拳匪,贻忧宗社,其举动既为历代之创格,则亦应有创格之惩办。然而上谕未下以前,各国之忿无可泄者。华人之想望太平者,皆愿误国之王大臣速行定罪，而妄测高深，以为端邸之权倾人主，恐不能锄而去之。乃如天之福，竟有闰八月初二日上谕，盖自此逐渐进步，皆以此为基础，是所以救国安民者皆在此也。而外人犹多疑之者，或则以为中国外交多变，事难确信，或则以为端、刚等仅交议处，其罪太轻，此皆不察之论也。夫此次肇祸诸人，为外人所最(属)[瞩]目者曰端王，蒙蔽两宫，把持政权者也。其次曰庄王，系奉端王派为总管义和团者也。其次曰刚、赵，附和端邸召匪酿祸者也。其他如怡王濂、贝勒滢、贝勒澜公、英察院数人，其蛊惑圣聪，朋比为奸，以庇匪酿祸，则外人在若知若不知之间，固未尝指名以要索也。本朝亲藩非大逆不道，未有革去爵职者。如以为敷衍外人，则就其所知者革之可耳，何必并宣庙之诸孙、怡贤亲王之后嗣而革之？可见此次实由天威震怒，故将平日之蛊惑于左右者尽行斥革，毫无丝毫回护，实为乾刚独断之内政，而非敷衍之外交也。至于端王之尚未革去爵职，亦非回护，■位倾人主者，而必欲于崇朝之间坠之九渊，势实有所不能；且端王总总署、总军机，大权在握而难于去之者，正在一切差使。今奉上谕撤去一切差使即不能为乱，即与寻常郡王等。窃恐宗人府之严加议处，不能视庄、怡二王为轻减也。所重者在差使，使仍留差使，则虽先削王爵，然后交议宗人府，仍必有回护之者；差使去而以后之惩处，皆意中事。且京官之中亦未尝无不附权奸者，惟见人得势则敢怒而不敢言，见人稍有失势则群起而攻之。此次由傅相密折严参，加以电参首先发难而端王之差使去，在廷诸臣无所顾忌，其接踵而严参者必不止二人。是端邸之处分，恐不止如庄、怡二王之仅仅革去爵职也。端王之权势既衰，则已交议处；刚、赵，未交议处之毓、董，如冰山已倒，无所依托，必为言官所交攻而获重罪。是此次上谕为定罪之基，岂能议其太轻？夫亦可谓妄测高深者矣。有此基础，则各国可陆续开议，而分裂之惨可免，更新之机已兆，是救国也。有此基础，而云雾扫除，天日重见，穷愁小民既免目前之涂炭。北事既结，以后犹可有更新之望，盖无揽权贪鄙、不学无教之人阻挠其间，则民气自苏，是安民也。书曰："元首明哉，股肱良哉。"中国其幸，而有圣君贤相哉，懿欤！休哉！

闰八月初八日(10 月 1 日)

《中外日报》

[论说]　德人所拟议和条陈书后

自联军入京后，东西各国所陈处置中国之政策，几于人杂言庞莫衷一是，虽未尝无益于中国，而推其本意则固为己国起见，未必为中国起见也。惟目前本埠德文报所载议和条陈词意颇为和平。东西各国果能采而行之，非特各国之利，抑亦中国之利，不得以其为外人所言，遂疑其无裨于中国也。兹特剌取其中数条最有益于中国者，申明其义如下：

"第二条，各国与中国议和之员止宜一人与议，即以联军统帅为之，当无不可。"

按：此条最为扼要。盖中国与外人战后立约本为极难之事，从前越南之役与法国立约，高丽之役与日本立约，与商办者仅止一国，犹且费尽唇舌始克迁就定议。今则各国联军麇集京师，强国五六、次国六七，方将协以谋我，必致甲方得有利益，乙必一体均沾，乙或得有额外利益,甲又将藉端添索。非特穷于因应,抑且受累实巨,故如能径由一人与议立公同和约,必较能和平了结,不致迁延时日而使中国贻累无穷。

“第四条,端王之子大阿哥须废去,不宜使为太子。皇太后可请告退,不预政事。”

按:去冬立储之举,本不尽餍人望,且违先朝成例,况端王庇护拳匪,骤启衅端,论其危及宗社,则为列祖列宗之罪人,论其擅杀公卿、涂炭生灵,则为中国臣民之罪人。正不第戕德国公使,杀日本书记生,攻使馆,为各国所公忿也。其父既在不赦之列,其子岂可使居储君之位?先朝康熙年间理密亲王,止以有心疾之故,圣祖内断诸心毅然废之,嗣后遂不立太子,况于旁支入继之大阿哥乎?至于皇太后春秋已高,正值耄期倦勤之时,实为颐养天和之候,实宜归政皇上,庶使朝廷得力布维新之治,而无事权不一之嫌。

“第六条,各国不得向中国索地。”

按:自马关立约割让台湾后,由是中外交涉,苟有违言,即当割地,几成定案。因胶州既让于德,威海复让于英,大连、旅顺又让于俄,广南复让于法。中国土地几何,奚堪经此朘削?要害几何,奚堪再加占据?况此次议约共有十数国,若援利益均沾之说各索一地,中国虽大,将何以给之?有形之瓜分固属可痛,而无形之瓜分亦何尝不可危?此则议和大臣固当力为其难,不容以寸地尺土让人,而亦深冀东西诸友邦勿强人以所难,致有违保全中国之原议也。

日本:舆论节译

预测将来变局结果,大旨不外乎赔偿已往之军费及担保以后之和平二者而已。然前一项中国或可渐次赔偿,至于担保日后和平一事,则列国中当于此时议定以期实行。其办法亦不能出于一途,譬如迫令中国政府改行新政一事,既能实见施行,其他二三列国有不得不让步者。不论其南方北方,均须一律保其和平,于将来则先当实行于中国政府,须官民之视教民与平民一律看待,不得异视,此其一也。而各国更当认真节制其在华之教士。今特举担保中国北方平和一端而言,则直隶湾一处必须撤去一切军备,以为完全自由之口岸,不论何国均须不设军备,此乃戡定将来变局结果之第一策也。

天津、大沽两处中国固不得再设军备,而旅顺口俄人之军备亦不得不行撤去,此自然之结果也。至于威海卫之英军,亦可撤去。盖乱端之启皆由于土人之危惧猜疑而生,此次华人扰乱北方,一则由于民教不和,而一则由于俄人来据旅顺且睥睨直隶湾而使土人忽生疑惧,故欲图担保平和,莫如先去此疑惧。俄国欲连络其西伯利亚铁道于黄海沿岸,故特永借大连、旅顺二港。现在永借之权利虽依然自在,而欲以此为东方屯兵地步不仅有害于列国均势而已,且易滋北方华人之危惧。不知铁道原文明之利器,港湾亦通商之要具也。俄国既得开筑之权于满洲,又得永借之权于旅大二港,天下谁无戒惧之心哉?故俄人而存心于担保和平也,当于此时撤去辽东军备为始。

俄人而撤旅顺之兵备,英人固不必在威海卫设备。直隶湾如此开辟,全为自由,而天津、大沽之间亦为中国北方第一商埠,一无障碍,共进文明。缘中国北方若不开辟商埠,则华人与外人永无交通。至于土匪偶然蜂起,在中国殆为平常事耳!若恐其蔓及于天津附近,则列国定准若干年限若干连军常驻该处,亦无妨碍。如是办法,则德国之胶州湾将如何处置乎?德之于胶州湾,实犹俄之于旅顺口也,既有此永借之权,则列邦又不可不禁止其设军备于该地也。何则？俄国撤旅顺之兵则变局自然结果，且俄人既谓于满洲三省平乱以后自应退去兵队，则直隶湾开辟之事固有可成之望，亦一要策也。

舍此不图，将来祸乱再生可计日而待也。否则徒有戡定变局之名，而无戡定变局之实，即我日本屡出大兵，仍属一无裨益也。以上译《日本报》。

《申报》

论日兵捕获戕害德使之凶手事

驻京德使之被戕也，外人咸谓由华兵加刃，甚有疑总署王大臣诱之使去，令人要于路而杀之者。当夫纷纭扰攘之中，夫固谁是见之明而知之悉者？盖亦如谚所谓"欲加之罪，何患无辞"耳。及观前日本报所译凶手口供，始恍然于加刃者实系匪人，不特总署未尝诱而杀之，即华兵亦初未干预其际也。前报之言曰：所获凶手名海全，年五十有二，京师东直门内人。八月十一日，手持金质对时表鬻于市中。日本宪兵见之，验系德使被戕时所佩之物，乃哄以翌日持银向购。届时告诸官而执之，叩以于意云何。其人自言："当时中国朝廷之意甚欲屠戮外人，我既承命而行，自当竭忠尽智。故于德使诣总理衙门之际，纠约党类中途拦截，出手枪拟之。德使见事甚阽危，拔枪施放。我等一面防卫，一面攒击。惟究系何人击中，匆促中实不分明。今因家中贫乏不堪，不得已将当时所得金表售钱，以资糊口"云云。夫苟此意出自朝廷，则海全既成不世之勋，自必官之爵之宠荣而奖擢之，即不然亦当犒以巨金，使得终身享用，方可为赳赳桓桓之士劝，而此后得收腹心指臂之功，奈何任令陋巷穷居，饔飧不给，以致将赃物易钱果腹，蓦被外人所擒乎？然则八月三十日钦奉赐祭之上谕中，何以竟有大德国驻京使臣克林德被兵戕害之语？曰此或仓卒中侦探不实，廷臣据传闻入告，或外人过入其罪，使日后易于藉口要求。果系兵也，必有军籍可稽。何以历一月余尚未悉主名所在？直至被日兵缉获，始诘知其为海全乎？或曰海全而果为匪人，则被擒时不妨直认为匪，何以诿为承朝廷之命屠戮外人？则正告之曰，子不观拳匪之作乱乎？其所用旗帜皆大书"奉旨义和拳"、"扶清灭洋"。彼义和拳既可以奉旨自居，岂海全而独不可指为朝廷所命耶？总之，死者虽不能言，而其惨怛情形，则固人所共晓。朝廷顾全交谊，先后赐祭二坛，礼意殷拳可谓极矣。而海全既已被获，律以杀人之罪，刑法自不得宽。德皇眷念中西和好有年，虽当震怒之余，亦可稍平其气。他日者珠盘玉敦，盟会重联，谅不致积忿难消，迫人以万不能堪之事，化干戈为玉帛，夫亦左券可操矣。

至于戕害日本使馆书记杉山彬之凶人，刻下纵未擒获，而皇上既已派员致祭赏银，治丧轸惜之忱固已无微不至。日廷念及同洲之谊，当亦不致多所苛求，而所谓被害于董星五军门麾下勇丁者，事在疑似之间，尚未有人指证。日后罪人斯得，讯实口供，处以严刑，当亦意计中事。可见穷凶极恶，法网难逃。彼安分良民诚何苦逞忿戾于一朝，以致自贻伊戚哉？抑又闻之外人之深恶而痛绝者，在纵容拳匪之诸王大臣。苟不严以诛锄，虽赐祭惩凶，终不得平其忿怒。曰是不然。今者庄、怡、端诸王已革爵撤差，分别惩处矣。其余或交宗人府，或交都察院严议矣。仰窥朝廷之意，安知不先夺其柄，而后严降之罚？日内当有后命，未必任若辈得以闭门思过，安享余年。允若兹，则各国之恨当可蠲，而中外之交遂永固。从此海氛尽息，鲸浪不惊，薄海民人同享升平之福，谨拜手稽首作颂曰：明罚敕法，我武惟扬,进贤诛佞,邦家用康,图开王会,山梯海航,中兴盛治,俾尔炽而昌!

闰八月初九日(10月2日)

《新闻报》

析津要事汇述

津友来函云:天津团匪大头目系张德成,津沽之祸皆被酿成。郡城失守,张即执顺民白旗逃回独流镇,仍旧妖言惑众,不知返悔。七月间,率匪徒二百余人乘船至王家口镇,船上插裕制军令箭并悬龙旗,托言查黑团,实欲勒捐肥己,犹在津以查奸细为名而乘间抢夺也。先期传谕绅商,令用八抬绿轿来接。该镇夙无显官,惟有关帝出巡绿轿一乘,张竟俨然乘坐,即以关帝庙为行台。入庙之后,面谕绅商勒捐银钱粮米,为数甚巨。绅商不敢推却,奈竭力筹画,仅得其半。张谿壑未盈,勃然大怒,欲率众团将该镇荡平。众罗跪哀求,未邀宽缓。乃潜行商议,与其甘受涂毒,何若诛此巨憝为天下除害?由是,一夫攘臂,万众齐心,各执器械,蜂拥直前。张适率领匪徒将勒捐之银钱粮米运至船上,见众势汹湧,自知不敌,开船急遁。众亦驾船横截,从舱中将张提出,张犹自称“神术”。众中有携带六门洋枪者,连施六枪,一无虚发,张遂殒命。匪徒死者二十余人,余皆逃逸。一二日后,尸漂至独流镇。该匪余党即收尸盛服以殓,并扬言张有分身术,早由土遁归坛,不日仍当亲率团众荡平该镇,以雪此恨。该镇绅民遂亦严为警备,昼夜相持二十余日。适各国联军攻破独流镇,该匪余党如鸟兽散,王镇始敢安枕。

又云:现闻苏桥一带拳匪肆意横行,逼令该处居民归其党类。男子令归义和拳,幼女令归红灯照,少妇令归花灯照。或不愿归附,竟将房屋烧毁,鸡犬不留,惨毒情形不可言状。现在各国联军疾恶如雠,一经访闻,定必派兵严剿也。

粤属教案详述

粤属顺德县杏坛乡等处闹教一事,早志本报。兹又接粤友来函云:此次祸根实由官报房伪撰胜仗谕旨传派各处,人心因而鼓噪,佥以为可乘机肆虐洋人。虽经大宪将伪撰之人拿案候究,而各处人心已经浮动,于是顺邑杏坛乡首先闹教。教民家抢劫一空,而黄连、勒楼、简家围、龙眼、甘竹、麦村、裕漏、塘利、大邑、大范、西华、沙头、龙江、龙山各乡教民亦皆被匪徒入屋搜掠财物。甘竹、里海有教民十余家皆称小康,被匪党搜括一空,教堂亦拆毁无遗。分司会营,驰诣弹压,仍不服约束,当即具禀省宪,请示方略。法领事亦以该处多系天主教民,会商督宪立派寄泊鹅潭之法兵轮驰往顺属河面,以资镇压。并照会顺邑尊王大令,速将为首滋事之人购拿归案,按律详办。乃一波未平一波又起,南海县余村、沙头、北村、番邑、淘金坑,顺德县马齐、里海等处所有教堂及教民屋宇亦皆毁折,财物亦被劫夺一空。二邑尊均即会营督带兵差下乡查办。德中丞复饬广协李副戎派弁管带广胜军五百名,在南、顺两邑交界处弹压办理。至顺邑、甘竹、里海、龙眼、裕湧各乡天主教民四十余人，亦经法轮载回省垣安置。卖麻石室教堂内其余各属天主、耶稣教民，亦扶老携幼联群结队，分至省、港、澳暂假枝栖，以为可以渐臻安谧。不料初一日，又有多人在省垣石室教堂前呶嘈喧哗，意欲不利于教民。幸驻防兵勇出队弹压，众始散如鸟兽，但石室前旷地向有三五小贩盖搭蓬厂就此略博蝇头者，已被若辈迁怒拆毁矣。

《中外日报》

论今日定乱之难

中国自与外人立约互市以来垂六十年，虽积弱屡败，然不至有亡国之忧者，以其时为祸虽烈，而处己既固，应敌亦专。所对待者两两相形，无所谓英、俄、法、德、美、日也，曰外国而已。无所谓新旧、满汉、帝后也，曰中国而已。譬之人有宿疾，他证不生，虽服单方，亦自易治。若参以数年来之近事，则更历多故，殆难言矣。盖自乙未议和而外交大改，戊戌政变而内难亦作。姑先就外人言之，中日之役俄、法、德索还辽东，而英、美、日本诸邦自是不无异同矣；德取胶州，而俄索旅、大，英攘威海，法占广、湾，公然互争形势矣。长江不割让之约要于英，而俄窥长城于北以敌之；福建不割让之约要于日，而法人睥睨于前、美人牵掣于后以困之；法之索上海租界也，英尼之，日亦尼之；意之索浙江沙门也，英使之，日又阻之。往往一彼一此互为波澜，不阡不陌自迷蹊径，虽在当局犹或难之，而况于他人乎？况于身受乎？重之，国祸荐臻，内权翻覆。太后训政，而皇帝百日维新之业一律推翻矣；刚毅主权，而本朝二百余年之事旧案重提矣。新旧有如水火，南北依然胡越。于是在官则有若荣党、刚党，若端党、庆党，若俄党、日党；在民则有若自立党、复政党，若急进党、渐进党，如虫蚊赴火，如蓬颗团风，多一流别则多一争哄，此则一二年中积酿相成之大概也。故统中外观之，其纷错于平时者既如此，则淆乱于临事者必加甚焉。如今日之役，方联军之入也，各国所同者为救使臣也。及入京以后则又以纷歧矣，俄创退大兵之议，德首抗之。德请诛罪魁之说，美先却之。此何时可合乎？合肥亲于俄，故俄人护之使入。庆邸昵于日，故日军迎之使归，不外谋显露乎？最异者俄西路退兵，东路进兵；法既从俄谋，又先徇德请。从古外交变幻，政界迷离，有如是之难于推测乎？若事关内主则尤觉难明，政府大张挞伐，而疆臣立约保护，其奇一也。联外方类于通敌，而勤王又近于攘夷，其奇二也。梅东益以剿匪去官，谭文焕又以通匪获罪，其奇三也。夫以各国之牵制如彼，内谋之反覆如此。而欲问长乱到何地步，太平定在何日，则非特局外有所难知，恐局中亦难预料。是知大地翻腾，世界冲突方未有已。方未有已，而神州大陆其不为朝鲜、安南之续者几稀。呜呼！更何望欤？

《申报》

偿款不如割地说

自北省拳匪肇事，酿成中外交哄之局。神京失守，两宫西幸，百官星散，万民震动。虽扰乱仅在顺直之间，而各省风鹤频惊，商务败坏，市廛寥落，居民日夕惴惴，几无安枕之日。故凡率土之人，无不翘首以望和议速成，庶几还我神京，翠华旋返，庶民心可以安，商务可以复。然犹恐外人多方要挟，而朝廷不肯俯从，必至兵连祸结，无有已时。乃恭读前日报首谨登闰八月初二日上谕，仰见朝廷虽受一时之蒙蔽，而悔祸之速、宸断之明若此，外人即多方要挟，当亦共谅中国朝廷之意，和局渐有转机矣。说者谓：目前虽有议和之机，而尚不敢必其易成和局。外人欲中国交出助匪之人，方肯会议。现虽朝廷分别惩处而并不交出，外人恐尚有所借口，此议和之难一也。外人所痛心疾首者，不仅庄王、怡王、端王、英年、刚、赵诸人，当拳匪创乱时，东抚毓贤纵容不剿，以致燎原，是政府先受毓贤之蔽。揆其重轻，毓贤之罪非但不减于端、庄、刚、赵诸人，且有甚焉。况自调抚山西，示谕煌煌，依旧昏迷未醒。乃朝廷虽严办端、庄、刚、赵诸人，而未及毓贤，恐尚不能满外人之意，此议和之难二也。曰此皆可以无虑，外人之欲中国朝廷交出助匪之人者，诚以中国朝廷若仍用之数人执政，则拳匪必不能剿，中外必不能和。现既爵职革去矣，交部议处矣，朝廷黜陟严明，断无再用之理，外人谅可不为已甚。至于毓贤虽未加以罪，终有水落石出之时，谬戾妄为，岂能永逃圣鉴？若外人执此以争，朝廷何惜一毓贤而使和议之不能成，此非可以无虑者乎？

惟端、庄诸人可免交出，国体虽不至大损，而各国调兵遣将，其费不能不偿。教堂被焚，器场被毁，建造置办之费又不能不偿。教士被杀，则抚恤之费又在所不免也。夫教堂所毁虽多，教士被伤虽众，而建造抚恤之费尚不难核算。惟各国军费其数过巨，何从措办？当中东一役偿费二百余兆，已罗雀握鼠，洋债至今未清。当时论者以为偿款虽巨，终胜于割地。故台湾被占，凡我人民无不痛心疾首，以为朝廷之失策。然当(目)[日]国库虽虚，尚易罗掘，地固可以不割。而此则非其时矣，洋关半皆抵出，外人所注意者不过地丁一项。夫地丁为国家正供，若将地丁抵之，非但国用无可筹措，且不啻以全地畀之。虽无割地之名，仍有割地之实。利权外属，将来何能振作有为？为今之计，偿款反不如割地。虽幅员渐削，而权尚自我而操，图治励精，犹可以为善国。从前视东三省为国家根本重地，自俄人筑路以来觊觎已久，三省地方终难安靖，不如乘此机会畀之各国。既为公共之地，或反不以为中国害。矧三省地方辽阔，土物丰阜，以军费较之当无不足，外人更何至梗议不从？虽牖下书生生管窥之见，然统观大局，舍此实有难以调停者。不知当轴者，亦见及于此否？

闰八月初十日(10月3日)

《中外日报》

[论说]　论时局屡变

自团匪滋事之后，朝廷之谕旨每以拳民、教民并称。至五月十九日外召李鸿章、袁世凯而事势一变，是日之谕遂有拳匪之称。然不数日而大沽失，于是攻使馆，宣战书，命各督抚召集义民以灭洋为事，此[一]变也。及天津既破，北京震惧。观于英人、日人被困之所记，则此时又有停战之约，而攻使馆亦暂缓。然未几联军进北仓败，而袁、许、徐、立诸人被杀，其攻英使署之兵亦愈急，此再变也。北京既陷，两宫西狩，百官仓皇而奔走，或死或亡者不可胜数。朝廷乃有悔祸之心，派李鸿章为全权大臣促之北行，而罪己之诏屡下，天下方以为有一息之安矣。俄人电请各国退兵，日本亦迎庆邸回京，盖和事虽未可遽定，而停战以议约亦未始无一日之机也。迨合肥北行而俄人保护之，各国乃稍有违言，而又不意端邸之仅仅撤去差使，董福祥之忽总统诸军也。夫端邸以觊觎神器之故仇视外人，以仇视外人之故结交团匪，以结交团匪之故凌逼两宫。此则各国纵不欲诛之，而律以春秋之法亦在所不宥，即以肺腑之故不忍加诛，则窜之远方以说于外人，而亦以保全其首领。是虽佚罚而犹有可言，乃不谓无辜者方罹重谴，首祸者阳示薄惩。此则非太后、皇上之本心，而为端邸所挟制，可以一言而断之也。彼见外人之必得仇人而后已，度无可以解免之处，则惟有决计于一战，置天下于危而已，乃可苟一日之安。万一不幸，与其以身殉国，毋宁以国殉身，故又一意偏袒拳民，广布私党，其势非激列国瓜分中国不已。此近日之事所以又变，而其祸且将不测矣。故观日来之事，良乡陷，房山失，而攻北塘，而攻芦台，而夺榆关，兵事且日进而未有已也。保定既危则山西亦将震动，故近日颇传銮舆幸陕之意，不知陕西之地贫瘠异常，加以回民不靖，蒙古柔弱，不足以御西北之敌，非远海口即以为安也。举八国之兵相逼于西陲之地，即使山险不易骤进，而运道既阻，则陆军将何以自存？召乱之臣岂能计远而顾任其一误再误，以至于不可收拾乎！且战祸日深，则不独北方受害，而长江保护之约亦恐不可终恃矣。天未厌乱，虽子政鸿范之占，景纯龙荒之叹，顾念来者未知终极。虽此后再变未知何如，而其机则固已如此矣。呜呼！

《申报》

示缴匪票

镇江采访友人云：本月初六日，常镇通海道兼镇江关监督长久山观察缮发告示，分贴通衢。其文曰：

为剀切劝谕事。照得本道现奉保宫两江督宪刘札，以富有票到处煽惑，近又勾引各衙门书役兵丁入党，以期消息灵通，札饬严密查察。如有受愚买票情事，即令呈毁免罪。倘仍隐匿不缴，则是甘心从逆，一经觉察，即予从严惩办。并奉另札，饬在各乡村镇检查，如有乡民误买富有票，限令赶紧缴销，不问其罪。倘能指拿扭票卖放富有票头目，分别大小定当给予奖赏。若再匿票不缴，即行从重惩办，各等因到道奉此。本道复查，近畿一带前因拳教仇杀，激成中外巨衅，以致地方糜烂，生灵涂炭，惨不忍言。所幸东南各省仰赖各大宪力任保护，与驻沪各国总领事约定两不相扰，得以转危为安。凡稍有血气者，莫不感奋图报。讵有窜身异国之逆犯康有为等，竟乘朝廷危急之时，伪立国会名目私造富有钱票，阴遣叛党潜至沿江沿海等处，逞其簧鼓纷纷散卖，不独勾结匪类为其爪牙，抑且煽诱书差兵勇暗通消息，甚以得有此票可保身家之言耸惑愚民买为护符，几于遍处皆有。殊不知此等举动系属去顺效逆，召祸必速。即如大通兵匪合变，不转瞬间即被大军剿平。而汉口等处则逆谋再起，亦即破获正法多名。此外，金陵、镇江一带亦陆续访获渠魁斩枭示众。可见逆恶滔天，不容幸逃显戮。

尔等食毛践土，具有天良。际此时局艰危，正宜奋身报国，藉图显扬。即或才力不及，亦当安分守法勉为善良，岂可甘心从逆，置身家性命于不顾？现奉督宪饬查限缴，准其悔过免罪，系属法外施仁。本道亦不忍不教而诛，故将顺逆祸福明白晓示。

尔等买票之人，无论良莠，当知利害。与其留此伪据，自贻灭门之忧，何如及早缴销，得安家室之乐？惟尔等既被煽惑于前，势必疑惧于后。若令当堂首缴，恐多畏缩。特在本道署前及镇郡四城门口置设木桶，加封锁锢，盖留孔洞，限令一月内将票自投桶中，不究来踪去迹。凡投票者，即为悔过之人。务各将投票日期及票填号数自行记出，仍由本官设立印簿，每日清晨亲自开桶检视。先将缴期号数逐一登记簿内，随时将票烧毁。倘日后获匪到案供扳指拿，尔等如已缴票，即将缴期号数自行投案禀明，若与印簿相符，立即免究释回，断不稍事羁累。倘再隐匿不缴，则是怙恶不悛。别经发觉，定当治以大逆不道之罪，决不曲予宽贷。如此办法可谓仁至义尽，尔等能否改悔自新，总以有无缴票为断。除将本衙门书差兵丁另行责成卯首书及差头什长各自稽察，取结备查，并分别移营，饬属一体仿办外，合亟剀切晓谕。为此。示仰阖属军民、书差、兵勇诸色人等一体知悉。尔等如已误买匪票，务各依限投缴，慎勿观望迟疑，致贻后患。此后尤宜父诫其子，兄勉其弟，安分谋生，毋再为匪所惑，自罹法网，徒嗟噬脐。倘能将卖票匪徒扭送指获，必当从优给赏。如讯系大头目，并予详请保奖，以示鼓励。本道爱民如子，嫉恶如仇，故不惮烦言，谆谆告诫，切勿视为具文也。其各凛遵毋违，特示。又于木桶阳面黏贴四言韵示曰：富有票匪，是祸之胎。特设木桶，劝谕改悔。如有误买，投桶免罪。隐匿事发，严惩不贷。

《汇报》

论俄国请各国撤兵

各国之与中国交，惟俄罗斯最近最久。其幅员之广、兵力之强，又当一指首屈。故长驱直入，囊括天下之心，亦既信而有征。自大彼得开化以还，更无日不穷兵黩武、拓土开疆。以中国即在其南鄙也，窥视私衷尤较他国为殷切。我黑龙江之界分划莫清，渐行侵逼，以此故也。今年五月间拳匪倡乱，政府纵之，杀德员、攻使馆，其他殃祸擢发难穷，遂致各国筹饷问罪，兴师公愤，所宜以中国为群矢之鹄。此固情与理与势所必至，亦莫怪其然者。以贫且弱之一中国，当此列国之锋，惟有俯首求成，并不知如何议结。夫俄较他国为雄，欲得东三省久矣，惟以机会难逢，袖手不发，其如处女之藏锋匿刃者，非廉也，有所待也。不幸而政府养奸，授意使乱，故予人以可乘之机。俄遂吹毛求疵，先在黑龙江与华兵开战。局外之人皆知其欲夺东三省，以泄黑海阻兵之忿，而为兼并坐大之谋。乃前日各国电报谓俄独倡议撤退在京联兵，并请美国助成其事。各国闻之，咸为诧异。夫联兵来华，洵非易易，冒暑转战，备尝艰苦。今和议未成遽欲撤退，俄果何心？人多疑拟。

窃意俄人此举厥有四故：北地铁路未竣，运兵非易，欲夺疆土，势力尚难称盛，安能与众族相争？不如且与委蛇，以俟他日之良遇，其故一也。俄与各国相联，势不能独享其利。俄欲得地，各国亦欲得地。直隶与东三省虽旷土众多，而分而占之必嫌局促，故不若请撤京兵，使各国不能染指，以为我将来大欲之求，其故二也。日本之役，俄仗义执言夺回东三省，自以为有莫大之功，遂索旅大以为谢款。今华事尤急而首倡退兵，其见好于中国者视前尤大，俟各事平定，别借事端以索东三省，或即藉口于兵力所夺，此时各国皆在局外，干涉为难，其故三也。皇太后、庆邸、王芍棠中丞等向有亲俄之议。昔李傅相使节俄京，相传与俄立约，中国如有急难，俄当干预出场，无论如何力为排解。今撤兵之事，俄即自践夙约，以示公正之名。如各国不从，再有异议，俄必出而保护，庶可向中国要索重酬，其故四也。尤异者，俄有撤兵之请，而满洲、珲春、牛庄、营口仍复进兵，非特不先撤之以为之倡，反进攻以为之导意者。京城之兵为各国所公，不妨请撤以示大义。满洲之事为俄国所独，不妨交战以示声威，是其蓄谋之深，用心之巧，直欲并中国而异鼎独尝也。愿衮衮诸公早为深谋，毋中厥计。盖宁多开口岸予各国以商利，使俄国不能独制中华，更不能独取东三省，是即牵制强俄之善策。牖下儒生所敢上献于朝廷也。

闰八月十一日（10 月 4 日）

《申报》

论中国俄患宜由英、日、美三国协力防维

予前论中国大势，宜由英、日、美三国协办维持。良以英国广揽商务利权，日本则有唇齿之谊，皆与中国休戚相关；美国素不以开疆拓土为心，此次津沽启衅时，美提督尝出而阻止，故论中国和局必先有赖于此三国。且以俄人已在黑龙江别开衅隙，兵连祸结，非得三国牵制大局，其何能堪？故不惮大声疾呼，冀动当途之听，不意三国皆袖手旁观，坐视中国之成败，漠然无所动于其中。致令和议转发诸俄人，并首倡撤兵之议。自是而法从之，英许之，日本亦无异言，美国望和尤切，总统麦根利氏闻中朝已简李傅相为议和全权大臣，即电饬驻京康使和平商榷，务底于成。犹恐他国意见不符，事或中变，特添派兵舰来华，以免祸生仓猝。盖俄人之言，识者早知其并不由衷。且虑德挟戕害使臣之仇，志在必逞。是联和虽已发议，承平恐难骤期。回忆此议甫倡时，英、日亦以未议和先撤兵，深滋疑虑，迨后卒从俄人之请，各调兵士若干返津沽。而俄人则既得志于黑龙江，复调大队由西伯理亚西部及浦盐斯德等处直薄满洲。近已取道卡伊达路夫及司托立气贤痕司苦城，将齐齐哈尔、三姓、宁古塔、珲春、大孤山、营口等处围困，渐次进逼奉天、吉林诸处。此而曰我无窥伺东三省之心，谁其信之？且其统帅之在京津者，八月二十六日派兵二千名会同德兵三千名攻占北塘矣。二十八日派步兵一联队、炮兵一中队攻占庐台矣。本月初二日复攻击山海关大营矣。政府更密电饬其统帅，督率大兵一万五千名驻扎京师，预备过冬之事。在他国之兵必令撤退，己则依然留驻，或更四出横行，计亦狡矣哉！德与俄交谊最笃，中日一役协同法国索还辽东之后，即乘机赁取胶州湾。今藉复仇为名，必将偿其大欲。虽各国皆声称并无瓜分中国土地之意，俄人亦谓如有倡议剖分中国者，当实力排之。而非我族类，其心必异，究竟将来有无变故，我不敢知。第观目前所为，已自相矛盾。

故欲保全中国疆土，各督抚必与英、日、美戮力同心，庶足破俄人之狡计。然俄人明以议和德中国，各国苟起而抗拒，未免迹近不情。不知俄之议和非出本意，其所以为此说者，犹是为中国索还辽东之故智。前之为患犹小，已占取旅顺、大连湾。今当存亡危急之秋，而欲其却各国之师，使之弃干戈而修玉帛，厥功尤伟。贵报自必更多试思俄人创设弭兵之

会,曾几何时兵端已启,而谓不利中国土地,其言尚可信乎哉?善夫英相沙侯之言也。沙侯传电各与国政府略谓:中国如有意外之变,我联盟诸国自当和衷办理,否则中国大局恐益不堪设想。斯言也,虽不专指俄国,而防俄之心已溢于言表。日本因见驻京俄军较日兵尤众,凡事独断独行,几不能制。反怼英国所驻之兵太少,以致俄焰日张。美国则已向俄国声明,此后美兵之在中华者不再与闻战事,并谓德国爵臣华尔德西氏虽总统联军,美亦置身事外。盖观俄人举动,非真有爱于中国,且安知不暗结德、法以为奥援,祸变之来,正未有艾。吾是以虑和局之难成,而深望英、日、美共防俄患也。

闰八月十三日(10 月 6 日)

《申报》

详述粤东闹教事

上月下浣,广东顺德县境匪人闹教,前已译登大略情形。兹者香港《循环日报》云:此事起于顺属龙江、龙山、甘竹、里海、黄连、简家围、大邑、大晚等乡,而南海县属之余村、沙头、北村,亦有匪徒毁坏教堂,抢掠财物。未几,番禺县属之平步、东莞县属之石龙皆酿成教案。旬日间兔起鹘落,一若铜山西倾,洛钟东应。顺德县主王大令、番禺县主钱大令、东莞县主池大令先后督率勇丁,会同营弁分头弹压。大宪并饬广州协李副戎遴派广胜军五百名,会同南海县主裴大令驰赴南、顺交界各乡,相机办理。裴大令下乡后,即传集绅耆,痛陈利害,著将为首滋事之人捆交讯办。目下南、顺两县已交出二十余人,副戎会同大令讯明,将情罪较重之四人装入站笼示众,余犯派勇妥解回省。惟事尚未弭,故大令尚须小作勾留也。

闰八月十五日(10 月 8 日)

《中国旬报》第二十五期

邦交:法人论中

法人标科曾论及办理中国及将来中国财政之事,其最着意者,为论取中国地方若归政府管理如埃及国故事,窃料除美国外,各国多有此意。但以大概而论,每国在海边插足,务使权力伸入内地,此等政策以德国为首,其后别国随之,拟将中国地段变为属土,此系各国铸成大错。彼以中国可以作为藩属,其实不然。照实计之,中国断不能为各国篱属,各国锐进之路经已窒碍,或不致陷入深际,亦未可定。窃尝熟计,凡其国民本性懒弱,抑无实心爱国不相联合,方可以被人取为藩属耳。然此非可以论华人。缘华人心力最坚,极能任事，与印度人之梦梦者不同。人之言曰：历来只有一中国，不可以为数中国，非虚语也。虽其中央之权已极疲弱，不能管治如许大地而无损失，但华人自有同心，其心思才智亦不愿束手受缚。其习俗性情，不能以西法治之。故欲分割中国为属土，乃系至愚之事。以余观之，中国必不能为属土，且永远不能为属土。中国者，将复为本色之中国而已云云。

纪乱：析津要事汇述

津友来函云：天津拳党大头目系张德成，津沽之祸皆彼酿成。郡城失守，张即执顺民白旗逃回独流镇，仍旧妖言惑众，不知返悔。七月间，率党羽二百余人乘船至王家口镇，船上插直督裕禄令箭并悬龙旗，托言查黑团党，实欲勒捐肥己，犹在津以查奸细为名而乘间抢夺也。先期传谕绅商，令用八抬绿轿来接。该镇夙无显官，惟有关帝出巡绿轿一乘，张竟俨然乘坐，即以关帝庙为行台。入庙之后，面谕绅商勒捐银钱粮米，为数甚巨。绅商不敢推却，奈竭力筹画，仅得其半。张欲壑未盈，勃然大怒，欲率众团将该镇荡平。众罗跪哀求，未邀宽缓。乃潜行商议，与其甘受涂毒，何若诛此巨憝为天下除害？由是，一夫攘臂，万众齐心，各执器械，蜂拥直前。张适率领党徒将勒索捐之银钱粮米运往船上，见众势汹汹，自知不敌，开船急遁。众亦驾船横入，从舱中将张提出，张犹自称神术。众中有携带六门洋枪者，连施六枪，一无虚发，张遂殒命。党徒死者二十余人，余皆逃逸。一二日后，尸漂至独流镇。该余党等即收尸盛服以殓，并扬言张有分身术，早已土遁归坛，不日仍当率团众荡平该镇，以雪此恨。该镇民亦严为警备，昼夜相持二十余日。适各国联军攻破独流镇，该余党如鸟兽散，王镇绅始敢安枕。

又云：宜兴埠保甲局获一团党王某，询系未破城以先，伊是团党；既破城以后，伊勾串不法之徒强奸妇女，抢劫衣物。现该处绅民会商，意欲活埋之云。

又云：昨有甲乙丙丁四华人身穿洋人服色，冒充美国官兵，招摇过市，任意抢掠，在城内三义庙横行不法，被巡捕看出破绽，按段传集会拿。讵丙丁二人见势不佳，乘间脱逃，仅将甲乙获住，当即押送都统衙门究办。

又云：现闻苏桥一带拳党肆意横行，逼令该处居民归其党类。男子令归义和拳，幼女令归红灯照，少妇令归花灯照。或不愿归附，竟将房屋烧毁，鸡犬不留。惨毒情形，不可言状。现在各国联军疾恶如仇，一经访闻，定必派兵严剿也。

纪乱：手书照录

昨承友人以扈从西巡某大员之手书抄示，兹特照录如下：

七月二十一日，太后、光绪帝均坐车出京，行至贯石（地名），始由向光裕驼行孝敬驼轿三乘，光绪帝与伦贝子同坐一乘。至怀来，县丞又备大轿一乘，宣化县又备轿四顶，两宫、皇后、大阿哥始均有轿子。两宫均是便衣，太后穿兰夏布衫，亦不梳头；光绪帝穿黑纱长衫，黑布战裙一条。铺盖行李一概未带。出京三日，均睡火炕，无被无褥，无替换衣服，亦无饭吃，以小米粥充饥。至怀来、宣化，始由地方官络绎进奉，稍觉舒服。此次妃嫔及宫女等均未带出，太监亦不多，诸王贝勒等随者亦不多。其余一概未来。礼王、荣禄、启秀等人亦尚未来，所有随行者，不过端王、庆王、那王、肃王、伦贝子、横贝子及公爷几位而已。堂官有刚、赵、吴、王、溥兴五人，各部院司员共一二人，满小军机二人,汉小军机一人,神机虎神营八旗练军约千余人,马玉昆保驾,及各营官弁兵丁千余名。各兵到一处空一处。因铺户均已闭门逃走,实在无处买物,亦无怪其然耳。

先时,七月十一二日,裕禄由北仓兵败退扎杨村,又退至蔡村,裕禄用手枪自尽。李秉衡十四抵河西务,所统张春发、陈泽霖两军,不战自溃,李秉衡亦服毒自尽。洋兵进逼通州。十六日,即有西巡之旨,因车辆不齐,迟迟未行。至十九晚,城外大炮隆隆不绝。二十早,我所居喜雀胡同一带,炮声渐近,炮子如雨。下午,炮声尤甚,忽传天安门及西长安门失守,然不能得真消息。我在内值宿未归,禁门已严扃不能出入。至二十一日早七点钟时,我坐小轿进城,始知两宫已黎明出城矣。我于上日即二十日共召见五次,亥刻见面,仅刚、赵二人。西太后云:"只剩尔等三人在此,其余均各自回家去,丢我母子二人不管,尔三人务须随驾同行。"并谕我:"汝年纪太大,尚要汝吃此辛苦,我心不安,汝可随后赶来。刚、赵素能骑马,必须随驾同行。"我复奏云:"臣必赶来。"光绪帝亦云:"汝务必要来"云云。夜半犹说不即走,岂知天甫微明,两宫已仓猝出宫。狼狈凄惨情形,不堪言状。

是日,我进城内,因后门、东华门均不开,不能回宅,并知两宫出德胜门,我遂于巳刻冲出后门至灵就庵中小憩,庵在安定、德胜门之间。庵中和尚急极,缘洋兵进城逢庙必烧,以庙中皆设义和团也。其时,安定门至德胜门城上均有洋兵、教民来往放枪,街上亦有洋兵。据闻:洋兵进城,只杀溃兵,居民铺户并不惊动。和尚万不肯留,不得已暂避隔壁韩姓家,系旗人,充内务府役。车夫、轿夫各自逃命。至下午,闻西直门尚开,可以行走,遂将车马一切物件一概丢在韩姓家,只带银钱并随身替换衣服,候至天黑随众出城。由德胜门、十三海一带行走,行近戛戛胡同,天复大雨,乃至景宅借住一宿。其时城内枪炮之声已停,但见后门外满天火光,通宵不绝。至寅初,探知西直门已开,洋兵未来,华兵已逃,无人盘问,逃难之人不少。本拟坐车出城,沿途溃兵抢车、抢牲口,以致车马等令刘弁等押出城外,几被抢去。我与次子均步行出西直门,至大桥外始坐轿车,次子骑骡,所带仅存六人。均步行跑至海甸,饭铺已闭,勉强一饭,饭后即行。行七十里至贯石住夜。二十三日行四十五里至居庸关住。二十四日行八里至怀来县。始知两宫先于二十三日到此住跸一日,故此赶到之后即见面。廿五日即随驾同行五十里至河城住。廿六日行四十里至鸡鸣驿住。二十七日行六十里至宣化府城住。二十八九、三十等日休息三日。拟初一日启跸,往山西大同府。至山西省城大约须中秋后也。此次出京,危险已极。沿途居民铺户均被溃兵以随驾为名,其时驾尚未出,纷纷西行,抢劫备至,室室皆空。及圣驾驻跸之时,万骑千乘,强买强取,更不堪寓目。迨圣驾既过之后,靡有孑遗矣!按此书系七月廿九日在宣化县所发。

闰八月十六日(10 月 9 日)

《新闻报》

近政慨言

自西幸长安之旨下，而举国不为庆反为疑，外人则疑之尤甚，忌之尤甚。因疑而生觊觎，因忌而谋制伏，遂于和议之起伏，不免异议之横生，黑白之颠倒。

甲之言曰：今而知中国之待各国不过虚与羁縻耳，并非破门户之见、通和好之诚、立永久弭兵之计，而杀灭西人之心仍未尝一日去诸怀。不过此时力量不及西人，遂为是曲从俯顺之词曰：某某宜严谴，某某宜处分，弹塞敷衍。和议纵早成，俟力量稍纾，恐仍不免挑衅也。

乙之言曰：中国以不肖之心待各国，闭关自守之见牢不可破，既用顽(锢)[固]之臣以阻交涉之新机，又用邪乱之辈以兴凭空之外衅。今又远迁陕西，有长安久居之意，其心之拒绝外人不愿交通，实非真心与各国言好。目前之敷衍成和，只暂时之弹塞，不久仍将翻悔，殊不足恃也。

丙之言曰：中国之人既虚憍而又骄傲，即如此次西兵进京稍艰难，而中国已笑其不勇。既而进京多日，无追袭之举，许中国以言和。中国又谓外国之悔祸亦不愿再战，欣欣然举国为之称贺私喜。今若一面两宫西幸长安，一面西兵退京，中国必谓西兵之情怯、西人之技穷，进其说于两宫。蒙蔽圣明之与人言好，和局必不可成也。

丁之言曰：由甲、乙、丙三人之说观之，未免扬西而抑中，袒护外国之心太重，忠爱中国之心太轻。夫谓中国非真心与各国言好，然则各国亦何尝真心与中国言好乎？谓中国闭守之心太重，殊不知各国侵吞之心有加无已，则中国亦何能轻信外人之甘言，而两宫亦何能不远避敌锋？之三人之说，甚不公也。

戊之言曰：远避敌锋，诚两宫不得已之举，假使信外人留驾之请仍居禁城，又安见西人无挟制要索之处？不远迁陕西，谁其能保西兵之不追袭？京津布满西兵，一时不退让，一时即不能还跸。迁都之举相逼而成，亦何怪其然？至于闻西兵之负而欣相传说，闻华兵之负而隐讳不宣，此亦中国人之本分之耻心，世无自攻其短而反称他人之长者，丙之论尤生成自外也。

己之言曰：西人未经议和之先已挟制首诛罪魁之说，不肯开议。中国虽降严谴兆祸诸臣，而各国或则疑为牢笼，或则疑为弥缝，转以不肖之心视中国。任中国如何引罪自咎，如何请罪外人，各国总不满意，亦可谓不谅人之甚。丙之说厚于各国而薄于中国，亦不足据也。

有道先生折衷而言曰：由甲、乙、丙之说则右各国，由丁、戊、己之说则右中国，各有其是非而未足昭为公论。其亦愿闻其说乎？

甲、乙等曰：唯唯，愿闻之。

先生曰:中国既严谴诸臣,已是撤退群臣权柄,不得谓非天子之威明,亦实足谢罪各国,且所谴诸臣虽徇外人之请,实则中国清除君侧之自益。第端、刚、赵、董诸人既经严谴,即当将某邸宜革爵者速革爵,某相宜撤差者速撤差,某将宜改调者速改调,方是实在办法。若一面议罪,一面仍留行在办事,又一面仍录用其党类,则诸臣之去朝如未去朝也,此一可议也。至于迁都陕西,此自蹈险危之举。夫陕西由北而南之路必取道于河南襄阳,则长江汉口之要区为水陆交通之要道。假使和议难成,一旦长江有事,权属外人,何从转运接济?况地瘠民贫,长安居大不易,即此又一可议也。前北方衅起,东南之得以保护者赖疆臣之力。当大沽被占之时,吴淞炮台岌岌焉将入外人之手,予取予求任其自便。方是时若非有维持大局之人,一经决裂,全国瓦解,而朝廷是时亦未必深以为然也。不过畏惧东南不保,不得不勉强信从东南办法耳。要其视东南办法,未尝不切恨疆臣之不助攻打也。观于前旨升调督抚诸臣,可隐隐窥测其意,此又一可议也。太原为可还可迁之地,即欲迁都,亦当徐图后议,即使将来不还京而亦不能居然远幸,使外人藉口中国自行弃置京津,将来议作公地。且亦思太原地方,西兵既不追袭,尚何必远避?可见进劝者之愚。凡水陆险阻之地敌人不易到,然解运之不便、接济之维艰,亦自蹈于危地,又可见进劝者之拙。此又一可议也。既迁陕西,和议为之一滞,外人为之多疑。北方为网罗之地,东南为窥窃之方,兵事一日不结,商务一日不兴,民命一日不保。举国之人,无出水火之想,久之凋残疲敝,穷尽无归,而国饷不支,防务懈弛,四方乱民起而图事,将有涂炭生灵不堪设想之处。此又一可议也。总之,一误再误,愈理愈棼,朝政之变更纷乱,终未尝通盘筹算,烛照万里之外。故北臣与南臣之意见多不合,内臣与外臣之谋策每相殊,其大弊在是。是即今日中国办法之误也,诸君子其以为然乎?然之,则某异日当为南北合办同心之说以就正焉。

群曰:唯唯,愿请伸其说。

《申报》

摘叙自立会匪逆乱确据示

头品顶戴兵部尚书兼都察院右都御史总督湖北、湖南等处地方军务兼理粮饷张,兵部侍郎兼都察院右副都御史巡抚湖北等处地方提督军务于,为晓谕事:照得沿江、沿海一带现有自立会匪,在上海设立中国国会总会,在汉口设立中国国会分会,其会名曰自立会,其军名曰自立军。仿照哥老会票布办法,在上海石印纸票,名曰富有票,到处散放。(句)[勾]煽三江两湖哥老会匪,纠众谋逆,定期在武昌、汉口、汉阳同日起事。其时,安徽大通、湖南临湘、湖北蒲圻新堤会匪已经纷起焚掠,均查出富有票。在汉口李慎德堂及宝顺里内,拿获两湖分会总匪首唐才常,匪首林圭、李虎生等二十余名。当时在唐才常寓所起获军械、火药、伪印、伪札、伪示、富有票多张及入会各匪姓名簿。又购买洋枪刀械,用款雇募奸细,分往各城、各营、各局充当内应月支薪水用款、招募会匪自称发饷用款各项账簿,又各省匪党往来逆信,又洋文规条,皆在唐才常屋内搜获。并同时在汉口、汉阳拿获同伙谋逆之哥老会匪首瞿河清、向联升等,发交营务处司道、武昌府江夏县公同审讯。该匪等供认开设自立会、勾结哥老会、散放富有票、同伙谋逆不讳。当即将匪首唐才常等正法示儆。

旋在嘉鱼县拿获匪党蒋帼才,搜获富有票、黄旗及各匪口号名单暨正会长康有为、副会长梁启超伪谕、伪通饬等件。续据湖南拿获会匪头目李英、谭翥等供称:康有为在上海开富有山,正龙头系康有为、唐才常、梁启超等,唐才常派为上海总粮台。听说康有为、孙汶派人会合大刀会,孙汶已到山东。此事是康有为为总,康有为以唐才常为总,各粮台之钱均是康有为接济等语。查蒋帼才匪单内系康有为为正龙头,梁启超为副龙头。并据唐才常供,上海国会总会头目系广东人容闳。此外,各处所获哥老会匪供词供出康有为、唐才常为首者,不计其数。旋准大学士直隶爵阁督部堂李电咨,查出康有为、梁启超、唐才常、容闳等(句)[勾]联会匪,私运外洋军火,图扰乱三江、两湖、两广,各省情形大略相同。并准两江督部堂刘、安徽抚部院王、湖南抚部院俞咨,富有票匪扰乱长江,派兵剿■,起获匪票、伪示,各情形与鄂省所查皆相符合。查此项自立会匪唐才常等,以康逆死党窟穴上海,设立总会,自为总粮台,往来沿江沿海各处,广散银钱,购诱会匪,计谋凶狡,党伙纷繁。其匪党往来书信,大指因北方有警,乘此煽动沿江沿海各省各种会匪同时作乱。其同谋勾结之人,各省皆有。其购械募匪之款,查簿内存款计洋银一万五千余圆,用去已将及万圆。所散放之富有票,就两湖地方查出供出者已有两万余张。

事发后数日,尚有人向李慎德堂投递匪党逆信,经税务司、邮政局拿获数起。其伪札有曰:指定东南各行省为新造自立之国。其华洋文规条内有曰:不认满洲为国家。其伪印文曰:中国国会分会驻汉之印。又曰:中国国会督办南部各省总会之关防。又曰:中国国会督办南部各路军务处之关防。又曰:统带中国国会自立军中左右后等营各关防。其唐才常身边小箧内搜出规条有曰:焚毁各衙署,劫掠局库,占踞城池,焚戮三日,封刀安民。其逆信内有曰:沿途亦可劫掠。其开用伪关防札稿内有曰:业经报明沪会篆刻关防一颗,内刊"中国国会督办南部各省总会"字样,于庚子年七月初八日开用等语。唐才常等到案,一一供认不讳。至其平空造言,捏诬狂吠,诋毁两宫,悖逆凶悍,令人发指。该会匪等以自立为名号,以焚戮劫掠为条规,以富有票为引诱,意欲使天下人心同时摇动,天下民生同时糜烂,实为凶毒已极。

又查伪札有云本国会深懔危亡等语。可谓狡诈诞妄。该匪首倡为国会,造此诡辞,冀以诳诱少年躁妄之文士,鼓动昏迷无知之愚民,尤为可恶。方今时势虽棘,上下同心,力图振作,尚可勉筹补救之方。若该会匪各省蜂起,则中国真将有危亡之势矣。该会匪明明乱国,而反托名保国。试思该会匪既已自称为新造之国,公然自立,不认国家,是已明言不为我皇上之臣子矣。乃尚敢托保国之名,以逞其乱国之谋。不独中国忠义臣民不受其欺,凡各国明理晓事之人恐亦不受其欺也。又查康有为、梁启超会衔通饬有曰:本会长开设自立会,欲图自立,必先自借遵皇权始。明言"借"字,实为可骇。可见康逆所开保皇会,不过借名作乱。其狡谋既已自行吐露,若文人才士尚为所愚,亦大惑可哀之甚矣。近日,安徽大通焚劫惨杀之会匪,湖南沅潭焚劫惨杀之会匪,湖北新堤、蒲圻、嘉鱼、监利劫掠之会匪,查其逆信票据,皆即系自立会匪之同伙,均经领有富有票者。其合伙约期,济械助费,分据地方,安排接应,均系确有实据。查各种会匪向来专以劫掠焚杀为事,今该自立会匪用为党羽,假使此辈得志,必致各省糜烂、涂炭生灵,中西商民同受其害。试问:外国国会乃国家所设下议院之称,岂此等会匪之所可冒充乎?

查李慎德堂前门在英租界之内,当日查拿各匪之时,系由英领事签字,派巡捕协同往拿。当场眼同起获各种谋逆作乱器械、凭据,华洋人等众目共睹,因此各国领事皆深知此辈实系与哥老会合伙,同为盗贼土匪,毫无可疑,必应查拿,以免扰害地方。各国领事因予一公同签字之据,如以后查有匪徒藏匿租界,即可往拿。若唐才常等非真系乱匪,安能如此办理乎?除湖南、湖北两省随时密查严拿外,此外沿江沿海各省皆有分会,其往来于上海者尤多。应由各省自行查拿,已将先后叠次查出、供出紧要各匪首姓名、籍贯,陆续开单分咨各省,一体严密悬赏查拿,务获惩办,以惩乱逆而安大局。至唐才常供出同会同谋之人甚多,凡系尚未查出实据者,本部堂本部院概不株连。其军民人等误领富有票者,准其向官司、营局、团绅首士缴票销毁,即免追究,予以自新。若观望藏匿不缴者,查获匪票定行重办。诚恐该匪等逆乱实情确据,外间未能周知,合亟摘叙紧要情节,出示晓谕,为此示仰士商军民人等一体知悉。已入会者及早悔悟,未入会者永为善良,勿信邪说,勿负国家,勿蒙逆恶之名,勿蹈乱贼之诛。凛之,望之,特示。光绪二十六年闰八月　日。

闰八月十七日(10 月 10 日)

《新闻报》

论北方兵事

华人每喜侈陈华兵之勇,然华兵诚勇诚可用,而今日之华兵尚未可以言战守也。华兵之勤苦耐劳为各国冠,凡洋将之练华兵者,皆称华兵之率教易于训练,易于约束,故英、德诸国于威海、胶州等处均从事于招募华兵。而征诸往事,以仓卒招募之湘军能平蔓延遍国之发逆,不能谓为华兵之竟无用也。然而谓今日之华兵尚不可以言战守者,则将帅不得其人而用之未得当也。外兵当天津未得之前,殊苦华兵之勇猛,然只聂军一军而已。使政府诸公果有意与外人开衅以张国威,则宜鼓励之,以为各军劝,乃执其私心,时加斥辱,卒致覆败。故观于聂军之始勇终败,即知华兵之可用而不可用也。其余如董军,最为跋扈,最为骄横,曾不能以一战而端邸深为庇护,亦未闻政府以不战罪之。武卫先锋左右军慷慨请先行,沿途抢掠淫杀,以为取大功如拾芥,及扼杨村未战先溃,张皇践踏,主帅沦亡,致两宫不能安居宫阙,宜其获严谴矣。徒以两军统领某军门某廉访为某协揆私人,遂得以未及训练为辞仍回防次。在当时全军溃散人所共知,而回防具报尚谓仍胜七成,此必沿途招募凑数,可想而知。又闻某军门启行时请于督臣,督臣知其不可用,以行饷难筹为辞。军门语人曰:"无饷何惧,随地可以取盈也。"是此行早以沿途抢劫为正事,一往一返,糜饷无算,骚扰无算。当此库藏空虚、民穷财尽之时,仍令虚糜巨饷,何以为各军劝也?而其他各省勤王之师亦皆沿途逗留,俟两宫西狩后乃陆续趱行,驰赴行在。清济各处,骚扰不堪,既到之后,更可不折一矢、不伤一卒,而得不次之擢。呜呼!赏罚之不明如此,可以得勇将而成劲旅乎?可以资之以战守乎?

夫以平日而论,各国之兵孰不久经训练?一举步则万足齐发,一举枪则万响同声。诱敌冲锋,风云变幻,以视华人之仓卒招募,器械不良,枪炮未准,阵法守旧,已不能相侔也。而况今日之执政有私无公,赏罚混淆,但有工于夤缘之将帅,而无感恩图报之勇丁,无怪不能得战守之效也。是故联军与华兵开仗，当其战胜之后，试将两军对敌之势论之。彼进攻北塘，占据山海关，以为夺土地乎？彼固反覆声言不利土地也。以为平匪乎？彼处固无匪也。以为示威乎？拱手相让，果何威之有？是可见华兵之弱也。又如本埠各国兵官因误听谣言之故，前日遂出全队巡行各处，徒使居民骇异，谣诼愈滋，是重视华兵而不知华兵之弱也。然外人此举，虽不免多疑之诮，亦可谓居安思危。华人平时既不知认真练兵，遂欲仗左道之团匪为孤注之一掷，及乎京城沦陷，两宫西狩。端邸等肇事诸人虽有议处虚名，而握重兵之将帅均未略加谴罚，又安望将帅之得人而用以战守哉？有兵如此，而新军机尚不能迁就和局，故劝两宫西狩长安以滞和局，夫亦太不自量矣。其亦早就和局，宽筹军饷，使勤苦耐劳冠于各国之华兵练成有用之兵哉！

《申报》

示平教案

广州访事人云：上月某日顺德县境土人忽与教民为难，将房屋毁坏并欲驱之出境。各教民无奈，只得乘某轮船来省，在新城法国天主堂暂行安置。兹悉此项教民向居马齐、龙眼二乡，素与土人积有嫌隙。近因谣言四起，故有此变。既而龙江乡教民余姓亦与土人不相能，致被土人将住屋拆毁净尽。南海县境西樵埠亦有闹教情事。兼署两广总督抚宪德静山大中丞深恐酿成巨祸，特出示晓谕云："照得此次北京之变，拳匪为肇祸之由。近奉谕旨痛加剿办，务绝根株。所有洋人、教士、教民照常保护。如有匪徒滋扰，立即严拿究治。乃粤东竟有不法匪徒胆敢伪造上谕，驱逐洋人，查办教民，并约章五款。种种谣言借以煽惑摇动人心，乘机逞乱。愚民无知，以为实事，互相传说，以致各处嚣然。本兼署部堂经据南海县，将刊刷之人拿获监禁究办，并饬文武员弁严密查拿伪造谕旨之人，从重严惩。诚恐军民诸色人等未及周知，仍为谣言所惑，为此出示晓谕。尔等须知钦差全权大臣李现已奉谕到京，与庆亲王会同各国使臣商议一切事宜，和局已定。日前驱逐洋人，查办教民并条约五款，实系匪徒伪撰。如有藉端滋事，定即严行拿办，决不宽贷。尔等良民务当恪遵谕旨，安分守业，切勿妄听谣言生事，致获重咎。各宜凛遵毋违，特示。"

闰八月二十日（10 月 13 日）

《新闻报》

直属匪耗类志

津友来函云：直隶各属团匪，除京、津两处一律肃清外，其余各州县不免尚留余孽。前日有德兵四千余名在老龙头火车站登车，闻系开往保阳一带剿匪。至静海县亦有匪徒复起滋事之信，故由德国统帅发兵一队前往相机办理。又霸州所属白沟河一带，团匪勾串板家窝团匪，约有数千之多，与该处乡团华兵互相争战。各伤数百人，并有驻扎该处炮船四艘,船上各人亦均被匪杀害。现该处华兵统带已传谕居民限三日逃避,以便开炮攻击。又霸州一带团匪有业经就抚改充团练者,被雄县团匪指为奸细,现在两相争战,适有由保定开来中国炮船,行至该处,遂与雄县团匪接仗。胜败如何,尚未知悉。其余如献县与正定府一带,团匪亦极猖獗,该处居民皆纷纷奔避,各国联军闻有前往剿办之说。至于沧州一带,团匪则经梅如筠军门东益带队痛剿,业将为首之潘姓五人绰号“潘家五虎”者拿获正法,余党皆四散逃窜,一律肃清矣。

《中外日报》

[论说] 论疯人冲突仪仗事

呜呼!观于銮舆西幸而团匪头目敢于冲突仪仗,彼在朝诸政府当可晓然于团匪之悖逆,不复信其扶清灭洋之谬说矣。彼内地之不谙晓时事者,当可晓然于团匪之非义民、非良善而不为所愚惑矣。伏读上谕有曰:“銮舆行至义安村地方,突有疯人郭敦源自称义和团头目,异言异服冲突仪仗,实属不法已极,着即行正法以昭炯戒。”本馆谨按:疯人云者,似犹是冠冕之词,盖以千乘万骑扈从西行,前呼后拥入警出跸,宜于纤尘不起,徒御不惊。乃至属车之间忽有意外之事,实无以饰观听、示四方,故不得不指为疯人加以掩饰。亦犹之州县禀报逆伦重案,其叙述案情必谓其夙有疯疾,以为规避处分地也。又按:冲突仪仗云者,盖仍是文言词,试悬想其情景,当必有口出不逊之言、举动悖谬之事。于何知之?即于奉谕即行正法知之。按律载,圣驾出郊冲突仪仗,妄行奏诉者杖一百,发近边充军。历来遇有道旁叩阍人犯,必谕交刑部严行审讯。今郭敦源若仅以冲突仪仗并无奏诉事件而论,则我朝用刑明慎,似无不待部议即行正法之理。且郭敦源既为疯人,岂能知义和团名目,乃竟明目张胆自居头目不讳,以致上干天怒,立时正法。则当时之情景,盖可想见也。呜呼!团匪以谬妄之小民,挟其邪术号召徒党,妄冀非分。遂乃荧惑公卿,扰乱国是,横挑邻怒,骤启衅端,以致两宫蒙尘,仓卒西幸,京师无主,宗社几危,论其罪状虽万死不足以蔽辜。而道路之间复有郭敦源其人,敢于干冒尊严自取咎戾,则所谓扶清者安在?所谓忠义者又安在?本馆窃愿信任团匪与夫回护团匪者平心思之。

上谕又曰:“介休县知县陈曰□于此等匪类并不查拿,其平日纵容义和团可知,着即革职永不叙用。”呜呼!郭敦源之事,极其罪状亦止震惊乘舆而已。而县令陈某即蒙纵容之严谴,被永革之处分。今政府诸大臣信任拳匪,怙恶不悛,以致危及九庙,有不祀■叹,累及两宫受播迁之瘁,彼其所信任之拳匪较之郭敦源何如也?则夫诸王[大]臣之罪状较之介休陈令又何如也?而犹依傍肘腋,凭陵城社,一误不已,至于再误。自闰月初二日奉旨严加议处后,至于今日历时已久,而处分之明文尚未宣布。草莽下士盖未敢妄为揣测,特不知诸王大臣见郭敦源之正法、陈县令之被谴,其亦有动于中否也?

紧要新闻

据津函言:白沟河一带拳匪勾串板家窝拳匪约有数千之多,与该处乡团、华兵互相争战,各皆伤人数百名。并有驻扎该处炮船四艘,船上人亦均被拳匪所杀,该处华兵统带亦传谕居民限三日逃去。

又云：霸州一带拳匪已改民团，而雄县拳匪甚盛，两相争战。有由保定开来中国炮船，行至该处亦与雄县拳匪接仗，胜败如何尚未知悉。

闻临清州属拳匪近甚猖獗，已聚徒数千余人。有委员奉札前往拿办，几被劫杀，幸各绅董竭力救之始免。

闻甘肃近有一种匪徒，即俗名“红胡子”者，(肆)[四]处劫掠，党羽甚盛。探得自团匪滋事后，各省耶稣教士及眷属之被杀害者，日前经教会查核，计山西男女教士共杀害五十六人，小孩廿二名；直隶男教士共杀害十三人，小孩四名；浙江男教士共杀害八人，小孩三名；山东男教士杀害一人。统共男女教士实遭杀害七十八人，小孩廿九名。

纪勤王军

福建勤王兵曹镇戎志忠所统福祥军，前因在衢州助剿匪党稽迟行期，兹闻该军已由玉山弋阳绕道江西金陵，刻已行抵瓜洲，不日即可到清江，再入豫省前赴潼关。闻镇戎过金陵时曾面谒刘岘帅禀陈军务，岘帅饬令会同程军门文炳各营驻扎河南、陕西两省交界之地，镇戎即派武弁某君驰赴清江，函请闽浙转运局陶兰泉太守雇备车辆，以便该军抵浦后迅速前往。

大同镇总兵刘光才统率五营前赴行在扈跸，已于闰八月十二日行抵清江。

《申报》

联军赴粤

前日午后，驻沪英领事署接得天津来电，略谓：现因粤东匪徒蠢动，各国联军拟派师船赴粤保护商教。恐届时绕道吴淞，沪上居民未免惊惧，请咨照英美租界公廨谳员翁笠渔直刺，出示晓谕，以安人心。

俄兵赴粤述闻

日本长崎访事人云：东历十月一号接伦敦来电，称俄国有步兵四大队派赴中国之广东省。按：粤省近有会匪蠢动之地，故俄人派兵前往，以资震慑乎！

《汇报》

保和局先惩首恶论

尝闻养鸡者不畜狸，牧兽者不畜豺，树木者忧其蠹，保民者除其贼。昔之治天下者，崇简易，尚宽柔，进淳仁，举贤才。上下无怨，内外相安。而所谓鸱鸮残酷，不仁之辈治之，惟恐或宽，歼之常虞不尽。故国家有苞桑之固，人民有瓜瓞之绵，固理势然也。伏惟我朝肇基辽阳，定鼎燕京。先圣重光，后贤继轨。卜年过于周氏，惠泽侔于有虞，吁咈都俞，莫喻盛美。洎乎道咸，艰祸繁兴，内寇、外寇掣肘掣腋，天下之危几如缀旒。赖母后临政，圣主庙谟，贤臣硕画，战士效命，柔远以德，伐叛以刑。历尽艰难困衡，卒成中兴大业。少康之隆，宣王之兴，蔑以过之。自是以还，励精图治三十余年，虽利未尽兴、弊未尽除，致屡挫于俄、英、法、德、日各强国。然枝叶有害,而本实未拨也。矧多难适以固邦国,殷忧足以启圣明,有志竟成,自强亦易易耳。昔太王事獯鬻,勾践事吴,史册所纪,事有足师,所贵蓄坚忍不拔之心,秉强毅不回之志,愤不形色,怨不露辞,兴利必周,除弊务尽。措施贵有先后,事理必求本末。攻异端以定教术,厚风俗以正人心,变文武考政力求真才,立农商学堂培植大利。汰冗官,厚禄俸,激励贞廉;裁冗兵,益饷糈,练成精锐。则凡天文、地舆、格致、制造等实学分科考试,开矿、屯田、惠工、睦邻诸善政次第举行。如是行之十年或二十年,而国不强大,民不富庶,外侮不能御,内乱不能靖,吾不信也。奈何计不出此,而欲借白莲邪教之拳逆,以遂太上之大欲,是犹以毒药医垂危之病,未有不死者也。呜呼!有道无时,孟子所以咨嗟;有时无君,贾生所以垂涕。古(人)[今]一辙,夫复何言?

当祸起山东,星火涓流,甚易为力,而酿之纵之,毒延津京。燎原江河,犹可致功,而成之助之,从此修鲵吐浪,巨鲸吞舟,戕杀焚劫,骤于风雨。当此之时,各国军民岂甘坐毙?于是合力猛攻,联兵毒战,药云所布,严邑立摧,弹雨所经,雄师尽墨。不分玉石,遑论城鱼,为害之烈,致祸之速,统观全史,罕有其伦。今者京师沦陷,主上蒙尘。全球将帅云集天邑,列邦君主电索罪魁。国难如是,虽忠臣孤愤,烈士死节,亦奚救哉?所幸南方疆吏具绝大经济,不奉伪诏,先立约保护,维一线之危局,保亿万之苍生。为善必昌,此操左券。惟彼北氛,安危莫必。战则祸益烈,和则议难成。辗转以思,残局将何收拾?世有良、平,当亦束手而叹无策。谁为祸首,错铸九(洲)[州]之铁?呜呼,噫嘻!然或有谓周公戎狄是膺,荆舒是惩。孟子曰:“能言距杨墨者,圣人之徒也。”仇教灭洋,犹周公、孟子之意,正以见我尊道之切、攘夷之严。志虽不遂,而正本斥邪,于世道人心不为无功,岂可置喙厚非哉?噫!此正我华人不可救药之沉疴。

殊不知今欧洲各国势均力敌,既非戎狄、荆舒之比,又无天王、诸侯之分,一经立约盟、和情谊,已属友朋,爱护当如兄弟。况若俄、若英、若法、若德、若美、若日,其君有齐桓、晋文、秦穆之雄材大略,其臣有管仲之奇才、狐偃之智虑、蹇叔之老成、郑产之博物、孙武之将略。修文教,习武备,朝野图治,上下一心。以彼况此,终形见绌,以云攘夷,谓之何哉?我朝素重儒术,厕身佛老,即非真儒,而乃倾心于妖狂之拳逆,自绝于仁义之孔孟,以云尊道,不亦悖乎?且拳逆不轨情状,已著于嘉庆朝那文公一奏。今欲藉其力以尊道攘夷,言之可羞,适足增丑,又奚功也?夫不思历圣创业艰难,中兴盛烈非易,衅挑强邻,以天下为孤注,倾覆国家,糜烂人民。首祸者,犹鸡之有狸,兽之有豺,木之有蠹,民之有贼。证诸义,义所不容。按诸法,法岂或贷?苟不绳以科条,何以慰冤死之臣?何以谢残破之家?何以解友邦之愤?且圣朝无此数人,如九牛之亡一毛。我且悬揣各国之意,增兵益舰不遗余力,一在罪人之得,一备困兽之斗。心虽存乎瓜分,势尚格于豆剖,言归于和,此其时矣。尚望议和诸名公,毋姑容首恶以败和局,而贻滋蔓难图之祸,天下幸甚!社稷幸甚!此草茅下士不禁馨香祷祀以求者也。

闰八月廿一日(10 月 14 日)

《新闻报》

长江三可忧说

长江之安危,非特半壁之安危也。中国二十二行省,北除东三省、直隶、山西,南除两粤,其余十五省实皆以长江之安危为安危,而况銮舆幸陕,地方瘠苦,一应接济全赖长江,而湖北实转运之枢纽。是故今日之事幸而各国不能剖分,和局尚有期望;假使和局不成,必有干涉长江之举动。长江危而行在之接济断绝,则行在危。长江危而十五行省俱危,则东三省、直隶等省之已失,百粤之滨海亦皆非中国所能有,是长江之关系中国如是其大也。然而东西各国现尚不能回其马首以向长江者,则以互保之约订立于衅起仓卒、人心惶惶之际,万不能以渐有准备顿食前言,是长江订约各督抚可谓能支持危局者也。乃未几而鹿芝帅入军机,于是松中丞调苏抚,景中丞升赣抚,以用满人夹侍刘宫保之左右矣。然松中丞当定约时,确亦能仰体宪意预于东南之约。景中丞初任封疆,尚不致遽行掣肘也。又未几而河南裕中丞忽又调任湖北,以居张制军之肘腋。无论中外之人闻此消息,当无不为长江忧,为行在忧,为中国忧也。

当互约初订之时,外人每论(于)[裕]中丞为旧党,恐其不能确守新盟。不知今日之事,实无党类新旧之分,而但有心地明昧之别。苟能略明于中外大局,识团为匪,即能奉刘宫保、张制军之指挥。(于)[裕]中丞既能预名于先,即不虑其反覆于后。若裕中丞本直督裕制军之弟,不免有昏昧顽固之家风。东南立约之时,再三强以列名而不从,反通饬各属出示招匪,欲变干净之土为烽火之场,洋人趋避,电杆尽毁。若此举动,可使长江督抚中有一于此哉?是故裕中丞调任湖北以后有三可忧:一激起外人之口实,二硬翻东南之成约,三蠢动楚汉之枭雄。三者得一,皆可以危长江焉。夫外人入京不能与两宫相见,和局难就,揣其用心,岂不欲进据汉口以断东南之接济?特以有碍于立约诸督抚之情义,不能不坐以待时耳。今果有鄂抚调任之机会,以资其口实。昔傅相以议和离粤,外人尚啧有烦言,况以仇视外人者调任鄂抚,其责备不将更甚乎?则龃龉之端将由是而启,所谓激起外人之口实者此也。抑或外人即能默尔而息,然推其抚豫时昏昧顽固之心思,以为豫省驱逐外人未遭外衅,何况以施之豫省者转旋于鄂省?加以新军机之意旨不洽东南,各国之要索难于速议,恐必有不遵张制军之命而任意妄为者。豫省有山东江皖之蔽,而武汉为兵舰所能及,东南之约恐难持久,所谓硬翻东南之成约者此也。抑或张制军即能总握兵符,不稍宽假,抚臣如备员,不能翻成约,然本其在豫招匪之素志,不必公然出示也。一省之中必有二三昏昧地方官,趋奉意旨容纵匪徒者。楚汉民风强悍,枭雄世出,益以会匪游勇,所在皆是,稍予容纵,必致蜂然而起,既肇乱事,则外人必来干涉,所谓蠢动楚汉之枭雄者此也。是所谓三可忧者,必有一于此焉,而长江之危即在于此矣。长江危而行在危,全国危。意见不化,变故迭乘,将求偏安而不可得也,可悲也矣!

《中外日报》

[论说] 续论东南之将来

十七日本报有论东南之将来一篇,盖谓东南诸省以立约为暂安之计、互保为抑制之策,未必其无后患也。乃近日静观时局,觉所谓外患者尚在有形无形之间;而所谓内忧者,实已有逐渐而来之势。一征诸命松中丞为苏抚,再征诸命裕中丞为鄂抚,而其故可知矣。盖六月间东南各省立约互保之举,本为政府所深恶。当其时衅端初起,外兵麇至,风声鹤唳,一夕数惊,正值京中官兵、团匪与西人竭力相持之际。端王手握大权矫传诏旨,饬令各疆臣招集团匪与西人为难,日以各该督抚具有天良为言,大有挟天子以令诸侯之意。彼固甚望东南各督抚效其所为,同时发难牵制西兵使之应接不暇,不得专意北事。京中使馆外援既绝,迁延日久,计穷力尽,而彼乃可逞其所为,偿其灭洋之宿愿,其微意然也。幸而东南各督抚力顾大局,熟权利害,于五月二十五日以后之矫诏戒不奉行,复与西官订立约章,保全东南大局,徐图补救北方。在当日权宜办法,盖亦无以逾此。而政府诸公则固已大失所望,衔忿于心,积之既久,斯发之必烈矣。是故近日以松中丞为苏抚,以裕中丞为鄂抚,斯实有深意于其间而阴行其牵制之计,非徒寻常迁调而已。松中丞历任外省,尚无显然不符众望之事,而亦未闻有毅然特立之操。若裕中丞则固著名守旧,深恶新政,观其在豫抚任内纵容团匪、尽毁电杆一端,其平日居心行事已可概见。武昌为江海四冲之地,巡抚有兼综内外之权,以斯人而居斯位,吾未知其所底止也。

呜呼!今之督抚坐拥兼圻,专制一方,文武百官惟命是听,兵马钱粮悉归调遣,比于周之诸侯、唐之节度使。而用一人必具折请旨,行一事必具疏上闻,朝廷以治外之权付之督抚,即以节制督抚之权付之部臣,故督抚平时已事事不得自由,而又同城两大员位均势敌,各不相下。其贤者既有意见不合、互相龃龉之弊,其不肖者则更具朋比为奸、互相容隐之弊。若使一贤一不肖,则不肖者之力常处于有余,而贤者之力常处于不足。故贤者常郁郁不得志,而国家大事亦因之而受其病,驯至于无可挽回,此则督抚同城之极弊,论者所由有酌量变通之议也。然权臣当国则正乐有此牵制,足以广树其党援,故本馆于裕中丞调补鄂抚一事,不必至今而始知之也。政府诸公于东南督抚立约互保之举,岂能一日忘?徒以外患方亟、国势方危,设猝易重臣,或恐变故骤起,资望素浅者必有偾事之虞,而兵饷之接济更无可望,故特迟回隐忍。待至銮舆西幸,目前暂觉无事之际,乃始逐一更置以徐施其牵制之计,而冀夫异日者,或收内外同心之效,此则执政诸公之微意可想而知者也。而东南各省之将来,殆尚有可言者在也。

各地来函:南京

访友来函云:电报督办盛杏荪京卿前因两宫移跸秦中,特委直隶候补道孙观察宝琦前往西安办理电报事宜,以便传达消息。观察奉委后即由上海启行,十五日道经白门,谒见江督刘制军禀陈要务,良久始退,诘朝禀辞就道。

又云:统领武卫先锋左军正任湖北提督张军门春发前随李鉴帅北上勤王,迩以师溃南旋谒见江督,恳请设法安插。制军未允,遂于日前禀辞赴鄂。

又云：江督刘制军商于驻宁英、美两领事，每遇长江商轮抵埠，遣弁登船，严密查拿票匪。盖缘鄂省迩日寄到在逃票会头目像片十余张，请为留心查拿，遇有面貌与像片相同者，拿获后即行就地正法。日前又接鄂督张制军来咨，以该省武备学堂肄业学生流入富有票会，拿获正法者已不乏人，而事发在逃者尚复不少，特寄各逃匪像片前来，咨请饬属协缉务获。刘制军当即通饬所属，严密查拿。

又云：省垣久旱，不独井塘皆枯，即秦淮河亦污秽不堪汲用。惟外河水差堪入口，大家买水，其价遂昂。

又云：省垣迩来忽有在理会匪多人，即拳匪羽党，初在南门外正乙祠，现竟分其党于城中承恩寺开堂放票，而假以为人戒烟为名。北地之祸即系此辈酿成，有地方之责者尚其及早严禁。

闰八月廿二日（10月15日）

《中外日报》

［论说］ 论西人议禁军火运华事

本月十三日伦敦来电，有法国所拟与中国议和条款数事，中一事为以后宜禁药弹、军装出口运与中国，或言俄国已允许而各国尚无定词。查地球立约平等诸国从无限制各国不准售卖军火与一国明文，惟两国战事既成或甲国与乙国战而丙丁等国与甲乙有约者，则各守局外之例暂禁军火不入二国，事平如旧。然今日各国之对中国，所以不论公例而亟亟议此者有二故焉。其一恐中国以野蛮之法戕害西人，其二则亲见马、聂二军之强，多恐难制。观前论似正而后论似偏，前说近公而后说近怯。自记者度之，则以为不必如此也。何者？各国之所以受害于中国者，病在守旧不在自强。故中国而不开化则不独军事而已，即平日通商、传教，种种阻塞不能骤通。中国而果开化则各国不惟喜见中国之自强，而并亟宜以坚船利炮饷遗中国，使其能捍御强邻，镇压内乱。如是而中国安，中国安而外人之商旅于中国者举安，此则英、美、德、法、日本诸国之恒言，以副其主保全、不主分割之素志也。虽然中国之首误也惩于屡败，以为中国之不如西人者不在文化而在战争。当其时合肥当国号称变法，观其初下手处，则惟竞竞焉以购办军械为务，而于一切从容进化容有未遑。善乎德前相毕士马克君之言曰："后二十年日本其兴，中国其衰乎？"每见二国人士之来吾欧洲者殷勤考察，日本则颇究学术，中国则专重枪炮。后二十年而毕相之言果验。因斯以谈，则西人之在中国欲辅助其君民以成善治，而因以求长久之安，则不在禁军火而在于开风气。中国之风气闭塞极矣，八股既复而学校殆空，诽谤论罪而报纸有禁，近日严办会党所株连者多游学外洋及考究西学之人。如此则中国人虽至愚，亦孰敢于开化而乐于求死？为中国计，为外人计，诚莫如趁此议和要以变法，如废科举，设学堂，开报馆，广译局，皆立专条，务在实办，仍复多派通人遍历内地，细察会党，多接士类，而因以广学业，通游宴，十年之后中国可安，天下少事。以四百州进步为二十周太平，不亦善乎，不亦善乎！比于以钳制、任权术、用压服、夸富强者,何去何从?孰得孰失?西国不乏明理识时之士,幸能辨之。

各地来函:天津

访友来函云:自拳匪作乱,河东盐坨一带竟作战场。刻届秋运之期,盐纲中人意欲禀请都统发给执照,以便照旧开码运盐,接济民食。并闻运台杨艺芳都转不日来津,与众通纲一并料理云。

又云:探得易州、涞水等处所有拳匪自大兵败北时即已溃散,而茂州一带仍复抗拒官军,抢掠商客。月初被吕道生军门带领淮练各营将茂州拳匪各行剿灭。

又云:京中所驻联军因食水不洁染疫者甚多,京津医院施治难周。有将英、日两国军士之患病者皆载往日本横滨、神户、长崎等处医院调治之说。

又云:闻保定府所辖之赵北口地方拳匪甚炽,屡经官军剿办,未经敉平。现在该处居民死亡逃散者不可胜数。

又云:青县所属拳匪亦甚猖獗,虽有民团弹压,竟敢(持)[恃]众抗拒。

又云:静海县属唐官屯地方拳匪闻知德兵将至,遂将该处富户及当铺等抢掠一空,携物逃逸。

上海:照会照录

昨在西友处觅得关道余观察照会租界领袖、领事稿一纸,兹特照录于下:

为照会事。本月十四日有英、德、法三国派兵在东北各城门及日晖港、徐家汇等处结队,持械往来,侦探又拦阻华兵巡哨等情,业经本道照会贵领袖、总领事,请转致各国驻沪总领事查明转饬禁阻在案。本道复查本年六月初一日会订东南保护章程,迄今数月,互相遵守,皆费苦心。原议有彼此保护、各不相扰一条,本道又叠奉南洋大臣刘饬守界务之谕。除遵谕及立约严防匪类外,并饬各营弁约束该营兵丁毋得游行租界以内,所以符租界定章与保护条议也。租界内外相待本系一体,中国地方官不能令华兵入界内,该带兵官亦不能令洋兵出界外。现在沪上民情甫定,华兵防范,匪胆已寒。乃该带兵官业经贵领袖、总领事照会,本道核夺在先,忽而率兵出界数里,日操夜巡,充其可到之处,何所底止?是既伏商民无故疑惧之患,尤启匪徒轻视华兵之心,风声传播,远近动摇,为害甚大。况查华兵向来操演皆远离界限,以示不惊,今若仿照洋兵举动亦往附近界地游行,抑或两项兵丁途遇争持滋生事故,则本道虽始终支撑成约,又焉能当此重肩?事关保护大局,相应照会。为此照会贵领袖、总领事,请烦转致各国驻沪总领事查明,转饬各带兵官,嗣后务须坚守约章,禁止该管兵丁出界游行。是为至要,须至照会者。

北京:军事丛谈

前月中旬,日本军中忽闻有华兵蓝旗旂来袭之报,即派陆军一队前往拒敌,则敌已退散不见形影。

去北京西北三里之间有华民千余户,在该处关帝庙内高扬大日本顺民等旗帜。前月十号，有俄军二大队撤退北京。

前月十一号，日军于清河米仓内得米十万余石。驻在北京之俄军近来渐行退去，天津各处有逗留拳匪曰洋鬼已衰，乘此可一击之。(连)[联]军闻之，警戒益严。

前月十二号，逐黄村之小敌。其追击队以日、法两军当之。日军派出步兵第四十一联队第一大队，英、美两军亦派一队以资援助，直至占据黄村停车场。见敌兵共约二百名，死者五十名，余均四散。

前月十五号，南方庞谷庄地方约有团匪五六百人，日军即派一队往讨，毙其二十名，余均四散。

清河地方土人以牛羊豕出卖者最多，大约牛一头需洋五十元，羊八九元，豕九元，皆由沙河运来贩卖者。

距北京城四里万寿山附近村落，日前有团匪约二千余人潜匿该处，日军即遣一大队前往剿办。先日，已有英、德、法三国兵队在该地方之东、西、南三面围攻云。

前月十七号，闻有法兵一万■千及车马等物抵天津。庆王之受命来京也，端王、刚毅迫令交出其子以为质云。

俄国公使于前月二十九号迁至天津，北京则留大佐所统率之大队一队，即于当日通告日本公使。

俄军于前月二十号与法、奥二国兵队共击北塘，二十一日击芦台，遂占之。黄村附近地方之兵卒不知所往，后于前月二十三号寻得尸骸。该处团匪愈见聚集，故于二十五日率步兵一大队、炮二门前往剿办。

九月三十号，日本驻天津日根野大尉所统率之步兵中队二队向山海关进发，当时并有兵站司令部偕行。

闻华德司统帅约一礼拜内来京。

《申报》

书本月十六日《申报》所登摘叙自立会匪逆乱确据示后

自来流寇之乱，未有不以忠义自居者。唐之徐敬业、明之李自成，伪檄流传，未尝不词严义正。实则安有所谓忠义？惟是杀人据地、非分妄干已耳。奈何愚民惑之，甘心附逆，燎原之势遂致一发难收。噫吁嘻！同是食毛践土之人，何昧于顺逆竟若此哉？逆犯康有为之起事也，托名奉皇上力行新政，尽除守旧之党，以期国富兵强。此犹敬业之讨则天，自成之锄马阮，义非不正，词非不严。噫！其亦知包藏祸心。究其实，无非暗中窥窃神器乎！初不料，始惟迂儒信之，继且妄人信之，迨至遁迹外洋，而洋人亦信之。以致党祸朋兴，纠成自立之会，私置伪营务处，购求枪炮，招募成军，刊发关防，分派职事，直至汉皋事败，唐、郑伏诛，窟穴穷搜，逆迹昭著，始知长江一带所售富有匪票，类皆若辈所为。幸南皮张公果毅精明，杀之无赦。否则，涓流星火，四出蔓延。纵不致如敬业、自成毒延天下，而洪、杨诸粤寇前车之鉴非遥，锄而平之，不又将费尽各省兵力乎？夫洪、杨诸流寇，初惟悍贼三五辈作乱于桂省金田村，犹且煽祸十余年，沦陷名城以数百计。今自立会匪暗纠湘鄂诸桀黠，以上海为总粮台，订定武汉诸名区同时起事，私立国号，指派各军，迹其声势之雄且十百倍于洪、杨诸流寇。而其伪通饬内明言:"焚毁衙署,占踞城池,劫掠局库,焚戮三日,然后封刀。"种种凶恶情形,较之洪、杨诸流寇殆有甚焉。以若所为,而犹谓奉皇上力行新政,尽除守旧之党,以期国富兵强,其谁信之?而胡为甘心从逆之人犹大言炎炎,自居新党,依草附木,恣其狡谋,甚至监司大员水天清望,亦复阴相勾结,自蹈刑章。噫!岂若辈果全无心肝者耶?曷为而竟甘于去顺效逆也?

今者唐、邓诸首逆已次第明正典刑矣。康、梁诸叛犯遁迹海外,洋人亦已渐识其心存作乱,不复愿作护符矣。张、刘诸巨公捕治党人不遗余力,虽有遗孽,未必敢重肆鸱张矣。虽僻壤遐陬尚有私售富有匪票者,谅只骗钱果腹,目前当不致祸乱重兴。所可患者,沪上一隅仍不少若辈羽翼,欲缉捕,则格于租界之例,必致龃龉丛生;苟纵之,则日后死灰复燃,仍不免潜谋不轨。夫外人岂真好为庇护哉?不过西例有哀矜国事犯之说,故不得不全其性命,使之残喘苟延耳。须知若辈非真因国事而犯刑章,不过如大刀会、哥老会、红灯会之流,纠集亡命之徒,恣行不法。此次幸得先时破获,若竟酿成巨乱,则洋人财产亦必毁坏一空。然则彼所谓保护洋教、洋商者,岂果由衷之语哉?无非欲洋人误信其说,得免协力捕除耳。总而言之,若辈虽以奉行维新之政为口头禅,然其种种凶谋实与拳匪无异。拳匪亦自称忠义,惟蠢如鹿豕,明以殄灭洋人为宗旨,致洋人衔之刺骨,常存灭此朝食之心。若辈则反其道以行之,时时依附洋人,故洋人不疑其有隐谋,而反欲曲为袒护。试思若辈果克期谋叛,则戎马仓黄之际,洋人身家性命果能一一保全乎?夫洋人之通商于中华也,久以长江为利薮。匪乱一起,则沿长江各埠洋行必致闭户,洋船亦且停轮,所耗已多,保于何有?兹者张、于二帅既将若辈逆乱确据出示周知,谅已照会洋员,历述其谋逆巅末,所愿此后洋人咸晓。然于康、梁之实为巨憝,唐、邓之实为祸魁,余党之匿迹洋场者,日后必贻隐患。及早不分畛域,中外合力搜查,有犯必惩,毋稍纵庇,庶华人安而洋人亦安,转祸为福之机在此一举。否则,长江一带今虽幸获敉平,而粤逆孙文又将起事。天荆地棘,在在堪虞。不特华人无安堵之时,即洋人懋迁有无,亦且多所损失矣。流寇之祸,不将烈于敬业、自成哉?

闰八月廿四日(10 月 17 日)

《申报》

论俄人之残虐

俄人之残虐,不自今日始也。徐松龛《瀛寰志略》谓:俄用刑最酷。《万国史记》谓:俄主宜万第四,性严厉,以峻法治下,晚年益酷,戮臣民数万,群下畏而从之,亦有离畔者。今俄国蜡人院,塑其前代肉刑,如犁舌、刳腹、劓鼻、刖足之类,种种惨毒,不忍逼视。澄江缪柚岑主政游历俄京圣彼得罗保时,曾亲见之。盖其人秉恣睢暴戾之性,以慈祥为迂阔,以杀戮为豪迈。上下相习,酿为风俗,历年虽久,而其风曾不稍衰。此次中国北方衅起,拳匪激成民教相仇之祸。大沽炮台既陷,津沽一带遂变为战场。凡华人之在租界内外者,遇各国兵士虽难免搜查之苦，而未必遽以锋镝相加。若一遇俄兵，则或被刀伤，或被枪击，男女老幼，无一幸全。白河上下，骸骨漂流，几难辨别，伤心惨目，有如是耶！迨乎黑龙江将军寿山在东三省与俄开衅，华人之遭其屠戮者，阅海参崴某报所载，珲春数以千计，爱珲兵民之被惨杀者不下数千人。贝加尔湖畔有一小村落曰耶古西者，村民千余人被俄兵掳去，余亦良莠不分，概遭杀戮。是处本有华商三千余人，逸出者仅五十余名。又有永和栈者，山东帮巨擘也。变起之后，仅某姓父子纳资数万金得全性命，其伙友二十五人被杀无遗。精奇里沿岸有二村被俄兵纵火焚烧，化为焦土。俄帅戳来婆私欺氏曾明白宣示，谓华官纵令拳匪戕害外人，故俄人为此以报大仇。呜呼！何其残虐不仁，惨无天日，竟一至于此哉！

夫此次中国北省之祸，固由二三执政纵容乱民，横挑强邻之衅，不自量力，亦何待言？然咎在在廷诸臣，而于民无与也。即乱民恃其邪术，纠集党类，与外人为难，上贻君父之忧，下为身家之害，揆其情罪，固宜加以严诛，然与良民仍无与也。今乃玉石萧兰，概无分别，任情杀戮，快意一时。是虽黄巢、张献忠之流，残酷亦不过如此。而谓自诩地球文明之国，竟亦效若辈之所为耶？虽然，吾观于此，益不能不痛心疾首于在廷诸臣矣。盖俄人乘居高临下之势，挟长驾远驭之才，又济之以沈鸷阴狠、坚忍果敢之志气，时思伺隙而动，逞其雄心。使在廷诸臣奋发有为，力祛积习，导民以新法、新理，俾蚩蚩者咸晓然于国势之不可不振，国耻之不可不雪，而又时时以公法自处，无丝毫失礼于列邦。则俄虽包藏祸心，亦断不能突起衅端，违众而独为戎首。中国得于此时休养生息，徐图振兴，自可以转弱为强，俾祸患消弭于不觉。今计不出此，无端搆衅，激怒列邦，以致不数月间，京阙为墟，乘舆播越。若辈虽受朝廷之严谴，为后世所讥评，自作之愆曾何足惜？而外人因此得以成其诡计，瓜分谬说昌言于大庭广众之中，而北省居民更被虎狼之俄尽情屠戮。嗟乎！下民何辜，遭此惨酷？推原祸始，非执政之咎，而谁任其咎耶？嗟人谋之不臧，冀天心之悔祸。书至此，不禁深慨俄人之上干天和，尤慨诸巨公之以民命为儿戏，而不能计出万全也。呜呼！噫嘻！

照录湖广督宪张香帅通饬缉匪拿自立会富有票札

湖广总督部堂张为严密拿办事：照得沿江沿海一带现有自立会匪，在汉口创立中国国会分会。其总会设在上海，其会名曰自立会，其军名曰自立军，散放富有票，勾煽各处哥老会匪，纠众谋逆，定期起事。当在汉口地方李慎德堂及宝顺里内，拿获两湖分会总匪首唐才常、匪首林圭、李虎生等二十余名。当时在唐才常寓所起获军械、火药、伪印、伪札、伪示、富有票多张及入会各匪姓名簿。购买洋枪刀械，雇募奸细，分往各城各营各局充当内应，月支薪水、招募会匪等项用款簿，各省匪党往来逆信，皆在唐才常寓所屋内搜获。并同时在汉口、汉阳拿获同伙谋逆之哥老会匪首瞿河清、向联升等，发交营务处司道、武昌府江夏县公同审讯。该匪等供认开设自立会、勾结哥老会、散放富有票、同伙谋逆不讳。当即将该匪首唐才常等正法示儆，旋在嘉鱼县拿获匪党蒋帼才，审实正法。当经将唐、蒋两匪处搜获之富有票及各匪逆书姓名单及供出各匪姓名密咨湘省，并通饬鄂省，密拿在案。查此项自立会匪唐才常等计谋凶狡，党伙纷繁，其同谋勾结之人各省皆有，其购械募匪之款，查簿内已用银将及万元。

事发后一两日，尚有人向李慎德堂投递匪党逆信，经税务司、邮政局及委员拿获数起。

其伪札有曰:指定东南各行省为新造自立之国。其华洋文规条内有曰:不认满洲一朝为国家。其印文曰:中国国会督办南部各省总会。又曰:中国国会督办南部各路军务处关防。又曰:统带中国国会自立军中左右等营关防。其唐才常身边小篋内搜出规条,有曰"焚毁各衙署,劫掠局库,占踞城池,焚戮三日,封刀安民"等语。唐才常等到案一一供认不讳,并据供称总会在上海等语。至其平空造言,捏诬狂吠,诋毁两宫,悖逆凶悍,笔不忍书,令人发指。且此项自立会匪大头目多系文人,尤为可骇可恨。其匪党往来书信逆谋,大指因北方有警,乘此煽动沿江沿海各省各种会匪土匪纷起作乱,叛国害民,以自立为名号,以焚戮劫掠为条规,以富有票为引诱,意欲使天下人心同时摇动,天下民生同时糜烂,实为凶悖已极。查该会匪所招纳勾结者,皆系哥老会匪及红教会匪。此各种会匪向来皆专以灭洋为名,以仇教为事,以劫掠焚杀为生。现据蒋幗才供:该匪山头,意在灭洋。今该自立会匪用为党羽,假使此辈得志,必致各省大乱,涂炭生灵,中西商民同罹其害。是该会匪等不过欲效发捻所为,希冀非常富贵。乃该匪首等舞弄笔墨,逞其诡辩,粉饰逆迹,诳诱少年之文士,鼓动无知之愚民,尤为可恶。

又查伪札有云:本国会深懔危亡等语。不知时事虽棘,上下同心,力图振作,尚可勉筹补救之方;若该会匪各省蜂起,则中国真将有危亡之势矣。该会匪明明乱国,而反托名保国。试思该会匪既已公然自立,不认国家,不知将置我皇上于何地?海内海外明理晓事之人甚多,岂能尽为此辈会匪所欺乎?近日,安徽大通焚掠惨杀之会匪,湖南沅潭焚劫惨杀之会匪,湖北新堤、蒲圻、嘉鱼劫掠之会匪,查其伪示、逆信、票据,皆即系自立会匪之同伙。领有富有票者,所为其合伙约期,济械助费,分据地方,安排接应,均系确有实据。试问外国国会,岂此等会匪之所可冒充乎?

查李慎德堂前门在英租界之内,当日查拿各匪之时,系由英领事签字派巡捕协同往拿。当场眼同起获各种谋逆作乱器械凭据,华洋人等众目共睹。因此各国领事皆深知此辈实系与哥老会合伙为匪,必应查拿,以免扰害地方。各国领事因予一公同签字之据,以后查有匪徒藏匿租界,即可往拿。若唐才常等非真正乱匪,安能如此办理乎?此单所开之匪首乃系国会驻汉分会,现在湖北、湖南起事叛乱者。此外,沿江沿海各省皆有分会,其往来于上海者尤多,应由各省自行查拿。兹将先后查出、供出紧要各匪首姓名,无论前次咨札已载未载,统行开单,分咨各省,并通饬湖北各属查照单开各匪,一体严密查拿,务获惩办,以惩乱逆而安大局。再据唐才常供出同谋之人甚多,凡尚未查出实据者,本部堂概不株连。果能从此悔悟,尚可勉为善人良士。其军民人等误领富有票者,准其向地方官司、营局、团绅首事缴票销毁,即免追究,予以自新。除分咨各省督部堂抚部院外,合亟抄单札行。札到,该员即便遵照,毋违此札。

闰八月廿五日(10月18日)

《新闻报》

梅军剿匪详函

近接本月十五日沧州剿匪详函云:梅东益军门统领袁抚之军,屯于东省之北以防直省团匪窜境,计自八月起与团匪相战不下十四次,仅败两次。现闻团匪已较前增至五倍之数,定欲杀入东省。无奈梅军门拒守如故,与战大败。当十五日匪目陈姓纠党五千并有东省团匪联合,与梅军战于沧州之野,统计匪数已逾一万二千之众,梅军不过八千名。由梅军门先留兵二千名守城,一千五百名带同大炮埋伏城外,然后率兵四千名迎敌,自晨以至日仄,始将团匪左翼挫动。匪党支持不住,似有溃散之势,军门即招呼伏兵一千五百名出攻两翼。团匪猝不及防,遂溃乱向西北窜逃,至半途又为梅军伏兵所阻,前后夹攻,几将团匪全数杀尽。时陈姓匪目方统左翼,忽见中右两翼存兵仅有三百人,知势不敌,亦欲潜逃,奈追兵已近,不得已回身复战,当为梅军炮队斩馘无遗,并将陈匪首级取回,号令沧州城上。是役也,统计杀死匪党六千名,大半皆系津人,而梅军所失仅三百人,所伤亦仅六百名。至是日,战事起点之由,因有东省团匪窜扰直省,事败逃回,竟为袁军所(助)[阻],不使一匪入境。故团匪有此大举,冀图报复,又遭此败云。

《中国旬报》第二十六期

存疑:邪会又起述函

威海卫友来信云:中国会党之多,如红灯、大刀等名目见于各报者已不一而足。乃近日又有名红线会者,凡党皆系幼童,甫于北省乱后得名。相传该会来由,因有一西人不知何时污辱中国圣庙,触犯圣怒,感化幼童四十九人,于庙中留宿一宵,授以道术后遂游弋天津。能抛红线于高屋中毁人房屋,会中著有一书混述韩子孔氏之学,并杂《西游记》等谎说,谓人习之能使枪刀不入云。

闰八月廿六日(10月19日)

《新闻报》

论俄、德之关系中国

自联军誓师北上,踞大沽,夺天津,陷北京,中外之人咸(属)[瞩]目此番战衅,将于英、美、俄、德、法、日六国观其向背也。顾其间心志有不齐,举动有殊异者,大抵英、美、日三国相亲,俄、德、法三国相亲。就其中再分观之,惟俄与德于今日和战之局最有关系者也。联军入京后,俄人倡议撤退京兵,各国意见各别,致美国有拟与中国另议之说。盖俄人于车路觊觎久矣,暗与德兵私约攻夺塘沽炮台。既而得之,俄又弃德不顾而独据其车路,且占唐山之煤矿焉。当是时,联军本欲前往阻俄,为英军迟滞,故不及。自是俄复夺据山海关,着着争先。联军俱有心不能甘之势,而卒无如之何者,以北省俄之兵力较厚耳,且夫俄之谋亦狡矣哉。曩者中日罢战,东三省将割与日本,俄邀德、法二国出为梗阻,自是俄、德、法之情愈亲。其阴谋深算,各国皆入其牢笼。与英订约,而东三省之地入其掌握矣;与华订约,而铁路、矿产之地得其利益矣;与韩订约,而韩之内政归其主持,俨然以藩属视韩矣。凡与人约,无不利归于己。今又传闻与德密约之说,盖一则假仁义而言退兵,一则挟权力而言报复,似有意互相呼应者,且其所谓退兵,亦调往满洲以厚兵力,为攻取东三省之计。彼素怀囊括席卷之志,抚有蒙古、满洲各部,自谂西伯利亚铁路未成、海参威水师未备,非图取东三省不能称雄于北,故声称如满洲另与俄人开边衅,当另行议结,不能与京津之联军相提并论,其注意东三省可得而见矣。况占据唐山、北塘、山海关已为独得之利,则其并吞之志又可得而知矣。然而其胆怯联军之心,犹不敢公然鸱张者,以南方诸省尚不暇兼顾,因令德密应之。

前者德尝声言矣,中国如不将拳匪首领交出,定另行议办云云,故兵舰驶抵淞口,遂为各国所(属)[瞩]目。其于俄,非所谓相应相求联为一气乎?而或者昧昧,犹谓德之此番与中国为难者,系因公使被杀、忿气难平之故。不知德之狡然思逞以启封疆,虎视眈眈久欲鲸吞中国,胶州之占不过教案之微,矧今有此公使被害之隙乎?夫德之称雄者恃在陆军,若海岸则无多也。乃今则力张水师,不惜巨费。其在华海舰队几与英国齐躯,则其志亦正自可畏。嗟乎!中国今日和战之局最关紧要者,惟俄与德也。独是俄、德亦不能独得志于中国,设使机谋败露,不恤人言,各国亦必厚集雄师与俄力战,以求利益之均沾。俄、德不能独享中国,即不能久安。将见水战、陆战,皆将以中国为战场矣。吾既为中国指陈俄、德之利害,吾尤劝俄、德更易其吞噬之雄心。大抵以商务胜人者,可大而可久。以兵力胜人者,气之胜,难为继。英之在中国商务繁盛,故能雄冠诸邦。德虽逊于英,然德货之消流华地者日益繁,德船之往来华海者日益众,其商务发达迅速绝伦,甚可造也。即俄虽商业希罕,然果能于东三省讲求通商而不逞虎狼之志,亦为全球之福。奈何阴谋深算层出不穷而为各国所疑,隐酿成他日战祸哉?

《中外日报》

警信一百二十五志

探得李傅相实于十八日到京。

闻东抚袁中丞日前电告各督抚云:"端王等虽奉旨严加议处,现仍入值如常。"

闻荣中堂陈请陛见之故,实因各国均不认为全权大臣,故为此脱身之计。

闻昨日有人得电,言刚中堂已经逝世,惟是否病卒,抑系自尽,则尚未详。

程提督文炳节制两江、闽浙各军,前由颍州启程,于闰月初行抵开封,现已驰抵潼关驻扎,并札催闽浙入卫各军迅速驰赴潼关。

闻各国政府拟照会东南各督抚截留军饷。

得营口友人专函:言寿将军已于兵败后愧愤自尽。

接济南来电云:该府所辖济阳县于十八日忽有土匪起事,知县某大令被戕。该县距省城仅九十里,颇为戒严。

又探得山东东昌府有大刀会匪多人,焚毁教堂,势甚猖獗,曹州府属各匪同时响应。德州一带乱势更急,居民十迁八九。

探得陈廉访泽霖所统武卫先锋右军各营由北南下,早抵宿迁。近闻陈奉有廷寄,令将部下各军裁汰五营。军士闻信咸向陈索前在天津攻克某地之赏银三万两,大为鼓噪,几有兵变之势。

纪辽阳失守事

昨得营口友人专函云:闻得辽阳之防兵日来与俄人交哄。华兵分三队以进,前锋枪铳,中权马矛,后劲则殿以炮队,以次进攻。俄兵奋击,势甚猛厉,枪林弹雨,一往莫御。致华兵前队纷纷溃北,中权方拟继进接应,乃后劲之炮队忽开巨炮轰击,在前之华兵猝不及避,以致玉石俱碎。久之,前中两队俱披靡四散,而炮队亦独力难支,弃炮奔逸,枪械炮位俱为敌得。而俄兵乘胜直抵辽阳城下,见城门洞辟,恐有诈未敢遽入,置炮高阜向城内遥击之。炮丸电掣,弹雨横飞,城中居民猝罹此厄,举止皆乖。该州官当闻炮声,不胜惊讶,方欲着人往探,旋据报华兵败北,城门已开,俄兵已抵城下。该州官知事不可为,乃派兵二百五十余名往闭城门,并在城垣高竖旌旗用张声势,复帅兵弁二百余名亲拟登城据守。讵炮弹落处烈焰飞腾,商民东奔西窜,填满街衢。该州官当欲回署,而城中各铺家已纷纷被劫,变乱殊甚。旋闻衙署亦被城中无赖攻入。俄兵遥见城陴有兵,当即撤兵十余里遥困之。旋见城门复开,城中商民纷纷奔避,城门拥挤已甚,伤者无算,互相践踏。该州官乃帅兵弁出城,不知所之。次日俄人探闻城中无兵,遂进据焉。

闰八月廿七日(10 月 20 日)

《中外日报》

各地来函:天津

访友来函云:闻驻京之某兵官近将太庙木主八尊运回本国博物院。

又云:顷闻河间府属献县境内义和拳匪复起,猖獗异常。该处富户及教民等无不遭其惨害。昨日已经各国联军派兵由水路前往剿办。

又云:驻京各国联军统帅于上月杪齐集英国使署,互议占据内城之事。咸谓内城宜画归列国分域,独日本统帅不以为然,云此系两宫兴居之处,供奉列祖列宗神位,断不可轻易干犯,应视为中立地以示恭敬。刻当奏请本国朝廷,俟旨下再定行止,诸统帅乃握别而散。

又云:上月二十五日,日本统帅派出步兵一大队、骑兵一小队望馒头村进发,旋即兜围八大寺,将团匪余孽尽力扫除。德国统帅则另派步兵三大队,携带大炮六尊进剿涿州左近。盖以京师西北方良乡县境亦有拳匪啸聚其间也。同日侦知黑娘房、庞各村等处有拳匪二百名,四出扰攘。日帅因派驻守黄村之兵前往攻之,击毙拳匪二十四名,日兵并无伤者。

又云:自团匪肇乱,钞关书吏人等已相继逃散。现由都统衙门委广西人卢君云裳专理其事,外有司事六人相与商酌办理。

又云:署理天津镇徐总戎等,日前在安肃地方率队与拳匪接仗。时适陕西勤王队道经是处,拳匪疑系后路,乘其不备两下混战,致统领严观察枪伤左腿,并伤亡马队魏管带一员、各营正副哨官十三员,兵丁共失七百六十三名。初二日该统领带伤亲率所部赴安肃西乡方胜桥地方与匪复战,该处防军亦来助剿。约三时许匪党不支,概向保定大道窜去,阵斩匪党四百余人,擒获九名,旋交安肃县钉镣收押,俟电禀陕抚再办。

又云:十九日早有德国马步军约数千名,分水陆二路,开往保定一带剿办拳匪。

又云:驻扎独流镇洋兵在该处沿河设浮桥三座,于前日发兵一队往静属当城一带搜拿拳匪,闻已于十六日将当城焚毁。

纪东三省近事

昨得营口友人专函云:东三省将与俄开衅时,俄将见寿军帅云,中俄和好已历二百年,不应遽尔启衅,军帅伪诺之。俄将退,寿即传令开炮,杀毙俄国兵弁二百余人。俄因进兵东三省,华人遂惨遭杀戮之祸。

奉天将军某尝电告寿军帅云:奉天已定计与俄战,应请协力御侮。军帅得电大喜,遂决意开战。

俄兵攻克某处时,有某副都统迎之。俄将云:君可将所治加意管辖,吾国得三省后仍烦尔治理。

寿军帅轻率开衅,及兵屡败,自知不了,服生鸦片不死,乃入棺中命诸仆发枪击之。仆不敢,则大骂曰:“汝辈何无良心如此?我命汝辈作事乃敢不遵!”诸仆不得已乃发枪,一子入腹中,呼曰:“尚未觉,速再发!”再发洞胸,不复语。诸仆乃相顾曰:“既如此,宜速令气绝。”复发一枪始毙。

当寿军帅启衅之初,有爱珲电局总办奏调知县屠敬山大令发一电谏阻,洋洋二千言。寿大怒,意欲杀之。屠诡辞走去,中途寿电属副都统松某留之。松伪对曰:“屠未至此,恐由他道去。”屠于是得脱,走入山西云。

又有分部郎中黄黼臣部郎者,亦上书寿军帅,力言不宜与俄人轻易启衅。寿怒召之入署,闭诸空屋中,自掌其颊数十下,复欲杀之,经多人力救始得免,黄旋即逸去。

俄国于东三省地方所杀满汉人约计若干万。其杀之之法不用枪打,辄以兵器若斧者劈之,应手而倒,或以枪上之刀捌其腹,更以刀断其气管。在黑河之华人约八千名,俄兵蹴之入江,狂奔得脱者才三四十人。

山东:团匪情形

江督刘岘帅近得电云:自联军往保定府后,北省团匪俱被驱至山东边界,因此山东团匪伏而未发者有意起事,藉分袁中丞兵势,以冀北省团匪得以乘间南下。山东边界经袁兵设防甚固,不易侵犯,故团匪辈为此等计也。

闻西十月十一号即十八日,山东济阳县乱党起事,济阳县知县被戕。查济阳县系济南府属,与省城相距三十英里。

西十月十三号即二十日,东昌府忽有团匪党羽起事,某教堂被焚。同时曹州府某县亦有乱党。德州居民因之大恐,各州县人民弃城而逃者甚多。以上译西十月二十号即本月念七日《字林西报》。

《申报》

书两湖总督张香帅通饬缉匪札示后

呜呼!世变至今日,可谓已极矣。义和拳匪不过如奸民之惑众、乱民之抢劫耳。而政府惑之,疆吏容之,致成内外交哄之局。宫寝震惊,翠华西幸,和议至今未成,干戈至今未息。调兵筹饷,疆吏昕夕不遑。鹤唳风声,草野人心不定。海内有识之士无不叹息,痛恨于前山东巡抚毓贤纵容拳匪,酿成大祸。夫拳匪始起于山左,使毓贤访悉后立即严禁,则尔时匪势未张,不难冰消瓦解。乃非徒不禁,而且视为义民,遂致星火燎原,涓流成海。噫吁嘻!毓贤之罪尚可逭耶?然犹幸匪势猖獗时,各省疆吏镇静民心,严防匪类,东南半壁得保安全。苟似毓贤之缪戾昏庸,必至各省乱民揭竿蜂起,时局岌岌,更觉可虞。而疆吏中识力之坚定者,东省则袁慰庭中丞,当拳匪窜入顺直,中丞能使山东全省无一拳匪踪迹,非有过人之才、过人之智,曷克臻此?乃东省愚民今尚怨恨中丞,以为暗助洋人,阻遏团匪之势。殊不知东省之得免蹂躏锋镝者,皆中丞有以保全之也。而竟尚为此暗无天日之言,是真愚之又愚者矣。然在稍有知识者,则无不知中丞之顾全大局,而深佩中丞之才、中丞之智也。

南省则有两江总督刘岘帅与两湖总督张香帅,扼长江之锁钥。拳匪事起,即以辑睦西人、保护长江为宗旨。当时非无议之者,以为二帅但顾一面,若置北事于不问,忠君爱国者恐未必若是。而二帅不为浮议所动,于是南省得获安全。不仅人民受其福,即现在两宫西幸,凡一切筹饷调兵及供奉上方服物得以陆续济解者,大半皆借东南财力。使二帅■■(卤)[鲁]莽之见,一任当时政府之转移,恐沿江各省一如顺直之乱矣。北省兵氛未必能熄,而南省干戈一起,地方必致糜烂,虽尚有边省供应,岂能如南省之充裕乎?是知二帅之顾全大局,非庸愚一流所能窥测也。而鄙人尤佩服者,则在此次香帅办理票匪之明决。或谓票匪大半皆文学之士,不过舞文弄墨,簧鼓群愚,断不能成大事。然以拳匪之蠢愚,犹且扰乱于北省。若票匪中不少知名之士,其蓄谋较拳匪为深,设计较拳匪为毒,布置较拳匪为密,勾结较拳匪为广。虽观其票中之词不经可笑,若与拳匪无异者,不知其欲勾引匪类,为下等人说法,不得不为此鄙俚之语也。幸天网恢恢,羽翼未成,即为香帅访悉,如风驰电掣,顷刻成擒。而又通饬严缉,去恶务尽。俾漏网之匪,无可藏匿,剪除乱端之道,不当如是耶?说者谓匪首已得,香帅未免苛求。不知香帅所通饬拘拿者,皆有实据,初非任意株连。况札文已明白晓谕,如误领匪票者,准予投票免究。可知此次访拿诸逆党,亦香帅不得已之所为也。故人咸谓香帅此举不无伤残吾士类,而吾则谓香帅正所以保全士类。盖不予严究,恐识见谬妄之士尚将执迷不误,扬康、梁二逆之余波,是他日之撄显戮者,奚止今日饬缉之数耶?乌得以疑其株累而以法重訾之?

闰八月廿八日(10 月 21 日)

《新闻报》

论匪乱由于和局不成

先王之养民也,士、农、工、商各畀以业,故民得其养而各安其所焉。若今之民,得养者几何哉?是故曰土棍、曰地痞、曰流氓、曰土匪,种类甚多,民风日坏。而推抉其由,民之好乱者半,民之失养者亦半,其旧有之土棍、地痞、流氓、土匪,已难防难制矣。而新有之土棍、地痞、流氓、土匪及将来之土棍、地痞、流氓、土匪,有见多而不见少者,请得而抉其由焉。一在逃兵溃勇。愿充中国仓卒之兵者,大半皆游手好闲之辈,其或素为盗贼,或素为不肖,或烟瘾极重,或赌博无常。此等人平日在乡里本系无赖,一旦遣散,彼无所事事,稍良者寻觅生业,不良者日入下流。即所召募者半系耕农半系有业,而当遣散以后,有业者亦不复可寻,有田者或早变卖矣,此近日应有之土棍、地痞、流氓、土匪也。一在失业之人。自北乱不平,南省商务疲坏,行店闭歇,贸易亏折,本年岁暮必有不能支持之处停贸停工,失业之人不知凡几。其复能寻得生业者不过十之三四,其十之五六则皆失业,而必有十之一二习为不肖,此又近日应有之土棍、地痞、流氓、土匪也。一在无食之人。本年秋收各处尚不至荒歉,第自北省大乱,灾民流离,其间不尽安分守己。有结队成群趁势抢掠,有扶老挈幼骚扰闾阎,始则逃离,继则以食人之食习为故,然又以劫人之财视为无忌,此又近日应有之土棍、地痞、流氓、土匪也。一在结仇之人。康有为、孙文诸人,或散富有票,或立三合会,多招敢死之士谋反。其所以如此者,因中朝欲杀之不赦,故彼等家无所归,惟有谋反。今又密拿新党,罗致无穷。试问此辈怨毒已深,岂有不思发泄之理?以致招集会党、网罗大盗而举国若狂。若将归之武昌事虽未起,广东则继而起衅矣,此又近日应有之土棍、地痞、流氓、土匪也。一在无归之人。铁路之工人、黄河之工人、制造厂之工人以及盐漕各项差役,不知凡几。商务既坏,国帑既空,钜工不得不停,盐漕杂项必多裁撤,民之无所依恃者怅怅然如遇迷途,愤愤然欲图变计,加以强有力者平日不治生产,不知稼穑,至此必将谋乱。此又近日应有之土棍、地痞、流氓、土匪也。

然且曰:但使西兵不攻我逼我,则尚可厚集兵力,抵制内乱,防范内乱。又且曰:今幸有西兵到处弹压,我正好借此以驱逐内乱。不知西兵只能布满通商口岸,其内地深险丛复,西兵亦不能尽到,是中国外有西兵之患,内仍有匪徒之患矣。且西兵即称代为剿匪,而匪徒在内地系熟地,西兵在内地系生地。匪徒不敢近西兵,然逃窜之计甚长,西兵未到之区，彼尽情劫掠，盘踞不去，西兵一到彼又遁而之他。所过村尽为墟，民不堪命。况远方邻邑闻风虚惊，已有不可终日之势。一处匪徒起事，各处皆响应。官兵始犹努力痛剿，继以兵饷支绌，遂亦无心出力，加以有时兵势不敌匪势，又利于抢掠，久亦变而为匪矣。当斯时，匪乱到处皆是，民不能一日安居，商不能一日安市。西兵虽占据各口岸，而劳师糜饷，久驻战场之地，一望烽烟，固亦甚无益也。故为中国计，此时不可不早定和局。为西国计，此时亦不可不早定和局。何也？和局一日不定，华兵或则勤王，或则入卫。华官虽不敢敌西兵，究不敢不防备。又各处口岸不无多派营伍，兵力太分，剿匪之力则不充矣。若和局早定，中国一面力行新政，一面正好专用兵力剿匪，不及剿之半而已可解散矣。又各钜工复兴，而解散者有归矣。故和局早定，非特中国内地平安之益，亦各国通商口岸贸易之益也。如和局不成，而西兵分占各处，则华兵见中国势弱，不特不愿当苦兵，抑且趁势为乱。而匪徒亦正恃中国之弱，各据一方。如是则中外交受其伤，支那成为战地，全球亦为之动摇，至此虽悔祸而已晚矣。呜呼！和局之不成，其害如此之大。中国固不可不低首下心以求和，西国亦焉可不曲就俯从以成和哉？治乱之验显然，幸采择刍荛而审慎之。

《申报》

书报纪俄、德密约后

英国《泰晤士报》登柏林采访人电述：俄、德两国现因中国之事订立密约，中有一款略谓，俄国可占据中国满洲全境，并任德人占据山东。至于英国，已宣明不再侵占中国土地，不过欲开拓商务，现在当可任彼施为云云。南洋新加坡《叻报》译录其语，本馆遂转录于八月十七日报端。此约之是否确实，执笔人未敢逆亿，特以英国《泰晤士报》载之，南洋新加坡《叻报》译之，本报因亦转录之，以广都人士之耳目。约之有无以及俄、德两国之果否能成其志，皆不暇计也。夫使俄、德两国果有此密约，果有此一款，则执笔人不能不笑德国之愚，而叹俄国之狡。何以言之？盖自拳匪肇乱京津，各国联军大举入卫。逮至京师沦陷，乘舆播迁，各国虽议撤军，而和议尚茫无头绪，顾此系各国公共之事，非俄、德两国所能独主也。俄人早见及此，只以无隙可乘，不能波澜别起。乃不意黑龙江将军寿山逞其缪戾之性情，思迎合权要之意旨，纵容匪类，将中俄合修之铁路任意摧残，旅居俄人亦多惨遭劫杀。于是俄人大愤，驱兵扰我东隅，致黑龙江不守，三姓、海城、牛庄、爱珲、齐齐哈尔、宁古塔等处又相继沦亡。是非寿山之轻启衅端，何至若此？今寿山虽奉旨查办，畏罪自裁，而东三省将尽为俄人所据。即使他日者，北省之事经李傅相竭力调停，各国肯重修盟好，而俄人必以东三省为另是一事，不与各国相关，北事即可言和，恐东事未必即了。虽俄廷屡言攻夺辽东并非欲得满洲土地，只以各处匪类横行，不得不代为平定。然俄人阴谋狡计，早欲夺取我疆圉。其亟亟焉筑西伯利亚铁路，用心已觉显然。故今兹非欲得中国土地之语，识者皆知其言不由衷也。

所不解者，德与各国联军同平北省拳匪之乱，未与中国别启衅端，则北省之事各国既允议和，德亦玉帛重修，断不能独违众议。约中所载任德人占据山东之语，将使德人在山东与中国别开兵衅乎？抑以此次拳匪之乱，德使独被戕害，议和时应与各国有别，故得占取山东乎？但今东抚袁慰廷中丞方一意保护西人，剪除乱党，即偶有拳匪余孽，搜捕亦不敢稍疏。德人何能藉口平匪扰及山东一省?即使德人有心滋扰,各国必以有碍商务,未必竟任其所为。或谓各国不允德人,则东三省亦中国土地,将来俄人欲据为己有,恐各国亦未必允从。不知东三省地处边荒,商务不旺,在俄人壤地相接,得之可益版图,而各国则无甚大利可获,故视之较轻,非若山东之尚有商务,为各国所不能恝置也。观前年德人据胶州澳,而英人即占我威海卫,以相抵制。可知英于山东,断非若东三省之漠然以视也。方今商务之大,以英为巨擘,山东倘被德人所占,则英人虽欲开拓商务,恐不能任意施为。约中所言,乌能如志?因是知英人岂见不及此,而任令德之独自占据乎?吾是以于俄、德两国之密约,笑德之愚,而叹俄之狡也!

闰八月廿九日(10 月 22 日)

《申报》

俄谋甚狡

日本长崎埠访事友人云:西历十月二号,日本外务省接俄京圣彼德堡来电,知俄政府前拟派陆军五旅团赴满洲,今忽减去二旅团,所派三旅团已由陆军大臣下令,不日即当束装就道矣。迨四号芝罘来电:谓俄军于九月二十四号占据牛庄,二十七号占据鞍山站,二十八号占踞辽阳,计死将校一员,伤二员,兵丁死九十七名。七号又接牛庄来电:谓俄军既占辽阳,后恐奉天将军挥兵拒敌,先于攻占齐齐哈尔时,致书将军,声称俄军止此,并不前进,自此如不侵犯,当即退师。盖以驻辽兵士只六大队,虑将军掩袭,故为此缓敌之谋也。八号接《芝罘公报》:知奉天铁岭已被俄军占据,牛庄对岸火车道已建俄旗。

九月初一日(10 月 23 日)

《申报》

阅本报所纪俄谋甚狡系之以论

俄人之欲席卷天下、并吞六合也,非一日矣。列国知其然,咸相戒备。故英先阻其出黑海之路,俄人虽有蚕食欧西之志,因是不敢生妄想。惟中国当孱弱之时,俄人无日不心存觊觎。其经营西伯里亚铁路,盖欲由满洲长驱直下也。虽黑龙江以北误于前出使大臣洪星使不知地势,被其所赚,以致失地数千里,然自黑龙江以南固中国地也。俄人虽有渡江侵占之心,一时未得其间。迨中日事起,租我旅顺、大连湾,坐收渔人之利。当时,识者无不以为俄人初为中国外患,至此而将为中国内患矣。幸通商各口为各国所牵制,俄人虽狡,究不敢明目张胆大逞其所为。迨本年五月拳匪事起,俄人遂乘间而图中国。当驻津各国领事会议调军援救使臣时，俄领事以为事当从缓，讵知已首先发电调军，观此已可知其用意之所在。然事关各国，俄人虽有奢愿，究不能别树一帜，只能视各国为转移。所可恨者，黑龙江将军寿山不知进退，轻启衅端，适中俄人之计，俾有所藉口。现闻东三省皆有俄兵占据，其杀戮之惨，令人目不忍睹，耳不忍闻。昨报纪日本长崎访事友人云：西历十月二号，日本外务省接俄京来电，知俄政府前拟派陆军五旅团赴满洲，今忽减去二旅团，所派三旅团已由陆军大臣下令，不日当就道矣。不知者以俄人减派旅团，谓其必无大志。而我观其数日之间占据牛庄、鞍山站以及辽阳一带，仅死将校一员，伤二员，兵士死者九十余名，可知其势如破竹，华兵并无与之苦战者，故欲减兵以节饷需也。且俄人狡计百出，闻其既占辽阳，后恐奉天将军挥兵拒敌，先于攻占齐齐哈尔时致书将军，谓俄军至此并不前进，如不侵犯，当即退师。岂知奉天铁岭旋被俄人所据，而牛庄对岸火车道亦建俄旗。彼其用力如此之强，用谋如此之狡，恐东省不能为我所有矣。余前论偿费不如割地，拟以东三省界之各国。与偿费相较，尚如五雀六燕，适得其平。乃若为俄人独得，则非但无以为议和之地，且恐各国见猎心喜，时局之变有不忍言者，中国不甚可危耶？抑吾不仅为中国危，且为各国危。在各国视之，以为俄所得者中国之地耳，与各国无与，且各国亦可图得中国之地，以与之颉颃。不知俄人贪得无厌，既得东三省，必更肆其鲸吞。各国即分得土地，隶入版图，此后其能安谧乎？况俄以占据土地为心，各国则以商务为重。就商务而论，中国为五洲之一大枢纽。若俄多得中国一分地，则各国必多坏商务一分。各国之不欲瓜分者，未始不见及乎此。鄙意各国既已见及，宜先阻俄人占据东三省。中国现在既无兵力与俄争衡，而又牵制于和议未成，不能兼顾。俄人一得东三省，则满洲、蒙古势必不能内附。俄人如虎添翼，各国将来亦必败于俄人之手，悔何及哉？故我愿各国及早图之也。

九月初二日（10 月 24 日）

《申报》

论创设乡团之害

客或问于执笔人曰：“今者各省郡邑以时事多故，创办乡团，自保桑梓。以子观之，有利乎，抑有害乎？”执笔人曰：“害甚！仆未见其利也。”客曰：“江浙之间枭匪充斥，或聚赌抽头，或掳人勒赎，或抢劫富室，或要夺路人，种种为害，何堪枚举？乡民夜不安枕，而又无法以除之。禀知地方官，则三五差役本非所敌，不敢拘拿也。报知缉捕营，则枭匪多系柳营裁勇，大半相识，不肯力捕也。大宪知其然，于是令民间自筹经费举办团练，与保甲相辅而行，俾民间互相保卫，自为查缉。枭匪既无托足之处，则闾阎不期其安而自安，是但有利而并无所谓害也，子何以谓害甚？”执笔人曰：“乡团之害子既未知，仆且不惮详述，为子一广见闻乎？”客曰：“诺。”执笔人曰：“一害在饷项难筹，必至骚扰百姓也。夫乡团经费使民自筹，势必捐之于各富户。其稍知事理者，知此举为保全身家而设，固愿踊跃捐输。而视钱若命，性成吝啬之富人，只图目前之安，不计意外之祸，必致多方推诿，掯不肯捐。世间明白事理之人,能有几辈?故绅董皆知集捐之不易,而有创为田捐之议以示均匀者。其法每田一亩捐钱三四十文,即于上下忙银及粮米上带征。若邑中有田六七十万亩,即可得钱二万千左右。置办器械,给发口粮,虽不能久,而已足供三四百人八九月之用,筹款不为不巨。且按亩摊捐,田多则捐多,田少则捐少,法甚公允,贫富皆不得而推,似乎民间并无私议矣。殊不知枭匪之所觊觎者,在有田千亩或数千亩之富室耳。若小康之家仅有田数十亩或二三百亩,无殷富之名,枭匪皆置而不顾。劫物掳人之事无所用其隐忧,而田捐一行,不能独抗,转为所累,未免不满于心。且一邑之田非尽邑中人之产业,而乡团则只防一邑之境地。因此他邑之人而有是邑之田者,辄托词于防卫不及,不肯照捐。官第责之地保,而若辈方以为正供已完,此尽浮费,有心抗拒,地保亦无可如何。况乎我朝厚德深仁,永远不准加赋。煌煌祖训谁敢不遵,人心之固结不衰亦赖有此。今田捐之法,避加赋之名而有加赋之实,恐民心将因此涣散,而时局更有不堪问之虑矣。一害在招集无赖,转致为患也。各乡招募团勇,大率每名日给钱一百五六十文,至多亦不过二百文,尚须自备饭食。倘招外路客民,则充是役者多系散兵游勇,非特不能防患,反恐与枭匪联络一气,朋比为奸。各乡绅董因议不招客民而募土著。然良民有田可耕,否亦必有恒业,即使厚其口粮,亦不肯应募为勇。矧仅日得一百五六十钱,而肯名隶军籍,身蹈杀机乎?若此则愿为团勇者,即使土著,亦无非乡间无赖与夫无业惰农而已。平日既不事家人生产,横行于乡里之中,一旦得充团勇,断不能安分守己。或强取店铺货物,或借以报复私仇,诸凡不法行为,皆为意计中之所有。甚且乡间富室,枭匪本未深知,而若辈反与通同,暗中送信,纵令劫掠,而托故于寡不敌众,致被脱逃。更可虑者,各处乡团必有裁撤之一日。不特裁撤后枭匪依旧横行,而若辈必更以无业可谋,遂至入其羽党。是欲去枭匪,而枭匪将愈盛也。有此二大害,仆是以言其不可行也。"客曰:"如子言,将一任枭匪之肆无忌惮乎?"执笔人曰:"是又不然。乡团不必设,枭匪必当除。欲除枭匪有一极易之法。其法惟何?曰凡遇枭匪,格杀弗论。上宪以此八字示谕居民,则乡团不必设,而枭匪已可决其无踪矣。"客退,乃记问答之语刊之报端。

九月初五日(10 月 27 日)

《新闻报》

直省匪耗汇述

津友来函云:文安县一带团匪甚众,至今尚未解散。闰八月十七日,文安洼团匪聚集数千人,内有以"神仙"自称者,据云能避枪炮,意欲攻城抢掠。城内官军早加防范,不料匪来时炮手误将子药颠倒,燃炮未响。匪众以致近城,官军乃奋勇出城,枪毙拳匪约四百余人,余者四散,而自号"神仙"者亦逃亡矣。

津海关道黄花农观察本在德州,并由德州按四十里一段添设马拨,以防匪徒。兹因青县一带安谧如常,故黄观察札饬该县境内所设之马拨一并撤防云。

吕道生军门自剿匪以来督率淮练各军,所到之处靡不瓦解。闻军门在河间与拳匪接仗,略受小创。在该处小驻几日,即将队伍开往雄县一带剿办。在雄县所管之班家窝地方,匪众胆敢与官军接仗,匪死无数,官军受伤无多,惟潘、李两哨官被匪所杀。

闻饶阳县属团匪白树春等率领羽党千余人将陈某住宅围困,谓系教民非认罚五千金不可。陈佯诺之,约以异日。匪等去后,陈遂将家中所有约值万金分散与乡中老幼,晓以大义,各授戈矛。比及匪等率众而来,乡民等各怀愤勇,一鼓剿之,杀匪数百人,余匪他窜。现在饶阳地方,乡民等每日分段严备,以防不测。

二十三日早,有德军一队皆戴黑漆镶铜军帽,后有子药粮饷车约五六十辆,并有三四人乘坐自行车者,皆由南门进城,纷纷投向西门而去,据闻该军亦系开赴保阳剿匪云。

顷闻匪目张德成之弟在白沟河一带啸聚多人,肆行抢劫,并自称为静海王。声言将往王家口,欲与其兄报仇,该处居民无不愤恨。闻近日已离白沟河地方,不知窜往何处。似此匪徒横行猖獗,殊非地方之福,是在当路者,急宜设法搜拿焉。

南营门外挂甲寺、杨家庄、郑家庄、汪家庄等村庄近日甚为安谧。所有逃难各村民,刻下均已将家眷移回安居乐业矣。

九月初六日(10 月 28 日)

《申报》

李芗园中丞致刘岘庄制军论团练事宜书

南昌访事友人云,前护理陕西巡抚李芗园中丞奉讳家居,由本籍绅士禀请大宪,奏请钦派督办江西全省团练事宜。中丞致书两江总督兼南洋通商大臣刘岘庄制军曰:

某客岁由陕藩护理巡抚,旋因奉讳回江,抵里后读礼家居,时事本不敢问,乃值国步艰难,外侮内讧,天人交困,一至于此。两宫巡幸太原,为臣子者惟有望北涕零自慨自恨而已。适承抚宪照会,以遵旨开办团练,特允诸绅呈请奏派督办。某受恩深重,义不容辞,遂尔投袂而起。考之曾文正墨经办团成法,尚有典型可师。随将壹是下情附文呈明,谅邀钧鉴。惟事关全省,自维才薄,深惧重任难胜,幸同局前山东候补道梅启熙、前河南道监察御史华辉、前工部员外郎程志和、前户部主事陶福祖、分部郎中梅台源,皆公忠正直,乡望素孚,遇事和衷共济,是以开办甫逾两旬,诸凡渐有头绪。方今时势孔棘,防营既供调遣,则保护地方不得不兼倚团练。第昔日言团,则可团而不练。今日情形大非昔比。昔仅内讧之可患,今更外侮之堪虞,且因外侮而激成内讧,因内讧而招致外侮,两两相因,势必环生迭起,远贻君父之忧。添兵则国帑难供,减兵则藩篱不固,此两难之道也。今惟有练民为兵之法,以团为军,又寓兵于农之法,以团节饷。合府兵召募两者而一之,似可以济今日之穷。

此次江省举办团练,即本此意。营制之善,莫如湘军。悉令各州县遵照办理,第筹款不易。大县五百人,中县四百人,小县三百人,分别繁简,庶易举行。而成营之后,又分别久暂之法。如南、新两县地处会垣,各练五百人为一营,皆系实招实练。现已报明成军。省城得此一千人,大可以资镇压。拟以本年腊月为度,就地筹款,始有指归。明年续办,彼时查看情形,再行酌夺。省外则无论大小州县,除力量较足及地方扼要者,听照首县办理外,其余统归简练之法。招练半月成军后,专养营哨什长,每县仅数十人而止,余则散而归农,朔望会操,以期精熟,有事调集,以备缓急。至瘠苦州县筹款不易,复准其据实禀明,另行设法。俾归划一,斟酌筹饷以恤物力之艰,联络官绅以通上下之气,总以事在能成而又不骚扰,方不负我师宪怀保小民之至意。某愚见窃谓:腹地各省如此,即可腾出兵力以供调遣防边之用,若推而行之,沿海沿江各省则无处非兵,声威愈远。朝廷无养兵之费,而内外有众志之成,似为今日最急之务也。即有命将招募之举准团军出而应募,再募土人以补团军之缺。如是所招者,皆素练之兵,纪律既明,技艺亦熟,可无近日乌合成营一战即溃之虞。况现在教案叠出,谣言四起,民教动成水火,官绅每如冰炭,多由彼此隔阂之故。团军既立,绅民自相劝谕,藉可消弭于事先;乡愚偶或激成,亦可转圜。于事后,又可取为柔远之助也。师宪东南柱石,天下倚为安危,自有筹边至计。某一得之愚,藉以为业益之请。是否有当,伏乞进而教之,俾资准绳。翘瞻左右,莫罄依驰。

九月初十日(11月1日)

《新闻报》

吉林退让溯源

友自吉林来者,为述吉林让与俄人情形。据言吉林将军长军帅顺,平时与俄人本相辑睦。团匪事起,民情汹汹,军帅恐保护难周,劝令铁路俄员及各俄商回国暂避,乃派队护送至哈尔滨地方。是时,不法之徒自称义和团,在省城设坛习拳者共只五起,尚不致骚扰地方。未几,有奉天送来之义和团目金姓及义和团六十人,离奉时由奉天将军派队护送,抵吉时由吉林将军出队郊迎,团目伪称奉有懿旨。总统吉林义和团大臣金法师名片文告均用黄纸,来时勒令将军以下均行跪接,以协署为公馆。将军等均往参见,并每日赴坛顶礼两次。嗣召本地义和团前往谒见,诘以奉何人之命在此设坛及何师傅传授,不能答。欲杀之,经军帅跪求,以为若辈设坛亦系向义,乃始幸免。嗣即搜查富户,指为教民,任情杀戮。每日被杀者五六十人,军帅不能禁止,于是吉林之人乃致暗无天日。阅五日,本地义和团衔欲杀之仇,率党夜至团匪寝所杀之,并杀其手下十余人,驰告军帅,尽收其羽党下之狱,搜其箱箧皆妇女首饰。细为讯鞫,均供系搜查富户时所劫。然一害虽除,而本地义和团亦即恃功跋扈。军帅既知义和团不足恃,而兵力单薄无可战者。黑龙江时亦失守,吉林势难保全,乃饬已革副都统达馨山统制率领俄文缮译贵禄赴哈尔滨俄营会议,免如珲春之残杀以救阖城士庶,乃议定华兵将军械缴出,手执白旗以迎,准不屠戮。遂于八月二十日将吉林署城让与俄人占据云。

九月十一日(11 月 2 日)

《新闻报》

记客述京师匪乱始末

客有游于沪上者,与予谈北事甚晰。叩之,乃自京师陷后避乱南来者。予因诋袒拳诸公之罪而并归咎荣相,客曰:"此事颠末,予知其详,试为君述之。查拳匪于二月间在顺属州县立团惑众,至三月间京师亦渐有之,而地方官查禁不利。荣相二月底因腿疾请假,久不愈。当是时顺属一带拆毁铁路、焚烧教堂之事层见叠出,而都城内外年少孩童成群结党,虽不敢明目张胆,多潜相练习者。至四月杪,良、涿等处匪势鸱张,闻荣相于假内七上奏章,请旨严饬查禁,一面派队驰赴良、涿一带防剿,一面派知府吴炳鑫会同西路厅查办。并于五月初目睹荣相扶病亲赴马家堡、丰台查看情形,奏拨队伍实力剿捕,乃守旧诸公持之,不得径行其意。五月初十日,荣相力疾销假。而初九日已有旨派赵舒翘赴涿、良查办,初十日复派刚毅往查。是时涞水、新城两县令方请兵驻剿,而刚意主抚。迨刚毅回京,拳匪已盈千累万,纷纷入城,并设立刚字旗纛,竖于庄亲王府内。于是王公府第九城内外街市均设拳会。■■■■■■如蝗,且各手持龙旗刀枪,排队出入,任意焚杀。各城门均为把守盘查,系奉督办义和团王大臣命也,官商人民无不自危。六月二十四日,该匪等赴南苑武卫中军屯粮之所强要粮米,荣相即饬剿惩,击毙四十余人。该匪从此仇恨,屡欲攻围荣相第宅。幸日夜防范,未能得手。七月二十一日,荣相将出城,该匪等遂将荣宅焚掠一空,斯亦惨矣。至德国克大臣被戕后,各国均未便赴总署会晤。始而拳匪万众分拿,向各使馆围攻。中国所派地面弹压官兵,均被驱逐。朝廷复派甘军、中军前往,意在禁约,本无围攻之命。不知何人进说饬令围攻,荣相闻知力争,谓两国交兵尚不罪使,缘何无故违背公法,招怨邻邦?且以一国而招数国之兵,危亡立见。再三言之,乃王贝勒等怒不听,饬董福祥围攻,且以荣相私通外国不肯出力为词。于是荣相与庆邸扼腕嗟叹,无可如何矣。自此与各使信息不通,迨后得获自水关外出送信之金四喜者,荣相告知总署照会英国窦大臣以通音问,并约总署章京文端,赴英馆门首晤窦大臣及各国大臣,面谈一切。复经力陈各馆冰块、水果、菜蔬均绝,委婉上达,乃饬守军开卡,节次送给瓜果,以联和睦。其王贝勒饬令甘军运用之五城永固大炮及所挖火道,均经阻止。维时均以汉奸目荣相,亦无从分辩矣。厥后,准代各国使臣与本国发电,亦荣相婉请顾全大局,安得因袒拳诸公而并归咎哉?"予因其言有足备征考者,故录之。

《清议报》第六十二册

论列强对中国之政策及中国之前途

伤人心稿

日本某政客之言曰:"从兹以往,披东亚之地图不复见有支那矣。"余痛其言,而深信其言之不谬也。夫列强之亡我中国也久矣,索铁路,取矿产,据要口,干内政,横行中国,夷若无人。今更挟七八国之势力,张十余万之兵威,入其国,荡其兵,躏其民,覆其都。而中国者力绌而不足与争,理屈而不能与辨,吞声低首,举四百余州之地而任其取舍,合四万万余之人而听其死生,纵横肆恣,惟其所欲。俄取东三省、蒙古、直隶,英取川、藏沿江诸省,法取云贵、两广,德取山东,日取福建,其余瓯脱之地,待之意、奥诸邦。二千万方里之幅员,旬日之间可以立尽,而列强乃踌躇观望,反求我主权之人,商我和平之事。若有所徘徊而顾虑者,彼宁有所爱于中国哉?亦岂有所惮而不敢发难哉?譬之食也,其物已在齿舌之间,势必不能他遁。若不多其嚼啮之功,求其消化之易,骤然吞之,不鲠于喉,必病于胃。今我中国固在彼齿舌而不能他遁之物也。东西诸国议论沸腾,却顾审慎,千论万策,则无非谋其嚼啮之功,求其消化之方者也。

今地球诸国,无不反复论议于中国之问题矣。要其论议,约有数端。甲之言曰:"中国宜分割者也。中国习惯每以首都为国土,以政府为国家,故首都一破,政府一倒,则其人即自认为国亡。且其南、北二部,人种本殊,言语不通,风俗各异。观其二千年之历史,多至有四分五裂之时,若南北朝之时代,若季唐之时代,若宋金之时代,皆分裂割据。各君其土,各治其民。今首都破而政府倒,固至割裂之时代矣,则其时可分。中国者,地球之天府,地球当公享其利益,非愚劣之人种所得专而据之。况彼逞野蛮之举动,无端启衅,自取灭亡哉,则其理宜分支那人种,不知爱国而又特有服从性质者也。故苟有临乎其上,彼即奉以为君。今满洲政府,非其所喜。官吏贪酷,尤所积恨。诚能代满洲而去贪吏,中人必乐为壶浆箪食之迎,则其机易分,且中国者必不能免于分割者也。若不区划疆域,分定担任,采因循苟且之下策,用扶植顽固之愚谋,则膨胀之人种必终为欧洲之妨害,则其势不得不分。"甲之言也,一唱百和,欧洲大陆举国若狂者也。呜呼!此固持黄人祸害 Peril Jaune 之主义,而使我中国无苟延之残喘,中人无立锥之余地者也。

乙之言曰:"中国宜放任者也。天下抵抗之力,每与压力为反比例。列强之压抑中国也至矣,肆其凌侮,极其要求。五十年来开二十五之港口,以非理之挟制,行治外之法权,条约则利益均沾矣,土地则约勿让与矣。得寸则寸,得尺则尺。五年而来,日割台湾,德割胶州湾,俄割旅大,英割威海卫,法割广州湾,英割九龙,意割沙门湾。租借之条约日出而不穷,势力之范围任意以推扩,且津镇、芦汉、滇粤、山东、山西、东三省之铁道、税关、厘金、银行、矿产、内河、轮船之利权,无不夺之,归于掌握。于是中人不平愤激之气,与列强利益膨胀之力,同达于最高之度。今日排外之扰乱非出于中人之本心,实列强召而贾之也。夫以四万万之人众习二千年之同化,种本秀慧,性耐勤苦,浴世界最古之文化,抱强壮不挠之志气,其人宁可轻侮者哉?特以久伏于专制政体之下,不能自振其精神。今爱国之心浸生,独立之气浸盛,若误视以非洲之黑种,而犹重加以压制,则向所目为和平服从之人,必至生爆烈奋激之变。三十年前之日本,一压而突起雄立,是黄人之前车矣。"乙之说也,欧人所不乐道,而布洛孤大倡之于巴黎者。此固持亚细亚之事亚细亚人自处之,L'asie Aux Asiasia T'iques 之主义,而世界至正之公言,足保东亚太平之局者也。

丙之言曰:"中国者宜联合监督其财政。今日之兵费,必有亿万之赔偿。中国罗掘已穷,其费必骤无所出,则莫若列强协议而握其财权。举凡诸省关厘、租税、盐课一切财务之政事及中央政府之财政,以至细微纤悉之事,无不立官吏而监督之,俾以极大之权,且中国之官吏以贪黩为通义，以中饱为宗旨，若使征收，必加倍课。民不堪命，将积怨蓄忿，起而泄恨于官吏，且并致毒于外人。是排外之波未熄，而革命之旗又张也。则宜并官吏之制度而监督之，如是则中国不能有奋动之余地，而可保外国之文化与外人之安全。”丙之说也，虽不明言其用心，而握其财源，制其死命，是英人用之以制埃及者也。

丁之言曰：“监督之议诚善矣，然列强之意见错异，则区域之界划难。中国之民数繁众，则权力之辖治难。以中国之人分隶欧洲之四国，则一国当有一万万人。欧洲列国之中谁能负此重大之责任哉？既不能负此重任，则莫如以此重任而仍归之主人。扶其皇帝而复辟，组其政府而建治，使亲王辅佐之，使大臣左右之。令老朽巨体之帝国复其强壮之精神，宁非策之上哉？虽然，鸷鸟戢翼不能不防其搏击，死灰暂息不可不虑其复然。根株未绝，来日大难。中国既复其责任，即不可不任其保证。保证之道，厥有数端。一则分屯重兵于要隘，以防前孽之滋生，而养兵之费，中国任其供亿。一则毁要隘之守备，使之失所凭依。一则禁军器之输入，使之无所藉手。如是则既复中国之故步，且可永列国之和平。此数者法人既有提议，各国未闻异辞。而德人提议之三事，固亦隐有此意者也。”丁之说也，最为中人所乐闻，而其言至顺，其术至巧，其名至美，其心至险，而法人用之以缚安南者也。

东人之千论百议，要不出此四端。而甲之说则列强未能见之实行，乙之说列强未必有此公义，惟丙丁之说，则固所谓嚼啮之功，消化之易，列强所踌躇审择而尚未决定者也。是故今日之事，非与我中国议和也，实为列国之自议。其和议亦非在于分割不分割也，而在于中国政府之去留。

列强之冲突猜忌，而复惮于用兵也，故无事不出于和平，即无事不出于协商。三国不协商，则不能墟埃及之宗。六国不协商，则不能执土耳其之政。五国不协商，则不能分波兰之土。昔英某大臣之宣言议院曰：“亚洲之事，欧人互相猜忌，鹬蚌相持，故旷日久而获利寡。今欧人当合同运动，同谋其利，然后亚洲可入吾掌握。”欧人近用此术，故英、德已出于协商。此议一出，意人赞同之矣，奥人复赞同之矣。其余法、美诸邦，亦将必归于联合。中国虽无埃、波之灭裂，殆无以免土耳其覆辙矣。然列国之离合，必视其利害之异同。俄人利害之关系，划然殊别于诸国也。故对此提议，其报章即哗然诋讽之。而开放白河以北诸港口之议，且宣言而反抗之。岂英、德果爱惜中国，而俄人独有所嗛哉？诸国之利害在商务，故假和平而谋夺利权。俄国之利害在土地，故肆侵略以期达目的。两者龃龉，故百端皆异其举动。政界遂生其曲折，外交亦陷于困难，此所以迁延而不能遽合也。不然，土地利权，皆彼囊中之物。予取予携，而宁必仰此无主权者之鼻息，待此拥虚位者之画诺哉？故曰非与中国议和也，实为列国之自议。

无形瓜分之实行于中国也久矣。自立不许让与之约，而土地皆为彼代守也。自定势力范围之界，而政令皆为彼代治也。极耕获之劳，悉供他人之食，而我实一无所与。彼为主而我反为客，彼为主而我实为佣四百余州之地，岂徒非爱亲觉罗氏之产业，抑岂复我二千年来黄帝子孙之旧物哉？乃者地主毕集，彼客与佣者宜可谢事而去矣。然列强以为不习其俗，不同其化，中国人未易治也。彼既习于故主，驯于专制，则莫若因用其旧，使客与佣者仍为我效代治代守之劳。且亡人国者，天下最惨之事。至足怵人之目，痛人之心，夫使四万万人而皆怵目痛心于国之亡，且发愤并命而谋报复于亡吾之国者，则必非外人之所甚利也。莫若亡其实而存其名，使彼中人者夷然相安，濡煦偷息，仍为太平之歌舞，而令腐朽之政府君其上而掣其羁。无事则政府督之,可代我监其民而守其土。有事则政府平之,可代我任其怨而受其兵。而我但握其财权、政权,遥为控制,则彼虽有豪杰之士,亦无从脱两重之羁轭。奋起而发难于其间,此以间接之妙术行亡国之新法,屡用之而屡效者也。故曰其和议不在分割不分割也,而在政府之去留。

呜呼!吾中国宁有政府?傀儡而已矣,奴隶而已矣。吾中国宁有国民?重囚而已矣,舆儓而已矣。夫至为傀儡、为奴隶、为重囚、为舆儓,而犹嚣然自庆曰:"吾国不亡,吾国不亡。"吾不知所谓国者何物,而国之者何人也?夫彼政府者,宁不知外人之傀儡而奴隶之哉?然以为虽为傀儡仍有可动之手足,虽为奴隶仍有可压之重儓,屈于外者仍可凶于内。但使权位一日未去于手,富贵苟可能终其身,则且极其顽暴,纵其骄乐,而他日之神州陆沈,黄种息灭,皆为他人之事。呜呼!彼偷息苟活、朝不谋夕之无耻凶人,亦何足责?独我国民朘膏绞血,致死效命,而乃购此重囚、舆儓之美职。延颈待命,来日方长,正不知其何以待之也?

然吾闻印度之人于英也,印人皆颂英政,乐其德而不念印度。有责以亡国者,则自谓为世界人而非印度人。呜呼!此印之所以终古为奴也。美之辖于英也,人本与英同种,然希望自由,力求自立,务求脱母国而成独立之邦。呜呼!此美之所以称雄地球也。我今日缚束虽甚于印度,而优种不下于美人,况分割者土地而人种则必不能分割,压抑者举动而心力则必无从压抑。为荣为辱,为存为亡,为死为生,为印为美,非外人与政府所能主张而悉听国民之自择。呜呼!重囚、舆儓,必非人心之所欲。我四万万聪秀有为之同胞,岂遂无力以煎此辱而脱此轭也,抑瞑瞑以及此沦胥,甘心为埃及、安南之续也?呜呼!此则我国民有自主之权者矣!

九月十五日(11 月 6 日)

《新闻报》

议和后必行新政说

中国否尽泰来之关键,其在今日乎?经此番中外大衅之后,非力图新政不足以恢复振兴。如是以行之,则国可转亡为存;不如是以行之,久之不支而国之存者几希。譬之人也,大病之后气虚体弱,一经外感则不可复原。今国家议和之后,即大病之后也。和议成犹之大病愈,而正气亏损,百体皆不能健。故赔款过多,权柄过移,即所谓百体不健之处也。必也培养真元,调摄起居,而后可以稍稍健旺,此力行新政以兴国家之明证也。凡事皆有一关键,大祸即为大福之基,大逆即为大顺之兆。循环之说未足据,而取鉴前车自能舍危途而趋正路。盖祸福之来,人有所不觉。一经遇祸事后必悔,亦不肯再蹈覆辙,此人情自然而然者。夫中国之行新政也,在戊戌时不过操之太急,要其中颇有至当不移者。今姑略去新旧二字,无容遇事分别,以生门户之见。第就天下利弊言之,凡利无不当兴,凡弊无不当除。弊至今日,盖不可枚举。草野之议未必当,亦未必尽知。惟枢臣、疆臣要皆尽知者,要皆能言能行者，向特虑门户之见太多，朝廷内外意见不合耳。经权奸去位而后，我太后当亦晓然中外强弱大势，必非以一己（卤）[鲁]莽之为，可以驱万人之敌也。皇上英明之主也，新政之行宸衷盖默运之，而近年为政党交迫，故退让以观天下动静要之，图强之心未尝一日忘也。尝谓今之国家正有力行新政之机会，皇上一人固力图新政者，军机如王协揆，全权如庆邸、李相，疆臣如刘、张两制军皆可谓同心辅国者之数大臣、朝野之柱石。窃谓可以行新政之机会，即在此也。少年新进，辄以意气用事，故为谋非不臧而鲜克有终。若之数大臣皆阅历数十年，国之政治典礼以及中外情势无不了然于目，了然于心。其创一事皆有本之术，其发一论皆至当之言。凡事亲历其境与未亲其事者，行事、议论皆不能合。未亲其事，好为过高之论，好行不恕之事。故（卤）[鲁]莽躁进，新政渐成乱政，新党渐成乱党者，以其少不更事，不知治国之体耳。庆邸、李相、王协揆、刘、张两制军，或内或外，一国之事积于方寸。若能皇上亲政，庶务亲裁，而数大臣左辅右弼、体国经野，则中国君明臣良，一转乱为治之机也。

日、英两国议和时之言曰：劝中国力行新政，革去一切顽固弊政。驻日李星使之奏曰：中国必趁议和之后力行新政。美政府咨康使致中国之言曰：刘、张二制军不能擅易，盖各国有侵占中国权力之心，而亦深望中国之富强，俾可通商交易；且深悉中国之人才实有足为国用者，故为是殷殷相劝也。夫中国不能自谋而外人代谋之，此图治最好机会。如能猛加儆醒，当必能化去中外界限，转而殷殷请教，以求所谓除旧更新者。今日者国事已如此矣，若谓无可挽救，是自废之言；若谓尚足图存，是自恃之言。总之，和议之后，国之脂膏已尽，犹人之元气尽亏也。于斯时也，数大臣当化去自废、自恃两层成见，通盘筹算，如何求人才，如何去锢习，如何致富，如何致强，如何商务兴，如何国课旺。知经此大创之后，必能展施一切，与民维新也。

《知新报》

论匪术与鬼戏相同

鉴湖逸民

浙东绍属余上各邑，有种类名曰“坊人”，又称“堕民”者，据乡老云是元之苗裔。溯元代人主中夏，一若本朝各郡设驻防官吏，平日依势为暴，民间受其苛虐，如京班所演《紫金锁》。积怨蕴蓄，久而莫伸，当有明定鼎时，华民欲聚而歼之。该坊人等奔角哀求，甘愿世为仆役，故至今不齿于齐民，不能结婚媾，不准应考试。男除耕凿营贩外，均习唱班作跟随。女为各户宅眷薙面，如沪之喜娘、粤之梳佣。凡绅民无论贫富，有嫁娶红白事必用若辈男女司鼓吹，抬彩舆，开面送亲，作伴嫁娘，喜封所入颇厚。某村某族归某坊人值役，各有专司，认定主顾，不能丝毫紊乱。又可任其作产业转相售卖，因主顾家田地花息，该坊人常年均微有沾润也。伊等聚村落中，遇春祈秋报例演鬼戏酬神。首事先携甲马若干，过曹娥江宵分焚化，在旷野呼叫俳优鬼魂，以菊部出在郡城也。焚叫毕，急即遄返，谓请到双王先生来矣。派擅长丝竹者为后场，其游手好闲之徒纷纷愿扮演者，令其颓躬跨足，再焚甲马在袴下熏之。少顷其人忽仆地，扶之起坐，瞑目无言，问伊先生是何脚色，历数末、净、生、旦、丑、贴、副、外等名目，否者摇首，是即点头。又问愿唱何出戏，讯明后为之袍笏，搀其登台串演，即能按部就班，其步趋与后场之腔调，皆应弦而合节，惟闭目不开口耳。曲终仍一蹶而醒,问以前事,茫然不知。倘甲马屡焚不仆者,其人必日后稍有生色也。阅香海《华字日报》闰月朔所载义和团之术,粤谚曰:"迷童子外国亦有,名米士米列心。又曰协波地心,凡心力坚者,可使心力不坚之人听其驱使,如彼此心力皆坚则不为所使云。"似与右说异曲同工。因思二气之良能,全由人心所凝聚,即结心造象。信者有,不信者无,然必信者之心力能胜于不信者始有,不信者之心力能胜于信者始无。可见玄微奥旨,中西心理皆同。若违世独异,一■而众咻,即使意美法良,亦骤难克底于成。故维持政教,所贵乎默化而转移,败坏风俗,亦最惧积渐于不觉也。

厦事续闻

日昨得厦友来函云:前日本派兵登岸之事,经各领事及各绅商出为调停,日领事始尤推诿,继竟允从者,因英国由香港调舰来厦,亦令其兵士百名登岸,并与各国领事会议,言日兵突然起事,有碍商局。是时适值台督儿玉由台到厦,于是遂推俄领事为议首,当即面见台督,互商此事,故十四日始有退兵之事。当初五、六两日厦民纷纷迁徙,哭声震道,其流离情形,实目不忍睹。细查是役,在海面遭风沈没者计百余人,被海盗所劫者十余家。诸绅商搬运诸费,计不下五万元。现虽平靖,居民尚有未返者,市上生理极为萧条,非再过十余日不能复原。此番阖厦之民俱怨声载道,谓日本无端恫吓,以致遭此灾祸耳。又译《大阪日报》云:"厦地人民素与我日最为亲睦,为月初调兵登岸一案,目下居民反亲睦于欧人,而抱恨于日人,此厦民不知我日调兵之意也。当此时事多艰,无风生浪,漳州各邑暴徒蜂起,泉州辖下亦时有海盗出没,迩来厦民多被其害。一日之间谣言数起,杯蛇市虎,寝食不安。旅厦日商佥恳我政府出为保护,故派战舰名和泉者驻泊于此,意为防匪保商计也。适值教堂被毁,恐肇祸端,故饬兵登岸,守护使署,并保卫诸商民,借安众志,夫岂有一毫他意乎?及查无意外之警,故即由统带一律撤回本舰。今厦地已靖,想各厦民之疑团可以尽释矣。"录《日新报》。

按:日本与中国同洲、同种、同文,与中国之人最亲,知中国之情最悉。其办理交涉,当必较易于欧洲各国也。而此次派兵登岸之事,反令居民亲睦于欧人,而抱恨于日人,何哉?盖民可静而不可动,难信而易疑,一遇惊扰,怨恨切齿,其归怨于日人者,势也。向非早为撤去,厦乱其能已耶?

《中国旬报》第二十八期

北省大事记:京中旧事汇述

兹编所志京中各事,皆从京员函中抄出,亦有系南归诸京员口述者,屡录于下,藉以见当时扰攘情形。

五月初,骆成骧放贵州主考时,见礼部尚书启秀。启谕曰:"汝回来消差时,北京断无西人踪迹矣。"盖伊恃有义和团党在也。按启秀近为西人拘去,固自贻伊戚也。

王君培佑以奏请发给拳党口粮,得授顺天府府尹。当时各县令叠奉上谕拿办拳党,乃往见王君请示机宜。王君谕曰:"近日拿办拳党明文,非政府之意见,特以西人哓哓不已,故发此旨。汝等奉行故事,即属尽职。否则定遭参办。"各县令诺诺而退。

督办铁路大臣许景澄侍郎，以各处铁路焚毁，奏请拨款修理一折，于五月中具奏，当蒙朱批："着无庸议。钦此。"观此，则拳党焚毁铁路、电线，确系端、刚等指使矣。

何君乃莹，五月初在顺天府府尹任，迎合政府意见，上折力言拳民宣抚不宜剿，以是骤升副都御史。初九日赵君舒翘奉旨往保定一带劝谕拳民，何君面请随同往谕。迨抵涿州左右，拳民倨傲不堪。因令推头目四人入见，赵舒翘剖切谕之，而拳目要以先撤聂军。因聂军自杨福同被杀后曾力剿之，拳死无算，故尤恨之。赵未允，商之何，亦然其议。次日，刚毅至，赵与何共见之。刚言欲抚拳民，必撤聂军，何即毅言和之曰："此乃第一要策。"赵归，而何与刚行。盖何亦主张拳党者，故志之。

五月初十日上谕："但论其匪不匪，不论其会不会"等语。此旨系荣禄命幕友湖北某君所拟。自下此旨，都中街市之间往来者皆持刀、红巾，焚教堂，杀教民，遍处皆是。按某君之父即与左宗棠在鄂互讦者。某君自命为老名士，现在荣禄幕中。

五月十五日，董军杀日本书记杉君于永定门外，闻系董福祥之命。次日，太后召见董福祥询之，董福祥抵赖，言："甘军无之。即有此事，如杀奴才以偿之则可。欲杀甘军一人，必有他变。"太后无如何，因即以御侮任之。董退，传令部下拔营，由南苑驻马家堡，一夕而营垒成。荣禄闻之大惊，召董福祥不至。面斥之，则云奉有密旨。荣禄无如何，入对太后，力陈不可。太后少悟。荣因请旨召董福祥，仍不肯行。荣怒拔令箭将以军法从事，乃回南苑。董福祥(崛)[倔]强情形略见于斯。

五月间，许景澄侍郎召对时，上执许手流涕，因回顾荣禄云："董福祥恐非尔所能节制。"荣遽对曰："董若不遵调度，臣请旨杀之。"上为默然。

拳党之起，本拟毁使馆，即行非常之事。其语云："一龙一虎三百羊。"——"龙"指光绪帝，"虎"指庆王，"三百羊"则指京官也。谓京官可勿杀者只十八人，余皆可杀。故急时，太后常令礼、庆二邸住宫中。盖恐其被戕也。

西太后、光绪帝将西狩时，曾对王大臣云："义和拳亦不是好百姓。"太后即曰："皇帝与你们讲的话，你们不准说出去。如有走漏，以致变生意外，将惟尔等是问。"

徐小云尚书被害时，杨玉圃侍郎为拳党戕毙。

黄思永前被拳党拘，请收禁刑部监狱。联军入京后，黄始得出狱。顷黄在京办理平粜，赈给在京饥民。已有家函递至清江，并云京仓所储米谷，(连)[联]军并未携取云。现在京城食物，价值异常昂贵，鸡子每枚需钱二百文，豆、麻等油每两需钱四五十文之多云。

警信汇记

探得鄂督张之洞日前有电致江督刘坤一，拟筹集巨款，将现在留京各官全行送往行在。

闻停泊大沽之各国兵轮除开往他处外，其余各兵轮将于月内一律移泊秦王岛。

探得山东济阳乱党甚炽，东抚袁世凯派令前往剿办之四营，均不甚得手。有某营官被贼戕害。

探得河南、陕西交界之处，近日土贼四起，皆以太行山为巢穴。探得日前南省某大员得联军来文略云：现议定以联军万人驻扎南京、长江一带。又有军士数万，假道长江，届时请传谕商民,务勿惊扰云云。

探得庐州府属地方于前月十八日忽有党羽起事,其胁从有万余人之多,势甚猖獗,闻即系前涡阳余孽云。

又探得前月合肥县附近数十村同时起事,焚毁教堂,肆意劫掠,甚为猖獗。经皖抚王之春派兵会同寿春郭提督水陆并进,一面解散胁从,现已一律平静。

又探得刚毅因得痢疾,到平阳后即未能随驾,旋死于高显驿,身后由何乃莹从行在折回为办后事。

探得新简陕西学政沈翰林日前有电至申,嘱在申诸词曹速赴行在供职。探得总税务司赫德日前力劝各国从速议和,否则中国商务必致一败涂地,不可收拾,而与各国商务亦大有关碍。闻英、德二国颇然其说。

探得皖抚王之春前日电致上海某大员云:十六日据庐州府禀报,寿州交界之广岩塘有土贼作乱,纠约十余村紧连合肥,四处窜扰,打毁教堂。当即电饬寿春镇郭总兵及六安防军分带马步弁兵会合团勇往剿,又添派省城练军兜剿。兵甚神速,连日扑灭贼焰,获贼甚多。胁从一律解散,地方业已肃清。又云:雄县所辖之赵北口地方,拳党聚众不下数十万余人,竟敢欺压官府,扰攘平民,甚有将往来行人尽行活埋等事。又云:有由王家口镇来津者言:该镇四处日来聚集拳党千数人,声称将为党首张德成报仇,欲将该镇踏为平地。镇内乡团昼夜防守驻扎。独流镇洋兵一闻此信即行开往,俾会同该镇乡团合力除剿。

昨探实两宫已于初四日到西安。又探得两宫于到山西后,饬某部郎中俞部曹启元由山西南下专赴两江、两湖、浙江等处,催解京饷并令传谕各督抚于常款外须竭力宽筹若干,以充行在急用。俞部曹当于八月二十八日由太原起程,闰月二十六日行抵清江。按俞系浙江山阴县人,即现任湘抚俞巡抚之子。当两宫西幸时亦随同扈驾,情形极为狼狈云。

又据《字林报》载,所遣之催饷钦差大臣乃于基元,为鄂抚于荫霖之长公子也,前六月尝拜督办长江义和团练大臣之命。兹又奉饬来南方各省,搜集库款并令劝谕各省绅富勉力捐输,以充饷项。兹得电悉,于已于初六日由太原行[抵]清江浦,并带有义和团拳师五六十人。闻此举由端王呈请皇太后,准令于钦差将该拳师等带至南省分遣各营,教练拳技,或每营安置一二人,藉资训练。讵意既到清江,该党抗谕不遵,不愿分赴各营。于亦无可如何,而又不得不带彼等同行。闻该党之意拟欲前赴湖南教练新团,名曰"义勇军"。然则目前各顽固党所图直与前五月间直隶所谋无异,兹竟延入长江矣。然则以"俞"误"于",盖电音之误也。

闻有随驾某大员奏请将西安府易以美名,并将知府改为府尹,以崇体制。

又探得陕省自闻两宫西幸之信,凡富家大族及明白时事者,皆举家入川或竟东下。

闻日昨有人得北电,略谓和局业经开议,计共八条:一、赔款四百兆元,分年归款,以六十年为限。二、厘金、关税均归西人管理。三、皇上需即回北京。俟皇上回京后,西人所占各地即行退出。四、端王须永远监禁。五、准西人于京中屯兵二千。六、天津永作公地。七、无论何处任西人通商。八、中国不得购外国军火。

又闻李鸿章电致上海中官场,略谓日内业已开议和局,各国尚无令中国为难之处。探闻四川武备学堂肄业生为会党牵涉者三十余人,其时正放暑假,诸生平皆散归,该省当道并不宣布,迨至八月间开学,诸生陆续到堂,即密派文武员弁带兵将学堂围住,悉行捕斩,脱漏者仅有一名。其湖北调往之领班学生数人,亦在其列。

探得新授江海关道程仪洛现仍在鄂,闻俟奉到部文后再定行止,并无欲赴行在引见之说。

闻得意大利政府业已应许英、德二国新定之合约。

探得直隶义和拳党向止红黄二类服色,亦如之联兵入京后,此二类拳党逃散已尽,旋有溃兵以黑布缠头,自称黑义和拳。当联军赴保定时,自告奋勇向半途迎击,互有死伤。拳党死者八九百人,旋亦散尽。联军遂至保定,官吏出城迎接,无一逃者。

又探得西兵入保定城后,法国提督率马步队数百名,亲见藩台,欲令四城街巷遍竖法旗,辩论再三,始允并竖中法两国旗帜。其兵官即欲率兵入城,经翻译张司马告以有约在前,西兵不能入城乃止。尚有德、比、美各国军士,亦陆续到保定。

闻东三城地方,实由寿将军先与俄人开战,随战随退,俄人跟踪而入,故各名城连次失陷。

闻由大沽至烟台、由烟台至上海之水线有由中国向西人购归,出价二百四十万两,分期归还之说。

闻鄂督张之洞昨有公文致上海西官,内附会党名单,计七十余人,请为协缉。西官并未应允。

又探得南京于二十一日得潼关电云,两宫于二十三四日可抵潼关。

又探得两宫经行路程列下:太原、徐沟、祁县、平遥县、介休县、两波、灵石县、韩侯岭、仁义驿、霍州、赵城县、洪洞县、平阳府、史村、侯马、东镇、闻喜县、水头镇、柏相镇、牛渡镇、樊桥镇、蒲州府、风陵渡、潼关、华阴县、华州、渭南县、临潼县、西安府。

探得李鸿章实于十八日到京。

闻荣禄陈请陛见之故,实因各国均不认为全权大臣,故为此脱身之计。

提督程文炳节制两江、闽浙各军,由颍州启程,于闰月初行抵开封,现已驰抵潼关,驻扎并札催闽浙入卫各军,迅速驰赴潼关。

闻各国政府拟照会东南各督抚,截留军饷。

接济南来函云,该府所辖济阳县,于十八日忽有土贼起事。知县某令被戕,该县距城仅九十里,颇为戒严。

又探得山东东昌府有大刀会党多人,焚毁教堂,势甚猖獗。曹州府属各党同时响应。德州一带乱势更急,居民十迁八九。

探得臬司陈泽霖所统武卫先锋左右各营,由北南下,早抵宿迁。近陈奉有廷寄,令将部下各军裁汰五营。军士闻信,咸向陈索前在天津攻克某地之赏银三万两,大为鼓噪,几有兵变之势。

得芜湖友人专函云,闻庐州、寿春交界处,所有土贼蠢动情事,当由地方官飞报省宪,请兵防剿。

闻七月底汉口事发时,有粤东某大员电致鄂督张之洞,为被获诸人营救,鄂督当复电云,此案专办会党,不办新党。

闻陕西建造行宫之地,即系唐故宫之旧址。

探得秦王岛西兵现在搭盖房屋,似作久居之计。

探得行在宗人府印,现亦由西人携至上海。该印以银为之,满汉文各六字,均作九叠文方,裁尺三寸,营造尺三寸三分。

闻西人以裕长简放鄂抚,恐其与东南互保之约有碍,故某国已派兵轮一艘驻扎汉口,预为之备。

闻某国已派兵轮两艘巡历长江一带,以稽查各省接济行在之军火。

又闻某国以大江南北各省所有旧时地图均疏陋不足据,因派轮来往长江各处,随时绘测。

各国时事:德书译略

日本接前月(闰八月)初十英京消息言:近闻中国皇帝经已有书请于德皇言:“已命人致祭德公使灵旐,并命驻德华钦使于公使灵柩回德京时,前往醊奠。”闻德皇已有回书言:“深感中国皇帝吊唁之盛意。若以贵国之教而论,或以为已可赎其惨杀之罪,但朕为德国君主,并为耶教中人,以我教而言之,徒为致祭,仍不足为赎罪之据。除公使外,教中兄弟多遭死亡,一祭实不足以蔽辜。所有牧师、教民妇孺等亦为信道而死,今已在上帝之前为贵国原告之人,贵国一祭奠,岂足以赎无辜之人哉?虽然,此等事端不能为贵国皇帝是问,但酿祸诸臣亦痛加惩责,以偿惨死者之恨,取彼头颅以为流血之报。须将此等罪人治以应得之罪,以慰耶稣教之国人,始足以蔽厥辜也。”德皇并请光绪帝回銮北京,且允为之保护。并言愿同敦睦谊,以赎前愆,俾西人之在中国者得享平安,其尤最要者,使各教施行无碍也云云。

九月十七日(11月8日)

《申报》

教案丛生

安庆访事人云:前者安徽宿松县境乡民闹教,大宪叠次委员查勘,并将县主朱大令撤任,委许大令署理篆务,亲赴四乡,查明小麦山及坝头许家岭所毁教堂,估勘价值,筹款赔修。后复拿获肇事首犯若干人,从严惩办。刻下宿邑方安谧如常,而建德县境某乡又有莠民闹教之事,突将教民王某劫去,藏匿无踪。县主张大令闻之,方欲驰往弹压,忽报教堂已被土棍焚毁,因即飞报抚宪王大中丞。中丞立饬炮队营统带陆副戎恩甲督勇一哨星驰而往,相机办理。本月初九日,副戎已整队渡江矣。

九月十九日(11 月 10 日)

《新闻报》

[论说] 论联军巡行直隶各属

古有之曰:“耀德不观兵。”盖兵凶战危,乃不得已而用之者也。合之泰西古训,亦何莫不然?故有弭兵之会、公断之约,苟可以不至于战,断不肯自恃其兵精器利轻于一战,以荼毒生灵、毁坏商务也。是以善用兵者,莫如法皇拿破仑。用兵数百年,百战百胜,宜其可以王全欧矣;而卒至于国破家亡,困于绝岛,盖亦佳兵之不祥而已矣。然则现在所称兵精器利之国,其亦不得已而用兵,得已而止兵乎?当联军攻击大沽炮台之时,谆谆以救使剿匪之宗旨遍告各省,其不得已而用兵及未尝与中国开衅之意溢于言表。是以东南各督抚亦韪其说,李傅相、刘宫保、张制军与上海各领事定保护之约,以免南北俱遭兵衅,其保全各国之商务、财命为何如哉?各国不得已而用兵,东南各督抚得已而不用兵。按之于时势,揆之于古训,固应尔也。

虽然,各国今日其犹是不得已之时乎?京师已破,和局已开,果知佳兵之不祥,应即止兵以修好。乃雄心未已,铁骑四出,于是谣诼纷传。有谓联军将窥山东者,有谓将下河南者,有谓将假道于汉口者,实则各国念东南督抚之保全于前,断不肯自败成约于后。盖各国得已而不止兵,则各督抚亦必不得已而用兵也。今果闻山东袁中丞接到联军统帅函,称决不侵犯山东地面,亦不令袁中丞为难云云。特是各国联军即不侵犯山东界内,而直隶境内忽而至保定,忽而至正定,忽而至安肃,忽而至祁州,忽而至大名,忽而至山东邻境,其亦可谓得已而不已乎?若曰剿匪以报仇也,则仇害洋人教民者,团匪耳。彼团匪见联军屡胜,必知枪炮之难避,今闻整队而来,早已远为逃避,所苦者良民耳。直隶之良民,初被抢劫于团匪,继苦供应于华兵,老弱伤残,资产荡净,固已大可怜矣。今又有洋兵蜂拥而来,言语不通,性情各异,一有不合,辄遭焚杀,则是未能报仇,徒以结怨也。若曰耀武以惩后也,则联军所指,文武相迎,彼用干戈,此修礼貌。既无战事之可言,安有武功之可耀?而劳师涉远,艰苦备尝,则是未能惩后,徒以累众也。若曰分兵以据地也,则各国屡次宣言,皆云不私土地,故用兵力得占之东三省、津沽尚有退还中国之说,况仅分兵巡行之地,岂能据为己有?而且直隶印信已由李傅相接受,傅相即东南定约之人,又即全权议和之人。各国尤应以傅相之故,将直隶各地归傅相自治。今乃分兵各处,在傅相既有属地失守之忧,在各国亦非停战议和之义。职是之故,和局恐亦难于速成。和局愈迟,则商务之受害愈深。且非中国之商人独受其害也,全球各国之商人孰不受其害?则是未能据地,徒以害商也。夫联军不得已而用兵,得已而不止兵,其有损而无益乃如此,曷不以古训为法,而以法皇为戒乎?

九月二十日(11 月 11 日)

《申报》

梅军剿匪记

日本报云：顷得天津来信，内开天津拳匪屡图窜扰山东，幸东抚袁慰帅严密设防，是以不敢侵犯。目下津匪魁首陈姓啸聚丑类五千人，益以来自山东之匪党，约多至一万人之谱。东历十月十九日即华历闰八月二十六日，天未黎明，攻扑驻扎沧州之梅军门东益营垒。军门麾下共有勇丁八千人，分二千人守城，而以炮步队一千五百人阻匪归路，以四千余人择地埋伏。是日，自晨至晚，鏖战竟日。拳匪右军大受挫衄，梅军伏兵齐起，实力围攻。拳匪力不能支，相率望州城西北遁去。梅军张两翼追上，击诸大泽之畔。匪首陈姓挥令手下三百余人，抵死抗拒。梅军发快炮轰之，陈姓毙于阵上。梅军枭其首级，悬挂城门。是役也，拳匪死者约六千人，梅军死者约三百人，伤者约六百人。经此大逆，料约匪类终不能死灰复燃矣。

九月廿一日(11 月 12 日)

《新闻报》

德兵破村详述

胶州高密县附近铁路各村，自经德总督饬派德武员干拉典君率兵分往驻防后，日前由干君饬令前曾滋事之各村，速将庄外围墙自行拆去，并将村内兵械缴出。乃翌日干君往查，见有两村不特不遵，且将该村围墙加筑坚固。干君即命德兵各持枪炮，将该村围墙尽行击坏。村民见德兵逼近，即行逃去，于是附近别村始得一律拆净。惟梗命逃出之两村民人亦各带有枪械，旋在西南方之奇兰地方聚众抗敌。干君闻之，即派武员基纶高男爵带兵一小营往该处侦探虚实。路经一村名李家营，竟用洋枪抬枪向德兵遥击，(高)[基]男爵当亦开枪还攻。是役也，有德千总赵北为流弹所中身被重创，及外委一人伤残右目，而村民被轰毙者则有廿五人。基男爵即在该村田间扎营，料理受伤之士。斯时，又有奇兰村及附近三四村，从远处开炮向小营轰击，幸无伤者。翌日，武员干君闻信又调全营兵前往，立将李家营及奇兰等村攻破，村民约死二百余人，德兵一无伤亡。各村知势不敌，遂皆缴出兵械并呈明己村并非乱民。干君见已遵命，亦撤兵退回原处。事后东抚袁中丞致电胶州叶总督，略云："闻高密匪徒与德兵为难，有德武员被伤，不知如何？甚为抱歉，已饬该处地方官查明禀覆。该处村民顽梗，虽屡经惩治，仍怙恶不悛，实堪痛恨。只因华兵已退出高密，未便再往攻此匪村，想贵大臣雄材慈惠，知必有和平善法以绥靖此处村民。此次匪徒滋事，致累贵国武员被伤，实属不安之至，统祈原谅可也。”未几，胶州总督覆电云：“本月廿四日接电，悉中丞嫉恶匪徒与吾同志，千总赵北受伤，荷蒙垂问，感谢厚意。该千总系在李家营被伤，已攻破此村矣。奇兰村系乱党屯聚之区，亦已攻破。计毙匪二百余人，该村应知儆戒。现命德武员在此驻守，察看村民是否知悔。若能悔改，则可以无庸多事矣。该武员亦已出示晓谕村民，至于矿务何时再行开办，届时必先函告尊处也。该千总所伤颇重，弹子创口甚深甚痛，但尚不致有性命之忧云。”

九月三十日(11 月 21 日)

《新闻报》

［论说］ 论和议迁延之害

各国今日了结中国之事，何其迁延乎？贪其利而不顾其害，则必出于战；贪其利而兼避其害，则必出于和。未有不和不战、若和若战如今日者也。夫各国政府皆熟谙于外交政策者，当必有一定不移之成见。逆亿其意，盖分别于求我、我求之微。故驻华使臣则谳会往来、声歌彻夜，在华联军则循行全省，迫胁万端。必欲使中国政府万不得已而后就我范围，何求不得？虽然，天下岂有固执成见而能成事者哉？自联军破京以来逾三月矣，窃谓迁延至今日，而犹是不战不和、若战若和之成见，则有大可虑者。一、各国外公而内疑，为日愈多则猜疑愈甚。观于各国近日之舆论，已有不认华德西为联军总统者，浸假而再迟数月，恐各国意见将有离心离德之势，而今之依违于联军总统，实为其先声也。二、华民外顺而内怨，洋兵愈骄则怨毒愈深。今联军所指，华官郊迎，华兵闭垒，皆足以启洋兵之骄而生华民之怨，怨毒之极必生意外，以往事观之，团匪肇乱而百姓响应者，积怨故也。联军初战不能全胜者，太骄故也。联军屡挫而汰其骄气，乃得破天津入北京，然小民之怨至今未尽消也。有此二可虑，而迁延时日自老其师，可乎？

且今日之局势不得谓非中国之求和也，各国议定条款迫中国政府以就其范围，未必不能得也。端邸为大阿哥生父，而太后所素信者，一旦革去爵职，先行圈禁，然后发遣。虽以其误国误君罪在不赦，然竟毫不以大阿哥之故略示区别，不得谓中国之不念邦交也。其余若裕中丞之开缺，程观察之量移，各国但有其意，中国已曲从其旨。然则各国何不将要索各款一一开出，与庆邸、李傅相和衷商榷乎？庆邸、李傅相到京已久，欲成和局，无所措手，于是默探各国使臣之意见，奏之朝廷。朝廷重以庆邸、傅相之奏请，事多俯就。乃至此犹不开议，则庆邸、傅相之言亦将为政府所不信，其何以使和局就绪耶？今者，华德西总统固已请中国尽撤直隶之兵，并谓联军亦从此不复出师。夫各国既欲贪其利而避其害，以出于和则不复出师，自是正办，然必要以尽撤华兵，此何故耶？况庆邸、傅相既已俯从其请，更可见各国之消磨时日而欲中国求和者，未尝不如愿以偿也。特是再延时日，则事必有不可必矣。总之，万事必合于中道，太盈则昃，太满则欹。天地自然之理，亘古不易者也。尤可虑者,两宫远巡长安,而陕西灾象已成,加以乘舆所至,千乘万骑供奉艰难,转输不便。万一民穷思变,则诸罪臣之不自安者、拥重兵者,必将因以为乱,则中国将不可问,而各国岂能得其利乎?夫各国实知中国不保,则各国但得其害而不得其利,故入京之后实不愿再出于战。然若此迁延时日,果能得其利而避其害乎?

十月初一日(11 月 22 日)

《新闻报》

[论说] 再论和议迁延之害

今日中国之商民,无不急切望和议之成矣。前者庆邸、李傅相拜会各国钦使,告事问答,当时各国钦使皆有请回銮、正罪魁等语传之。海上人皆以为议和之条款具于此矣,欣欣然奔走相告。北京已开议逾数日,则询之留心时务之人,叩以和议如何,何者通融,何者不允。又逾数日,则叩以通融者几条,不允者几条,殷殷然不遑终日,若利害之切于己者。盖自开议之消息一出,而商贾已踊跃贸易,市面已流转疏通,士宦则安心于功名,工商则经营于造作。各通商口岸银钱往来渐有纡徐自然之势,虽外强中干,而大局似尚可维持不败也。故绅富则捐输恐后,善士则劝募维殷,而地方民情与一切交涉事宜,皆将按部就班次第就办。其视今日为处常之时、不视今日为处变之时者,其挽回之力实由于议和之消息也。夫和局尚未开议,但略有消息而已,士、农、工、商各安其业,如是是望治之心,在下之人急于在上之人,则知和议之开否,时局之所关也。而时局之相处,则有成不成之利害也。论今日之强弱,惟有中国求和,而各国允和,曲不得不在中国。论万国之公理,则无所谓求,无所谓允,当宜做平等开议办法,曲直亦尚待公论也。

近日,上谕整顿官常,升降黜陟皆一秉至公,而全权大臣与各国钦使晤商之言及出使钦差传递各国意旨,无不委婉入奏,以冀天听。东南各封疆大臣封章所入,皆直陈利害之语,无一隐饰。以及西官谒见江督、楚督,兵舰驶入黄浦、长江,大吏皆辑睦有加,绝无矜张拒绝之意。且守定保护东南之约,拿会匪则经权互用,办防务则纪律维严。而西兵界外巡行,复为之加意照料,甚至制造可令往观器械,允不北解。国事举动,或则照会,或则电传。盖无事不真心以待外人,亦无事敢隐瞒以欺列国。各大臣知中国国势已至如此,故明白坦示以冀诚能动物,亦苦心孤诣之至也。皇上前为群奸挟制,莫可如何,一经奸权之势稍孤,遂天威震怒而不可遏。故北方乱臣一办法,南方治臣又一办法,观于升降黜陟之攸分,可以知圣意审顾踌躇之所在。而东南诸臣与全权大臣之极力挽回,极力调护,除北方已成中外之衅,若他省则爱惜西人,保护西人,兢兢业业,真可谓毫无大意者也。嗟乎!中国数十年来所以待各国之利权有加无已,疆土不惜,货财不惜,权势亦不惜,固由于中国之积弱不振。

然公理公道自在人心,试平心以论之,中国似无负于各国,各国似压制中国太甚也。各国借启衅以要索中国,因挑衅以赔偿,此中是非自不必论。要之,各国之要索不止,中国之赔偿不止，即将全国拱手相让，而民穷财尽，其精华脂膏已消耗，无可生发，此时各国而纷纷攫夺也。无■穷民必乱，叛民必乱，无归无法之民必乱，尚义尚强之民必乱，各国不可得而消受。即消受矣，而利权所在，未得均沾，亦必如东三省之英、俄先后相争，长江之各国注目相视。始而联，继而分，外而联，内而分，终至争权夺势，无日得安，恐欲图中国之利者反因中国而受害也。且各国亦思劳师袭远，需款浩繁，近颇有筹及明年饷项者，又有议开大议院者，其饷项所需，将来无非偿之中国。独是中国贫穷已极，所偿之饷项尚待将来，各国则已先不受划算。不特此也，一日不弭兵祸，一日不兴商务。商务衰则利源竭，在垂毙之中国亦已矣，而各国所取中国为通商者，反以战事未了而自误宗旨，抑何愚乎？今日总而论之，战事于中国固不利，于各国亦不利；和局利于中国，亦利于各国也。凡事以至中为正，办不及固失，过中亦失。

吾观中外今日大势，各国如能及中而止，当速允开办和议，以冀弭战兴商，均沾利益。若一面迫中国必不能堪之事，一面仍在进兵直省之四隅，使中国北方俱糜而南方孤立，亦不能独安，则商务日坏一日，人民日乱一日。及其后，士、农、工、商各无生业之可理，而无处可以生活，即无处不因之生乱。彼洋兵虽有代剿匪乱之心，苦于内地多不能到，土民多不能服，徒使中国全局土崩瓦解，而各国则上负天心之仁德，下贻万世之骂名，所得利权至此亦丧归乌有，再欲恢复，百年以后之事矣！嗟乎！各国在中国创造通商至于今日之繁盛，实不易易矣，利权至此亦正适中矣。倘爱惜创造之经营，当必有愿和、不愿战，愿安宁、不愿危乱者。利害所在有如此，不熟思审处，徒逞骄兵之性，其后乌可收拾乎？况观皇上近来之办法及全权大臣、东南诸臣之奏请，实已情至理尽，俯顺曲从。而商民一闻议和消息，已欢欣若此，则正开议一大好机会。窃谓如舍此好机会而必蹈迁延之害，则不仁之至，亦失算之至也。

《知新报》

《伦顿报》论中国

《伦顿报》曾刊有中国论一篇，作者自云：曾居中国十八年，其言悉中要害，亦平易近情，殊可取也。始言此次团党滋事，其故首在中国外患日亟，自蒙满、台湾、旅顺、胶州、威海失后，提醒华人爱国之心。新党欲效法日本，使中国面目一新，而旧党则欲驱逐外人，借以报复，无他图也。中国皇帝幼好西物，幸归新党，知中国之急宜为者，因而有变法之举。《伦敦报》之论如下：

> 我英各报所言中国皇帝易衣、剪发等情，皆不根之言，不足凭信。戊戌六七月间所下谕旨悉臻妥协，凡英人居中国之解事者读之，俱大骇异，而无不知中国皇帝之为中国筹画者之尽善美也。方是之时，人人皆以为中国即将革除旧恶，而自进于文明之邦。中国文士即向之与教为难者，亦向教士问学，斯已奇矣。盖喜变法者甚多，其余亦无言自足也。此节后，以政变时事继之，其言云：
>
> 外国侵占中国土地，而后新党兴。中国皇帝实为之首领，其专旨在治内劝学，肃官箴，慎外交，以弭外患。设使当时英国助之，其事可成。其所为旧党者，则以皇太后为首，亦以疆场日蹙而生其与外人抗拒之心。见皇上变法，而乃自甘于固执自戕之举

动,于是欲以兵力与外人争雄。故天津、武昌、上海、福州各制造局赶造军火昼夜无间,而以重兵驻扎北京邻近各处,布置已将三载。今春拳匪与天主教为难,而中国政府乃因此以与欧洲寻仇。

作者又言:中日之战英国政府不肯出头调停,失机会一。戊戌政变又不肯保护中国皇帝,失机会再。其论如下:

方太后布置一切,以收回事权时,有报知皇上者,皇上乃发密谕一道。一令康有为赶速出京,其一乃求救于英国使臣。求救英使一谕由英人某传出,此君在华年久,所有中国官场人员俱深信之。不幸英人不信其言,亦不信有政变之举。过一二日后,英公使方始由津入京,此君方将此谕交递,英公使尚疑不实,并令其勿参预国事。设使此时英国助之,则英国之有造于中国岂浅鲜哉?不费一弹,不耗一兵,我英得为中国所深信,则我国商务可从此盛,威望可从此著,而数月前之流血遍野可免,各地教民亦不致有无家之叹。然则戊戌政变英国愿助与否,其关系可谓巨矣。其归结者如下:

虽然甑已破矣,顾之何益?然尚有至要数事宜留意,不可再为忽略者如下:

一、宜使光绪帝复辟,以极开化华民辅佐之。二、西太后不易再预国政,宜退居深宫,以乐余年。三、不许教士出入公堂,干预地方官颂事。民教交涉案件,可归各处洋务局审判。如有隐怀未达者,仍可至道署及各国领事署再控。想天主教教士当以为然,而耶稣教教士亦自形欣悦也。四、无论如何,宜设法不使中国瓜分。盖瓜分一事,天下受害甚巨矣。

京事杂述

昨得京中友人来函,杂述京中旧闻及圣驾西巡前后诸事,兹略为编次,照录如左:

京城失守之事,两宫实未料及。二十一日,洋兵入城,则驾适才起跸,时约早晨八点钟。京官各宅多熟睡未醒,幸洋兵倦极,随地眠卧,至夜八点钟始起,亦未骚扰。唯俄兵经过顺治门西单牌楼一带,略有疮痍痕迹而已,并闻政府诸公皆随后赶及,其随扈圣驾者只某某两军机章京耳。闻扈驾诸人多未及带仆从、行李者,幸城外一带好善之家多施粥赈饥,故诸人虽步行,而腹中尚不至枵饿,夜间寄人檐下及露宿居多。又圣驾西狩时,途遇拳匪甚多,仍然劫掠。后刚毅至匪中,有识之者为具鸡黍之馔,刚毅喟然曰:"我为汝等竭尽心力,汝等皆将毙之人,今日仍有衣食,积蓄皆厚,而我已家破人亡,未知如何!"旋以着指后来车曰:"我待汝辈不薄。如我家某人来,请看我之面,好好护卫可也。"订罢徒行而去,涕泪弥襟。录《华字报》。

闻洋兵入京,颇疑中有埋伏,进步颇迟。继见使馆兵至,始放胆而前,盖武卫各军、神机、虎神及步军统领所属各兵约六七万,皆已散灭无踪。又匪首李来中自北仓失守,即已逃避,不知所往。又此次北方兵溃,御驾蒙尘,端、刚等谓皆南省各疆臣不肯接济军火,坐观成败所致。故朝廷屡有各该督抚具有天良之谕。又当李鉴帅入觐时,极言东南合约之非,且言不诛外省一二统兵大臣不足以震中国之势,而外人决不能除。故许、袁以直谏先罹其咎,所以儆外臣也。鉴帅兵溃自尽,端邸闻之恸哭曰:"呜呼!天胡不佑我国家,失此明佐,而令边衅无已时也!"故身后恤典甚优。又自北仓败退,裕帅(陈)[阵]亡,端王、庄王、刚毅诸人始知畏惧。端王及澜公拟收拾余烬,背城借一，刚毅则专主西奔，澜公起立詈刚曰："我等误听汝言，此后身家难保，我此时有力，定与汝拼命矣。"伸手拟掌其颊，刚飞奔逃去。又自北方匪乱，论者颇追咎董星五军门之误事。因其手握兵符，中怀叵测，故未敢参奏。董则积横如故，昔左文襄督师西疆时，因董冲锋陷阵稍加任使，然尝私语客曰："观董某行事，志大而多浮，可小任不可大受。异日朝廷如用之，必流血千里，吾为其末路惜矣。"今皆服左公之知人。又闻今春都中有术士善相人，皇太后召之入宫，遍相诸小王贝勒等。术者指大阿哥敬谓曰："此将来太平天子也。"端王心喜，遂决计驱逐外人，以符"太平天子"之言。又刚相是翻译出身，故最恶人提"翻译"二字，即学堂同文馆亦并恶之。录《华字报》。

死不得所

袁、许诸公之惨遭显戮也，人无论识与不识，类皆惋惜深之。兹有客之来自京师者述及，袁、许二公同于七月初三日遇祸。是日午后三下钟，许乘囚车赴菜市口，许公红顶花翎，身穿纱袍。临刑问监斩之徐、景二官曰："我何罪而至于此耶？"徐、景喟然太息，摇手止之曰："毋多言，总是弥天冤枉而已。"袁公神色自若。刽子欲去其大帽，许张目叱之曰："我未奉上谕革职，胡去为？"时袁公已由公子赂行刑者，得于地上铺莞簟。许公则头颅既断，宛转泥沙中，面目模糊，几难辨认，真惨矣哉。至于徐、联二公同于十七日午后被逮。其时徐公衣纱接衫，联公仅一短褂。及至刑部，即于七下钟时，奉旨赴菜市口，与立侍郎同被极刑。翌日某京官过其地，见血泊中一尸横仆，头在肩旁。车夫曰："此徐大人也。"京官乃挥泪而去。录《华字报》。

客有自京师南下者，历述侍郎立山被祸一事，而后叹朝廷刑法真与儿戏一般矣。客云：当立山被逮时，端王倩大师兄研鞫。所谓大师兄者，盖拳匪头目也。装束离奇，箕踞高台之上，叱侍郎跪其下，诘之曰："某日尔为何以盛馔宴美人丁䟓良？某日尔何故以珍物馈某使臣？尔与某洋人订金兰是何意见？"立山曰："事诚有之，然金兰谱则未之订也。"大师兄乃叱逮者带立山下。立山叹曰："我命休矣。今之讯我者，即我家犯事撵逐之长随，挟有前仇，必图报复，我命休矣。"翌晨皇太后、皇上视朝，端王奏称立山私通外人，罪不在赦，请即日正典刑。时庆王在侧，急奏曰："立山何罪哉？既在总署行走，即不得不与外人交。若欲加刑，则臣先受戮。缘臣管理总署日久，与外人交际更多也。"太后默然，端王又曰："立山苟不与外人通，试问攻西什库教堂时，何以竟不迁避？"庆王曰："立山私第在西什库之北，当日由北方炮击，故迄南居民皆迁避迤北，非炮弹所能及，胡避为？"端王语塞。为间复奏，称："今不诛立山，明日恐将无及，日后如酿成巨患，非臣力所能肩也。"太后首似微颔，端王遽叩首谢天恩，叱押立山赴法场，而庆王亦不复敢争辩矣。以二品大员而生杀系于权奸之手，呜呼！冤哉！

山陕近事

昨接山西某君来函，承以山陕近事见告，兹特照录如下：

山右本称乐土，素无拳民。晋抚毓中丞从直隶招之使来，民间遂乐仿效之。又晋省西人自得京师之耗，向抚军求保护，乃悉诱聚而歼之，中丞且手刃数人。又毓中丞自请统兵入卫，已行十站，奉批折不必来京，乃回太原。又边外托克托地方教民逃往屯聚者千余人，蒙民之习拳者与之互斗不解。又太原府太谷县某大令，奉上台札饬保护电杆，为拳民所不喜，控诸中丞，遂挂弹章。又拳民恃大吏奖借，日即纵横，平阳府太平县侯大令患之，谕令赴县署报名，以便申送天津御敌，否则即为假冒，当以匪徒治之。习拳者遂即解散。又护陕抚端午桥方伯将西人悉护送出境，且严禁拳民拦入，秦民遂得安堵。又西安某将军见护抚议论，以为毁谤团会，将具章弹劾，既闻拳民日败，乃中止。又延安府属境，突来蒙古人之习拳会者与教为难。该府刘太守不能排解，禀报上台，两无所助，大拂上意，遂撤任，而以尹仲锡直判代之。又直隶乡团多树扶清灭洋旗帜，无知小民尝以是为话柄，护陕抚端公晓谕秦民，有"吾恐助清者适为清扰，灭洋者益增洋衅"之语。又自闻都门七月二十一之耗，护抚端公惊泣成疾，数日始见(寮)[僚]属。又两宫西狩时，护陕抚具折奏明其皇城故址已成榛莽，如驾至，当于北院驻跸。又秦军入卫者，至直隶境即溃散，总统升廉访亦不知下落。又先是秦中疆吏恭备西巡，派员估修宫禁，即太和殿已须银四百万两，其款颇难筹措。录《中外新报》。

保定难保

探得直隶有义和团匪，向只红、黄二类，服色亦如之。自连兵入京后，此二类团匪逃散已尽，旋有溃兵之黑布缠头，自称"黑义和团"。当(连兵)[联军]赴保定时，自告奋勇，向半途迎击，互有死伤，团匪死者八九百人，旋亦散尽，(连)[联]军遂至保定，官吏出城迎接，无一逃者。又探得西兵入保定城后，法国提督率马步队数百名亲见藩台，欲令四城街巷遍竖旗帜，(辨)[辩]论再三，始允并竖中法两国旗帜。兵官即欲率兵入城，经翻译官张司马告以有约在前，西兵不能入城乃止。尚有德、比、美各国军士亦陆续到保定。录《华字日报》。

昨得确电知保定尚未失陷，联军约今日方薄城下。廷雍毫无布置，出见僚属，惟涕泗垂膺而已。告急请援之电自旬日前风闻联军将来，已叠发四次至太原。又电豫、兖两抚，有"援军不来，束手待毙"之语。识者皆谓廷雍过于临事而惧云。录《中国日报》。

汉事余谈

自汉口事发后，各省疆臣捕治会党颇急，除各地访友所报业经随时登录外，兹将一月以来所得友人书函择其关涉党事者，摘录如下。南京友人函云：长江一带搜捕会党甚亟，知名人士殆有数十，此外名册，至于更仆难终。安庆友人信云：自武汉事起，捕捉会党甚急。上自公卿，下至士庶，至烦且多，故素讲维新之学者，咸栗栗危惧，虑被株连。汉口友人函云：武汉搜出之册，人名甚伙，江苏道员共有数人，此外不计其数。唯该册易造伪名，难得确实，故上台亦不甚苛求。并闻湖南道员某因该册载明某差使，业为俞廉三所裁。或曰：某道实非会党，俞廉三误信之耳。武昌友人信云：近日此间缉捕会党甚严，有册中有名者，有册中无名而以私书为证者，有并无私书可证，但得一片即指为会党者。官场急于见功，又迎合某抚军之意旨，株连不已，识者危之。湖南友人信云：自武汉起事，俞廉三遍查会党，除候补道三员、知府一员撤差外，一日于某寺中，获得该会百余人。其中官绅居多，已处决数十人，余尚待讯。并闻所散富有票，以湘省计之，共有二万许纸之多。

闻湖南会党被戮者计六十余人，内有四十余人皆系讲求新学之士，误被株连。而俞廉三一意严办，绅士王先谦、叶德辉、孔宪教等皆怂恿之，故不能免。按俞廉三素恶新党，闻戊戌秋六士被祸，俞大喜，即传伶人春台班演剧三日。今夏闻日本驻京书记生杉山彬被害之信，亦传春台班演剧。

又云：刘坤一商于驻宁英、美两领事，每遇长江商轮抵埠，遣弁登船，严密查拿票党。盖缘鄂省迩日寄到在逃票曾头目像片十余张，请为留心查拿。遇有面貌与像片相同者，拿获后即行就地正法。日前又接张之洞来咨，以该省武备学堂肄业学生流入富有票会，拿获正法者，已不乏人，而事发在逃者，尚复不少，特寄各逃人像片前来，咨请饬属协缉捕获。刘坤一当即通饬所属，严密查拿。四则录《中国报》。

梅军门剿匪详述

近接上月十五日沧州剿匪详函云：梅东益军门统领袁抚之军，屯于东省之北，以防直省团匪窜入境内。计自八月起，与团匪相战不下十四次，仅败两次。现闻团匪数较前增至五倍之多，定欲杀入东省。无奈梅军门拒守如故，与战大败。当十五日匪目陈姓纠党五千，并有东省团匪联合，与梅军战于沧州之野，统计匪数已逾一万二千之众，梅军不过八千名。由梅军门先留兵二千名守城，一千五百名带同大炮埋伏城外，然后率兵四千名迎敌。自晨以至日仄，始将团匪左翼挫动。团匪支持不住，似有溃散之势，军门即招呼伏兵一千五百名出攻两翼。团匪猝不及防，遂溃乱向西北窜。逃至半途，又为梅军伏兵所阻，前后夹攻，几将团匪全数杀尽。时陈姓匪目方统左翼，忽见中、右两翼存兵仅有三百人，知势不敌，亦欲潜逃，奈追兵已近，不得已返身复战，当为梅军炮队斩馘无遗，并将陈匪首级取回号令沧州城上。是役也，统计杀死匪党六千名，大半系津人，而梅军所失仅三百人，所伤亦仅六百名。是日战事起点之由，因有东省团匪窜扰直省，事败逃回，竟为袁军所拒，不使一匪入境，故团匪有此大举，冀图报复，又遭此败云。录《华字日报》。

俄、德、法近事汇志

兹闻俄、德、法三国业已商订密约，会同协办中国之事云。欧洲来信，云此次法、德两军因在华京互相援助之故，德皇业经下令西九月二号着免举行庆节云。查一千八百七十年九月二号乃法国总帅麦马翰在师丹出降德国之期，德人于是日举行庆会，以志其功，今尚依然。此次德皇念法之情，故特免举行此节以为见好于法人之地也。又闻因俄军包围唐山煤矿之事，各国带兵官异议纷纷，皆以俄之举动为非。先是美官曾有所告戒于俄人，俄人置而不顾。德国则已将派兵占踞诸矿山，与俄国同心协力贪得其利云。又俄、德、法三国军占踞北塘及芦台者，并非因(连)[联]军之决议，以司令官之名移谍于各国司令官。如作战谋略，又攻击日期，均不向各国通知。三国之专擅亦甚矣。又闻说俄、德两国军士用炮攻击保定，亦不依联军会议，两国为所欲为而已。又法京某报云：窃窥俄人之意，欲俟西比利亚铁路竣工时，再行夺据北京。盖目前若遽行下手，恐难兼顾也。又俄皇现缮就国书，并头等额外宝星一颗寄交法京署，俄国公使饬令转呈法总统刘北，以伸两君交好之意。查该宝星曾经俄皇必打第一遗嘱子孙，须珍重收藏，如或馈赠，必给国君或总统，切勿赠与闲人。由是观之，则俄、法交情友好，洵非别国所能及，始肯以此等珍品移赠也。

十月初二日(11 月 23 日)

《申报》

历禀东省遭乱情形

中俄失欢,黑吉鱼烂,河山孔阻,侦谍为难。昨得漠河金矿总办钱观察鑅禀词,备述遭乱情形,多有本报所未及者,爰节登之。其文曰:

职道于上年十二月,奉前北洋大臣裕札,委督理黑龙江漠河等处矿务。本年五月初七日行抵爱珲,初九日准前督理徐道杰将文卷关防并现银一万两移交接办。因月支经费截■计算,殊形琐碎,商明由五月起即归职道接算,当经禀明在案。嗣以经费不敷,又准徐道汇拨银二万两。职道正拟将总局之事稍为布置,即分赴漠河、观音山两厂查勘整理。不意六月十八日爱珲与俄开仗,隔江以炮互击。至二十七日,总局被焚。职道仓皇出走,无车可雇,员司差弁徒步而行,案卷择要携出,局存枪械及行李衣物尽付一炬。沿途炎日薰蒸,泥淖没足,跋涉之苦不堪言状。七月十二日行抵齐齐哈尔,以厂事请示前黑龙江军宪寿,蒙谕即速送信两厂,事可办则办,不可办则赶紧寻路而出。职道一面赴新城迎探厂中消息,在伯都讷遇观音山逃出矿勇,口述七月初二日俄国兵船将丰涧口局轰毁,各厂矿丁惊散,厂内人已逃出等语。职道随派妥弁前往迎护。至闰八月初十日,在奉天锦州府晤观音山厂帮办委员分省补用同知恽积勋、拣选知县陈逢熙,始知总理委员分省补用同知金珍先于六月十七日在密格罗思俄站乘公司轮船赴爱珲,以矿丁惊散,丰涧口局被毁,格林炮、抬枪尽失,无可抵御,即率在厂员司勇役人等三百余人,由后山觅索伦人引路而出。经六七百里山深林密、向无人迹之处,雨淋露宿,绝粮数日,溪深没顶,缘绳而渡,司事蒋祖翼竟至淹毙。携出案卷、账册、行李,尽皆淹湿抛弃。所历之苦,较职道等又加数倍。至三姓始归大路,员司差弁始得添购马匹兼程前进。总理委员金珍当爱珲开仗后,至今并无下落。职道在锦州将差弁、矿勇资遣薪水口分发至闰八月止,并各加恩饷一月,作为川资。员司多半南省人,职道率同在锦州天桥厂雇海船至烟台,转附轮船南下,闰八月二十三日回至上海。适徐道杰亦在沪上。职道接事月余,前后交代,尚未接算,现拟速为清理。惟漠河一厂孤悬俄境,寻常往来皆附俄船,自失和后消息不通。厂中员司三十余人、矿勇二百余名、矿丁六七百名,并前督理购存粮货约值银十万余两。如有一失,非特千余人性命不保,即股本亦无着。职道接收移交银三万两,除两月开支用度金价,及添购粮石,计已不敷外,尚有筹垫银两,现亦督率经手员司赶紧造册详报。所有爱珲总局被毁及观音山厂员司脱难,暂回上海大概情形,理合具禀,驰陈察核训示。

十月初三日(11 月 24 日)

《新闻报》

［论说］ 时事平议

今日中外之大势，非尽释嫌疑不能联合；中国之办法，非免事攻击不能谐适；朝廷之意见，非力破幻忽不能成就；商民之议论，非尽驱愚昧不能安妥。何言乎释嫌疑？夫自有议和之说，举国之人皆以为订约有日。乃联军则方言退兵，又攻走直省四隅；方言退让，又占据东省各地；长江订保护之约而兵舰往来，辄使人恐其有变，此嫌疑在各国所不免者。至于中国，办罪魁则迹近敷衍，言回銮则语多模糊，虽无攻打外人之心，而愤激之言朝野上下总抱此异日报复之旨，而偾事之心未平。联军请回驾愈急，慈銮则避祸愈坚。不知联军亦何必作此相逼之举，致令圣跸欲返而不能，此嫌疑在中国所不免者。两有嫌疑，则两多窒碍而必不能联合。是故议和即成，亦相持不久，何况不能开议，则释嫌疑为要也。何言乎免攻击？夫酿祸诸臣端、刚、赵、董而外，有指何乃莹、王培佑为一流人，有指庆邸、荣相为与其事，抉摘不遗余力，亦似非尽行惩办不能蔽其辜而灭外人之口。实不知端、刚而外，诸臣尽有参谋拳匪之议，然或则出于附和，或则出于逼迫，皆有一线可原。且朝廷忠良杀戮殆尽，亲贵之臣尽有纵庇拳匪情事，而能办事之亲王相臣已落落如晨星。设一并惩治，则内廷不惟无辅佐之臣，亦必急生变故矣，则免攻击为要也。何言乎破幻忽？今日圣母贤君出亡在外，相视凄恻，大权在人，奏章所入主持一议，左右所陈又主持一议。有谓秦中险要可恃者，又有谓秦中转运必阻者。忽而传降严治罪魁之旨，又忽而传攻打联军之谣。忽而某官骤升，又忽而某官骤降。隐然主持其事，有权臣为之左右外事，坐深宫而不晓敌情，任环奏而难分，有时似纵听乱臣，有时似信用耆旧。至今日，人皆莫测朝廷用意之所在，而朝廷亦似不深悉诸臣用意之所在，则破幻忽为要也。何言乎驱愚昧？今日之势和多而战少，长江阻运道之说，各国尽有此意，而注目相视面面相觑，卒无有作俑者，且正幸彼有之联军，不能一国独行独断也。乃忽焉创南下之谣，忽又发复辟之论。殊不知南下为意中之事而模糊消息，何必乱人听闻？复辟为臣民共望而事处尴尬，何必离人骨肉？且今之时，外患已多，不可再以艰难之事添内乱也；会匪已多，不可再以危乱之情助凶焰也，则驱愚昧为要也。

总之，今日情势宜通盘筹算，宜反复推详，宜略去一切繄障作明白办理，宜体谅一切艰难作通融办法。论者不察，辄议外人之太强，而耻中国之太弱。不知势已至此，既不能一日恢复，亦只好迁就办理，但此后勿存轻视之心、骄傲之见，根本树立，自不为敌情摇夺。至于中国罪臣，其已经惩办者，皇上已概无庇护。若论者再搜剔、再指摘，徒多使皇上为难，于大局何补？惟朝廷此后当有一定不移之见，不为权奸迷惑，不使庶人疑议，则邪说不兴，风传尽息，举国之人安常处顺，可复望转危为安，徐以图自强之策也。

十月初五日(11 月 26 日)

《新闻报》

[论说] 论行新政不必待和局

必待国事大定而后颁行新政，犹之既食而方耕田，既饮而方凿井，已饥渴不可待矣。未饥而先储米，未渴而先储水，或饮或食，惟适其用，则新政预行之说也。夫今日者，各疆臣遇有新政事宜，百姓之所请，绅董之所禀，地方官皆以北事未定了之。即紧要公事、紧要交涉，地方官亦皆以和议未就诿之。亦若国事一日不定，各事可以不办者，殊不知和议杳杳无期，办事尽归办事。且亦当思和议一成，各事皆当从新整顿，从新恢复。国家望治已久，急不可待，早一日行新政，则早一日卜太平，即国家早一日恢复，早一日自强，未可得而推诿也。

夫今日之办事，上曰无款，下亦曰无款，诚哉其无款也。然窃谓和议赔款及行在之需款，固当预备，固当接济，至于各省应行新政之的款，尤宜预筹多备。盖以接济行在、预备赔偿为要着，而以行新政、办地方要事为无款，犹之一人专讲应酬并慷慨借贷于人，而一己之衣食不周听之，子孙之不成无教亦听之，其家未有不亡者也。是故办理新政之筹款，必视接济行在、预备赔偿二者为尤重；即不然，亦当与接济行在、预备赔偿二者平视也。今之为政者则不然，语以兴商，曰商筹商办，而官坐取其利；语以兴农，曰缓图；语以兴工，曰经费支绌。至于教士立学，则不责秀才之无用，即以书院为搪塞，而开学堂兴西学一层，大吏更避讳不敢言矣。惟其互相敷衍门面者，尚有团练一宗，然大半官不发款，而责成于阛阓闾阎。商民怨声载道，往往团董敛钱，团长弛事，抑或招聚无赖，以捐款吃力之钱供无赖吃活之用。有办一年而力不及者，有办不数月而中止者。此等无赖之民招之易、散之难，给养则稍安，不给养则仍为无赖。其作用即以之御盗贼且不能得，不过破旗数面、矮屋数间而已。而团民既不练习，往往或斗(很)[狠]或聚赌，观今日各省之办团，不为地方之益而添地方一害。中国之办事，向来只有名目，毫无实义，又向来不见利先见弊，而骚扰百姓，贻害商民，此等无赖将来何所归宿尚有后患。

嗟乎！今日国家所最急者，要在令人人归于有用，而不可令人人入于无用。士、农、工、商自食其力，自卫身家，人人有用也。若兵、若勇、若团，仰生活于人，无用者也。兵非可废，要在缺额足而训练精，不在多、不在滥也。中国今日上下皆谓练兵可以御侮，不知御侮者果在练兵乎，果不在练兵乎？国弱而民穷，徒手而报仇，根本未立，枝叶必先拨也。故毋言练兵，而先重士、农、工、商。四者兴，则国家自然强富，如干城，如腹心，然后言兵事，盖由内以发外，充实而有余也。洋兵既不能敌矣，以言报仇，空言无补；而土匪流贼之患，但能尽现在所有之兵，勤加训练，已足平定。疆臣若能鉴及强国之道，此时须亟亟图谋，则当以士、农、工、商四大宗如何兴起之法入奏朝廷。一面将兴起四大宗之款速为筹备，不在接济行在、预备赔偿二大款之后。和议尽归和议，办事尽归办事，不必推诿，不必游移。如此以行新政，庶几挽回补救，不至迟缓。盖望治甚殷，国危已极，以今日疆臣之废弛，恐国不危于外患而危于疆臣之坐视不救也，则颁行新政之急不可待也。

《中国旬报》第三十期

各国时事：伊侯之论

《鸟约报》言，该报探事人日前在东京谒见日本伊藤侯相。据伊侯称：

我不知各国钦差何以不定期会商，早定公共妥协之对华政策？虽各国之兵合力协助，但倘各国不早行定议，则难免互起猜疑。以我鄙见论之，必须使中国复有政权及光绪回銮，北京和局始能就绪。太后及各朝臣倘不能挽回北京政府，则朝廷所颁发之谕旨必不见信于天下。各督抚向本听命，或因无中央政府，必难互相协和。兹各国与庆王及李鸿章所议皆不能成就，惟有别立政府，方能见之施行。端王、刚毅、董福祥将太后挟制，始终欲坚拒西人，颇难调处。倘用势力迫之，则太后、光绪必为伊等所挟去。以我论之，开议和事，始时不必议及条款太多，以与庆王等商议，否则治丝益棼矣。今宜将北京之洋兵退出，使中朝复回北京，然后议和。宜使洋兵退守海滨，以待后来如何酌夺。倘再行进取，则中国将化为药云弹雨之场，各国商务及西人性命必皆遭损害。今俄国已允，倘别国不以势力向中国要求别款，则伊将满洲退还。美国则自处于最平和、最慷慨之地位，他国或能允遵其议。至我日本之用兵，则不过为救使馆及旅人性命起见，退兵一节，可以允行。本国财政支绌，倘(老)[劳]师费财，实非日本人民所能肩任。我国在中国及高丽，不过志在得有商务利权，原无贪得土地之心，且与俄人亦甚为辑睦也。

十月初六日(11 月 27 日)

《申报》

论直藩遇害事

呜呼！中国孱弱至今日而可谓已极矣。果谁使之孱弱至斯耶？上求之君，君固无日不存强盛之心者也；中问之臣，臣亦无日不存强盛之心者也；下察之民，民更无日不存强盛之心者也。试问中国朝野上下，既无一不有强盛之心，何以日求其强盛而日见其孱弱乎？曰：此皆不明“情理”二字，处事紊乱，以致处处受亏。现在非但受亏已也，不闻意国使臣之言乎？意使至贤良寺答拜使相，大言曰：“此何时耶？既已一败涂地至此，尚欲议和耶？惟有凛遵各国所示而已。”以此观之，各国之肺肝如见矣。其不欲瓜分中国者，非有爱于中国也。中国之滋膏未竭，中国之民心未散，而各国尚不免意见各歧，故欲暂留中国。俟后来各逞其强，鲸吞蚕食，且欲借此收拾中国人心。在不知者以为现在中国处极弱之时，受外人束缚，几于手足无所措。各国欲分我地夷我族，直反掌耳，而犹肯与我议和，是各国尚优待中国,中国苟能一一从各国之命,反可永保无兵革之祸。噫!华人而苟有此心,吾恐从此怠惰因循必较前为更甚。中国之不国,纵不在于今日,而必在于将来。然则梗各国之命可乎?梗其命,则和议必不能成,何以慰君父?何以安人民?

大抵"情理"二字,中外所同。情理有不能争者,争之益足授人口实而我更无立足之地,此所以不能梗其命者也;情理所不能不争者,不与之争,外人必笑我之愚,欺我之懦,即退让亦足以召祸。此次拳匪事起,焚教堂,杀教士,使臣被戕,书记被害,曲固在我。各国毁我炮台,占我名郡,连骑入京,震惊宫寝,圣驾西巡,百官散佚,人民避难,白骨载(塗)[途],此皆我政府谋之不臧,彼诚未见其不合情理。然观各国现在举动,则未必皆出于情理矣。何则?各国恨拳匪刺骨,欲我惩治庇匪之人,剿灭匪类,是各国应为之事、应有之言,并不溢分。然我朝廷既大加惩创,有圈禁者,有充发者,有黜退者。理虽屈于初,而刻则不能谓之无理矣。而上月望日清晨,忽有英、意、德、法四国武弁指挥德、法陆军赴保定,由东门入闯至藩署,絷廷方伯以去,旋复搜获城守尉奎恒、武弁王占魁,责其不应庇匪,处以极刑,将首级悬挂通衢,至晚七下钟时,始得取回殡殓。夫廷、奎、王果有庇匪之罪,固当惩治,然自有国法在,各国宜声请中朝惩办,方为正理。乃迫于气忿,欲藉此以辱中国,中国即不能与较,各国亦不免自失文明之体,其能满天下人之心乎?至于联军统领以绅董佐理无方,罚银一万两,责成保定府某太守如数措缴,更不禁为之齿冷。夫议和后偿兵费,公法也。然曰偿费,特美其名耳,其实与罚无异。现在和议未成,偿费未定,而先欲罚银,似于交涉之道亦未尽善。要而言之,外人欲餍华人之心,当以情理为断;华人欲办交涉之事,亦当以情理为断。如所争在情理之中,即势虽暂屈,缓必能伸,而况未必屈乎?惟"情理"二字斟酌甚难,愿中外共体之而共由之,则时局或可少安乎?

十月初七日(11月28日)

《新闻报》

山东诛匪纪数

山东各属团匪,经袁慰亭中丞饬派勇队会同地方官,先后捕获著名首要匪犯明正典刑者,截至闰月底为止已有五千余名,此地方之所以安谧、东民所以讴颂也。

《申报》

黑龙江遇难记

有客自黑龙江上贻书本馆云:今夏拳匪肇事京津,戕虐西人,祸延黑省。大江两岸,生灵涂炭,浮尸蔽江,真数千年来未有之奇惨也。黑龙江与俄国隔一衣带水,六月十八日,爱珲城溃勇突击伤俄国守界官廓米萨尔,同时黑河屯溃勇亦以巨炮隔江遥击,俄官怒甚,遂于二十二日起至二十五日止,下令兵丁将寓居左近之华人悉行圈禁,陆续驱入江中。见有行步稍迟者，即挥刃攒刺。尸身枕藉，江流几为之断。平时阿、穆两省华商所设店铺不下五百余家，都五千数百人，均有籍可稽，此外尚有工役千余人，盖皆安分良民也。俄官每年征收房税、商税、货税、人口税，历百余年。一旦祸起匪人，赤子无辜，同归于尽。其有历万死而获一生者，仅永和栈二人、世发长三人及作苦工之佣役七人，岂不悲哉！爱珲隔江俄地，向有旗民大小四十八屯，每屯以五十户计，共约二千四百户。每户以五人计，共约男女一万二千名口。一刹那间，庐舍均成瓦砾，牛马牲畜被掳一空，幸而得生者寥寥无几。此外，自四大列信斯起至密果罗斯金厂，藉工作糊口之华人约共二万名左右，虽未尽丧于枪林炮雨中，然逃出者亦多成饿殍，或更见噬于虎狼。回溯六月十七日，有华人一百三十余名口由密果罗斯附轮船赴爱珲。二十二日行抵百雅落各夫，不提防俄官阿特曼起而扣留，用绳絷之，发火枪击毙，仅剩某员暨通事迟克永二人未遭毒手。噫！俄人之焰诚毒矣！然非黑龙江省将军寿山肆意妄为，亦何至若此？寿山，号眉峰，黑省爱珲人，由候选知府起家，不二年擢任封圻，知遇之隆可为极矣。乃不但不思报国，反以轻举妄动之故残害生民。平时自命知兵，实则无所知，一无所能，惟是坐耗国家廪禄。黑龙江与俄壤地相接，广袤四千里，既无道路可通，亦未设有重镇，所恃者惟爱珲一城，为之屏蔽。兵端既肇，只一阅月，全省沦胥，辱国丧师，莫此为甚。今虽惧罪自尽，然论者追原祸始，能无存寝皮食肉之心乎？

十月十一日（12 月 2 日）

《清议报》第六十五册

论荣禄诡谋

松雪主人稿

自团匪肇乱，愈出愈奇。顷者神京沦陷，天子蒙尘，九庙震惊，万民涂炭，成千古未有之奇祸，支那人士束手待亡。探本穷源，实自那拉主持欲废皇上始也。那拉因恶新法而及皇上，因皇上而思逐外人。端、庄、刚、荣诸逆赞而成之。吾闻宁波王某之言，而叹荣禄之奸险诡谲，善于弥缝，虽奸雄如操者，亦不过是焉。

先是西历十一月十五日有宁波人王某者，随其洋东到日本遨游。该洋东曾在北京德国使署为参赞之职，一名湾卑罗，一名湾巴竞。据言前被戕之德使，伊在场亲见死事极惨。但联军入京之后，各分区域，德国兵适当守护皇宫，是以宫内所有珍奇玩好、书画古董、金银宝贝贵重之物，俱为德兵守护。而军兵每盗窃得之，即以贱售，购得者多因此致富。此正社稷邱墟，有心人所为太息痛恨者也。据王某言，去岁立嗣伪谕将下，西后主意实欲废光绪皇帝而立大阿哥溥儁。王公大臣六部九卿各皆无异议，惟虑外国干预。因使李鸿章商之各外国钦使，佥谓皇上圣明，断不可废，遂梗其议。此荣禄与董福祥之信，所谓外国每多挟制，令吾办内事不便者也。殆立嗣伪谕既下，薄海震动，内外电阻力争。因此更迁怒于维新党人，不得已改为万寿恩科。仍迫不及待，即于元月初五拥大阿哥暂行即位之式。作为候补皇帝，各国公使朝服往贺。时端王即倡尽戮外人之议，商之庄王。而庄王抚有山东团匪数十万,妄谓技术神奇,血肉之躯能避枪炮,类皆忠义之辈,将藉之以尽杀外人,惟时李鸿章适督直隶,排外之议断不能行。是以令其出督两粤,而以裕禄(捕)[补]授直督。此其愚悍拙劣手段,思尽屠戮外人之后,列国咸畏其威,拱手听命,则野蛮举动,为所欲为,无有掣我之肘矣。布置周密,斟酌尽善,即谣言四起,一日数惊。外人初不之信,及起事即焚芦台车站,以断外人归路。其时各外使始惧,急电本国政府派兵救援。次日,团匪又断电线,若使早日铁路电杆一齐毁断,则消息不通,无从求救矣。京内神机营、虎神营、武卫军及团匪等不下四十余万人,而外国义勇兵及水兵不满千人。围攻两月,众寡势殊,何难将外人尽数歼旃?而且粮食、弹药缺乏,虽已杀蓄马若干头苟延残喘,而旷日持久,不战死亦必饿死矣。孰意荣禄诡谋,因天津已破,北仓、杨村相继沦陷,思买外人欢心,以为自己救命地步,是以按日供给各外使粮食,由立山府传递。王某谓伊亦沾其实惠,否则不免饿死。及立山事露赐死,荣禄亦交刑部监禁。但碍于西后之戚,否则亦为端王所杀云云。

王某所言若是,吾于以知荣禄之险诈鬼猾,其才果足以济奸矣。胜则归功于己,败则诿咎于人。列国今果为其蒙蔽,索治罪魁,不及荣禄。夫荣禄与端、庄、刚毅同为废上元勋,董福祥乃荣之部下。此次纵兵戕使,屠戮外人,养匪贻患,荣禄必不能辞其咎。吾且勿论他事,即以武卫五军何人总统?围攻使馆是谁统带?兵匪枪炮弹药从何领取?况且日本报载七月廿七亲见荣禄督队开炮,攻打使馆,此尤实证。所恃外国人筑垒坚固,枪无虚发,诸兵团每不能近;或率大队来攻,交绥即溃,因此而外人不致尽遭屠戮耳。其实诸逆党狐狗成群,同谋废上,不得已而出此排外下策,以覆满朝宗社。良民无辜,受此荼毒。而荣禄智谋特出于端、刚之上,故敢于欺列国,欺天下,但其咎实由那拉主持。诗曰:“乱匪降自天,生自妇人。”此语不啻为中国今日道也。

十月十五日(12 月 6 日)

《新闻报》

[论说] 论退还侵地

各国皆谓联军占据之地,苟和议可成,则皆可退还,俄国尤谓东三省必当退还。信斯言也,固非特中国无失地之痛,亦所以泯各国自相猜疑之渐,而保全球永远太平之福也。虽然,今所谓退还,固名实并至乎,抑退如不退乎,抑以退为进乎?名为退还而实屯重兵,名为交涉而实同专制,官吏仰其鼻息,士民听其指挥,此退如不退者也。退还土地以市爱,另索权利以抵偿,既得权利于现时,复收土地于外府,此以退为进者也。窃以为联军之于直隶,各国有各国之意见,尚未能决其究竟,而俄人之于东三省,实未有退让之真心。所谓退还者,非退如不退,即以退为进而已。夫俄人之垂涎于东三省久矣,守大彼得之遗训,欲以囊括宇内,统一寰区。既不得志于西欧,乃复经营于东亚,虽已索租旅大得不冻之海口,然非与西比利亚连续一气,则呼应不灵。且其商务资财皆注重于西偏,而东偏类多荒漠,必得东三省,而后旅大海口之商务大兴,轮车之利愈溥,乃可以东瞻西顾,无左轻右重之虞。中国不幸而有团匪之祸，遂使俄人整旅长驱，名正言顺以占有此东三省全境，此俄君臣夙夜筹维而不可必得者。幸而得之，复肯出之于虎口乎？故现在名虽请华官帮同治事，而今日本报所载营口俄员告示，竟欲查勘营口地亩，谕民税契。夫查勘地亩，限令民间呈契完税，皆得地之后应有之政。然既谓暂时经营，即当退还，则华民之田亩听之华民，亦何必代为清厘限令税契？且其告示之末，并谓自示之后，尔居民人等如有隐匿者，一经查出或别经发觉，即将原契作为废纸，房田归官。夫所谓归官者，归华官乎，归俄官乎？如谓归华官，则俄国树怨于前，而中国得利于后，俄必不愿。如谓归俄官，则无以自解于退还土地之说也。观人者，观之于微。故观此告示而知俄人实无退还土地之意；即使退还，亦所谓退如不退、以退为进而已。

虽然，俄人得东三省，岂各国之福乎？苟不退还，则俄人之东瞻西顾，无复能遏之者。即联军因之不还，直隶以为抵制，而俄人之于东三省地势相连，各国之于直隶地势不续。俄之呼应灵，而联军之呼应滞；俄之志力专，而联军之志力分；俄之转运便，而联军之转运迟，岂足抵制哉？各国欲抵制俄国，惟有退还直隶，毫无沾染，名实并至，无退如不退、以进为退之举，则俄人虽欲不还东三省，何以答各国之诘责？自必拱手而退。此虽似中国得意外之利，实则所以泯各国之猜疑，而保全球之太平也。虽然，各国有各国之意见，是否询谋佥同，以真心退还土地为上策，未能预必，则亦深有望于中国全权大臣也。

《申报》

阅本报纪西兵酿命事率书其后

镇江人应春元之被西兵戕害也，凡有血气者，莫不恶西兵之狂暴，而悯死者之含冤。夫各国调兵驻沪，固欲保护租界商民也。即使此中人类不齐，临以统带官号令严明，亦谁敢私出营门横行不法？何居乎上月初十日之晚，竟有某国兵数名群至美租界西华德路德昌成鞋店，将其伙应春元用刀戮毙，一若与应素有不解之仇也者。闻应至德昌成执业甫阅数日，何至开罪于西兵？而西兵亦何怨于应？乃无端逞其毒手遽戕其生，此岂尚知有军法者哉？旁人畏其凶锋，莫敢上前擒获，一任扬长而去，付之无可如何。然在当时见者皆曰："此法兵也。"迨尸身既经县主汪瑶庭大令饬仵验明，照会法总领事查明凶手。法总领事覆称："法兵每晚一律归营，并无在外伤毙人命之事，请另缉正凶。"然则应之死，非死于法兵矣。乃不意应之诸同乡以应上有迈母，下有妻儿，一旦顿失事畜之资，情殊可悯，公请博克律师代为仲理。博律师当即函致大令，请向法官理论，或酌给抚恤银。大令以正凶尚未查获，未能指定为法兵，转请博律师代为缉访凶手。顾鄙人窃以为：此案究出自何国兵丁，华官亦宜实力查缉。夫国家设官，以理民冤者也。西人偶有为华民所害者，西官必以全力争之，非由华官为之缉凶严办，其心不快，故西人皆得赖以保全。若华官则往往于命案毫不经意，一遇有关交涉者，更惟恐轻开外衅，皆以含糊了之，从未有敢与力争者。不知西国刑律，亦何尝过为轻纵？或监禁，或罚作苦工，或缳首，皆视其罪之轻重以施，而于兵士干犯军律，更有用枪击毙之条。特华官不能执法以争，斯华民遂冤无可雪耳。

犹忆今春，本邑美租界百老汇路恒丰皮箱店学徒周阿福，因送皮箱至元芳路马头所泊某国蓝烟囱轮船上，向某西人索酬资，被西人推堕浦中。阅旬余，始获尸身。经尸父周掌生控诸英、美租界公廨。时翁笠渔直刺方操谳政谕候咨会代理，上海县主戴子迈明府核办。本报尝著为论说，大声疾呼，以冀当轴者早为杜渐防微之计。后卒以尸属无力控诉，在上者亦不以民瘼关心，不予深究。至八月十三日，船户王阿有又因向某轮船庖丁德国人别脱索取渡资被殴而毙，经县主汪瑶庭大令将尸验明，且会同德总领事索泥勒君研讯明确。然其后究竟如何治罪，人皆不得而知。虽经苏松太兵备道兼江海关监督余晋珊观察照请索君明白宣示，而华民未曾目睹，终觉疑信相参。今应又为西兵所戕，经尸属指控法兵，而法兵中又查无其人，然则非缉获凶手，终不能断为何国兵丁，而应之冤亦终不得而雪也。呜呼！一应已矣。倘西兵身带军械，故态依然，顾兹旅沪人民能无忧危不置哉？

《知新报》

铁岭战信

本月初三日营口友人来信，言铁岭自俄人启衅后，迭经添兵防守，日来俄人复率兵四百余名，前往攻取。华兵尽力抵御，毙俄兵二十余名，伤三十余名，俄兵败走。华军追击之，死伤益众。讵忽闻俄军中炮声大作，巨弹所及，遍地尸横，华兵旋败走，枪械遗弃者无算。俄兵返戈，直追至城下，华兵纷纷四散，不知所之。俄人见该城紧闭，派兵五十余名将该城三四里之民家悉行纵火焚烧，四村之男妇老幼不下二千余人争先奔逃，哭声震野。所有火焚、枪毙者约计二百余人。嗣城中见城外火起，即将城垣向置之炮遥向俄军轰击，约被击毙者八十余人。俄军毫不畏怖，遣精兵二百余名极力进攻，复拟置炮向城轰击，而城门忽开，盖俄军先已派有精兵在城中作内应也。至是俄兵遂入，该县令及防守兵弁由北门奔避，不知所往。商民惧遭屠戮，东奔西窜，尤为可惨。

日本责备华事

团党倡乱，日廷遣兵，夺大沽则日军为先锋，陷津城则日军为前敌，因此南方督抚遂启猜疑。然日本出兵宗旨及列国出兵宗旨，原无两歧，不外欲援救公使而已。欲救公使必至北京，则凡大沽、天津有阻我去路者，不得不相见以兵戎，此乃理所当然，毫无足怪。列国公使为团党所囿已两月矣，北京政府及其他督抚不独不能尽力剿匪，反令端邸部下从而助之，致使公使大声疾呼，求救本国，此督抚之所知也。则列国进军急于星火，有碍我行程者，不问兵与团党，皆得而歼之，夫岂得已哉？故夺大沽，陷津城，派大兵入北京，皆不让列国，亦不外欲援救公使等耳。甚至有谓日军与列国同一行径者，是乃昧于事理，致出是言。使南方督抚而以端、刚所为为是乎？则何以不令其部下同为攘外之举也？使南方督抚而以团党跋扈为非乎？则闻其倡乱，理当崛起而镇定之也。乃计不出此，徒知坐镇东南，袖手旁观，致使西师云集，日增一日，反从旁赀议，其陋亦甚。团党灭洋，谬旨与端、刚若合符节，且两国交战，不害使臣。公法昭然，督抚所鉴。今番未启战端，而端、刚辈遽与团党通，虐待公使，征诸公法，于理不宜。日本纵念唇齿之谊，然值此烽镝之秋，揆诸名分，不得不与列国同一行径，此理亦南方督抚所易明。使知而呰议日军，是暗助端、刚谬旨也；不知而呰议日军，是昧于大局，不通事理也。曩者日本方谓南方督抚明于大局，足兴东亚。近征其言动，殊失所望。溯自起变以来，已阅两月，南方督抚除奏请护送公使外，噤无一言。彼等虽不奉端逆伪诏，然未闻有一人起而反抗伪朝，联合中外，声罪致讨者。是则为日本所疑，亦列国所怪者。昔明末闯贼入京，犹有乞师讨贼者。今团党扰及辇毂，仇及国家，端、刚辈肆立伪朝，矫传廷旨，而南方督抚仅守不奉诏之约，雌伏东南，无一人乞师讨贼者，亦可陋矣。要之南方督抚訾议日军，固可置诸不议不论之列，然于落落数人，乃欲求一举兵讨贼者而不可得。呜呼！茫茫后路，万事休矣。录《中国日报》。

按：此次团党肇乱，东南督抚既知不奉伪诏，即宜整旅誓师合兵进讨，则成固可为大局之扶，即败亦可为无罪之告。而乃泄沓如故，观望优柔，一旅勤王，亦复有名无实，固无怪东邻之责言耳。虽然，彼其中或有未可告人之隐，而始为是袖手乎？未可知也，是则非臆度所能知矣。

奉天拳匪搆祸详述

昨有客从盛京抵沪，而述东三省拳匪搆祸及与俄人决裂情形，颇为详备。兹择其尤要者录之，以资考证。当五月京津拳匪滋事之时，盛京虽有匪徒聚练拳技，但为将军增祺所禁，不敢肆无忌惮。而盛京副都统晋昌，固深信拳匪者，屡以拳民可恃，请为招抚，将军置诸不理。至五月二十八，忽奉上谕招练团民以御外侮，未几晋昌又拜帮办奉天军务之命，同日并简盛京户部侍郎清锐、刑部侍郎溥良为督办义和团练大臣。至是增祺事权旁落，且为晋昌等所迫，始于六月初二日召匪入署一试其技，而晋昌则极口称誉，于是外间哗然。匪党渐肆猖獗，毫无顾忌。初四日即往南关外小河边焚毁教堂及其左近各洋房。但该处各西人早经他避，所遗房屋无人看守，故毁之甚易，嗣复往攻南关外天主教堂。该堂教士名纪龙者率同教民数百人在堂守御，拳匪屡攻不下。谋诸晋昌，并无禀商增祺，尝于初六日遣其所部之兵，帮同拳匪带炮往攻该堂，以致堂中教士及数百教民悉数覆没，间有逃出被拳匪刃毙。至是，各属拳匪闻省城业已起事，亦均相率继起，焚烧教堂，拆毁铁路。自此蔓延日甚，不可收拾，此盛京拳匪搆祸之大概实情也。

五月二十六日，晋昌得招练团民以御外侮之谕，遂于是晚私派所部兵勇径赴辽阳张台子地方，拆毁俄国铁路桥道。其实该处并无俄兵看守，以故拆之甚易。至六月初三日，旅顺铁路副总监工名员吉利时满者，到辽阳晋谒辽州陈昔凡，究及拆桥之人。州官告以拳匪所毁。俄员谓之曰："其实官兵与团匪所为，我已早有所闻，惟此次当不深究，嗣后务请代为保护为要。"州官允之。乃不数日，晋昌复饬辽阳团匪往毁辽阳各属俄国火车站，并沿途捕获俄工，就地杀害。至是始激俄人之怒，派兵前往，以保护铁路为名。七月初十日，攻陷营口，自此而兵衅开矣。此盛京与俄人决裂之大概情形也。营口既失，是月十四日，盖平继之，十八日海城又继之。是时适奉北京停战之谕，因即商诸俄官。俄官佯为允之，实则阳奉阴违。一因兵力未齐，一因被毁之路未经修竣。至月底兵备路好，突于闰八月初一日，背约进迫田庄台，自此攻掠殆无虚日。初五日破辽阳，初十日陷盛京省城。目下东三省已失之地，如黑龙江省城已于八月初四日失陷，吉林省则三姓、宁古塔、珲春、哈尔滨各处，盛京省则营口、盖平、海城、田庄台及辽阳并盛京省城等处，所未失者惟有东边凤凰厅等数县耳。计自七月以来，东三省之居民为俄人杀害者，不下数十万人。而俄人残毒之处，出乎情理之外，实所不忍述其惨状也。

《中国旬报》第三十一期

北省大事记:手书照录

上海《中外日报》所得天津友来函抄示,详述近情,兼陈往事,阅之如读《扬州十日记》,亟为登报,俾众阅之。其书云:

洋兵纪律胜于吾华者无多,殆犹五十步之于百步。有霍克尔告我云:六七月,某国兵最佳,俄兵最坏。今则反是。盖新来之某国兵,见前人多拥厚资重宝,自恨来迟,遂亦无理劫掠。有被其难者,多向总统衙门——即前督署或该管兵官处控告,辄问姓名为谁,若不能举,似便作罢论。惟力能扭送者,或可求办。然孰敢为之以寻仇衅耶?卯前酉后,凡华人皆相戒不敢出门,且时有洋人亦遭抢夺,则华人可想矣。

自七月间,有人将家财重宝藏匿棺中掩埋,被人暗通消息,洋兵大得利市。于是四郊之外及合省会馆、义园,几于无棺不破,抛尸道左。野犬村彘,不嫌臭腐。及尸亲来认,业已肢体不全。前天津府李少云太守,其棺被斫者三次,若以因果而论,则此人生平有何罪孽,而受报乃若是之惨烈也?

此次津门之祸,起于义和团固也。然非京中士大夫之主张,武卫诸军之助虐,直隶官长之养奸,其流毒决不能如是之大且重也。徐、李、裕、刚已成鸿毛,而北人犹美其称曰"殉节",闻之令人欲呕。刻北省创痍满地,然受害烈者,大抵良善之民、饶衍之家。而前之头裹红巾、手执钢刀者,未败前则膺忠义之奖,临败则有劫夺之饶,既败又有厚佣之获。盖今日津地,小工每日皆有六七角工钱,拉人力车者,每次亦两三角,终日所获,不止一元。若辈什八九皆义和团也。侯家后娼寮、酒馆、戏园、落子班稍稍出矣。入座大呼,延朋引类,察之绝无仕商中人。牛头马面,虎咽狼餐,衣裳则颠倒天吴,容止则跳(踉)[踉]鬼噪。噫,此真混沌穷奇世界也!此辈固何足责?所可怪者,前日之文武士大夫耳。中国以如此人而操政权,谈国是,吾辈小民至今日而始颠沛流离晚矣!当团党起时,痛恨洋物,犯者必杀无赦。若纸烟,若小眼镜,甚至洋伞、洋袜,用者辄置极刑。曾有学生六人,仓皇避乱,因身边随带铅笔一枝、洋纸一张,途遇团党搜出,乱刀并下,皆死非命。罗稷臣星使之弟熙禄,自河南赴津,省视家属,有洋书两箱,不忍割爱,途次被党系于树下,过者辄斫,党刀极钝,宛转不死,仰天大号,顾以为乐。一仆自言相从多年,主人非二毛子,亦为所杀,独一马夫幸免。其痛恨洋物如此。今乃大异,西人破帽只靴,垢衣穷袴,必表出之。矮檐白板,好署洋文,草楷杂糅,拼切舛错,用以自附于洋。昂头掀膺,翘自憙若。嗟吾北民,是岂知世有羞耻事耶?

西人邓罗尔言:北京交民巷在围中者,几两月中有最奇一事,至今尚为疑案。一日攻守方急,突有一少年华人,手挥白巾立洋兵中,执而鞫之,乃知代天津西人送密信者。信中多要语,于是与以复书竟去。半月许,此人又持津函来,知杨村得手,联军首途矣。众皆额手。与以千金,毅然不受。叩其姓名,不告。问其何以为此?则云:其母尝言,欲救中国无亡,必救公使不死,诫其为此。此行为母,不为他也。问更能持函赴津否?则云:"吾事已毕,不更为矣。"倏尔而逝。果尔,则嫠忧周陨,不得专美于前,而其子亦鲁连一流人物。中国不亡,赖有此耳。此少年系北人,不能操西语。

又闻津中西友言：大沽以上村庄，多团党出入其中，西帅欲觅人侦其虚实，而难其人。有一少年愿自效力，令兵数人好送之。将入其境回顾曰：“是非送探入敌法也。”众兵悟，则群噪而逐之，拳脚交下，喘汗狂奔，至则坐树阴下饮泣穷骂。拳党过问之，以为同类也，扶归饮食之，悉告要害，期时日与共出。一日佯游出境，西人捕归，尽得团党巢穴虚实，一举剿灭。西人德之，与以金亦不受，问姓名居址，亦不告。此人亦北产。

团党多乡僻愚民，暂来天津，所谓入五都之市，遇物诧怪，莫知指名。针市联茂号向为太古通货，则谓其与洋人往来，相聚搜劫。入门见招牌用铜片晶莹，则呼为金，搴之而去；见所办牛滕，则以为人参，大肆嚼啖；又取西人糖霜食之，甫入口，旁人曰矾也，则又吐出。其无所知如此。事起时，津城内外，惟闻万众喊声，或云“义和团大获全胜！”或云“洋人杀尽！”欲雨唤雨，欲晴叫晴。终日供水拈香拜跪叩祷，违者杀之，其伎俩令人轩渠。

西兵此次在北，其不满人意处，实为欧洲所仅见，顾亦义和团之强暴有以开之。义和团之杀教民、毛子也，备诸酷虐，锉舂、烧磨、活埋、炮烹、支解、腰斩，殆难尽述。京西天主堂坟地悉遭发掘，若利玛窦、庞迪我、汤若望、南怀仁诸名公遗骨，无一免者。胜代及本朝御碑，皆为椎碎。保定属有张登者，多教民，团党得其妇女，则挖坑倒置填土，露其下体以为笑乐。其绝无人理如此。嗟乎！人有虎狼之心，平时则隐而不见，及相感召，俄顷悉发，东西教化异向，徒虚语耳。

团祸初起时，京中公卿虽有许、袁之明，亦受制于政府而无能为力。独裕禄一人可以救之而昏聩巽软，卒酿大乱，一死诚不足以蔽辜也。一误于中军杨福同之戕，不肯用剿；再误于长辛店铁路之毁，犹存姑息。至于五月十八九日，则燎原之势已成，不可向迩矣。然使不捏奏胜仗，则朝廷犹有戒心。事或早了，乃患失畏死，终不敢言即已，亦冀幸团之或有可恃。故张德成则奏而奖之矣，黄莲圣母则迎而跪拜之矣，开军械所以任乱民之取携，悬赏格以购洋人之首级，凡洋人男五十两，女四十两，小孩三十两，其领状为联军所得者。于是泯泯之乱，不可挽回。呜呼，可胜痛哉！

其尤足深耻者，此次杀戮西人，驱逐彼族，可谓不遗余力矣。乃京都虎神营、神机营、武卫中军等数万人之力，而不能灭不及千人之交民巷。天津练军声称宋军数万人之力，而不能锄不及三千人之租界。若团党固不足道，而董军则捏败为胜，通州李军未战辄溃，则尤不足道中之足道者也。

《诗》曰：“周有大赉，善人是富。”此次大乱，则偏与之相反。其富中国之人尚少，而富外洋之人实多。津城失守之日，津地下等西人皆牵车往返六七次，前之不名一钱者，今或数十万金。四五十家之富铺，数十百家之公馆，二千户之盐商，财产衣物一时都尽，书籍字画之类，除东人收去少许外，余则大抵聚而焚之。然此犹是天津一郡然也。至于京邑，则于六飞仓卒西行，实无所挟，官军掠之于前，联军尽之于后。盖自元明以来之积蓄，上之典章文物，下至国宝奇珍，扫地遂尽。近见西兵出京，每人皆数大袋，大抵皆珍异之物。垂橐而来，捆载而往。其在外国，半皆博物院中物，故虽败可以无失，而中国私家所藏，故皆往而不归。且长流外邦，永为国诟，不必计后此之兵费也，今此所失已数十万万不止！呜呼！此役也，神农、黄帝有灵，都应痛哭地下者也。

而谁阶厉乎?

天津东制造局之未失也,聂军分统姚良才驻其中,先则纵兵大掠,铸钱局银数十万顷刻都尽。继而西兵来攻,则置鞭炮无数(然)[燃]之,以助威烈。最后棉花厂不知何故轰炸,聂遂退以让西人。盖彼以西人之来,正合其意。不然,则数十万之款,无从着落故也。聂军五月二十一二日到处掠夺,目不忍覩。武备学堂总办委员以下,皆着单衣而去。此实录也。然武卫无军不掳,吾何必于聂独深责备也?

北省大事记:记梅东益剿拳事

得天津友人信云:梅东益提督统领袁世凯所部各军,屯于东省之北,以防直省团党窜入。计自八月起,与团党相(载)[战]不下十四次,仅败两次。现闻团党较前增至五倍之数,定欲杀入东省。十五日,党目陈姓纠党五千,并联合东省团党与梅军战于沧州之野。统计党数已逾一万二千,梅军不过八千名。由梅提督先留兵二千名守城,一千五百名带同大炮埋伏城外,然后率兵四千名迎敌。自晨以至日仄,始将团党左翼挫动,党羽支持不住,似有溃散之势。提督即招呼伏兵一千五百名出攻两翼,团党猝不及防,遂溃乱向西北逃窜。至半途又为梅军伏兵所阻,前后合攻,几将团党全数杀尽,并将陈党首级取回,号令沧州城上。是役也,统计杀死党羽六千名,大半系天津人。而梅军所失仅三百人,所伤亦仅六百名云。

清国官文:陕抚示谕续录第二条

为凛遵谕旨一体保护事。光绪二十六年六月二十一日奉上谕:"此次中外肇衅,起于民教之相斗。嗣因大沽炮台被占,以致激成兵端。朝廷谊重邻交,仍不肯轻于决绝。迭经明降谕旨,保护使馆,并谕各直省护保教士。现在兵事未弭,各国商民在中国者甚多,均应一体保护。着该将军、督、抚查明各国洋商、教士在通商各埠、各府州县者,按照条约,一体认真保护,不得稍有疏虞。"又于六月二十三日奉上谕:"春秋之义,不戮行人。一月以来,除德使被乱民戕害,现在严行查办外,其余各国使臣,朝廷几费经营,苦心保护,均各无恙。各等因,钦此。"查陕省地处西偏,向无商埠,惟教堂则所在多有。该教士重洋万里,远道而来,与尔百姓耦俱无猜,从无变生意外之事。现在饥民遍地,谣诼纷传,诚恐有不法党徒故意与教堂寻衅,屡经本护部院札饬各州县认真保护。兹复钦奉谕旨,惟恐各教士不得其所,至再至三。朝廷怀柔之恩如此其挚,官府体恤之意如此其周。百姓赋有天良,谊均地主,必欲故违朝旨搆衅远人,于法则当诛,于情亦为不顺。兼之人心好尚,天心应之,和气致祥,灾气致疠,自然之理也。现在旱象已成,雨泽不能深透,旱魃之虐迄无已时,未始非尔百姓造谣生事,居心不靖,有以上干天和。若安静自持,各循本分,揆之作善降祥之理,自必立迓和甘。即如直隶、山西,本属太平世界,皆因百姓骚然不靖,自兴乱端,遂使阖境生灵惨遭荼毒。本护部院洞鉴及此,是以委曲周折,力维大局,冀为尔等谋一日之安全。若再执迷不悟,真是不遵教化之民矣。尔时执法以绳,其无怨悔。

抑本护部院所为三令五申者,并非欲尔等低首下心,不复作其忠义之气也。同为大清之臣民,世受累朝之豢养,诚宜作忠义之气,务远大之图。值此军饷难筹,必当捐输以济用;倘或敌兵猝至,誓捐躯命以同仇;或为国而忘身,或毁家而纾难。必如此方为善类,必如此方为义民。或轻信“兴清灭洋”之浮言，误奉惑世诬民之邪教，逞一时之气血，戕孤弱之洋人，无补于时，徒然生事。目前既不仁而不武，事后必丧家而亡身。朝廷目为乱民，乡党受其毒害。以吾秦崇礼义、尚气节之民，必不为此。其敢于为此者，不过借仇洋教之名而遂其发洋财之愿。其实秦中教堂无几，洋财几何？于是抢教堂不能不波及富室，烧洋房不能不延及民居，戕教民不能不殃及无辜。狡黠者已得财而远扬，愚懦者必向隅而受累。

历查各省闹教之案，事定之日，无非百姓吃亏，言之可为痛惜。本护部院所以不避毁誉竭力维持者，深恐一闹教则目前地方大乱，而事后百姓遭殃。为此谕仰军民人等一体知悉：尔等须知，保护教堂，皆迭奉特旨，实力遵行之事，务各父戒其子，兄戒其弟，恪遵劝令，期于民教相安。自足以感召太和，地方静谧。如有妄听浮言，无端寻衅，定即治以背违诏令之罪，尔百姓等但当各安本分，毋蹈危机，致负本部院诰诫之苦衷也。以上所言，或恐吾民不能尽通文理，所望读书之士勤为讲解，开其颛蒙，不胜厚望。切切特示。

又示云：为示民各安本业以靖地方事。照得津沽民教相仇之案，此间已有传闻，深恐尔百姓知之勿详，又复惑于谣言，无端滋事。自维官长之于百姓，以分论之，则为官民；以情论之，无异家人父子，何嫌何忌，而不肯为百姓苦口一言。哄传拳民练习身技，不畏枪炮，此呓语也。或当民教积不相能之时，其黠者意图报复而又欲齐一人心，设此权词，用动公愤，亦未可定。愚百姓不察，以虚为实。至兵连祸结，死者不能复生，而其体已残，其迷不悟。谣言遍布，远道犹来，近京数百里，积尸累累，不得谓已死者皆习技未精之辈，未死者为学法已成之人。其不足信者一。义和拳名目由来已久，嘉庆年间，已奉谕旨严行拿办。凡有所获，立予骈诛。现既效命疆场，成事不说。但以理审之，恐难无斧钺可以亡身，而枪炮不能丧命之事。其不足信者二。咸、同时粤党起事，治兵者为曾文正、胡文忠诸公，奇材异能，罔不罗致，而论枪炮之毒，但云惟有激励忠义，以血肉之躯搏之，不闻有此异术为朝廷效尺寸之劳。其不可信者三。曩年河南、湖广等省白莲教起事，皆借术愚人，及大兵云集，邪难敌正，其身不保，其术亦不灵，以彼例此，恐亦同为假托。其不足信者四。

本护部院夙知秦民敦重节义，重公战而耻私仇。即学习艺能，亦敌忾同仇之义。但与国为敌者，在边海入犯之洋兵，不在内地寄居之教士。若奉敕征调，急难从戎，奋忠义自矢之心，守战阵无勇之戒，本护部院适官斯土亦与有荣。若侮此茕茕孤弱之数洋人，希图财物，是直苟且无赖之事，何预急公奋义之为，不唯法所不容，并为尔百姓愧之。

向来各处党徒多驾名于“助清灭洋”。中国自有威权，何取乎若曹之助？外人但安本分，何至用若曹之灭？只恐助清者适为清忧，灭洋者益增洋衅。现在各省入卫之师星罗云布，天戈所指，欃枪立销，万无需于尔百姓。尔百姓但当各安恒业，勿信谣传。即云事变难知，而官府设兵以卫民，岂有不代为防维之理？又如去年钦奉上谕，各属应办理团练。圣意谆谆，尚欲百姓勤于守望，藉保地方。不过，此等无据之言，按之于理，多属不经；审乎其情，尤恐无用。迩来近京一带地方，父老子弟无业可执，无家可归，兵燹余生，痛定思痛，覆车未远，尔百姓何堪循之？兼之真正拳民，皆籍隶直隶、山东等省。该处正敌兵四集，外侮频加。欲图报国，彼必不能来；欲求保家，彼亦不肯来。只恐尔百姓所拟而冀之者，适召异方之游勇以及不法之奸民。求伸忠愤之心，转堕彼徒之党。本护部院用是恻然，特申劝戒。为此示仰军民人等一体知悉：尔等须知谣传之说，万不可凭；恍惚之术，万不可恃；官长之诫，万不可违；兵祸之烈，万不可肇。明理君子从今绝口不谈，安分良民亦复束身自爱。父禁其子,兄戒其弟。士农工商,各安各业。如有驰心谬说,听信讹言,聚徒拜师,借端启衅,则国法具在,宽典难邀,祸集厥身,孽由自作,不得谓本护部院不教而诛也。懔之慎之!乡愚不通文理,所赖读书明理之士将此示明白宣讲,以发其愚蒙。切切特示。

清国官文:作歌劝诫

上海徐家汇《汇报》云:山东潍县邑绅孙京卿葆田恐愚民易被煽惑,作为《劝诫歌》一章。兹备录其词曰:"劝人莫习义和拳,拳法神妙皆讹传。误国殃民非一端,听我细说所以然。义和拳、红灯照,虎尾鞭、金钟罩,种种名目皆邪教。嘉庆年间林清乱,便是此术相鼓煽。于今直隶多饥民,纷纷学习遂成群。仇教为名恣抢掠,假托神灵逞暴虐。能摧枪刀能避炮,休信邪术自夸耀。可恨若辈称神拳,却说山东是老团。山东本是圣贤邦,哪有邪教教横张?况闻行军贵知惧,暴虎凭河非所与。只有孝弟与忠信,可使制挺挞秦楚。奈何甘效怪与妖,红巾裹头又缠腰。津郡已失通州陷,拳民死了也几万。误国殃民竟如此,胡为传术犹弗止。吾今恻然为尔告,号为神拳实左道。修尔戈矛与甲兵,非曰兴师莫偕行。不如各安本分好,宗族乡党互相保。士读农耕商懋迁,大家同享升平年。诫尔莫习义和拳,拳法神妙皆讹传。听我此歌当晓然。"

十月十六日(12 月 7 日)

《新闻报》

山东缉匪纪要

禹城为济南府属,与临邑、陵县、平原、恩县等处毗连,均距直隶边境甚近,故拳匪亦不时出没其间。往冬袁中丞驻重兵于禹城,先后获办首要多名,匪党已渐敛迹。不意三月十四日,有外匪王立东、李传和,约同王文义、张得胜、阎朝义、宋仁义等,各纠党徒一百人,窜入临邑田家口地方。经袁中丞访闻,当即飞饬各营县,限五日内务获严办,逾限即行撤参。十六、十七两日,该匪等又窜入禹城之王彩武庄暨临邑、陵县交界之百家庄、路家庄,肆行抢掠。禹城许大令源清会同济康营哨官马外委占元率队廿名驰往查拿,匪已西窜。十八日,该匪在王彩武庄迤西之王家寨住宿分赃,武备右军马右队吕哨长长顺探实,即率马勇十八名,会同许大令等赶往追捕。匪又窜至临邑之庞河,正在距河八里地面之村庄纠众抢夺,吕哨长等即向前围捕。该匪辄敢列队抗拒,阵前竖黄旗一杆,有骑马匪首数名指挥其间,余匪皆头裹花布包巾,结发袒胸,形同癫痫,枪矛竞进,势极凶横。维时带去勇役仅五十余名,众寡悬殊,经许大令等力加激劝,无不奋勇直前。马勇谷魁宾、张维身受重伤,仍不少却。吕哨长、李哨官并身先士卒,马步环攻,先击倒匪首王文义,贯其胸,又有一骑马悍匪王某亦连马一并击死。张得胜伏地叩头,口喃喃作法,甫起,即经官军击中头颅。马队乘势赶上,夺取阎朝义所执大旗手刃之,宋仁义亦被枪击毙,并生擒李凡仔等四名,余匪逃散。夺获长枪三十余杆、刀叉五把、大旗一杆、神像一轴、符咒多件、红布花名册一本,内载有统领前敌总办粮台暨某哨某队等名目，僭充伪职，形同叛逆，不知者犹以义民目之，义民固如是乎？李凡仔等四名发交许大令归案严办，据供抢劫重案甚多，不备载。

十月十七日(12月8日)

《新闻报》

山东缉匪纪要

往年直省拳匪多起于清河、故城一带，故仅蔓延曹州各属而不及武定。本年直境遍地皆匪，而以天津所属之沧州、静海、盐山、庆云为尤甚。武定府属之乐陵、海丰，则与盐山、庆云壤地相接者也，窜扰既易，煽惑自多。袁中丞访闻乐陵境内之范家屯、杨安镇、半角屯、张义庄、张吉庄、前后董家庄暨城东之孙家堰庄，均有外来拳匪私设会厂胁诱愚民情事，密派武卫右军马队任统带永清率队驰往查拿。五月十六日，任统带率领孟哨官效曾暨先锋右路左营郝哨官耀宗，会同乐陵县何大令业健，驰赴半角屯拿获私开拳厂之宋清云，又至前董家庄拿获拳匪董关来、边法三犯归案严办。其拳师张成芝，系衡水县人，先期逃避，饬缉另结。任统带旋奉调他往，袁中丞又派马右队孟领官恩远前往堵防。十九日据报直隶盐山拳匪窜扰三间堂，孟领官当即会同何大令驰往堵缉，未到匪已闻风先逃。是夕孟领官探知孙家堰地方有外匪在该处窜聚，遂又带队往拿。当场轰毙著名匪首孙长星等三名，生擒匪徒孙洛泉等二十八名，并搜获神牌一纸、铜佛一座、义和拳点名单妖符一张、妖诀多张、枪械刀矛五十余件，余匪散逃。迨孟领官等收队回城，更漏已五转矣。所获各犯内有受伤者七名，一并交县讯办，分别监禁正法。旋探闻盐山聚匪多至七八千人，时有窥犯三间堂、朱家寨之谣。因又禀由袁中丞添派帮统先锋右路各营张都司奉先、管带先锋后路左营张副将勋先后驰往驻扎，以资防御。武定府属剿匪凡数十次，是役则其嚆矢也。

十月十八日(12月9日)

《新闻报》

山东缉匪纪要

乐陵县境之朱家寨与直隶盐山、庆云、宁津毗连。六月十四日，有宁津匪徒一千余人窜入朱家寨附近之张家桥等庄，肆行抢掠。是日卯刻，吕哨官长顺、马哨长玉魁带马队三十名巡缉边境，行至朱家寨北五里遇匪于途。匪分三股迎敌，层层围裹，居中则以抬枪轰击，凶猛异常，马队左右盘旋，极力抵拒。正相持间，适孟领官恩远闻警驰援，有王哨长名德成者带马勇十名挺枪突围而入，所向披靡。匪阵为之大乱，辄纷纷败逃。吕哨官、王哨长更合队追剿,当场击毙匪徒一百余名,夺获枪械四十余件、刀矛六十余件、八卦手旗一面。是日天气酷热,各弁勇于烈日之中苦战六点钟,竟无一受伤者。十五日,沧州又有匪徒二千余人,夤夜抢掠县境李名扬等庄,焚烧房屋,任情残杀。何大令得报后又约同孟领官驰往迎击。甫到三间堂,该匪已窜往庆云境中,并探闻有分股旁窜海丰回攻乐陵县城者。孟领官即率队回顾城防,而宁津拳匪复聚二千余人,于十七日巳初由张家桥一带分正南、正东、西北三路,直犯朱家寨并谋暗袭县城。午后又有盐山匪徒数千人窜聚东北乡之大许家庄,与宁津之匪徒遥相应合。十八日午刻,宁津拳匪先由正南一路犯朱家寨,分执黄色龙旗。孟领官派吕哨官带马勇二十六名侦探匪踪,又遇匪于路。匪并不恋战,辄向东窜逃。吕哨官恐有埋伏未追,而盐山拳匪又自大许庄来犯,吕哨官遂饬马哨长分队御之。正酣战间,宁津另股匪徒已由西北绕入朱家寨,我军为盐山之匪牵掣不及往救,致将寨内房屋一律焚烧。匪复出寨抄袭我军之后,三路合而为一,我军几为所乘。吕哨官率队前后冲突、一以当百,每放枪一次即毙匪二十余名,如是者十余次,共毙匪近三百名。匪势不支,遂仍分路窜逸收队。又生擒匪徒田玉一名,夺获黄色龙旗一面、青马一匹、抬炮二十杆、刀矛二百余件、包头扎腰无算。孟领官闻警赶到,已收队片时矣。十八日孟领官又在边境王木腿庄格杀拒捕悍匪十余名,生擒匪徒王长会等六名,搜获抬枪十杆、刀矛二十余件、大车一辆、牛驴各二头。又在大邦家庄拿获匪徒李文德等三名,一并交县归案严办。有躬与其事者,侧见吕哨官长顺以三十人,王哨长德成以十人冲入千余匪重围中,十荡十决,力捣中坚,卒能歼厥渠魁,击退匪众,谓其一身俱是胆也。

十月十九日(12 月 10 日)

《新闻报》

山东缉匪纪要

武定府属之海丰县亦与盐山、庆云、沧州毗连,屡有沧州匪首王之臣、庆云匪首杨树林纠同海丰土匪杨子明、牛三标等,由旧县一带入境窜扰。六月初,该匪等竟敢手持令箭入城挟制官绅,勒索军械粮食。海丰县管大令得泉无兵无械,姑漫应之,一面飞禀请兵弹压。袁中丞于未得禀之先已有访闻,亟派张副将勋由乐陵往捕,初七日率左右两哨赶到海丰。初八日一点半钟,突有头带黄巾、腰系红兜之拳匪八百余名麇聚海丰南关,意欲入城索取粮食、军械。管大令出城劝谕不听,张副将即饬两哨勇丁一百三十余名备战并单骑向前,叱令该匪退回。该匪不但不从,且见我军人数无多,群持刀械上前猛刺,致伤护勇吴起恒前胸。维时全队已赶到南关,因市廛之中不便迎击,张副将遂跃身上屋,谕令商民闭门。各弁勇随即相继猱升,该匪亦有追踪而上者。张副将传令开枪拒击,惟屋多地窄不便施展,仅轰毙悍匪三十余名,击伤数十名,该匪遂即败走。张副将又下房率队追缉,马队哨长谢允卿亦即带队踵至,随同尾追。该匪见关厢外地段甚宽,挥戈返斗,遂又击毙悍匪七十余名。前后共击毙百余名,受伤及抢去尸身者亦约有一百余名,并生擒匪犯五名,余悉夺路逃窜。提讯所获匪犯，知匪首杨子明暨直境著名首要。是役击毙甚多，尸身均可辨认，又夺获大旗三面、刀矛一百余杆、包巾兜肚一百余条，移存县库备查。维时直隶沧州拳匪亦聚有二三千人放火踞城，勒释要犯，并戕害统领直隶练军梅筠如军门所部勇丁三名。梅军门整队迎剿，亦击毙悍匪多名，生擒一百余名，咸置之法。先是沧州拳匪潜约盐山、庆云、乐陵、海丰等县拳匪同时起事，分踞城池，互相响应。自东省有乐陵、海丰两次痛剿，直省沧州一次痛剿，击毙首要甚多，余匪咸震慑军威，不敢复逞矣。海丰牛家庄匪首牛三标者与杨子明均用离卦字号，为海丰、阳信两县著名渠魁，初八日战败后逃入阳信境内避匿。十五日张副将又派谢哨长驰往拿获，交县讯办，禀奉袁中丞批饬就地正法，枭首示众，海丰拳祸遂因之而纾。

十月二十日（12 月 11 日）

《新闻报》

山东缉匪纪要

嘉祥为济宁州属境，与兖州府属之汶上，曹州府属之巨野、郓城等县毗连，盖西南一岩邑也。上年夏间，汶上聚匪甚多，不时窜扰嘉祥，至秋后始渐静谧。本年夏间，直匪回窜汶境，嘉祥又因而骚然。六月初七日，有汶境梁山匪首张玉朋率匪多人，从汶境南旺至县境东北乡之寺前铺肆行抢掠，旋仍折回南旺。经叶大令大可禀奉袁中丞饬派右翼防军后营沈哨官金和驰赴南乡一带驻缉。越日又纠同汶上马村匪徒张永信、阎统钦、魏义亭等仍由南旺回扰寺前铺庄。叶大令闻警，即会同沈哨官驰往剿捕，匪又窜去。初九日探闻马村一带聚匪日众，且多由直境勾结而来，其势甚盛。初十日，叶大令遂会同沈哨官带队赴西乡巡防。是夕又有匪徒曾二条、张留所等纠领外匪二百余人，分持枪械突赴西南乡顾家庄抢掠，并将麦垛放火焚烧。该庄齐团围捕，以围少匪多未能捕获，团丁王俊起并被拒伤。叶大令闻警又驰往掩捕，该匪仍向汶上、巨野毗连各村庄窜逸。十二日黎明，该匪又分两股趋犯北乡之王家桥，一股趋犯东北乡之凤凰山，勒索不从，动辄焚掠。叶大令复商同沈哨官暨城汛李把总长吉分赴凤凰山、王家桥两处堵缉。讵该匪先赴王家桥焚掠，随即由长沟庄、豆腐赵庄、大张家庄等处绕赴凤凰山合股以拒乡团。该庄团勇正与匪相持，适沈哨官带队赶到，合力捕剿，当场拿获匪首阎统钦等五名，击伤匪徒二十余名，夺获刀械三十余件。维时李把总亦由王家桥跟踪而至，追匪四散，始会同沈哨官押犯回城。十三日，探闻汶嘉交界又窜聚匪徒多人，赴东乡杏花村一带焚掠。李把总驰往围捕，以匪党众多，未能得手，幸该处团勇合力援剿，扎毙悍匪十余名，扎伤三十余名，生擒匪犯魏义亭等九名，夺获枪械四十余件，余匪始窜散无踪。所获匪徒由叶大令提案讯明，禀奉袁中丞批饬分别监禁正法，嘉祥境内遂又静谧如初。

十月廿一日(12月12日)

《新闻报》

[论说] 详论各国拟索条款一

前纪各国驻京使臣就条款各自电达本国外部,俟外部核准即行开办。其款项第一条云:中国当为德使克林德立(记)[纪]念碑并派亲王至德国慰谢。盖尝本交邻之道而论,此条为最可从者矣。窃以为此条非特最可从且为有益于中国。中国人心大都好胜,好胜故易发虚矫之气,易忘覆败之羞。所以自中东一役大受创痛以来,仅六年耳,而自王公大臣以至庶民已忘覆败之羞,已发虚矫之气。一若中国首出寰区下临万国,自应大张挞伐、逐客闭关,以致形等野蛮,至于戕杀使臣而酿成太庙震惊、两宫出幸之祸也。然此次虽创巨痛深甚于中日一役,而不久和议就绪,故态复萌,曾不数年恐扶清灭洋之说复腾于耳,则实自取灭亡,无从补救。今若竖立德使(记)[纪]念碑于辇毂之下,使王公大臣以至庶民过其下者,知中国之所以取祸,则覆败之羞永远不忘,而虚矫之气永远不发,然后能平心静气,进化文明,发奋为雄,保全威望。故德、法之战,法人大败,法既与德人为城下之盟,即将战败情形详细绘图,永远张挂于京城之内通区之上,使法民触目惊心不忘羞辱。所以法虽大败于德,几于不国,而至今列于强国者,未始非表彰覆败之迹以激励民气之所致也。是则为德使立碑一事,在德国既可以消戕使之怒,在中国亦可以作前车之鉴,岂非一举两得者哉?

又查此次肇祸半由亲王贝勒蕴酿而成,中国国权如总署枢垣类以一亲王或两亲王领之,虽首相不能越亲王之权。亲王身长天家,鲜知外事,且有未读书者,特以赋性聪明天眷中国,故代有贤王。然于中东一役,闻有某王询其(寮)[僚]属云:“人言东洋、西洋之大,不知较中国之南海、北海如何?”盖近代亲王未有出京都者,无论外洋如俄皇加冕,各国类派亲王,而中国只派相臣,不若东、西各国亲王常往各国游历也。故偶有不识时势如端王者,则王公贝勒靡然从风,群以排外为得意,而不知彼我之情势。今者既因德使被戕之故,须派亲王前往慰谢,其奉使而往也固专为慰谢,然能于公事之暇采访外洋情形,必有能知各国之所以富强,中国之所以贫弱者。即不然,耳目所及亦可稍长见闻,较之囿于京城,当有天渊之别。倘令执掌大权,必不致如端邸之偾事,而况风气既开以后,必复有亲王出使之事。从此能使各王公贝勒周知外事,较之派员游历外洋、派学生肄业外洋,盖有事半功倍之效焉。故派亲王至德国慰谢一事,在德国既可消戕使之怒,在中国复可收开化之益,亦岂非一举而两得者哉?夫各使所拟第一条,分言之既得益如是,而合言之实交邻之道所必不可少者。故曩既论为最可从,而兹亦以为实于中国有益者也。

《清议报》第六十六册

张之洞论

是编为《朝日新闻》译西报普烈士所论者也，挥毫纵议。悦悦数千言，能知吾邦人之所不能知，道吾邦人之所不敢道。夫外人岂有恶于张之洞哉？诚以公理大义所在，不能默然缄口耳。兹特译之，亦可以见外论之一斑焉。译者识。

湖广总督张之洞何物乎？中国问题中之一要件也。自一面观之，俨然不失为支那之一伟人。然其性情，不无首鼠两端，外正内邪之感。如昔为倡率维新之人，自前岁北京政变而后，遂与改革派为仇敌，以致有故友失望、志士寒心之事。且彼亦嫌泰西之教化而疾传教者之人也。然此次之大骚乱，彼之保护教士，差可谓周到，故颇获外人之欢。然其庇护教士，亦仅掩蔽世人耳目之策而已。

张之洞，大清帝国之一硕学也，千八百三十五年生于直隶，及长而才压侪伦，后于北京殿试博探花之荣而入词林。直任四川学政，并曾为乡试正主考，且闻其甚专心于奖励士林云。无何而山西饥馑之事出，张之洞曾于斯时奏陈补救之策，因是得以调任该省巡抚。至千八百八十四年，始自山西转任广东。该省之政务，颇因之以整顿。至其任鄂督也，开学堂，创铁政局，设纺织场，且欲筑联贯汉粤之铁路，盖其亦欲远取泰西之新知识以输入老大帝国者也。

当中日战争之际，刘坤一在北方，张之洞坐镇金陵。斯时亦曾仿泰西土木之法，筑新马路，建陆军学堂，聘德人而训练之，其规模至今犹依然存在。由以上观之，则张之洞直改革派矣。虽然，此惟论其行事而已，而吾人之所欲论者，彼之品与性情及其对满洲顽固派之情形耳。

昔日之张之洞，固才智秀越，非鄙庸腐朽者可同日而语。惜其晚节不振，致贻天下笑骂，殊足怜也。然就其所处之境遇而思之，则尚未可以深咎焉。盖为中国官吏，虽以如何之人物，具如何之才智，亦难保无去位之忧。故张之洞一去其职，则以前所成之功业，必至烟灭瓦解于一旦之中。此张之洞所以毅然杀戮其友朋也，非不爱敬其友朋也，乃爱敬朝廷之念剧耳。爱敬朝廷，斯足以永保其禄位耳。又张之洞于欧美之外交法，率皆茫然。于泰西之政治学，亦不能无所疑。至基督教则尤其所疾恶者。彼所谓改革，亦不过形式上改革而已。总之，张之洞既年逾六十有五，其不如少时之敏惠慷慨可知，故巧避患难，迎合逆贼，投身朝廷握柄者之翼下，盖理所必至、势所必然者也。当北京改革极盛之时，皇帝锐意维新之际，张之洞于斯时一面攻击守旧，一面趋向改革。或上奏以启皇帝之视听，或下示以训愚民之盲昧。以是当时改革之士，多以国柱目之而引为良朋者也。

无何而风云骤转，变生莫测，遂有满洲守旧辈跋扈之奇变，囚皇帝于孤岛，拘改革党而下之刑部。张之洞知之最速，乃致电北京请速杀之，是以此等志士遂遇害而不能受适当之裁判云。然彼等为国家人民而死，足以使顽夫兴，懦夫廉，故虽死犹生也。惟张之洞以卑陋之狡计，卖友欺己，故获全其禄位，苟延生命，以迄今日。闻被杀诸士多皆张之洞之故友，或系其门下而长受其熏染者。及事败则致电促杀之，以图一己之安,夫亦可谓明哲保身矣。要而论之,政变以来,至今岁北京破后之张之洞,乃荣禄诸人之嬖人,而守旧朝廷之奴隶也。

刘坤一曾抗废立皇帝之议,欲张之洞协同一致,逼迫西后,谋皇帝复辟,以安社稷。而张之洞乃为饰心之遁辞,谓皇帝与西后之间有不相洽,系一家私事,非臣下所当与争云云。于是刘坤一知其以伪君子自居,甘心从贼,无复可望,乃独自拜折而强争之,义声大振。其后西后及庆王等见封疆大臣中尚有一刘总督可惧,其诡谋亦因而渐阻。

当张之洞不从刘总督抗争废立之时,两湖人士见张之举动,咸叹息痛恨之。至去岁册立伪嗣,其属下官僚亦有怒不可遏者。有按察使某及文武官绅等五十余员挺身出名,以争废立,拟定折稿,请张之洞代为陈奏。而张见其奏稿一语不发,只摇首而已。少顷顾谓按察使曰:"君等此举若行,徒自殒身,于事无济,不如其已也。"某按察使闻其言,忿不可耐,面数其苟禄位、丧廉耻之罪,自掷其官帽于督署而去。彼张之洞恶之刺骨,自不待言。然以其忠义之气照人耳目,当时无如之何。然旋而借他事弹效之,以雪其胸中之恨。虽然,张之洞处心积虑,欲自为反贼逆臣,固无足惜;而欲以其狐鬼手段,抑制志士,而置两湖人民于幽暗之地,率之附逆,则岂可得哉?

本年西历五月,张之洞往校场阅兵。列阵而出,威风凛凛。及至操场,忽有放枪狙击之者,幸而不中,犹存残息。然亦可见其部下之离心离德,非仅平常侮蔑之,而竟至有不惜己之一身,直欲手刃之以快天下者也。呜呼!以半世声名煊赫之张之洞,而堕于如斯之境遇,不亦可笑可怜哉!

夫张之洞既卖其故交,而立维新党之怨府,乃腼然颜面,俯心低首,乞怜于满洲之老顽固党,苟固爵位,以终残年。使如是而顽固派果诚心收之为失养之义子,委以家政,引为腹心,则无怪其甘心从逆,以为得计也。讵意自改变目的以来,营营二年,先意承志,尚不能泯顽固党之猜嫌,而己之官位、生命无日不悬悬可危。俯仰天地,自慨形影。吁!羝羊触藩,于张之洞之进退见之矣。

义和团之变起,张之洞非无与团匪同情之迹,特外国新闻未推究此点也。盖张之洞本籍属直隶,其乡民实为乱局之中心点,且其亲戚故旧与于义和团者,绝不乏人。故彼惟以输送军器弹药于北方为专务。及天津陷落之后,海道有阻,乃改由内河转运。迨刘坤一与各国领事订南方平和之约,张之洞亦随从附入,而一面联结顽固党之欢心,仍助其为排外之阴谋,全力以援救西后。此固彰明难掩者也。

今日之张之洞,自外面骤观之,虽似居于中立之位置,然设一旦后党之势力复振,则彼固将从端王之伪命,屏斥新法,而以旧式之操法练其军队。举一切皮毛之新政略,尽裁弃之。彼又尝发告示威吓基督教徒,经外国领事之争论,始行撤去。其买满洲顽固党之恩,顾不可谓不至矣。顷者复于汉口捕斩青年志士数十辈,鹦鹉洲前淋漓碧血。夫此辈志士岂所谓乱党哉?实悼心于国事,而思竭力以挽回之。其未举事之先,即声明保全外国之生命财产。盖彼等皆已受文明教育,以改革之健儿自待,决不放弃国民之责任,坐视邦国亡于贼臣之手而不救,遂致冒死为之,以求万一之效也。呜呼!其苦心为如何矣。张之洞乃惊愕其所谋之壮大而悍然杀之,且矫词饰说以愚外国之传教师等,而使传教师等颂其功绩,称其防患之手段。呜呼!谁寔知其真相而云然耶？夫张之洞何故下此毒手？杀戮帝党，不遗余力，无非迎西后之意，以欲绝尽人民改革之思想也。此岂难知哉？

依我辈之鉴衡，则张之洞之品性可洞见矣。乃外国领事失于觉察，向此蛮性横脑显然奸逆之徒，而交附万苦千辛为国牺牲之志士，任其肆毒。公然为文明之雠敌，无复忌惮。其丧心病狂，不诚可惜欤？

驳后党逆贼张之洞、于荫霖诬捏伪示

光绪帝党人来稿

当唐徐敬业讨武后救中宗时，亦必有伪谕、伪示诬攻徐敬业为逆贼乱天下者，今不可见矣，但见徐敬业檄文为后世传诵耳。事固不可以成败论哉。鄂督张之洞自戊戌政变以来，甘心为那拉后死党。皇上拔用之亲臣谭嗣同、杨锐、林旭、刘光第四参政及御史杨深秀、主事康广仁皆张之洞交旧。杨锐者，张之洞之入室子弟，岁馈千金养之京师，而一切托之者也。杨锐与刘光第之入军机，亦张之洞托陈宝箴荐之者也。若张之洞与康有为、梁启超之交，天下皆知。张之洞本为新党，自恐不免，乃请杀谭、杨等六人以求避党祸，其忍于杀帝党久矣。当那拉欲废上时，严电询问张之洞。张之洞复电许之，故那拉后敢于废上。尚恐张之洞素为新党，不敢深信之，特令川督奎俊、苏抚鹿传霖往商之。张之洞敬谨奉命，故那拉后敢于废立而另立伪嗣。当立伪嗣之时，张之洞告人曰："皇上之立，吴柳堂谏之，我当时亦不以为然。"盖张之洞无君之心久矣。既不以为然，则不宜立其朝。但既立其朝，身为大臣二十余年，受恩深重，张之洞尚出此言，真不知其何居心也？及立伪嗣时，湖北官吏数十人咸请救上。署布政使岑春萱至摘帽请之。士民千万，诣辕泣诉，咸请救上。张之洞皆深闭固拒，概不之恤。幸康有为早在海外联结各埠，咸开保皇之会，凡数百万人驰电京师，请救皇上而废伪嗣。凡四十六埠共四十六电，一埠之中有多至八万人者。唐才常在上海与知府经元善纠合千人联名电争。那拉乃畏人心，不敢遽废。否则今年已为普庆元年矣，皇上不知何在矣！张之洞之媚贼后而忍于废弑皇上，其事实如此。康有为、唐才常之纠众救上，其事实如彼。康有为之联会保皇，其事既着。唐才常与经元善之联名，今各报皆可查考也。夫皇上之圣明变法，中外皆知。若使张之洞于戊戌早为勤王，至今两年。新法已定，中国之势日强，安有京师破覆、乘舆出狩之事？乃甘心媚贼，忍害圣主，至有北变之惨。唐才常以一布衣而能激励忠义，号召万众，思以勤王救上，以救中国，其忠至矣。张之洞狼子野心，背君媚贼，既欲永废皇上，故必大挫帝党。无如康有为助皇上维新，受皇上密诏，出亡海外尚呼号求救，天下皆知。唐才常之为勤王，亦大众共见，无可加罪。故谬加诬捏，以饰己罪。然天下人非尽聋瞽，实不能欺也。若于荫霖之素为守旧后党，与刚毅、赵舒翘、李秉衡同其死心以挫帝党，固其宜也。唐武后使李希逸黑啮常芝捕拿徐敬业、骆宾王，亦必诬其为乱矣，万世后信之否乎？然方今张、于二贼方有权势，恐人惑之，至令义士衔冤。勤王不再，则皇上永无复权之日，而中国永无自立之时。危亡牛马，有不忍言，兹先录唐才常《大通勤王军布告文》（按此已见本报五十六册及散见于各报，兹不再录）为案，而条辩张、于二逆贼伪示诬辞于下。

一伪示谓其华洋文规条内有"不认满洲为国家"等语。

查唐才常《大通勤王军布告文》，名目即言勤王，一也。其开口第一宗旨曰为讨贼勤王，二也。曰有义和团以"扶清灭洋"为名，贼臣载漪、刚毅、荣禄等阴助军械，内图篡弑，不得则抗然与中外为难,用敢广集同志,大会江淮,以清君侧,而谢万国,传檄远近,咸使闻知,三也。宗旨第二条请光绪皇帝复辟,大书特书,四也。大通商民告白,谓唐才常大通军宗旨为讨贼勤王,不比寻常土匪滋事,五也。似此光明正大,传檄远近,诸报登之可据。而谓华洋文规条有“不认满洲为国家”语,何其反也?不待言而知其诬矣。夫张之洞从何捏此?亦由戊戌八月罪康有为伪谕谓其“保中国,不保大清”一语演出。此为文悌言,而荣禄述之。张之洞既为后党,则奉为宗旨者也。考《清议报》第一篇述康有为之言曰:“满汉不分,君民同体。”且康有为日以保皇上为事。皇上为何人?不待辩而知此言之为诬矣!

一伪示谓“唐才常身边小箧内搜出规条,有曰焚毁各衙署,劫掠各库,占据城池,焚戮三日,封刀安民”,其逆信有曰“沿途亦可劫掠”等语。

查唐才常《大通勤王布告文》内法律:一、不准伤害人民生命、财产;二、不准伤害西人生命、财产;三、不准烧毁教堂,杀害教民;四、不准扰害通商租界;五、不准奸淫;六、不准酗酒逞凶;七、不准用毒械残待仇敌;八、凡捉获顽固旧党,应照文明公法办理,不得妄行杀戮;九、保全善良,革除苛政。其法律文明如此,实为向来所无。故在大通未尝焚毁衙署,劫掠各库,又曾得泾县,何曾有焚戮三日封刀之事?查大通商民出有告白一纸,称:“勤王义军于大通和悦沿洲河两岸居民,秋毫无犯,我等甚为感激,为此特行通知,免致他处居民纷纷逃避。”似此民心感悦,称为秋毫无犯,又安得有沿途劫掠之事?伪官虽能诬捏,而大通泾县一带居民尚可复查也。此皆唐才常行军实据,已有明效者。张之洞虽欲妄加诬造,不可得也。今各报咸称据鄂省官场中人云:唐林一案搜出之信,以东洋邮寄者最多。大半皆署别名,莫知为谁。函中议论,虽力主破裂,尚不外文明宗旨,故有识者颇惜其才。似此鄂省官场,皆审案官吏亲见书函者。而唐、林等议论,不外文明宗旨,可为确据。而张之洞以为焚戮三日封刀,何其反也?其为诬捏,不辩自明。夫唐才常者为何人?乃戊戌年陈中丞宝箴抚湖南时请其与王祭酒先谦同佐新政,开办南学会,为湘报馆主笔。其议论数十万言,皆力主文明进化,以救中国之民。与梁启超之作《时务报》、康有为之变新法,皆专主行仁以救民者。其议论遍布天下久矣,无论如何攻之皆可,惟此诸人实皆讲学著书之士,万不能诬以张献忠、李自成者也。张之洞因唐才常大通勤王军之秋毫无犯,大得民心,畏而惊之,故意反诬,以激众怒。无如寔事不可掩何。

一伪示谓“唐才常等到案一一供词不讳,至其平空造言,捏诬狂吠,诋毁两宫,悖逆凶悍,令人发指”等语。

查各报咸称唐才常慷慨到案自认,但大书“湖南丁酉拔贡唐才常为救皇上复权机事不密请死”廿一字。各报所称,彰明较著。其忠烈光于日月,严于风霜矣。又各报称唐才常指审案某观察曰:“君等亦受知遇于皇上,亦是帝党,今日皇上播迁,岂可坐视?”两观察不敢审案而去,然则唐才常之为救皇上而死最明矣。乃谓其一一供认不讳,其为反诬不待言。至诋毁两宫一语,唐才常到案之必诋毁那拉后则信然矣,若谓其诋毁皇上,则安有舍身破家以救皇上者而诋毁之乎?今日即孙文议论,亦不过攻满洲,而未尝攻皇上。盖皇上维新盛德,实已浃服中外也。唐才常为皇上之圣可以救中国,故拼死以救之。今唐才常书札墨迹无限,皆为救上之故,而诬为诋毁,何其反对之甚。夫两宫字样,惟张之洞言之。彼与外国电,亦称两宫慈爱,其他皆康党诬言。然试问戊戌八月废立之变,称疾征医,郊坛不祀,庙朝皆绝。己亥十二月另立伪嗣之事,薄海震动,岂以为可掩耶?那拉为废君篡位之贼，如文姜哀姜春秋之所诛绝。所谓乱臣贼子，人人皆得而诛之者也。今又有破京城失宗庙之罪，武后废君而未尝亡国，褒姒亡国而未尝废君，惟那拉后实兼之，自古之凶残所未有也。诗曰："懿厥哲妇，为枭为鸱。乱匪降自天，生自妇人。"诗人与孔子亦周之臣子，而其诋毁褒姒，戟指谩骂如此，孔子取之。张之洞、于荫霖亦进士出身，岂未尝读《诗经》耶？不然，则是孔子之悖逆凶悍、令人发指耶？徐敬业檄武氏，诋毁无所不至，而后世称其忠。而但以后党周兴、来俊臣为悖逆凶悍、令人发指耳？今张之洞、于荫霖依附后党，坐观皇上之废、伪嗣之立，驯至京城破、九庙不食，见唐才常等之救上，自恐禄位、身家不保，造言诬捏，以挫帝党，是真悖逆凶悍、令人发指者也！

一伪示谓该会党等以自立为名号，以焚戮劫掠为条规，以富有票为引诱，意欲使天下人心同时摇动，天下民生同时糜烂，实为凶毒已极。又查伪札有云"本国会深懔危亡"等语，可谓狡诈诞妄。该党首倡为国会，造此诡辞，冀以诳诱少年躁妄之文士，鼓动昏迷无知之愚民，尤为可恶。方今时势虽棘，上下同心，力图振作，尚可勉筹补救之方。若该会党各省蜂起，则中国真将有危亡之势矣。该会会党明明乱国，而反托名保国。试思该会党既已自称为新造之国，公然自立，不认国家，是已明言不为我皇上之臣子矣。乃尚敢托保国之名，以逞其乱国之谋，不独中国忠义臣民不受其欺，凡各国明理晓事之人恐亦不受其欺也。

查唐才常《大通勤王军布告文》宗旨，第一条曰"保全中国自立之权"，第二条曰"请光绪帝复辟"，则"自立"二字属于中国。"中国自立"四字，合读而以为会。唐才常盖悯于分割，虑为波兰、非洲，故务欲保全中国自立之权，以振励国民之志，名义至显。今张之洞等必欲诬之，拆其文义，去"中国"二字，但称"自立"。若于中国之内，别为自立之一党者，然则宜张之洞攻之矣。然如其勤王文明白解明曰"保全中国自立之权"何？此如康有为昔开保国会于京师，而文悌挑剔谓"保中国，不保大清"。试问康有为开会京师，与士大夫共之。当时满洲士大夫入会甚众，固万无此理。后来康有为开保皇会，尚虑人之挑剔也，乃长其名曰"保救大清光绪皇帝会"，令人无可指摘。而各使臣领事出示仍谓之为保皇匪会，乃至捉拿会众，若金山大埠唐罗等以为匪焉。夫各埠保皇会曾所供"皇上万岁"之牌，身上悬挂皇上之像。旅民如此，可谓忠矣。名义事实，本无可指摘，犹不免于捉拿。盖后党不相容，固何有于一"自立"之字哉？若夫焚戮劫掠以为条规，则大通勤王文最为相反，前辩已明。至谓"天下人心同时摇动，天下民生同时糜烂"等语，夫后党废君乱国，今者津沽流血，都城禾黍，民生糜烂，可谓极矣。张之洞、于荫霖等受上厚恩，高衔大纛，曲媚那拉，以自保禄位而听其倾覆国家。中国几亡，犹以为不足，尚欲皇上之废。而那拉久存，必使十八省民生同时糜烂，而后快于心乎？此真凶毒已极者也。夫当君废国危，人人同尽。此唐才常等之所以舍身救上以安之，盖深懔危亡也。不然唐才常乃一士人，其学问聪明皆足以取富贵，何舍身多事为？使今日中国之人，而尚从容坐镇，闭口不言，闭户不理，以为安静。曾文正所谓养成不痛不痒之世界，日本人笑中国人心腐败，有奴隶性，无自立心，正为人心之大安静而不动也。齐陈恒弑君，孔子虽不在位，犹不欲安静而大声请讨之。况今日君废国亡之惨，凡中国人具受其祸。今京师吏民坐视那拉之废弑，可谓安静矣，而无如亦同归于糜烂何？盖张之洞、于荫霖为贼后死党，甚欲各省安静不动，绝无徐敬业、骆宾王其人者出而大呼，则禄位可久保。岂知中国人虽安静不动，后党向通拳匪，而外国人必动耶？将来必至全国糜烂，张之洞、于荫霖亦岂能久保乎？张之洞谓方今时势虽棘，上下同心，力图振作，尚可勉筹保救之方。不知自后党专政以来，所谓力图振作者，但见推翻新政，屠逐忠良，募军刮饷，杀戮外人，以召分亡，而涂毒我四万万同胞而已。上方排外，而下另立约。上既出狩，而下不奔问。其为乖忤至矣，犹自诩为上下同心乎？且试问那拉柄政，后党满朝，皆昏庸顽贪之人，幸而不尽同心耳。若使同心，则二十行省已立见覆亡矣。若天下士民皆如康有为、梁启超、唐才常日以救皇上行新法，以中国自立为志，舍身破家，甘为四万万人之牺牲，则皇上可立出复权，民生安乐，中国可强矣。尚奚复有京城破陷，津沽流血，人人有亡国之忧乎？谁为保国，谁为乱国？此眼前实事，张之洞、于荫霖虽有苏张之舌，不能解者也。今各报所称唐才常案所牵捕千人，贡生秀才十之六，其他道府、印官、提镇及世家子弟无数，类皆忠义通达之士，愤于君废，忧于国亡，故发愤舍身破家，而思救主救国耳。不然，唐才常一匹夫耳，假使作乱，谁肯从之？而以为诳诱少年躁妄之文士。夫容闳年七十矣，其辈分犹在张之洞之前。其余诸士多出洋学生通达英杰之才，若傅慈祥之流，张之洞所与共饭而恩抚之者也。彼何为去张之洞而出死力于唐才常哉？夫亦以后党横肆，中国危亡，欲救皇上而安定之耳。若张之洞背主卖国，不忠不义，彼通才志士岂能为所欺诳哉？

一伪示谓"查康有为、梁启超会衔通饬，有日本会长开设自立会，欲图自立，必先自借遵皇权。始明言'借'字，实为可骇可见。该逆所开保皇会，不过借名作乱"等语。

查康有为、梁启超受皇上特所擢，康有为赞助维新，谏行言听，及受衣带诏筹救，奔走海外，犹复呼号国民，开会保皇，鼓动各埠，创祝圣寿。去年伪嗣之立，康有为率四十余埠驰电力争，此乃实事，天下皆知，非可假借。中外各报无不知为维新首领、皇上之心腹矣。张之洞与荣禄、刚毅等最忌之，以为康有为等日夜在外鼓励天下，发扬圣德。今至于中外皆有拥戴圣上之心，则后党将危，而己身不保。故康有为、梁启超远在海外，而张之洞梦寐畏之。又以人心皆归其忠义，思非夺之不可，而保皇证据，事实确凿，不可动摇，故于唐才常之案，处处引入康有为、梁启超以先为之地，而后乃诬其有通饬之文，捏造其借遵皇权之语，俾人疑之，以解散忠义士夫之心，其术可谓巧矣。康、梁本在海外，无从预事，本无通饬之文，且不暇辩，姑如张之洞言。夫张之洞之心，亦以为康有为、梁启超日以尊皇权为言，而后以一"借"字诬之。然试思会中之众几何？如各报言，但湘省已有二万余，即此伪示亦云会众遍于各省，则人数百万矣。会中又多皆文人、才士、忠义之人，且多有提镇、道府、翰林、进士及大臣子弟，皆万难使之作乱者。康有为既以尊皇权之故，乃能召之使来。假使康有为明明借用，亦只可于其二三心腹密密私言，岂有明明于通饬各省会众之文而自发其"借"字之说？夫名曰通饬，则非一二私人密语可知。康有为如此行文，岂不令众中才人志士解体乎？诸才人志士见康有为如此，岂肯为之效死乎？吾意康有为、梁启超虽愚，然既以名义集众如此，必不肯为此通饬也。故康有为若有通饬，必不言"借遵皇权"。康有为若云"借遵皇权"，必不敢行之通饬。张之洞欲巧诬之，而心思不密，有此破露，令人不信。此既伪造，其他可知。而欲告示天下，真不值一笑也。

一伪示谓"假使此辈得志，必致各省糜烂，涂炭生灵，中西商民同受其害"等语。

查唐才常勤王布告文中，皆文明举动。各报言为鄂省官场所称秋毫无犯，安有涂炭糜烂之理？张之洞此言，欲使西人动听。而勤王布告文诸条，所以保全西人租界及教堂者，无微不致矣。若如张之洞之媚逆后助成京津之祸，乃真所谓必致各省糜烂、生灵涂炭者也。后世论罪，必有所归。

一伪示谓"该党等寔情确据，外间未能周知，合亟摘叙紧要情节出示晓谕，勿信邪说，勿负国家，勿蒙逆恶之名，勿蹈乱贼之诛"等语。

查大通汉口之事，各报惮于党祸，虽未敢明言，而旁见侧出，实情可见。八月时，《字林西报》及《同文沪报》尤持公论。日本覆幕之时，诛戮至惨，而义士弥亟，卒成归政维新之事，去今三十年耳。当时指诬义士，亦以为逆也。今则西乡隆盛之像，赫赫在上野，号为日本维新第一功臣矣。张之洞之权力，于大将军何有哉？终不过为井伊大老而已。今之诛杀无辜，屠戮忠良，至于千数，不待诘问。即已毒杀，比之武后周铃来网尚复过之。张之洞为篡后死党，骑虎难下，畏皇上之复权而帝党之得志，故倒行逆施，丧心昧良，甘负国家，甘为逆恶，甘为乱贼。所云寔情确据者，皆诬言捏造如此。凡我四万万同胞忠臣义士，有忠君爱国之心者，必不信其邪说也。

十月廿二日(12 月 13 日)

《新闻报》

［论说］ **详论各国拟索条款二**

前又纪各使所拟条款第二条云废总署。又探悉第二条当是改为外部止设大臣一员。又第七条云按各国通例改觐见仪注。盖尝分而论之矣，兹复合而观之，而叹各国之用心深也。皇上于戊戌之岁励精图治，各国同钦，及至事机中变，朝政日非，乃有杀戮外人之举，故盼望复辟，盼望亲政之念，各国人心无异于中国之人心也。特以事为中国内政，各国亦未便干预，且亦知皇上居太后肘下，故不肯公然以复辟亲政为言。然盼望之切不能自已，于是冥思力索求能免干预内政之嫌而得复辟亲政之效者，此拟款第二条、第七条之所由来也。盖两国交涉，本两国人君之事，两国人君不能时相过从，于是有使臣。彼国使臣既将其君命而来，则此国人君待之当无殊彼国之君，当亲与办理交涉。惟人君万几鲜暇，于是有外部以储档案而通情素，至其大纲大端仍人君主之。中国之总署即各国之外部也。惟中国堂廉高远，仪注烦苛，非遇大典及使臣初来，不得觐见。即见矣，非议论公事之时，不足以达两国之情好，每有交涉必与总署接洽。总署堂官初不过数人，今且十数人，然能决可否者，实只领署亲王一人而已。各国知今上无排外之意，而此次竟至交情决裂，不几以为各国交涉之事外部行之，而人君主之；中国交涉之事总署行之，而皇上未尝主之也。今故曰废总署，又曰止设大臣一员，又曰改觐见仪注。在各国亦明知外部事务殷烦，非一大员所能料理。然既照万国通例，除中国觐见之繁文，则遇有交涉可以不时觐见，较之昔日有总署之隔膜不能径达情好者，其相去为何如哉？且中国与各国交涉，国书条约皆盖用皇上御宝，则各国必只认皇上为中国之君。总署既废，仪注既改，可以随时觐见，遇事商办。然觐见必于皇上之前，商办亦必于皇上之前，从此中国交涉之权皇上主之，太后未必能干涉。外交既皇上主之，则太后势必将内政并还之，皇上所谓不复辟而复辟，不亲政而亲政也。而在外人亦不过本各国交涉之通例，要请中国改从通例，初未尝为分外之要求，亦不为干预中国之内政，故曰各国因盼望复辟、盼望亲政，故拟此第二条、第七条，而深叹其用心之深也。尤有进者，中国袭文胜之余风，严君臣之体制，故堂廉高远不能通上下之情，国势之衰实由于此。今既由各国索改觐见仪注，外臣之觐见既归简易，则本国君臣尤当如家人父子，除尽繁文，庶奸者不能售其欺而忠者可以达其意，此则因第七条而不能无望于中国之自为计也。交涉之权既因主之皇上，而外部之权不过储档案、通情素，然事务殷繁，大臣一员究嫌其少，想中国全权大臣必能争之得以多设一二员。然遂能措置裕如乎？使无谙于交涉之人，则虽总署十数堂官，交涉之案，处处退让，以至今日。苟有谙于交涉之人，则如曾袭侯使俄，以一人而翻巨案。是从兹以后，外部人数愈少愈须备交涉之才，此则因第二条而不能无望于中国之自为计者也。

《申报》

论各国办理中国之事不可激怒华人

谋国之道，贵得人心。人心者，国家之命脉也。故善治国者，不敢妄图人之土地，而先窥其人心之向背何如。苟其国人心未去，恩义以结之，忠信以固之，犹恐不及。未有反从而迫胁之、摧残之，谓可使之畏威臣服者。乃吾观近日联军统帅华尔德西伯处置中国之事，何竟昧昧于斯道也？华帅承德皇之命来华统率师干，各国政府以其威望卓著，咸愿以调驻中国之兵归其节制，以一事权。方其衔命就道时，固将欲与中国一决雌雄。及至京师，则中朝已派庆王、李相为议和全权大臣，俾与驻京各使会商和款。华帅苟能顾念邦交，不存私见，正宜撤兵止战，静待和局之成。乃依然遣兵四出，忽而攻入保定，忽而直扑宣化，旋又分派二军，一往山西，一赴河南。近日赴山西者已入边境，晋抚锡中丞良计无所出，电致湖广总督张香帅请派援师并接济军械。窃以为似此一面议和一面寻衅，诚千古未有之局，又何怪各军之或驻山海关或屯秦王岛者并无撤退回国之意耶？或谓各处藏匿拳匪，故加之以兵为聚而歼旃之计，然中国已将此事力任仔肩。其纵匪之端、刚诸罪魁且分别惩治，则日后擒渠扫穴自能次第奏功，何必以兵力妄残士庶？将谓华民凌轹西人，皆由不知各国雄师之可畏，故以此耀武扬威耳。不知此系匪类所为，于良民何与？何得不分玉石任意伤残？夫各国之所求于中国者，非皆欲将沿江沿海之地尽辟通商口岸乎？乃不先示惠于民，而更蹂躏其地，欲求异日之相安无忌，能乎？否乎？

善夫美人之言也，美人在华盛顿都城纷纷议论，咸谓华帅所为之事实觉令人难堪。诚恐将来激怒华人，酿成变故。何其识之卓，虑之远也？顾论者谓华帅曾隶前德相卑士麦克部下，阅历已深，不应有此纵兵扰民之举。或因德皇少年喜事，华帅曾奉密旨，遥为所制，故至于此。然亦思德之所恨者，拳匪之戕害其使臣克林德也。今克林德已蒙我皇上一再赐祭，恩礼优隆。德皇亦且覆书申谢，纵有复仇之意，至此亦可嫌怨胥捐。且英相西厘氏与驻英德使订立互保中国之约，各国皆已允从，乃阳言欲保中国，而阴实伤我人民，是诚何心？殊不可解，宜美人之窃议其后也。夫西人恃其势力要挟我政府，凌侮我长官，割我岩疆，索我兵费。我中国隐忍受辱，悉索敝赋之不足则取之民间，竭有限之脂膏，供无穷之欲壑，华民积怒久矣。故西人之焰愈炽，华民之怨愈深。其忍而未发者，夫亦以国威不振，恐重贻君父之忧耳。彼夫各处闹教之案层见叠出，各国政府以为非从严惩治不足以儆效尤。

于是遇有教案必向华官多方婪索，而何以惩者自惩、犯者自犯，一若民教竟有不解之仇也者？盖教民恃有护符，或不免不遵矩矱，小民忍之已久，而教士未知底蕴，或更曲为之庇，遂致民气愈抑而愈不能平，至成一发不可收拾之势。前者英相沙侯尝在议院戒谕各教士，深愿日后在华凡事三思而行。慨乎言之，固确有所见也。今者，拳匪之祸既因此而致西人痛深创巨，力图报复，势固宜然。然既沦陷我京津，震惊我宫阙，庇匪者以次治罪，容匪者立予雕剿，各国之气亦可稍平矣。而各使会议时，忆及两月被围危苦之处，犹时或泣下沾襟，似乎积忿难消，尚图一逞。要知各使所受之苦，特出自拳匪耳，出自纵匪之端、刚辈耳，良民何辜，惨遭兵劫？且安知子丧其父、弟悼其兄，今日所受于西人者日后不还而报之？此正大可危之事。奈何各国竟不一计及之？夫人心者，国家之命脉也。中国人心未去，即命脉未伤。彼各国其亦知所返哉！

十月廿三日(12 月 14 日)

《新闻报》

[论说]　详论各国拟索条款三

又各国拟索条款第四条云撤大沽及直隶沿海炮台，第五条云禁军火进口，此二条可谓压力太重矣。顾津沽已为各国所占，军火本为各国所制，以此要求，诚所谓不得不从者也。虽然，中国士大夫其亦从此而一变其宗旨乎？溯考通商之初，本非中国所愿，特以迫于兵力，不得不从。而各国亦时时恃其兵力要求无厌，于是中国士大夫慨兵力之弱，咸注念于武备，不惜亿万之帑藏以经营兵船炮台、新枪巨炮，盖报仇之念，固无人蔑有者也。虽然，不能自立而欲胜人，不修内政而勤外务，未有能济者。善(奕)[弈]者，当棋势窘迫之时必先求自活。既已经营双眼于方寸之间，而后能得寸得尺占地势于域外；反是则先未能自活而徒求地势之占多，及至一局将终，向之所经营者必为他人做眼之资，而我已全军覆没矣。习技击者，必先运气养神，内力充满而后使人无懈可击；否则色厉内荏，不待人之一击而已受内伤矣。是故，由前之说当知不能自立而欲胜人之害，由后之说当知不修内政而勤外务之害。即此研思，必能知向之注念武备以誓报此仇者，盖宗旨已误矣。

且夫誓欲报仇而卒能见敌国之灭亡者，莫如两宋。宋自开国即以契丹为仇，徽宗幸契丹之衰助金灭之，而因人成事，自立未能，国事纷纭，未修内政，故一仇既灭一仇又起，乃复迫于报仇轻开边衅，称臣称侄，屈辱百年。然宋之君臣仍不求自立，仍不修内政，唯念世仇之必报，于是理宗助元灭金，一时取快而国政如旧，降至再世帝㬎降元。今中国贿赂公行，盗贼充斥，民穷财尽，文恬武嬉，其不能自立、不修内政较宋为尤甚。而各国之鹰瞻虎视，其实力既胜于金、元；各国之内忌外亲，其智力亦远胜于金、元。视现时之局势，中国既不能灭各国，亦不能见各国之自灭。即如宋能见契丹之灭，见金之灭，然而前不能免二帝之惨，后不能免灭亡之痛。盖但求报仇而不知自立，不修内政，则必一仇既灭一仇又起，而变本加厉受辱益深。此所以中国政府经营武备垂数十年，而屡次丧败不能一战，今更以急于报仇而至于一败涂地也。然经此创痛,中国士大夫当亦一变其报仇之宗旨,而不沾沾于武备乎?顾事必有所拂逆而后其进勇,心必有所专一而后其志坚。今各国拟迫令中国撤大沽及直隶沿海炮台及禁军火进口,盖恐中国欲报仇而抑制之,可谓拂逆之至也。然中国因此不能注念于武备,势必一变其报仇之宗旨,勤修内政以求自立,则亦专一之至也。从此省购军火之金资以为修内政之用,省讲武备之心思以为求自立之用。昔德相俾士麦见中国游历人员专究武备而决中国之不振者,盖至此而迫于翻变,曾不数年,中国既进于文明,各国虽强,复何能加以压力,然则报仇云何哉?

十月廿五日(12月16日)

《新闻报》

[论说] 辩梅军与德军接战事

本年中外之衅,祸兆于乱党,成于罪魁,若朝廷则辑睦邦交,始终无与外人为难之意也。北事糜乱之际,南省勤王扈驾之兵纷拥北上,其任意颟顸之辈与联军途遇,两不相持,不得不接仗者有之。若明白事理之文武大员、订立保约之东南疆吏,则仰体朝廷辑睦邦交之意,认定凡西兵所到之处"只让不战"四字宗旨。盖"只让不战"者中国之信也,亦中国之明也。前者屡降谕旨宣明中外不开战衅,已将兆祸诸臣严行惩办。可见天子英明烛照万里,既深明中外强弱之势,又顾全中外信实之约。故西兵在直省四隅,任其所之,往来自便,不闻华兵偶一抗拒者,盖始终守定不开战衅之言,所以对各国者天日可指也。夫以匪乱而召外兵,为中国之大错。然匪乱,无与朝廷也。有匪无匪之处,外兵宜辩也。匪乱于先而朝廷认过于后,各国宜原谅也。且联军所到,华兵只让不战,亦甚能遵照朝廷谕旨办法,可以分别与乱党不同、与罪魁不同也。又况近来议和各国已与中国拟有条款,则皆彼此停战之际,华兵素畏战,经朝廷谕以"只让不战"之宗旨,更无敢战之理、轻战之胆,故本日译报所载梅军与德军接战一事甚可辩也。梅军素任剿匪,与袁慰帅皆一意疾恶如仇者。此次驻扎沧州,系防堵北匪侵窜,岂待与联军接战哉?其不至不识时务如此,亦不至抗违谕旨如此也。《字林报》之言曰:意者德统领之误闻耳,又曰梅军门为袁中丞之左臂,曾奉命剿匪,扼守山东边界,兼保护各国教会者,未必有此战衅等语。斯言也,洞达时势之言也。中外不少明理之人观报载梅军与德军接战,大败奔北,阵亡四十三人,所有梅军之营帐等件悉为德军劫去云云。事之有无不必辩,以及阵亡之人、丧失之件不必辩,惟谓联军攻梅军则可,谓梅军攻联军则不可。中国现在方在守定"只让不战"宗旨与各国言和,联军攻我,联军之不信;我攻联军,我军之不信也。嗟乎!天津之役一误已甚,中国焉肯再误哉?

不特此也,中国沿江沿海炮台以及行营防守,只可言防内匪,不可言御外兵;所有华军只可言剿内匪,不可言敌外兵。中国立言宗旨如此,一意不认与外人开衅。其前事乃乱党罪魁所为,实与朝廷无涉,如是则议和有词,亦议而易成也。此其意在草茅下士且能体会焉,有躬秉兵衡之大员反计料不及此哉?迩月以来,朝廷办事无不光明,亦无不坦白。自庆邸、李相授命全权,刘、张二制军授命会办,讲信修睦一意出于至诚,无诈无虞已为文明之基础,方在整顿庶务力图新猷,期有以步伐西法祛除积弊。各国文明固过于中国万万者,倘能返而自思,亦当有"只守不进"四字宗旨。只守不进者,保护各国公使、各国教会而不侵扰他处也。公道、公理自在人心,加华兵以"畏战"二字则不必辩,加华兵以"接战"二字则断不可不辩,以有妨中外和议,有背不开兵衅之旨也。北望寒云,伤心■目,报端所载德军、法军、俄军所到之地,书不胜书,亦论不胜论,固以强凌弱无可如何之事,而实不能不痛恨■■之乱党、成祸之罪魁也。

《中国旬报》第三十二期

北省大事记:详述使相议和情形

当合肥李相之衔命北上议和也,西人即遴派诚实耐劳之人航海入都悉心采访,至昨日始置邮相告曰:使相既行,抵天津即于闰八月十八日乘车就道。是日,共雇单套轿车四十辆,二把手小车二十辆,然尚不敷分坐,随从多有徒步而行者。沿途井邑萧条,人皆闭户,残肢败骨,狼藉盈途。既抵齐化门,由俄统帅派骑兵数十名护卫。途中遇有德国兵队,两不相扰,得以安抵贤良寺行台。寺门外复有俄兵以鼓乐相迎,颇极恭敬。时庆王方安居邸第。至十九日,使相以礼往谒,并拜会各国使臣。二十日,续拜昨所未及者。二十一日,庆邸携赫德总税务司报谒。随照会各定期二十七日开议和局,并移送章程。其稿由税司拟成,使相更斟酌其间,不卑不亢。随得各使照覆,以俄、德二使尚在津门却之。意国使臣资望较深,各国咸推为领袖。是日,诣贤良寺答拜。寒暄既毕,即大言曰:"此何时耶?既已一败涂地,至此尚欲议和耶?惟有凛遵各国所示而已。"其傲慢如此。使相无可与校,默然不言。闻各国使臣佥以为中朝处置纵贼作乱之诸王大臣过于轻纵,且两宫蒙尘于外,和局必致难成。使相遂禀商庆王,拟定折稿请旨,将诸王大臣分别从严治罪,万不可仍留行在,以致外人啧有烦言。且言德皇覆书内以赐奠已故使臣克林德之事未惬于心,诸王大臣纵贼殃民,祸延邻国,法应论死,若中国大皇帝自行惩治,方能折服各国之心。美国外务省来电,亦请严治刚、董诸罪魁,覆言今已令使臣康格尔查明中朝所定治罪之条是否已足,此外幸逃法网者,尚有几员云。

及得刚毅病故,端、庄斥逐电音,立即照会各使,各使亦深知董尚拥兵扈驾,惩之恐非易易。然回銮之事,两宫尚未允从,在京各官亦不敢渎至再三,致干天怒。使相乃又单衔驰奏,略称:"德皇所覆国书中,曾有两宫如欲还京,当饬统帅依礼迎迓。美廷亦望早日回銮,以免意外之事。总之,偏安不可久,悍回不可恃,瓜分之局,恐自我酿成。唐代德宗仍回故都,遂成中兴盛业;梁元帝一去不复返,遂至沦亡。臣年已八旬,久荷天眷,苟非确有所见,乌敢冒昧上陈等情。"其言极为恳挚,特不知能上动天听否也?先是,二十五日俄使由津入京。二十八日,德使续到。是日,英使函请庆王偕使相赴署,出示所拟办法五条:一、惩治庇匪元凶。二、偿还兵费。三、赔被毁之产,恤被害之人。四、国家财赋归各国公同掌管。五、总理各国事务衙门只须遴选明于交涉事宜者综理一切,人数不可太多。使相问以兵费约需若干。答云:"约在三十万万之谱。"使相云:"中国急切何能筹此?"英使云:

"若由各国掌管财赋,此款当尚可筹。"使相曰:"若是,则中国无自主之权矣!"英使云:"事已如斯,中国尚望自主耶?"使相遂不复与言。

十月廿七日(12月18日)

《新闻报》

[论说] 详论各国拟索条款四

又各国拟索条款第六条云以后肇乱地方停试五年。夫论八股之无裨国事,徒没人才,诚当以停试为痛快之事,故尝以此条为大可从者矣。虽然,抡才之典何等重大,而乃起灭于外人乎?在外人之意,以为士人乃四民之首、一乡之表,其言行举动可以移风俗,感庸众。穷乡僻壤无知愚民有所疑必质之于士人,有所忿必诉之于士人,有所不解必问之于士人。而不问士人之贤不肖,但以为读过圣贤之书,则其所言必为天经地义。不知八股取士以后,士人读圣贤书大都为猎取功名之用,其能身体力行者盖鲜矣。而穷乡僻壤之士人不知五洲之大、世态之变,其于夷夏之辨尤严,门户之见尤重。既于彼教之深微奥妙未尝窥见,辄以道路之谰言惑愚人之观听。教案之繁兴其由于此者,盖十之七也。今为约曰:"以后如有乱事,则肇乱地方停试五年。"士人惧于停试,则必降心相从,广为劝化,婆心苦口,日惟以颂扬外人为事,乡愚化之,可以永无闹教之案、排外之举矣。此诚外人之深谋远虑,故特拟此条也。虽然,抡才之典何等重大,而乃操纵于外人之手乎?

窃谓条约之内苟载此条,各省闹教之案及排外之举固可以少,然率中国之士人而日以颂扬外人为事,数十年后中国尚可问乎?夫外人之政令人才、智巧技艺以视中国之有名无实,诚所谓彼善于此,然以为外人之于中国实无吞并之私,意不可也。而外人之中确有盼中国之日进文明以并立于地球者,以为外人之于中国实有吞并之私,意亦不可也。故任令士人诋毁外人,以致无稽谰言深种人心,酿成闹教之案、排外之举,固覆国之兆;而迫令士人惧于停试,乃日以颂扬外人为事,使通国之人心皆浸淫于蜂蜜之口,则人心将去,亦覆国之兆也。然今为中国计,固当何如?则惟有废无用之八股而广设有用之学堂而已。士既为四民之首、一乡之表,固当使通达情理、明白外事而后国本可立。顾八股不废,学堂不多,而欲求士人之通达情理、明白外事,难矣。必废无用之八股,而后读圣贤书者知身体力行;必广设有用之学堂,而后居穷乡僻壤者知五洲万国。于是絜其所长,弃其所短,夷夏之辨渐融,门户之见大化,乱事自少而人心不去,此则保全太平之上策也。中国国家苟能有见于此,则全权大臣即可以废八股、广学堂告各使,而此条之要索可以免。盖各使之索此条,必曰中国士人不通达情理、明白外事,不能劝化愚民以弭乱,故为此以罚之。然使告以八股已废、学堂广设,复无忧士人之不通达、不明白,则各使亦何辞以必索此条乎?呜呼!废八股,广设学堂,前固尝奉旨矣。不幸而未行以至今日,使今日犹不知变计,而不能不允此要索,其如人心何哉?

十月廿八日（12 月 19 日）

《新闻报》

意军破城追述

昨得意大利军通事致书，追述意军攻破固安县事。略谓西十一月二号之夜，意军兵临固安十英里之处，惟恐华军乘夜逃遁，因率意军三百五十名及德步兵等星驰前往将该县围困。迨至夜半，除德军固守东、南、西三门外，意军往袭北门，约将北城占守。劝谕华军弃兵投降，华军不允，两次攻击，皆为意军拒退，并杀死华军五十人，其余受伤及被掳者约三百人。相持至天明，华军遂向纳降。有一华军统兵官业已阵亡，而意军则仅伤一幕宾、死一营卒而已。是役也，意军由北门破城，初与德军无涉也。译《字林西报》。

《申报》

阅报纪德兵残暴事率笔书此

前日，本报纪德兵残暴一则，略谓有客自山东高密县至烟台者，语诸本馆访事友云：迩来，旅居青岛之德人暴虐殊甚。本月某日县境某乡被德兵纵火以焚，毗连数百家同付一炬。又有弁兵盘踞圣庙，任意作践庙中所陈乐器，击毁殆尽云云。执笔人阅之，不禁矍然曰：噫！异哉！是岂传之者过甚其说耶，抑竟实有其事耶？夫此次拳匪倡乱北方，各国旅华人民大半遭其涂毒，而德国驻京使臣克林德竟为乱民所戕，惨祸尤出于意外，德人心怀忿怒，固亦在情理之中。然事皆出于倡乱不法之徒，与良民毫无干涉。矧事后皇上已电致国书，深抱不安之意，既又赐祭一坛，并于灵柩回国时谕令驻德使臣吕镜宇星使亲往奠醱，借达歉忱。似此恩礼兼隆，当亦嫌疑消释矣。乃德人怒犹未已，纵令弁兵四出，近畿一带大都有德人之车辙马迹焉。然犹曰拳匪余孽未除，不得不遣兵搜捕耳。若东省得袁慰庭中丞雍容坐镇，教士则尽情保护，匪党则竭力剿除，办理认真，当为外人所共谅。乃寓居青岛之德人又有纵火焚毁民居之事。日前南洋新加坡《叻报》云：现在美国都城纷纷议论，咸谓德帅华尔得西遣军四出之事，实觉令人难堪。诚恐将来因此激怒华人，酿成变故。说者谓：华帅系前德相卑士麦克部下武员，阅历已深，断不应有纵兵扰民之举，其所以如此者，或因受命之际曾奉德皇密旨。德皇少年喜事，华帅遥制于主亦未可知。旁观揣测之词，未尝不洞中事理，惟华帅既膺节钺，则阃外之事德皇当亦难遥制，似诸事总宜处以和平，不可稍存偏见。

至圣庙为华人最为尊敬之所，西人虽各尊其教，然荡平正直之理，普天率土当亦难越范围。况迩来五洲风气将进大同，尼山之教安见不推行渐广？犹忆澄江缪柚岑主政游历俄罗斯时曾见某学塾课有“三纲五常”说，一篇虽寥寥百余字，而疏证详明，亦颇有斐然之意。光绪九年，英前任香港总督新授麦来修总督亨乃西氏致书曾劼刚袭侯称：有自制鎏金花樽一座，敬献至圣先师孔子神座前。曾侯为之转寄北洋，由李傅相专弁咨送衍圣公代为供献。此皆见之近人记载，可知巍巍圣德，久已远被寰瀛。今德人既在山东，则于圣人桑梓之乡当亦宜深加爱护，而乃竟任弁兵在庙中作践车服礼器，忍令摧残。予故疑此说未必果真，或者弁兵偶有此事，为统帅者耳目有所不及，以故未克详查。不然，岂有素号文明之邦而忽行此残虐暴戾之事也？嗟乎！拳匪初起，不过无业莠民，思藉此以猎衣食耳。自执政诸臣惊为神奇，纵令传习，以致民教互成仇隙，中外大启衅端。迨夫激怒外人，驱兵深入，六飞西幸，宗庙震惊。当时凶恶渠魁已不知潜匿何所，而良民之误入歧趋，或横被迫胁者大半殒于锋镝，几于玉石不分，甚至山左圣迹留遗亦被池鱼殃及。嗟乎！天实为之，谓之何哉？吾观于此，益不能于首祸诸人曲为之恕矣！

详述京师近日情形

自联军入都，六飞西幸，京华消息久已邈若山河。日昨得京师友人来函，述近事甚悉，爰照录之。其言云：

现在都门地面渐觉安静，惟德兵所驻之处尚觉景物萧条。虽经彼处绅董奉办供应，德兵已不复向各户搜求。凡居民之他徙者，准给护照迁回，以安生业。而各居民尚意存观望，未敢重返故庐。至市上百物加昂，惟衣服甚贱，到处衣摊林立，美不胜收。娼寮、赌局、戏园尤觉繁盛，惟每有匪徒混迹其间，以致劫案迭出。现经五城招募练勇，会同西兵协办巡查，若辈始稍稍敛迹。向例十月初旬，五城开设粥厂，以济穷民。今岁兵燹叠遭，情形尤为可悯。美国兵官戴君爰捐助米若干石，以补不足，亦可谓不分畛域，一视同仁者矣。户部库款如洗，现由各省解到京饷数十万两，以济急需。因衙署被焚，遂借地安门外兵匠局、旗营库房暂时存放。又请日本统帅派兵士数人住宿其中，以防土匪抢劫。各司员办公亦移至彼处，惟诸事草创，案牍无存，办理甚形棘手。总署所驻西兵尚未退出，现借东四牌楼北亮果厂崇宅为办公之所。各衙门公所则均在安定门内柏林寺，其地偏向北城，故寄居南城外者，颇苦奔走之劳。市上东洋车已经盛行，索价甚贵，自东四牌楼至前门竟需洋银半元。轿车因半被西兵拽去，故赁雇甚难。日前江鄂督宪刘、张两制军及东抚袁中丞电汇银二万两，以济京员。现查得各省京官五百人，每员可分得四十金，不无小补。惟九卿衙门为原电所未及，故不在应分之列，未免向隅耳。

十月三十日(12 月 21 日)

《申报》

巨匪成禽

芜湖访事友人云：近数年来小刀会匪遍布于大江南北，而尤以江北之无、和二州为最盛。每夜行劫乡村，必先将事主捆缚高吊，以油纸捻爇火薰其鼻，逼索藏银，如不吐实，更以巨捻作银烛烧之。较之昔年捻匪头目苗霈霖等人尤为凶恶。幸大宪调勇往剿，并高悬重赏购线缉拿。竭数月之力，始得渠魁授首，羽党潜踪。惟开山放票之匪首王子彪、骆海清、王三温毛(诨号"三千岁")等人至今漏网。本月初九日，安徽抚标武卫湘军副五营统领李本卿军门，由扬州五台山回皖公干，道经东西梁山，察看炮台，适逸匪王三温毛潜归旧巢，即借调精健右营勇数十名，不动声色，黑夜渡江至雍家镇，探知王匪窝顿处，前后围住，破扉直入，当场擒获，连其兄王二毛，移送芜湖县署。县主陈大令严行讯鞫，供认去冬行劫施家桥某姓家，轮奸妇女及抢劫白渡桥某铺等案，因即录供收禁，禀请徽宁池太广兵备道吴季卿观察按律定罪。至王二毛尚能安分营生，由宗族邀集乡耆联名投县保释。大令讯其何以不并其弟保之，则异口同声对以王三温毛为害乡里，恶迹昭彰，不敢保回，自贻伊戚。大令笑而颔之。禀白道辕，释其兄而惩其弟，可见薰莸异器，公道自在人心也。

十一月初一日(12 月 22 日)

《新闻报》

[论说]　论浙东隐患

今日中国之大忧在外患，尤在内乱。盖内乱既作，则外患必乘间而来。无论北方之外患即系内乱所召，即就东南各省而论，外人顾忌于东南之约未便擅更，否则现正当骑虎难下之时，东南苟有乱事，有不回其马首者哉？是以衢州之乱幸其早发耳，若在今日则星星之火即可为长江南北玉石俱焚之起点，可不惧哉？然衢州之案，现已由新任浙抚恽中丞雷厉风行切实办理，惟所办者为西安县内劣绅乱民戕杀教士、逆毙县官之案，所捕者皆西安县之劣绅乱民，非久占常山、江山、开化之斋匪也。占据江、常、开之斋匪当时未经痛剿，不过匪见官兵，窜入深山，遂得以城池克复禀报上司，而其实则隐患未消，恐仍将乘机而起。夫以浙东之民风素称强悍，又值去年绍属大饥，民穷思变，台匪复蠢蠢欲动，而尤有足以为患于浙东。

其可忧可虑无异于衢匪者，则莫如大岚山之盗巢。大岚山一名"大雷山"，跨台州、绍兴、宁波三府，余姚、上虞、天台、黄严、奉化、鄞六县。周围数百里，山深林密，峻阪羊肠，守之甚易，攻之甚难，故久为盗巢。而地方文武则以地当交界，此推彼让，莫肯捕拿，以致养痈贻患。盗胜愈张，盗势愈盛，凡宁、绍、台抢劫之案，无非大岚山之盗。去年曾经宁、绍、台绅士公请钟厚堂观察督兵往剿，嗣以钟故遂致中止。近则因各处防营调防衢州，故盗势益行猖獗，四出劫掠，毫无顾忌。梁湖王姓甚至连劫两次，而上月中旬既经官军往剿，尤敢乘其不备抢劫马嘴镇咸和号，枪毙数人，连劫数家，其他掳人勒赎明火执仗之案，尤属数见不鲜。最可忧者，每出劫掠队伍甚为整齐，而遇肩挑负贩、设摊营生者，非但不加惊扰，甚且分给财物，是其逆谋甚大，断非寻常盗寇可比。今虽于上月十八日由余瑞庭军门督饬数营八路兜拿，据报连捷并擒获著匪数名。而昨报载渡江剿盗一则，杭垣大宪现正委李鸣九观察带兵往剿，于上月廿七日渡江，则是盗势必尚猖獗，而前派剿盗各营必未能大得手也。

浙省大吏现固檄调大兵,不以小寇视之,而李观察又为名将之后,此行定可预操胜算。然前剿斋匪亦即李观察总统师干,虽经驱散,仍留余孽。夫兵来则散,兵去复聚,乃匪徒之惯技,特恐李观察才到大岚,盗匪即已四散,使亦视如斋匪之业经驱散,则后患当不可胜言矣。所望此番痛剿在于斩绝根株,而不在于暂时之驱散。故必搜穴擒渠,屯兵招垦,而后宁、绍、台三府六县安,而后浙东安,而后全浙安,而后长江南、北均安。盖衢州之教案即因斋匪之起事,而后西安之民乘机杀害教士,致成交涉之案。故大岚山之盗匪不绝根株,亦必另出交涉之案。况当此之时正各国碍于成约无可藉口之时乎?故曰今日之大忧在外患,尤在内乱也。

《知新报》

祭刚毅文

江东旧酒徒稿

维光绪二十有六年九月,闻我中堂已捐馆之噩耗传至,举世闻而称快。某独泣下,自愧不文,谨具浊酒一杯,遥酌而奠,走笔成诔,以铭功德曰:且有非常之事,必待非常之人,有非常之人,而后能非常之事。顾非常之人不世出,而非常之事亦不时有。于戏!今年京津之事,非常之事也。中堂,非常之人也。上下廿四史,当列中堂于独行之传;纵横五大洲,当推中堂为奇特之人。何世之不察?既怨且恨,腾谤流毁,或谓非中堂无以济端邸,无以美毓抚,无以大李忠节,无以用赵尚书。戊戌之秋,非中堂无以变政;京津之乱,无以险沦。某闻而色变,谨白中堂之心,以明于后世。

盖我中堂曾莅三吴,又经两粤,外情早识,成算在胸,真知灼见,深虑远谋,昭昭大事,斑斑可考,是非固昏庸顽固、愎狭贪婪之所能行者也。若夫灭新党、复旧政是虑,盈廷济济,才士矫矫。维新变法,类皆柔弱书生;御侮陈军,绝少熊罴将帅。是非强中国而反弱,岂有操不律而能杀人者耶?故中堂不读书也,故中堂必灭新党而尽复旧政也,斯中堂之武也。若夫调甘军而征董、张二军门,益之以马队之马军门,更练各军,驻京镇守,早未篆和字于胸中,久存此密谋于意内,斯中堂之勇也。继乃筹饷而来,查边隐伺,括东南之财赋,练外省之新军。足食足兵,可攻可守,斯中堂之智也。洎乎义和拳民蜂起蝗集,假鬼装神,焚符诵咒,愚民狂信,北地将遍。中堂非不知其荒诞而不足倚,特欲借此而宏开杀运,俾得张大而天下咸知,以戒后世之虚妄,斯中堂之仁也。至若端亲王顾全大局,赵尚书亦具远见,毓中丞早有深心,裕制军不肯糊涂,天生群英乃成奇事,然无中堂筹饷一行,尚难决意,斯中堂之功也。至若招抚拳民,归载师兄,以济京团之不足,补教神拳之未精,斯中堂之谋也。若夫力保李忠节之北上,即带中堂筹饷所练之军。当李忠节密谋于中堂,同上封事,请斩袁、许,又令义和拳民杀联、立诸君。不然内臣掣肘,何能立大将之功?斯中堂之明也。若夫黄村之师,李忠节本来斗胆,张统领素号能军,陈廉访允文允武,义和团犄左犄右,而何以西兵遥指,望风糜溃,全军瓦解?斯中堂之机变。故用斯军,毋重西人之怒,是有大意存焉,斯中堂之巧也。若夫联军陷京,如无人御,岂赳赳桓桓、如火如荼之各军,不若聂军之能一战。津城之尚备守,武备生发炮准的,义和拳虚张声势。今若斯耶,斯必中堂体天生德,免伤人命。故联军之至,不攻而进,全活甚多,斯中堂之德也。至若苍皇走避道途,酸辛乃至,闻喜而病,平遥而逝,遭时不遇,为谋不臧,鞠躬尽瘁,死而后已,斯中堂之忠也。于戏！我中堂久列外任，又在东南，岂堂廉高远而未见夫海上之战舰，又何况舰数与大小也？公事冗忙，而未究夫各国之寄人，又何况国数与强弱也？然我中堂当以天下为己任，岂诚如不才子之所颂耶？抑故激而图自强，岂患生齿之烦而有意灭之耶，抑别有怀抱耶？于戏！京津之事，非常之事。盖衮衮诸公中，无我中堂非常之人，亦无以克成。不才子既悲京津之陷，望长安而长叹；又悲玉成斯事之钜公，慨浩劫而流涕。今也传闻和议各款，能不和泪为文而为我中堂痛哭也？中堂有知，必能纳我愚戆之言，俯首于泉壤，来格而来飨。

北事琐纪

九月初四日，各国驻京使臣初次开议中外联合之事。目下，李傅相已奉旨总统武卫全军。京师向有美国步兵营第十四联队、中骑兵一枝，当二三日前，陆续(望)[往]南方进发。至驻守北通州之俄兵，则于本日撤退通州北门，让与法兵驻守。自北京失陷，各部印章尽多遗失。如户、礼等部之印，已被西人带申出售。昨得西安传来消息，谓礼部已奉军机谕令赶造新印，以备应用。故现西安各银匠，已遵式照办矣。

九月初三日，京师通政司行知六部九卿各衙门堂司各官，定于初六日在安定门内北新桥柏林寺会议，经堂官拣选精明强干司员随同先至。直隶省垣藩署领取路费赴行在办理事件，并闻吏、户、礼、兵、刑、工六部官一员，每堂官随带司员一员，九卿衙门堂官随带司员六员，其余各官均留京办公。至何日起程，尚未定期。然此次兵燹荒乱，在京供职司员莫不惊惧，弃官逃走。现在查出初六日不到各员，难免处分。在京各国联军，已访有素日习练义和拳之术宋占鳌等十一名，均于前日以枪击毙。京师自荒乱以来，每日停止演戏。现在日本国暂领界内、崇文门内东西四牌楼迤北、九条胡同已设庆和园天庆班演戏。英国暂领界内、前关外东大市精忠庙内已有义顺和班演剧。美国暂领界内、前门外鸡儿胡同、平介会馆已有宝胜和班演剧。又四喜班在虎坊桥迤东越中先贤祠演剧，福寿班在宣武门外菜市口河东会馆演剧。京津电线业已安妥，自京至津计每字须洋三角，至大沽则每字四角云。

联军统帅柯达士到京后，本住社稷坛，兹闻实驻瀛台。东交民巷一带路南破废房屋已由某西人督工修理，渐次整齐。前门内东至崇文门大街，北至马市一带，旧属俄辖境内，现已归意国管辖。美界内已开美仙、会仙等戏园四处，英界亦日内在精忠庙演戏。惟某国界荒凉如旧，而捉人攫物等事亦如旧，并不改弦易辙。救急会专拯破陷京员，各省闻风皆已出具知单照会各人，不意由通至津一路管路日兵被土匪戕害数人，因此日人不愿护送。又闻由津至塘沽一带，归俄人管辖。近闻此举谓两宫既不久回銮，则送京员出京殊非是，因此望出京者，兴致为之大阻。京通各仓米石，经洋人开仓平粜，买者络绎不绝。城外民食为之骤贱，但仓储日虚。将来回銮后，若无大批南米接济，恐又将大荒歉也。

又云：六部惟兵、工二部被祸最早，吏案尚完好如故，是以候选及各等筮仕之人皆有希冀之意。本月初五日下午，印度兵忽将各部案卷移置东长安门内城根地方聚而焚之，一时烟焰障空，居民皆以为大内失火云。安宜门内柏灵寺现作为留京办事王大臣公所，僧寮柱上皆注明某部公所字样，各部皆派有司官。五日值宿一日，凡应办各事皆在彼酌办。闻翰苑诸公定于本月初十日谒见，见后即开单呈交行在，以便点派学试各差。五城练丁现已一律身穿号衣，头戴勇帽，在美界遍街巡逻市面，安堵实皆美官梯儿僧一人之力，居民无不感悦。

昨得北京访事友人来信，兹特照录如下：

和局仍无定议日期，传闻英、日、美、俄等四国已议有端倪，专俟德、法允许，即须开议。又闻德、法许和国书已到，不知何以仍无和信。又闻各国同声，必俟祸首十三人全数交出、皇上回銮归政、惩办中外纵庇拳匪大小官员数条全行办到，方能议和。前日因有后孙公园小孩，手拾石子偶掷入安徽馆某公使署中，致撄彼怒，次早将孙公园左近居户全数拿去搒掠备至。李理臣侍郎昭炜、温栋甫太守受伤尤重。李傅相闻信即派繙译前往，再为缓颊，始允放回侍郎，即日迁居贤良寺，房产则皆为某国所有矣。近日某国界内事事以华人待美者，责之界内华人。前既诛求万民衣伞，近又索请演戏。闻已定于本月十四日在嵩云草堂演戏邀请。昨又勒令饭馆开市。开市未久，即被其兵入内强掳一空，铺伙莫不垂涕云。近日又云：柏灵京公所差传各部院司官到寺谒见，声称为发给俸银地步，实则将来恐不免大有更变，惟翰苑诸公则反欲开单具奏行在备简试差也。前礼部尚书启秀为日兵掳去，闻现已在京自裁。

章程照录

昨得京友来信，今英、日、法、美、德、义、奥各国驻京兵官，会议办理设立巡抚事务，原拟立一国通行章程，以地方辽阔，语言隔阂，诸多不便，乃定通章程数则列左。

第一条，凡外国人，不论兵民，如有在境内犯规者，即应拿获，送最近巡捕卡管押。由巡捕头缮函，押送本国兵官并将所犯之事及一干人证一并交案。

第二条，每总巡捕卡应设号簿，开具被告洋人案件并人证名，以备查考。

第三条，凡兵丁及营役除有护照外，不得擅离各所管辖之境，惟城墙之上及下开各公共之街道，准其任便行走。

计开公共街道：城内，一由安定门至煤山鼓楼到后门。二由安定门至东交民巷。三由海岱门至雍和宫。四由顺治门至北城墙。五由西直门至顺治门大街。六由平则门过西马市御河桥至煤山。七由(本)[东]直门至鼓楼。八由齐化门至四牌楼大街。九由东长安街。十由东交民巷。十一由煤山至东华门城外。十二由沙窝门至彰义门。十三由前门至永定门。十四由顺治门至菜市口。十五由海岱门至蒜市口。十六由东便门至西便门。

第四条，按三条所开护照，应由英国、日本提督会商造发各国公用之护照。

第五条，凡华人在上所开公共街道行走者，各国不得勒充苦工。

第六条，凡公共之街道，准华人开市贸易无阻。

第七条，各国辖境之内如何款待华人，赏罚由各国自行立章。

第八条，凡巡捕不论华洋，应于左肘缠一白色袖箍，上书华文“巡捕”二字。

第九条，每巡捕卡应用红、白二色大灯书明华文“巡捕”二字，悬于高明之处。

第十条，按第三条所开各路公共街道及各处所设巡捕卡，应由英工程队赶紧绘成地舆。

英国论华要言

中国政府宜用何法整顿，此事实为目前对华最要之政策也。若俄、法二国，则不过欲中国恢复伊旧之政府而略加改革而已。若英、德诸国，则以为太后不退位，首恶不加诛，终难了局。英国外交论中，近载有一论，撰此论者名陆希阳复而甫君，专主保全之议者。其中痛论太后不可不斥一节，极为简要。其言曰："目下对华政策，有不可舍却之一事。凡中国政府中，有以排斥外人为主者，当悉除之，以免后患。而太后则尤必置议也，何则？当一千九百一年之际，太后因各处屡辟商埠之故，已于此时萌其排斥外人之谋。及今次乱作，太后遂为指使，以冀逞其私心，日前之各谕可以为征也。此时若不令退位，则曩日列国联军之功，将尽付之东流矣。"其论太后如此，而又申论光绪皇上当复大权，维新百政，使不可不加整顿，其中有极力称扬光绪皇上一节如后："或有人谓中国光绪皇上行新政，不能自主，遂致中辍，是则非所以知光绪皇帝之言也。谤之者则云，皇上实无智虑，亦无才技之人。此皆谬论，不足道者。实则光绪皇上有勇气，有热心，而且具有经世之能力者。考其前日之谕旨，可足征也。故吾人于今日，极宜倡议之宗旨实在恢复皇上之大权，力行新政耳。"陆希阳复而甫又论曰："设使皇上现在实已不测，或皇上已无变志，则列国又宜另作政策，以图善后。"其言曰："若此倡议之宗旨，已不可成，则吾人当极力保全中国中部及南部各省，以之维持商务。若幸而他国亦有此意，则法、美或日本颇与吾相连合，吾人当赖彼等之助力可也。日本在今之情形，当从俄乎？当从英乎？二者不可得兼，必舍一而取一，以决向背去就，不可不断然改进。而如英人此论之言，只赖吾人之赞助而已。中部、南部之经营，乃所以期独立者，日本实不可不融俄、英于一途，执牛耳以为盟主也。"

江鄂纪闻

《孖刺西报》云：张之洞募军且约刘坤一云："若洋人占据(洋)[扬]子江一带炮台，以阻挠师徒前往陕西，自当合力拒之。"德国上海总领事纳比目前晋谒江督刘坤一，所请准洋兵入扬子江及不得将粮饷接济西安之说，闻江督不允所请云。

迩日沪上纷传皇上特派荣禄及刘坤一、张之洞会同庆邸、李相商办议和等因，至昨日始访知驻沪各国总领事。于华历九月初十日上午十一下钟越五分时，得张之洞来电，内开"八月二十三日钦奉行在八月初七日旨，李鸿章电奏阅悉，即着派刘坤一、张之洞函电会商等因，钦此"。同日"钦奉行在八月十四日上谕，李鸿章叠次电请添派王大臣会办议款，除已命庆王奕劻星驰回京并与刘坤一、张之洞函电互商外，即着添派荣禄会同办理并准其便宜行事等因，钦此"。"闰八月二十二日钦奉行在八月二十日旨，庆王奕劻着授为全权大臣，会同妥商应议事宜，刘坤一、张之洞均著仍遵前旨会商办理并准便宜行事。该亲王等务当往还函电会商，折衷一是，勿得内外两歧致多周折等因，钦此。兹特恭录电知，希贵总领事转电贵国外部并驻京大臣查照。"

两江总督刘坤一近得英领事照会，请达浙江巡抚，将本年西六月间衢州杀害教士之案迅速结断。内云当拳匪滋事之初，浙江刘抚台正拟遵奉前五月二十五日之旨招练拳匪，与西人为难之际，适长江各省立约互保，致不能行，其实是约，浙抚并不愿与闻耳。兹衢州之案，迁延已久，倘再稽迟，不将凶犯严紧缉获，则恐将有不利于该抚者，彼时不得以互保之约为护符之注,乞为转达浙抚刘树棠查照云云。

探闻江督刘制军有电致上海官场云:"俞部郎启元实奉岑中丞札文,来南催饷。南中各事伊无权与闻,亦未奉有谕旨,更无筹及洋款之事。"官场接此电后,业已照会各国领事及税务司,探得湖北当道因饷项支绌,又向比国商人息借商款,合华银五十万两,闻将议有眉目。

直属匪迹汇志

河间板家窝地方匪势猖獗异常,曾经联军前往剿办,经未得手。日前又会同吕道生军门统带马步等队攻打三四日,乃得将匪首拿获,送至河间枭示,余党尽行诛灭。而吕军门颈下受有枪伤一处,现经法军延医疗治,幸伤不甚重云。又闻海淀一带有匪徒数十人,各持毛瑟快枪在该地面肆行抢夺。逃难民人倾家害命者,指不胜屈,刻经日兵拿获,按西律用枪轰毙,并在该处示众。而余党未绝,已窜往马驹桥,仍行劫掠。又密云县属及牛郎山一带之团匪已将县官戕害,将狱中囚犯尽行放出。现又与红庙回民结仇,日相攻击。两下枪林弹雨,血肉横飞,尸骸遍野,该处居民受其害者,惨不忍闻。又传谓南乡一带之团,现已改为民团,夜聚明散,任意抢掠。前夜间大何庄徐姓被匪等持枪进院,将徐姓一家三人皆用绳索捆缚,拷开问金银衣物存放何处。徐姓等不得已,尽将其所有付诸该匪,始行呼啸而出。又估衣街播盛洋行,于未失城时被匪等抢掠一空,所余零碎货物雇船载往他处,行至赵庄子,又被匪抢掠。该行洋东现已来津,率领英兵若干前往赵庄子,知会该处绅董,赶紧将团匪拿获押赴来津,以凭究办。

东省汇闻

济南友人来信云:山东筹解接济行在饷银二十万,又贡进绸缎二百匹,派候补知县曾大令硕儒、陈大令养源、曹大令倜、候补守备云骑尉马守戎英萃,分批起解,于八月二十四日安抵太原省城。其时各省拨解饷银均尚未到,御用服物亦尚不甚齐全,逮当日分别投文之后,饷银由行在户部批行,藩库代收,绸缎则进呈赏收,以济要需,甚蒙嘉奖。

又闻各国联军二千人行抵德州,东抚袁慰帅发款犒赏,每人给京钱三百文云。

山东访友来信云:高密县附近铁路各村以前曾有滋事等情,现已派德兵前往驻防,并由德武员干拉典君饬令滋事各村速将该庄围墙自行拆去,并将村内兵械缴出。讵有两村不特不肯遵办,且将该村围墙加筑坚固。干拉典君查见后即命德兵开放枪炮,将该村围墙击去。该村见德兵逼近,即各带器械逃出,欲在奇兰地方聚众抗敌。干拉典君闻之,即派武员基伦高男爵带兵一小营往该处侦探虚实。路经李家营时,该处村民竟敢用枪向德兵遥击,其男爵即令开枪还攻。正当互轰之际,德千总赵北为流弹所中,被创甚重,另一外委伤及右目,其余有三马微伤,而村民被轰毙者约有二十人。基男爵即在该村田间扎营,料理受伤兵士。斯时又有奇兰处村及附近三四村从远开炮,向此小营轰击,幸无伤者。翌日干拉典君调集分营兵往,立将李家营及奇兰等村攻破,村民死者又二百余人。附近各村见而震慑,遂皆缴出兵械。干拉典君见其遵命,亦即撤兵回原处矣。

闻得东抚袁世凯因直东交界处拳匪麇集,梅军门东益迭次进剿尚不能尽绝根株,拟再募精壮六营开赴沧州,以助梅军。又闻袁世凯因(连)[联]军抵大名府时,允不侵及东境,故特备牛一万头犒师，以酬其意。

《开智录》第一期

言论自由录：义和团

自强

义和团，岂非不特外人所切齿，而邦人通者所亦唾骂者耶？全世界十六万万人中，其深疾痛责之者，已占十五万万上之多数矣。此外，喜之者惟顽固党之千百人，谅之者惟新智识派之百十人。疾之者詈以野蛮之魁、人道之贼、文明之公敌；谅之者以为攘夷之精神，为国民对外思想之初，不可不有。全谓二者皆非适论。夫义和团之起，非始于山东乎？盖山东自德人侵入之后，其视土人几非人类，有非吾同胞所忍闻者。铁道器机建设所至，民舍窀穸，概任意毁夺，其较之昔日英之待美及南阿、法之于德、美之于非律宾，岂不万千(陪)[倍]蓰耶？美、阿、德、非之揭戈独立，与义和团之发奋而起，其成败之绩虽各殊，而独立之精神则无异也。西人以上数国之独立自夸，而吾人以义和团之起自耻，抑何相形见绌之甚耶？余尝论曰：人无独立之性，是为奴隶之人；国民无独立之性，是为奴隶之国。余于是更曰：国民无义和团之精神，是为奴隶之民。故余愿义和团之精神，非山东内数千万人之所独有，而愿全中国四万万人所共有也。

日本德富苏峰曰："对外思想，有四种进化：第一次攘夷的精神，第二次模仿的精神，第三次自主的精神，最后是布大义于四海之精神也。"余谓攘夷精神外更有一种独立的精神，盖独立之与攘夷实有异焉。攘夷者只知仇视他人，独立者不必仇视他人，而但不受他人侮。故曰与其谓义和团为攘夷，吾宁谓其独立也。若夫德富氏之言，不过是日本实历之语。日本始倡攘夷，后则只知模仿，至今学者始略倡自主之说。余谓中国之对外思想之进化，只宜有二种：第一次独立的精神及自主的精神，第二次则布大义于四海的精神也。

人或谓义和团乃端王所主使，此决不然也。盖义和团自义和团，端王自端王，端王何德、何能、何术，而能使义和团死心塌地拚命不顾耶？谓端王利用义和团，以自行其废立之私则可，若谓义和团之志与端王同则不可。

义和团之事可哀，义和团之精神可嘉，义和团之志可悯。

十一月初四日(12 月 25 日)

《申报》

论《申报》所纪巨案骇闻

自南宋贾似道创设公田重租税，元明因之，由是苏松田赋遂居天下之半。至我朝圣恩汪涉，俯念民艰，迭颁减赋之诏。惟赋之向章过重，虽减而又减，较之他处尚不啻倍蓰焉。赋既重，则租自不能从轻，亦自然之势也。赋有定额，官吏不能滥收，则业户之田产可保。租有定额，业户亦不得溢取，则农民之衣食可谋。是以赋虽较重，而业户不闻有怨咨。租虽不轻,而乡人不闻有冻馁。遇有灾荒,则朝廷蠲赋,业户免租。即年岁稍稍歉收,赋则犹是,而租必减成。诚以赋较轻于租,以租抵赋,业户尚不无赢余,而农民亦不致盖藏尽罄。法至善,势至平也。然仍不免有刻薄之户私置大斛,以势欺人,一经告发,官吏无不立予惩儆,恐其害民也。仍不免有刁顽之佃,抗租不缴,官吏亦必管押代追,恐妨国课也。故业户即存刻薄之见,而究不敢多取于乡人。乡人即有拖欠之家,而究鲜有纠众抗违之事。

乃阅前报纪巨案骇闻一事,则令人殊难索解矣。前报之言曰:近日昭文县治某乡农民,不知因何,相约概不纳租,并于十月二十二日将董事某君全家十余口尽行杀害。迨县主张大令闻信驰往,中途被乡民围困,不得已命驾折回。窃思乡民抗租必因收成歉薄,无以为生,不得已而出此下策。今岁各处虽未必皆满篝满车,而尚称中稔,何至彼处独荒?即丰歉原无一定,尽有惰农收成独歉者,然断无一乡皆惰农之理,或因业户刻薄过甚触乡人之怒,然一乡之中断非一人所有之产,岂有各业户皆触乡人之怒而至相约抗租者?度势揆情,亦必无之事也。且抗租者抗业户之租,与董事何与?或董事即系业户,然一乡之田断非一董事之产,而何以独向某君寻衅而必欲杀其全家耶?况抗租之事究非不共戴天,何至酿成巨案?非令人不可解者乎?或者谓业户之产多寡不等,自数十亩以至数千亩,多者必有司账人专治其事。若田产无多,则每托保租者经理。且业户居处远近不同,或居城市之中,催取不易;或居邻邑,相去更远。非有保租者为之经理,租务终难起色。保租者必乡间土著,年岁之丰歉,乡人之贫富,彼皆熟悉,浼其经理,乡人莫敢或欺。故保租者,往往以一人而兼理数家、数十家田产。业户听其从违,乡人仰其鼻息,其权往往似催科之吏。今乡人因抗租而杀董事,大约董事即乡间之保租者,一乡之田尽归经理,必其平日刻薄,乡人久为怨府。故一旦发难,如火之燎原、水之决口,不可阻遏。否则,乡人即甚凶横,亦何至如此?

前报又云:闻彼处近有票匪混入各乡,煽惑愚民,以致肇此巨祸。夫各种匪人无不扰害乡间,故乡人类皆痛恨。若票匪,则以票惑人,许人富贵。乡人愚而易惑,且素畏见官,乃敢将官围之,苟无助之焰者,乡人断不敢出此。今者某董遭此奇祸,邑令受此惊惶,必已通详上宪,饬役访拿。水落石出当在指顾之间,无论其事何由而起,而为首之人终必难逃法网。乡人无知,殊不禁为之可怜而又可恨矣。

十一月初五日(12 月 26 日)

《新闻报》

[论说] 条款书后一

欲止中外之衅必先弭中国之乱,欲弭中国之乱必先救中国之民,欲救中国之民必为中国开一线新机,必为中国辟一条生路。开新机、辟生路必使中国稍稍有权柄而后可,又必使中国稍稍能挽回而后可。其中大要在令两宫还跸,重新整顿弊病,重新生发利源。务使百姓相安,商贾踊跃,由野蛮而文明,由贫弱而强富。人人知万国一公世界,全球一公理公道，洞辟门户，中外大同，于是乎可以弭乱止衅也。各国今所订条款，岂其然哉？其兵队分保使馆、境界禁居华人一节，是直据京师为己有。两宫必不肯返蹈不测也；即无不测，亦不啻圈入彀中也。此立国无地也。其京师至海面留出来往畅行大道又不使有断绝之虞，仍由各国主办酌定数处留兵驻守一节，是直将沿海占据，中国已圈入其中。一切往来大道，彼为主，我为客，此国地已失也。其禁运中华军火暨专为制造军火器料一节，是令中国一切惟各国之命是听，否则彼能以兵力加我，我不能以兵力加彼，此后欲明侵、欲暗占皆可不劳而获，此国威全替也。其各国订觐见之仪一节，何尝以我之君为君？其赔款务使适意一节，何尝以我之民为民？嗟乎！大纲之不可从已如此，其细目更可知，各国抑何不明哉？

凡一国无君则一国不能支，京师不能驻跸，国本何在？觐见由各国酌定，君权何在？海面由各国主办，地土何在？君失位则民思乱，而地土之权既在人，又不准制造军火，令中国全无防卫之法，恐匪徒一旦蜂起，中国必无以抵挡。既无军火，又出入海道不能自由，在各国之兵无论不能深入内地，即能深入，而民既遭匪乱者又必遭洋兵之乱，欲逃无可逃，欲徙无可徙，斯时全国无干净土，商务全失，民财全亏，各国又何从责令赔款？夫中国至今日，上苦君无权，下苦民无依，中间富贵功名，惟官能坦然无忧耳？乃今各国条款上不利于君，下不利于民，惟官则无碍。其如此办法竟不令中国生发丝毫利源，整顿一切弊病，而第言务筹出偿款，不知偿款之可以筹出者仍在整顿弊病、生发利源也。若不从此中着想，则所谓偿款者亦不过令不肖官长苛索商民。商民既迫于苛索，必至穷迫殆尽，于是无可生活，必至为乱。迨其为乱，国家既无军火又无防备，任其大乱而吾民危矣，又任其大乱而吾君危矣。各国至此时纷纷调兵来华为中国平匪，一处之匪未平，一处之匪又起，杀人如麻，天地昏黑。尤可畏者，一国调兵，各国必相继调兵，此国虑失权于彼国，彼国虑失权于此国，相猜相忌，以中国为战场。至于此时，吾君远居荒瘠之乡无以救吾民，吾民深陷兵乱之地无以依吾君，合南北之匪徒，合各国之洋兵，试问中国此时成一何等境界？

昨得和议开办之说，方为之喜，及细按条款之所以然，又为之忧。总之，就条款而论，中国毫无治国之据矣。无新机何以除弊病？无生路(可)[何]以开利源？弊病不除，利源不开，各国何从得赔款？何从止衅端？徒事纷纷调兵自形劳苦，而又不能救中国之民、弭中国之乱。所谓和焉者，果何说哉？吾恐和议不能成而国乱必起，和议即成而国乱仍不可止也。盖新机削绝、生路塞尽也，其不能弭中国之乱者即不能止中外之衅也。

《中国旬报》第三十三期

北省大事记：山东缉捕纪要

拳党起于山东，而大祸之发，乃在直隶，则山东巡抚袁世凯缉捕一节不可没也。昨由济南友人寄示，袁世凯缉捕事迹，次序秩然。爰特按日排登，以资考证。

东省义和拳自直隶故城、清河、威县、曲周等处流入东昌之冠县。自流入东昌各属，再自东昌而曹州、而济宁、而兖州、而沂州、而济南，潜滋暗长，已非一日。至己亥(一八九九年)夏秋间，其势始炽，然仍出没黄河以西，而恃直境为逋逃薮。

十有一月，袁世凯到任，即毅然以调和民教、缉办拳党为务，出示剀切晓谕，先后十数次之多。党徒仍抗谕不遵，始派道府大员督同营队往捕；一面密饬各州县，悬赏购线，分投缉拿,陆续拿获党首王立言等多名,咸置之法。未逾两月,党势顿衰,首要歼除,余党解散,地方一律安谧。当复派员分赴各州县确查被扰村庄户口,不分民教,概予抚恤。地方乂安,颂声竞作,是为袁世凯初次缉党之一大验。论者谓今日之维持大局,奠安东境,其设施盖即基于下车之始。

临清州属之武城县,距直隶故城、清河最近,贼党阑入亦最先,有拳党头目王玉振者,因与清河某庄有仇,谋往报复,纠同和尚徐福暨朱西崧、朱士和、陈兆训、邢殿五等,各率党二三百人、百数十人不等,于庚子二月初九日窜入茌平博、平司家营一带,扰犯清平县境之许庄,掳人勒赎,清平梅大令汝鼎带领勇役跟踪追捕。党已窜入高唐之袁王庄。十一日傍晚,又窜入夏津之师堤庄,肆行掠抢。夏津屠大令乃勋亦率队捕之。党又回清平之松林庄,旋又旁窜武城之杨家庄。武城龚大令敦仁电禀袁世凯,以境内拳党敛迹已两月余,地方赖以安辑,何得容外党窜入境中勾结滋事?应亟剿灭,遂派武卫右军马前队王领官开福督队剿捕;未及成行,哨长阎凤鸣适率十数骑巡缉至杨庄,猝与党遇,该党胆敢列阵开枪以拒。阎哨长以该处村舍太密,恐伤良民,辄佯退诱战。党以其怯,从而迫之,阎哨长麾众开枪,应声而倒者凡十余党。适东字前营戴管带守礼自北来,东字左营李哨官文成亦由西南援应,前后夹击,又毙悍党二十余名。党首王玉振、朱士和、陈兆训、邢殿五均在其内,并当场生擒党犯朱西崧、范小、陈卷等十一名。范小、陈卷旋即因伤身死。西崧等九名由龚大令禀奉袁世凯批饬,发交东昌府洪用舟讯办,分别正法、监禁。是役阎哨长能以少敌众,论者多推许武卫右军训练为有实效云。

禹城为济南府属,与临邑、陵县、平原、恩县等处毗连,均距直隶边境甚近,故拳党亦不时出没其间。往冬,袁世凯驻重兵于禹城,先后获办首要多名,拳党已渐敛迹。不意三月十四日有王立东、李传和约同王文义、张得胜、阎朝义、宋仁义等各纠党徒一百人,窜入临邑田家口地方,经袁世凯访闻,当即飞饬各营县,限五日内务获严办,逾期即行撤参。十六十七两日,该党又窜入禹城之王彩武庄暨临邑、陵县交界之百家庄、路家庄肆行抢掠,禹城许源清会同济康营哨官马外委占元率队廿名驰往查拿,贼已西窜。十八日,该贼在王彩武庄迤西之王家寨住宿分赃,武卫右军马右队吕哨长长顺探实,即率马勇十八名会同许令等赶往追捕。贼又窜至临邑之庞河,正在距河八里地面之村庄纠众抢夺,吕哨长等即向前围捕;该贼辄敢列队抗拒,阵前竖黄旗一杆,有骑马贼首数名指挥其间。余党皆头裹花布包巾,结发袒胸,形同癫痫,枪矛竞进,势极凶横。维时带去勇役仅五十余名,众寡悬殊,经许令等力加激劝,无不奋勇直前。马勇谷魁宾、张维身受重伤,仍不少退。吕哨长、李哨官并身先士卒,马步环攻,先击倒党首王文义,贯其胸。又有一骑马悍党王某,亦连马一并击死。张得胜伏地叩头,口喃喃作法,甫起即经官军击中头颅。马队遂乘势赶上,夺取阎朝义所执大旗,手刃之。宋仁义亦被枪击毙,并生擒李凡仔等四名,余党逃散。夺获长枪三十余杆、刀叉五把、大旗一杆、神像一轴、符咒多件、红布花名一册,内载有统领、前敌、总办、粮台暨某哨某队等名目,僭充伪职,形同叛逆,不知者犹以义民目之。李凡仔等四名发交许令归案严办。据供,抢劫重案甚多,不备载。

十一月初六日（12 月 27 日）

《新闻报》

［论说］ 条款书后二

各国于未开议之前，必曰北事当和平议结。然而今开议矣，所交条款诚所谓削绝中国新机，塞尽中国生路者，岂得犹谓之和平议结乎？况曰议结，不曰断结，则必予中国以商议之权，乃款中语气决绝，既不留出中国商议之权，而末款总括各款又曰："以上各款若非中国国家允从，适足各国之意，各本大臣难许有撤退京畿一带兵队之望。"夫中国所急于请和者，为回銮，为京畿一带联军。乃各国既以留兵使馆碍两宫之回銮，又以难许撤退之说强中国以俯首听命是实，何异断结？犹得谓之议结乎？中国当国势积弱之时，又肇开罪全球之祸，全权大臣与各国公使会盟于京城之内，较之古时城下之盟尤为为难。故第五款之禁军火，第六款之偿损失，第七款之留兵使馆，第八款、第九款之夺海权，第十一款、第十二款之改旧章，凡诸大纲所谓削绝中国新机、塞尽中国生路者，盖难望其更改矣。然苟其间细目予中国以商议之权，则中国尚可留一线之新机、半条之生路。然为细译各条语气，如第六款第一节言"偿款并无定数"，而第二节云："中国务使筹出以上偿款及分还亏欠之来源，适诸大国之意斟酌允行。"夫偿款既无定数，则中国财力究能照偿与否尚未可知，而筹付偿款之权及筹还欠款之权当为中国自权者。今欲适诸国之意斟酌允行，非特中国理财之政从此尽入外人之手，且偿款之数、筹款之权皆不准中国顾问，是有议结之名而无其实也。又如第七款云："诸国分应自主常留兵队分保使馆，境界自行防守。"夫留兵太多则回銮必致无望，而和局亦即因之无望，虽未言留兵数目，似可商议减少，而曰诸国分应自主，亦若留兵多少非中国所能顾问，是亦有议结之名而无其实也。又如第九款言："京师至海之通道酌定数处留兵驻守。"驻兵之处似可熟商，留兵之多少似亦可商，然曰分应主办，则与第七款同是亦有议结之名而无其实也。又如第十一款云："条约船章及另有关系通商事宜各节，诸大国裁视有失，全应更使。其妥善简易之处，中国国家允行照办。"夫从前所定商约船章各国已处处得益，中国已处处受亏，乃各国犹以为裁视有失而欲更改，且曰中国允行照办。一若中国无权商议者，则此约定后中国商政、财政更不知若何掣肘？是亦有议结之名而无其实也。又如第十二款言："总署改章，觐见礼节改章。"夫中国总署章程本未妥善，以致事多丛脞，觐见礼节本嫌太烦，以致情谊不达，改章固可。然曰由诸大国酌定，中国照允施行，亦若中国无权商议者，夫总署觐见何政而中国不能自主，假使强中国以太难能允之乎？是以有议结之名而无其实也。夫事须商办者如是其繁多，而条款语气复如是其决裂，尚得谓之议结乎？尚得谓之和平议结乎？是实所谓削绝中国新机、塞尽中国生路者也！夫国必君有权民有依而后为有君有民，各国必使中国有君有民而后有利无害。今此条款既削绝中国新机、塞尽中国生路，真所谓上不利于君、下不利于民者，然则各国于中国亦恐所得之利不及其害也。呜呼！大纲已矣，细目之待议者，深愿各国守和平议结之宗旨也，然而难矣。

十一月初七日(12月28日)

《新闻报》

[论说] 条款与商务关系说

此次所交各款在各国君相使臣必以为尽善之至矣,盖自是之后中国之新机可以削绝,中国之生路可以塞尽,而各国无灭国之名、瓜分之害,而有其实与利也。虽然,此项条款岂特有害于中国,实且有害于各国。中国当国势积弱之时肇开罪全球之祸,致触怒于各国君相,而被围数月之各使臣怨毒尤深,毋怪其搆此条款以报中国,特是各国君相、使臣但知泄各国昔日之怒而不顾各国后日之害,则亦未可谓尽善者也。夫各国无不以商务为富国之源,而军务实大害于商务,故商人所最恨者为军务。近如美国用军飞律宾,英国用军南非洲,美与英岂不能操必胜之权?而银行股票因之而落价,百商贸易因之而稽滞。总之,两国用兵无论为胜为负,两国之商务必暂坏,而全球之商务以牵连系属之故亦皆棘手。至于今年中国之祸,南方尚有江、鄂两督之保全,各国商务且因以疲坏。是以商人之意,每愿衅端之不开,军务之早息,当亦各国君相、使臣所宜知也。

然而此次和约苟即本此条款而定,即使通商章程更沾利益,而京津一带既酌量驻兵,实与现时军务未息时同,各国商人未必愿经商于军务未息之处,而华商见有洋兵屯扎其间益必裹足,洋货无华商受贩则洋货不能流通,何在于通商?而北省既遭大劫又无商务,其势必难复原,是各国商务凡牵连系属于中国者,常将如本年五、六、七、八月间之疲坏矣。夫五、六、七、八月间之疲坏,犹幸中国南方有江、鄂两督之保全,苟其不然,则商务之败更不堪设想。然使此约一定,则中国南方之督抚恐亦无力以保全各国之商务,盖中国土匪隐伏各省皆然,向摄于国家之兵力,故起事者少,苟如此项条款,各国禁售军火与中国,并不准运售制造军火器料,则是使中国国家非特无购来之新式利械,更无自制之旧式火器,复何兵力之有?中国国家无兵力,则中国土匪必蜂起。且以后搜括愈空,民穷思变,乱民愈多,是以后之商务更不能如五、六、七、八月间之商务也。在各国君相、使臣之意,岂不以为中国苟土匪蜂起则各国之兵力可制?殊不知幸而即平,则各国商人已当其厄;不幸而负隅难制,旷日持久,则各国商务之败当更不堪设想矣。在各国君相、使臣之意,固以为第十一款更改通商章程即系顾全商务,使各国商人更沾利益,不知经商之道无论如何利便,但地方不靖,人心不安,则商务必不能兴。是虽通商中国有万分之利益,然而既无商务,则所谓利益者终不能沾其实也。呜呼!各国君相、使臣但知泄昔日之怒而未尝顾后日之害,于是以为条款必如是而后可以削绝中国新机,塞尽中国生路,又以各款与中国之官无碍可以使中国必堕其术中,而各国坐享其利。利来而害与俱来,岂各国所料哉?

《申报》

论团练之难

今世之慷慨谭时事者，莫不愤制兵之无用，虑盗贼之蜂起，意谓欲弭内乱，必须创办团练。执笔人曰：噫嘻！团练岂易言哉？夫众志成城，民心固结，谓之团；器械精良，操演纯熟，谓之练。苟能名副其实，非特可以靖萑符之变，即有斩木揭竿之众仓卒举事，为害一方，而为团练者信息灵捷，既易稽察于平时心志齐一，又可震慑于临事。盖以一乡之人出死力以卫一乡，其势固较胜于制兵之散漫无稽，备多而又力分也。然古今之举行团练者大率有弊无利，甚者且视为厉民之政，是岂良法美意之不可行于今日与？毋亦办理者未得其道耳？盖团练之难，其故有二：一在于筹经费，一在于募勇丁。今天下亦既民穷而财尽矣。商贾以厘捐之重叠而得利殊难，农工以物价之奇昂而谋生亦拙。一二富厚者又顾瞻时势，深以积聚为得计，而初不存身家远大之谋于举世滔滔之中，而遽欲筹集多金，是虽苏、张巧说于前，韩、白按剑于后，恐亦徒托空言，断无裨益。不得已，或核田亩之多寡，或计店业之大小，各随其力，分别捐输，似亦斠若画一矣。然其中趋避之法甚多，巧诈之情百出。一有偏倚，即难免啧有烦言。此经费之难筹者一也。各乡所招团丁，每名日给钱百余文，饭食尚须自备。从前各处所招多系外来客民，非散兵即游勇，非特不能防患，反恐与匪人联络一气，朋比为奸。故近来绅董有不招客民、只招土著之议。然良民有田可耕，有业可习，岂肯贪此百余翼青蚨，遽尔挂名军籍？以故膺其选者，大半系闾阎无赖及游手好闲之人。若辈平日方以欺压乡愚、讹诈良善为事，一旦身充团勇，岂肯安分守法？或强取店中食物，或藉以报复私仇，凡诸不法皆在意计之中。此团丁之难募者二也。有此二难，故各郡邑一闻举行团练，鲜不疾首蹙额，不以为安民而反以为害民。

虽然，团练岂真害民之事哉？亦视办理者之威望如何、才具如何耳。果能威足服人，才足济众，则所办之事自能切实无弊，但使乡之人深信不疑，则虽吝啬之流、贫窘之辈，自顾皆有身家，岂有不踊跃捐输以抒近忧而弭隐患者？经费既裕，则招募之时，自可刻意挑选，凡散兵游勇以及闾阎无赖、游手好闲之人皆可一律汰除。非气力强固、心地朴诚者不得与于斯选。谚云："重赏之下，必有勇夫。"岂有悬格以求，竟无人起而应之者乎？故经费充足，则招募自不至过难；招募既精，则经费自不致无着。此固势之所必然，理之所必至。特恐无人焉能实力行之，斯利不见而弊日甚耳。今者，苏垣既有团勇在茶肆行凶之事，铺户具公禀投县递呈金陵，团丁更伏处路隅，攫取乡人财物。虽未拘获到县，然言之凿凿，决非无因。彼在上者，方思藉团丁以御暴，而不知适使之为暴。宜乎民间以团练为害民之事，虽劝捐者舌敝唇焦，而不肯悭囊稍破也。苏、宁两处如此，他处谅亦可知。愚故为之大声疾呼，俾各郡县之综理团练者实力稽查，有则改之，无则加勉，岂非闾阎之福哉？涉笔及此，不禁拭目俟之矣。

译奥国弭兵社男爵苏德乃来氏致中国驻俄大臣杨子通星使书

去岁荷都保和会，幸瞻风采，心企莫名！近者中外突开兵衅，凡我同社，忧心如焚，鄙意各国如肯言和，不难持平议结。但各国办事之人，好兵喜事者居多，我辈志在保和，人数不足以相抵,为可惜耳。虽然,岂敢坐是气馁,遂作壁上观乎?惟有循名核实,我尽我心而已。兹奉询数事如下:一、公奉使欧美,遍历诸邦,于各国政府所办之事了如指掌,且公经济夙有本原,此次衅端,尊意究竟若何?一、现在中外究竟因何启衅?一、中外交谊如何可以复旧?卓见若何,统乞示复。某现有拙著,内详保和之事,倘蒙惠玉,其为功实非浅鲜矣!

录中国驻俄大臣杨子通星使复奥国弭兵社男爵苏德乃来氏书

客岁荷都,快承雅教,欣幸奚如!阁下系弭兵社友,值此时事艰难,尤深向往。顷奉月之八号惠函,循诵再三,无任感佩。所称主持和局之人为数寥寥,无足抵制,不知天下各国,端赖诸君子默化潜移,日者易兵车以衣裳,化干戈为玉帛,和光普照,万国咸熙,岂非诸君子闳议微言有以致之耶!所望不惮烦劳,不遗余力,以救世而利民,何幸如之。承询各节,条答如下:仆奉使美、日、秘、俄、奥等国,并游历英、法、德、日本、荷兰及南美诸邦,见其文化、武备、商政、农功,立制不同,各臻美善,心佩实深。其中措施,视中国互有同异,均一一默识,以期择善而从。惟是雄才远略,不无争竞之心,则美哉,犹有憾矣。但愿各国嚣陵悉化,永固邦交,庶环球常享升平,是所厚望。此次中外启衅,实因彼此误会,均非真欲失和。盖中国官员办理不善,各国将帅好大喜功,以至酿成此局。若不早释猜嫌,速敦和好,恐不独中国糜烂,各国且因此互争,益滋谋国之忧,大非全球之福。各国秉钧所宜加察。此次中国乱事,实因民教不和。查教士来华,原欲劝人为善,其意甚佳。无如中国善良之辈均不愿舍己从人,其不可强之奉西教,犹各国人民不可强之奉孔教也。大凡入教者多系无赖莠民,皆恃教为护符,争讼攘夺,欺压平民,积怨成仇,匪伊朝夕,一旦愤发,不可遏抑。鄙意商务不妨日事扩充,而奉教则宜各行其是。庶几两不相扰,永息争端。猥辱刍问,敢布区区。

十一月初八日(12月29日)

《新闻报》

[论说] 条款书后三

各国议和条款之不利于中国并将来亦不利于各国,业指陈抉摘不惜以苦心危言明告天下矣。虽然,条款之利害,关心者几人哉?不独关心者无多,即有心人知其利害而苦无挽回之术、斡旋之力,亦惟有相对欷歔、长叹顿足而已。方条款之传布也,其中译辞曲折,凡侵夺中国权力之处隐括其中,自其外观之仍似无甚关系,令人骤阅之以为此次条款尚非过难。呜呼!条款之所订亦狡矣哉。观于更订关系通商事宜一节,人以为彼不过重订新章耳,不知理财之权隐操之自彼矣。驻兵海道一节,人以为彼不过保护洋商耳,不知地土之权隐操之自彼矣。此仅就一二端隐微之处抉之,若细按脉理,盖无往而不夺据中国权力。顾其措词笼统,语意文饰,令人阅之反以为平常而不加辩论者,则以其中赔款不著数目，又不明言割地，而遂忽其非过难也。夫条款之所订亦狡矣哉。彼虽不言款数而所谓适意允行者，究为何等数目方为适意？彼虽不言割地而所谓主办驻兵者，试问谁氏地土可听主办？且中国所亟亟议和者，盖求各国之亟亟退兵也。今彼并无议成退兵之言，但曰如不允从，难许有退兵之望，以是退兵一层尚在不可必，况海面酌定数处驻兵，则各国之兵将有加无已，又安望其撤回哉？各国之兵不退则中国之战祸难弭，即城下盟成，而彼能驻兵，即能用兵北方。匪氛未靖，经此次战衅未必无怨毒之心，更难保无蠢动之意，倘一旦挑祸，各国势必反兵相向。彼时地方扰乱，匪徒与洋兵深结仇隙，虽无计报复而揭竿起衅，百姓遭其荼毒，则北省凡有洋兵驻扎之处，恐商民将日谋逃徙也。今各国顾于退兵一层略不置答，又反增"驻兵"字样，是于和局之正意全失，而谓条款尚非过难，其谁信哉？且照此草草成和，亦谁敢保无后患哉？

大抵中国势处危弱，只有求和下情，并无议和权柄，而大臣无辩驳条款之胆，亦处不能辩驳之势。至于疆臣则不过奉行故事，即军机亦只能奏请核夺，依违其间。若于各款详细辩驳之易而行之难，非特无益，亦且稽迟时日，有碍大局，此在上者视条款之意也；至于士、农、工、商处此时势方在各谋升斗，但求和议速成得以各遂其业，其条款之利害彼断不过问而亦不暇计，及和议成后必至民穷财尽，不苦兵匪扰乱，即苦官吏搜求也，此在下者视条款之意也。若夫不上不下之官吏亦惟求一官一职荣显如初，优哉游哉，聊以卒岁，曾何心于君国，抑何取忧时愤事徒发清议哉？嗟乎！观于条款之艰难，中国似不可允行；观于国势之危弱，中国又不能不允行。盖商务之疲败、人心之幻摇，和局不成皆难奠定。今日之计，人人但求免其近害，人人实不暇求免其远害，是以探询和局者凡人皆然，忧心条款者百人无一焉。故昨报纪条款电呈两宫圣鉴大约可以照允一节，可以觇宫廷之情，可以窥大臣之隐，可以揣全局之人情，可以定中朝之局势。徒令草茅下士反复于条款之利害，若讽、若劝、若激切、若强慰，有时哓哓，有时默默，夫亦莫可如何之至矣。

《申报》

报纪英练华军因广论之

呜呼！中国至今日亦可谓弱矣。外侮相逼，内忧交作，几于束手无措。若在弱小之国，地本弹丸，民贫土瘠，诚无足怪。而中国则幅员之广、物产之多、人民之众，屈指地球之上不可多得，诚何为而一败涂地至斯耶？推原其故，有土地而不能治与无土地同，有物产而不能制与无物产同，有人民而不能保与无人民同，此中国之所以弱也。而其致弱之甚者，则尤在兵力之不足、武备之不精。当海禁未经人开之时，不知训练，老弱充数，虚糜粮饷，徒饰观瞻，以致酿成发逆之祸，蹂躏十余省，扰乱十余年。洎各口通商，重门洞辟，俨成战国之势。虽各国皆以商务为重，并无侵夺土地之心，而交涉一多，即不免龃龉迭起。幸而无事，则兵尚足以示威，或可免启外人觊觎；一旦事起仓卒，易玉帛为干戈，则必整我戎行，固我疆圉，庶不致为外人所逼迫。乃当轴者不知振作，徒事因循，未几而安南为法有矣，未几而缅甸为英有矣，又未几而琉球为日有矣，犹谓藩篱虽撤，于内地仍无恙也。至中东衅起，兵败将亡，陆师披靡，海军尽失，不仅高丽不复我属，即台湾为南洋要隘，亦拱手授之日人。于是中国之弱不啻和盘托出，天下皆知。由是，俄则租我旅顺、大连湾矣，德则租我胶州湾矣,法则租我广州湾矣。犹望从此休养生息,复我旧观,不谓拳匪借仇教为名,大动各国公愤。连鸡之势,无不支排,占我炮台,夺我战舰,沦我名郡,入我神京。夫论拳匪之事,曲诚在我,然果兵力足以支柱,则京津数百里间,在在皆可扼守,何致联军抵京如入无人之境?夫乃知兵力强弱,其关系诚非浅鲜矣!

夫中国之兵,岂生而弱者哉?儒生抵掌高谈,无不谓西人器械精良、火炮犀利,中国即有貔貅之士,当之无不披靡。乃数十年来步武西法,外人所有之器中国无不有之,外人所习之事中国无不习之,似亦足以颉颃矣,而仍苦于力不能敌,此何故哉?窃尝观于本报所载英练华军一事,而不禁重有感矣。本报转录天津《直报》云:英廷简驻威海卫都统宝君前派人至天津,招募壮丁充当兵士。业经足额,开赴山东。刻又在城内水月庵出示续募,每日投营效用者,不绝于途。夫英人所练华军,现在并无战事,究不知其果强于中国之兵否?惟观各国行伍,总期一兵得一兵之用。使华人而果皆疲弱无用,英人亦何所爱而募之?从可知中国之屡战屡败者,非兵之罪也,实统兵者不得其法耳。或者谓中国之人中国用之而弱,外人用之而即强。使各国皆起而效尤,将中国有用之才皆为外人所用,中国尚曷望有转机?然以予观之,非中国之祸,实中国之福也。中国人心因循怠惰已成牢不可破之势,借西人以鞭辟之,未始非转弱为强之一大机会。若虑华人为西人所募,恐日后或不免反戈以攻,则中国民心固皆固结。现虽食其廪饩,断不致尽昧本根。又何虑哉,又何虑哉?

十一月十二日(1901 年 1 月 2 日)

《新闻报》

署粤督剿匪奏稿书后

匪乱宜急除也,除匪乱必先剿匪徒,灭匪党,固人所同辞也。然而剿灭之中宜寓哀怜之意,宜图招抚之方,宜筹安顿之法,宜开养活之路,大约剿灭十之二三,其十之六七皆当哀怜之,招抚之,安顿之,养活之也。论其种为吾之同种,杀之不为仁;谕其民为吾之子民,杀之又不为勇。是犹吾之子弟、吾之骨肉,吾杀之,吾将伤痛之而自觉其残忍也,而实吾之先使其失养,后使其失教,致令此失养者饥寒而为盗,失教者犷猂而为匪。彼盗匪居过之半,吾亦居过之半也。粤督之剿匪也,其奏稿悉载于本报,铺张扬厉,如火如荼。其于匪乱情形则加意叙其利害,于平乱情形则加意叙其计谋,于戡乱情形则加意叙其功劳,洋洋得意,言之惟恐其不尽,亦似经此剿办而海内即卜太平者。夫剿匪特地方应办之事耳,今日之大患在外侮,宜如何卧薪尝胆,宜如何励精图治,宜如何整顿武备,宜如何发愤自雄?若夫会匪者原不可姑息养奸,原不可养痈贻患,然而抚此林林总总失养之民、攘攘熙熙失教之辈,剿之不胜其剿,灭之不胜其灭,尚何忍张其挞伐,恃其勋劳哉?且其奏稿所称旬日之间群凶授首、胁从解散者,亦欺蒙圣聪之语也。授首者不过杀一而漏百,解散者不过出此而入彼,而一则曰肃清,再则曰克复,三则曰务绝根株,矜功施能,又岂仁人之言、勇者之言哉?天下失养、失教之民已多,为上者只知杀人,不知活人。此番和约既定而后,吾为逆料：大约前此穷民十人而三者，后此之穷民将十人而七，而前此穷而为盗匪十人而三者，后此穷而为盗匪又将十人而七矣。方杀一盗匪，又出十盗匪；方杀十盗匪，又出百盗匪、千盗匪。读粤督奏稿之铺张扬厉如火如荼，仁者、勇者所不出此也。

且夫江、浙、闽、粤盗匪充斥矣，地方官事前无可防范，事后无可安排，不过逃窜他处而谓已经肃清，不过寻常出兵而遂出力请奖，使不肖统带、不肖营弁于屠戮家人则踊跃争先，于抗御外侮则畏怯退后，而未杀之盗匪愈结仇恨，愈招死党，愈思叛乱，凡有会匪之处不难勾通一气也。吾尤怪奏稿中以康、梁为会匪之衬笔也。夫康、梁辈之所为，世之辩论太多，愈辩则是非愈杂，愈辩则仇隙愈坚，舞文弄墨，枝节丛生，反使匪党添多少支架，增多少托辞。以此入奏，令圣天子惊讶康、梁之作为，而切恨于新党不已。呜呼！平匪第平匪耳，何取乎铺张？何取乎牵涉？致令匪党与新党太无分别矣。且所谓匪徒者亦当思所以哀怜，思所以招抚，思所以安顿，思所以养活，若四者之计穷，则杀之无赦焉可也。尝谓止外患在强富，止内乱在养教。为民上者，但究心于强富，天下之志士争归于正矣；但究心于养教，天下之匪徒悉改其非矣。和约大定，而后国家急筹补救之法无他，取新政一一施行而斟酌，毋激烈，毋倒逆，其大要在化邪为正，化愚为智，务使民有所归而不肯为乱，有所爱而不甘为逆，则为政焉用杀之道也？今土匪满天下矣，不剿不可，不灭亦不可，然一念及为吾之同种，为吾之子民，为吾之子弟骨肉，当亦恻然有所哀矜，猛然思所以为政也。

《汇报》

译毕大臣致外务大臣书

近得法国驻华公使毕大臣，于中历八月初四日致法国外务大臣书。兹照译之，以观其用意之所在，亦有心时务者不可不知也。其文曰：

西六月二十[日]起，至八月十四日止，各使馆恒被围困，华军纵火穴地，枪炮并攻，无不至其极。各使馆所有洋兵连员弁仅四百零九人，外有团练西人八十名。所用惟鸟枪若干。意兵有一小炮，口仅三十七米厘迈当，又有玛克细炮一尊，奥、美二国各有连环炮一尊，意、日、俄三国兵带药弹甚少。华兵则多至五六千，所用为毛瑟枪，其炮位亦多药丸，不可数计。拳匪工役群然助之，在京军械库皆任其取用。政府预备接济，不稍限止。其攻使馆用去炮子三千五百包，枪弹多至数百万枚。然吾侪(徼)[侥]幸未亡，实天缘假吾，非人力所能，亦非意料所及也。西六月二十日，总署请各公使会议，幸惟德使赴召为华兵所杀，若众公使俱往，必无一生者。二十二日，法、德、俄、美四馆之人重回本馆，分兵驻守，作(犄)[掎]角之势。若执前议群聚英馆，必不半月而失陷，又安有今日哉？被困之初，偶于邻近空屋中搜得米麦颇多，足资使馆中九百人及教民二千四百人两月之用，不然吾侪必饥死无疑。华军中亦有燃炮命中者，幸已前往天津，不在京甸。使馆之垣墙木栅均不甚高，倘华兵冒险突墙，吾侪寡不敌众，必为其殄灭。七月十七[日]起，华兵间日来攻，亦一幸事，不然药弹早罄，安能待至救援？洋兵于八月十四日入京，倘再迟二十四下钟，吾侪亦已殒命。因华兵掘一地道在英使馆屋下，长五十四迈当。此道一发，定杀百人，妇孺辈麇集邻房，必无所逃命。从此进俄、法、美三使馆亦甚易易。

西七月间为北京多雨之时,大军难于调动。今年格外干燥,除小雨数次外,连日晴凉,故联兵得早入京师。本公使公正为怀,不敢掩人之美。是役也,日人之功最著。联军来京,指引一切者日人;使馆被围,设法通信天津者亦日人;联军陷北仓后,各将尚待增兵,日人恿之,始决意来京;教民被难,其危甚于西人,意、法、英三国之兵合力救护,而日兵先之,其忠勇智力非笔舌所能宣。日总兵希巴君才略过人,洵堪推重。兹将死伤人数列后:英八十二人,死三人,伤十九人;俄八十七人,死四人,伤十九人;美五十八人,死七人,伤十人;德五十一人,死十二人,伤十五人;法四十八人,死十一人,伤二十二人;奥三十五人,死四人,伤十一人;意二十九人,死七人,伤十二人;日二十五人,死五人,伤二十人。共计死五十三人,伤一百十九人。又团练中死十二人,伤二十三人。外有分守北堂之法兵三十人、法弁一员,死五人,伤九人。又有守仁慈堂之意兵十人、意弁一员,死六人,伤三人。

目下事机未定,未便确指一是。但知首祸者三人:一、大阿哥之父端王;一、甘肃提督董福祥,素以强悍名;一、军机大臣刚毅。尚有佐助之员,如李秉衡、澜公、庄王。是皇太后听三臣之言,一任其所为,实不能辞咎。自七月二十[日]起至八月十四日,上下政令,全出拳匪之手,在在焚掠,惨杀教民。即安分平民不愿入党与不肯捐输者,亦遭荼毒。匪分赃不匀,亦复相杀。津沽失陷后,皇太后左右闻洋兵戾止,大为气馁。华官有信中国之力足敌天下者,至此亦深惶怖。庆王、荣禄向重邦交,虽挽救有心而不敢出首,宁视使馆受攻,不欲触怒于权奸。此亦难怪其然,因内臣一员、总署四员,均以敢谏伏诛。许景澄、徐用仪以备棺殓德使获罪,袁昶、联元、立山以不攻使馆受刑。太后听端、刚之言,时或犹豫,故华兵攻吾有停止之日,视端王、庆王、荣禄等,谁为见尊以轻重其攻力?余事专件呈上,故不赘。

十一月十三日(1月3日)

《新闻报》

[论说] 论时局近情

今中国望和局之成者十人而九,而究心于条款之利害者百人无一也。当和议未开之先,商贾疲于贸易,士宦滞于迁补,无不日盼和局。但闻其自语曰:和议一日不成,吾侪一日不可结局。又闻其叩之人曰:和议成否?闻成则喜,否则忧。众口一辞,但冀和而成,不暇询其何以和,何以成也。呜呼!平心而论,盖皆为身为家迫之使然,非不爱国,实忧思无益,不如返而求诸一身一家之中,此中国近来之人情也。然而某向谓和款所谓上不利于君、下不利于民者,岂偏论哉?观于近来政府之作为及外省之办事,大要不外升调官,常曰随扈人员,曰留京人员,曰召赴行在,曰试署后补,曰咨部,曰具奏。又实官捐,山东海防捐,绅富捐,商贾捐。于做官之富贵颇为经营,颇为结构;于百姓之资财一再算计,一再谋画。若夫朝廷训政大事无人念及,回銮大事无人念及,和议大纲如何失利权、细目如何失全权，更无人道及。群以为此等事非官场得而闻问，我辈但循循官阶而已。若夫百姓者，则不视为奸商，即视为刁民，其苛责报效也，一曰尔等食毛践土，再曰尔等各具天良，以君子求之百姓而以小人自居。呜呼，何其不恕乎？

一国之中君抚其民，民依其君。所谓官者，第承上接下为君民奔走而已，譬之权所以称轻重，譬之枢所以贯上下。今国家多难，乘舆播迁，宜如何筹商定国之法、安民之方？乃衮衮诸公萦情不过利禄，煌煌圣谕顾问只在百官。即外省大臣亦不过循例解贡，循例运饷。其何以整顿积弊，不闻有崇谕宏议也，其何以施布新猷，不闻有实心任事也，其何以筹商国是，何以开通民智，更不闻有坐言起行也。论和议未定，原不及计及一切政事，然议和自议和，行政自行政。譬之人也，病势已剧则求药之心万无可缓，今国家亟于求药之时也。乃虽无四五月政府之昏瞶，而仍不免历年来政府之敷衍，以云军机其习如故也，以云各衙门其习如故也，只可谓之照旧，不可谓之图治。夫照旧以至成今日之国势，尚何不肯变计哉？至再思之，窃谓秉国钧者至此卧薪尝胆之时，正宜痛哭流涕会衔入奏，请皇上通饬文武各员，整顿积弊，施布新猷，一面开议和局，一面并筹行新政。凡必行之新政为和局所碍者，当设法力争或请各国改移他款。至于百姓生路、国家进款，如细目中有一网打尽者，应设法作万一斡旋之计。总而言之，如以亡国视中国，则无庸为此杞忧；如以中兴视中国，则商议和局与筹行新政二者当使其不相妨也。夫民之望治也久矣，躁进者急切而不能容人，故国事偾，苟安者因循而不肯任事，故国势弱，要之皆无以适中而皆因此误国。若夫平新旧之界限，浑党派之门户，整顿积弊、施布新猷者世有其人，不禁馨香祷祀以求之。

十一月十五日（1 月 5 日）

《知新报》

论联军将有决裂之举动

天下之事，积久必变。联军日久驻北方，縻饷（老）[劳]师，实犯兵家之忌，且各国互相猜忌，相视而莫敢先发。阅时既久，必生事端，势所必至，理有固然，无足怪也。近闻上海德国总领事已由南京回沪。据官场信息，言该领事向江督刘坤一商议，请准洋兵入扬子江地面，及不得将粮饷等项供给西安行在等语。观此足见联军将有决裂之机，难免即与各省以干戈相见也。夫中国积习，久相安于玩愒因循，当此神京板荡，乘舆播迁，政府诸臣宜如何速定和款，以维大局。即使欲出于一战，亦当果决从事，无俾生民久困，昕夕难安。乃计不出此，徒作避地徙都之谋，为苟且图存之事。迁延和局，势将（老）[劳]各国之师强锋之锐，此联军之难以忍耐者一也。各省督抚苟与洋兵弃好言战，则各国亦惟有厉兵秣马向中原而进发，不难以一战成功。乃各直省督抚大吏偏与之立约连和，而又严办防务，修理战具，且沿途解银运饷，供奉西安行在。此时联军欲战不能，久和难恃，几于进退失据，此联军之难以忍耐者二也。各国鼎立相望，英、日、美主保全之策，俄、德、法怀剖割之心，互相疑猜，必生龃龉，且千里馈饷，粮食维艰，需款之繁，未有底止。纵云他日可取偿于中国，但积之既多,负之已重,恐中国虽大,难供各国之取求,此联军之难忍耐者三也。故联军无奈,思与中国决一和战之局。各省督抚若忍于任联军直上扬子江,及不将饷项接济西安,使君侧诸人无所施其挟制之具,各省所立之和约可保也。各督抚若迫于大义,不能任洋兵深入内地,且必须接济新京,则各国必将以兵船攻击沿江、沿海及炮台,如夺据大沽故事,且横江截缉各省运往新京之军械、粮食,以期坐困新京。如此庶足称射人射马、擒贼擒王之手段,而和战之局庶将早定也。兹德领事之请于江督者,得毋先存此政策于脑中,而一为尝试乎?若是,则联军与各省督抚易玉帛而为干戈,其期当不远矣。

京师惨祸

联军入京时,居民自戕殉难者,以东华门外南北池子、西华门外酒醋局胡同、北长街、南池子一带,居住旗民人家为最多,并有数龄幼童在水缸、鱼缸内浸毙者,约有数十名。自西安门内惜新胡同某宅内,并有皮箱一只,臭气刺鼻,开箱视之,但见小孩骸骨两具,约年不过一二周岁,亦可惨矣。又前门外梁家园寿佛寺内,向设城练勇局,原为巡夜缉捕盗贼,置备军器、号衣甚多,日前经某国武官搜出,于九月十五日派兵将该庙殿宇、配房燃着,延烧昆连义学,霎时火光上冲,不可向迩。直至十六日下半,始行火熄,烧共房屋一百数十间云。

兵燹惨状

日本人田口卯吉君自北京归国,备言俄、法在京一带种种情形,令人闻之悒悒不乐,兹特摘译如下。田口君曰:

俄兵皆可萨克兵,彼等生平专以战争为荣,故其恶习似即俄国政府殆亦不能制驭。法兵久驻安南,故其沾染恶习尤甚。据华人言:法兵之行为亦各有别,法兵入人家先枪杀男子,然后劫夺货财,无礼妇女,谓若不从,即照男子一律枪杀。俄兵则不然,一入人家,先夺货财,然后焚烧房屋,遇有妇女则强加非礼后更杀之,盖欲以掩灭证据也。然论其证据,则自有可征者。京津一带除北仓、杨村外,其余地方本无战事。今观其地,民房悉成焦土,实皆出于事后焚毁耳。

通州一邑并无开仗,该处地方官逃走时,即晓谕人民往求联军保护,以全身家财产。不料人民归降后,俄、法军营辖界内有掠夺无礼之事,不一而足,咸来日军哀诉。日本守备队往为营救,故人民多愿避入日军界内者。余得守备队长佐本君之引导,亲见守备队本部近傍有无数妇女老幼。此等百姓大半为其夫或兄弟等惨遭杀戮,前来避难者,杂居一小屋中,哭声震地。而余所闻通州上流妇女投水缸而死者有五百七十三人,其为日本军所救出者更不知几何。惟下流妇女不闻有被淫情事,大约系自行隐瞒耳。

保定近信,言彼处法军以后有如何举动虽不可知,然大概一无所为,终日闲居而已。目下严寒将近,所有粮食、衣被在在皆属要需,故益四出掠夺,毫无忌惮。有自保定者,无不异口同声也。以上所言犹指通州、保定一带而论,其实凡联军所至处,殆无一不杀者,譬如杨村附近有地名黄花店,九月中,俄兵在该处奸死童女九名,民妇被淫者一百余人,妇之自杀者十二人,男子之被枪毙者十余人。是等事迹,余均详载于笔记，可资考证。此等中国人民大约俱向日本军哀求营救，是以佐本少佐之在通州声望日隆，其调驻北京时，居民皆遮道相留云。

按：覆巢之下必无完卵。本报前一二年已大声疾呼痛哭，为同胞普告，而闻者多不之信，或且以为无病而呻。乃今日京津之间，水火刀枪，被淫遭饿死者枕藉，其拳匪固罪有应得，惟此数百万人中善良者谅亦不少，而亦与之俱尽，则所谓覆巢之下无完卵。然欤，非欤？及今不奋心协力，同讲维新，他日各省必又一京津也。前事不忘，后事之师，慎毋学京中人，痛犹未定，已大开梨园歌舞场也。

摆卖抢物

西人连治，受佣于地理益士卑士利及士飞牙两报馆。在北京军营采访军情，近日驰书相告云：京城被陷之后，各兵抢掠财物，比比皆然。嗣英官传谕，各兵不得擅自抢物，即已抢得，亦只留一二件作表记，余则交还物主。嗣时厥后，少闻抢掠之事。惟有等传道人，亦乘机抢掠。有入华人大厦，抢得各物就地列摊求售者。有携至寓屋，招集同道及僧侣代为司理贩卖，而先招一华人估价，酌减三分之一以沽者。该采访曾向购一物，订价数日后以一百二十五元购得之，并将其屋映成一图，屋内陈列皮料甚多。有疑此等并非传道之人者，惟该采访尚能记忆其名云。

照会录抄

西友抄得庆邸、李傅相致各国钦使照会底稿一纸，兹特照录如下。按：此照会未知何日所发，然观随文信稿，有“拟于本月二十七日面商一切”等语，则自在九月下旬无疑。

为照会事。照得本年入春后，义和拳匪扰及近畿一带，以致向所未闻之奇祸层见迭出。始则各国使馆被围，继则各国兵队汇至京中，随至乘舆播迁远地。试忆此事未出以前，若语人曰，月后当有此事，谁其信之？今者朝廷始知左右数诸王大臣之纵庇拳匪，妄启祸端，是以一面将该王大臣等照中国例交各衙门严议，一面派本大臣为全权大臣，便宜行事，俾得迅速开议和局，以了此事。惟应与议者并非一国，且应议之事各国又有不同，加以事出非常，应议一切，种种较难，再四思维，不若先将此事之纲领与与议各国会通行之，事约后将其事之详细，按照各国情形各定分约；此外俟通商条约应否改定，均办妥，再将约内关系各省应行事宜者，另定善后章程，以期彼此获益，永无窒碍。兹拟先议之通行专约，特拟底稿，附送查阅，以便各国大臣会阅，并请将中国现在如何办法各情形电达贵国外部，俾期速将应办之事早日完结。除将拟稿附送并抄录分送各国大臣查阅外，合即照会。为此照会贵大臣请烦查照可也。须至照会者，附抄件，通行专约拟底。

现在皇上因此次数月内节节出有意外之变，心中甚为愁闷，是以特派本亲王回京面陈此意，并与本大臣以全权便宜行事，俾得商议一切，先将后开之条款作为各国会同与中国定立尊约之底稿。计开：

一、围攻使臣公馆，极犯万国公法之要条，为各国万不准行之事。一面自认此次之大误，并应许以后必不致再有如此之事。

一、所有此次应行赔补之各事各款，中国自应认赔。一面由各国分派人员查明开单送交,再行酌定商办。

一、至日后贸易交涉一切事宜,应由各国择定。如何办理,或照旧约,或另立尊条,将旧约略为增改,或将旧约全行作废,另立新约均可,即由中国照行,复将善后章程分别酌定办理。

一、此次所定之尊约,系中国与各国通行之大纲领,俟此大纲领定妥后,各国大臣在总署各处所加之封条均可起去。一面由交涉之各大臣照旧赴署办公,此外另应由各国将此事之详细与中国分定某国之分约,次第妥议,俟应赔之各事各款,全行办妥或定有如何办理之法,即由各国陆续退兵。

一、此次各国派兵专为保护使臣起见,并非他意。现既彼此开议和约,各国应行停战。再第四条内之各国分约与第三条内之各通商条约无涉。各有各办法,至专约首页,各国衔名次序应如何书写,列定一切,即可于会议时面定。

随文信函底稿:敬启者开议一事,本王大臣本日已备文照会贵领袖大臣,并分行各国大臣在案。兹拟于本月二十七日两点半钟面商一切,应请贵领袖大臣转知各国,请其届时同临贵署或请贵大臣等移玉亮鹤厂总理衙门公所齐集会晤。即请示覆,以期两便为祷。专此布达,顺颂日祉。

论俄国与中国政府

世之观察中国者,可知中国朝廷与中国人民用心之不同也。例如,中国人民莫不猜疑北方之国,畏怖北方之寇。而中国朝廷却每用依赖之心于北方,而于南方则仇视。中外人士凡欲在中国逞其欲而最且久者,莫如英、俄二强。北京朝廷前者一时全入英国庇荫之下,其情状无异往昔之土耳其。自中日战后,则中国政府又一变其本态,渐以依赖俄国为心。世人考其原,专归于辽东一事,此亦情之显见者也。距今四十年前,英、法两国军之入北京也,俄国实出而为中国讲和,周旋其间。其由中朝所得之报酬,非在今日沿海一带而已也。夫沿海一带之地,本为中国发祥之地,当时中国多年与俄纷争,于蒙古边疆一扫其宿怨,敢将发祥之地划其一部于俄,不啻酬报其周旋之劳,以为应急之策而已,其欲减其北顾之忧,并欲作为永远后援之意,实萌于此时。彼俄国亦察等中朝之意,故尔来极力经营其地,以免黑龙、吉林各边界之后患,而亦聊以安中国之危惧。中国在满洲之兵尚非不严也,而其军士浊于烟酒,兵器付于锈钝不堪用,俄固知之,而南下之谋日亟,不难一蹴破之,亦不须俟今日之机会也。三四十年以前,中国廷臣之言俄国可畏,若非无其人,而其所谓防御者,自太平扰事以后,专用意于长江附近。自英、法两国起事以后,则专努力于南北两洋之海防,曾用实力于满洲之防御者实少,于是而中国之对俄国其用意可知矣。至远东索还以后,中朝于此益见紧密。忽而喀西尼密约告成,忽而俄清银行创立,而旅顺、大连湾永贷于俄。既而中朝不信总理衙门有权力之洛败特哈脱,而信俄使。于是宫廷权奸争通好于俄使,而中朝与俄国亦颇默契。此殆公然以秘密示天下,以冀免却北顾之忧,而依为后援,至此渐成,中国朝廷之意可明矣。

若中国人民则因古来之习惯,尚时时猜疑北方畏俄,北方与中国国民之言虽莫不仇俄者,然仅为南方之人而已,南方出身之官吏而已,仅在朝廷无权势之臣工而已。俄国知之甚悉,故一面则出其狡计,抚慰清廷,一面则虐遇中国国民,以抑仇俄之势。盖仇俄之中国国民中有仇满之中国国民，或倡变法自强，或倡皇上复权，或倡维新更政，虽不敢显然仇视满洲政府，而满洲政府自目之为叛逆，加之以严罚，其情状却同于俄国之虚无党。况维新党人多为欧美诸文明国所畏敬，其以日本为亚东之先进国而模仿之者，则其对外思想亦以仇俄为主也。仇俄之华人，其论革新各事，其主意自在仇满。而俄国之对华人，则一以暴害为主，一面则拥护满洲政府，以为睦谊。自是而满洲政府依俄之心益长矣。目下俄国反对列国踌躇进攻北京之事，列国争先允为撤兵，至今日则向列国议和，且宣言先当停战。盖将以之一一维持中朝依赖之心，此非一时之政略，乃俄国三四十年来对清之主旨也。俄国与清廷之默契，实非一朝一夕，其由来远矣。隐忍三四十年，至于今日，犹之于大地，今始收获也。

夫清廷之迁都西安，实犹往昔金宣帝之迁都于汴也。谈史者，每言金朝之迁都于汴，实为腹背受敌之境，遂速其亡。当时南方尚有宋在，金抱终天之怨，虽弱难侮，当是时为金廷计，则唯与北方蒙古相结协依为后。今日清廷之于西安也，内而不能示威信于南方之汉人，外而不能御列国之侮于海上，进退维谷，只为一条血路。今日之蒙古与俄结，冀免北顾之忧而依为后援。西安之清廷，其有鉴于金之末路否乎？若将依强俄以保偏安之局，俄亦自任为今日之元朝，俄国之对满洲政府之情，实犹元之绥抚南宋也。其礼遇太后，实犹当时元主之遇宋之全太后也。深谋远虑，不顾人言，早已有气吞四百余州之概。

怨俄人之残虐者，中国国民也。感俄人之宽厚者，中国政府也。中国政府忘伊犁之分争，趁黑龙之让与，以冀依俄。俄见南方汉人有怨恨满人之色，且见海上列国之阴险，夫为渊驱鱼者獭也，为俄驱清廷者列国。列国渐图中国南方，清廷亦益倾盖于北方强邻。今也列国相率迫清廷乞降，口虽皆言保全，实则包藏祸心，或交出首恶，或令严罚罪魁，或驻大兵于京，陈列兵械于城门，促太后、皇上之速返，此驱清廷而益附于俄者。俄人于其间亦熟知之，故愈宽开其网口，以俟清廷之投来也。对清廷一切要求事宜，必当经列国代议员协商始可。俄国之代议者，一面必列于连合之中，一面必专与西安之朝廷气息相通。军队亦照应之，一部则在华路打斯之麾下，另一大部则专为蹂躏满洲东三省之用。

在满洲之中国国民，亦非甘居俄人之下者。在奉天、黑龙、吉林各将军，亦非能解清廷之真意者，其抗俄军固不足怪矣。俄军之入东三省，亦未经清廷承允，及时局既变以后，遂驱清廷西安。西安之清廷早将东三省托于俄人，乞其援助，以免列国及南方汉人之逼迫，亦未可知也。满洲三省之折入于俄，清廷之逃于西安而附于■，此果列国之所利乎？抑不利乎？此不可不辨也。然则今日列国所当为之宗旨，实当先施国际共治之制于中国北方，将直隶、东三省作为东亚大陆之大新市场，以英、德协定之条款为率，而于列国开放中国，再与议和。列国将先行此事乎，北清无复再踏此祸，而辽河之口可聚集商轮以永保东亚和平之局。列国合议能如上办理，则与清廷议和之约，必不致决裂。如彼赔偿既往之费，固无论已，即担保将来之和平，亦莫不基于此也。

胶湾战信

前报纪骚胶之德武员干拉典君，在高密县境附近铁路之村灭剿匪徒等情。兹闻干君于西十一月一号清晨带兵往剿南枝村，而德武员夏基迈士打君亦统马兵先到沙涡村，其地约离南枝西边六百尺之远，遇该村民以枪炮来攻，干君即率兵由北边进剿，望见大刀会匪甚众,多均以红布裹首,蚁立沙涡村围墙之上,其墙有五尺之高,有二三尺之厚,甚为坚固,围墙四面皆安置大炮多尊。斯时干君即传令炮营预备放炮,向村北攻进。而村之西边离围墙约二百五十尺远,有房屋一带,由德武员古西罗君统率所部德兵,据此房屋,以便进攻。而基力士提安尼君另统德兵一营,列队于此房屋之后,预备接应。干君当命将连环炮排列于四边,保护炮台营。布置既定,德兵炮台营尚未开炮,而该村已先放枪炮,向炮台营及古西罗之兵轰击,(营)[炮]台营及古西罗之旋兵亦放炮还击。迨至炮台营之子弹入围墙之后,该村之炮犹未停止。干君又传命基力士提安尼,命其留兵一小队作后应,而己则率所部德兵往助古西罗进攻。约历半点之久,将该村围墙打成一大孔,村中炮火渐弱,干君遂命预备后应之兵随同古西罗、基力士提安尼前往,且攻且进,逼近该村围墙之下。见围墙四面皆有濠堑深约两米打,但幸无水,德兵因逾而过,攀登围墙之顶。大刀会匪多人走入围墙突角之处,从旁开枪炮来轰。未几突角之处又为德兵夺据,即有大半会匪及各等匪徒在村之东越墙逃走。是役也,德兵用连环炮追击,伤亡甚众。惟当进攻之时,有吹号筒之德兵一人右腿受伤,其余尚有马兵一人被击中右手。翌日临近各村皆来降,自锄去围墙,以示不敢抗拒之意。故德武员亦不欲多事,但出示遍谕各村民,不必惊恐,奉法安分便可安居乐业云云。查沙涡村确系大刀会及各匪屯聚之所,与南枝不同。南枝村因有极厚之围墙,故匪徒在此击德国巡兵。现在各处乡村查确该大刀会匪及各等匪徒实有七百余人,死于沙涡之役者约二百余人,其余逃去及抬去受伤之匪皆涉胶河向北而遁。南枝及附近各村皆有围墙,今已不敢抗拒,开门缴出军械,大约乱事可以即平。又高密西首近劳家村及奇兰等处,亦皆冀平静云。

《中国旬报》第三十四期

南省大事记:宁海教案缘由补志

浙江台州府属宁海县北乡,如凤潭、中胡、溪边三处,各设教堂,业已日久,该处民风强悍,习于械斗,民教时有龃龉之事。本年四月间,为勒派斋醮祀冥演戏等费,土民与教民口角,凶殴滋事。控经宁海县叶令提案讯结,已相安无事。自五月间,北方义和拳之事起,是时适因案在押之著名土贼王锡彤夤缘保释,遂与裹七庄悆党柳任时、革董胡通功、积盗高仁元互相勾结,鼓动群不逞之徒,于六月十六,藉仇教为名,揭竿起事,分三股。王锡彤带同大盗王国遇、王小羊、王福寿等百余人,从大裹本庄勒诈教民财帛,至中胡天主堂纵火焚劫。计中胡一带被劫者如竺家福等教民共数十家。胡通功之子胡怀诸带同胡为南、胡礼训、胡野狗等贼类数十人从南溪村焚抢教民张永吉等十余家。高仁元带同盗党百数十人,从柘坑庄焚掠教民张志泰等十余家。十七日,三股会合,同至溪边,大肆掳掠,将溪边教堂举火焚毁。计该处李姓、竺姓、张姓、孙姓等教民十余家被劫一空。王锡彤又竟令有田产之教民将田产勒卖,以田价分给悆党。当胡通功等未起事之先,外间谣言四起,该处神女已曾函致地方文武。无如地方文武信任守备胡占魁之言,庇纵贼党,以致王锡彤等有恃无恐,贼胆愈张,焚掠捣毁,肆无忌惮。是时教民等纷纷赴县控告,县官泄沓成风,无能理治,以致有此祸变也。

北省大事记:德人残暴

有客自山东高密县至烟台,语云旅居青岛之德人暴虐殊甚。本月某日县境某乡被德兵纵火以焚,毗连数百家同付一炬。又有弁兵盘踞圣庙,任意作践庙中所陈乐器,击毁甚多。是岂手握军符者,一无闻见耶,何任其残暴至此也?

《开智录》第二期

本会论说:论帝国主义之发达及廿世纪世界之前途 自强

"帝国主义"(Imperialism)之名,何自昉乎?乃起于当时拿破仑党之欲谋恢复帝政,故称其主义为 Imperialisme(=Opinion desimperialistes),此真帝国主义也。至今日之所谓帝国主义,实大有不同。如北亚美利加洲所行之帝国主义,乃膨胀主义也,扩张版图主义也,侵略主义也。总言之,今世界之帝国主义,实狄塔偏 Dick Turpin 主义,即强盗主义也。狄塔偏生在十八世纪前半期,乃英国古来之大强盗,如我国所谓盗跖之类。虽然,亦姑可从俗之称,名之曰"帝国主义"焉。

今日之世界,是帝国主义最盛而自由败灭之时代也。

帝国主义何以一时获大胜利,而自由之衰颓败灭一至于此?此世人之所怪异惊谔者也。然细求其所以然之故,其来甚远,非一朝一夕也。请试言其略,则有四焉:一、物理学之发明;二、人种之膨胀;三、强弱之不齐;四、列强革命之后。

自十五世纪之末以后,欧洲方始渐渐脱去黑暗时代,此时恰似一叶阳春刚到上林之象,物理学亦随之日见发明。上古与中世纪之时,物理学不大明,诸真理无由发现,人民如在五里雾中,所有一切天然事物皆足以使之恐怖,故在上古则为神异所愚,在中世则为君主所屈。物理学之一发现,遂将世界之迷梦打破,而神异与君主之势力,亦因之而遂衰。且物理明则新器出,新器出则人民之求食易,求食易则为学多,为学多则新理出,加以物理阐明,大足助学者之智慧,此自由平等之说,有不得不发明者也。学术之进步由此故,十八、十九两世纪之大革命亦由此故,物理学之发明乃文明进步之一大原因也,于是文明之利器出。利器之出,其利有三:一可代人工,二可以多垦荒,三可以多使无用之物转而为有用。有此三利,则国力容易日加充足,所谓男有余粟、女有余布,故不能不外觅一(消)[销]售之大市场。有所谓攻城,有所谓掠国,有所谓势力范围,有所谓要求土地,一一皆实行此方策也。此帝国主义发达原因之一也。

人种之膨胀,实由于国富家给。试举其例。如中国之民数,虽经一二百年不见有多少人之增加,其故岂能尽诿于兵灾水火之祸耶!盖因无新法新器,使国不能加富,故其富只足以养如许数之人者,即使增加繁殖,亦必为冻馁死,必不能保养之矣。不尝见之乎,每当一大灾祸之后,其民虽死过半,不数年而民数如故,然至民如故之后,则不能再有增加,非是故欤!然推原其因,不能不谓其与物理学之发明无多少之关系。欧洲近世物理学之进步,非常可惊,其人种之骤加膨胀,不亦宜乎?以欧洲之近世,每世纪互相比较,其民数不知增若干倍焉,民数愈增,则衣食之竞争愈烈,此日居月诸相迫而来者也。然欲避此竞争之烈,诸经济家不能不磨其脑髓,以策殖民,此帝国主义发达之原因二也。

使六洲之强国对峙，则地球无帝国主义也。夫帝国主义者，不过欲使如火如荼国内竞争之势，一旦推而加之弱者耳；若无弱可凌，无隙可蹈，则必各自另策消竞之方。欧人之口实曰：地球之物，宜地球上之人公共享之，故彼有财不取，我代取之；有利不收，我代收之。若要求矿山，若要求铁道，若夷人国，若灭人家，无一不非强弱之有差也。此帝国主义发达之原因三也。

十六、十七世纪，是欧人智慧萌芽之时代。十八世纪及十九世纪之前半期，是欧人内阁革命争权之时代。夫当萌芽也，则必不能外达；当内争也，则必不能外顾。故帝国主义犹未盛。至若十九世纪之下半期及现在二十世纪之上半期，正当列强革命后恢复之余，又藉地球强弱不等之势，如昔人所谓过屠门而大嚼，可谓最合宜而又最幸者也，不乘时大嚼，将失所遇矣。此所以帝国主义之盛于列强革命恢复后之今日也。此其原因四也。

有此四原因，以酿成帝国主义，此其所以有今日之大结果欤！且加之近世之文人诗豪，弄笔鼓舌以鼓吹之，如及布玲及显利二氏，乃一时之大著作家，挥弄其笔墨，以激扬帝国主义之精神，花至春来，皆有笑然欲开之势，况抱羯鼓大击以催之耶！

更就列强之现势观之(俄、法向来皆是帝国主义，日本之政策是唯欧洲之趋势是视，故以下不论此三国，所言者只美、英、德三国耳)。

美国　美自立国以来，皆守共和不侵略之主义，几若万世靡遗也。不谓近数年来，出而吞古巴，并夏威，败西班牙，服小吕宋，又近加入联合军之同盟，以攻我国，将其敬爱之华盛顿开国之祖法，一旦弃之如遗，以与列强竞争于世界舞台之上，此非因以上数原因之结果而转移耶？且今回之选举，国民党摧败，共和党获大得胜之地位，有名膨胀主义之麦坚尼大总统仍得再选，将二十世纪新舞台之上，不知又演何大剧矣！

英国　南阿(即南阿非利加)两共和国起而独立，英国实陷于不能不争之地位，盖以英国舍殖民及属国之外，无以自豪也。故沙士勃雷侯持始终一贯之政策，用狮子搏兔之全力，而不恤天下之口者，无非不以此之故。且近来已渐收胜利之功，政府党益随之而得势。南阿此一役，实助英国帝国主义之发达也。去年西历十月之总选举，遂获结果如(左)[下]：

政府党	保守党	332 人	401 人
	自由统一党	69 人	
反对党	自由党之职工议员	187 人	269 人
	国民党(爱兰独立党)	82 人	
合计			670 人　政府党多数 132 人

以上观之，政府党约得分半之多数，足以证帝国主义之大胜利也。

德国　今皇帝威廉怀朝秦[暮]楚之大欲，抱拿破仑三世之雄姿，挥其果勇之灵腕，一切政治皆独行独断，总揽万机，全然一独裁君主也。德自败法之后，由不振之小邦，一跃而入于世界列强之大舞台，工商学术直可争衡英、美，几几有后来居上之势，令世人有德人如马、英人如牛之叹。数十年来，养锋蓄锐，其跃跃欲试，抛弃铁血宰相比公(指俾士麦)之策，而锐意于谋殖民者，良有以也。今回宰相何显路公辞职而帝特擢标罗伯爵为新宰相，伯乃赞同皇帝之宗旨者也，帝国主义益有盛矣。

如上所云，将二十世纪初期之风云，必加一层猛烈之惨观。然则所谓帝国主义者，将首着鞭于何地乎？非争驰于太平洋西岸之大陆乎？水流湿，火就燥，自然之趋势也。然欲破其势，挫其锐，摧其锋，屈其气，败其威，非高揺自由自主之旗，大鼓国民独立不羁之气，必不能。呜呼！我国民其长甘居于黑暗终古无天之地狱乎？抑将欲昂头于天外光明之乐土乎？即择于此时矣。

怪哉！幻哉！基督纪元二十世纪开幕所演之大剧也：忽然乌天黑地，云暗风号，于是若碧眼、若血口、若长臂、若高足，种种离奇怪相舞蹈而来者，狰狞之恶鬼也；既而又山摇岳动，木拔海翻，于是或尖牙、或利爪、或斧头、或剑尾，色色凶残猛暴跳跃而出者，酷毒之猛兽也。凶凶然、遂遂然扰攘欧洲以外之大地，非帝国主义之恶相乎？三军奔北，一旅摧残，怅天地之不我出，恨人寰之狭隘，此自由旗覆灭之时也；快铳利炮，铁舰强兵，国旗飘荡，虎豹随之，此列强殖民之时也。此虽曾稍演于十九世纪之末，而实为二十世纪之先导也。

当十九世纪之闭幕，于我国北方演出极低度野蛮之惨剧，此实亚利安族一时跌落假面，而现出其本来真面目也。论者或谓其出于一时不思议之事，将来必不再演于今日之天地矣。其信耶，否耶？以余之陋见，敢妄断之曰：在二十世纪之大剧中，今回之事实，其尤轻者也，其更残酷者，岂堪屈指哉！夫黑龙江旁之虐杀不过数千人耳，山东直隶数处之蛮行，不过数府数县之地耳，我全国之人民土地皆在于束薪之上，将来全体之大动，不更厉害万千倍耶！吾人不必妄拟将来，请即试观目下之历史，如彼南阿之两共和国以十余万之国民，一时尽化为沙土，此非一极惨酷之天地乎？地球上如南阿两共和国者尚多也，将来之硝烟弹雨必遍于人寰，有可预料者矣，就谓二十世纪无如今日之野蛮惨剧耶！

今天下人士之想望二十世纪之文明者，必曰：二十世纪乃精神的文明之时代，全是自由与公义之世界也，又战争之事，虽或不能绝迹，而亦必几希。此不过梦拟之想耳。实际二十世纪之自由与公议之腐败，必过于十九世纪之末。何则？十九世纪之末狄塔偏主义，未知二十世纪之盛，所以自由与公议，二十世纪不如十九世纪之末，十九世纪之末又不如其半期也。然则经二十世纪之后，不反退休耶？是又不然。自由与公议之腐益甚，则人之想望也益渴，而提倡也益力，如中世君权之(尊)[专]压实足以开近世之民权而已，故二十世纪末之自由与公议之发达，必与十九世纪之民权等焉。

非律宾之独立，即被戡平，杜兰斯哇儿之独立，随被剿灭，此帝国主义之方盛，而自由之不敌也。虽然，盛极必衰，此物理之常也。当法帝路易十四君权最盛之时，国民莫能撄其锋，而天下之君权遂由此而衰。彼帝国主义，安可长盛乎？然兴亡相踵之时，其新旧之争必烈，如欧洲当路易十四之后，其君民之间不知几大战争也。今亚、非二洲，正当非、杜事后，将来 Independence(自由。又译曰“独立”)与帝国主义之大争，其猛烈必百十倍于欧洲列国之革命也。所谓“鸟无声兮山寂寂，夜正长兮风淅淅，魂魄结兮天沉沉，鬼神聚兮云幂幂”，非二十世纪之大战场耶？非即亚、非二洲之大陆耶？吾国民多文弱而畏战争之心，将何以当彼狮凶虎暴豺虐狼贪之冲乎？事有不可避者，不可不先自勉也。我国民乎！其当奋发尚武之精神乎！

十一月十六日(1月6日)

《新闻报》

[论说] 改定税则感言

地球之公理,凡自主之国皆有自主之权以定税则,而通商各国只能遵守主国之税章,不能争论者也。故自主之国于税则一项,或因度支之改革,或因时势之变迁,而欲更改定章,随时可以自主,初不必商之于通商各国。乃中国于通商之初办理不善,致将关税一项载入约章,太阿倒持,实为创局。于是税则之中即有甚不利于中国、甚害于中国者,亦只能忍而受之,必待改约之期商之各国,各国允改,然后可改。故李傅相使俄之后曾经周游各国商议加税而议卒无成,上年盛丞堂、聂中丞在京商议加税事亦未决,盖以自主之国固有之权反须仰人鼻息,其难如是,可不痛哉!夫中国受税则之为难,岂特加税而已哉?然曩犹幸改约之年为期不远,届时或可据理以争,略免亏损。乃本年五六月间,突因王公大臣纵庇团匪致肇巨祸,无理取闹益违公理,连番败北益损国威,自主之权于焉渐替,盖欲望斡旋税则,难乎其难矣。故税则一项从前既列入约章,今兹所定大纲条款又复有专列通商事宜一条,则于重订税章,但望免加损处而已,岂可望丝毫之便利乎?所可望者,加税一事本系李傅相首先创议,现李傅相既握全权,必为力争,但各国苟能允加税之议,则必以裁撤厘金为抵换。厘金为病民之政,一旦裁撤固于华民亦有益,然一面加税一面裁撤厘金,两两相抵,于中国度支曾无增益,亦只可谓免加损处而已也。乃德国商务会竟欲趁此机会更增利益,将从前税章未定税银多寡之各货易以一定税价,此事虽微,但于度支之多寡亦有大关涉焉。夫某货收税若干,在海关本应有一定章程,但货价之高低随时更变,岂有数十年而不变者?况格致之学盛行以来臭腐可化神奇,故有不值一钱之物数年之后顿值巨价者,故税价之定数不能不数年而一改者也。从前立约既将值百抽五一条载入约章,而另照当时货值百分之五定一税价,及至洋货步涨,金镑又涨,货值之高有十余倍于从前者,有倍于从前者。中国税价系银数,既不能随镑以俱增,故虽有值百抽五之名,并无值百抽五之实,此尤亏损之外之亏损也。今重订通商条约,虽不能将税则一项抽出约章以外,然窃以为核定税价一项似可抽出重订条约之中,但载明值百抽税若干一条,如欲增加成数当于改约之期,则各国权利已与从前一律,并无损失,而税价多寡应由中国海关照各货时值之价随时照章核定,何须于立约之时另行预定,庶可免意外之亏乎?如各国定不允从,或可定若干年为更改税价之期,成数多寡悉照约章,而估价多寡数年一定,则犹较之数十年而一改者略胜一筹也。

十一月十九日(1月9日)

《申报》

示安民教

南昌访事友人云:日前洋务局李少历方伯、丁少兰观察会衔发出告示一道,文曰:"江西各处教士传教历有年所。自本年北方肇衅,风声传播,以致各处匪徒乘机煽惑,叠酿聚众毁堂之案,实属不法已极。现在和议将成,各处教士自必陆续回堂传教。兹奉抚宪札饬,此次教士之来,系已奉旨与各国议和,是以仍来传教,以见与中国照常和好之心,并无别故。所有诸色人等,务须以礼相待,毋得任听地痞播弄,又起衅端。试思直隶一带何尝不是太平世界,只因衅端偶开,遂致生灵涂炭,宗社震惊。覆辙当前,可为殷鉴。惟望读书明理之人为阖境愚民讲解譬喻,以期民教相安,等因。奉此除札饬各属认真妥筹保护外,合行出示晓谕,为此示仰军民人等,一体知悉。此后教士回堂传教,均当以礼相待。至教民居同一处,非亲族即友邻,尤宜讲信修睦,尽释嫌疑,不得轻听谣言,藉端生衅。倘敢再有聚众滋闹之事,一经拿获到案,定即立予严惩。本司道为安静地方、保全尔等身家起见,不惮谆谆诰诫,务当共体此心,时时循省,毋得法网自罹,后悔无及。至教民虽从外国之教,仍为中国之民,亦当感戴皇恩,各安本分。如果借教欺凌,则是自外生成,既玷教规,又干宪典,甚为尔等不取。自示之后,务各父诏其子,兄勉其弟,出入守望,无贰无疑,皆为圣世良民,共享升平之福。本司道实有厚望焉,其各凛遵毋违,特示。"

十一月二十日(1月10日)

《申报》

书中国驻俄大臣杨星使论民教不和后

本月初七日,本报录中国驻俄大臣杨子通星使复奥国弭兵社男爵苏德乃来氏书,谓:"此次中国乱事,实因民教不和而起。查教士来华,原欲劝人为善,其意甚佳。无如中国善良之辈均不愿舍己从人,其不可强之奉西教,犹各国人民不可强之奉孔教也。大凡入教者多系无赖莠民,皆恃教为护符,争讼攘夺,欺压平民,积怨成仇,匪伊朝夕,一旦愤发,不可遏抑。鄙意商务不妨日事扩充,而奉教则宜各行其是。庶几两不相扰,永息争端。"执笔人阅之,不禁喟然而叹曰:星使此言,殆确有所见乎!夫教士来华传教载在条约,迩更纶音叠沛,饬令各处地方官一律妥为保护,不啻三令五申。凡我人民,信者从之,不信者听之,分道扬镳,并行不悖,原无所勉强于其间也。乃何以近年来民教龃龉之端层见叠出,甚至毁教堂,戕教士,逞其私愤,惟所欲为?西人惩前毖后,非从严惩办不能戢其嚣竞之心。于是遇一案,必要索多端,不偿其欲壑不止。以为若此,则顽民当悚然知惧,不敢复肆欺凌矣。不意今夏拳匪之祸,由山左延及直隶,焚杀之惨,骇人听闻。大局几至糜烂,是岂严刑峻法竟不能夺若辈之魄而服其心耶?间尝推究其故,而知民之与教为难者,非有深怒积怨于教士也,亦非因教士有强于民也,特教民中不尽驯良,或不免恃势胡为,而受其欺者忿无可泄,遂求逞于一朝耳。星使承苏德乃来氏之问,据实陈明,不稍隐讳,原冀当轴者有则改之,无则加勉,其用心良苦,其用意殊深。欲求息争弭患之方,诚无有善于此者。

犹忆夏秋间匪焰猖狂之际,英相沙侯有见于此,尝在议院中戒谕各教士,此后在华凡事宜三思而行。其言颇甚含蓄,各教士或亦有悔于心。特教士不尽属英,则未闻沙侯之言者,或尚不免疑信参半。然无论其教为天主、为耶稣,而其劝人为善则一。沙侯有此善言为英教士发,正不徒为英教士发,盖劝各教士以善,犹是各教士劝人为善之心也。各教士欲广其传,不惜在中国广建教堂。虽在僻壤遐陬,无不星罗棋布,孤身远驻,木铎宏宣。所恃教民为之羽翼,入主出奴之见势难遽消。不知孔子之教如日月经天,江河行海,故奉其教者,类多克自振拔之士,非异说所能动摇。而彼奉西教者,纵不必果如星使所言多系无赖莠民,而其恃教为护符之心则固昭然若揭。夫教士欲得教民,以宏与人为善之愿,而教民之存心乃如此。虽其中不乏恪守教规之辈,而有玷教规足为教士累者更所在多有,惜乎教士未及尽知也。今既由星使痛抉其弊,此后传教者倘能将此辈严加约束,遇有与民涉讼者,一律处以和平,不稍偏袒。庶于民无损,于孔教无伤,民教相争于是乎弭,则即以星使此言为彼教之功臣也可。涉笔及此,知我罪我,不暇计也。

十一月廿三日(1月13日)

《新闻报》

[论说] 取民多寡说

有子曰:"百姓足,君孰与不足?百姓不足,君孰与足?"此固理财者所当奉为圭臬者也。虽然,百姓之足不足不尽在于取民之多寡,故欧美各国之百姓日见富足而国家亦日富,即"百姓足,君孰与不足"之证。中国百姓日见贫俭而国家亦日贫,即"百姓不足,君孰与足"之证。然欧美各国之取于民也,综其国家进款按其人数而通分之,每人每年之上输于国家者至少须合华银十余两、二十余两不等,不可谓不重矣,而欧美各国之百姓未尝损其富。中国之取于民也,自本朝鉴前代科敛之重,于是圣圣相承皆以轻徭薄赋为训。故取民之数较为简约,虽军兴以来添征厘金,然综中国国家进款,按其人数而通分之,每人每年之上输于国家者不满银一两,不可谓非国家之深仁厚泽也,而中国之百姓不能救其贫。故曰百姓之足不足,不尽在于取民之多寡也。顾或则曰中国百姓上输之款,其得达于国家者固少,而侵蚀于官吏者实多,不得谓中国百姓每人每年之上输者只不满一两,不知中国百姓无论如何多输,以较之欧美各国之百姓必形减少。且百姓之输于国家,盖以国家办理百姓之事也，官吏亦系办理百姓之事者，百姓固不能使官吏枵腹，特是中国以寡取于民之故，遂不能养官吏之廉，而官吏不能公然多取于民，于是生侵蚀之法。夫曰侵蚀必不均匀，故官吏之狡者多取，绌者少取，而百姓之狡者少与，绌者多与，乃中国之大弊耳。然其所以积弊难革之故，未始不因定制少取于民遂不能养官吏之廉也。顾今日之中国固已民穷财尽，若使赋敛加多，非特怨咨遍野，激变可虞，即以国事而论，亦将不可问，所谓“君孰与足”也。职是而推求欧美各国之所以多取于民不损其富者，则知理财之道，固当先求百姓之足矣。然求百姓之足，不在于国家之少取，而在于国家助百姓以生利。生利多则如有源之水，来源混混，虽昼夜汲取而无碍。中国国家只有分利而无生利，分利虽少，然如无源之水，苟遇久旱，虽不汲取亦必涸竭，况又不能不汲取耶？此中国之民所输虽少而不能救贫之故也。顾比年以来中国政府亦颇能取法欧美各国为民生利，然而积弊不革，则生利之事亦即变而为分利之事，且中国之利当生而未生者甚多，岂犹待他人之代生之乎？今者和议苟成，赔款甚巨，国家必多取于民以资周转，其势使然，不能幸免，然非大变其成法而但知分利不知生利，不知所以为国矣。

十一月廿五日(1 月 15 日)

《新闻报》

［论说］ 续取民多寡说

夫既曰理财之道，当先求百姓之足，而所以求百姓之足者，不在于国家之少取，在于国家助百姓以生利矣。然国家既欲助百姓以生利，其势不能不分民之利以为经费，顾欲分民之利而不变其旧时之成法，则国库现已不敷，又何能别筹经费以助百姓？苟因为民生利之故而欲另取诸民，则从前之洋债、此后之赔款为数甚巨，岂能一一加诸于民？恐利未及生而百姓已因穷而变矣，故中国今日在先变其分利之法而已。中国分百姓之利者，一曰田赋。田赋之额征除江南较重外，余皆所取甚廉，总之，田赋之额实轻于前代。然而有以银计算者，有以钱计算者，有以谷米上兑者，银价钱价之高下各处不同，斗斛之大小亦各处不同，火耗折扣总总枝节，小民完银一两无异二两，完钱一千无异二千，缴米一石无异二石，且小民缴二两二千二石名为一两一千一石，而国家尚不能得一两一千一石之实也。西人合中国土地而综计之，除高山、大河、荒漠应去十分之七外，即以十分之三为可耕之田，按每亩所征之数综计之，几可较现在岁入之款而倍之，则知其中不实不尽之积弊盖已数百年矣。于是为理财之策者有清赋清丈之举，然经理非人，官官相护，积弊之在官吏者毫不厘剔，徒多一害民之政，致物怨沸腾而有裁撤之说矣。夫官吏廉俸菲薄，一旦弊绝风清，其势原属不能，然朝野上下明知为弊而视为定例，毫不改革，成何国体？且必狡者多取，绌者少取，狡者少与，绌者多与，不公不均较之重敛于民尤为苛虐，故田赋之成法不变则不可以多取也。二曰盐课。盐课有引盐、票盐之别，亦中国入款之大宗。然西人以每人每年食盐若干之数综中国人数而乘之，再以每斤完课若干乘之，较之现在盐课所入约为三倍，可知盐课之积弊尤为深重。其积弊所在,盐员之侵蚀三之一,盐商之垄断三之一,盐枭之走漏三之一。故欲去盐课之积弊,非大变其法尽除引盐、课盐之名目不可。况闻此次议改通商章程,外人之意欲弛运盐之禁,将来华盐、洋盐混杂不清,盐课必绌,故盐课之成法不变不可以多取也。三曰税厘。税有新关、常关之分,新关权在洋员,防弊尚严,常关收数渐少,姑不具论。至于厘金为积弊之渊海,内而枢廷,外而督抚,以及洋商、华商无人不知者也。既知之而去年会议加税,因外人请裁厘金遂致中辍。夫所加之税岂不能多于所撤之厘?然而不撤者,岂非以厘款多为办公各项所用尚有不便尽蠲者哉?顾厘金不能撤则关税不能加,关税不能加则国用不能足,故税厘之成法不变不可以多取也。

《中国旬报》第三十五期

北省大事记:围攻使馆始末记

海关于本年第三季宪报内,有将西六月一号至西八月三十一号北京乱事列为专条,所志之事多外间所未闻者。其言曰:

西一千九百年六月九号,海关邮政人员及各项西教习等遵总税务司赫德之谕,均往总监督公馆避难,以防拳党攻击,并与保护使署之奥、法、日三国防兵协力防守。

十三号,拳党已进京城,所有城内各教堂均被拳党开炮攻击,而西人之防护遂益戒备至。

十九号,总理衙门函致总税务司称:有西官勒令将大沽炮台交与西人一节,此实明明与我挑战,为此照贵会监督所有北京供职洋员尽于二十四点钟内须离北京,即二十号下午四点钟也。

二十号,总税务司函复总理衙门云:"以此情形而观,海关人员自当避入使署。惟本监督署内存有四十年来之紧要文契,又有贵重之簿册多本,应请衙门饬员带兵防护,勿使遗失"云云。遣仆持书送往。彼时,该仆所骑之马适尾随德钦使之后,行至某处,德钦使忽被华兵枪击。该仆遂拨马逃回公馆,时正十点钟,以致此信未曾送去。是日,奥署防兵于午后三点钟亦舍去其本国使署,与总税务司公馆内避难人员均迁至英国使署。是时,公馆内无人居住。至四点钟,拳党遂开炮轰击,围攻之事即自此始。计海关邮政教习人员及其妻子逃至英使署避难者,海关西员十六名、女十五名、奴仆八名、西员七名、同文馆教习七名、又女四名。

二十一号,新关团练兵与使署防兵互相保护。按新关团练兵之薪水,本由中国政府发给,以受中国政府薪水之人而攻击中国官兵,诚为可异。

二十五号,西人李去生受伤。

七月一日,西人怀轧纳被害。

三号,西人路克受伤。

十二号,西人美根受伤。

二十一号,接到总理衙门来函,略谓:焚毁总税务司公馆,深为抱歉,并问总税务司之下落等语。此时,中国兵适拟竭力杀害总税务司及其属下,计新关内之人为官兵所被害者一人,受伤三人。嗣又接总理衙门来函谓:上海造册处税务司戴乐君禀明南洋大臣,谓总税务司之事，无人办理，甚为不便，彼拟接办一切税务等。因现南洋大臣来函请示，兹特函询总税务司当如何办理。

次日，总税务司函复总理衙门谓：余及手下之人现在英使署，至总税务司之事，可委造册处税司及上海税务司二人合办。

二十五号，又接总理衙门来函，内附上海税务司亚伦君所发之电报，据称：上海颇为安静，并问总税务司之消息。

二十七号，赫税务司又接总理衙门来函，外有蔬菜等物。

二十九号，西人温德适于办公之时受伤。

三十号，又接总理衙门来函，内附英京伦敦发之暗码电报。

西八月二号，英使署接到总理衙门堂官许景澄及袁昶处死之消息。又接天津税务司七月二十八号所发之信，谓援兵将到。

七号，又接总理衙门来函，内有赫税司家信，由伦敦发来者。

十号，又接到总理衙门堂官徐用仪及联元处死之消息。

十三号，即提督葛赛利未抵京师之前，又接总理衙门来函，内有上海、汉口、烟台各税务司所发之电。

八月十四号，各国援兵始至，而围攻使署之事，亦遂停止。

十五号，署理同文馆法文教习谈师丹伦君助法兵在北塘攻击华兵之时受伤。

十七[号]，总理衙门堂官尽行逃散。此时北京已无政府，总理衙门领袖各大员亦随太后而逃。时又接总理衙门寄总税务司之函，询其当如何措置。

二十号，总税务司赫德出有示谕一道，谓本总税务司当于二十二号重办公事，并须再行委派办事人员。同日，又出一谕，奖励海关邮政及同文馆三处出力御敌人员。其谕曰：“北京海关、邮政、同文馆新旧供职人员知悉，现贺尔各人与尔家属人等，幸得至今安然无恙。尔等能于敌人围攻之时，各人同心协力，会合使署防兵，互相守护。本监督实深感不已也。”译西十二月二十一号《字林西报》。

北省大事记：大官可危

京谚云：“雨木稼，达官怕。”二语唐宋时已有之。相传冬雪着树不化，一望皓白，谓之“雨木稼”，主是年大员不利，故曰“达官怕”。去年京都雨木稼，在廷诸大臣咸为惴惴然。初不料今年死亡之如此其众也。其间或以疾死，或以战亡，或矫诏诛杀，或遇贼戕害，以及畏罪自尽、羞愤自尽，留京者死于联军，从狩者毙于道路。凡二品大员之罹是劫者，统计所知得若干人，为列于下：一品大员十八人，大学士勒额和布、徐桐，协办大学士吏部尚书刚毅，吏部尚书熙敬，户部尚书崇绮，兵部尚书立山、徐用仪，刑部尚书贵恒，工部尚书徐树铭、陈学棻，直隶总督裕禄，前四川总督李秉衡，盛京将军增祺，黑龙江将军延茂、寿山，喀什噶尔提督张俊、罗荣光，直隶提督聂士成。二品大员十七人，侍郎许景澄、徐承煜、李端遇、华金寿，前户部侍郎张荫桓，前湖南巡抚陈宝箴，前安徽巡抚福润，贵州巡抚王毓藻，副都统庆恒、晋昌，内阁学士联元，前内阁学士陈彝，布政使何枢、廷杰、廷雍，布政使太常寺卿袁昶，总兵郭宝昌。王公二人，郑亲王、承思公葆初。此外未及访悉及三品以下各官尚难缕数，容后续刊。山西巡抚毓贤或言其今亦自尽，故并录之。

北省大事记:(连)[联]军向近畿州县勒交银数节略

自联军入京后,公帑私财,耗失不可以亿万计,闻近畿各州县境鲜有幸免者,兹承友人抄示联军在近畿各州县向官库勒交银数,其掠诸民间者,尚不在内。兹特照开于下:

霸州州署被联军抢去正杂银四千九百八十两二钱五分三厘一毫,又英人另索一千两。定兴县法兵到署索去银二百两。永清县英兵勒索银四万两,先交四千两,余限两月兑交。东安县联军索去银一千元,银二锭。石景山同知为某国兵搜索银一万一千五百两,又厅存防险银六百两及修署运脚等项被联军抄掠一空。固安县某国兵过境抢去库存正杂银四千余两。清苑县某国兵封占藩库存银二十四万两。保定府法国暨某国两帅令罚银十万两赎罚。管带陕军谭镇被某国兵搜去饷银五百四十六两五钱,又一千五百十七两。管带陕军李副将被某国兵搜去饷银四百六十余两。昌平州联军过境勒索银三千余,并将道州各署焚毁。霸州某国兵续勒索银四万一千两,先交银三千两,余限一月交银。香河县某国兵第二次逼令罚银一万两。易州英、法、意等国洋兵过境索扰衙署及西陵金银祭器库均被搜刮。文安县二次英兵过境索去银一千四百两,搜去库存正杂银二千四百八十四两。涿州某国兵先后勒索银四千五百八十两,洋钱八百元,又钱一千余文,被褥八十件,皮衣百余件,大宝二十六只,银二百两。房山县各国兵队过境,衙署地方悉被抢掠。青县某国兵勒索未遂,沈前令被戕,因某国欲于四点钟内索银五千两,白马二百,仓卒未办,即将沈令聂初、崔绅锦峰于九月初二日打死。蓟州法兵抢去库存旗租地粮银八千五百两,又勒索银一万三千两。三河县法兵索去银一千两。东安县某国兵带去县官、营官,勒索银六万两取赎。良乡洋官勒令月送翻译薪水六十两。玉田县某国兵索去保险费银一万八千两、通事酬费一千五百两。三河营存银被抢一空。宣化府某国官索去保险银一万五千两、羊皮衣千件。

各国时事:论法人意见

日本报云:联军中以讨伐拳党为名而派兵四出者,惟德、法、意三国耳。德国所以先他人而用兵者,缘华路打斯到后,其势不得不如此,原无足怪。惟法军之四出剿贼,自他国人视之,不无可异之处。抑知法人之真意,因联军会击京津时,法兵之数独少,故不能如他军之畅所欲为,因而所占地界亦较他人为独狭。及北京失守后,其新派之军已陆续而至,故独随德军而为此好事之举。会占取保定之议起,德、法、英、意相商,自京津两面进发。于是,法军勇往直进,首先占据保定,以图推广其防守地段之范围。其结局卒致与德军争竞派兵四出攻讨。往者有会议停战之说,惟法、德两军以其为时尚早,独不允从。今其所占地方已经大加推广,殆与他强国势均力敌,其意已可自足,故于停战之说,大约不至再持异议矣。

北省大事记:北京访事专函照录

昨日接得北京访事友人十月念六日来函,兹特照录于下:

直隶州本在联军统帅所画地图界线之外,以故凡直隶候补官员以及华兵多屯扎于此。前数日某国军忽往该处,以搜剿拳党为名,将城厢抢掠一空。官商兵民皆已纷纷南窜矣。

连日美官派兵在所辖界中，无论绅民、铺户逐家相度，随即记画纸上，不知何故。

京北六十里高丽营地方，前有英国巡兵抢入某当店，掴去店伙二人，称系土贼，勒银三万五千两。取赎限在本月念一日午前交齐，逾限即来屠洗全村。后经某大员面告英提督某君，当派人将巡兵带回，村民得免是祸，于是皆口颂英提督不置云。

昨又接到北京访事友人十月二十四日来函云：查上月间某国军自某处归，途遇法人保护之，遂市德于法，欲分辖涿州、良乡交界，法人未允，于是枪炮交作。后经某兵官调处，始息争斗，而管界竟为某国军占去大半矣。

南城湖广馆美国巡捕官某君于十月二十一日在馆演剧，间以女乐洋戏，极尽一时之盛。华人男女往者，彼皆以烟茶为敬。后知是日即某君诞辰，故有此盛举云。

美界抢案已经协巡公所缉捕数贼交城治罪矣。近日德界所设华捕局亦颇认真，闻在增寿寺附近拿获多起，审实后亦交巡城御史照例惩办。宵小闻之，咸知敛迹。

十一月廿六日(1月16日)

《申报》

译西人论俄人占据东三省事

香港《循环日报》登牛庄西友来函云：前者各国联军分占榆关时，俄人并不计(校)[较]，惟统兵向东三省西南方前进。迨目下已将门户扼守，阻他国不得越雷池一步。按东三省本系膏腴之地，各国商况甚佳，约较俄人在中国各口岸贸易多至两倍。幅员之广，可与欧洲相匹。今俄人占而有之，各国并不遣一军一卒前往保其利源，诚不可解。为今之计，惟有令中国广开门户，建筑铁路通至榆关，再由榆关筑一路达东三省，庶各国商务或不至于一败无余乎！

十一月廿七日(1月17日)

《新闻报》

[论说] 再续取民多寡说

夫田赋、盐课、税厘三者皆取于民之大宗，体例之旧，章程之繁，盘根错节，其中积弊几将与国家同休戚，然犹不能不一变其成法，而况其他取民之款局面不大、为数无几者，何不一变乎？取民之款能一变其成法，则多取之而不为虐，国家度支可增而百姓无所损，然后言生利则有生利之资本。顾生利云者，当以为民生利为主。近年以来，中国国家固有留意生利之法者,在为国家生利则为逐其末而非务其本,盖必为民生利而后国家之利不生而生,所谓“百姓足,君孰与不足”也。生利之道有先后、有远近,其事宜先办而收效甚远者曰开民智,华人之聪明实较各国为优。盖各种学问、各种技艺各国皆从实处推求,而中国则从虚处着想,然天地人物之理,器皿服用之属,中国犹能十中而得其六七,则固不可谓华人之不聪明也。顾中国之绌于欧美亦即系于此。盖事必求其实在,凭空结想易入歧途,终不能登峰造极,精益求精。而且中国士人其所著作重在文墨,故农、工、商无专书,农法、工法、商法皆幼时得之于口授而无书籍之可资考征,转辗相传遂多失真,常有一材一艺迥然出众而一死之后其法失传者。故中国磁器为全球之最,而近时所制远不及从前之细致,制法无专书故也。又如行船之法,风涛砂礁亦无专书,故中国海船之主曰“耆民”,盖阅历已久而年岁已老,一旦身死,其所阅历者又须后辈从新阅历矣。其他各项大率类此,苟以泰西历经考验新得妙法告之,必哗然曰:“吾祖宗不若此。”盖外人遇事有专书,故进境速,中国无专书则永不进境,以视泰西新法固瞠乎其后,何怪愚民之不信也?一切法则仍旧,则所生之利亦仍旧,何能加增?是以今日言生利当广设学堂。非特士也,若农、若工、若商,皆当广设学堂,农、工、商三者皆能粗通文理,将外洋各种专书缁译浅近读本,随时试验。以华人之聪明,但能除去痼习,未有不进境神速者。数十年后出产既富,制作既佳,营运既精,岂不能媲美各国?若不广设学堂,以书籍长其见识,以试验坚其信心,则虽日日言生利而不可得。此事收效虽迟,然源远流长,乃生利之本,急宜先办者也。又有事宜先办而收效甚近者曰鼓民气,凡事收成甚易而开创极难,外人殚尽心力讲求新法者其先必多亏耗,其后乃获厚利。今华人见西学之日进,亦有殚尽心力思创新法以与外人争利者,既得新法而仿行者接踵而起,亏耗于先几不能取偿于后,于是民气乃大挫矣。故华人之言曰:“当安分守己,不可立异求新。”民气若此,大利何生?戊戌之岁乃仿照各国厘定专利章程,此固最足以鼓民气者。及乎政变,此项章程虽未收回成命,而奉行者仰窥朝廷意旨,未闻有准予专利者,以致故我依然,民财愈竭。今若不亟行专利之法以鼓民气,则百利不能生,盖此事收效甚速,亦不可不先办者也。

十二月初一日(1 月 20 日)

《知新报》

税司论华

总税务司赫德近著一论,刊于英国某报。其言曰:“义和团之举虽出自华官唆使,然此等思想其入于中国之人心深而且广,即称为纯然爱国之义勇兵,诚无所愧。故将来之义和团,有最足恐怖者。若有一千万人为义和团,一旦提戈而起,则大祸立至,凡外国人民必无一人得居中国。此时所取之中国者,他日或举而还之中国,甚且以中国国旗分历于世界各地,亦意料所不能及。屈计五十年内,其应政府之招集而为义和团者,可有数百万人之多。政府若颐使之,遂可为国民运动之大举。此自中国视之,固属当然之事;然自外国视之,宜有警戒之虞。至于救之之策，除瓜分外，别无能预防此患者”云云。此论一出，各报馆俱评论之。如太晤士、师丹达德两家，则以为赫德久住中国，故能有此灼见也。

按：赫君之言，可谓忧深虑远矣，然未为深知利害也。义和团之能为各国患与否，视皇上之复辟与否也。皇上能复辟，则必变法以开民智，使天下臣民咸知中外一体，而群相安于无事。内有以启诱愚顽，外有以怀来柔远，此时举国皆文明开新之民，岂复有义和团之患？若皇上不能复辟，各国乘机瓜分中国，则不特义和团不能帖服苟安，即十八省五万万人之众，恐皆不能帖然矣。赫君安得以瓜分中国为良策哉？

十二月初三日（1月22日）

《新闻报》

［论说］ 新政为亟务论

无论和款签押与否，要之议和自议和，行新政自行新政，两无相待也。新政在今日，譬之饥之待食、寒之待衣，生死性命悉悬于此，未可徐徐姑缓也。今内外诸臣束手而待和款之成，亦似和款一成便可熙熙皞皞坐享太平者，又似和款一成便可长治久安无所整顿者。故自两宫西幸而后，除我皇上明发罪己之诏，其余内外臣工，无论奏章、无论信牍、无论告示、无论种种公文，要无一字道及积弊之如何剔除，官场之如何淘汰，以及何以生利，何以立学，何以兴商。其口头常语，纸上空文，不过颂扬圣德几句，讽刺外人几句。余如说拳匪则几句现成官话，说会匪则几句体面文章，至于责之百姓，不曰尔等食毛践土，即曰尔等各具天良。苛派之花样翻新，筹饷之心思巧发，其言外似本年中外大衅，其咎上不在朝廷，中不在官场，只是在下之百姓不肯效力，不肯捐输。至于我等官场，要自治君泽民、毫无疵议者。噫嘻！以君子待人，以小人自待，其积习如此，真可痛也。夫召祸之臣一误国，而不理事之臣再误国。今日者君蒙患难，民苦瘠分，而观枢臣之简放各官、外官之升调优缺，论功论赏者比比矣，而民之颠连无知之者也，而民之报效无知之者也。但闻之人曰将派房捐矣，又闻之人曰将派人捐矣。夫房捐、人捐按之前代考之，泰西皆有之。故无论房捐、人捐，即有胜于房捐、人捐百倍者亦无不可行，民亦无不遵，特是捐之于民者万万，而益之于民者无一，民愈捐而愈竭，捐一次少一次，至于后并至少者亦无可捐矣。且吾为国家用款思之，此后除赔款外，待用者何止万端？而理财者毫无一术，若只专心致意于捐输一层，即罄民所有，亦不敷国家漫无限制之用也。言念及此，理财之一端其可缓乎？

夫理财为新政之根苗，亦为新政之张本。当此万几待理之际，似内外臣工宜通盘筹算理财之法及除旧更新之要策，似和款有十二纲者，新政亦应有十数纲也，和目有二百余条者，新政亦应有百数十条也。何处宜辟万国通商场者此时当辟之，何处宜开矿造铁路者此时当招商为之，以及学堂、武备皆须讲求，而大者吏治宜更，考试宜变。凡谬种相传毫无裨益者，皆须于此时互相商榷，会衔请旨，准行颁告天下，以图存国，以图中兴，此所以新政之亟须订立与和款之亟须订立，同一万不可缓也。和款者安置目前之颠危，新政者防杜日后之颠危也。若静待和款之成,与夫既成而后依然无所整顿,则继拳匪而起事者必数数也,继顽固而行政者必数数也,外人之迭侵迭犯、迭次要索者又必数数也。至于此时,试思国家之气象如何?吾民之存活几何?彼高官厚禄其犹忍心据享乎?故为之反覆以思,若内外臣工今犹只争一官之权势,只图一官之稳当,以及敷衍含混,相与恬熙,则某敢大言曰:兆祸之臣一误国,不理事之臣再误国也。总之,和款与新政只能各办各事。新政不行,即和款争回许多利权亦不能自守,况既不能争回利权又不能行新政,则又何从望转机?又何从保无后患乎?吾愿争和款者争新政之所妨,而行新政者即行和款之所失,议和自议和,行新政自行新政,无可推诿,亦无可等待,则当今之亟务也!

十二月初五日(1月24日)

《中国旬报》第三十六期

北省大事记:联军纪事

德文报载联军统帅华路打斯抵京后,所有北方用兵情形列下:

西九月二十九日即闰月初六日起,至十月三号即闰月初十日止,德兵一队归利地白男爵管带,由津前往静海县。该处华兵向南而退。

西十月八号即闰月十五日至九号即十六日止,意兵一队由天津往杨村西北向某处,将该处凡有洑教乡村悉行焚毁。

西十月十二号即闰月十九日至十一月六号即九月十五日止,英、法、意、德四军由京津两处分赴保定。当联军来到时,华兵即已向西南方某处而退,保定府府城则已于西十月十四号即闰月二十一日为法军先据。至西十月十九号即闰月二十六日各军方到。

保定府既陷后,联军分三队入京。其由利测曾提督统带之英军,则自容城县、廊坊、马家铺而归,途中所称拳党乡庄俱经焚毁;其归葛利思尼统带之意、德两军,则由献县、清县、黄村而归,途与华军四号相遇,该华军各将兵器交纳;至归诺蒙提督所带之英、德、意三军,则自易州而归,在某处亦遇华兵,败之。英军归津途遇拳党,其营寨亦经焚毁。

西十月二十二号即闰月二十九日至十月二十七号即九月初五日,德军一队由杨村绕香河县而归。西十月念二号即闰月二十九日,日军一队由杨村绕宝坻县而往河西务。

西十月二十四号即九月初二日至十一月二十八号即十月初七日,俄军一队由杨村绕宝坻县向河西务而往杨村,此外尚有俄军一队则由天津往杨村。两军俱遇拳党,均大败之。

西十月二十五号即九月初三日至十月二十九号即九月初七日,俄军一队由芦台绕宁河而归。

西十二月十五号即九月初三日,德军一队由保定府前往某处,途遇拳党胜之。

西十月二十七号即九月初五日,俄军一队由山海关往某处,此外更有俄军一队亦由山海关往他处。两军俱途遇拳党颇多,均大败之。

西十一月一号即九月初十日，俄军一队由山海关往他处，大败拳党于途。

西十一月一号即九月初十日至三号即十二日，德军一队由天津绕香河县沿北河左岸入京。

西十一月二号即九月十一日至八号即十七日，德军一队由天津绕河西务、马家铺入京。

西十一月四号即九月十三日至六号即十五日，俄军一队由天津绕杨村、宝坻县而归。

西十一月四号即九月十三日，俄军一队由天津往某处。

西十一月五号即九月十四日至六号即十五日，奥、德兵一队往某处，该处所有拳党乡庄悉经焚毁。

西十一月七号即九月十六日，日兵两队，一由京、一由通州前往某县。

西十一月十二号即九月二十一日至十二月四号即十月十三日，德、奥、意兵一队由约克伯爵管带绕南口、宣化往张家口，该华军大队悉行驱往山西。

西十一月十九号即九月二十八日至十一月二十五号即十月初四日，德兵一队由北京往长城，遇拳党与战，大败之。

西十一月二十三号即十月初二日，德兵一队由天津绕东安、武定两县而归。

西十一月二十九号即十月初八日，德兵一队由山海关入北京。

西十二月一号即十月初十日，德兵一队沿天津运粮河两岸而往沧州，华兵退往山东。

以上译西正月七号即十一月十七日《文汇报》。

各国时事:德民舆论

德国议院之攻击德皇与政府也，以西十一月二十三日为尤烈。有社会首领海尔比拜儿与首相必洛、兵部大臣葛斯立争驳至再。其故以德皇遣军来华之际，在威廉港所演说持论过激，直不啻命兵士以虐杀中国人也者。当德皇演说时，政府颇欲秘而不宣，不料为出征军中之一人所泄，刊于某报。于是欧洲议遽物尔沸腾，德之臣民大加诘责，甚有谓必宜严罚无赦者。是日，海尔比拜儿在议院中首呈出诘难之书，专指德皇演说一事，谓其演说有悖基督教之宗旨，污辱文明，蔑视人理。又言:“首相罪无可辞，社会党可援照国法以下议院议员二十四人公开法堂会议，准其有议废首相，永不叙用之权。”首相必洛答之曰:“当德皇演说时，适接使臣遇害之报，遭此大辱，悲愧交集，热血满腔，故出斯言，此亦理之。当然，毫无足怪。若德皇既接此报而漠若无事，不反足可怪耶?”兵部大臣葛斯立曰:“出征中国之德兵，并无一人伤我德国名誉者。文明与基督教之宗旨，仍炳然昭于德军之中也。”于是海尔比拜儿复出一书以为证据，谓有某军人寄书回国中言:华路打斯爵帅有命，凡在中国之人不准妄谈军情。通知乡里云，照议院会议情形，凡德皇于此六个月内所办理中国之事，德国通国人民不能承认德皇演说一举，不但为社会党之所攻，即其余各党亦无不起而随声附和也。

十二月初七日(1月26日)

《新闻报》

[论说] 战务有碍商务说

战务,最有碍商务者也。就数年商务论之,午未二年则疲败,申酉二年则起色,(戍)[戊]亥年则大旺,本年则亏拆多矣。所以然者,前有中东战事,嗣战事平,本年又有直省联军一大战事。故论国家积弱本系年甚一年,而商务则不碍于积弱而碍于战务者,大抵市廛之交易全赖财货之流通,而财货之流通全赖地方之安靖,此人所同情而势所应尔也。当承平时人心大定,四方无事,其银币之周转不期然而然。至兵乱之际则群情惊扰,货物滞消,有余银币者惧不敢外放,不足银币者因之以压闭,而商贾贩卖皆却步而不敢前。不过平常之营运稳妥之交易而已,若迫之险阻之路,诱之以不可必之利,皆不肯尝试,此又人所同情而势所应尔也。各国商人贩运本国之货,能由此国通商彼国且遍及他国,故战务之国碍其通商,不战之国则不碍。至本国虽有战务,彼商人亦能运货至不战之国而售卖,要不以地球之战务而穷其一国之商务也。中国则不然,商人只能运中国之货在中国售卖,而不能运往他国售卖,故中国一有战务则中国之商务立坏,虽朝廷如何鼓舞,地方官如何劝奖,而皆不能察其苦衷,亦并不能代筹善法,此中国商务之所以坏也。朝廷有保商之明诏,疆吏有保商之明谕,而境过情迁视为具文。观于厘金之为害,遇关则留难,遇卡则需索,委员司事如虎如狼,盗贼何异?而官之视商无不欺压,商之视官无不畏惧,有冤不可诉,有屈不能伸,高坐堂皇者早已将"保商"二字付之九霄,不惟不能保,而且花样翻新捐输交迫。已遭兵匪之乱者财货丧尽,未遭兵匪之乱者又有所谓苛派而亦不堪其苦,以至商人倏而惧兵匪,又倏而畏捐输,无所适从,志颓气沮,此又中国商务之所以坏也。

吾为抉商情之苦而后知商务之难,吾为诉商务之难而后望大局之早定。夫财货艰滞、银币窒塞也如此,道路险阻、营运艰难也又如此,加以运售之地太狭,保护之文太虚,而捐款交逼而来,几至人人无可安之日。有因派捐而逃避他省者矣,有因派捐而改注洋籍者矣,甚有闭市者,甚有亏歇者,大抵中国之商人十人而二称殷实,十人而八撑虚场,此其情商人自知之,而官场不知也。本年之衅,人皆以为国家大吃亏。殊不知兆祸诸人生存如故,无所谓吃亏也;贡献捐输解发如故,无所谓吃亏也。以和款论之,赔款责在何人?商人也。商约屈在何人?商人也。炮台之拆、驻兵之多受累者何人?商人也。以宇宙无穷之压力而压之商人,而此或兆祸或不理事之官,又必赖商人以为衣食。嗟乎!以商人外应强邻之需索,内应官场之供给,原属万不得已之为,然同生天地间,天良本所同具。吾为朝廷内外臣工思之,今日者所应议之和款及将来所应筹之急务,要惟以商务为准的也。泰西之强悉由商务之盛,中国之弱悉由商务之衰,此显见之事。今中国因战务而碍商务,以至全国难支,苟有天良,要当视商人为性命。而维持商务之法,一在剔除厘金积弊,一在随地保护,一在不苛派,一在平心代理银钱讼事,一在官价与民间买价相符并不减少,一在不平靖地方妥为弹压，此自办之法也。若夫订议和款，则防碍商务之处不一而足，内外诸臣要当留心经营，不可以目前之苟且而贻将来之巨害，商不足则国不足，一国之存亡系之于此。作战务有碍商务说，为订议和款者大声疾呼，幸恕其愚焉。

《申报》

论本报译登俄人占据东三省事

香港《循环日报》登牛庄西人来函，略谓联军分占榆关时，俄兵向东三省进发。目下将门户扼守，阻他国不得越雷池一步。按各国商业在东三省者，较俄人在中国各口岸贸易多至两倍。设俄人占而有之，各国商务必一败无余云云。本报既译其意，录之简首，执笔人更从而论之曰：圣清受命，龙兴辽沈，天戈扫荡，遐荒詟服。当时俄人初侵黑龙江北岸，后又争我伊犁、土尔扈特境时，朝廷方欲与海内休兵息民，不肯轻开边衅，仅与议界勒石，订约修好而退。而俄人拓地移民，其视眈眈，其欲逐逐，二百数十年内经营东土，实注全力。窃谓今地球五洲不啻成战国七雄之势，俄为秦，英为楚，法与德为赵为燕，美为齐，日本与我中国为韩、魏。俄地全境跨欧亚北部，懔先皇遗命，伺列邦隐隙，欲一宇内成大业，无异于秦据岐雍之地，依高东向以鞭笞关外诸侯。而英属地畸零琐碎，有如楚平衍广漠，无有掩蔽，仰而待秦。中国幅员最广，物产殷饶，徒以内政不修，外交日逼积弱，视东周为尤甚。联军犯阙，车驾蒙尘，皮币行成，主权尽失。而下兵三川，据九鼎按图籍之往事，亦遂再见于今日。夫俄不能逾白令海峡，亦犹秦不能出云中雁门也。俄争拔路，捍半岛，求路出地中海，不得复致力噶尔、都耳古斯坦，又犹秦未得河西也。伊犁、噶尔殆犹汉中、武关，旅顺、黄海亦犹崤渑、函谷也。秦穆既税河西之地，后以内讧失之，迨孝公卒复之。而汉中、武关可以展力山东诸国，遂不复能支。

俄始经营海参崴，然地势阴冱，又有对马岛扼北海门户，治军未便。特乘我国中有事，取辽东而有之，租旅顺、大连湾以储兵备。于是兵舶放黄海，浮南海，纵横印度洋。东之对马岛不能扼，西之挞尔挞尼尔、弗辣尔挞尔海峡不能御，行军策应，万里无碍。异日，西比里亚铁路观成，陆军复逾都耳古斯坦，经亚弗巴尼斯坦下山南出，海陆并进以抗列强，势殆扼吭而击背也。溯俄自察罕汗由地中海默海略诸游牧部落辟地至印度，又夺阿藻东北千余里之地，遂有八大斯科，是亦与秦举巴蜀、取义渠、略汉中甚似。今乃竭其力以经营东三省。东三省大局既定，亚洲大势以立，而印度、地中海皆得以伸其威力。俄尝要求波斯租一港，又借银二千二百五十万助波斯国，用期以七十五年还清。于是除英所管花尔斯关税外，波斯全国税利尽为俄有，而全国之事悉听命焉。又频用兵于亚弗巴尼斯坦境，使俱得志印度之守，危英之国土，亦不可问。而俄国都与我东三省俨然首尾相应，五洲大势即不定而亦定。然则中国之安危固关系五洲列国之安危，今中国让东三省于俄，使俄得扩张地球上兵权，犹以为未足，更举铁路利益以畀之，而芦汉，而粤汉，而山西，而山海关、牛庄，而满洲。货款抵押，听其措置；其他行政理财，亦一一归他人之掌握。而民人上下，咸辍业以嬉，偷安目前，不计远害，一若不自知国势之岌岌不可终日者然，可不惧哉，可不危哉！

十二月初八日(1月27日)

《申报》

续录奏陈康唐诸逆党勾结会匪阴谋作乱先期破获擒戮渠魁折

查蒋国才匪单内系康有为为正龙头,梁启超为副龙头。并据唐才常供,上海国会总会头目系广东人容闳。此外,各处所获哥老会匪供词供出康有为、唐才常为首者,不计其数。查获逆信伪札及各匪供词,尚有沈克诚、陈说、林杰即林邦盛、容闳、李松芝、夏钟浩、汪楚珍、张尧卿、戴保延,均为谋乱两湖之大头目。秦俊杰,即秦立三,又名秦邮,即大通滋事首匪。当即密札鄂省及密咨各省查拿,并照会各国领事在案,并准大学士直隶总督臣李鸿章、湖南巡抚臣俞廉三咨查出讯出康有为、唐才常、容闳等勾匪作乱、私运军火情形,大略相同。及准两江总督臣刘坤一、安徽巡抚臣王之春咨富有票匪扰乱长江,派兵剿捕,起获匪票伪示、私运军火各情形,与鄂省所查皆相符合。查此项自立会匪唐才常等以康逆私党窟穴上海,设立总会,自为总粮台,往来沿江沿海各处,广散银钱,购通会匪,计谋凶狡,党伙纷繁。

其匪党往来书信大旨谓:北方有警,乘此煽动沿江沿海各省各种会匪同时作乱,其同谋勾结之人各省皆有。其购械募匪之款,查簿内存款计洋银一万五千余元,用去已将及万元。闻康有为诈骗纠集之款共有洋银六十万元,安排以二十万元用之长江所散放之富有票,就两湖地方查出供出者已有二万余张。事发后两三日,尚有人向李慎德堂投递匪党逆信,经税务司邮政局查获数起。其伪札谓,指定东南各行省为新造自立之国。其华洋文规条内有曰:不认满洲为国家。其伪印文曰"中国国会分会驻汉之印"。又曰中国国会督办南部各省总会之关防,又曰中国国会督办南部各路军务处之关防,又曰统带中国国会自立军中左右前后等营各关防。其逆信内有曰:以湖北为中军,以安徽为前军,以湖南为后军。唐才常身边小箧内搜出伪号令告示稿有曰:焚毁各衙署,占夺枪炮厂,劫掠局库,占踞城池,焚戮三日,封刀安民,派将固守,再筹进征。其逆信内有曰:沿途亦可劫掠。其开用伪关防札稿内有曰:业经报明沪会篆刻关防一颗,内刊"中国国会督办南部各省总会"字样、"于庚子年七月初八日开用"等语。唐才常等到案,各供认不讳。至其平空造言,捏诬狂吠,谤毁两宫,悖逆凶悍,笔不忍书,令人发指。该会匪等以自立为名号,以焚戮劫掠为条规,以富有票为引诱,以哥老会、红灯会及各省各种会匪为羽翼,意欲使天下民生同时糜烂,实为凶毒已极。又查伪札有云"本国会深懔危亡"等语,实属狡诈胆妄。

该匪创为国会,造此诡辞,冀以诳诱躁妄之文士,鼓动无知之愚民,尤为可恶。窃惟目前时事虽棘,上下同心,力图振作,尚可勉筹补救之方。若该会匪各省蜂起,则中国真将有危亡之势矣。今该会匪既已自称为新造之国,公然自立,不认国家,是明言不为我皇上之臣子矣。乃尚敢托保国之名,以逞其乱国之谋,不独中国忠义臣民不受其欺,凡各国明理晓事之人恐亦不受其欺也。近日鄂、浙、江、皖各省滋事之匪,查其逆信票据供词,皆系自立会匪之党，皆系领有富有匪票之人。其合伙约期，济械助费，分据地方，安排接应，均经查有实据。李慎德堂前门在英租界内，当日查拿各匪之时，由英领事签字派令巡捕协同往拿，当场眼同，起获各种谋逆作乱器械凭据，华洋人等众目共睹。因此，各国领事皆深知此辈实与哥老会匪合伙，必应查拿，以免扰害地方。除湖北、湖南两省随时密查严拿外，此外沿江沿海各省皆有分会，其往来于上海者尤多，应由各省自行查拿。已将先后叠次查出供出紧要各匪首姓名、籍贯陆续开单，分咨各省，一体悬赏严拿，务获重办，以惩乱逆而安大局。此折仍未毕，明日再续登。

十二月初九日（1 月 28 日）

《新闻报》

［论说］ 论东南人心

东南之人心虽不一致，然其与北人相反者，固十人而七八也。北人激于义忿，妄信邪言，遂致铤而走险，开罪强邻，而罹亡身破家之祸。东南之人风气开明，度德量力，遂知北事之失计，曲守故交，不从乱命，而至今未见兵戈之惨。然而和议告成之后，则东南之人之受累，当无异于北方之人也。忆自四五月间祸事初起，东南之人无不疾首蹙额，忧心如焚。作客者遗弃其辎重星夜遄归，以为不幸而死则得正首丘；土著者携其家人避居深山，以为大乱居乡或可不死；其镇静不惊者，则身家性命一听于天。盖当此之时，无人不有亡身破家之虑也。及乎六月初既定东南之约，人心始稍稍镇定。虽胆量窄小者不能坦然无虑，而嘻酣如平日者有之，出其资财以维持市面者有之，归而复出者有之，避而复返者有之，然统各类之人心，固无不夙夜盼望，冀祸事之速了也。及乎七月间京师沦陷，六飞出狩，东南之人，痛时势之难回，悲大局之涣散，以为京师不复则如失乳之婴孩，和局不开则步犹太之覆辙，于是奔走相问，专注和局。盖当此之时，东南之人心固无不冀和议之速开也。及乎迟之又久而十二条大纲始行开出，朝廷不得已而有允许之意，参议和局之大臣洞悉其利害而有酌改之意，虽然，当国势糜烂之时，而欲改不许更改之约，势必不成。和局一日不成，则一日不能慰东南之人之期望；顾照此大纲条款幸而得成，岂东南之人之利乎？无论其他，即就赔款而论，北方自经兵燹，非休养数十年不能复元，而公私款项搜括已空，田土荒芜尚赖赈济，更有何资以偿赔款？则赔款无论多少，必悉数而取之于东南必矣。今部款无着，行在空匮，则责之东南，各省偏灾则责之东南，赔款大宗亦将责之东南，返跸之后恢复宫室亦将责之东南，思行新政经费不足亦将责之东南。东南之财赋有限，一一责之于东南，则东南之人不亦将有亡身破家之痛哉？而况民穷则变，民变必资弹压，而禁运军火南北同例，是将驱东南之人心以与北方之人心同归一致，岂东南立约之初心？又岂盼念和议之初心哉？夫北人之亡身破家在今日，而东南之人之亡身破家在异日。是和议不成，东南之人仍可守定东南之约，虽有故宫禾黍之悲，尚无亡身破家之痛。然而东南之人不愿茫无归宿如今日，而仍愿和议之速成，则东南之人之心可谓苦矣，与中国有交涉者，盍鉴之乎？

《申报》

再续奏陈康唐诸逆党勾结会匪阴谋作乱先期破获擒戮渠魁折

至唐才常供出同谋之人甚多,凡系查无实据者,概不株连。其军民人等误领富有票者,准其向官司营局团绅首士缴票销毁,即免追究,予以自新。若观望藏匿不缴者,查出匪票定行重办。自汉口匪首伏诛后,各路匪徒闻之震慑。惟富有票放出太多,其悍党匪首尚多漏网,现已访知仍复潜踪往来上海、长江一带,别设狡谋,力图纠众报复。沙市、岳州、常德、澧州一带匪徒尚在煽惑,窥伺新堤之匪窜扰湖南之临湘、巴陵,湖北监利之朱河等处。其监利、沙洋、麻城、嘉鱼、崇阳、巴东、长乐之匪仍饬各营分投、搜剿、解散。其襄阳、枣阳、随州、应山等处界连豫边,素多刀匪。豫省年来荒旱,饥民颇众,亦遂有会匪开堂放飘之事,自七月以来,藉闹教为名啸聚焚劫。自立会匪滋事后,查有匪首潜往孝感、应山、河南信阳州一带,谋劫北上诸军军火,并煽诱河南饥民来汉滋事。现又讯出有匪首往襄樊一带煽动刀匪。已添募马步各营,沿边严防窜越,入境即拿。八月内四川巫山县有匪千余人滋事,亦经派营会合川军相机剿捕。臣等伏查,康逆近年逋逃海外,布散邪说,久思煽动奸人扰乱中国,以逞其报复之志。兹因各国搆兵,以为有机可乘,遂敢遣其党羽分赴沿江沿海各省勾结匪徒作乱,而湖北尤为该匪注意所在。值此时局危急,一经煽动,立即四路响应。两月以来,武汉商民惶扰迁徙,一夕数惊。幸仰赖朝廷威福,先期破获擒诛渠魁巨党多名,各处聚集援应之匪先后击散,陆续擒斩匪目数十人。目前人心粗定,惟有仍一面督饬各军各州县严防密拿,解散胁从,一面照会各国领事,布其逆乱罪状,嘱其转告外部勿为所惑。目前据各领事定,从前谓康、梁为志士,今已知康、梁为匪徒,各国断不帮助庇护。此实由该逆等稔恶穷凶,天夺其魄,为悖乱盗贼之事,布悖乱盗贼之言,奸谋逆迹尽行败露,已为各国所屏弃,诛戮之期当不远矣。惟是湖北,数月以来自北方有警,长江人心惶惑,各匪四散,陆续增募兵勇数十营。上游则界四川之宜昌,下游则界江西之武穴,南则界湘之荆州,北则界汉之襄阳、随州、当阳、应山、麻城,中路则沔阳、新堤、沙洋、嘉鱼、蒲圻、崇阳、监利,皆为会匪出没之所,皆须派营驻守,随时相机剿捕。并派营前赴湖南之岳州、河南之枣阳州,越境剿捕巡防,以固藩篱。各属请兵请械,应接不暇,罗掘多方,增兵既多,增饷尤巨。种种艰难急迫,昼夜不惶。惟有竭力镇抚,相机筹办,随时与湖南抚臣、两江、江西、安徽督抚臣互相知会,合力办理,以维上游大局。至此次查获擒获自立会匪渠魁暨分路防剿捕获领有富有票之游匪首要各员弁发奸弭乱,俾沿江沿海各省得以周知为备,似尚有裨大局。合无仰恳天恩,俯准臣等查明奏请优奖,以示鼓励出自鸿慈。所有擒诛自立会匪总头目、查拿各匪目分路剿捕、饬令缴票解散情形,恭折驰驿奏陈,伏乞皇太后、皇上圣鉴。谨奏。

十二月十一日（1 月 30 日）

《申报》

州县稽查保甲宜先安置游民论

今天下之事，每患有治人无治法，而尤患有治法无治人。当嘉庆十九年冬，钦奉仁宗睿皇帝上谕，各直省州县行保甲法，大吏乃下其条目于有司。大略云：悬牌于门，每十户编为一甲，将某里某甲某人姓名、年齿、生业，书于簿册。有习邪教者，准五家首之；无则五家连环具甘结。州县官按甲稽查。凡一邑之中读书者若干人，力田者若干人，为工商者若干人，其有不列四民之内而习游惰者若干人，无不灿然，如示诸掌，此亦可谓治法之善者矣。然使为州县者披图列册而端坐官斋，未尝周历四境，终不免寄其耳目于吏胥而辄为所蒙蔽。则必于一岁之中，不时为巡历乡村之举，而又轻骑减从，无复丝毫扰累。每至乡村市集，即令保甲传齐附近游惰之民。如系老幼废疾，应照例给发孤贫口粮。至若强壮而流为游惰者，面加训斥，谕之以爱惜身家，保全性命，令其幡然悔、憬然悟。即使生本无恒产，幼不习诗书，不能强其就学而入于为士之途，亦当于农、工、商之中使之择执一业，以谋自生。庶有以驯其性情，勤其肢体，以自远于罪戾，而作奸犯科之根株绝矣。其有游惰之民处于城郭者，耳目较近，自易随时觉察，此诚亲民之隆规、良吏之法守也。

今之州县则不然，问其钱粮则无不知之，以征比钱粮有火耗之利益也。问其刑名，间亦知之，以刑名案件有迟误之处分也。至若稽查保甲，既不能肥囊橐，又无碍于功名，遂漠然无复留意。即有图册可稽，而试问其一邑之中为士者若干人，则不知之；为农者若干人，则不知之；为工商者若干人，则又不知之；其有不列四民之内而习游惰者若干人，则更不知之。盖未尝巡历乡村为之核实、为之训诫也。嗟乎！县曰知县，州曰知州，其亦顾名而思义耶？况今合计每州县为士、为农、为工、为商之人十仅三四，而不士、不农、不工、不商之人十将六七。类皆嗜洋烟，结死党。小则鱼肉善良，抢掠财物；大则托名义忿，焚毁教堂。谁为为之？孰令致之？非此游惰之民耶？而州县官处此，捕获则陷以大辟，委为无可如何；不获则任其远扬，虚悬赏格。曷尝念及此为匪之民，亦不养不教使然哉！夫人衣食足则礼义自知，饥寒迫则铤而走险。是故饥寒者，民之悬崖也。千金之子赏之不窃，非其性独异于人也，治生有余也。治生无赖，则即严刑辟以威之而彼无惧也。非无惧也，糊口不足也。糊口不足，则亦忍而为此矣。然则为州县者宜如何而后可？曰亦有以养之教之而已。

尝见美国人袆理哲所著《地球说略》，载荷兰国有养贫、教贫二局。途有乞人，官若绅辄收之，老幼废疾入养局廪之而已。少壮入教局，有严师，又绝有力量，其能为而日与之程，不中程者痛责之，中程而后已。国人子弟有不率教者，辄曰逐汝，汝且入教贫局，子弟辄詟慑为之改行。以是国无游民，无饥民。呜呼！法苟尽善，虽出自外邦，吾师之可也。今宜于一县之中推广善堂几所、义学几所、义庄几所，俱有以养之教之。凡有游惰不率教者,归族正制之。间有族正不能制,赌博、斗殴、窃贼初犯者,别设化莠所以收之。三年之内有能改行,族正愿保领者释之。夫而后为士者安于士,为农者安于农,为工商者安于工商,人人知保全其性命,人人知爱惜其身家,而盗贼之源自此清矣。虽然,斯举也必由大吏督率之,而后州县之奉行始力也。今者,一岁之中大吏未尝不委辕下听鼓之员,诣各属稽查保甲,然亦只为调剂贫员起见,未必择能而使也。即奉委者,亦只知得受规例,而稽查则视为具文也。又何怪州县之奉行不力而民瘼愈不在念耶?噫!有治法而无治人,亦终于无益而已矣!

《汇报》

列国意见不合为中国之福论

今年拳匪之祸为千古所未闻,不特中国未尝有,而天下五洲之大亦未一见其情形,何也?以一国而攻十余国也,乘西人之不备而多杀西人也,以攻教为名而报西人牵制之仇也。使臣不可辱,为万国公法,而华兵架炮围困直至二月之久也。虽朝廷自称无预,而西使则谓攻吾者华兵,督战者华官。宫禁近在咫尺,日听隆隆之炮声,明知攻使馆,而未下一禁匪之谕也。以故死者不可挽,而劫余西人咸切齿于中朝,以为此仇不报夫复何待?以此意奏其皇,立即忿忿不平,备厚资,发兵舰,运大军,赶抵华京,势如破竹。窥其意,直欲犁吾庭而后快。故德皇尝谓,此次办理华事,必使其永不复犯矣。英国欲据吴淞,不特存于心而又出于口,若非各领事阻止,长江各口恐早为占据矣。俄国窥视满洲,由来已久,当即乘机进取,亦已得陇望蜀矣。俄与英向多争执,法与德素不相能,此番以同恶中华,竟忘其宿怨,询谋佥同,派华尔德西为总帅矣。当此之时,何难分吾地而夺吾边疆?然而幸哉,其初心同而旋即不同也。此何以故?因各有所私而互为抗制,俾不遂其所欲也。夫俄既得东三省,岂肯轻易舍之?然俄得地,他国亦欲得地,他国得地是截俄人开拓之区,不如今且不取,待后徐图,此俄国撤兵之举所由来也。俄既撤兵,英、德亦不能得地矣。然恐中、俄别立私约,阳不取地,阴已畀之,日后行商,反多窒碍。于是德、英、奥联为一气,声言如有人夺取中国之地,将起而攻之,此三国抗议之所由来,非以爱吾,实以妒俄也。美国取小吕宋经营未定,初无得地之心。法国承俄廷鼻息,不欲开罪于俄,故俄不取地而法亦从之。他若意、比、荷、奥诸国,兵力素柔,无能为力,惟同声附和而已。由此观之,拳祸之烈至于此极,而中国未失尺土,实以列国意见不同之故。吾故谓列国意见不合,为中国之福也。今者事机已转为补牢之谋,愿议和诸公酌议条章,勉期少让。迨至既和之后,随即整顿朝纲,不复为顽固诸臣偾大事,则吾君之福,亦吾民之福云。

十二月十三日(2 月 1 日)

《新闻报》

［论说］ 论交涉之案宜公平办结

中外交涉之案，能平心体察公道办理者，未有不能就绪者也。案曰交涉，则非一面之案，必须两面考究，两面商量，方能断结。若一系胡涂、一系任性，则半途决裂，最难挽回，且经久悬搁，既失睦谊，亦酿衅端。原其弊，在两面皆不能平心，不能公道之故也。今交涉之道最重者为教案。本年北方中外之衅始于民教不和，南洋大臣追厥祸由，深加隐痛，故于和纲十二条以外拟增传教办法。意盖谓民教不和皆由于不明事理之故，一则相处不能尽善，一则多疑而起蛮争，以些小嫌隙致贻国家社稷之忧甚，未可不公议一永远和平办法。故邸相议覆照会，其第一款曰：此次肇祸由于民教不和，惩前毖后当将永远相安办法，公同妥订和平详细章程，以便遵守等语。可见交涉之案在今日为第一重大案件也。教案为中国隐忧，亦为各国要政，连年战祸多由于此，割地赔款前事具在。而本年则教案之棘手者，除天津兆祸外，其他如湖南、如江西、如浙江，皆相继而起，而查察教案之地皆非省会，大抵边府边县，民之强悍而无教者居多。

现在案情重大者以衢州一案为最。其实案无大小，但须承审者平心体察，公道办理。小者可结，大者亦可结。即如衢案有民犯，有绅犯，有官犯。外人皆谓民之仇教，由于官之指使，由于绅之作为。故重民犯，尤重绅犯、官犯，固无怪其为斯论也。然而绅之中有分别，官之中亦有分别，案证具在，原不必局外加其是非。顾吾闻初讯是案之时，前浙抚刘中丞不过听委员若干人胡乱问供，冤屈者甚多，而正凶在拿者迄未寻获，又口供杂出，莫衷一是，且于戕害教士之各要犯，刘中丞毫不经意其茫昧之处，说者皆嗟叹不置，故衢案之大误即在是也。当时纷传以伪上谕漏泄民间，是以百姓有仇教之举。又传闻刘中丞札行伪谕之时，经恽藩台、荣臬台力止卒之。刘中丞惑于幕府之言，札行一二件极力挽回，而已不及矣。可见地方之事巡抚为主，藩臬终不敢强违也。然而其中尤有可谅者。当五月下旬使馆危急之秋，上海、杭州颇有信华兵义民打败洋人之说，杭州内地百姓顽(锢)[固]，尤神其说。刘中丞胸本无主，至是亦惑于人言，而上谕真伪遂不能辨，乃不久偏有衢州之案，亦可谓适逢其巧矣。今刘中丞已离任，既往不咎，而事后至公之论，亦尚别有可原。何也？承端、刚之伪旨者，晋抚、豫抚、赣抚、湘抚皆与浙抚同受大惑，故教案即因是而起。若就巡抚论罪，又当归之于端、刚，譬之奴才犯法罪归于主。不有端、刚之伪饬，焉有晋、豫、赣、湘、浙之大惑哉？是故端、刚治罪，而其余各巡抚，如晋之正法、浙之被议，皆已平允，不能干连其他之无辜者矣。

虽然，亦不可以无所警焉。地方官果有明白事理者，未事宜安抚，临事宜镇定，事后宜警戒，无在可以漫应者。今议和以传教一宗为要义，则上之督抚、下之州县皆当经营于此。凡遇一事，必详考其事之始末缘由，及事之旁见杂出，又必明察暗访，博访周咨。要犯必设法密拿,不可敷衍搪塞。西人必加意安慰,不可欺负因循。讯问之时宜定心,批判之际宜虚心,比较之处宜静心,得一间解一结,解一结释一案。不肖之官犯,酿事之绅犯,应办者先办,不必待人言;应赔之款项,应恤之银两,可定者预定,不必过犹移。犯案之处宜如何善后,宜如何保护,不妨与教士熟商;仇教之民宜如何开导,宜如何解化,不妨集绅耆筹办。总之,统筹国家之大势,详审地方之情形,熟悉百姓之风气,而后订一因地制宜、因人传教之法,则教案当不至两面为难也。而其道并无他奇,不过平心体察,公道办理,经权互用而已矣。

十二月十七日(2月5日)

《新闻报》

[论说] 书东抚告示后

和款告成而后交涉之案当愈多,国家辑睦邦交此后畛域悉化,自能将载在盟约者彼此永远坚守,然而所不能强其乳合者,则民情也。当海禁初开之际,西人之入我中国者,百姓见之无不既惊且讶。久之,凡通商口岸西人与华人之商务往来者,渐能浃洽。又久之,而中外商人有公司贸易矣,有经理行务矣。国家聘西人充税司、充邮局、充教习,政务学校已能息息相通;加之领事能习华文,巡捕能察民瞥,寓西政于华例之中。是以各埠租界日形其繁盛,亦中外辑睦、商情联络之明证也。然而中外以商务合,故通商多使民德;中外以教务离,故传教多使民怨。因此则教案叠出,大祸并至,分崩离析,势成仇雠。此实中外急宜统订章程者,以两国之交好而以民衅致起干戈,可谓中外交涉一大关结。尝谓内地传教责在地方官之先为安顿,妥为保护。安顿者,并非必向教士趋奉,谓平时往来如能开诚布公,将地方之民情风气婉切商告,则情谊既密、遇事可商,不致激烈也。保护者,非遇事袒护西人,使华民嫌怨,谓凡有教堂之处自宜多设巡局,以及何村何里之民情强悍者,何绅何董之好事词讼者,平时宜设法平靖,设法理置。总期化其跋扈之形、偏陂之见,不使隐伏仇隙也。然而地方官尤宜自己明白事理,必须视教堂为地方应有事宜,勿存畸轻畸重之见,须知一出教案贻累国家大局,非特一己之功名与一方之蹂躏也。

善乎,西报译东抚示文,谓请各教士仍回原处,由地方官接待护送。嗣后设有仇教如前,该县革职。如一年内地方平靖者则记录,绅耆同;三年平靖者则拔擢,绅耆则保举。如教堂被劫,当代追还,否则赔偿等语,可谓洞中窍要之言矣。夫责成地方官而订以功过者,非强官绅以所难,亦非强官绅遇事畏缩、遇事迁就而宁欺百姓以要好西人也。盖以官绅为教士与百姓之枢纽、之准的,官绅办事忠诚、出言平正,则教士与百姓皆能敬佩,百姓之举动视官绅为之也。为官绅者,平时无一语涉意见,无一事见厚薄。在百姓一面不使恨官长,在教士一面不使恨绅民,两面能如家人相处。一则毫无地方之见,一则毫无教门之见,则化矣,此所以责成官绅为至要也。惟其中有不可不辨者,一曰革职,一曰记录、曰拔擢,此又恐不肖官绅希图见功、规避记过,存可以记录、拔擢,遇事敷衍,一味偏袒,则民之仇教为害益深矣。又有不可以不辨者，凡教案未有不掣肘。若上司辄以革职恫吓地方官，则百姓得挟制之间，可以借闹教为由而累害地方官；上司不加查究，亦不于其中向背体会遂加罪焉，亦非公道也。要而言之，功过者办事之验，而希图与规避则其见不可预存，百姓不可存挟制之心，上司亦不可例用恫吓之具。总期官绅于地方交涉一切，事事宜得机得窍，有以弭患于无形而结好于永远而已。

光绪廿七年

正月初九日（1901年2月27日）

《新闻报》

京畿时事汇志

京函云：京师日界所辖地安门外各街巷，每十户立一户牌。凡每夕至九点钟时，或本人有事未回，或暂留戚眷住宿，均须赴公所报明，否则一经查出，惟总理户牌之家是问。

京师朝阳门内禄米仓自十二月中旬起散放粮米后，每日领米男妇甚形拥挤，致有黄夜持袋而往，迨至午后拥挤不上空袋而归者，并闻尚有挤伤男妇情事。

美界所辖宣武门外南横街宝隆粮店于客腊中旬被匪撞门入室，施放洋枪，并各持利刃砍开银柜，劫去白银三百数十金。由店伙驰赴美廨禀报，饬捕未获。旋经美界出示晓谕铺户，嗣后倘有匪徒勾引洋人持械抢劫，即以胭脂水掺和煤油向其倾泼，以备公廨按照水迹易行拿获云。

西便门内一带自经西人勘丈地基插标修筑铁路后，兹闻头庙一带客腊已经铁路公司招募土工开工，每日不胜忙碌，所有民房拆毁不少。并闻予限一月，如逾限不遵，由公司拆毁者，所拆木料砖瓦等物变价充公，房主不得领取。

京师近日各街巷钱店、羊烛店、首饰摊收买洋圆之家，屡被匪人以伪洋易钱。嗣闻在宣武门外西茶食胡同某洋药店内查获某甲一人，送交巡捕局讯问，供由上海贩运伪洋数百万元，俱系龙元，其英元约十成之三云云，想当澈底究办也。

德界管辖各地面派员稽查，遇有贫寒之家均查明户口，每日给米十斤。先散米票，每十日持票赴兵部街领米。人皆颂德官之德于不置。

京师各街巷，自联军破城，各国分界管辖后，设有巡捕，专司稽查盗贼，查拿奸宄，而盗匪仍不免肆行无忌。经各国统领严饬各巡捕公所转饬各段巡捕，认真昼夜巡查，以安市廛，并经武官每夜亲带洋兵巡行数次，期尽厥职。以故客岁杪，城内夜间各街巷击拆之声连回不绝。

《申报》

论地方绅士之害

督抚司道府县丞倅而外备长官之顾问、系民庶之观听者，曰绅士。绅士云者，因其本在搢绅大夫之列，或耄年致仕，或高隐退闲，通知大体，熟谙时事，而又襟怀高洁，矩矱方严，为一乡一国之善士。故地方官司以礼延致之，冀以闻政事之阙失，通民情于呼吸，于是乎尊而重之曰绅士。而风俗之盛衰、民智之通塞、乡里之安危休戚，莫不息息相通。故有绅士而无官长则号令不行，有官长而无绅士则民情隔膜，此固地方赖以相助为理、相辅而行者也。乃以吾所闻于今日地方之绅士，则大谬不然矣。贤者，岁月蜉蝣，林泉痼癖，其于桑梓理乱，如秦人之视越人肥瘠漠然无所动，然其志洁，其行芳，虽无裨于文明，亦无害于世界，在今日已不多闻而不多见。次焉者，居官获戾，放废归田，谋充讲院老师以卖文字自食，皋比忝窃，薪火常新，其于束脩之羊、问字之酒，几视之如性命。胶庠奉之为泰山北斗，乡党尊之曰丈人先生，而出其支离纰缪之著述，创为诡诞浅陋之解说，足以淆惑士林，贼害名教，闭塞风气，歧误斯民。等而下之，幸青一衿获一第，文饰章缝奔走衙署，公事则恣其把持也，官项则听其侵蚀也，词讼则神其包庇也，乡曲则凭其武断也。一切揽权越分，玩法营私，种种谬戾，绅士莫不优为之。窥其用意，直侈然自以为此固我绅士之自主权也，此固我绅士之专门利也。官长而严明，则绅士虽不能逞其奸，而犹足以掣其肘；官长而庸妄，则为绅士者不啻为虎作伥、为狼作狈矣。无问他事，试原教祸。无问他处，第论浙江。

当衢州事之未起也，地方缉匪，官长保教，截然两橛，固不容牵涉，无力朦混者也。匪或冒教不能，谓作匪者皆教也；教或藏匪不能，谓行教者即匪也。绅士曰教通匪，于是地方之欲除匪者谋除教矣，将诛匪者先诛教矣。绅士又曰官袒教，于是地方之方仇教者竟仇官矣。既祸教者复祸官矣，以至愚民发难，汹汹为乱，惨毙外来教士多命，县官全眷罹于难。搆斯奇变，酿斯巨祸，东南不相犯之约几败垂成。停止考试，文武官绅拟抵拟办。文牍往还，屡议屡争而不能定。今日痛定回思，诚不料当时卤莽灭裂为害之烈之至于如此，戎首祸胎应咸晓然明白于所自，而池鱼之殃无非此一二。所谓地方之绅士者，不知大体，不谙时事，一念之误遂兴大狱。我得以一言断之，曰鄙且陋而已矣。夫国犹家也，四国犹四邻也。至治之极，老死不相往来，此老子清净无为之言，势之所不能行也。闭关自守，筑长城以自杲，此无道之世，杂霸之所为，非可施于今日万国交通、地球大同之会也。

今有人焉，执其邻之子而语之曰："子毋履我阈，子毋践我闼，不者我且扑之杀之。"近理乎，不近理乎？今之自谓知礼明理之绅士，率其乡之人，操戈矛以拒外人者，何以异此？且彼教创立几二千年，通行遍数十国。我中国固自有周公、仲尼之道，而西士设堂传教为条约所允准通行，毁堂闹教又例文所悬为厉禁。此时之识时俊杰方宜亟亟焉惧纲纪之不张，富强之无术，教育之未备，孝弟忠信、礼义廉耻之不讲，而不当徒负血气，使民与教为仇也。然则今日中国之所以弱，祸变相寻，往复将终无宁日，无非此绅士之罪也。闻之西国行军有利器曰毒气炮，亦曰绿气炮，其发也无烟无火无声，惟气微绿，能闻数十里，性弥毒，触之即毙。然各国军中俱禁用，惟征剿无教化之野蛮用之，今联军入京亦尝用之。西人之言曰："中国之人，吾理不能制者，吾以绿气炮制之。"嗟！尔绅士慎毋驱乡人以父母血肉之躯而糜烂于其绿气炮下也！

正月十一日(3 月 1 日)

《新闻报》

[论说] 论联军移驻保定

人与人同类也,然而人人有人我之见。盖我之心固不能剖以示人,人之心亦不能剖以示我,故有共凭情理以自然相信之道,而无人即是我、我即是人之道。由身而推之于家,由家而推之于国,人我之见何莫不然?不观乎列国互订条约乎,必曰共泯猜疑,永敦和好。然猜疑可泯,而人我之见终难泯。苟能泯人我之见,则人国即我国,我国即人国,复何庸互订条约?夫互订条约必须签字盖印郑重出之,一若虑有反悔者。然曰共泯猜疑,不以为猜疑之渐者,盖所谓人我之见不能尽泯者也。是以上年七月之役,有邻国电请两宫不必惊恐者,有邻国请派统帅率队迎銮者,而两宫依然出狩銮驾,至今未还。外人议说虽或谓中国尚难泯猜疑之心,然而揆之于人我之见,则出狩与不回銮实皆人我之见,而不得谓为猜疑未泯也。夫互订之条约凭之情理固有自然可信之道,然而犹有时以不信乃欲凭空言奇理,俾九五之尊起居行止于各国联军之中,有此情理乎哉?故此次和款大纲业经中朝允许,详细条目亦已渐有端倪,又所谓永敦和好、共泯猜疑之时矣。

此次以围攻使馆、戕害外人,致使国体受大辱,两宫受大惊,官民受惨祸,首祸受重罪,惩前毖后,将来岂复有围攻使馆、戕害外人之事?然而外人不能不重定约章留兵保护使馆,留兵驻守通海大道及拆毁直隶沿海炮台者,即所谓人我之见也。中国之人心不能一一剖示外人,即外国之人心不能一一剖示华人。是各国联军现既有大队驻扎京城,则两宫自不能即行回銮,此亦人我之见,而不能谓现正开议和局之际中国不当有猜疑之心也。中国有人我之见而京城联军不撤则不肯回銮,各国有人我之见而和局未大定则不能有撤退京畿一带兵队之望,两两相持,旷延时日,而统中国、外国之人心,实均以及早回銮为念。假使新都僻在西安,在中国既无重振家邦之望,在各国亦有进退两难之势也。故各国使臣会同商议所有驻京联军,有定于西历四月初撤退移驻保定之说。窃谓照此办法,京城之内驻兵无多,两宫即可回銮,诚为能体人我之见。而保定与京城相距甚近,中国苟有变端,征调甚速,于各国毫无所损,盖为人为我皆得情理之正者也。虽然,窃有进者,各国既能揆之情理分明人我,知驻京之兵不撤退、不移驻则不能回銮,然亦知保定府将为跸路所经乎?上年七月之役,两宫知联军在南,故不趋保定,往北绕宣化出关再折而西,路多无人之径,业已备尝艰苦,此次回銮堂堂皇皇,必欲循大道由保定入京。是联军移驻保定,以人我之见而论,尚足以阻回銮之路也。窃谓保定之于京城,天津之于京城,其道里远近略相似,与其移驻保定,孰若移驻天津?但能保守铁路使无阻碍,则京师征调亦甚迅速,而中朝之心顾忌渐少,可以即日回銮,合之各国会议撤兵之初意,并揆之于情理均属惬当。故因联军移驻保定之说而进论之。

正月十七日(3 月 7 日)

《申报》

保教探原论

自天主耶稣教流入中国,泰西教士络绎而来,建教堂,宣教旨,孜孜以劝人行善为心,信者从之,不信者听之,与平民本无所强也,乃何以民教龃龉之端时有所见?至近日而风发云起,竟如铜山西崩,洛钟东应。西人以为地方官保护不力,藉为口实,除迫令将首祸匪徒重办外,必使该管地方官分别革惩而后已。近更以拳匪之变,坚请中朝严定各官处分,甚至督抚以下一并革职。惩治可谓严矣,防范可谓密矣,而试问此后各处教堂果能永保无恙乎?恐当轴者不能力任仔肩,即西人亦卒鲜万全之策也。夫民教纷争其始不过一人一家之事耳,而(闒)[阘]茸之官往往不察民情,任情抑置,其自诩才能者则更求悦于民,以致开罪教士。诚如圣谕,畏事者袒教虐民,怙名者庇民伤教,办理之不平如此,民教之怨遂愈结愈深,积而久之,竟成一发不可收拾之势。至此而犹不探其本,惟重责地方官不善保护。吾恐庸懦无能之吏从此畏首畏尾,遇案讯理将有不顾曲直,不论是非,以求快教民之心而息教士之喙,自顾考成之见重,轸恤民隐之念轻,而民之疾首怒目欲求一逞者如故则甚矣。办案之不可稍有所偏也,前年两江总督刘岘帅有见于此,尝通饬各属地方官力除此弊,一秉大公。今圣上又痛揭闹教之由,谕令地方官和平办理。圣君贤相所见略同,彼身膺民社者诚能遵而行之,持以识力,又何教案之不可消弭哉?惟人情诈伪,防不胜防,折狱之才殊非易得,彼教士又难保不为教民所蔽,出而干预其间。去秋,英相沙侯在议院中戒谕教士,务令嗣后遇事三思而行。慨乎言之,确有所见,不知各教士果亦有动于心否耶?

夫医家之治病也,必详察受病之源而投以药石,然后厥疾可瘳。苟第就外着之,或热或凉,似虚似实,执一施治,纵亦略著微效,而后患卒不能除。今西人惟知重责地方官保护不力,而不听地方官持平讯办,是犹延医者不令详究病源,一任凉热杂进,攻补混投。迨至祸势已成,群相诘责,有何益哉?且彼教民独非中朝赤子乎?亦何忍以此见异,以致人亦从而异视之也?窃以为此后地方官遇有民教争讼,当虚衷推鞫,折之以情,喻之以理,使诪张者无所逞其诈,谨愿者无所受其取,则民教皆有畏服之心,而教士自无容置喙。然以今日仕途之杂,欲求能吏戛戛乎难,是宜由大吏登明选公,进贤退不肖,使各州县皆得其人,方可免外人之借口。吾观近日中国教案之起,由于民之刁健者半,由于官之颟顸者亦半。去岁,江西闹教之案多至百数十起,嗣经大宪严饬从速办结,各官便纷纷托病求退,其平日之漫无治法可想而知。而江、鄂两省得刘、张二帅坐镇其间,各属吏得所(禀)[秉]承此风,亦得稍息,盖得人与不得人之异也。且不独此也,教士之迹,何国蔑有?泰西各国之民未必皆入其教,岂无一二偶启衅端者?何以焚堂戕命之风鲜有所见?无他,涓流星火,能防之于微也。呜呼!我中国自通商以来五十余载,屈指匪徒闹教之案不知凡若干起,国家偿金辟地,元气大伤。今又益以拳匪之祸,溃败决裂,一至于斯。若不及早筹一两全之方,我恐各国之焰愈张,华官之气愈馁,隐患之伏未有已时。正本清源,平情息讼,窃愿衮衮者熟思而审处之。

正月十八日(3 月 8 日)

《新闻报》

[论说] 论索还东三省

当各国交出和款大纲之时并未提及东三省之事,有心者早以东三省事不宜另案议结为言,盖一同议结则有形格势禁之益而无畸轻畸重之嫌,否则中国固将受其挟制,惑其诈骗,而各国亦未免有大损也。乃未几而竟有中俄密约之说,其中条款几将三省悉畀俄人。顾细为考察,则知所谓密约者并非中俄两国国家之密约,亦非两国全权之草约,而实为当地地方官之仓卒办法也。是以俄使极力催迫中国全权从速签字,而中国全权内伤国家之日削,外见众论之未平,尚未签字。虽然,以理而论,中国东三省与俄国交涉万不可以此为定本,遽行定约。而以势而论,则固有甚难处置者。中国今日几于通国无兵,联军所指无欲不遂,乃各国所议条款并未涉及土地之说。盖回顾用兵之宗旨,遵守英、德之盟言,而亦以地丑德,齐恐一国发难,群起效尤,必应乎瓜分之说而肇战争之祸也。故东三省事若以当日地方官办法据为定本,则是俄国独有得地之利权,首开其端。各国不甘向隅,必援利益均沾之说,如旅顺、大连湾、胶州、威海、广湾、九龙之相继遗弃,势不至通中国之地以四分五裂之不止。故以理而论,东三省之地中国万万不可轻畀俄国者也。

然而俄国之垂涎东三省固已久矣,日本之役,俄人得以索还辽东,乘间市恩,未几而旅大租矣,满洲铁路造矣。在中朝之视东三省,固已若幸存之地、报恩之具,而俄人之视之亦似外府,此则三省之地其势必轻以畀俄之根也。今者俄自黑龙江长驱而入,可萨克兵之所向非克即降,亦既以兵力抚有三省之地。中国既无克复之兵力而欲理义说之,是犹求虎狼之慈悲,此则三省之地其势难于索还之故。地方官仓卒办法,中朝本未承认,然俄人必据此张本,不肯吐已咽之食,虽与竭力磋磨,而大纲办法终不能越此范围,此亦三省之地其势难于索还之故。故曰以势而论,实有难于处置者。虽然,日本之役中国亦以迫于兵势不得已而允割辽东,乃俄人竟仗义责言代为索还。今俄人既有久占三省之意,东西各国竟无能仗义责言代为索还者乎?各国用兵宗旨以及英、德盟言皆声明不私中国土地,盖瓜分之说本无定约必起争端,且俄人苟分得东三省则左瞻右顾,虽欧洲亦隐受其害,况中国全地,各国岂能安坐而分之?此约若成,实各国公共之患,而日本则前此曾受俄人之责,后此最受俄人之害者,尤应竭力索还者也。英、德为中国之事所订盟约,于第二款内不侵土地一说持议太不明晰,各国未免误会,而俄国乃得逞志,是为一误;各国拟议条款大纲之时不将东三省事一并列入,至有另案议结之事,是为再误;今若不知会同责难于俄国,而但劝中国全权不签字,恐将成三误,而三省之地终为俄有矣。呜呼!东三省者中国之地也,而欲借各国之力以索还之,夫亦深可悲乎!

正月十九日(3 月 9 日)

《申报》

阅报纪公所裁撤事感而书此

呜呼！吾观于本报所纪公所裁撤事，而不禁重有感也。夫京城为四方枢机，官僚之所萃，商贾之所趋，各省人民之所仰止。其管理民间词讼，则有大兴、宛平两县焉；其拘拿土棍，惩治匪类，则有各段坊官焉；其诘奸禁暴，严拿盗贼，则有巡城各御史及九门提督焉。纲举目张，固奸宄无所容，而闾阎可期安谧矣。不意自去夏义和拳匪倡乱畿辅，禁城之内匪类充斥，跳刀拍张，驯至攻使馆，戕教民。当事者非特不之禁阻，且从而助之，因之激怒外人，驱兵直入，乘舆出走，宗社为墟。嗟乎！此非古今之奇变，而为各国所罕见者哉？当是之时，居人之在城内者既难于安居，又无从趋避，仓皇失措，穷无可言。而不宄之徒乘机肆其狡谋，大市通衢竟敢公然杀掠。各国统帅知其然也，于是各就暂管界内会同本地绅董设立公所。在英界者曰保卫，在日界者曰安民，在德界者曰普安，在美界者曰协巡。四公所经费每月在官款中各拨一百五十金，如尚不敷，则捐之于各铺户。为此举者，原以期盗贼潜踪，地方安谧也。岂知日久弊生，德胜门外、西直门外各公所竟有不肖绅董勾结无赖通事，讹诈军民，甚至有将人私押拷讯因而毙命者。噫嘘嘻，异哉！

夫京城者，中国之京城也。缉捕盗贼，绥靖地方，固京城各官之责也。乃以纵容拳匪之故，致各国联军长驱直入，卧榻之侧，鼾睡任之他人。然则为联军者，或挟其攻使馆戕教民之恨纵兵焚杀，四出驿骚，虽于理或乖，而亦未尝不在情理之内。庸讵知外人转能体恤民情，严禁骚扰，而乘此纷纭之会纠合丑类肆意劫杀者反在华人！然犹曰此系闾巷乱民，因无人弹压稽查，故敢恣肆猖狂，毫无顾忌耳。既已设立公所矣，虽有洋员同为主持，然各所绅董皆系中国之人，以中国之人办中国之事，苟稍有一息天良，当亦念时事之艰危、民人之苦累，为之斡旋其际，俾得除奸宄而安闾阎。乃反倚势作威，任情鱼肉，苟非丧心病狂，亦何至若此哉？抑吾闻之，当拳匪势之盛也，禁城内外纠党联群，横行廛市，遇民之富而柔懦者或平日与之有隙者，辄目之为教民，诬之为奸细，或劫其财，或戕其命，恣睢暴戾，若无人心。迨洋兵入都，会同中国官迭下剿匪之令，则若辈又汹汹然，向各户搜查，声言报复，不遂其欲，焚掠随之。盖昔时倚拳匪之势而与教民为难者，此时又借洋人之威而向平民索诈，奸伪百出，防不胜防。兹各公所之所谓绅董，殆亦是耳。幸而洋员知之，陈侍御查明之，得即拿办数人，并命公所一律撤去。设洋员或存固执之心稍加袒护，则若辈益将肆其城狐社鼠之心，横行讹索，维彼黎庶，其何以堪？夫京城为万方观听所系，中国之官不能治而借洋人之力以治之，洋人不欲尽揽其权，寄其责于绅董，而犹作奸犯科，自相残食。嗟乎！此中国之所以日就衰弱而为各国窃笑焉，而不能自已也。

正月二十日(3月10日)

《新闻报》

[论说] 论保全机会

贤相秉钧,群小匿迹,慈圣颐养,圣主当阳,夫而后可以言变政。此在智者,无不知之,无不望之。然而天不能无缺陷,事不能无盘错,今岂其时耶?故曰今日之得行新政,只可谓之机会,不可谓之时势,不然乌有所谓能言不能行、能行不能言者哉?盖必大有为难,而后虽知其为良法美意,只得以不能行了之;虽知其为嘉谟嘉猷,只得以不能言了之。夫所谓大有为难者,岂非为保全此机会乎?当今朝廷之意见未专,朝臣之议论杂出,诚宜纡回曲折,守得寸则寸、得尺则尺之法,以保全此机会。虽然,勇往直前,不顾利害,固可失现在之机会;纡回曲折,过于斟酌,亦可失现在之机会。此中消息,有毫厘千里之别,可不慎哉?夫自戊戌之变,皇太后惑于群小,痛恨新法,虽以皇上之尊至于失欢,遂竭力布施其反对之政策。至于今日成败固已分明,创巨痛深,追恨于国事之所以不振,本应有翻然变计之一日,而况各国舆论颇有复辟亲政之说,不于此时施行新政,则外人之要求必至更炽,此平旦之气所由生也。是故各大臣、各督抚妥议覆奏过于激切,自生阻力,而观望徘徊,欲言不尽,如所谓能行不能言者竟以不言了之。他日和局告成,平旦之气渐渐消化,岂非因保全机会之故而致失现在之机会哉?

大抵为身为家之心尽人所有,然必为国为民之心胜于为身为家之心,则其所谓斟酌、所谓保全者为国家保全此机会也。为身为家之心胜于为国为民之心,则其所谓斟酌、所谓保全者保全其身家而机会从此失矣。各大臣、各督抚受国厚恩固已身家贵矣,当此国势渐渐有消灭之忧,向者犹得诿为朝廷之政策不喜谈新,故尸位素餐,偷安旦夕,今则朝廷明明予以变政之机会,岂可以保全机会为推诿而至于坐失机会哉?世之为快心之论者,必曰欲行新政,必须群小尽行匿迹,慈圣即日撤帘,否则此事终归于无用。其说诚然,然而各大臣、各督抚或又岂可因此自诿?夫变政大事,东西各国皆艰难盘错而得之,必欲俟慈圣颐养、群小匿迹之后,岂有如此之现成哉?新政反对之政策莫甚于上年四五月之时,扶清灭洋之言传说于深宫而主持于邸相,然而东南各督抚竟能不受乱命,力反宗旨,然则诿为权在朝廷、督抚无权之说,岂为笃论?曩无保护外人之机会而各督抚立约以保护之,今明明有变政之机会而或苟以为难之,故安坐而失之,则他日之罪,论史者岂能为各督抚宽哉?是故各督抚今兹议复,固不可过于勇往,致蹈戊戌之覆辙,然必鼓其为国为民之志气,本其立约保护之胆量,勿使难得之机会以过于保全而失之也。

《申报》

示禁毁电

南昌采访友人云：去岁江西各属顽民谣言大起，不特酿成闹教之案，甚且毁灭中国所设电线、电竿、电报。督办盛杏荪丞宪闻之，札饬各州县查案，出示严禁。其萍乡县顾励堂大令所出告示大致谓："案奉各宪行奉部奏，匪徒窃拔电报杆线请明定治罪专条一折，奉旨依议。钦此。"计原奏内开"近来拔毁杆线之案层见叠出，若非明定治罪专条，不足以示惩创而资整顿。嗣后如有匪徒窃毁电报杆线，不论官电、商电，是窃、是毁，不计赃数，但经折断，均请比依驿站马夫递交公文事干军情机密沉匿者，杖六十，徒一年，例拟杖六十、徒一年。如窃盗，仍尽本法刺'盗官物'三字，弃毁者照例免刺。误毁者于杖六十、徒一年罪上减三等，拟杖八十。窃毁杆线，均照估追赔。以上各节但指寻常窃毁杆线而言，倘有地方奸民造谣聚众，拔毁杆线至数十里外，逞凶拒捕，致伤官兵，情节重大者，仍随时察酌情形，分别首从，比照土匪滋事从严惩办，不得复拘常例。其失察窃毁杆线之地保，拟杖责革等因，通行到县，奉此。查电报关系机密军情、国政商务，殊方万里，呼吸可通，实于公私大有裨益。萍邑自设电报以来，迄今三载，地方均各平安，亦罕有损失电线之事，足见民气驯良，深明大义。奉饬前因，除将电杆号数分图谕饬保正外，合就严禁，为此示仰绅商、士庶、军民人等知悉。窃毁电竿、电线，现已定有治罪专条。嗣后务各父诫其子，兄勉其弟，切勿妄生疑虑，无故毁窃，自取罪戾。自示之后，倘敢故违，一经访闻或被获送，定即尽法惩办。本县言出法随，决不稍从宽贷，各宜凛遵毋违，特示"。

正月廿一日(3 月 11 日)

《申报》

民教宜和

温州访事人云：日前，调署浙江温处道兼瓯海关监督王心斋观察以去年北方之乱，其原皆因民教不和而起。温州系通商口岸，民俗素称朴野，深恐无知愚贱，不知体朝廷辑睦友邦之谊，妄启事端，爰特出示晓谕，张贴通衢。其文曰："为剀切晓谕事。照得民为邦本，我朝二百余年省刑薄敛，所有政令法度，无事不矜恤吾民。律例虽严，勾决不厌详慎。灾荒入告，钱漕即予豁除。厚泽深仁，当亦率土人民所共闻共见。乡僻小民即食毛践土，习焉若忘，试问耕凿相安，非君后之善政及民曷克臻此？如今夏京津一带拳匪肇祸，北地蹂躏情形不堪言状，数十万生民涂炭，荡产倾家。即至今幸庆弭平，而困顿流离犹赖南数省完善之区为之救济。然国家事至如此，两宫西幸，犹烦宸虑，先以东南各省生灵为重，力筹保全之法，必使地方无风鹤之警，百姓无戎马之忧，商集于市，农耕于野，宴然如游升平之宇。惠我民者，何其深且厚尔？百姓当思一丝一粟皆出君恩，无恙无灾即为民福，宜如何仰体朝廷垂念民艰之至意?顶戴涕零,不可再增君父之忧,不可再酿地方之衅,无智无愚当亦明白此理也。中外自通商以来,我国家以邦交为重,各国官商分驻中国各处,无不力为保护,即我中国官商分驻各国,友邦政府亦无不格外保护。即以浙省而论,宁、绍、嘉、湖各府之在大英伦敦、大日本长崎等处及在大俄、德各国贸易者,不知凡几。温处各属,环山滨海,地方偏僻,遂至少见多怪。如教士来华传教,以劝人向善为宗旨,本无损于尔民,况朝廷敦修睦谊,何等敬礼友邦?既为子民,宜以君父之心为心,更不得各怀意见。论法固所不容,论情尤更不可。温处地广民稠,良莠正复难齐,犷悍不驯之辈聚而造谣,急而入匪。风声一播,雷霆即加。大之使国家多事,则无以对我君上,即无以见我长官;小之使身命不保,则无以报我父母,即无以养我妻孥。为千古罪囚,贻万人唾骂,甚为尔百姓不取也。本道一再谆谆,不惮舌敝唇焦,为尔民诰诫,盖不愿我百姓皆域于愚蒙,罹于法网,倘肇祸于不可挽回之时,贻害大局,灾及梓里,该罪首虽治以百身莫赎之罪,亦徒然矣。除已由本道通饬各属厅县遴选绅耆竭力开道外,合再剀切晓谕,为此示仰军民人等一体知悉,务必痛除成见,力洗前愆。倘再执迷不悟,即是不可教训之乱民。一经获案,定照谕旨即予正法,三尺刑章不容宽贷也!凛之,戒之,特示。”

正月廿二日(3 月 12 日)

《申报》

变法论

中国至今日,无不知为贫弱矣。原其贫弱之由,亦无不知因法之不善。既因法之不善而至于贫、至于弱,则欲挽回之、整顿之,非变法不为功。然而变法岂易言哉?使非斟酌乎重轻,权衡乎得失,无论当变而不变、不当变而变,其贻误较不变为尤甚。至于当变者而不善变之,或误于因循,或激于欲速,或袭其皮毛,或仅为掩饰,则虽变犹不变也。夫法而未变,虽至于至贫极弱,犹以一变期之;若变而不善,则更何所期望乎?自通商以来历数十年,中国未尝不步武西法,日渐变更。观夫制造设局,竞尚机器,则工艺一变也;设立海军,改用枪炮,则兵政一变也;长江大河,双轮飞渡,则商务一变也;派员游历,出使外洋,则仕途一变也;开采五金,招商集股,则矿务一变也;设立学堂,讲求武备,练水陆诸军,习各国语言文字,则储才肄武之法又一变也。凡此诸端皆西人之所长,而为中国所宜变者也。乃变之数十年,而中国之弱犹是,中国之贫犹是,一时躁进之徒不以为变之未得其道,而以为弊在不能尽变,欲便举国改弦而更张,致康、梁诸逆臣得以乘机而作乱。迨康、梁事败,而当轴存惩羹吹齑之见,又欲前之所变者一概率由旧章。此非不变之患,实变之不得其法,而致有畸重畸轻之弊耳。

要知中国之法有断不能变者,有断不能不变者,有可变可不变者。何以言之?中国以伦纪纲常为重,自三皇五帝以迄于今,充塞大地,彪炳日星,历代相传,无敢废坠,而又有孔孟之道羽翼而扶植之,此断不能变者也。至于不能不变者,掩饰也,蒙蔽也,因循怠惰也。

养兵士而不练，与无兵同，而饷糈虚縻矣；有物产而不制，与无物同，而商务不振矣；藏五金而不采，置膏腴而不耕，而天地之利尽失矣。凡此数端，中国苟能精以求之，自不难渐底于富强，而外人自无从要胁。若夫可变可不变者，所谓大德不逾闲，小德出入可也，亦无关轻重者矣。而昧于是者，以为中国当变者尚不止于是，非尽举中国之政■风俗尽变之，终于难望富强。果如所言，我恐变本加厉，中国之乱将无已时矣。说者又谓：中国积习已深，挽回非易，欲为振聩发聋之举，宜先使之耳目一新。于是，谋逆之徒有为平权之说者，有为易服之言者。试问果平权，果易服，而仍因循怠玩，欺饰蒙蔽，其亦能富强乎，抑不能富强乎？泰西富强之基，首在商务。而商务之原，在乎制造。制造之法，不外格致。格致之学，不外推算。考算学本由中国流入外洋，西人目为东来法。是华人固先西人而能之，乃华人能之而不求精进，转使西人后来居上，及今转向西人学之，是诚中国之耻。若谓耳目一新，方能精进，则不但骇人之听闻，而于大局亦有损无益也。是则法岂可不变哉？亦岂可妄变哉？

正月廿三日（3 月 13 日）

《新闻报》

［论说］　论俄约与议和之关系

和议正当及半之际，忽插入各国争执俄约一事，致赔款一条暂搁，改换通商一条亦尚未检订，和局之成机致已滞矣。窃谓各国之于中国应同心办事，庶联络其交谊；中国之于各国亦应同心相待，庶平等其邦交。中国不应于与各国立约之际而与一国立暂且之章程，其名为暂且而实则永远，其名为章程而实则条约，其与一俄订约而实则与各国抵制。在中国，藉俄以抵制各国，我不敢曰必无。在俄国，藉约以防豫各国，我更不敢曰必无。中国在今日怅怅无之，亟思联一国以自卫，惜各国见机不早。在甲午以后中俄之亲密已显，东三省藉占岂今日之事耶？西伯利亚铁路岂今日之事耶？中国之所以与俄订约者，权岂在中国耶？以怅怅无归、茕茕莫告之中国，低首乞（邻）［怜］于各国而无应之者，是谁之咎与？和约之开议也，中国所求于各国者，在退兵，在轻索罪魁，在减取赔款。而各国争执不休，迫中国于无可如何，于是俄国之狡谋出矣。知中国之欲求退兵也，曰“我俄国不愿驻兵北京”；知中国之难办罪魁、难偿赔款也，曰“俄国以仁义立邦，不愿苛求罪魁、赔款之事”。以此假仁假义欺哄中国，而中国不得不入其彀中者，以各国之要索无已，逼人太甚，而能仗义执言不落井而下石者，究之俄实较各国可亲也，此中国所以亲俄之故，况事在甲午以后已显见耶。各国以强压中国而不能以术诱中国，是各国不如俄国之巧而实为俄国所愚耳。

且中国之亲俄又别有故也，辽沈发祥之地，满蒙退老之乡，盖亟欲有扶持保卫者以为将来之计，而毗连者属在俄国，此亦只可联俄，冀可哀鸣以图存也。况俄以甘言先入，而又适值各国相逼之际，安得不令中国堕俄之术中而亦为其愚耶？中国于各国皆思联络也，然联英英不应，而张都宪之专使英人且讥之。联日日不应，而那桐之专使日人亦讽之。德军、法军又复联军四出，且劫掠之事间闻之。美、日颇有扶助中国之心，然和约亦卒不肯出首磨减。日虽时以同洲之言爱我中国,然亦不过以妒俄之心而发此甘言耳。若实爱中国,何以甲午之役之先启其衅,以致辽东、大连湾、旅顺、胶州、威海、九龙、广州湾之令中国日蹙百里也。曰爱我者,有力不能助、不便干预者,有明实爱我、暗实图我者。我不敢谓各国之心较良于俄国也,各国于俄之逼我,不兴问罪之师于俄,而兴问罪之师于中国,是畏强而欺弱。在中国今日不过剩此顽土不能自治,任令各国之攫取而已,有如长江,有如闽浙,有如山东、河南,有如四川、云贵、两广,皆各国所垂涎。在各国之不索取,彼其意以为时势尚未到,岂与俄之心稍有异哉?俄国意在西伯利亚铁路告成可以雄据东亚,经之、营之,专利之心不自今日始,故联军公共之利彼不过附和随声,其实彼之谋专在东亚也。各国既非不知,何以不与俄国申明不准立私约之故?一误再误,徒使中国为俄国所赚,而各国直待其约之将成乃恍然大悟,连日将赔款一条搁起,专与中国争俄约一事,其使中国为难之处未免已甚又甚也。和款已及半矣,中国之所以惩办罪魁者,亟望和局之成早可回銮,早定天下耳。大局之益不仅在中国也,乃各国戛然中止,舍赔款而议俄约。窃谓俄约自俄约,和款自和款,若与中国照常议和款,而俄约一层但群起而责俄之不应自私,另与俄国办交涉,不牵涉中国之和议,则和局不至中道而废,而亦情理之至顺也。总之,中国弱而俄国强,各国能怜弱而争强,事庶有济,若必迫中国于无可如何,以致和议不成,大局全坏,又何益耶?

《申报》

论中俄订立密约

孟子谓:“君子可欺以其方,难罔以非其道。”方者,类于事物之谓也。故有方,则人皆知为事物之容或如是,而不知为欺,于是乃中其欺而不悟。无方,则人皆知为事物之必不如是而群识其欺,于是欲行其欺者非徒不能售其欺之术,或且因为人窥破其欺而多方以备之,百计以防之,是欲行其欺而适以害其欺也,人必不若是之愚也。若人人皆知其欺而曰是虽欺我,我不妨为其所欺且不能不受其欺也。人即至愚极庸,吾知亦断不出此也。而人乃津津然道之,一若理之所必无者。容为事之所或有,吾既不能决其事之必不有,特不解欲行其欺者,何以竟如是之不中于事物而得以售其欺?受欺者何以明知为不中于事物而竟甘为所欺也?此吾所以踌躇辗转而不能无所疑者也。如近日外间纷纷传说,谓中俄现将办理满洲事务,订立密约九条。夫既云密约,则必秘之又秘,非中俄两国朝廷,概不使闻知其事,非中俄两国订约大臣,亦概不使闻知其事,安所得流传于外耶?然犹曰:事虽秘密,难保无漏泄之时。鼓钟于宫,声闻于外,此亦天地间自然之理,无足异者。安见外间所传之密约,非中俄两国之实有其事耶?所异者,俄人之不以方欺中国,中国又明知其非方,而竟甘为所欺而不悟也。

观密约之一曰:满洲归还中国。夫满洲为我朝发祥之所,虽物产未必富,土壤未必腴,而根本在是,非若台湾之可轻易割弃也。曰归还中国,此我朝廷所乐闻者也。二曰:中国各官仍执政务。中国自遭此次拳匪之乱,国势之弱不言可知。深恐事事为外人所制不能有自主之权,曰各官仍执政务,则一切内政、外政尚可由我措施,此又我朝廷及大小臣工所乐闻者也。此二者无论他日之能否信守,而就事论事,则固中国所求之不得而可与之订约者也。至其三曰:地方政务俄国有监督之权。其四曰:满洲军务一切,俄国亦有监督之权。

其五曰:满洲城垣须尽行毁去。其六曰:华军所用枪炮火器均须交付俄国,并禁再行购备。其七曰:驻防满洲各军悉行调出。其八曰:满洲铁道兴工时须责成中国政府保护。其九曰:战争扰乱、盗贼蜂起之所,俄国军队有自行调动之权利。凡此七者,人人皆知于我中国有大不利。我即至愚极庸,而亦断不至中其欺者也。乃中外传布若出一口,谓为无因,何以中外皆有此语耶?谓为有因,何以订约大臣竟昏昧一至于斯耶?夫地方政务、满洲军务均须俄国为之监督,则我之一举一动俱不能自专矣!城垣毁,驻军撤,枪炮火药不能存储购备,是我战守皆无具,而战争扰乱、盗贼蜂起之所,俄反得自调其军长驱直入。是虽以满洲归还中国而仍与不归还等,是虽许中国各官仍执政务而仍与不执政等。纵责成中国保护满洲路工一条,中国政府断不能卸其责。然试思凡事皆有俄人监督军士,军火又一无所存,我何所用其保护?而又何恃而能保护乎?此至粗极显之事人人所知,何订约大臣虑不及此而竟昧然从之耶?或曰中俄密约中国亦迫于势之无可如何,故不得不受其制。然京津之事中国方与各国议和,大纲虽已传宣,子目尚未议定。此约宣布,各国不将援以为例,而中国几如不国耶?抑将结好于俄,藉俄人之力以求各国之稍稍通融耶?顾其失计也,亦愈甚矣。何订约大臣竟明知其欺而甘心之忍受之,不为之一较利害、一审时势耶?此吾所以为甚可怪,而不能无疑于中也。

正月廿四日(3 月 14 日)

《新闻报》

[论说] 论俄约与各国关系

中俄之约既有关系于各国和议,实为中国永远之大患,万一全权大臣遽尔签字,必遗无穷之悔,断不可以竟■者也。各国因此亦将现议赔款一条暂行搁起,会议中俄之交涉,以冀中俄之约可以不成。虽然,中俄之约倘不料而竟成,非中国成之,而各国成之也。盖统各国之智力、兵力何惧于俄?故各国苟能共竭其力以干预其事,则此事未有能成者也。今各国国家固何如乎?窃观其公电往来,其中立意措辞责中国者多,责俄国者少,甚有乘间抵隙欲思均沾利益者。中国国势今为最弱,固宜其为众罪所归,而为各国所责备也。虽然,各国亦尝细思之乎?各国会议北事所开大纲十二条,夫岂中国之愿?然各国于约中既有不能更改之语,而中国当无可如何之势,于是不得已而将大纲十二条一一照允。今与俄国之交涉有以异此乎?中国委员与俄国所议九条,中国既不允,俄人乃开出十二条,强中国以必允,而中国全权大臣尚未签字。俄人之开出条款以强中国无异于各国,而中国国势亦岂能弱于彼而强于此哉?方今中国事事受制于人,几无自主之权。各国不责违众要索之俄国,而责无可如何之中国,夫亦不察之甚矣。况各国之责备中国亦属何益?今幸中国全权大臣尚未签字,即因各国之责备而就此中止不复签字,而东三省之俄兵未退,则东三省尚非中国之东三省也。今各国搁起和议而议论私约,假使私约中止,必再开议赔款等各条,自此一一就绪,和议告成。和议之中既无一语涉及东三省之战事,则此后何以遏东三省之俄兵？若欲借中国之智力、兵力以退俄兵，则为断无之事。故各国仅仅责备中国，于大局终属无济，不能不共竭其智力、兵力以与俄国相周旋者，其势已然也。

当日开出和议大纲既未尝拉入东三省之战事，今日俄人要索，中国又不肯竭力责备俄国，或则曰待时而行，或则曰利益均沾，窃不知各国何惧于俄而竟若此？夫使俄人得有东三省，如虎添翼，必致无敌于地球之上。即使各国本待时而行之心，借利益均沾之口，别得他省之地于中国，终不能与之相抵。窃谓各国政府断不致贪小利而忘大害，然则各国云云者，其固以之恫吓中国，俾中国不敢签字于俄约乎？中国乘此机会诚可将各国之意明告俄国，不复签字，俾得速与中国重议和款，早定大局。然而东三省之兵未退，东三省之地未还，东三省华官之权未复，各国其就此默尔而息乎？甲午之役为日本一国之战事，俄国尚且出而干预，以力索还辽东。今明明为各国公共之事，俄国违众要索既不合于公理，则各国出而干预，岂为越权？苟其不能如愿，则统各国之智力、兵力以从事，亦不为过，且其势必致于如此而止，则何不及今之时责言于俄国？夫及今责言已为失时，更有何待而曰待时而行？故曰中俄之约不幸而竟成，岂非各国成之哉？

正月廿五日(3月15日)

《新闻报》

［论说］ 论俄约与全权关系

中俄之约由俄国自订，照会驻俄杨钦使，凡十二条。钦使见之大惊，电致全权大臣李傅相，傅相奏入皇上未批准。然该约虽未签押，亦未作废，致各国群起争执，各督抚电致阻止，盖皆注定傅相一允一拒而已。此次之约只可谓之俄约，不得谓之中俄之约。凡约皆两国公订，独此次之约由俄国私拟，无与于杨钦使，无与于傅相也。然论者素以“亲俄”二字加之傅相由来已久，以故此次之约或有谓傅相不肯拒俄者，盖自中东一役后窥测而得之者也。亲俄之议伏于中东议和之时，其时傅相颇思联英以拒日，而英不之应，俄乃从而要好，能代中国夺还旅大，以故朝廷将俄与各国比较而亲疏于是判矣。夫凡为国者，不能自立而赖转亲他国以求，自卫权即属之于该国也。彼恃我之从而相亲，于是以傲我者从而挟我，此理之固然。故旅大夺还于日而仍占据于俄，不过一转移而已。然而朝廷不得不受其甘言者，岂无故哉？乞怜于各国无应之者，乞怜于俄而如响斯应，此所以易为其愚也。然而各国不之谅，遂不得不迁咎于当国之人也。夫使无亲俄之形迹于先，则此次俄约彼焉得姑相尝试？又使无亲俄之人当国，彼焉得有恃而来？论者以当国亲俄之故致酿成今日之俄约，亦不为无见也。今之时何时哉？联军之在中国一律相待则事平，稍分厚薄则争执矣；秉公相待则事平，稍见同异则争执矣。当此和议将成未成之际，忽有谓俄约者为之插入，论者以全权似非不知而又谓全权万不可漫应者。呜呼！以与一国之交涉而动各国之交涉，此等嫌疑焉可不避哉？

中国朝廷盖久无主持之人矣，威望如傅相，智谋如傅相，故议和之全权属之。安危所系之重，成败所关之大，专注于傅相一人，设忽有亲俄之嫌疑而为各国所责备也，致将议和一举尽废，各谋其所谋，则中国瓜分之祸不尤甚于拳祸哉？况乎此次俄约必为各国所不容，亦万无签议而后中国可以图存者，则俄约焉可不作废哉？时亟矣！事危矣！各国问罪之师齐至矣！啧啧焉烦言，跃跃焉欲试，各省督抚皆谓一约而牵动全局，其存其亡顷刻可卜，此可知俄约可废不可存，不待智者而知也。为今之计别无他策，一言以蔽之，请傅相废俄约，一则避嫌疑，一则全和议，一则保大局。成败安危在此一举，岂可一误再误哉？凡事不可犯众怒，亦不可违众议，今俄约外之各国，内之各督抚，下之士民，皆无以为然者，则又何必踌躇不决哉？故为全权计，不若明对各国曰：此约悉由俄国私稿强而照会者，中国断不以一人私订之约以令中国向隅。又不若明告俄国曰：此约由贵国私稿不可以私犯公，敝国实无权可以应允。然后将东三省还地一事列入和款中公议，由联军各国公订办法，则中国既不为难，俄国亦无可如何，各国亦无所争执，庶几从容不迫仍将和款接议，而中国于各国一体相待之心可以坦白，各国认中国一体之心可以坚信，此情理之至顺也。

正月廿七日（3 月 17 日）

《新闻报》

［论说］ 俄约窥微篇

时局至此，盖危迫之至矣。俄约废则和议成，俄约准则国事变，此可以不烦言而解者。然而默窥大局、静察时势在全权，一宗旨在各督抚，一宗旨在行在，一宗旨在各国，一宗旨在士大夫，又一宗旨各图其所图、各见其所见而已。全权亲俄之意，自甲午以后人言啧啧，此亦不必为全权讳者，一感于夺还辽东，一联于出使优待亲密之谊，■无有所偏重。上年由天津至京皆赖俄兵保护，已启人疑。而十二纲和款，俄国何以不将东三省一条列于十二纲内？全权又何以不揭请将东三省归入并议？一言蔽之，俄之交谊在中国盖先入为主，以甘言诱中国，甲午以后已然。全权于呼号无应之中而得一患难可共之俄，岂暇察其命意哉？此全权之于俄约也。

东南之交涉无与于俄也，东南惟以联络各国为主，与东三省惟联络俄国为主小异而大同。东南与各国决裂则祸患立见，东三省与俄国决裂则祸患亦立见，东南之约既所以保护东南，则焉肯以遂俄之约而摇乱东南？谓各督抚阻俄之议为保全全国，可谓各督抚阻俄之议全为保护东南亦无不可。各督抚电止之言皆曰：如允俄约，则东南之瓜分立见。大抵一意注定保护东南，而言外亦微有联络各国之痕迹，此各督抚之于俄约也。

行在顽（锢）［固］诸臣排挤东南督抚者有人矣，未尝不以六月初一日之约为各督抚之自私，未尝不谓东南督抚有意联络各国，未尝不于十二纲而衔恨各国之逼人太甚，未尝不感俄之不要索、不逼迫于中国独亲，盖内廷亲俄之心不自今日始。各国攻京津，东南不调兵入卫，反与各国立约，未必不有人在太后之前谓东南之办法系依倚各国等语，且罪魁之惩办固皆酿祸者，而适即顽（锢）［固］旧党助成立嗣诸人，行在未尝不以家廷之事恨东南之不相助也,而恨各国之心愈甚,即信俄国之心愈坚,视东南惟各国之是依,未尝不亟思联俄以全东三省,图可以退老,此行在之于俄约也。

图中国之利权,各国与俄国相同也。取我东三省者谁其作俑乎?曰日本也。既而东三省由俄夺还。各国如取人家国之心不同于俄,何以威海、九龙、胶州、广州湾不闻其廉而不取也?今俄占东三省而不还矣,各国皆无词以揭俄,盖取人家国之心本相同,特各国皆以夺利权为宗旨而土地即寓于利权之中,是以和款十二纲不及占土地字样,而细按十二纲全旨,所谓屯兵、拆炮台、禁售军火、改更条约,又何以异于俄约哉?出之各国则无人争,出之俄国则各国争。设俄执俄约与各国辩理,谓此约与和款十二纲并无甚多占利权之处,各国亦无词相对,故各国于俄约不与俄争而与中国争。又明知一争无益,故征兵调舰预备仿俄之占东三省作为而已,此各国之于俄约也。

全权有全权之难处,各督抚有各督抚之难处,进退维谷,稍不自慎,焉知各国不以惩办罪魁之手段横施无忌乎?顾忌既多,则立言难以沉痛,行事难以斩截。伺我东三省者,有俄。伺我东南者,有各国。忽而兵舰来长江,忽而兵舰游海面,东南盖惊弓之鸟也。而士大夫救国之心则纯以公理叫号天下,故绅商聚议敢言无忌,以爱国之心团结而成,能言各督抚之所不敢言耳。彼明知俄人占地必不肯还,不签押亦可作准,全权必不肯坚于拒俄,而为此大声疾呼以耸当国之听者,冀其有所惊怯,知国人之不可欺,而据此可以婉商于俄,或可存东三省于万一,亦以见中国尚有不亡国之人心存之天下万世,而大清之民气尚奕奕如牛也,此士夫之于俄约也。

以士夫之宗旨如此,而藉以抵全权及各督抚及行在、各国之宗旨。鸣呼!亦可谓以举一羽之力而举泰山,虽曰甚难,而其志不可悲哉?是故论俄约者不可作一偏之见,而大局时势所见之不同论者,亦不可无所分晓。总之,东三省之事各国应争于旅大之时,各国既不争于旅大之时,而威海、九龙、胶州、广州湾之役复相继而起,则适以坚俄人占取东三省之心也,且十二纲和款又不列入东三省一并归议,待俄约既订,而后而徒于中国既失之地、俄国既得之地嚣嚣然辩论也。何其见几之不早欤?

正月廿九日(3月19日)

《新闻报》

[论说] 和约、俄约分别办理说

昨日北京来电云:现邸、相仍与各使开议和约,所有俄约一事不在公议和约之内办理等语。译毕且为之喜,且为之忧。喜者,喜和约之不废,可以不致以俄约一事而扰乱大局也。忧者,忧邸、相不以俄约为重,又以各国之不甚相逼而遂稍予通融也。夫各国之所以只责中国不签字、不责俄国不立约者,盖以不签字之约私约耳,私约不虑其不废。然只责中国不签字、不责俄国不立约又大有后患也,何也?各国之意若谓但将和约订成,随后再办俄约一层可耳,俄约废则已,否则尤而效之,尚不为迟。此时好在各国京津之兵皆尚未退，我等何必责俄之退兵？迨和约成，如俄不退兵，则相率皆不退兵可也，尚不为迟也。是故，各国此时争俄约之心不敌其争和约之心，且欲急急成和约，将和约之利权到手而后可以争俄约，以收仿照俄约之益。故且议和约、且议俄约，非忘俄约也，以仅争俄约则于和约有不利之处也，是其所以分别办理之意也。邸、相处两难之中，各国争执与否不得不听各国之办理。而俄约不签字一层，邸、相亦在不能自持，使无预约甘言于先，则正好藉各国不许之言以御俄使，藉俄抵制各国之言早与俄私相授受也。则此时虽未签字，恐俄随后亦必逼令照签，甚或不必签字而亦不退兵还地，皆意中事也。惟是趁和约及半之际，与俄国申明约可作废，则随后中国后患尚少。若此时含糊，迨和约成，既吃和约亏，而俄约又相继吃亏，于是各国又相继仿俄约以令中国吃亏，则中国除吃和约之亏外又添一俄约、各国约之亏，岂非一再吃亏哉？

夫和约成而俄约废则可，和约成而俄约不废则不可，先尽公议之和约不以俄约搅杂大局则可，不以俄约搅杂大局而视俄约为无足重轻俯以就俄则不可。邸、相诚能一面与各国会议和约，一面与俄人竭力磋磨，得于和约未成之前先将未签字之俄约作为废纸，则为斡旋大局。然而窃忧其不能也。以势而论，俄人固已将兵力占据东三省之地，自圣彼得以来垂涎者业更数世，一旦得之，岂肯复还？且自中国政府视之，地已归俄，俄不还亦无如何。今幸而有还地之约，即稍夺权利亦属无妨。故无各国之相逼，断不能保其将来之不签字，而各国现在于俄人占据东三省一事，亦无一定办法。假使有一定办法，则当探出俄约之后即宜责俄人之不应违众，乃不责俄国而但责中国，但禁中国不得于现在签字，是其无竭力废弃俄约之意也。现在既无竭力废弃俄约之意，则和约告成之后又安能必其竭力以退东三省之俄兵哉？是则各使现仍与邸、相会议和约，不以俄约搅杂大局者，盖亦分别办理耳。其口中现虽有和约告成，各国退兵，俄兵不能不退之说，然其心中固犹有俄不退兵，则尤而效之，另争利益尚不为迟之意也。故闻邸、相及各使仍议和约，不以俄约搅扰大局则喜，而恐因此宽懈，致未签字之俄约终不能废，则大忧也。

二月初一日（3 月 20 日）

《申报》

阅本报纪中俄密约事推广论之

迩来，中俄密约之说藉藉然播于人口。推原其故，大率得之东瀛各报，然辗转译录，款目不无各殊，语意不无微异。执笔人尝窃窃然疑之，以为中国执政诸君虽至愚极庸，当亦不至受欺若是之甚。且约既云密，当必秘之又秘，非他人所得与闻，何以竟中外咸知，流传殆遍？因尝抒其管窥之见，著为论说，贡其所疑。兹阅昨日本报所纪美国驻京使臣康君之言，始知此事京城虽微有风闻，并无确据。夫康君膺美国朝廷特简，驻节中国都城。其于中俄交涉情形，岂有不留心侦察之理？安得谓如许大事，康君竟未深知？如谓康君既知之而故隐之，则揆诸情理，虽愚者亦知其不然。然则所谓密约云者，不过一时里巷之传闻，而并非确有依据。或曰如子言,密约一节既已传信传疑,未能据为典要矣。然连日贵报所纪日、俄搆衅,日人备战诸条,岂皆子虚乌有之谭,姑以此骇人闻听耶?则应之曰:是亦不然。

盖俄自前皇大彼得以来,继体诸君咸有囊括四海、并吞八荒之志。欧西诸国忌之畏之,并力合谋多方阻遏。俄知各国力敌势均,无间可入,于是注意东方,思有以展其权力。适甲午之岁,以朝鲜之故中日遽尔失欢。日本恃其坚甲利兵夺我旅顺口,占我大连湾,险要之区相继失守。而东三省为国家发祥之地,骎骎乎将入日人掌握中。俄人以为机有可乘,于是仗义执言,代中国将辽东索还。当是时,日迫于俄人之威,不得不委曲从命,然两国猜忌之心则从此深矣。自是而后,俄人恃有功于我,要索修筑东三省铁路之权,俾直接西卑利亚干路。中国勉从其请,另订约章。俄人遂并力经营,不遑暇逸,行见不转瞬间此路既成,不啻扼亚洲之吭而拊其背,欧洲诸国忌之极深,只以中俄两国既有成言,无从出而干涉,乃为之危言耸论,激怒日人。日人以前隙之未消,危机之将露,朝野上下咸有跃跃欲试一决雌雄之心。夫俄之强,天下所闻而畏者也。数十年来虽未与各国相见以戎衣,然猛虎在深山,百兽自然震恐。日本虽近年发愤为雄,炮利兵坚,居然为海东强国,然与俄人交绥海上,胜负之数当亦难以预知。而日之敢于毅然为此者,意、英、美诸国必为之奥援,暗中襄助。俄倘贸然与日启衅,则出而牵制者必不乏人。故虽彼此嫌隙甚深,而俄终不敢轻于一战者,未尝不由乎此也。要而言之,东三省本中国之地,日人于甲午之役贸然据之,虎视眈眈,方以为可拓地千里矣,不意俄人夺袂而起,阳示代抱不平之意,阴怀私行窃据之心,迄于今而其势愈张,其谋愈狡。不特日本实逼处此固甚难堪,即泰西各国目前虽无意外之虞,而俄势日强,终非各国之福。推原祸始,实由日人横占中国土地有以启之。语所谓螳螂捕蝉,黄雀已伺其后,观此情形,岂不益可信哉?愚故因密约之说而推论及之,凡世之办理交涉者,慎勿恃其富强逼人太甚,转蹈昔人"鹬蚌相争,渔翁得利"之诮也。

《开智录》第六期

本会论说:义和团有功于中国说

贯公

世界上最令人可惊可憎可恶者,莫如今日之所谓文明国也。明其眈眈之目,张其逐逐之胆,利其炮,坚其船,下众暴寡强凌弱之方针,施屋人社墟人国之政策,不亦令人可惊乎?今日唱瓜分之言,明日唱保全之议。或既割人之要土,既得人之重金,而嚣嚣然曰:"予于此举,一时之不得已也。而今而后当讲人道,重敦玉帛,断不再蹈前辙,婪取强索,以贻不知我不得已之苦衷者之怪也。"不亦令人可惑乎?己国内政始修,外侮仅镇,不至一落千丈之弊,顿夸持盈保泰之言。见人之横侵强索于他人也,则执干以随人之后。见侵索者之不能遂谋也,则为之太息;或为之嘲笑;或唱与人联合,认为手足;或唱保全于人,交逾肝胆。设反问己国昔日之景况如何?将来之景况如何?绝不自量。不亦令人可憎可恶乎?呜呼!岂真不如是不足以为文明国乎?当往昔文化未开之代,争城争地,草菅人命,流血成河,曾无停晷。此所谓春秋无义战者。审其时势,忖其人心,亦不深怪。今也轮船、铁路、电线之道通,而地球之面积日形缩小。渺沧海于一粟,视异邦若比邻。风教之盛,文化之隆,开亘古未有之新景。诚人群进化之时期,正宜讲和平之人道,顾万国之公法,博爱仁义,以达世界文明之目的,使普天率土,弹丸莫非公国,匹夫莫非公民。国民皆公,其享世界公权，不言自明矣。孰意计不出此，而竟至令人可惊可惑可憎可恶者，所谓文明国如是耶？此所以圆首方足，有国民之责任者，莫不勃然奋发，攘臂兴起，揭罣罣之独立旗，鼓铿铿之自由钟，如美菲之役、英杜之役是也。中国人虽至愚不肖，横览列国，纵顾己邦，长江、黄河促人激奋波涛之声，洋洋盈耳！尺蠖之屈，尚知求伸，岂天之特别降我人种，使长此幽牢密网，如没脑气筋之物，毫不察觉，甘受第二犹太之恶号，印度、埃及之失权哉？不知压之愈力，则起之愈骤，自然之理。故北部山东、直隶之人民，日唱外人之侮我，上天亦代为不平。当联络民气，共竭腕力，顺天之命，尽人之责。幸则杜绝列强，不幸亦振起国民排外之思想。此义和团之所由作也。

义和团之崛起也，唱灭洋之议，率无学之徒，蜂蜂然，轰轰然，视死如归，摇动世界。屠外使，火教堂，毁公署，拆铁道。动天下之兵，寒列强之胆。虽坚船云集，巨炮雨飞，而犹苦战多日，前仆后兴，直至政府倾，首都破，国主西狩，然亦雅不欲罢。夫义和团岂不知寡不可敌众，弱不可敌强哉？然出于爱国之心，忍之无可忍，故冒万死以一敌八，冀国民之有排外自立之一日也。而谓二三民贼，托神托鬼，所能使其履险如夷，置生死于不顾哉？时至今日，执成败论人之辈，直指而目之曰匪，蹂躏北部，倾倒政府，启衅邻邦，请盟城下，是贻国家百代之羞也。贯公曰：噫！是何言哉？使义和团一战而胜，奏凯而旋，有志者乘其机而导之以国民之义务，夺回自由之民权；扭转乾坤，开共和之善政；民权独立，扫专制之颓风。则此际之排外灭洋者为义和团，安知顺手倾满洲政府、大倡改革者非义和团耶？不过事败机失，弃甲曳兵，引狼入室，致贻人口实。然义和团虽一败涂地，为人不齿，而亦为中国种无算之强根，播国民独立之种子，我中国人其知之否耶？敢以所见，略述一二，而使义和团瞑目于九泉之下，我四万万同胞国民知所自任也。

我国人日言为外人奴隶之耻，而不知为满洲奴隶之耻；日言排外种，而不知排满洲之外种。满洲贼之盗我中华也，二百八十年于兹矣。当明君失德、烈皇继统、盗贼繁兴、凶灾迭见之时，满贼乘机而入，垄断独登，视吾神明汉种，曾胡虏奴隶之不若。考其种类，乃居我国之东北，种原鞑子，国号满洲，地极苦寒，不利五谷。无以活命，则同猎野兽，取其皮而衣之，取其肉而食之。人极野蛮，虽今日非洲之黑奴、台澎之生番，亦未之及。无教化、无礼义，如生理家所谓原人之起居食息，舍衣食男女之外，无余思想者是也。其野蛮不仅惟此，无御风雨之宫室，如上古之穴居野处；无通书札之文字，如老死不相往来。聚则如蚁如蜂，争衣夺食；散则鸟飞兽走，人各西东。灵魂既无文明之思想，体魄更有野蛮之难现。将蓬蓬之头发，永不整理，惟四围剃去小许，使青丝一束，臭压其头，重拖其脑，分三股而成一束，牵一发而痛全身。无知小人，以为食毛践土，深恩厚泽，于是尽服其之服，饰其之饰，甘为臣妾，甘为奴隶，终岁劳苦，百计经营，亦以享此野蛮之异种。满贼毫不恤尔民之艰辛，民不聊生，瞠若罔觉，甚至觅食异国，亦无兵舰之护卫，徒派暴官以残剥。嗟我同胞，何堪此苦？为外人之奴隶，不过身羁外人之土，谋外人之财，犹可言也。乃竟对一大贼强盗，夺我之土，握我之财。凡外人之要求也，则顺乎与之。我方镂心镌骨，以图夺回之不暇，孰料计不出此，引为同族，认为慈父，旦夕承欢于其膝下，不亦傎乎？是以彼苍亦为不平，凶灾层见，兵刀水火，无日无之。义和团之揭竿起也，虽未达其灭洋之目的，而亦开历史之辉光。倾此二百余年根深(蒂)[蒂]固野蛮无纪之政府，灭此不可枚举尸位素食、冥顽不灵之满族。使非天假义和团之手，藉联合军之力，而为我国民雪二百余年之深根，苗固有民权之萌芽，曷克至此？然义和团之功勋，岂浅鲜哉？此其有功于中国一。

不宁惟是，中国人不知外情，自尊自大，往往自夸为中华大国。除己国之外，悉以“洋鬼子”(又曰“番鬼”)目之。自明正德年间，外人侵入。葡萄牙据香山澳(门)，英吉利据广东。始见葡人，不知来自何国，遂指而目之曰“西洋鬼”，盖谓其由西洋来者也。见英人发红目碧，不知为何国人，遂由其异形色而目为“红毛鬼”。迨英得香港，各国商人云集，见其皆红发碧目，使悉号以红毛鬼，则无以区别，于是见其国旗之花者曰“花旗鬼”；声音之与英、美杂然不同者，则曰“杂讲鬼”。噫！亦可笑也哉。安南之叛，中东之役，澎台之割，旅大威海之借，胶州之据，广州湾之赚，九龙新安之夺，于是始知外人之可畏，然犹未敢深信。曰：我中国堂堂大地，虽作侠士分惠些少于人，又何伤乎？使无义和团启衅列强，安有满洲贱种堂堂亲王、满洲奴隶堂堂傅相，仆仆风尘，请盟城下，籍几层之皂隶，为列国之马牛。忽而任驻外兵，忽而禁进军械，忽而遣派顾问，忽而停止科举？于是林林总总四万万人始知有国耻矣，望议和之速成矣，望国政之改革矣。此义和团有功于中国又一。

中国人柔筋脆骨，已为万国所不齿矣。绝东老大之号，第二犹太之名，已凄声盈耳矣。甲午一败，割地求和，俯首贴耳，任外人之予取予携，不敢稍违豪命。人心板板，民气毫无，惟有悍勇之粤人，躬亲九龙新安之辱，于是不量己力，不管政令，攘臂呼号，一唱百和，揭竿而起。虽未能达其拒外之目的，复其自有之土地，然一诚所感，声振全球。则平日所鄙我以睡狮病兽者，亦未尝不谓言之太过也。今日之义和团，以赤拳锈刃，何以一勇至此哉？不过以目击德据山东苛虐苦楚之惨，不忍闻见，故如击石钻木，力之愈烈，则石木愈热，电火从此而生。义和团亦如木石之电火，因击钻过力而起矣。不然何不见于其他之十余省乎？如是，则我中国之民气未尝泯然息没也。刃未加颈，酸未沾唇，故如未蜇之虫，寂然一声不发。使春雷一振，万汇皆苏之时，吾恐唧唧之声，轰人耳目。义和团此举，实为中国民气之代表、排外之先声矣。彼耽耽逐逐以一鼾睡而目尽我中国人，而狂思妄想豆剖瓜分我中国者，观于此能无废然变计耶？此其有功于中国又一。

“能勇于私斗者，则公战必勇。”此欧美硕学家之通论也。今义和团之起，人不过直隶山东，恃不过满洲政府。其思想极下，其战斗极私，而尚能精神翊翊，气象雄雄，置生死于度外，务以火尽洋人之居、灭尽洋人之迹而后快。今虽败师逐北，溅血横尸，然其勇之一字，未尝不轰全球人之耳，电全球人之目也。外人于此，则平日唱兵力瓜分、和平瓜分之议，或涂红圈绿线于支那地图，谓某地为某国势力范围之企图，亦未胆敢如前之猖獗耳。即欲达其野心之目的，不知立何种之方针，施何种之政策，然后敢向我亚细亚绝东而发矢也。此义和团有功于中国又一。

有此数功，则不可徒目之为匪矣。有此数功，则我国民精神可从此振刷矣。孟子曰：“虽有智慧，不如乘势。”而今国民创生之好时机矣，岂可失去之哉？华盛顿、拿破仑追踪许我，况今日者民权独立、政体自由之议论，已入人脑髓，正所谓时势造英雄矣。霹雳一声，开廿世纪之风云；腕力高扬，张自由之旗鼓。席卷廿一省，尽苏亿兆人。尽国民之责任，种同胞之幸福。纵事不成，以血相继。不然，则印度、埃及之苦，即渡太平洋而进我黄河、扬子江之间矣。凄风飒飒，苦雨潇潇。每念及此，毛骨洒折。不知我同胞国民，其一致意于此否耶，抑勃然兴起，而辟创一新世界耶？不禁引领以望！

二月初二日(3 月 21 日)

《新闻报》

[论说] 论各国撤兵

国之文明与否,在言之信与不信而已。各国素责中国以不信,又自诩其文明,且行一事发一论,皆自矜耀于人曰:“吾之所为者公理也,吾之所为者公法也。”夫公理、公法各国诚有之,自诩其文明,诚不得不以文明归之。然而某将验各国果能以信副其公理否?果能以信副其公法否?果能以公理、公法一一践其言而不失文明之称否?某将默察之而企望之矣。在和约第十二款曰:“以上各款若非中国国家允从,足适各国之意,各本大臣难许有撤退京畿一带驻扎兵队之望”等语。夫各国之意何以谓之足适?又何以谓之不足适?撤兵之望,中国所急望者也,不望撤兵,何必讲和?何必忍失一切利权而讲和?可知撤兵不撤兵即中国存亡之关也。銮舆播越,不安于位者数月矣,国不可一日无主,即京师不可不早为回銮。洋兵不撤,则至尊焉肯冒不测哉?迩月以来,洋兵在京亦几无所事事,所谓代平拳匪者亦将渐次肃清,乃以撤兵之言许中国,逼令成和。始则曰:如罪魁惩办则撤兵。既而如其意矣,而又曰:倘赔款一条可成则撤兵。于是逼令中国速成赔款,中间偏夹入俄约一层,以致各国疑中国之有私。而俄约一层,即系撤兵让地之说法,各国从而与中国争执,谓不应许俄约。顾俄约之不可许,虽妇孺亦知之,然各国明于责俄国亦不可暗于责己。各国如责俄之立约,须先早自撤兵,而后可以以不撤兵之说责俄,凭公理、公法与俄辩论,此正办也。今乃不然,一再许中国撤兵,逼令中国速成和约。夫和约中国所愿速成者,然所以愿速成者岂望他哉?望各国之早退兵,可以早回銮以定国是耳。

各国徒知逼中国撤兵,而徘徊观望尚有不放心撤兵之处,有时以剿匪为名,如昨报所载联军剿匪一则,亦可见联军之乐于用兵也。夫此次联军之入京为何事哉?为保护使馆、代平匪乱也。拳匪既已平矣,此外中国之匪如能一律灭清,亦断无之理。北方之匪名目甚多,拳匪以外之会匪由来已久,诛不胜诛。联军必欲将匪灭尽,势所不能。论匪则南、北皆有,论拳匪则直隶、山东、河南亦皆有。联军既有不能一律灭尽之势,徒令南方之人传言曰:联军又至山西矣,又到山东矣。仿佛北方现在中外兵乱未已之象而自北归南者。偏又指某国兵如何抢劫,某国兵如何残虐,以致群有西兵较华兵尤不法之言。呜呼!此最累文明者也。彼西兵较华兵尤不法之言固为过激,然联军在保定及直隶、山西各交界处时时有兵事则实有之事,而亦西报所屡载不已者也。论拳匪已平则不应用兵,论议和之时则不应用兵,论罪魁已办、赔款将成则更不应用兵,且欲公责俄国之不退兵,尤不应用兵。总之,各国许中国议和停战之说天日可指,今胡为不尽停战乎?未免言之未信也。许中国罪魁既办可以撤兵,今胡为又待赔款乎?亦未免言之未信也。责俄国之约谓之公理、公法,而先自蹈于不理、不法则亦为不信之累,而文明之称适有亏也。以意度之,各国殆有互相观望之势,深恐我撤兵而彼不撤兵则落后向隅,各怀此意,各无撤兵之决断矣。噫!今之所虑者,人皆曰俄,然吾犹虑德之可虑也。以德人要索赔款之心度之,恐有土地之恋恋矣。有谓德、俄之交好者,我不敢曰必无也。今但求赔款既成,一律撤兵,自居于信,然后群起责俄之不撤兵之不信,则俄当无辞以对各国矣。是所望于讲公理、公法文明之各国也。

二月初三日(3月22日)

《新闻报》

[论说] 论俄约之归罪增祺

俄人垂涎东三省,强欲中国偿其所愿,于是订所谓密约者逼令中国签字,遂使全球之君臣士庶无不留心于俄约之成废,盖俄约之成废即中国之存亡也。论者每谓政府之意重在联俄,故俄约虽不可以或成而深虑其必成。及日昨西安来电则云:朝廷因增将军所定俄约受亏太多,主权全失,颇为震怒,业已降旨将增祺革职拿问。是朝廷之意亦未尝不知俄约之宜废不宜成也。考增祺所定之约非现在之十二条,当其草议之时,其存心亦思窃效东南督抚所订互保之约,然名同实异,于是不啻以此约为卖地之券、召乱之符也。团祸正炽之时,东南督抚力主匪徒之不可用,邦交之不可绝,增祺在北省亦然。特是东南之约订于疆土完好之时,故各国之奢望少而华官之权力伸。增祺之约订于疆土不完之后,故俄国之权力多而华官之胆量怯,岂果存心卖国哉?虽然,自量其力能索还侵地,则与之立约可耳,有索还侵地之名而无索还侵地之实,则不如其不立约。乃昏聩无知,竟立此种条约,其将欺天下乎?自欺乎?抑欺朝廷乎?夫使知其不可立而不立,则在俄人初不过为兵力暂占之地,尚不能公然有之留之,以待北京议结可也。贸然与之立约,而俄人遂借此以为口实,驻俄杨钦使不允,则又另开出十二条逼迫中国签字,使朝廷与全权万分为难,其革职拿问岂非罪无可恕者哉?

虽然,今日之事不重在增祺之革拿而重在俄约之速废,在朝廷之意,以为增祺革拿则俄约不废而自废,顾其中微有别焉。一则现在俄廷开出之十二条非增祺原订之约,增祺之革拿与增祺原订之约有关涉而已。若俄人现在开出之十二条,其要索必如故也。一则中国现在国势迥非昔比,从前因中俄划界事中国全权大臣崇厚不知地理遽弃要隘,中朝降旨拿问,另简曾袭侯赴俄,废去头等全权所议之约,实为创格。俄国当时之曲从者,盖未知中国之虚实也。今之视中国如见肺腑,岂肯因一将军之革拿竟而低首下心顿平奢愿?其要索必如故也。虽然中国办法则惟有将增祺革职拿问为第一着,盖必将增祺革拿而后中国之不认俄约可以大白于各国。各国既知中国不认,则无词以责中国;既无词以责中国,则欲阻俄人之奢望,自必径责俄人矣。中国今日既无兵力以索还东三省,其势必借重各国,故曰中国办法惟有将增祺革拿为第一着,别无他法也。而况以国势而论,俄虽不肯因此废约;以事理而论,俄或因此废约。盖凡事为一二人所忌则犹可,若此约则忌之者已遍天下,虽贲育之勇亦必为之夺气。然而犹可曰:各国虽忌而中国为地主固必允之也。孰知中国竟不允,则气必一挫矣。俄人喜以柔媚结中国,于诛祸首,俄独谓各国曰:姑缓死,毋强人所难也。于赔款，俄独谓各国曰：毋苛求，彼力不足也。盖其以义为利之政策行之已久，今见中国罪增祺，则是数十年之苦心孤诣使中朝颇存联俄之心者，将以此约而全功尽弃也。俄人必不愿，故增祺之革拿谓即为废去俄约之根也。然乎，否乎？

《申报》

述罪员毓贤恶迹

徐家汇《汇报》云：已革山西巡抚毓贤奉旨正法，业于正月初六日行刑。其种种恶迹恐诸君犹未周知，爰将太原傅司铎来函节登于报，俾知毓实罪有应得，并非朝廷法网过严也。来函云：

敝处于光绪二十六年五月谣言四起，至六月初乃大乱。毓贤甫下车，即向属员大言杀洋灭教之事。属员中有从之者，有非之者。首府许翰度、首县白昶以及学政山长皆从而和之。先是于四月中已揭帖遍张，无非"发洋财"、"杀洋人"等语。艾、富两主教及英牧师再三恳毓弹压，毓置之不顾，以致人声鼎沸，日甚一日。五月二十日左右，叠奉上谕，著令保护教士。毓置若罔闻。二十四日，大同府匪人毁堂劫物。二十七日，主教修函告急，毓不答。三十日，北方义和拳结队入城，在抚院前设拳场传拳术。六月初一日，毓召令入署。是日午后四下钟时，富主教亲往告急。毓托故不见，只令材官传言勿惧。主教回。毓往满城饬备硫磺、火把、煤油等引火之物，至晚八下钟时，英教堂火起。毓袖手不救。有三营官欲设法灭火，毓坚阻之，以致军民任意杀人劫物。英教士惶急对众曰："光绪初年晋省大祲，我侪集银五六万，活人无算。今竟如此待我侪耶？"一英妇抱幼孩出声言："予医生也，岁治三四百人，今竟不能留一命乎？"乱兵用木棒击之推入火中，妇出再推之入，遂被火椽压毙，孩亦如之。其余带伤而逃者，不知凡几。次日，六门皆派兵把守，不许教民出入，出即被拿。

初二日，堂中修道生与备工十余人均被拘押，所携之物大半由守门兵夺去。午前，匪抢英教堂，幸房主出阻，房屋未焚。午后，兵民数万围裹天主堂，因昨日英教士枪毙数人故也。毓恐堂中亦有整备，未敢下令焚毁，饬白县主及数员到堂勘验，虚言抚慰。迨晚十一下钟时，又委臬司恩铭来窥主教曾否逃出，旋复派兵将堂门守住。育婴堂中留有女孩二百二十余口，星夜迁往桑棉局，言二三日后事定即送回。主教勉应之。初三日，毓谕令教民背教，否则不保身家性命。自是谣言愈炽，堂之前后日夜有兵看守。诸员来堂查验者，殆无虚日。初九日，白县主向主教曰：兵丁守护大为不便，不如尔等暂住一处，数日后再回。主教从之，遂中其计。白县主随将堂中各人姓名抄录一纸，迫令主教、司铎、修士、贞女等共三十余人同赴猪头巷，随将堂门封锁，骡马一律牵去。次日，英教中男女大小二十六名口亦被逼至是处。

十一日，自外县解到英牧师家属七口，下之于狱。十三日午后，白县主佯为慰藉，去后毓微服骑马带队而来，将猪头巷围住，饬兵拘诸人到辕时，被拘者都七十余人。毓问主教曰："你来中国害人几多年了？"答曰："从不害人，只知尽心救人。"毓曰："你们当知余今不怕你们了。"随叱令动刑。拳匪营兵咸不敢下手。毓怒，亲掣佩剑将二主教砍死，兵匪遂挥刃乱砍。当日共毙艾、富二主教，雷、德二司铎，西修士一，华修士五,西贞女七,英教中男女大小三十余人,佣人二十余名。随将西人枭首剖心,暴尸数日。继又令某员率兵数十名将堂中余人捆送县署,逼令背教。中有李富者,现任平定州守备,告假养疴在家,坚不背教,被锢狱中,至二十九日被戕。又有韩元泰、赵还生二人诬以下毒于井,亦受刑而死。王德年七十九矣,与王小和不肯背教,饿死圜扉。阅日,兵民将堂中物件抢尽,放火焚之,致毁大堂一座、小堂二座,连住房共四百二十余间,银两尽数入官。十四日,又将城中及近城教民百余家抢掠一空。十五日,出示强令教民出教。十八日,命义和拳杀城中男女教民四十四名口,其余未杀者逼令出教,不从则逐至城外,并纵令拳匪在在搜杀,加以土匪相助谋发洋财,教民藏身无所,东逃西窜者几千人。其受害最重之处莫过于大同、朔州、五台、太原、徐沟、榆次、汾州、平定诸县,司铎教民死伤过半。七月十六日,毓将去,谆嘱拳匪烧杀教民,勿听地方官阻止。于是拳匪恶胆愈张,纠约土棍千余与教民为仇,任情杀戮,且有围困一室用火燔烧者。幸藩司李筱轩方伯出示严禁,始得稍安。

二月初四日(3 月 23 日)

《申报》

述东抚袁慰帅善政

徐家汇《汇报》云:去年拳匪之乱始于山东,迨袁慰廷中丞量移来此,下令驱逐净尽,匪人遂阑入直省,到处蔓延。今得东友来函,历述此事始末,节录于报,当亦有心人所乐观也。来函云:

去年七月初旬,忽有一人至曹县,自称职官孙鹏霄奉庄王、刚相札来此招集义和拳,到处张扬,声势煊赫。其时知曹县事者为湖南人曹大令,见有王大臣凭文,不敢逮问。中丞闻之,飞饬拘拿。孙惧,率众逃至兖州府属阳谷县,旋被县主叶大令汝源拘获,禀请中丞核示。中丞亲笔批回略谓:"彼既自称老义和拳,试以火枪击之,若有神奇,必不致死,死则一无伎俩可知矣。"大令乃絷孙堂庑,击以手枪,应声而毙。观者如堵,有为中丞及大令危者,有鼓掌称快者。闾巷相传,知若辈平日所言皆为虚诡,因而胁从之解散者甚多。大令旋将孙所持札文当众焚毁,被获之党分别递籍交保,于是匪党大惧。迨七月,德州驻防营统带孙少襄军门金标因匪类孔多,特派武弁徐青山带勇稽查。二十日,见有甲、乙、丙三人,诘之知系拳匪,乃解入营中庭讯。据供一为苏九林,年三十五,顺天宛平人;一为穆得山,年四十三,直隶清河人,于本月初三日奉总管义和拳之庄王、刚相及坛主荣普之命,偕张广厚、范清贵等九人赴东昌府一带招集老义和团入京举事。问京中现有同党若干,供称:"现有四团。一住阮府胡同荣普宅中,一住十景花园某宅中,一住四条胡同聚钱局,一住北新桥某宅。团中大师兄萧姓,山东平原人。今已招集老义和团千余,由西大道入京。令某等三人先去送信,并支领经费,迎接大队"云云。因即备录供词,报知中丞。中丞饬将孙鹏霄就地正法。幕友及麾下将弁咸进谏云:“彼既系庄、刚所派,目下庄、刚正用事,不宜故触其怒。”中丞正色云:“苟有利于国家当毅然为之,祸福声名在所不计。如有后患,某一人任之,与公等无与也。”谏者遂不复言。自后,匪类咸畏而远避,齐鲁各郡百姓得以相安,皆中丞之赐也。

二月初五日(3 月 24 日)

《新闻报》

[论说] 论各国宜先撤兵

今各国之意,岂非欲约之早废哉?废俄约有益于各国,尤有益于中国,岂非为中国所乐闻?然而中国政府若可若否者,各国亦实有予人以口实之处也。口实者何?联军未撤,京津未还,而俄人口口言还地,此中国之所以信各国者不及其信俄也。近且闻有某大员电告行在云:“各国不肯责俄,独向中国饶舌,别有用意。俄人谓其但欲搅散不交,庶各国皆可藉口占地,阴谋迨不可测”云云。此等言语诚皆受俄人之愚,为俄说项者也。各国未入京之先,屡曾声明不取中国土地,岂入京之后顿易其初心?然而各国办法亦实有使人可疑者,况有俄人往来其间。中国之所以信各国不及其信俄者,岂无故哉?各国愿归还暂占之地,必先撤兵,而条款大纲十二条并无撤兵还地之语,惟末段综结上文则曰:“以上各款若非中国国家允从,足适各国之意,各大臣难许有撤退京畿一带兵队之望。”何为足适,何为不足适?语本游移,而足适之后如何撤兵,如何还地?亦只有盼望而已,其使人可疑者一也。各使初议惩办罪魁后即行撤兵,于是中朝雷厉风行,严惩罪魁。而各使又变为赔款着实后撤兵矣,赔款着实之后是否撤兵,亦未有实在凭据,其使人可疑者二也。联军在京津拆毁城垣民屋,筑造铁路、马路,既属任意办理而又不惜巨款,余如设立巡捕、判理词讼等一切地方公事,处处实力办理,虽云暂设衙门,实亦难免有久假不归之意,其使人可疑者三也。现正议和,各国之兵似宜静候,乃号令不一,时有四出游弋之事,一若欲扩充其兵力占据之地,其使人可疑者四也。条款大纲本有沿路驻兵之条,由京至沽既有洋兵驻扎,则其间是否中国尚有自主全权,未经议及,无从悬揣,其使人可疑者五也。有此五疑,故谗言可间,谓为各国实无意撤兵而中国将信之,谓为各国实无意还地而中国将信之,且各国因和局事时有计论,俄使以调人自命,故谓为各国皆有私意,惟俄独否,而中国亦将信之。此次俄约各国但责中国,故谓为预留地步以便将来利益均沾,中国亦将信之。职是之由,某大员竟受俄人之愚电告行在,盖其意以为俄人立约固交还侵地也,各国从中阻挠是不欲俄人交还侵地也。有此一说,而中国交涉之案愈趋愈歧,损失东三省之约势将竟成矣。夫各国之意,岂非欲此约之早废哉?各国既有此意,则自处之道必先变计。盖各国果无私意于其间,宜速定撤兵之确期、还地之章程明告中国,使中国知各国之待中国实厚于俄国之待中国,俄人虽欲进谗以愚中国,亦复何所借口?且如何撤兵、如何还地既有成规,则俄人既亦屡言还地,一切办法即可照此比例,而无虑东三省之折入俄国矣,各国亦尝一念及否乎?

《申报》

惩治祸首不宜多所株连说

拳匪之乱,首祸诸王大臣诚哉法无可逭矣。各使之坚请中朝惩办,亦可谓严之又严矣。庄王、端王,天潢贵胄也,而一则赐令自尽,一则永远监禁。启秀、徐承煜皆极品大员,而肆诸市朝惨遭骈首。此外,如载澜、如毓贤、如英年、如赵舒翘,皆在议亲议贵之列,而一经申请,无不重典立施,是岂中朝之故以政柄授外人哉?夫亦以战后言和不得不委曲迁就,且恐一不允许,或更如直隶藩司廷方伯之由外人执获立地被戕,反不免大失国体。故不如自行惩处,犹得平外人之气而和议或易于告成耳。顾以上诸人,类皆谬戾昏庸力庇拳匪,酿成亘古未有之奇祸,使宗社几于岌岌可危,且外人皆得有真凭,无枉无纵,夫固死有余辜也。我所大惑不解者,当日各使所开议和纲领仅曰惩罪魁而已,今者罪魁既惩,宜若可以已矣,乃何以一而再、再而三续请惩治诸臣数以百计?噫!其将效明之瓜蔓抄欤?抑当日虽曰惩罪魁,实则首从皆包括在内欤?夫苟诸臣皆有庇护拳匪、开罪外人之处,即使外人不再三申请,我中朝亦法不容宽。特恐外人寄耳目于华人,而华人之受聘于外人者,未必皆公正无私、识见高卓,或因传闻未确,或竟挟有微嫌,蓦地窜名其中,使之身膺惨祸。中朝既望速于和好,势必唯唯曲从,则诸臣固不幸而冤戴覆盆,而外人亦不免贻受人蒙蔽之诮。此其弊窦可不防之于事先乎?

抑此事大可为外人危焉。天下事断无无因而猝起风波者,外人之来中国通商,原欲与中国往来无间。迨诸王大臣误信拳匪神术,以致巨祸猝临。在诸王大臣平时谬戾昏庸,固皆罪无可诿。然外人苟不迫我以难堪之事,亦何致一旦纵容匪类存灭此朝食之心?试观台湾既见割于日人,而俄即索旅顺、大连湾,英又赁我威海卫,未几而广州湾一役法人更将硇洲各地据而有之。凡此,作为小民咸敢怒而不敢言,一旦拳匪出而吊诡矜奇,又值昏庸谬戾之诸王大臣深信其术,以致附者日益众,其焰一发不可抑遏,而外人乃猝不及备,蓦受伤夷。在拳匪固万死不足蔽其辜,诸王大臣亦罪应弃市。然前此外人苟稍留余地,亦何致数十万匪类猝然云集响应,同藉口于“扶清灭洋”哉?今者事过情迁,中外依然修好,所愿主持和议者和平商榷,不事苛求。留中国之主权,存中国之国体,可已则已,勿为无餍之求。其于肇祸诸王大臣渠魁既歼余,即网开三面,庶朝廷感外人之厚谊,草野颂外人之仁心,玉帛往来无虞无诈。否则,目前事势即加我以万不能从之事,中国亦无力可与抗违。然压以势而不服其心,在国家固无可如何,而民心终有所不顺,通商之局其能晏安乎?因观外人续请惩治罪臣之事,而纵论及之。未雨绸缪,要在今日。若谓恐诸臣之续罹刑祸,而故为危词以怵外人,则执笔人固未敢出此也。

二月初七日(3 月 26 日)

《新闻报》

［论说］ **论各国查考中国财政**

中国财政紊乱极矣。综通国之财政者莫如户部,综通省之财政者从前莫如藩司,其后复添善后局,然问户部以通国之财政,则茫然而不能举,问藩司、善后局以通省之财政,亦茫然而不能举。盖中国财政或以某项收款抵某项支款,或以某项收款抵某项解款,纠缠纷纭,移挪假借,致于头绪万端,莫可究诘。而综各省藩司、善后局度支之总数,以与户部比对,亦截然其不同,遂令财政愈紊乱而愈匮乏矣。今中国国家议行新政,其中财政一门为行政之发源,固已与各项应行之政同饬内外各大臣妥议覆奏。外省各大臣即因财政一门头绪万端,尚未议覆;而驻京各国使臣因赔款一事从何着落必须查考中国财政,亦已公举德、法、英、日四使臣会同查考。窃谓各疆臣所查覆必多所顾忌而失之含糊,各公使所查考必过于详明而不留余地。各疆臣之含糊非故思中饱也,非见好寮采故为下属留中饱之地也。地方公用之款万不可不动公帑者而不合于例,则部吏必驳之,而且官吏廉俸太为菲薄,势不能无所津贴,于是有外销款项之名目,而收数不能无假借矣。今虽明诏下逮欲一反从前之积习,各项政事均须实事求是,严戒虚妄。然各省疆臣必虑全省收款和盘托出之后,其应支各款则仍执向例不准多支,实收各款则正当匮乏,指款抵拨必致各省藩司、善后局均行拮据,而督抚欲办地方公事无款措办大为棘手也。是故各疆臣一念乎朝廷百度维新实事求是之意,必欲和盘托出;而一念乎日后之为难,又必多所顾忌。两者交战于心中,势必默窥朝廷之意旨,以为从违。

今朝廷变政之意尚未坚定,则各省之查覆窃恐其多所顾忌而失之含糊也。至于各国使臣亦已习闻中国财政之紊乱,谓商民输出者多,国家输入者少,既不信户部之总册,又不信各省之报销。今德、法、英、日四国使臣既奉公举查考,必为细心探访。如洋关收数本无虚饰,则厘金之多寡必以海关进出口货之数为比例,地丁钱漕之多寡必以通国占地方里之数为比例,盐课之多寡必以丁口食盐之数为比例。执简御繁,钩深致远,中国财政实收之数岂不可得?然稽算则巨细不遗,而征收则不无出入,且各省支款各国使臣岂能一一周知?故曰各使臣之查考必过于精明而不留余地也。夫各使臣既以赔款之故查考中国之财政,则必以所查考而得之数指拨将来分还之赔款,是各疆臣现在覆奏无论其为实数、为假数皆必尽数指拨,至于外销款项势必另筹,岂犹有所希冀于其间哉?无所希冀则何必欺朝廷?且朝廷一受其欺,必以各疆臣含糊之数与各使争,各使以查考之数为凭而要索之以抵赔款,必曰中国官吏不能收此数渠能收此数也。而中国财政于是乎尽入外人之手矣,可不惧哉!

二月初九日(3 月 28 日)

《申报》

沧桑志感

京师访事友人云:东交民巷一带广厦云连,悉系达官邸第。自去夏拳匪煽祸,雕墙峻宇大半摧残,即各国使馆亦多遭殃。及本年正月中旬,各使馆已次第修复。徐荫轩相国旧第在玉河桥迤东,近由德人改建洋房,以便将来驻兵保护使馆。玉河桥北萧亲王府由日本人大加修葺。玉河桥西达子馆地址本与英、俄两使馆接壤,现经两国划分。至东交民巷附近地基,亦归各国分占。闻各国使臣与中国议和全权大臣业将四至划定,东自崇文门大街起,西至兵部街口,北自东长安街起,南至城下,约计东西三里,南北里半。惟长安街堂子及銮驾库、翰林院仍须让归中国。詹事府署本在界址适中之地,久被日人所占,将来能否仍归中国,尚未可知。

二月十一日(3 月 30 日)

《新闻报》

[论说] 论变政责在督抚

自新政上谕既下,读者无不歌诵涕零。但以秉笔者行文曲折,多春夏之气,不若戊戌新政上谕之直截痛快,能使人奋发兴起。故当时外人议论多有以此为敷衍耳目者。然而中国之士庶其望新政也甚切,从前禁谈新政也极严,故一得此上谕无不歌诵涕零,以此为变政之机会而断不肯认之为敷衍者也。自新政上谕既下以后,连降上谕数道,除恤典外,余皆有关新政,故士庶之自信也益坚。若近来则上谕甚为(希)[稀]贵,或疑为电报偶有阻滞,而电报固未阻滞也。虽应变之政尚未据各大臣会议覆奏,然朝廷既有变政之心,则其见诸政策者必与从前政事渐渐有变更之象。而近来用人行政依然循资按格,不能出乎例与吏之范围,岂不能使人无疑者哉?新政上谕固令内外大臣分别议覆,外省大臣事权在手,必须查考详明始能坐言起行,稍为濡滞犹可说也。若夫行在各大臣,但凭公理以立言,决其当变不当变而已,何以二月以来未闻章奏之议覆,而其他为铨选、为捐案有关于例于吏者则已屡闻议覆?此难彼易,岂其朝廷意旨业已默测而知之乎?此亦使人可疑者也。且道路传言,慈圣每饭不忘外人,实未尝一变其素志,变政之说不过痛定思痛之空言,并无卧薪尝胆之实力,此则中国士庶所不愿闻、不愿言而不愿其竟有此事者也。盖新政者,中国士庶所赖以更生者也。从前并无此上谕,犹且望之甚切;既有此上谕,望之不更切乎?

从前国无大乱，犹且望之甚切；况值此大乱之后，和约告成则主权全失，不行新政无可挽回，其望之不更切乎？

方今朝廷之意旨不敢知，亦不忍言，行在大臣之意旨更无可望，然则何以慰士庶之望哉？向使朝廷一意变政，其奉行政事者必在外省督抚，则今日之事朝廷虽意旨未定，凡士庶所属望者亦必在外省督抚。去年邦交决裂之时，东南督抚之宗旨、政策皆与内廷乱命相背而行，存国之道固宜如此。是变政之事，朝廷意旨虽不可测，顾既明明有变政上谕，则各督抚之嘉谟入告固非显背朝廷。万一朝廷仍有(游)[犹]豫，然各督抚苟能同心合力，以死力争，事必可济，其中难易，较之去年立东南之约又何如哉？天下事愈急，则心思愈出，功业愈奇。东南之约实以事机急迫，危亡旦夕，有以逼之，故成之也易。今虽不行新政，其危亡也甚迟，窃恐各督抚因此有迟疑观望之病，不知去年之事如猝然中风，病虽急而挽回尚易。今不速行新政，将如痨瘵之淹缠床笫，及今不治，后虽有扁鹊将无所施，岂不较去年之事为更急？各督抚言念及此，其亦奋发兴起，而逼出其非常之功业者哉！

二月十二日(3月31日)

《申报》

论中国依附俄之失计

立国于天下而不能富、不能强，此自亡之道也。恐其亡，而依附一强国，无识者以为可免于亡，有识者以为终必至于亡，且恐其亡有因而更速者。何则？今地球之上所谓强国者，非止一二数也。依附一强国，而自余各强国皆眈眈焉视之，逐逐焉争之。此一强国者又断不能出其庇护之力，以与各强国争。不能争，而我不依附尚可苟且偷安；我一依附必至灭亡愈速。此其理固甚浅甚显，不待智者而始知也。且即争之而胜矣，试思此一强国者，岂果有爱于我国而不欲亡我耶？其庇我之时早挟一亡我之见，所以不遽亡我者，正以各强国之眈眈而视、逐逐而争，故不敢肆其蚕食鲸吞之志；若既为所胜矣，则各强国皆敛手而视彼，尚何所顾忌而不速亡我耶？然则立国于天下而不能富、不能强，徒思依附一强国以冀自免于亡者，不亡于自余数强国，必亡于此一强国；不亡于此一强国，终必至亡于自余数强国也。可危哉，可危哉！今中国之贫甚矣，弱亦甚矣，而尚不至即亡者，无他，以未尝依附一强国也。未尝依附一强国，则我之利各强国皆得而沾之，我之权各强国皆得而分之，不能全吞，不能独据，互相牵制，互相顾惜，而中国遂尚得偷旦夕之安。乃各国皆知中国之不能专属于一国。而中国偏欲依附一强国以自免于亡，呜呼！如是而欲自免于亡是适以速其亡也，是各国本无亡中国之心而中国自欲亡之也。醉耶，梦耶，数耶，运耶，何谋国者不知此义而用心竟若是之谬耶？

夫中国之所欲依附者何？俄是也。俄之土地广漠无垠，俄之人民坚忍强悍，各国无不畏之忌之。且我东北之地去俄又近，俄人既建西伯利亚之铁路以接通满洲，则运饷征兵可以朝发夕至，于势甚为利便。故他日之为中国患者，必俄。知俄之他日必为中国患而先依附之,或亦当轴者羁縻笼络之意,迫于万不得已之所为,未可讥为无识。殊不知畏其为患而引之使入,是何异于开门揖盗乎?况既依附俄国,则俄在中国之权利必重,而各国皆不能甘。各国皆不能甘,势必致援俄之例以争我中国之权利。我不能不如其意而尽有以给其求,是亡可跷足待也;我不能如其意而俄又断不能庇我以御数强国,是亡仍可跷足待也。依附俄国之患之烈至于如此,人奈何懵然不觉耶?或曰中国依附俄国之意于何见之?曰前者中日之役,俄人代中国索还辽东之地,苟非依附俄人,俄人何必若是之多事?今者外间又纷纷传说中俄密约一事。夫密约一事虽未深知其详,或者中国因此次北方之事,又思依附俄人以冀要求之稍免苛刻。秉国者仅顾目前之利而不及通筹全局之害,难保其必无是情,而抑知今日之中国只有周旋于数强国之间以潜自振作,潜谋富强,断不能依附一国,以贻数强国以口实而自速其亡也。嗟乎!海外各国如俄之强者,若英、若美、若法、若德,皆可与之抗衡,即执一二国而依附之,犹不能息各国之争而免灭亡之祸,而何有于一俄?

二月十三日(4月1日)

《新闻报》

[论说] 论变盐法

法未有历久而不敝者,故必损益古今,因时制宜以救其弊。今之亟亟须变政者,职此故也。盐务亦财政之一端,而实亦为安缉乱民之要政,其百弊丛伏,岂待今日而始议变更哉?盐法不变,则国家财源归于中饱而国困;官盐滞(消)[销],报效重叠而商困;私枭充斥,人命草菅而民困。一政也,而足以困国,困商,困民,亦焉得而不变哉?以近事言之常州、镇江二属,至有红帮枭匪与乡民械斗,互毙多命,屡次寻仇情事。现虽由聂中丞委派杜观察率队弹压。杜观察念枭匪本系穷民,不忍概行杀戮,分为几等办法:一、盐枭聚赌报复,准民报营兜剿。二、小股行劫拒捕,准其格杀。倘系零星棍徒,捆送营县,不得妄杀。三、各乡民从前擅杀枭匪一概不问,此后如假名寻仇,罪有应得。四、客民由客董编联保甲,单丁小户形迹可疑、无人联保者,速谋远徙。五、愚民被诱入会者,投诚免罪。其办理之道,可谓宽猛得中矣。然而各营哨实不能常川驻扎,营哨一离其地,则枭匪报复劫杀之事又必蜂起。居民为自卫身家起见,复行持械格杀亦意中事。愚民不得已而投诚,不得已而复入会,亦意中事。总之,治枭之法无论为剿为抚,皆非正本清源之道。盖言抚则既无法以安顿此无业之民,饥寒所迫必复归于枭;言剿则利之所在,人必趋之。剿有穷期,而贫民流入于枭者无穷期,是故盐法不变,则江浙一带乡民势必永困于枭匪,而江浙之内乱此即其起点也。至于商困,则如昨报所载淮北盐务一则。淮北盐商因私贩太多,销路日滞,兼之四岸江运两限,垣商票贩大吃其亏,故程都转大有更章之说。夫言销路仅指一弊,言淮北仅指一处,其实官吏营伍剥削重重,捐助报效名目层出,统各处盐商皆有欲罢不能之势,盖商人之困较之有明季年相去不远矣。至于国家岁入,盐课最为大宗,然以每人每岁食盐之数,较之每岁官盐行销之数,相去何止三倍?是可见私盐之充斥,国家大受其困。

今欲整顿财政，使加盐商之课，则盐商愈困，官价愈昂，私贩愈多，而究其归束即国家愈困，此尤可见盐法之不能不亟变也。变盐法莫善于化私为官，课归场灶。往者顾亭林引李雯之论，谓盐产于场犹谷之生于地，宜就场定额，一税之后不问其所至，则国与民两利。其后道光年间王御史、卓相国、梁太仆、顾学士皆以是请于朝，皆被议驳，最为可惜。盖此法，一、无中饱。二、无私盐，即无私贩。三、食盐就近购买，听民自便。四、无中饱则国课大增。五、盐商既欲罢不能，得此机会大可歇手。六、贩盐度日者既非违法，即不愿作奸犯科、聚赌抽头、掳人劫杀以自杀其身。七、国家可省缉私之费。八、分官吏之陋规以养无数贫民。九、江浙一带居民可以安枕无忧。十、盐价既平，小民生计节省。有此十利，而以盐吏之不可除，至于盐法之未尝改，可不惜哉？

二月十五日（4月3日）

《新闻报》

［论说］ 论俄约应归并和约

尝谓国者，一国之人之所公，而君者主宰之，亦不得以天下自私也。一国之土地，一国之财货，有时君权不得而操之者，民权可从而伸之。非民权必欲叛君权而上，而民权之可以辅君权之不足也。民之所以用其权，非用以私天下，用以公天下也。地土者，天下之所公，存则国民之荣，失则国民之辱，荣辱之间所以生耻心也。耻之生也，不得不有呼吁，不得不有号哭，不得不有奔走驰驱。其心无他，其言亦无他，天下有心人莫不谅之，则吾民用其权而保土地，正吾君藉民之权以伸其权之时也。土地者，祖宗之所创垂而吾民所寄寓焉者也。失土地即失人民，其甘心赧颜背吾君事他人乎？不然则谋所以保土地者，要不可不大告天下也。夫大告天下则大公无我可知也。以大公之言告吾君，吾君不能不韪其意；以大公之言告各国，各国不能不察其理。

今日之国民阻立俄约者，盖斯旨也。俄约之立也，其不列和约十二款内，讵得谓之公约哉？非公约则中国不能认，则各国不能认。今和约者各国之所公，而俄与有利，俄于和约外复有所谓约者，一国而兼利，未可也。使俄可兼利，则有所谓中俄之约者，岂无所谓中英之约？岂无所谓中法之约？岂无所谓中德、中日等约？中国而可于和约外而与俄国立约也，则亦可于和约外而与各国立约。是东三省之土地可失，而全国之土地亦次第俱失也。此和约外又有俄约，中国万不可从也。俄于和约外而复立一约，使各国不尤而效之，则俄独兼利，各国之心所不甘。使各国而亦效俄之于和约外与中国立约也，既非各国之初心，亦非文明之本旨，而况英、美、日诸国素称友助中国者，岂肯为俄之私约哉？此和约外又有俄约，各国亦万不可从也。

以俄约而为中外所不从，则其自私也，人人得而争之，争之而必出于公，而俄无辞，而各国无辞，则俄约归入和约并议是也。东三省之退兵与京畿一带之退兵有以异乎？无以异也。退京畿一带之兵而入和约，退东三省之兵而不入和约，有是理乎？无是理也。既无以异,既无是理,则东三省撤兵一节本无甚奇,但于和约第十二款内京畿一带退兵一句中增入"东三省"字样而已。在俄国不得越公道,在各国不能违公论,在中国不能不讲公理。各国公订之和约而于退兵一节漏载"东三省"三字是为一误,中国于和约内而不追询何以漏载"东三省"是为一误。各国之误不致有心,而既见有东三省之约,若不归入和约并议也是有心之误矣。中国之误不致有心,而既有俄约,若不力辩归入和约并议是有心之误矣。是故并议之策情至顺、理至明,义无差也。斯举也,盖吾民之所以大告天下而至公无私者也。藉吾民大告天下至公无私,而保我土地之权以求伸于吾君,吾君然之,以求伸于各国,各国然之,是在我全权大臣之一定成败而已。自公阻俄约之电分驰于各省督抚,而两湖、两广均殷殷以舆论为可凭,其两广致杭州之士民一电,尤危言而悚论嘉国民之公天下也,则各省督抚必以俄约归并和约为然,从可知矣。西报近日已两论俄约签字,人心为之动摇,而国民之大恐大惧也。得陕电谓俄押缓画等语,则圣意必以俄约归并和约为然,又可知矣。然而此议无人发而发之国民,国民有言之之权、无行之之权,必呼吁号哭,奔走驰驱于各省督抚。各省督抚与有保土地之责,必思所以回全权之心,而求助于各国之仗义,则事必有济。而民权所以保土地以公天下之心,至此亦可为天下所共谅也。

二月十九日(4 月 7 日)

《新闻报》

[论说] 论变政宜自士大夫始

君不能径达于民也,民不能径接于君也,其间有官与士承上而启下。故振兴国家,移易风俗,大之系天下之安危,小之为一方之祸福,自宰辅以至于士皆有责焉。是则中国今日之衰弱皆官与士之过,欲变衰以至盛,变弱以至强,变政必先变官与士也。今日本报四录陶制军奏疏,其一条言文武大员宜勤以率属,一条言禁食洋烟宜自士大夫始。夫文武大员责任甚重,竭力奔赴尚恐陨越,而况中国仪节太繁,宴会往来,信函问候,无益之应酬、无谓之笔墨已属刻无宁晷,抽出余暇料理公牍,精神有限,岂能无误?若犹溺志声色,怡情金石,其势不能不以重大之事付之于幕(寮)[僚]、吏胥、亲戚、门丁之手。幕(寮)[僚]贤不肖不等,而吏胥多奸猾之流,至于亲戚、门丁亦多不知利害,因缘为奸。大员万分清廉,左右之人犹能默窥动静以逞其上下之手,而况有所嗜好委权于若辈乎?西人每以中国为贿赂公行之国,中国大员以清廉著者未尝不多。所谓贿赂公行者,盖即有所嗜好,而左右之人乃得售其奸也。顾犹有进者。大员好尚不特货利,声色、金石、诗词不当偏嗜也。《论语》曰:"上有好者,下必有甚焉者矣。"故大员默守旧法,则属吏至于庇匪闹教,戕害外人;大员喜谈洋务,则属吏至于见好外人,忍失权利。是以京中大僚喜谈性理,则"扶清灭洋"之说起而怪力乱神在于性理之外者,亦蜂然不可遏,以至京畿沦陷,国脉如线。李中堂惟于俄人交情稍密,增将军惟欲效法东南,以致草订东三省约章者几将东三省永畀俄人。不特大员也,下至于士,其在穷乡僻县,一方之风气皆视士之好尚为转移,故曰变政宜先变官与士也。

至于洋烟之害，流毒至为猛烈，而近来士大夫每视为小节，从前督抚奏参属员考语中尚有“嗜好太深”一语，盖即指其吃食洋烟而言，今则此等考语久不得见，于此可见参之不胜参，而视为小节，不必参也。夫中国之积习，曰因循，曰推诿，曰延搁，曰懒惰，曰柔弱，而要其所以致此，实皆洋烟之流毒。嗜好之者，其性情必渐渐如是，固非特漏卮之宜塞也。是故中国苟欲振兴，则禁食洋烟亦非小事，且上年奉上谕议行新政，是自此以后百度惟新，凡一国之积弊、一方之积弊，皆当一扫而空之。若士大夫于一身之积弊尚不能去，犹望其能去一方一国之积弊乎？洋烟不能戒，则虽日日言新政，而所谓因循、推诿、延搁、懒惰、柔弱之积习深种于脑筋而不可拔，则新政终不能行，故曰变政宜先变官与士也。君欲变政而官与士不变则终不变，民望变政而官与士不变则亦终不变，是则中国他日苟其终于不振，皆官与士之罪也。读陶制军奏疏而视为无足重轻者，其亦不足以言变政者哉！

二月二十日(4 月 8 日)

《申报》

衡案章程

去岁湖南衡州府属匪人闹教，至今正始经抚宪俞廙帅磋磨就绪偿银三十五万两，以期永息争端，此已见诸昨日本报矣。兹阅徐家汇《汇报》登有此案所议章程，爰即录登于下：

一、凶手除办六名，现获四名，均情真罪当照议斩决。外尚有朱犯，系挖主教眼睛之犯；肖犯，系殴打董教士凶犯。尚需设法从速拿获，照中国律惩办。至抢拐女孩各犯，亦应速缉究惩，以儆刁顽。此条系初议者画押之日所增，不过十犯姓名，均已一并斩决。

一、范主教暨董、安两教士致命之处，恳请抚宪奏请朝廷赐旨建立牌楼一座，旌表其名，以垂久远。又衡州塘湾教堂即仁爱堂邻近拟扩充建立总堂一座，基地由地方官按图设法购妥，以报范主教未了之愿。此两条系抵范主教暨两教士受害之惨。范主教与两教士均有德行体面之人，不受中国偿恤。

一、衡州道隆文、知府裕庆均宜参革，永不叙用。如再开复，惟画押之华官是问，并不得复任湖南。此领事之命也。

一、育婴堂女孩尚有三四十名未曾交出，着地方官设法查知，如数给领。倘现指之数尚未全确，堂内查明即报地方官。由地方官查确，设法追给。

一、所有教堂教民田房约据，查出追还。若已毁失，应由地方官查明，补立约据，概免税银。

一、抚宪暨道府州县均要出示，保护教士、教民身家。以后不得阻扰，亦不得勒派迎神赛会诸冗费，以杜争端。此项告示，凡湖南境内各府州县城市口岸及教民村居乡里，均宜张贴。

一、倘有教士复至湖南传教，应由地方官妥为料理，沿途护送，并遵照约章认真保护。

一、凡因闹教致教堂教民受害所失产业,现当照数赔偿,计实赔银三十七万两,初议三十八万两。再主教、司铎所失物件,如已毁失,作为罢论;倘现尚在,仍报地方官追缴给领。

以上各条于正月二十二日画押,二十四日复由代理主教任君与廙帅所委蔡观察赴汉口领事署画押施行。

二月廿二日(4 月 10 日)

《新闻报》

[论说] 论俄谋之狡

各国以怨待中国,俄国独以惠示中国。各国以强挟中国,俄国独以巧诱中国。各国之所谋不如俄之狡。俄以狡欺中国,又且以狡欺各国,而各国有时亦不得不受其欺也。东三省为俄所属意者非一日,在中东未战以前俄已垂涎,不幸而旅顺、大连湾先为日本所得,于是俄之谋一阻。然俄不肯甘心也,出代为赎回之计示中国以惠,遂据旅大为己有,而犹告人曰:"吾代为管辖而非占据也。"乃西伯利亚之铁路未成,旅顺、大连湾之俄兵未足,不幸而有拳匪之役,而各国之兵齐北上矣,于是俄之谋又一阻。然俄不肯甘心也,乃有寿山之启衅使俄有所藉口,大调本国之兵长驱而来,以为可以永远侵占矣。迨各国忽有议和之举而谋所以撤兵,各国果撤兵则俄岂可独不撤兵?于是俄谋又一阻。然俄不肯甘心也,逼增祺订立暂且章程,其实即所谓密约。不意此约宣传各国,各国皆曰:"此一将军之章程焉足为凭哉?"俄闻言遂又与杨钦使立约,且恫吓限七日签字等语。不意各国沮之,中国官民皆沮之,电语布于环球,义愤震于五洲,于是俄谋又一阻。然俄不肯甘心也,忽焉谓删改,忽焉谓缓押,忽焉告各国此约并无碍各国,忽焉自言此约并无损中国,又伪与日本结好冀售其术,岂知众怒难犯终不得签押。而俄之计将穷,至是巧思焕发,遂告各国曰:"吾国不欲议结此约矣。"阳居慷慨之名,阴怀险诈之计,令天下各国皆疑。

俄之废约出诸意外,其用意之巧约有数端:一则令人谓俄之约本无甚为难而各国未免多见少怪,一则令人谓俄约本可商量作废而中国通国士民何必为此嚣张之举,一则并令中国亲俄者感俄之受通融也,一则令日本各国欲与俄开衅者无从下手也。而其最险最巧者又有两大端:一、先行撤京津之兵在未订和约之前,示中国感俄之仗义也。一、和约既开,俄国独不干预。此次续开罪臣廿五人又不列名,使中国亲俄之心益深。然而吾得而抉其私焉。盖俄人为太后、傅相所亲信非一日,太后、傅相亲信俄人亦非一日,此坚固不废之心约也。签字者明与立约,签心者暗与立约,此较明约又坚固百倍也。签约而十二条之利权全得,不签约除第八条外而俄仍有十一条之利权也。立约而俄之举动如此,不立约而俄之举动仍如此,东三省之地俄还中国固未有之事,各国欲从而争执亦不易之事,是俄不立约依然收立约之利权也。立约不立约在退兵不退兵,今不立约亦不退兵,中国其如俄何?中国能催俄之退兵，否则以兵戎相见乎？不能也。俄仍照十一条行事，而中国无官权，无兵权，能与俄讲退兵之理乎？不能也。故俄一日不退还东三省，犹之约之未废，字之已签也。不签之签，不约之约，俄之计如是。中国之许俄亦未必不如是也。当其将签约之时，东南督抚力与傅相电争，而傅相颇以江、鄂总督为不然。观二月初五日本报大员意见一则，可知傅相并不以俄约为怪，亦视俄约之有无为无足轻重，盖心约已在先也。呜呼！吾不喜今日报载俄约之废，而忧心约在先，东三省之地终不交还中国，俄兵终不肯退也，吾尤恐举国皆以俄约已废为喜而忘其不还地、不退兵也，吾尚恐各国以俄之废约为实而忘其心约在先也。故俄约之废固各国襄助之功，中国甚感各国之德，然俄约虽废而不还地、不退兵与不废何异？是则各国当速订和约而先倡还地退兵之举以穷俄之计也。各国而肯还地退兵，而俄独不然，则俄之欺人立见矣。呜呼！俄盖示中国以惠、诱中国以巧者，其狡也。中国受其欺，即各国亦有时受其欺，事岂在今日哉？

二月廿三日（4 月 11 日）

《申报》

密约释疑

有客问于执笔人曰："今者中俄改订密约之事外间又四处哗传矣，敢问初定之约果如何，后改之约复如何？初既由俄人迫我以签字之期，后又何以允为暂缓，且不特暂缓已也又从而改之？我子必有窥之于微者，能为鄙人示其大略情由，俾得一开茅塞乎？"执笔人曰："此皆各处所已言者。各处已言之，仆更何必赘言？以仆所知，则惟是由俄员与华官权时订立章程以昭信守耳。昨报转录广州《商务报》云：上月某日英国驻俄使臣士吉君得俄国外务大臣手书，允即送登各日报。书中大旨谓满洲之约不过由俄员与华官权时订立，藉以息事宁人。至于交还满洲各地之言，政府未尝不思遵办。虽俄之狡诈薄海皆知，兹之所云安保其果确实可信？然揆之于理，要有可以深信无疑者。何则？以俄兵力之厚，虽环球至强至大之国亦必踌躇审慎，未敢轻易撄其锋。中国东三省既已在其掌握中，欲据则竟据之，何必再订密约？且俄亦在各国联盟之列。观去冬十二月十三日本报所登各使移交之款，首书泰西一千九百年十二月二十二日法兰西、英吉利、意大利、日本、和兰、俄罗斯、美利坚、日斯巴尼亚、德意志、比利时、澳大利亚十一国使臣会衔照会是京师之约，俄已与诸国联合。使东三省而另有一约，直两歧矣。似此重大事宜而任意两歧，中国即无力与之抗违，独不惧诸国之群起诘责乎？然则何以知其为权时订立章程？曰东三省虽未交还中国，而中国官吏已于战后次第回任重绾铜符。苟不与之订立章程，则华官曰：'我奉天子命来守此土。'而俄人以为此土已由我俄攻战而得，不能重隶尔版图，逐而去之，亦意计中事。乃不闻华官于回任后有所纠葛，且观增军帅所出告示有与俄国协派巡捕缉捕土匪之言，是以知其权时订立章程云云，此语并非伪饰也。若夫外间密约流传，或则曰十二款，或则曰十款，或则曰另有俄京所订之五款。其签字也，或以为议和全权大臣奉有行在电旨坚不允从,或以为使俄大臣杨子通星使屡被俄人所迫后以坠马折足得缓日期。彼既无所折衷,仆亦乌能逆亿哉?”

客曰:“我闻各省民人有欲筹集拒俄之款者,究竟款可集乎?俄可拒乎?”曰:“此则仆未之有闻,果如子所云,然是不奉朝旨贸然开衅也。朝廷鉴于拳匪之乱向各国俯首求成,偿款惩奸已将就绪,而民人偏欲贸然向俄人开衅。试问朝廷既以息事宁人为念,能听其所为乎?即使朝廷竟听其所为,而俄人趾高气扬,能不责朝廷以不能约束民人之咎乎?矧拒俄则必兴兵,兴兵则必需器械。目今各国方禁军装入口,虽国家亦无可购求,而谓民间将何从支领?将以毛锥子当药云弹霰耶,抑将以热心团体起点支那国民诸字而压服俄人耶?我知其万万不能也。总而言之,谓亲俄以拒各国者谬也,谓联各国以拒俄者妄也,谓密约之必无其事者迂也,不问密约之究竟如何而群起哗嚣者躁也。谬与妄既足以偾事惩其迂,而以躁心出之,亦决其万不能集事。仆与子且俟京约子目既定,再论东三省事机可也。外间纵极哗传,乌足聒我之耳哉?”客唯唯而退,执笔人乃援笔作密约释疑。

二月廿九日(4月17日)

《新闻报》

[论说] 教案清源说

教案者,交涉之大关系所以羞辱国体、损失利权者也。故中国贤士大夫皆有预泯教案之志,而泰西人士之传教于中国者尤望民教相安,深不愿以细故启衅,致失传教之本意,阻行教之机会,伤信教之人民,甚至于教士亦间有戕害,故其欲泯教案之意未尝无同心也。然自通商以来垂数十年,出一件教案,申一番诰诫,议一件教案,进一层罪名,固已敝于唇舌、穷于刑章矣,而教案之迭出如故。至于上年北方官民几成群起而攻之势,教士之惨毙者以数百计,教民之惨毙者以数千计。幸而存者,或深藏于深山穷谷之中,或奔走于弹雨枪林之下。室家离散,资产损失,孑然一身,屡濒于死,何其烈哉?及乎联军得志,教民出险。凡闹教之处、杀害洋人之处,固已惨遭兵燹,十室九空,而联军所不及知、不及往者,则由教民率往索赔,以言今日北方官民其苦万状,盖报之者亦可为烈矣。各国恐以后复出教案,议和之际郑重再三,一议犯者照土棍例就地正法,一议肇事地方停试五年,一议督抚至地方官皆予重谴。其于预泯教案之意不可为不切,然而终难保以后之必不出教案也。即如目前北方之兵民已身受闹教报复之苦,而望都县犹有教案,则以后之不能绝无教案可想而知矣。

欲泯教案而教案终不能泯,则以但有压制之力而无清源之法也。压制之力愈重,澎涨之力必愈出,不清其源而徒障其流,未有不激烈者,天下事大抵如是,岂特教案?而教案为尤甚。夫同为一教犹有门户之见,同为一国之教犹有攻击之习,而况国不一国、教不一教,非极文明者安能融洽?是故所谓清其源者,盖即开通民智,使愈进文明而已。惟不文明也,故耶稣、天主两教所以盛行之故,蚩蚩者偏轻信谣言,至于施医育婴诸善举又从而横加訾议。假使能知两教之所以盛行，能知善举之并无他意，又何致轻举妄动贻杀身之祸？故欲清教案之源，必使无知愚民开通知识而后可也，盖一乡一县之中文明者多愚蠢者少，则教案自少。上年夏间曾有华人赴美国某城者受乡人之窘，本处士绅闻之引以为大辱，群向道歉并登报谢罪。以时论，正中国虐待外人之时。以势论，则强弱众寡相去远甚。而美人引以为辱道歉谢罪者，文明不文明之分也。今中国新政未行，小学未设，萃至愚极蠢之人，而有异言畏服者居于其间，观其举动则生平所未见，聆其议论则生平所未闻，而欲使愚民无敢或犯，必致道路以目，退有后言。民教之意见愈积愈深，永无融洽之时，久而生变，为亡国之大患，可不痛哉？故此次议和之后，压制之力虽为极甚，然而欲清教案之源，不能不以开民智为急务也。

二月三十日(4 月 18 日)

《申报》

阅本报所登俄约早废及俄求订约事试申论之

嘻！我今而知无据之浮言虽足哄动一时，不久而即将水落石出也。当沪上之喧传中俄订有密约也，始惟茶寮烟室中人言之，既而自命为通才者亦群焉和之，扰扰纷纷，争思抗阻。问其故，曰我辈皆忠君爱国也，惧我国之被人割据、我民之沦为奴隶，故不得不起而力争也。噫！斯言也，名未尝不正，意未尝不善，然还问俄约果若何订立乎？各处所传之九款为准乎，十款为准乎，抑十二款为准乎？果由增军帅所遣之周革道商订乎，抑另由杨星使订自俄京乎？则类皆影响模糊，莫衷一是，惟一唱百和，曰拒俄拒俄。嘻！天下事岂卤莽灭裂者所可图成？而奈何贸贸然轻举妄动若此耶？尔时，本馆已心焉疑之，谓约既曰密，断非外人所得而知，我既不敢决其为必无，然亦万不能信以为真。遽尔横肆议论，乃未几而西报登美使康君之语，以为京师虽微有所闻，并无确据，只能作为上海新闻。又未几而广州《商务报》登英国驻俄使臣士吉君得俄外部手书，谓满洲之约不过由俄员与华官暂时订立，藉以息事宁人。于是，向之扰扰纷纷者亦渐知卤莽灭裂之非，宜不复率尔操拒俄之论矣。时本馆已函请在京诸友，侦察实情。至二十六日果得总署友人函开，去岁增将军与俄人暂订东三省章程早已作废。翌日又得某相国幕府中人来信，谓前者增将军与俄人暂定东三省章程早经废去，乃目下俄人又称东三省事总须另订一约，惟各国公约尚未议成，故此约须俟续议云云。乃恍然大悟曰：有是哉！天下捕风捉影之谈有不历久而真情毕露者哉？今之浮言无据、哄动一时者，明明暂订章程也，而谓为密约。明明早已作废矣，而犹群起拒之。似此轻举妄动之流，乌足与议大事？彼全权大臣不知底蕴，何必震骇之电？实系咎由自取，而何得怪其斥之过严哉？

客曰：约与章程有何区别？则正告之曰：约一成而不易者也，必俟期满另订，始得斟酌以定从违。若章程则随时可以互商，凡有利于交涉事宜者，即不妨从权拟立。试观去岁互保东南之约，一俟京约议定即废而不行，名曰约章，实即章程之类也。今者彼所谓中俄密约者,大抵类是。俄既与各国在京议订公约,则废之也固宜,何必电争,更何必深考其为九款、十款、十二款哉?虽然,前之所云,鄙人固不幸言而适中,而此后中俄纠葛则又不能不切杞忧矣,不观俄人有东三省总须另订一约之语乎?夫俄虎狼也,其蚕食中国土地之心盖已蓄之久久矣。即无去岁东三省之变,然且欲借端作难,肆其鲸吞鳄噬之谋,何况义和拳既骤起风波,昏狂谬戾之大臣又从而助之为虐,有不乘机诘责、务餍其贪黩无厌之心者哉?然则将何策以拒之?曰:俄既与英、法、德、意、奥、和、美、比、日本诸国会衔移交和议大纲,则亦联盟之国也。今当告以既与各国联盟,即应与各国会商公约。虽有东三省之乱,尽可添入公约中,无庸另订他章,致乖利益均沾之义。俄苟唯唯应允,则中国当不致大受厥亏,此策之上者也。若不依从,则宜乘和局将定未定之时,普告各国使臣,使之暗中佽助,然后与俄磋磨各款。俄于各国阳虽和而阴甚忌,目下联盟未散,当必畏各国之合以谋我,而不致多所诛求,此策之中者也。倘竟依俄人之言,俟各国公约既成再议东三省之事,则各国必不复出而干预,相与袖手旁观,而中国力不能抵其雄强,势必事事横遭压制,不特谓之下策,且更近于无策矣。诸公衮衮,当必有谋之于事前者。若夫我辈书生妄谈国是,群哗然曰:"我拒俄也,我藉以伸民权也,则卤莽灭裂者优为之。"仆何人?斯惟有敬谢不敏而已矣?

三月初一日(4月19日)

《新闻报》

[论说] **论改设外部事**

中国自以为大一统久矣,初不知海外尚有若干强国,故通商之初,以藩属视各国,隶其交涉之事于理藩院。各国初通中国,未谙中国之事情,未窥中国之强弱,而又贪商务之利,以为中国礼节固如是,遂亦安之。既而知中国实以藩属视之,乃藉兵力以争名分。于是乎设一衙门,名之曰总理各国事务衙门。其命名之初,实仍寓以上临下之意,故曰总理各国事务,与"理藩"二字略有区别而已。迄于今各国事务中国不能理之,而中国事务几几乎为各国所代理,亦可知徒窃虚名之甚无谓矣。各国使臣不能常见中国皇上,故总理衙门权本极重。盖中国有跪拜之礼,而各国见人不跪,虽君父之尊,亦只脱帽鞠躬为礼,故于觐见礼节,亦复屡见龃龉。其初为调停之法,使臣来由总署代递国书,终其任不觐见。其后使臣初来觐见一次面递国书,此外惟国家有大典再得觐见,亦不能陈说公事,故交涉之权一归于总署。总署遇事唯诺,不知据理以争,间有为难,或称皇上不准,而各使以不得常见皇上之故颇怨总署之阻隔。朝廷则以总署王大臣专办外交情形熟悉,故亦一听总署之糊涂办理。总署王大臣则多顾惜身家,以敷衍为办公之秘诀,故数十年来于外交之上有退无进,国家溃败决裂至于如此,致有各国逼裁总署之举,夫亦深可痛矣。中国主权本为最重,而外交之权实已移于总署。譬如总督有阖省之权,然有移其权于幕僚而属官不得一见者,则于阖省之事必有损害。州县有一方之权,然有移其权于胥吏而小民不得一愬者,则于一方之事必有损害。夫属官小民分在其下犹且不可,况其为朋友之国之使者乎?故损害外交、损害国事至于如此,诚有不得不废之势,固不在各国之逼不逼也。

虽然,今即由各国逼改总署为外部,顾章程不改,积习不除,则犹之不改向章。总署堂官十余人以亲王领之,各使有事谒见,能可否者惟领袖一人,余皆如木偶,久为外人诟病,此不可不改者也。中国各部章程最为丛脞、最为模糊,苟以命名外部,遂蹈六部之恶习,则改不如不改,此不可不戒者也。京师之总署,各省之洋务局,外人均视为办事之处,而实皆推诿公事、延搁公事之处。今苟于改为外部之后,推诿公事如故,延搁公事如故,则外人必致并废外部,此不可不防者也。现在觐见仪注已议更改,将来各国使臣必可常见皇上,假使外部办理外交不能了事,则各使必径达皇上,以外交之杂沓累皇上之万机,于应付必更为难,此不可不虑者也。故今日定制之初必须妥定章程,而尚书侍郎之任尤须简曾使外洋者,庶于外交之事不甚隔膜,而不若从前总署之徒害邦交并损国势乎!

三月初六日(4 月 14 日)

《新闻报》

会商善后函稿

直隶布政使周玉山方伯奉傅相谕,传知荫副都统昌往谒华帅商酌顺直中外善后事宜,往来函稿录下。

第一次约以三事:“一、联军未退以前即现住地方为界限,勿令他出,以免百姓惊扰,有误春耕。二、联军与官军住处相距甚远,其中如有土匪扰民,准仍由官军请联军往剿,务必带同官绅同去。一则易于踩缉,获匪亦易讯问,不致误伤良民;二则远近闻之,皆谓联军为我捕匪而来,非有他意,百姓且感激而不致惊逃矣。三、各处官绅现正商议赔恤教民之款,除教款赔款归教士商酌有数可计外,惟教民抚款多有格外需索,至令赔数十倍、数百倍者,并言如不照付即请洋兵来剿灭云云。此等恐吓之词原不可据,但小民多有因此破家者。如蒙出一谕,谓联军断不能听教士、教民一言,轻出兵队攻打百姓,则官民闻之不受若辈恐吓矣。抚恤教民,本地方官绅应办之事,若听其教民讹索太多,又使民心不服,是有心者之隐忧也。以上三事如蒙华大帅慨然行知各州县所住之联军遵办,则直隶官民上下无不感颂,将来全权必上奏朝廷也。”

正月十一日,德国参谋处总办实任总兵厦慈阔夫复荫副都统函。“敬复者,奉华帅谕,答复尊函逐条列下:一、无论如何从此定不出队一节,万难照办,必须审查情形以定行止。二、倘大局不生枝节,或无团匪扰害地方,或无华军前来滋事,则可不再出队以符李相之所愿。三、华军驻扎若干,每处计若干人,应请李傅相径达华帅,惟无论如何不可令华军越过联军所占之界限,虽小(枝)[支]队伍,甚至标兵,均不可使之过境,以免误事。所有华军皆可于联军界外用以弹压土匪等项。四、联军在界内倘须出队剿匪,应随时察视情形,若有所需,则邀同地方官同行,俾易寻认匪徒。五、赔偿一节,业与教士议定,凡教堂或教民应

索赔偿各款,或由两造秉公商办,或由出使人员办理,以昭公允。专此,敬复。”(未完)

三月初七日(4 月 25 日)

《新闻报》

善后函稿接录

正月二十三日,本任直隶布政使周致华大帅函:“一、联军现住各村镇颇称安静,然不能不派兵时出巡探。惟愿派兵巡探之时派一官弁率领前往,勿听兵丁或三或五随便游历各村,使百姓惊疑,致带兵官有难于察查之处。二、京津粮价渐贵,亟应招商往上海等处贩粮来卖,而各商惟恐进大沽口之时有所需索或不能保护,是以畏阻不前。拟请麾下行知天津联军各官,凡遇华商贩粮之船进大沽口时勿收厘税,其由津贩至京者亦同,庶中外军民同沾利益矣。向来天津道收进口米税每石收铜钱三十文之谱,遇年荒则免征。今自去年五月以来,粮米、百货俱不进口,似应从宽体恤,以广招来。三、京城西至保定、正定,东至山海关,不通商电,诸多不便。拟派我商电局到保定、正定一路并山海关一路设立电局,以通商报。万一不能即允,或准我派人附在联军电房内通报此事。如蒙准行,我当告知总管电务盛大臣派人来京商酌办法。以上三事昨已面陈。四、地方州县官系管理百姓最亲之官,地方绅士系百姓为首董事之人。现在调和民教,供应联军,弹压匪类,全仗地方官绅之力。切实办理不妥,可达知中堂及两司道府查实,或记过,或撤任,彼自无词。惟请联军各官与各州县官绅体面,勿自行派兵拘拿关禁,若看官太轻则百姓亦不怕官,地方事不可问矣。”

华帅复函:“昨接西三月二十一日来函,敬悉一切。函内所称第一、第二与第四条各事,均已达知联军各统带,查度情势,尽力施行矣。至安设电线一节,容斟酌从缓商办。倘刻下有明文而非暗码电报自山海关至保定府,均可交德国军电局代办,若用保定府与正定之电线,须径与法国提督倭阿隆互商办理。专此,复颂升祺。”

二月初二日又致华大帅函:“兹有琐事奉渎胪列于后,务求酌定示复,不胜盼企。一、近日为山西军相遇触犯联军,中堂已饬山西军退扎,惟前送地图以红线为界而无地名,愚见联军所扎之卡如能指出地名为界更好,否则或以直隶境地为界,其紧接直隶境西之山西地方,可饬山西军相离数十里驻扎,即巡哨亦饬其勿入直境,免彼此相犯,务求明示。馥即回明中堂转告直隶西边一带州县知之,并嘱各州县转告山西邻境文武遵办,缘我国家急盼和议早定,决无遣军东犯之理,惟恐彼此不知设卡地段,两军巡哨或致相遇,此时损伤士卒诚属不值也。二、我中堂奉旨来京议和,即属各州县,凡联军巡探到境务须以礼相待,量力供应。惟是近山西一带州县山多地瘠,每苦供应不周,如阜平县令所禀为难情形,务求体谅,或少去兵队,或明定章程,此非馥所敢拟也。”

三月初九日(4 月 27 日)

《申报》

弭教祸说

闹教之事,非独中国有之。教祸之烈,亦非自今日为始。近二三十年内,民教每一次发难,国家必议赔偿、议抚恤、议惩办、议保护,扰扰纷纷,几费心力。卒之,禁者自禁,犯者自犯,此灭彼起,一呼百应。呜呼!岂天果不欲康我中国耶?胡为而事机迭起竟如此也?当西教之甫入我中国也,一时士大夫懵于外情,以为外人不远数万里航海而来,行其教术,苟非有所为而为,胡坚忍卓绝至于如此?于是乎造为挖眼剖心之说、铜管血盒之具巧为诬蔑,横肆雌黄。其立说皆出于学士大夫之口,俗子蠢夫以为确然可信,而怨毒之入人者遂深。然内地传教既为条约所准行,自必周流而莫禁。设当轴者果能于其始至思患预防,妥立章程,杜其嫌隙,亦何至此起彼应祸患相寻?乃漫焉不察,以为我中国自有周公、孔子之教,尊无二上。彼西教穿凿支离,吾锄而去之惟恐不速,正宜使民间习与龃龉扞格,长不相入,庶彼教终有日不禁而自绝。而举凡善后之方、防微之道置之不论,以至今日焰益张,势益盛。疆吏有听从所属侮辱远人者,朝廷必谴斥;州县有听从地方侮辱远人者,疆吏得参劾。一时不肖官吏以为是朝旨也,是邦交也,是政要也,是可以借重远人而縻我好爵也。于是,不问是非,不顾顺逆,不分黑白,不论短长,一惟媚远人、私远人、听命远人是务。而一切倒行逆施之事以起,民情于以日愤,民气于以日塞,民怨于以日固结而不可解。闹教毁堂之事顽民倡之,愚民和之。

吾独谓皆地方官吏隐酿成之,不然京津拳匪之乱于杀教士、杀教民而外,胡独于保护外人之官吏尤痛恨切齿,争加毒害之也?今者,各省大吏惩前毖后,藻密虑周。东省首立保教章程,江省更设教务公所,巨细不遗,防维曲至。此后两省民教当杜绝衅端,消释无数冤狱,不禁为生斯土者庆,又不禁为官斯土者颂。吾以为欲筹民教相安之道,当设立教董。由疆吏商诸各省主教,遴教民中之通晓事理者,董率教中一切事宜。凡民教有争讼,州县官延教董至堂观审曲直,既不妨公判,是非可据理直争,则奸民自无所施其狡,而衅端隐弭于无形。盖民教之争多起于讼狱,讼狱之兴多出于奸民之诪张为幻,讯断者以先入之言为之主,曲为袒护,未明其事之委曲,遽尔上下其手,以致怨气愈积,枝节愈多,驯至一发而不可收拾。诚能各省府厅州县一体仿设教务公所,厘定保教章程,而更辅之以明白晓事之教董、贤长官神明而化导之,遇民教有所争讼一律持平听断,立与消弭。虽终今以后无教祸可也,更何有溃败决裂危宗社、祸朝廷、贼生灵之患哉?

三月十一日(4月29日)

《申报》

慎重教务

南昌访事友人云,上月某日江西巡抚李勉林中丞札行洋务总局,其文曰:前因近日外侮频仍,大抵多由民教不能相安而起。现在和议垂成,所有从前未结教案,固应及早设法清厘。此后遇有民教交涉之事,尤应随时妥速了结,庶不致牵一发而全身俱动,贻误大局。各该地方官如再有仍前玩忽,不将教案速行办结,或致别酿衅端者,本部院惟有据实奏参,执法严办,决不稍从宽贷。当经札行该局查明各属未结教案,严催汇报,以便查考。将来遇有民教控争事件,并即严定章程,勒限速结,分记功过,用示劝惩。或于各州县地方分立教务公所,由地方官礼延众所悦服之绅士专驻公所,遇有应行弹压之事,即责成该绅约束子弟,以免群起而争。其教士、教民中如有中国素著名望之人,亦以礼延入公所,俾各相习而无相妨,自更易于就我范围。地方官遇事传人讯问,亦不致毫无头绪。向来各属均有团练保甲公局,延绅坐局办事,而官督其成。公所之设,即可略师其意,惟公所应办之事,仍须明定限制,声明只为调和教务而设,一切地方事件均不得干预,以防流弊。或公所可设,而绅士难得,其人亦不必拘泥滥派,总以事有实济为主通行。该司道等通饬各属,因时制宜,通盘筹议。禀由省局妥定章程,详办在案。兹查此件发行将及一月,所有议设教务公所一节,未据一处禀覆。昨经本部院与该司道等商酌并询之在省公正团绅,咸谓此事可行,即应赶紧举办。遇有教案,方易措手,合再札催。为此,札局即便会同司道督饬南昌府县与在省公正团绅熟商,先就省城拟备章程克日办妥,一面严催各属妥筹举办,仍将办理情形禀覆察核云云。越日,臬宪柯逊庵廉访移会教务公所,谓查此案奉札前,因即已会同司道督饬南昌府县与在省公正团绅熟商,克日先就省城办妥以为之倡。兹择于二月二十一日先在省城设立教务公所,除将开办日期呈报督抚宪并严催外府州县迅速筹议禀办外,所有一切章程应即克日妥议详办,合就移会贵公所,请烦查照,详细拟议办法章程,克日移覆,以便会商,妥力详定通行,以期民教永安,望切施行。既而,中丞复将办理不善之各州县酌予奏参,其情事尚可曲全而又不能不略示薄惩者,概行摘顶,勒限迅速清结。如敢违限不遵,定行严参不贷。似此风行雷厉,江右教案当不难一律敉平矣!

三月十二日(4 月 30 日)

《新闻报》

[论说] 因停试五年有感而论

中国有极不可解之国典,考试用八股,其一端也。不独八股不可解,即一切诗赋词章考据之文字,不过与八股异其名,其实亦皆空言无补也。治今日之中国,若再以空言无补之文字弥纶宇宙,其谁欺?国家自欺耳。宇宙间皆实境,大约悉包于“农、工、商”三字之中,农、工、商所包者广,皆生人所赖以生活,国家所赖以富强,古圣王治天下无不兢兢于此,泰西治国亦无不兢兢于此,此系宇宙实在之事。能精农、工、商之实事不必其能文也,能论农、工、商之虚文未必其能农、工、商之实事也。农、工、商皆生人之业,盈中国之人皆有业,虽不能文亦无不可。如谓中国之文纬地经天实不可废,不可与不通华文之泰西比例,则吾宁学泰西之农、工、商而不愿学中国极通之文也。今试问冻饿之人在于农、工、商之人乎,抑在能论农、工、商之文人乎?人以农、工、商之实事攻我,我以八股诗赋等之虚文攻彼,以实击虚,焉有不败?久矣,夫中国应讲求实事而屏绝虚文矣。

今适有傅相奏请一律停试五年之说,不禁畅所欲言也。夫今日中国之大穷,其源在于有能言之人,无能行之人;有论学之人,无往学之人;有怨穷之人,无求其所以不穷之人。求旧之人甚多,而偏于农、工、商之学不讲;求富强之术亦甚多,而偏于农、工、商之利国利民,讲焉而不精。变法之奏章今已略见报端矣,然言变科举增实科皆不关痛痒之言。夫学堂,学为农、工、商也,学为农、工、商,学为有以养身也,人人学养身,又何至为非?又何劳空言无补之官代为理事?今日立一治法,明日立一治法,又奏稿长篇累牍而反复辩论总不离乎官话。尤可笑者,学校一端本吃饭穿衣寻常事耳,人不可以无衣食,即不可以不学,人不学则无衣食,此一定之理。而论者言及学校条陈,不引证古者庠序学校之遗规以实其言,即拉扯泰西学校数万、日本学校数千以敷其词。不知此等吃饭穿衣之事尚何待引书?凡事皆待议,若人之为学尚有何咬文嚼字引证哉?更可笑者,言实学者挪扯经史,以比例为工,以解释为见才,尤不肯将言理学者空谈无补、误人误国一门割爱,满纸虚词,从何处得一抵御泰西之法乎?

窃谓治国之法在利民,利民即所以利国。利民之法在各安其业,而民之业不出农、工、商三途,农、工、商不可以空谈,必须人人讲求实学。一言以蔽之,遍地开农、工、商三项学堂而已。农之种类甚多,一切蚕桑树艺兼隶之;工之种类甚多,一切格致制造兼隶之;商之种类甚多,一切铁矿制造兼隶之。各以其精于本业者为之师,聘泰西三种学堂精于该项学业者而教习之,其经费正好以停科之巨款充之,不足即以国家所抽农、工、商各项所征之厘税充之。迨农、工、商三者大兴,则自然富,能富则能强,而武备相因矣。夫有此实学即所谓人才也,即可以为官也。以精于农之首领治凡为农者,以精于工之首领治凡为工者,以精于商之首领治凡为商者。如某业会馆、某业公所之类以代官事,凡有该项之争讼钱财及种种巨细之事会馆公所代理之,则官只办刑名一门之事,可裁之官极多,浮销之费又少,必使人人皆学为农、工、商而不为游手好闲之人。民既有利,官亦无事。民有利,则国家坐享供给,安然无事矣。官可裁,省费无穷,可不劳苦思变法矣,谓国之不治吾不信也。以农、工、商治天下有益乎,抑以八股诗赋等治天下有益乎?农、工、商合于古法乎,抑八股词章等合于古法乎?谓为守旧,农、工、商谓之极旧;谓为维新,农、工、商谓之极新。举国之人皆可从,何国家惮而不为乎?停试五年,使举国之人渐悟,求实事可以养身,可以利国,而不受误己误国之八股诗赋之愚,则极为痛快之事也。故变科举增实科皆不如停科之妙,停科又不如废科之妙。一废科而人人寻吃饭之路,必一一走入农、工、商三途矣,一入此途而富强有基矣。盖此为实在吃饭之根,非如徒读死书靠人吃饭也。某亦八股人也,自恨自骂且自悔,看天下惟有业者为能养身利国,舍此为士为官皆骗人饭吃,天地间第一可愧之人耳。抑停试五年与不停试五年尤有关系,当续为详论之。

三月十六日(5月4日)

《新闻报》

[论说] 论一律停试五年

前报论一律停试五年与不一律停试五年甚有关系,兹得而申论之:查闹教之地除直隶一省停止考试二十余州县,此外东三省、山西、山东、河南、浙江、江西、湖南随在皆有教案,皆应停试五年。所停试之地即在其闹教之该州县,此将刊刻誊黄晓谕普国士民而不可更改者也。浙省诸暨闹教,日前李学使将去考试而中途被沮。然县府两试俱已考过,童生不得不盼院试也,忽闻有停考之说,于是该县绅士出而语人曰:“然则国家既视我县为无教之地,则我县本不可教化者,何劳泰西各国再来传教?”又曰:“我县既为王化所不容,则又何必再征我县钱粮?”气甚浮嚣,以至学使无如之何,电请抚宪电询全权核办。今日报谓聚万余人恐滋变端,故仍照常考试等语。观此,则凡停试之地将来必不遵停试办法也。盖论闹教而停试本属情理之当,然闹教者不在士人,则何为停士人之考试?且闹教之士人可停试,不闹教之士人可停试乎?以闹教之士人而连累不闹教之士人,岂公道乎?此衡之公道不合者也。闹教之地各省皆有,停试之地亦各省皆有。今逢国家抡才大典,士人之图进身者皆以一试为阶,乃国家辱之、抑之,而不令其上进,使此数十州县不得与试之人离心离德,渐至以敦诗说礼之人变而为犯法作奸之辈,其心岂不曰“国家以我辈为化外之民,则我辈尚何有廉耻之可顾哉”?于是以仇国家之心先仇官,以仇官之心转而仇教,教案重重,将来仍复贻累国家,此停试之议盖至智而至愚也。

今夫以八股取士而有所谓院试、乡试、会试,亦至不可解矣。聚无数童生而拔取秀才,又取无数秀才而拔取举人,又聚无数举人而拔取进士,如是以周转而登巍科掇高第者,不过即恃此八股一篇以为酬世之具,而朝廷亦只凭此八股一篇以取士之真才,及至录用其人亦毫不与八股相涉。尝谓大清至不可解之国典,惟此以八股取士一道。泰西各国取士皆由学堂,而学堂以文凭为率。如有专门毕业生取录后,即以其长于该项学问者为该项官师,如水师、陆师之统领皆学生出身也。他如制造之总办、商务之大臣皆由学生出身。盖以此为进身之阶,其法至善。乃中国偏以八股取士,大不可解,而停试不停试遂为士人所必争。其实停试不停试同归无用耳,然而停则俱停,考则俱考。论闹教与否,原应有停、有不停,而论考试之无用,则不妨一律俱停也,此一说也。在停试之地必仇教愈甚,是非弭教案而添教案也。今中国所恃以存者在人心,而尤恃者在以功名诱士人,今使士人离心离德,非国家之福也,此又一说也。议和之权已属外国,然中国亦可自伸其权且可自全其体面。外人逼我停试,我停试矣,然我于不停试之地而亦停试也,则不至令停试之地向隅而正可以安停试士人之心,而正可以藉一律停试讲求实在人才之法,岂不甚善?为问今之国家需人才乎,抑不需人才乎?需人才而八股可以谓之人才乎,抑不可谓之人才乎?虽五尺童子皆知之。而国家偏不舍废八股而犹曰求人才,国家何其自欺也?

而说者曰:国家以八股取士,盖使士人有进身之阶,而杜一切杂流之弊也。今如停科则杂流之捐纳者进,岂不更为国家害乎?则答之曰:一面停科,一面亦应停捐纳。现在各处有已开学堂之人才,再加以停科之国帑充为开学堂之费,而令士人往学五年之后必各有专门之学,而后出而为国家讲新学,行新政,亦正好出而为官,亦何得有杂流幸进乎?且中国今之候补尽多,正不虑无官矣,从而淘汰之。无论正途、异途,其中必有可用之才,从而甄别之。大约充知县、知府、道台之人员,亦尽有也。此外有实在经济者由大吏荐举,则人才更少杂流矣。故吾为此说无他,以公道论可以一律停科,以国势论可以一律停科,以国体、国权论更可一律停科,以变新法求人才救此破亡之国家论,非一律停科不可也。夫不一律停科而士人怨叛之后患若彼,一律停科而士人求实学、国家得人才之近效若此,孰然孰否,智者必能辨也。今幸全权大臣已奏请一律停试矣,则俞允而后正,宜早颁明文,使士人可以早为改弦更张。而尤当一面停科举,一面停捐纳,不然求仕者必又走入卑下之路矣。而总非迅速遍开学堂使士人有所归、有所学不可,故变法纵待斟酌,独此开学堂一议无待斟酌者也,又曷为迟迟不施行乎?

《申报》

观本报纪诸暨教案责令绅士出结事推广言之

顾宁人有言曰:“保天下者,匹夫虽贱,与有责焉。”斯言也,殆即范正文先忧后乐之意推而广之。初不料今之党于康、梁者竟藉为口实,欲以匹夫而上僭天子之权。蒿目时艰,盖未尝不悁悁而悲,欲起而为之正名定分也。夫士居四民之首,乡邻族党,咸资表率。举凡民智之通塞,风俗之兴衰,实有互相维系、隐与乘除之势。每有朝廷条教所不能格者,绅士得通其气类而感孚之;官长法令所不易施者,绅士得入其神明而牖启之。且生长桑梓之乡,习闻刍荛之俗,平居知后知,觉后觉,薰德善良,因势利导,固有官长难为力而绅士易为功者。昔人谓民情之趋向,视士大夫好尚为转移。礼乐陶淑有固然者,吾独怪今之荐绅先生竟有大谬不然者。其生长乡僻、姓氏不闻者无论已,即自号通才,交游甚广,而所谈者不过市井琐屑之事,所与者不过飞扬浮躁之流。语以朝章、国故、政治、邦交,俱非梦想所能到,其尤甚者,恣为狂悖谬妄之论,逞其诐淫邪贼之私,使彼竟获售其奸则倒行逆施,时局鲜有不蒙其毒者。目今议和条款罚停闹教省份大小考试,已有明文论者,谓闹教毁堂皆自愚民发难,而停止考试乃贻害于士林,将何以折服人心而使之不怨咨交作?不知中国士大夫排斥远人,诋諆异教,与愚民正出一辙。民间平日于讲信修睦、宾远怀柔之道,昧焉不讲,阒焉未闻。际此万国交通、地球大同之会,我中国独晦盲否塞,不得列入公法之中,使非由士大夫固陋自安,则我中国二十一行中人民胡至鄙陋如此?然则民教之争,虽愚民启之,实无异士夫指使之。平情而论,罚停考试不得谓为过当,且藉此长进士夫之识量学力尤为不少,岂非外人之惠我良多乎?曩者,山东巡抚袁慰庭中丞颁行保教章程,除明定地方官吏功过外,复责成绅士实力保护,分别赏罚。窃谓中丞用意可谓切中肯綮。近日江西绅士已联合同志,就省城设立教务公所,董其事之诸君子,要皆由忠君爱国之心发为济世匡时之略,各抒伟画,造福故乡。江省士民何幸得此数君子为之匡植而辅冀之?然则此后外人传教所至之处,地方绅士不但不应存推诿卸事之心,直宜亟引为身家分内之事。寄语乡贤达尚其以江西诸君子之心为心,毋令我民之乐于肇祸以致通国遭殃,坐使外人笑我蠢拙也。因观前日本报所纪诸暨教案大吏责成绅士具结保护事,不禁慨乎言之为诸暨绅士告,又不仅为诸暨绅士告也。

三月十九日(5 月 7 日)

《新闻报》

保全盐利议

盐课一项,岁征一千三百余万两,为国家入款之大宗,而官而商而民资以得利得食者尤不可以数计,盖渔盐之利自古可以富国,固亦财政中至要之一端也。今者各国因赔款无着,有将各省盐漕等项抵作赔款之议,日前京电又有各使严催之说。盐利之不可保,盖直朝夕间事矣。故两江总督刘宫保迅札运司,传集官商筹议,限半个月禀覆。略谓中国盐务久为外人觊觎,今各国商人既欲乘战胜之后以施其攘夺要挟之计。中国入款之大宗洋税既已早抵洋债,现因抵偿赔款,总税务司早已密令各关税司详细查察,计人口之多寡,核销盐之数目,并我原定引数以及近来销数条分缕晰,莫不逐加估计。当此内外交迫,实为盐务一大变局,外商侵夺国与民之利尽矣。以之抵偿既失官中事权,复失现商事业,盖抵偿不敷,必致代办,旧章未妥,必仿西法。查就场征课虽经陶文毅议驳,而现在印度办理业著成效,外人视之必为至善之法。日夜焦思,欲筹保守,苦乏良谋。目下两淮盐务销市日疲,商困益甚,揆诸穷变通久之义,在我本当别求善法,今则事机迫切,若再拘执成章,转瞬官商交困,必致悔莫能及云云。宫保之谆谆劝谕及睽时度势,不能不改之意可谓溢于言表,特是就场征课之法最为盐官、盐商所痛恶,故陶文毅总督两江之时,虽有京中大员屡请课归场灶及奉旨交议,卒为文毅议驳。夫以文毅之贤,犹难免为盐官、盐商所欺,然其时文毅新改票盐章程初定,但觉其有利无弊,自然惮于更章,以一驳了事。

今则数十年来票盐之弊业已显然,本有不能不改之势,而况外人虎视,乘其战胜之后正思攘夺，使文毅生于今日，亦必知盐法之不可不改。故刘宫保之意实亦有必改之势，惟事经札饬运司传集官商筹议，窃恐官商顾恋私利，不知后患。为侥幸万一之谋以保全其不能保全之弊，必有推广文毅原奏以抵制宫保之意者，是非特盐官、盐商之利终不能保全也，中国之大利亦将因此而不能保全。故就文毅原奏一一驳之，以免惑听。查陶文毅原奏共有两折，前一折系拟定盐务章程，首段皆驳课归场灶之说，后一折覆奏课归场灶之说未敢遽行。兹考其前折有云：今按池锨定课，每锨每池约征银百余两，灶丁皆濒海贫民，若令先纳课而后卖盐，则力有未逮，抑令先卖盐而后纳课，设遇歉产之日，势必课宕丁逃。且场盐每斤向卖制一二文、三四文不等，今加入课银六厘是课重本轻，私卖但及交课之半，灶丁即获大利，贩商即省重赀，仍难免透私之弊。驳之曰：此说之可信与否全视盐课之能否减少，而断文毅之时盐课每斤征银六厘，今则加而又加矣。国家度支不足自必加课，然苟产盐、销盐之数能倍于今日，则盐课即可折收五成；产盐、销盐之数三倍于今日，则盐课即可折收三成半。今查额销之外，有掣私场、私灶、私垣、私邻、私漕、私船、私营、私商、私功、私枭、私官，私诸名目。私销之数岂止三倍于额销？是课归场灶之后必能查明产盐、销盐之数，实不止三倍于今日，则每斤课银必可减收，今场价亦不止三四文。减轻盐课之后，大约斤价若干与课银若干不相上下。假使课重本轻，原有透私之弊；若课与本相等，即无此弊。文毅实泥于课银六厘之故，至谓先纳课而后卖盐，贫民力有未逮，然则农民先纳钱漕而后卖米亦未闻无力。且课归场灶之后，利归于民，濒海可以无贫民，更可无庸多虑。至于先卖盐而后纳课，设遇歉产，势必课宕丁逃。夫天灾流行本非人力所能强为，顾鲜闻农民因荒而弃田者，况产歉则价翔，亦何至丁逃而课宕？惟先纳、后纳，孙氏鼎臣以卖盐而后纳课为然，言之甚详，兹不赘。

严办老团补纪

有东省某绅来沪，述上年山东办匪之事甚详。据云拳匪起于山东，故北京拳匪呼山东拳匪为“老团匪”，首则尊之为“老师父”。上年义和团之王大臣庄、刚等迭派该匪党等执持札文凭票，名曰“龙票”，并团规，来山东招集老团。袁中丞闻之痛恶，密饬各属，执饬札文、凭票入境，招集拳匪、沿途滋事者，杀勿赦。七月初，闻曹县有职员孙鹏睿者自称奉庄王、刚中堂札文凭票在曹州府曹县一带招集拳匪，声势煊赫，到处招摇。曹县曹大令榕以其执持王大臣文凭不敢逮问。袁中丞闻之，飞饬该县捕拿，而孙鹏睿已先期率其徒众多人北去。行至兖州府属阳谷县境，该县叶大令汝源奉文捕获，禀请袁中丞核示如何办理。袁中丞批令用枪试击，彼既自称为老团，其术能避枪炮，当不至死。叶大令奉批后遂縶孙鹏睿于大堂庑下，以手枪击之，应声而毙。当是时也，万众环睹，齐声称快，始知拳匪系以邪术骗人，远近胁从因而解散者甚众。孙鹏睿所携札文凭票亦即当堂焚毁，徒众之被诱胁者分别递籍责令自新。论者谓山东匪势衰熄，实始于是役云。

三月二十日(5 月 8 日)

《新闻报》

保全盐利议　续昨稿

文毅前折又云:两淮池(镴)[鐅]半系灶产,以己业而听命商人,情必不愿,况商人惟利是视,秤收则勒以重斤,借贷则要以重息。灶户狃于售私,职此之故灶不乐以盐归垣商,亦必无赀完课。此垣商纳课之亦难遽行也。驳之曰:由垣商纳课之说本系因地制宜、补敝救偏之法,并非课归场灶必须由垣商纳课也。至谓以己业而听命商人情必不愿,试思由今之法不为改变,两淮灶户能自由而不听命于商人乎,何以知其此愿而彼不愿也?且由今之法能保将来之不听命于外人乎?至于重斤重息,岂特商人?官实尤甚。窃谓苟由垣商纳课,垣商以大利所在,必不肯过于盘剥灶民致动公愤,受联名禀讦、群起而攻之累,此亦可以无虑者也。文毅前折又云:产盐最多之伍祐等场照引定课应征银六十余万两,即等而下之如梁垛等场亦应征银二十余万两。虽淮浒等关、苏松各县钱粮不及此数,盐场微员岂能任此巨帑?况试行之初额难悬定,若听其尽收尽解,难保不匿报侵欺。兼之场署多在海滨,既无城郭之防,又乏营(汎)[汛]之卫,征解亦恐至疏,虞此场官收税之亦属难行也。驳之曰:文毅泥于场官之职分太小、场署之防卫全无,至有此执一之论。假使分别场地之广狭、产盐之多少以定其设官之大小,即无任重官小之嫌。沿海缉私本须营汛,无虑一无防卫,至于比较之说为妙法,亦为弊政。观于海关税司尽收尽解,并无匿报侵欺,可以知所变计矣。

文毅后折有云:两淮盐课甚重,三倍于江苏全省之钱粮,非通泰海一隅之场地所能归入。驳之曰:盐课之出,系出于食盐之人、运盐之商,通泰海既能出如许盐,即能出如许盐课,不必因其课多,遂疑通泰海不能出此巨款。文毅后折又云:若征之于灶,则沿海穷民家无长物,即谓盐归丁卖不患其贫,而一池一鐅获利几何,岂能以数百万之巨款散而责以完纳?驳之曰:国家度支皆积少以成多,故征收条银则有分厘,征收漕米则有升合,及其汇总,则成千万,岂有积一池一鐅之课而不能集成巨款之理?文毅后折又云:若欲就场收税,则又弊窦易滋。盖盐之为物,与布帛菽粟同功而不同用,布帛菽粟随处所有,成本重而课税轻,然且不免透漏。若盐在场灶每斤仅值制钱一二文,一经收税则价随课长,争其利者必多。海滨广斥池以扫盐,凡有箕帚者皆可扫鐅以煎盐,凡有锅灶者亦可煎。将比户皆私,课税即因之而更绌。驳之曰:改章之后,盐课与盐本相等,并无本轻课重之弊,前幅已详言之矣。故盐之为物实与本重课轻之布帛菽粟同功同用,无甚区别。布帛菽粟随处所有,犹能收取厘税,透漏甚少,而况产盐之地皆可指名,必较布帛菽粟尤易稽察。至谓有箕帚者皆可扫,有锅灶者亦可煎,将比户皆私。不知先卖盐而后纳课,在未卖之先原可比户皆私,既卖之后无论为池,为箕帚所扫,为鐅为锅灶所煎,皆当纳课,即皆为官盐,无虑先时之私哉。

严办老团续补

昨报补纪严办山东老团一则，尚未尽友人所谈。据又云：上年七月二十日德州驻防营孙绍襄军门派出弁勇徐青山等在营侧瞭望，见有三人神色仓皇自南而北。因向盘诘，露出拳匪形迹，当即押解入营，由军门提讯。供出一名苏九林，年三十五岁，宛平县人；一名靳文英，年二十七岁，冀州人；一名穆得山，年四十三岁，清河县人，均住北京有年。于七月初三日，同张先厚、范青贵及王周萧王等九人均奉管理义和团庄王、刚中堂暨坛主荣普之命，派往东省东昌府一带招集老团进京。至京中时有四团，一住阮府胡同荣宅，一住十锦花园溥宅，一住四条胡同聚钱局，一住北新桥。其大师兄萧姓，山东平原县人。此次共招老团千余人，由西大道进京。伊等三人先回京送信、取盘费、迎队等情。军门即录供呈报，袁中丞以为即系孙鹏睿等同党纠伙滋事，贻误大局，罪在不赦，遂传电至德州立斩以徇。时将吏中有谓既系庄、刚札派，宜从轻拟办为言者，中丞不为所动，且慨然曰："苟有利于国家者则为之，他非所计也。如有后患，惟某一人自任，公等无代过虑。"于是北直一带拳匪知所持庄、刚之札文凭票不足恃，辄相戒不敢再入东境，而东境遂因以晏安云。

三月廿二日（5月10日）

《新闻报》

保全盐利议　续前稿

文毅后折又云：此数说者皆本于唐臣刘晏"听其所之"之一语，故诸臣皆以为化枭之良策。其实刘晏榷盐，即今商运之法。所谓亭户，粜商人是也。晏建常平盐仓数千，商运不至则减价以粜。置巡院十三以捕私盐，奸盗为之衰息。是晏恐远省缺盐及商灶漏私，已于听其所之之先大有布置，并非仅听其所之而遂能化枭为良也。驳之曰：凡物须运销者均需乎商，非特盐也。课归场灶之后本未尝废商，惟此则一税之后听其所之，而票盐之法则限地行销。一限地一不限地即为立法之利弊，不能因亭户粜商人，遂谓刘晏之法即今商运之法。至于定法之初本宜先考利弊，行法之先本宜预为布置。课归场灶系办法大纲，其详细章程贵于因地制宜。刘晏在听其所之之先大有布置，今岂不能在听其所之之先大有布置哉？

文毅后折又云：晏当日系总天下之盐而榷之，故能听其所之。今则某省食某处之盐，各有口岸。若淮盐任其所之，必致南侵浙闽、北侵芦潞，两淮未收其利，而他省已受其害矣。倘因此遂改天下之盐法尽归于场灶，则纷更愈甚，关系愈大。利权不操于上必移于下，恐豪强兼并之徒得据为利。驳之曰：盐法之坏即在于各分引地、各分食岸。文毅当日果能不为其下所欺，朝廷岂不能尽统国之盐法而改之？乃谓因此遂改天下之盐法，则纷更愈甚，关系愈大。夫纷更而善正不可少，此纷更若不纷更，利权亦何尝操之于上？且从前利不在上、不在下，尚在于中饱之人。自今而后不亟纷更，外人必统天下之盐法而纷更之，利权且操于外人矣,复无豪强兼并者之得据为利,而况官法能及之处固未必有豪强兼并者也。总之,文毅当日之立意实坏于前折中“设或稍有未协,即难再复旧章”二语,故其变纲为票,必不肯尽废旧法。以为略为改变,必无为难,若必课归场灶,虽可扫除积习,然而事繁怨众,心力稍有不周则处分随之,故为盐吏、盐商所欺也。然其后折并不直斥为不可行而曰“未改遽行”,末段复言“俟本纲限满之后倘能得有起色,则本朝二百年来之成法即无庸另议更张,万一无可挽回,再行据实奏明,另行筹办”。是文毅之意,固亦知票盐之法可以行之于一时,而非永远不敝之法也。文毅改纲为票已可救当时之弊,若今日则票盐之流弊亦已昭然,实有迫之使不能不变者,而况外人有挟而求?诚如刘宫保札文中所谓“抵偿不敷必致代办,旧章未妥必仿西法”,则更为迫之使不得不亟变者也。是故盐官、盐商苟能顾全大局,明达时务,知旧时敝法势难保全,上下一心亟谋变计,则中国之盐利尚可保全。若犹有侥幸万一之谋,以文毅曾经议驳为藉口,则为国、为官、为商、为民之利,势必尽为外人所夺,悔无及矣。夫课归场灶之法印度行之,稽其遂年课税至多合银四千九百万两,少亦合银三千三百万两,其幅员不及中国,户口不及中国,而盐课一项较之中国岁仅千余万者,不啻三倍之。孰得孰失,成效昭然,亦何用周咨博访哉?

三月廿五日(5月13日)

《新闻报》

论缉拿会匪

连日长江一带皆惶惶然有匪患,各处同为戒严。上海一隅因亦防维备至,水陆各营一律通饬缉拿,并照会各领事一同协缉,所以保护商务、保护人民、保护地方、保护中西教商者备矣!至矣!匪之名目繁多,富有贵为回天飞龙,甚则月亮圈子,奇奇怪怪不可思议。湖北并又有剪鸡毛邪术,举国若狂。南京则谣言四起,有西人招兵保护之说。上海并有拿票匪牵连影涉之举动。种种风声,渐有上年六月间形象。有心人曰:此非国之福也,是不可以不论。一论匪之所以为匪;一论匪之有别;一论拿匪之不可牵连;一论拿匪之不可贪保举;一论不可误信谣言;一论不可以谣言耸上听;一论不可附和上意;一论必思所以除匪之法。匪之所以为匪者,为无业之可归也。有历年所积之匪;有上年裁兵散勇新入之匪;有失业之人改而为匪。此等匪类在昔日一倍者,在今日已五倍,在他日必十倍。招之为勇,散之必为匪。民穷财尽,生机尽为外人所夺,不为匪何为?加之盐枭、土匪、地棍、流氓,若不设巡捕,不清保甲,不禁烟馆,不禁赌场,又何处不可藏匪耶?今中国营弁无用,保甲虚文,烟馆、赌场陋规悉入宦囊,此所以匪之日多也。匪之有别者:有实在为匪;有附和为匪;有形迹诡谲而人即指为匪;有议论(昌)[猖]狂而人必诬为匪。其实有号召同党雄辩高谈、毁骂官常、痛诋朝事者,此不过党人,乌得曰匪哉?党人,国命可杀之,权臣可杀之。以党人之名死之可也,加以“匪”字,万世不服也。拿匪之不可牵连者,既明示人以投诚,即不可再加诛戮,乃或听一匪之诬攀而以为真据,见匪簿之列名而以为实凭,信其诬攀而捕风捉影，以其列名而诬良为盗。匪方笑官之愚，而官实为匪之累，终至无可缉拿，而人疑其有心疾矣。拿匪之不可贪保举者，吾见锡良奏保拿获票匪有功百余人，而不置一笑矣。人之无良，何至于此？夫拿匪本分内事，乃因此而开保举，或开单请保举数十人，或开单请保举数百人。夫杀匪不足数十人，而保举竟有数百人，以数人而捉一匪，亦不勇之甚矣！今之官场，孰不贪保举？知有拿匪之捷径，则必穷思冥想，捏造多端，求得一拿匪差事，又必拿得一二不相干之人以为有功之据，甚或诬害一二新党，搜其书札往来献之大宪，而记一异常大功。呜呼！言之丑也。不可轻信谣言者，如剪鸡毛之类。上年上海、苏州各处纷纷闹剪鸡毛，其实并无所害，事之有无姑不必论，即有之，亦小小邪术耳，彼如拳匪白莲之术且无所济，况此类乎？再如某处议事、某处演说，而官场亦笼统以匪视之，如此轻信谣言是自愚耳，而反使匪徒暗中窃笑得计耳。不可以谣言耸上听者，尝见官场之所谓拿匪矣。飞报曰某处现有某某票匪，又飞报曰某处现有某某票匪，但闻有票之名，并不见票据，或绘一票式献之，或于禀中叙出票之如何形式，而上司耳目为之混淆，心思为之忙乱矣。不可附和上意者，吾闻某关道捏造禀牍矣。知上峰所恶之人，遂指其人为匪，以适如上峰之意。又知其人必不能拿获，而犹以请拿其人为任，或则借重西人，或则夸张告示，推其心不过有此虚张声势，而犹禀告上宪谓如何防范维严，以冀邀功，亦何可丑也？必思所以除匪之法者，在不妄杀、不诬攀、不以党混匪、不诬所恶之人为匪，而实在为匪者必拿必杀。大抵枭匪、土棍、地痞、流氓以及游兵散勇、游手好闲之人皆可以为匪，不思有以清其源而徒拿之、杀之，则请诵孟子“恒产”一章可也。夫人何以为匪而甘于冒死哉？亦不得养不得教耳。试问今日在上者，有何教养？其逐逐营营所以谓之公事往来者，不过差缺等事，何尝于教养之中苦费心思哉？为官者坐拥厚资，而为民者无所衣食。责冻馁之民以为善，何其谬也！今日无论如何变法，如何行新政，总之必以“教养”二字为先。吾见今之议变法者，其及于官者十之九，而及于民者十之一；其搜括民财者十之九，其为民生财者十之一。今将整顿盐漕厘金等项矣，然不过以之抵赔款，于民日穷，即于匪日多。呜呼！除匪而不谋所以安之，愈拿愈多，愈杀愈多，岂计之得哉？一言以蔽之，民有业有归皆可以不为匪，无业无归皆可以为匪。愿议变法、议行新政者，于此加意也。

《申报》

详述孝丰匪乱情形

有客自皖南宁国府返越中，将彼处匪乱情形历告本馆。访事友人云：匪首田化者系湖北某邑人，向与宁国武生高国华互相勾结，时出没于宁、广一带，散放票布，纠人入会为非，并称曾与康、梁诸逆臣暗中联络。浙之临安、余杭、于潜、昌化、安吉、孝丰、长兴等处均有羽党散布，被惑者几于偻指难终，其巢穴在华山深处。今春二月朔日，忽在宁国七都与广德毗连之太山揭竿起事，旗上大书“东太山王追富济贫”字样，啸聚丑类五百余人，复遣党四出招邀，约期响应。是日，蜂拥至宁国县境舒村祭旗。初二日，分股扰及浙之孝县西乡，焚毁民房二所，掳去丁壮一百余人。初三日，居民禀报到县。县中仅有防勇六十余名，殊不足恃。各乡民咸弃家奔避，黠桀之徒蠢蠢欲动。幸附近各乡落募有民团五百余人，训练颇精。县主赵大令飞调入城助守，并檄调西南乡团勇二百名，一面禀知湖州府志太守。初四日率勇望太山之麓,谕令居民一律迁回,不得张(皇)[惶]扰乱。随勘度地势,分三路前进,并约会周守戎之藩带哨弁从左出唐舍关,乡董李天宏、章在邦带团勇从右出铁岭关,大令从中率勇出分龙关。绵亘数十里,直达宁、广边境。初五日黎明,大令从山后奋勇先进,直袭山巅,纵火焚毁匪巢,燃放排枪,弹如密丛。守山各匪知难抵敌,纷纷逃窜。被掳丁壮得以乘间逃回。既而匪之前队分窜宁国东乡凤凰桥、闸口狮桥,梅林镇河历溪等处,肆行劫掠,并伤及梅林司巡检某少尹与仆从数人,复进扑攻宁国城。匪党千余人势甚猖獗,及知太山巢穴已毁,深恐大令随后掩杀,遂分股望广德前犯。未几田匪与万匪退至宁国山中,被大令将山前后各要隘扼守,约齐宁国各乡团围剿。获匪十余名,夺得旗帜、马匹甚夥。其由谷口窜出者,被东乡八、九及十三都乡团擒获十余名。初六日未刻,将万匪擒获。旋于傍晚擒获田匪,星夜护解宁国府,禀请府尊桂太守讯办。尚有窜入广德各匪,经李董击散。初八日,皖南镇总兵黄镇军、宁国府太守各带马步队驰至。时新中军右营吴副戎、新后军中营胡游戎、新前营姚都戎、新右营张都戎方先后至孝丰巡缉,见匪首已获,地方安谧如常,即相约会哨,藉以宣兵威而张声势。大令犹恐余孽未尽,时率勇丁出外梭巡。至田、万二渠魁,已由详请大宪按照军法斩决枭示矣。

三月廿六日(5 月 14 日)

《新闻报》

东抚禀批照录

东昌府洪太守前以聊城拳匪戕官案具禀袁慰帅,旋奉批云:禀单并折均悉,本部院前以该守练达有为,在各守中为最优。意若东昌一府委该守,即可无西顾忧,孰意玩忽功令,袒庇拳匪,始终不渝。现各属早已肃清,独该府属仍有拳匪酿生巨案,其始终纵庇拳匪,亦可概见。本部院无知人之明,固当反躬自责。该守冒偾事之名,亦当为同侪所讥诮。此案现经本部院札派雷管带震春、吴管带凤岭各率所部会同李令嘉第前往搜捕,该守虽经准假调省,仍责成督会营县认真办理,务将此案滋事匪徒暨大师兄李儴珍、李树田等务获严办,不许一名漏网。一面饬由营县酌派队伍分赴各属搜捕逸匪,务期有犯必获,获必惩,以免死灰复燃。所有匪犯产业均须照章查抄充公,所设拳厂暨所居房屋一律焚毁。蒋官屯、贾庄、盛庄等处随同徇隐之庄长、首事、地保及匪犯父兄人等,并即照章分别究办,务将境内拳匪搜捕净尽,以期藉赎前愆。倘再阳奉阴违,亦惟有据实奏参,为始终纵庇者戒。至曹令平日不能实力禁办拳匪,致撄惨祸,亦属咎由自取。姑念与郝哨弁同受重伤,免予参办。所获匪犯王玉林等,应再提案严讯确情,追查党伙。其供称听说教民私拿神拳二人,究竟是何姓名?在何村庄?并令据实供明,毋任狡避,仍禁候获犯,质讯明确,即行照章严惩。此案关系甚重,该守务当振刷精神,实力协助,以杜乱萌,毋再玩忽,切切!

三月廿九日(5 月 17 日)

《申报》

浙江教案章程

去年,浙江各府县闹教之案迭起环生。近由大吏与教士议订章程,俾得言归于好。徐家汇《汇报》备录其词曰:

一、诸暨县倪望重既经撤任,毋庸再议。惟戴协戎纵兵拿教贻误大局,应以游击降补。前任海门游击刘贤斌与匪同谋,嫉教如仇,应革职,永不开复。前温州洋务委员郭钟岳仇视教堂,玩误教案,应于本省永不叙用。又玉环厅某、乐清县某、桐庐县沈宗嶙并现任黄严县韩令均纵匪滋扰,玩误教案,应一并撤任。又衢郡周守备纵匪闹教致肇巨祸,应革职议处。

一、温、处二府旧案未结者,应由省派委克日前往,会同教士查办清结。其绍、台、衢三府新旧教案亦一并派委,会同教士查办。

一、本省各属新旧闹教匪犯不胜屈指,若皆加以惩办,似属太繁。应由各处教士审量情形,■要者另行开送,各该地方官应行照准办理。

一、赔恤焚毁各属教堂、教民家,共计银十八万两正,按照口议分三期清交。第一期六万两,限本年正月底交。第二期六万两,限四月底交。第三期六万两,限十月底交清,不得拖延。再衢郡教堂被毁,其地复遭污渎,已不堪用,应着地方官商同教士另择净地调换。

一、去年教堂、教民遭害特甚,应由抚宪出示格外保护,发各府县张贴。其经滋事各教堂,日后开堂之日,由抚宪札令各地方官体面保护,仍谕就地绅董认保无事。再按照口议,于省垣上城地方合宜之处置给地十亩正。又定海西门内拨给所有管地一块,以充教堂善举。又各属教堂、教民所被抢毁之文书、契券及被霸占之田地、山荡,应一并追还补给。

大法国浙江全省总教主赵押,大清国署理按察使总办洋务局许押,抚辕洋务委员候选同知洪押,抚辕洋务委员江苏候补通判万押。

三 月

《中西教会报》第六十九次

庚子大事记

此篇系论一千九百年中国变乱之事,而先从一千八百九十九年岁杪之情形论起。斯时在中国传道之士均极平安,方思代谋振兴中国之策,一曰广译书,二曰开学堂。译书如广学会新译之书、《万国公报》等。学堂如工部局议于上海设一教华人子弟之书院,并思一极好教育之法,刊印传布,名曰推广实学条例。此事在中国之教师久有此论,数言于工部局。以为上海通商以来几六十年,教会所立书院诚为不乏,而华人既同出工部捐,则亦当设一公书院,以专教华人,俾知西国之政治学术,实为中西交融之一关键。乃前数年徒托空言,至是始询谋佥同。各西士会议于工部局,局董允助经费,且特请著名华友数人一同商办,亦允集捐银洋四万圆。不但上海一隅为然,即如苏州,经美领事林乐知、李提摩太二先生往与绅士会商,两日之内即集款二万圆。方且谓剥极将复,困而转通,兴办之机即在于是。殊不料至西正月杪,即华庚子年元旦,北京政府忽有立嗣之旨传布于外。按清国旧制,非皇上升遐不立太子。故通国人心震动,以为皇上必遭不测之祸。维新志士会集三百余人,联名电请政府收回成命。其词曰:"总署王爷、中堂大人钧鉴,昨日卑局奉到二十四日电旨,沪上人心沸腾,探闻各国有调兵干预之说,务求王爷、中堂大人公忠体国,奏请皇上力疾临御,勿存退位之思。上以慰皇太后之忧勤,下以弭中外之反侧,宗社幸甚,天下幸甚"云云。又不料政府遽指为抗逆天命,将捕为首之经君元善,办以重罪,其余之人亦出单访捕。此西二月间事也。其时在中国传道者逆知将有大变,均请其本国出场料理。一面许中国以不瓜分土地,一面要中国按照和约保护教师、教民。而不料安立甘教会之卜鲁克君,已于山东泰安州境被拳匪杀害。继之者为挪耳满、乐平生两君被害于北京附近处,皆安立甘教会中人也。此后直隶保定、通州等处造铁路之工程师,亦遭拳匪围逼,教堂均被焚、被窃。幸各教师先往北京会议事件,得免于祸,而拳匪遂从之入京。政府虚声拿办,而实助以饷械,用之仇敌外人。故官兵与拳匪联合一气,掳掠焚杀,无所不为,天津一城为其盘踞。

至西六月十一号,北京日本使署书记官无端为乱兵杀害。各国使臣知非攻取大沽炮台不足以救援天津,遂定议索取炮台,而战衅始成。嗣后官兵与拳匪猛力攻击天津租界,天津城内亦扰乱不堪,遂为西兵所占守。直隶总督裕禄死于乱军之中。有人至其署内搜出公文多件,皆暗嗾拳匪仇害外人之事。内有赏格略云,获一西士首级者赏银一百两,获一西兵首级者赏银五十两。此足为政府通同拳匪之的证,而外面尚多方掩饰,一若乱势已成,迫于无可如何者,其谁欺乎?至十九号,政府忽令在北京之西官、西士迅速离开此地。正在疑讶间,而二十号德国公使竟至白日被杀于途。是晚又杀一博士,素为书院教习者。此君因教民人多,英使署不能容,遂至相近之肃王府中借地安插,及事毕回,经过桥上,被人杀之。于是北京之各使署人员、各领事署人员以及传道之士、税关人役，均聚谋偕至英公使署。其时有兵船上之兵士四百人，又有教民三千余人，协力防守，以此地为拒敌之定点。即使力竭势穷，死伤殆尽，苟存一人，亦必保守不去。果然官兵、拳匪相率进攻，围困至六十日。初谋绝其粮食，将附近之房屋物产尽行烧毁，继又谋掘地道，暗埋火药。其时西人死伤者已有二百余人，中国教民更以千计。幸至八月十四号，各国救援之兵进入都城，得庆更生。若再迟一日至，则此数百人亦恐难瓦全。因其时兵匪虽有暂退不攻之说，而实则地中已埋火药，较其轰发之期只差一日也。当乱事方炽，城北有一罗马教堂亦遭攻击。内仅有教督一人及意大利兵士数人守之，幸得保全。初，与使馆诸人不得相通，以为必全被害矣。

又其时各国皆注意于北京，而无暇旁及，于是外省又大行杀害教师之事。直隶省之保定府，乱民杀死教士家属十七人，乃走报于直督，自旌其功。山西省巡抚毓贤为满洲人，素以训练拳匪为宗旨。至是托名保护，诱各教师至省，全行杀害。即有不至省者，亦在乡间被人谋毙。计自六月三十号至八月十五号，共杀害男女大小七十七人。南省浙江衢州府亦有此事，共杀死大人七人、小孩三人，其凌虐情状更有不忍言者。湖南省衡州府亦杀害教师，追捕虐待，有如逐猎。共计十八省之中不过一二省无之。其教师之逃至上海者，不可胜数。至今，计各省教师确知被害者已有一百五十人，余六十三人尚不知其存亡。本地教民之被害者，更以数万计。然不独与教为仇也，即其臣下明白事理不肯附和者，亦遭杀害。如总理衙门大臣许景澄、袁昶，皆因抗违旨意，力求保护外人，遽罹大辟。自后官民皆以焚杀教堂教师为事。迄十月间，此风未息。朝廷更重用顽固之大员，调往各处。罪魁祸首反加爱惜，此所以祸机日迫，未有穷期也。然亦不可一概而论，满汉之人非极愚蠢，断无故意与外人为仇者。如两江、两湖总督，当北乱日亟时，即与上海英总领事订立保护长江条约，东南半壁赖其安全。即各省大小官员亦多亲爱外人，或护送出境，或设法隐庇，教师之得以保全者亦不少。大约各省之中有大半不奉此种诏旨，反愈显其亲暱外人之诚意者。亦可见此番祸事，非因教师之激怒华官而成也明矣。但教师以孤身可危，故皆避至上海。在西七月间，各国尚未遣兵驻扎租界，各教师诚恐又蹈天津覆辙，故或回国，或避至日本者甚多。迨季夏，上海保护租界之兵已至数千人，各教师即重回上海，以俟和议稍定，仍往各内地传道。

惟最奇者，当教师被逐之后，非但教堂房屋偷拆不遗片瓦，即地皮亦经翻掘。后有重至其地者，至不能辨认基址，其恨恶至于如此，此其中岂得云无故哉？今为之溯其原，实起于中国康熙年间。其时罗马教皇方欲普天下之国君皆受其约束，因思中国皇帝亦当在受教之列，遂派神父至中国。康熙悦其算术，待之甚优，至雍正始下令驱逐出境。又适逢英国征取全印度消息遥传，人心畏惧，皆思欧人之来将不利于吾国，此后即不准教师在中国传教，而成一闭关绝市之局。后来通商辟埠，皆由战力威胁而成，故愈加其疑畏。迨道光季年，发匪事起，匪首洪大全者偶阅教门之书，多所假托，遂目为教中人。当时十八行省已被其占据三分之二，于是华人恨教之心因此而起。以后俄占黑龙江以北之地，法占越南，英占缅甸，日本占琉球，凡所谓中国藩属者，无不尽去。甲午一役，日本又强令高丽自主，割台湾为属土，于是华人以为藩篱尽失，行将及我。果然外藩既失，内地旋割，若胶州、若大连湾、若旅顺、若威海卫、若广州湾、若九龙，皆被各国借租。出于无奈，加以划分方罫，各定权限地之说腾于中外,积疑成惧,积惧成恨,固已不能复忍矣。而商务中人又见教师在内地者,与民间极相亲睦,遂思乘机开辟商途,集合公司,干预兴造铁路等事。在西人以为货物流通是大利益之事,而华人则以为漏卮愈大,民穷财困,皆由于是,而怨恨之心更深。前年法国国家又助天主教教师,要中国加以官衔,令得与地方官常通往来,华人遂疑为教师干预政权,将来必为所挟制。以上种种原因,皆为华人仇恨外人之由。而华人又不知西国政治进步之理,日守旧法,处处落后,形见势绌,强弱悬殊,愤无可泄,遂发狂疾。不揣事势,而遽与八国开衅,此其故盖由于不学无术,不通中西所以强弱之故。更疑及传道之士,前来中国实为其本国之侦探,有利吾土地之心。故论中国之变故,一则由积愤而日怀报复之心,一则由猜忌而时虑瓜分之祸。不知外人之明白事理者,日望中国能臻富强,即为环球之福。论中国国家之文化、官府之才能、百姓之忠心尽力,西国达人无不赞美。独惜朝廷不能教养,且不准民间习学新法,朝廷亦不肯讲求,以致于衰弱不振。即近年来号为仿效西法者,如设枪炮局,开武备学堂,亟亟以兵事为重,亦可知其意不在兴国,实在复仇。除此之外,毫无政策,终至大局糜烂,不可救药。今第一宜去其报复之心,二宜令民间学习新法,三宜朝廷改变政治。若不变此三者,中国永无复振之机,外人之旅居中国者亦永无安静之日矣。

然而论中国变政,亦诚不易。戊戌年(即一千八百九十八年)皇帝锐意维新,许中国士民皆得言事。有礼部主事王照奏上条陈痛言改革,请堂官代呈,而堂官隐匿不为上达,王遂以他途进之。皇帝知隐匿之状大怒,将礼部堂官全行罢黜。而内中有皇太后所亲信之人,奔诉太后,日进谗言,遂致两宫不和,皇帝退位无权,而顽(锢)[固]旧党尽翻全局。又惧皇帝一旦复辟,罪将不赦,乃更荧惑太后,百计谋去皇位。国内维新志士知有大变,公愤电争,各国亦不忍坐视,啧有繁言。先是传言圣躬不豫,有法国医官入宫视疾,谓为无病。此信传布于外,而旧党之政策遂不得行,因此痛恨新党及西人。而新党又为西人照公理保护,不得肆意加害,乃谋先驱除西人,而后快意于新党,遂举一座大好江山,假手于妖言惑众之拳匪。故拳匪之来因,虽千条万绪,而要于此为结穴焉。前车之覆,后车之鉴,愿我同人一考究其始末云尔。

四月初二日(5 月 19 日)

《申报》

书报纪议抽丁税后

古者有粟米之征、布缕之征、力役之征。所谓力役之征,征其供役,非征其纳钱。如有年则公旬用三日,中年则公旬用二日,无年则公旬用一日,凶耗则无力政是也。自汉始为算钱,年十五以上至五十六出赋钱百二十为一算。而傅给徭役,则始自二十五,至五十六而除。是民之一身,既税之,复役之矣。其后减算钱为六十三钱,或纳绢,或纳绵,或纳帛,或纳粟,代各不同。而要之力役之变为丁税,则实权舆于汉。我朝立制以来,丁银既有定额，而复均丁于地，法最美善。溯雍正四年，豫抚田文镜奏称丁粮同属正供，与其派在人而多贫民之累，孰若摊在地而使赋役之平？况盛世人丁永不加赋，则丁银按地征收更易为力。今就一邑之丁均摊于本邑地粮之内，无论绅衿富户，不分等则一例输将。如某县原额丁银一千两，摊入地银一万两之内，则每地银一两应加丁银一钱。在丁少地多之区每两不过增之分厘，即间有丁多地少之处亦不过增之一二钱而止。如此则地多之家力能输纳，而无地之民得免光丁之累矣。奉旨允行，永著为例，自是二百年来遵守不变。生斯世者，几不知有丁徭之名，诚历代未有之盛也。

今朝廷以时局艰难力图振作，特设政务处，派王大臣督同办理，并饬两江、两湖刘、张二制军遥为参顾。张制军以目下时势理财尤为要政，况和议已成，赔款尤巨，必须预为筹画，庶免竭蹶之虞。爰谕司道各员悉心筹议，如有理财善策，务各直抒所见，以备采择施行。湖北布政使瞿赓甫方伯、湖北督粮道凌晴霄观察均以抽丁口税为言。制军韪之，拟即奏请降旨试行。惟方伯所议系按常年抽收，每年每人只捐钱三十文。观察条陈则每人捐银一两，只捐一次，后不为例。两说各有不同，尚须详加考核，以期折衷至当，刻已电商刘岘帅酌度办理矣。愚按国家既以丁银匀之于地，今又议抽丁税，是重征矣。然当此时事多故之秋，帑藏万分空虚，非此亦实无集款之良法。吾民食毛践土，具有天良，谅必能踊跃输将，藉纾国难。惟就瞿、凌两说斟酌之，凌观察之言似较瞿方伯所议稍省繁扰。盖方伯议每年每人捐钱三十文，虽所捐甚微，而常年如是，他日必至百弊丛生，患将不可究诘。观察议每人捐银一两，只捐一次，后不为例。虽捐数较多，然仅一年，尚易为力。所不能无虑者，中国人民虽众，贫者居多。肩挑负贩之子，平日恃其一手一足养赡室家。今令每人捐银一两，则蓬头之妇、椎髻之儿，皆须令其捐纳丁税。每家以四五名口约计之，须出银四五两，恐贫者亦不能给。宜于此中略分等级，庶不致涉于烦苛。盖有力之家每人捐银一两，即人口众多亦不过一二十两，本非难办；倘无力之家而生齿甚众，将何以堪此乎？此所以不能不分差等也。或谓既分差等，势必致有捐有不捐，以中国人民四百兆之数，即不能得银四百兆两。且只一次所收有限，何足以偿赔款而备日后一切自强之图？不如常年捐钱三十文，人人能办，可以持之于久也，故瞿方伯之言为胜。愚谓如必欲每人常年捐钱，不如仍摊之于地，名年田捐，计年而止。此虽迹涉加赋，而其实可以省■累之弊。当轴者慎毋以其名之有违祖制而不敢陈奏，朝廷亦毋以其名之有违祖制而不遽准行也。

四月初六日（5月23日）

《新闻报》

论时局近情

不意今日之世界，竟变为难得糊涂之世界也。其在官场，上下皆讳言乱，上司不以国事询属员，属员不敢以国事达上司。同寅则只关心于优差美缺及上司之或迁或调等事，时事则不过官厅之窃听而已。其稍为留心者，亦不过探听幕府消息，以为一己官阶进退之据。即为督抚信用之道员饬令议上条陈者,不过揣摩上峰意旨,敷衍数则。譬如上峰之意在筹款,则极力于敛捐,种种名目;上司之意在防务,则极力于拿匪,种种名目。全是迎合私心,草率塞责,于时局之如何窒碍,不暇过问。至于联军之情形、回銮之究竟、赔款之艰难,彼等但笼统以"和局成否"四字为询,甚则歌诵太平,曰中兴可卜,曰盛世重熙。庆吊应酬之际,但见其袍褂威严,舆从烜赫,歌筵欢畅,称谓谦虚。座有言国事者,相率掩耳而以其人为狂,不数日而或参官或撤差,祸不旋踵而至。而老成者窃笑曰:"国事岂我辈所可论耶?若人不知自量矣。"此官场之一种人也。

其在行商坐贾,亦但以"和议成否"为询,而不暇察其利害。譬之停科举为储才要诀,而贸易者但以市面有关为忧;变盐务为筹款要端,而把持者但以利源有碍为说。非不近理而实顾一己、不顾大局也。故其相聚而谈,亦与官场之讳言乱相同。闻人言联军尚须迟待,则以为附和洋人;闻人言新政之急望施行,则以为附和康党,彼此互相欺饰。经营洋货者,但求洋人多出一新奇之物,彼代为营运经理;而已经营土货者,但求大家不知乱事,骗买骗卖而已。而犹附和其说,谓中国将来必定打灭洋人,现在中国不过暂时屈抑,一唱百和,只颂升平而讳乱事。此商贾之一种人也。

其在士人,终日咿唔八股文字,方冀秋闱一捷,可慰生平。乃一闻停科,大失所望。于是不怪新政奏议之害人,即恨时务诸书之惑世。而夷狄中国之称,动引经典以表明之。其论时事,则曰天也,非人也。又曰盈亏强弱,必有循环也。谈兵事,侈夸古法。序复仇,征引前人。骄傲之习,迂阔之谈,全无返求诸己之议论。死守经义,藐视新法,至告以时事如何危迫,如何拮据。彼既厌看时报,亦且痛骂时流,犹且自负忠君爱国,希圣希贤,于挽回时局暗中为难。此士人之一种人也。

夫国乱在今日,必责令官场、商贾、士人而维持也,亦论者之不谅人情耳。天下之大,岂若辈所能挽回?然天下之人不过士农工商,不此之责,其又责之谁人耶?今人人讳言乱,而毫无振作之心、愧奋之志,其又谁望耶?虽然,官场之难也,处今日之时势亦只有保其功名富贵而已,盖不保亦无益,且即痛言时事之利弊,其又谁听?其不为同僚所讥、上司所黜者鲜矣,言之无益不足怪也。商贾之难也,各有资本,以本营利,只求赡养其身家。时事之艰虞,自有官司责任,彼等言之无益。且时时言乱,实于商务大碍,故不如隐饰之,又不足怪也。士人之难也,国家既以制艺取士,士人即不得不专心致志于高头讲章。既于去科展限,今年即不能一再推缓,使之中途歧路,不知所归。盖实在变科举,则彼等可以涉猎时务诸书,乃若变若不变,若诱之,若绐之,令士人群起而议国家之不信,转而恨新法之乱人,亦属人情之至,又不足怪也。据此以观,则其所谓糊涂,正有不得不糊涂者,然而破若辈之糊涂而使之醒悟者,此其责,内之在军机大臣,外之在封疆大臣。一在决断,二在联合,三在公正。今乃迟滞焉,无新政之行而不能决断。隔阂焉,内外各有意见而不能联合。趋避焉,各私其弊,不肯极力厘剔而不能公正。以糊涂道人而相率如醉如痴,若有坐待而治者,若有无可挽回而听其自然者,又若有互相推诿而自诩为老成持重者。试闭目思之,今日之中国,可以凭私心以治乎,抑将凭公理以治乎?凭公理之办法,究何在乎?愿聆教焉!

《申报》

诸民闹教

绍兴采访友人云：去岁夏五，浙江诸暨县境耶稣教堂突被乱民所毁，并殴伤在堂行教牧师。至近日，始由英国教主慕嘉谷君与地方官议结。除由绅耆出赀修建教堂房屋外，所有被劫被焚诸器物仅索偿三千余金，诚可谓眷顾邦交，不事苛责矣。我皇上亦爱育黎庶，闿泽覃孚。虽有罚停考试明文，旋以巨祸既敉，仍准学政按临，俾文武生童咸得登进之路。凡属愚贱，宜何如感恩怀德永戢哗嚣乎？乃不料近日诸暨民人又有纠众闹教之事。溯自去夏肇事之后，在诸各教士均避祸省垣。兹见风浪渐平，遂由总理诸暨教务之教士柯君派前此被殴受伤之牧师戴君回诸敷教，豫期寓书。诸邑宰李石朋大令宝梆请即妥为照料。先是叶咏霓大令初昭绾诸暨县篆时，访知甲、乙二人为闹教祸首，爰饬差拘获讯实，管押候惩。迨李大令履新从宽，交妥人保释。刻知戴君将至深恐前嫌未泯，立出火票遴派差役协同亲兵二十名往剑谿乡将甲、乙拘系。中途各乡民咸以为此去凶多吉少，鸣锣集众，飞步狂追。兵役见众寡悬殊，纷纷四散。乡民愈聚愈夥，既将甲、乙劫去，复拥至戴君所寓之教民某丙家，意图殴辱。戴君急由窗棂跃出，避于屋后，始得免于无妄之灾。然交涉中又多一番波折矣。未识为民上者，将何以剂之？

四月初七日(5 月 24 日)

《新闻报》

论弹压京师地面

泰西各国有战兵，有巡捕兵。战兵多骁勇，巡捕兵多循谨。骁勇则善于攻守，但生性粗豪，不能绳以绳墨，其驻扎经行之处，商民皆以为不便，而国家亦不欲强之循谨，致挫其骁勇之气，故别之为战兵。循谨则胆气渐细，不足以冲锋拒敌，但恪遵号令，善于弹压地方，商民必以为便，故别之为巡捕兵。未有战兵、巡捕兵混杂，如中国者也。中国向无巡捕，弹压地方均资兵勇。其或管带粗率，号令不严，则若辈即无恶不作、鸡犬不宁，而尤以驻扎乡镇者为甚，致有串通匪类、明火肆劫者矣。其或管带者体贴民情，不准骚扰，必致兵与民不相习，地方容有匪类不能缉捕，盗贼公行，闾阎奚裨，甚至于疲癃残疾，嗜好甚深，一旦闻警变，相率逃散。盖二者之病，皆病于混杂之故也。

京津破后，各国为善后起见多设巡捕。虽所招巡捕未能一律循谨，以巡捕而勒诈拆稍者有之，狐假虎威欺凌乡愚者有之，通事仗势胡为者亦有之。然一误于言语不通，一误于性情不同，而主其事者固至公无私，明查暗访，但知通事巡捕有犯禁之处，无不予以重惩。故虽瑕瑜互见，而街道之洁净、车马之秩序、盗贼之稀少、良善之安燕，较之两宫在京以前又何如也？今者北京联军已将陆续撤回，全权大臣为保卫闾阎起见初拟调袁军来京，现又调马军门玉昆八营驻城外、姜军门桂题四营驻城内,五城御史亦连日与英国统领保罗君会商交地事宜,盖皆保卫闾阎之意也。窃谓保卫闾阎莫如设立巡捕,敬子斋大金吾曾经条陈,请将步营各兵仿日本警务衙门章程改为巡捕,并已由步军统领挑选数百人交与日本巡捕官,令其学巡捕规矩。盖敬大金吾必目击巡捕之弹压地面较善于兵,故特陈请。顾自还地之后,以华人办华事,言语通,性情同,更可收巡捕之益,而无京中现在巡捕种种之弊,较之步军统领衙门从前之兵又将何如哉?而况各国乐于中国多设巡捕,不乐于中国多驻兵,则亦免猜疑之一端也。向来京城地面弹压之责有步军统领衙门、五城御史,兵役参错,漫无专责,匪类公行,道途芜秽,毫不似首善之区,积习已久,恨不能一扫除之。自联军入京以后气象已变,若于交还之后仍然如故,非特为各国所讪笑,亦从此永无改良之日矣。苟其就此起点翻然改章,所有京城内外仍旧遍设巡捕,使两宫回銮之后枢署大员目击巡捕之弹压地面较善于兵,必能通饬各省一律仿行,将巡局、汛兵、驻防勇丁概为改变,此亦变政之一端也。虽然有治法,尤贵有治人。循其名,尤贵核其实。有巡捕之法而无统率之人,有巡捕之名而无循谨之实,且责以恪遵号令而工食不足以养之,则亦虽改如不改而已矣。

四月初八日(5 月 25 日)

《新闻报》

论保教必先化民

叹和议之彼此敷衍,而不能使斯民帖然就服也。匪患将未止而又起,和款将方成而忽废,交涉将求合而反离,卒至中外同罹兵祸,而商务、教务疲坏而不可复振,两败俱伤,嗟何益也?论去年北方之衅,曲在中国以匪挑衅,宜各国有十二款之要索也。及十二款之大纲交出,中外之人读其全文,只留心于赔款几何,其十一条皆视为泛泛,亦且视为平常也。全权逐条议办,亦不过就题为文敷衍过去。各国虽亦视为敷衍,然亦只顾逐条办完,不顾中国百姓之服与不服也,亦不顾百姓如有不服必致复兆衅端而中外仍不能彼此相安也。是以各国之办和议亦不敷衍之敷衍也。中国之办和议则全是敷衍,至百姓之究竟能否帖服则不暇过问也。即如和议中第二条之所谓惩办罪臣及兆事地方停试五年,又第十条国家颁发上谕一道永禁仇敌之会,并表明停试缘由督抚文武大吏及有司官保护不力有革职办罪等语,此二条关系极重而望似平常。各省督抚读之,以为是欲吾侪保教而已,吾侪极力保之可也。在全权读之,以为发出上谕宣示各节是亦易为耳,当其时固皆不虑以后事之难办也。夫就第二条、第十条而论,试问督抚各官此后各保前程有不右教左民者乎?而禁止仇敌之会,彼匪徒有不愈加仇报者乎?闹教之地停试,士子有不群相哗噪者乎?各国不计及,全权不计及,各省督抚更无须计及也,相率敷衍,以为此即保教之法,岂知不旋踵而已发作乎?一、绍兴院试果尔生童哗噪不服,其势汹汹,由绅董出结依然复考矣。一、诸暨百姓日前又聚众闹教矣。一、汉口有匿名揭帖,谓刊刻誊黄明是欺我百姓,而阻止考试复阻士人进身之阶,相率不服,狂言满纸矣。一、长沙新立传教行辕新设洋务局摊派百姓赔款,四野骚然，民情嚣动，而耶稣堂牧司散放新约等书，致为人抢夺矣。一、台州应姓余党有蠢动之势矣。一、长江各处匪党潜谋不轨，有草木皆兵之势，各国兵舰忽而游弋南京，忽而游弋汉口，忽而游弋九江、芜湖，有急急保教保商之举动，致商民相警戒严矣。一、山东、山西袁、岑两抚台极力联络教士，派兵侦查乡闾，又聘请西员前往商办，战战兢兢，惟恐稍失，几于举止不安矣。以上种种与民教相关之事书不胜书，纪不胜纪。综观各督抚及以下各官，其心中、目中、寤寐中无他思想，以保教而可保官为宗旨。一言毕矣，夫徒曰保教可保官而并不思所以保民，则官卒不可保，教亦卒不可保也，欲思保官即不暇保民，势所必然也。

曾亦思今日之所以保教者，在民之服教为先乎？夫民服教，则教有自然之可保，官亦有自然之可保。而所以令民之服教，不在条约之相逼，不在刑罚之相胁，亦不在上谕之恫喝、官司告示之诋骂，而在开民智三字也。夫教之源流甚长，民固愚而不知，即士之不考五州、不知教宗者亦无怪其轻于视教也。而士之所以不知五州、不知教宗者，由于八股之误也。欲除八股之害，非大开学堂、速停考试不可，而有停、有不停非亟造人才之法，亦实不足以平士人之心也。夫闹教之地官已参劾，民已摊赔，凶犯已正法，彼能悔悟已悔悟矣，而再以停试辱之抑之，试问与不停试之地一相形而见绌，有不哗然不服者乎？有士人之哗然不服，而无赖亡命附之，益以流氓土匪藉以启衅，可立时成一教案也。停试之地甚多，一处一启衅，祸患可胜言乎？是故一律停试之法，其外有藉弭衅端之益，其内有大开民智之益。停科而开学堂，开学堂而通教术，保教之法顾何如乎？今急于望保教，而实则不能保教。天下事固有逼之而不从，而化之则可从者，此类是也。夫第二条、第十条已画押者也，然弊已由此而生。前日，西报谓中国于此二条已逃过，意即谓中国于此二条实已敷衍过去也，岂知虽已画押而闹教之根苗已兆乎？以各处匪徒如此之多，又加以地方官保其功名不得不右教而左民，而各国又以此条为迫不可待，绝不思所以安民安教之良策，是诚不可解也。中国全权亦不将所以民教相安之法于和约中另条专办，以致和议未完各省又将兆衅，加之各督抚只用政刑而不用德礼，除添洋务局派兵弹压教堂及下乡拿人以及事事曲徇外人之请外，别无所用其心思，是又不可解也。嗟乎！上年之衅，民教不和所致也。今议和而偏于此条敷衍，数典忘祖，其何说乎？某惟抱定以"开民智"三字为保教之说，而开民智必先开学堂，开学堂必速停考试，停考试尤以一律为宜，此澈底澄清之一法，中外交相益而不致两败俱伤也。

四月十一日（5月28日）

《申报》

论衡变

昨报纪武昌访事人来函云：客有自三湘七泽来者，述及衡州民情素称强悍，去岁民教龃龉致有戕伤教士、拆毁教堂情事，经抚宪俞廙轩中丞秉公查办，业已和平议结。近闻各国所定条约，凡闹教之所均须停试五年，衡州亦在其列。士民因滋不悦，相与哗然。现在各乡已聚集多人,将与教堂中人寻衅,并相约不缴钱粮云云。此事尚得之传闻,未知确实。若果有其事,衡州士民可谓不知进退极矣。非但不知进退,而干犯王法,甘冒不韪,何自待之薄如是耶?何以言其不知进退也?停试因闹教而起,致仍迁怒于教士。在衡州,士民以为借此可以泄忿。若仅为目前之计,则彼处传教之西人谅不过数人,多不过数十人,即合华人之信教者,极多不过数百人。合一州之士民起与为难,自不难鱼之肉之,忿固不难泄也。惟亦思肇事之后,外人其肯干休乎?外人不肯干休,而谓官长能稍为庇护乎?就现在时势而论,官长非但不能稍为庇护,且不待外人发言当先严查提办。即曲在教民,尚不能为闹教滋事者宽恕万一,而况滋事者固曲在士民乎?至是,而为首者丧身亡家固属应得之罪,诚不足惜。而一乡之中为其拖累,文武大小官员为之迁谪,朝廷帑项为之匮乏,泄一己之私而贻害大局。此种不知进退之辈,非但外人恨之刺骨,而华人亦必嫉之恶之矣。损人不利己之事,志士所不为。若现在闹教之事损人若干,而己之所损必什百千万。于是而不始终筹度,逞意气而为之,岂非不知进退极耶?何以言其干犯王法、甘冒不韪也?即拳匪未经起事之前,每逢教案,朝廷非但不稍回护,已严饬地方官秉公核办,且迭降谕旨谆谆以保护教士、教堂不遗余力。迨拳匪事起酿成古今未有之变局,朝廷愈知乱民为祸之烈,以办教案为交涉第一要件,以靖乱民为中国第一自全之策,故颁谕各省,三令五申,乃朝廷方以怀柔为念,普中外一体之恩,以冀保全大局。而无知之辈又肇事端,贻忧君父,岂非干犯王法、甘冒不韪乎?何以言其自待之薄也?自来闹教之徒皆系流氓地痞藉端生事,从未有衣冠士族而为卤莽裂灭之事者。在外人亦非不知闹教之事皆乱民为之,而断无士人附和其中。外人既知之,何以指闹教之处必欲约停试事?揣其意以为中国以科名为重,士贵于民。民有不法,士足以教谕之、督卒之、解散之,故约停试。庶中国士人皆以无试为惧。则无事之时劝谕为怀,有事之时解散为念。乱民虽多,得劝谕解散者即不能一无滋扰之事,而滋扰之事自少矣。故停试之约,外人若轻视中国之士人,而其实仍重视中国之士人也。乃若因停试而迁怒于教士,骤起风波,则与乱民何异?非自待之薄耶?如以停试为耻辱,欲一泄其忿,为士人志节使然,则更可谓小不忍矣。时至今日,中国蒙耻之事何止停试一端?有志者当磨砺实学,奋发有为,进则为国宣劳,退则为乡表率。由身及家,由家及国,自强之道自有大者远者,若仅为寻仇肇衅之事,不更为外人所轻耶?我愿为士者毋以私愤而致贻误大局,毋以小节而致不保身家。此非鄙人一己之私言也,质之当世,以为如何?

详述扩充使馆事

各国所订和议中有扩充使馆界址一条,前曾两志报端。兹接京师采访友人来函,知此事已由中国钦命议和全权大臣庆王、李相会同各国使臣将东交民巷一带应划地址交割清楚。各国驻京使臣遂于华历三月十六日出示,晓谕界内居民。略谓界内地址业由中国国家允作扩充使馆之需,所有界内居民均应迁徙界外。其界内原有房产地基,各业主业经本大臣等向中国国家议定,由中国国家出款酌量补偿。现在东华门外纱帽胡同设立办理扩充使馆事务局,限自出示日起至四月初八日止,二十日期内该业主等各持契纸赴局禀报明晰,静候核酌补偿。各业主有遗失契纸者,亦准赴局报明,须将房屋地基之四至说清,及一切确据并觅有妥实保人,一体补偿。倘持假契及冒认他人产业,保人扶同隐匿诸情弊,一经查出,重惩不贷等云云。又将划清扩充四至详列于左:南面之线顺城根由前门起至海岱门止，所有挨此两门口以及靠城外南面之房屋亦在其内；东面之线由海岱门顺大街至东单牌楼迤北八十迈当；西面之线由前门东一带棋盘街顺皇城根往东，至东长安门迤北南皇城根；北面之线由南皇城根往东，至皇城拐角往北二十迈当后一横线至东单牌楼迤北八十迈当。说者谓：照此所开四至，似宗人府、吏部、户部、礼部诸署均在其内。惟前者英人欲毁吏部时李相曾照会阻止，因此又有退还之议。至若兵、工两部及钦天监、鸿胪寺、太医院诸署与迤北翰林院、銮驾库诸地址已经各国筑墙围入，大约不在归还之例矣。

《清议报》第八十册

董贼消息

顷中国各日报皆载有董福祥上荣禄一书，其词曰："祥负罪无状，仅获免官，承手书慰问，感愧交并，然私怀无诉，不能不愤极仰天而痛哭也。祥辱隶麾旄，忝总戎任，一切举动皆仰奉中堂指挥，无一敢专擅者。此固部将之分，而亦敬中堂舍身体国，故敢竭驽力、犯众怒、冒不韪而效驰驱。戊戌八月时，中堂为非常之举。七月二十九日，电饬祥统兵入京，祥立即奉行。去年拳民之事，累奉钧谕，嘱抚李来中，嘱攻各国。祥以事关重大，犹尚迟疑。承中堂驱策，故不敢不奉命。后又承钧谕，乃面嘱累次，围攻使馆，不妨开炮。祥始尚虑得罪各国，杀戮其使，恐兵力不敌。祥任此重咎，又承中堂谓戮力攘夷，祸福同之。祥是武夫，无所知识，但恃中堂而为犬马之奔走耳。今中堂巍然执政，而祥被罪。祥虽愚驽，窃不解其故。夫祥于中堂，其效力不可谓不尽矣。中堂命行非常之事，则祥冒义从之。中堂欲抚拳民，则祥荐李来中；中堂欲攻外国，则祥拼命孔斗。而今独归罪于祥，麾下士卒解散，咸不甘心，且有议中堂之反复者。祥以报国为心，自拼一死，将士咸怨，祥不能弹压，惟中堂图之"云云。

日本报亦译述之，并叙称董福祥自西安赴甘肃之时，曾谒见西太后奏曰："臣所行各事，皆系遵照谕旨。臣死战场，自乃本分，若迫于洋人之要索而致臣于死地，则臣虽死犹不瞑目。"西后曰："汝勿过虑。吾宁破江山，必设法以全汝。"董至甘肃，仍提兵六营，操演不息，时有传其与端王共谋举兵之事。今虽未得其确实消息，而其跋扈不臣之心概可见矣。

又闻端、董二人近在甘肃，时尝有信与荣禄诸人往来，且西后宠眷独不甚衰云。

四月十三日(5 月 30 日)

《新闻报》

永杜教案说

广学会李提摩太君既应聘到京，李傅相即请为商办各省教务之实在办法，并谓当另议章程，请李君为之酌订，务使中国不再出教案云云。此当为各省官民所欣然乐闻者也。虽然，事当推其根原，欲杜教案必当致力于教案之外，必当致力于教案之根原，否则无论章程如何妥善详明,教案之终于难杜必也。中国之教案多矣,其所以生出种种教案者,皆由于民之不智。穷乡僻壤,见闻寡陋,见施医育婴等各项善举,疑外人无此好心,遂生谣诼,一传十,十传百,愈传愈讹。或则以祭神赛会等事,教民不肯出资,不便其私,因而生根,造为谰言,以肆煽惑,一朝有事,愚民习闻其说,遂群起而肇祸。亦有士人沉溺于章句,自以为孔教,初不知孔教之宗旨何在,亦乌能知耶稣教、天主教之宗旨何在?只知概目为异教,其视教民几于不齿为人类。恨之既深,一遇机会若辈即为闹教之首领。亦有游手好闲之徒,习知士民之积恨于教,藉闹教为名以肆其劫掠。凡若此者,其曲固在华民不智之极也。亦有自称为智者,其见解似高于寻常一等。甲谓西人传教原系好心,惟要好之念太深,不论智、愚、贤、不肖,来者不拒。入教之后不啻恃有护符,教堂几为逋逃之薮。安分教民尽多,而不肖教民倚势横行、无恶不作者亦属不少。士民之恨教而肇教案者,半由于此。乙谓教士性情亦各不同,通都大邑之大教士皆能深明教旨,劝华人于善,绝不藉教势以欺平民。荒僻小县不免有偏听教民干预词讼之教士,此虽不多,然亦所以积士民之恨而肇教案。因此二说,遂谓中国教案曲直民与教各居其半,并佩服英相沙侯之论,谓上年北方之祸,教中亦当分咎也。不知此等议论出于外人之口则可,若出于华人之口则为不恕之至。盖甲乙二说之病根,由于分平民、教民为二途之故。民未入教,固中国之民也。既入教,仍是中国之民也。中国之民,何以不知教化遂使入教?既入教之后何以别之为教民而不加教化?假使[不]安分教民当初不入教,其为患乡里、无恶不作,亦必如此也。然则揣厥病根,皆由中国不知教其民之故也。是以由前之说谓曲在民者,中国必教其士民,使士民大开其智,恍然于耶稣教、天主教为何等教,其教之宗旨何在,则民教无猜,教案可不杜而杜。由后之说谓曲直各半者,中国必教其士民,使士民尽能安分,则入教亦可,不入教亦可,即有一二不安分者,平民不齿,教民亦不齿,则民教无积怨,教案可不杜而杜。今欲教其士民,必广开学堂,广开学堂而永杜教案。故曰当致力于教案之外,当致力于教案之根原也。不此之务,而欲妥立章程。章程与条约同,有国势者得其益,无国势者虽有章程无所用之。当初改约之时于教案之交涉亦颇尽心,亦岂能照条约定教案哉?然则亦岂能以章程杜教案哉?国势相敌则可以论曲直,国势不敌必须躬自厚而薄责于人。曰躬自厚则教案之多,皆我不教其士民之故,然则广开学堂,岂非今日之急务?而况广开学堂之利益,亦岂特永杜教案而已哉?

四月十七日(6月3日)

《申报》

约法三章

香港某日报登英国大掌教格雷孚斯之言曰:中国教民与华官交涉之事如何办理,允宜定有章程。兹特拟其大略三端,备登于左:“一、教民乃中国皇上之民,教民倘或受亏,宜由华官办理与平民同。各教会所建教堂专为教士、教民聚集之处,藉以传道而惠愚民,自不能为中国罪人逋逃渊薮。华教士之传道者如有行私袒庇情弊，亦当即时革去。无论何人或有官事未了，或将与他人搆讼，均不得入教。教民平常案件，吾辈不得请领事官讯理。二、华官办理各案，无论教民、平民均须一秉至公，不得所有重轻。华官办理民教交涉之案，亦不得有所异同。即如崇奉回教、佛教之民与平民搆讼，亦宜一体审办。教民如与平民搆讼，华官可请一教士到堂作为见证，并非陪审官。此特昭公道而已，非侵华官之权也。三、华官审案有违各国与中国所定条约者，吾辈可向领事官申说。”

蕲案已结

徐家汇《汇报》云：湖北蕲州五百寺天主堂于光绪二十六年七月初三日清晨被匪徒纵火焚毁，并将堂中器物抢劫一空。幸西教士高维栋、华教士高作霖预期逃往广济，折赴汉皋，得免于难。然州境教民之被劫者，已多至八十余家矣。迨八月中旬，始由上宪派任观察随教士前往办理。至黄梅县胡世栢天主堂，于七月初十日之夜九点钟时被匪所烬，复连劫教民二十家。次日，孔垅镇及县城内外教民屋宇亦被焚毁二十一家。迨九月十二日，大宪始浼沈教士与县主张大令会商拘获案犯二十余名，议赔教民钱三千余千文，教堂不在其内。广济县境有地名田庆二者，亦有天主教堂。七月十二日夜半时，附近武生张阑亭纠集乌合之师付之一炬，同时另毁教民房屋二十余家。后经县主黄大令与高教士再三斟酌，除教堂修复外，责令赔各教民钱一千二百千文以上。三处均幸教民性命未伤，所毁之堂刻已由湖北主教江大司牧派胡司铎监工修葺。教民房屋则各自领款兴修。今将所议章程开列于后：

一、蕲州并广济、黄梅二县所有奉教之家，此次所毁房屋、失损杂物，业经地方官逐一酌估追赔，并由查办之候补道任暨州县官捐赀抚恤，务使各得其所。

一、蕲州滋事首犯王先隆现已议定严加重责监禁三年之罪。其在逃之首要梅理明、陈金门、孙丹夫、明火元四名，由署按察使札江汉关监督岑候补道任会同出示晓谕，定限一月以内回州投首。经地方官讯明，实系情真，罪当即监禁三年，限满察看开释。若在一月以外投到，不拘其情节是否首要，从重监禁四年。倘限外经官购线拿获，定当加等，永远监禁。梅理明等四犯均先查抄家产，封闭房屋。至梅开生、孙坤山、孙兴文三犯亦一体严拿惩办，并详请督部堂批示遵行。其余次等、三等闹教之徒已到案者及未到案者，既非首要，分别轻重，随即责释。

一、广济县滋事之首犯郭松亭现已拿获，严加重责，议定监禁六年之罪。又拿获蔡洪怀，亦系要犯，议定监禁三年之罪。其余闹教之田辛酉、柯干记、张三生、周益三、周白毛均重责发落。在逃之首要张兰亭，悬赏严拿，务获惩办。禀请督部堂批示遵行。

一、黄梅县滋事之首要陈长恩业已拿获，严加重责，议定监禁六年之罪。又拿获胡先林、王鸿恩，亦系要犯，均议定监禁三年之罪。又拿获梅殿香、柳祖应、程三连、徐花子、卢树平、王茂元、于细狗、黄春荣、许金芳、胡本全、梅祖定、梅立传、王卓山、张连生、胡本志、胡本元、邢长江、童春彪、冯发之、王龙老、李丙勋，共二十一名，均闹教人犯，俱重责发落。在逃之要犯武生胡炳坤，先行斥革衣顶，与胡金喜、邓金喜、胡众儿均严拿，务获惩办，禀请督部堂批示遵行。

一、被毁之蕲州五百寺天主教堂议赔银五千五百两，广济县田庆二天主堂议赔银一千五百两，黄梅县天主堂议赔银二千两，并由蕲州、广济、黄梅三处本地保甲局绅士联名出具担承，切结存案。叙明外洋在内地传教载在条约，钦奉谕旨饬令实力保护教士、教堂、教民身家业产，毋得歧视，此后不敢再滋事端，并与教士互立和约，永杜后衅。

一、教士回蕲州应派干员护送。先行札饬该州文武官员五乡局绅等以礼相待，而在案受累局绅亦要从众服礼，永泯嫌隙。

一、所定章程均期民教相安，倘有藐法之徒复蹈前辙，责成地方官查办，严加治罪。

四月十八日(6月4日)

《申报》

论办理教案首重条约

自中外通商以来，其肇衅之端无不从教案而起。初不过赔款了事，故尚视为易办。嗣后教案迭起环生，赔款亦愈赔愈大，且有不仅赔款可以了事者。于是国库为之日虚，国势为之日弱，而向之视为易办者今则日形棘手矣。向者交涉之事未必专重教案者，今则以教案为交涉中之第一要务矣。推原其故，皆事起于细微，以致积嫌成衅。苟地方官能早平其争竞之心，预释其猜嫌之见，则自不难化大为小，化小为无，无如今之地方官，一遇教案已预存一畏惧难办之见。无论其畸重于平民，适以长乱民之气而不能服教民之心；即畸重于教民，虽敢怒而不敢言，而积久亦必酿成大祸。人但知闹教之起事甚细微，而不知其所积已非伊朝夕矣。向之一行作吏者惟以命案、盗案为惧，而今则独以教案为忧。一存忧惧之心，即不能无偏私之意。向尚虑其偏于民，而今则特患其偏于教。夫教民仍为中国之民，不过信彼之教耳。户田钱债安能与教外之人一无交涉？若一涉讼，南面者或预存一保教之意，不论是非曲直，扬教抑民，以为从此可塞教案之源，而不知教案之根即由此而植。凡物不平则鸣，无论民教，而况预存抑扬之见耶？且屈之愈久，伸之必愈力，亦自然之势也。故愚意地方官保护教堂、教士固不可稍有疏忽，而于民教交涉之事亦不可预存意见，秉公办理，则彼此之心可平。彼此之心一平，则闹教之案自无由而起。且凡事上有所好，下必甚焉。地方官能事事秉公，则署内之吏胥差役、署外之绅董耆老以及乡间之保甲里正亦不敢有所偏颇，否则事未到官，而曲直已倒置矣。

说者谓：现在办理交涉各案欲求中外平允，须改刑律，以免外人侵权。夫改刑律，谈何容易！中国之民范围于刑法者已久，若从宽纵，恐易为乱。虽外人不以中国之刑律为是，而以中国之法治中国之民，则外人亦当无间言。昨报纪英国大掌教格雷孚斯之言，见理明白，立论公允，与蒙意颇合。其所定章程大略谓：教民乃中国皇上之民，倘或受亏宜由华官办理与平民同。各教会所建教堂专为教士、教民聚集之处，藉以传道而惠平民，自不能为中国罪人逋逃薮。华教士之传道者如有私行袒庇情弊，亦当即时革去。无论何人或有官事未了，或将与他人搆讼，均不得入教。教民平常案件不得请领事官讯理。华官办理各案，无论教民、平民，均须一秉至公，不得有所重轻，交涉之案亦不得有所异同。教民如与平民搆讼，华官可请教士到堂作为见证，并非陪审官，特昭公道而已，非侵华官之权也。华官审案有违各国与中国所定条约者，可向领事官申说。照此章程，则办理交涉尚非极难之事。惟须与条约相符，外人始无訾议。是则订立条约之时，断不可草草从事，否则华官即办理平允而外人据条约以争，华官其何从与辩？(乡)[向]者中国不明外情，所定之约处处受亏，迨觉察已驷不及舌矣。现在中外和议将成，所订条约当以教案为交涉中最有关系之事，若不详细磋磨、反覆辩论，则外人之言虽公而其用意叵测，则中国将来受亏何所底止乎？一误何能再误？窃不禁为当轴者作刍荛之献焉。

四月二十日(6月6日)

《新闻报》

晋省耶稣教案章程要录

京友来函云：西士李提摩太君，初由岑中丞聘请赴晋办理教案。嗣由傅相聘请，先行到京。既到京，经英钦使、赫税司再三阻止赴晋，以防中途不测。因在京拟一章程，与李傅相商办。傅相阅所拟章程，中正和平，为历办教案所未有，大喜过望，已知照岑中丞照办矣。章程附录如下：

办理山西耶稣教案章程

光绪二年至十二年太在山西时，官民相待尚好。万不思去岁杀害中外教会人数千，此真亘古未有之奇变。今杀外国人之罪，有各国钦使与中国全权大臣商办，太毋庸参末议，惟办理耶稣教受害华民章程谨拟七条，恭候傅相核夺施行。

一、各府州县杀害教民之人甚多，本当按律正法，但太知此辈受官指使，又受拳匪迷惑，不忍一一牵累。惟各府起乱首匪，当惩办一人以示警。若晋抚果能剀切晓谕，使伊等痛改前非，敝教亦将首匪从宽免究。

二、晋省地方绅民胁从伤害教民之人，虽宽其死罪，却不得推言无过。凡损失教民财产，必当罚其照数赔还，并无依之父母、孤儿、寡妇，必为事奉抚养。

三、共罚全省银五十万两。每年交出的款五万两，以十年为止。但此罚款不归西人，亦不归教民，专为开导晋省人知识，设立学堂教导有用之学，使官绅士庶子弟学习，不再受迷惑。请中西有学问者各一人，总管其事。

四、凡教民被害各府州县地方当立碑记念，叙明匪徒犯罪源流，教民无辜受害。

五、耶稣教五会中人有杀尽者，亦有回国者，不能一时来华，俟外国再派教士来时，晋省官绅士庶当以礼相待，赔认不是。

六、要永息教案。中国官待教民当如待教外人一视同仁，如果犯法自应按律严办，若有功劳亦应保举作官，与教外人同。凡照此办法，无论中外古今从未见有不相安者。若或不然，欲求无事恐不可得矣。

七、经此次议结之后，凡以前作乱首从之人皆有名单存案，若不悔过，再行难为教民，必当按律严办不赦。

查山西耶稣教原有五会，一曰浸礼会，一曰内地会，一曰公理会，一曰自立会，一曰福音会，又名道学会。今商拟以上七条，皆公同叶守真、文■德代各会酌定，非太一人私见。事虽主于保教民，其实保晋省太平之道，亦不外此也。若果能再立时，设法请精于铁路、矿务、制钢并商务、农务等学之西人，或总理，或协办，期于必成。如此则体上天好善之心，联中外和好之局，将来可以永息教案，并可讲求一切养生防灾之术，使从前无用之地变为有用，不至困穷，利源外溢，为人侵夺。凡此等事，太前三十年曾为傅相与张香帅言及，亦以为当办，后因事不果。今祸患愈深，殊可叹息，然亡羊补牢未为晚也。果肯照以上章程办理，大祸犹可转为大福，不知高明以为何如？

四月廿一日(6月7日)

《新闻报》

书山西耶稣教案章程后

读西士李提摩太办理山西耶稣教案章程，不禁反覆赞叹，以为自来办理教案未有中正和平如李提摩太者也。有李提摩太办理山西教案而后，山西之人转祸为福，苟从此而各省教案仿照办理，则非特山西之福，并为中国全国之福，亦并为耶稣教兴盛之大关键矣。原各教士来华传教之意，实欲为福于中国。不幸而华民无知，屡有闹教之案，干犯西人之公愤，不得不索办首罪，以为惩前毖后之策。然自通商以来，每遇教案辄杀戮数人、数十人，亦已不胜枚举。宜华民可以知儆，何以闹教之祸曾不稍戢，民教意见愈觉相离，遂使传教一端华民几视为是祸非福，岂教士来华之初心哉？推原其故，皆因办案之时全用压力，未能中正和平，即如索办首罪，原属题中应有之义，然而每次教案，其首犯自肇祸后多已逃逸，地方官受外人之勒缉，受上司之勒限，不得不牵累无辜，聊以塞责，亦或教士误听人言，指名索办，更属不容细辨，惟命是从。其间毫无证据、屈招骈戮者指不胜屈，冤毒之气弥塞人心，岂不思乘机一泄？是毖后适以启后也。假使尽情杀戮，果足示戒，则虽难免以冤抑招怨，利害犹可相等。顾华民之中，竟有不以为可戒者。曾文正昔办天津教案，缉办匪犯，类多自行投到，一讯即承。文正微知其冤，迫于西使之要索，不得已杀之。津人至今称所杀者为义民，是直以为可风矣，何足以示戒？况如中国会匪盗犯有获必杀，终不能清匪盗之源。是教案所杀，即使无冤，亦不能永免闹教之祸，而况不能无冤哉！夫教中宗旨，本体上天好生之德，并有犯而不校之风，不得已而通权达变，杀戮数人，若于教务有益，则虽违背宗旨犹可说也。今乃无益有损，愈杀愈闹，窃为历办教案者所不取也。李提摩太所拟章程，各府只须杀首匪一人，并可由晋抚斟酌办理，通融不杀，如是则真正首匪，晋抚亦断无不杀之理，而被冤者必可免杀。上年晋省杀戮教民最多，毓贤正法后，真正首匪必多逃逸，其余士民皆有人人自危之心。一旦闻此章程，如逢恩赦，有不使民教之积嫌涣然冰解者乎？犹恐过于宽纵不足示戒，复有设立学堂条，以之开民智而杜教案。夫欲永杜教案，在于广开学堂，使士民日进文明，则野蛮之行自少。本报已屡言之矣。乃中国官但知朝夕相戒，以教案为惧，而于广设学堂一层曾不留意，至由耶稣教士为之代谋，夫亦深可悲矣。论者且谓，各国钦使苟能尽如李提摩太之待中国，将见学堂遍于天下。呜呼！晋省学堂被罚而设，他省学堂亦必俟他人之罚令开设乎？夫各省督抚苟其阅此章程，亦知以设学堂开民智为急，则中国可新，岂特可以杜教案哉？各省办理教案之西官、西士苟其体此章程，亦知以设学堂开民智为急，而不以压力迫令中国官枉杀无辜，则耶稣教必能益见兴盛，岂特可以杜教案哉？故不禁反覆赞叹而书其后。

四月廿二日(6月8日)

《新闻报》

晋省教务汇述

太原来函云：省城天主教所管五府已先由岑抚台发给银十二万为西人公费，八万为抚恤教民之费，作为暂时借用。俟赔款议定，扣除此八万两。闻教民每人可分银五六两。归化城七厅亦已先发银五万两。天主教由上海汇到自振银三万六千两。潞安府发给天主教抚恤银二万两，并派员与该教神甫至各州县查看教民被毁田产、房屋。耶稣教则无人在晋商议。

又云：上年山西惨杀教民，实从来所未有。拳匪多本地乡民，外来者绝少。尤以每村庄社首为最暴虐，其故因平日庙中演剧酬神、迎神赛会或敛钱为盂兰会，教民不肯输费，而教民平日亦有恃教作威福处，积久衔怨刺骨。此次乘各省闹教，山西又有毓贤提倡，即趁势杀掠，抢夺产业、田庐，几无天日，无幸免者。地方官一见教民即问“尔在教不在教”，或从前在教现已的确出教，亦可免杀，如能出洋教而信大教则更好云云。教民畏惧莫敢言。在教者若有■项者，自称教民必杀无赦。各社首因之逼勒教民出教。既出教矣，议偿罚款。转辗婪索，必至家产尽绝，无以自存而后已。毓贤亦尝出示晓谕，告谓各教民如速出教，即不杀害。各州县亦仰体宪意，出示逼勒教民出教。今教民之逃亡不敢归家者甚多，归家亦贫乏不能自存也。

四月廿八日(6 月 14 日)

《新闻报》

论撤兵

各国上年用兵之时告中国曰:此次用兵系为攻剿匪徒、援救使臣起见,并无占地之意。俄人亦与有此言也。俄国在东三省用兵之时明告各国曰:一俟地方平靖,即将满洲俄兵撤退,并无私利土地之心。此亦天下所共闻者也。计自联军入京后,经庆、李两全权与各使一再商议,和约大致就绪,各国即克践前言陆续撤兵,现在留京联军所剩无几,并已议定将来留京保护使馆之兵统计各国仅一千五百人,亦不为多,惟如今日本报所载京津驻兵计数,天津一处驻兵至六千,连沿途保护之兵几于一万。驻兵如此之多,未免有背当日之宗旨乎!至于俄人于东三省非特战兵丝毫未撤,并有添派守兵之事,是实与当日之言大相矛盾也。俄人于东三省满洲垂涎已久,故上年乘团匪之乱遂开战衅,事后计诱全权逼订密约,幸而机事泄露为天下所不容,钳口结舌诓称作罢,并谓归入各国和约公同议结,故赔款一层俄国最巨,当是连东三省战事在内。然而驻京联军所退已多,而东三省未闻减一俄兵,何也?观近来吉林将军长顺奏稿,如议蠲钱粮、调补官缺等类,又如以税厘减色,或裁减经费,或另设税局,不时饬局妥办,绝不提起俄国,则若东三省真已交还者。而海参威西字报纸从前则曰:无论军民人等不准开采金矿。近时该西字报则言:无论何人欲在黑龙江迤南得有矿务利权,可禀知驻扎吉林及齐齐哈尔俄统领即可承办。是地方一切固仍由俄人主持也。俄人惯为名实不相副之事。各国既窥其隐欲于各国和约内一同议结,则于撤兵一层亦当与俄人约定以京津撤兵之期为东三省撤兵之期。否则群起责之,乃可保全中国东三省之民地,亦即保全各国东三省商务,亦即保全全球大局也。何以京城联军已陆续撤退并定期撤清,而东三省俄兵未闻稍减,是岂各国亦中俄人之计乎?今日本报所载日本外部与中国驻日使臣辩论俄约,至为详尽,至为热心,诚不愧为同洲之国。然俄使前亦尝告傅相,谓各国阻止俄约之意,实系各思占据土地。因欲俄人占据东三省以分其谤,故阻止俄约,使俄人不能交还东三省耳。傅相骤听之,亦易受惑。今则北京联军已撤,不能以此诬各国而欺傅相矣。虽然天津联军未撤,或少撤而多留,实皆足以为俄人之藉口。盖天津多驻兵,则俄人于东三省亦可多驻兵也。北京使馆既筑围墙,大沽炮台既已平毁,苟为保护使臣起见亦已无虞,何以天津一处必须多驻联军,转使俄人得所藉口不撤东三省之兵哉?东三省俄兵不撤,岂各国之利?然则各国亦稍分其防备中国之心,以防备俄国哉。

《申报》

扩充使馆位址章程

京师访事人云:东交民巷一带扩充使馆,界内居民产业前经各国使臣出示,限华历四月初八日以前各持房契地单至纱帽胡同公所报明，以便酌偿价值。迨四月十二日，办理扩充使馆界务局复出示晓谕，并附章程十四条，兹特照录于左。其示曰：

为晓谕事。照得扩充使馆界内民产所有收契发价一事，现已妥定章程十四条，合亟出示。为此示仰界内各业户人等一体遵照毋违，特示。

一、界内民产应以契据为凭。凡业主持有契据者自晓谕后立即呈出，交本公所挂号，先行发给印收，听候查验房地是否相符，以凭办理。

一、凡有契据者呈验查勘相符，应将印收缴回，换给领价凭单，须俟特行出示另定日期，以便持单领银。其间如有盗典盗卖者及各项轇轕不清之事，须于限内呈报，听候查办。倘逾限不报，一经发价后作为结期。其查有不符者，另行核办。

一、契毁无存者准将四至开明，取具近邻切实保结，呈报出据，听候勘验明确，再行发给凭单，以便持单依限领价。

一、按照上年西历十一月二十六日告示内所载使馆界址所定四至，由海岱门城门顺大街至东长安街一带，又自前门内棋盘街一直往南至城墙。在此四至之内所有房产契据，凡由上年西六月二十日即华五月二十一日以前所立者方作为确据。

一、为防守使馆起见，必顺四围有隙地一段，所有隙地之内必得留有房屋，其隙地内房基应行给价。自长安街以北所展宽八十迈当之内所有房产契据，亦应呈报界务局查核，以凭办理。

一、所定界内如有华民以私产或租或典与各国官商者，即应将合同情形、欠银数目报明本局，以便清楚办理。

一、房间院落有已为各国圈入围墙之内者一律铲锄平坦，或已起造新房，以致某某界限无基，应先将所圈之地统行丈量清楚，俟与各户所呈契据四至汇总核对相符，听候划清给价。

一、界内所占官署公所之地，应一律查明四至登记，以免牵混。

一、凡庙宇如系私产，与民人之产一律办理。

一、界内铺面房间如为原基所有、续经铺商修理整齐者，此次房银应全归业主承领；如为原基所无、经铺商自行添造者，应由该商与业主会同呈报，听候核办。

一、界内民产有全家殉难者，业主无人，应作为官产。如有冒认情弊，一经查出，定行从严惩办。

一、界内所占民产如有因产业轇轕争执之事，应由中国地方官公平听断。

一、各户产业领价时，应具结呈案。

一、所有房间应给价若干，随后另行出示。

四月廿九日(6月15日)

《新闻报》

英国李提摩太先生上合肥傅相书

伏见近六十年内中国有二难:一、不懂西事之人劝政府与外国开战,绝断来往。每战中国必败,败状一次甚于一次。一、外国人见中国不通西字,渐将中国要害土地占据,于是黑龙江、台湾、安南、缅甸均归外国管领。今因愚人主见欲尽杀外国人,政府被其迷惑反杀中国人无数,朝廷因而受大难,皇太后、皇上仅以身免,实可惜之大者。至于外国人有不愿中国自强者,恐中国至能强时自有能杀害人之心,此诸人往往称美中国法本善,以媚中国,其实乃不欲中国变强。又有人实欲中国自强,因此等人知中国究竟是善人,多能体上天好生之德,与西国善人略等。现有外国之善人劝各国勿瓜分中国,费多少唇舌,各国始经应允,此是上天再佑中国复兴之机会。中国若图复兴,有必不可少者二事:其一安内,其一安外。安内之法,皇太后、皇上必应母子相和。大清国历代先皇帝家法有旧章,能遵家法则治,不遵则乱,此一也。士大夫守旧与维新亦必相和,不可彼此相厄,各不相容,守旧、维新各用其长。现在维新诸臣多有革职回籍或斥逐者,应起废复用,此二也。凡皆安内之大纲也。安外之法必应斟酌时宜。古时无轮船、铁路、电报,东西不相往来可也。现在五洲地球如同一大城,朝出一事,夕已遍地尽知。居东城者不欲与西城往来,乃万不能行之,事明者皆能知之。若不能讲和,彼此必且力争,有欲夺中国土地者,有欲夺中国利源者,有欲夺中国权力者。倘再失和,以前事考之,中国祸不可胜言矣。查失和之由,大抵因不用外人,所有一切议章交涉章程多不妥贴。现今外国联军在直隶办事多不安静,因不用中国人,所以办不妥贴。考满洲数万人如何能治中国数万万人二百五十年之久不生事变,皆由各州县全用中国人,深明本国情形,所以事皆办妥。再考近六十年中外交涉何以时时失和,缘京城自军机处、总理衙门以及六部各官从未用一外国人,亦无一中国王大臣游历各国、能知各国情形者,所以欲立妥善章程而未能也。现时多有外国人能知中国情形者,中国若不用之自助,恐外国各欲请其襄助外国办理铁路、矿务工作,则中国大利尽为外国所笼取矣,中国岂不难之又难乎?所以欲图振兴,必应请外国明晓中国情形之人,并从各外国招延有大才之人相助为理,此安外之大纲也。

外内皆有人安定,京城必应增加专任责成之权。愚见当今应用五等外国人。一应请外国能办学部者助礼部尚书办理学校,将外国一切有用之学全传授中国,但学校收效必俟廿年后,所以不得不更请一人会同中国明晓交术之能臣遍游各国,本近时各国弭兵会之意,参以此次和约宗旨,使中国列入万国保护之国班内,能保中国廿年内可以平安无事。所谓万国保护之国者,欧洲近有诸国无力自保亦不自养兵,由万国为之保护,不令他国侵侮。若中国能列入此等国班内,亦交邻之大利也。此是危乱后自立根基之法。根基既立,又必请一外国人助中国外部大臣循用此法,并照各国外部大臣常例办理一切交涉,使中国不受亏损。既有保中国平安无事之章程，即须更请一人出助中国总理铁路、矿务工作诸大政，使中国国民皆富。欲办此等大政若无巨款万不能成，又必请一明于财政之外国人，参用各国理财善法。有此五等外国人襄助中国，不但能使中国各省推行善法，并能借外国各等新法权利以补益中国。如此则土地不为人侵占，利源不为人把持，权力不为人劫制。以上诸政皆相维系，办则同办，不能但办一事不办他事。譬如钟表各轮相推而运行，若缺一轮便运行不动。能如鄙说，兴办必有大益，不办必有大损。中国办事旧病，遇难办之事往往推诿缓办，此最害事，一缓则兴办无期。仆在中国年久，见国家兴办大事不能勇往则云暂缓，所以数十年未办成一要事。此时危急存亡，若欲再缓，恐上天不再与中国以复兴之好机会也。

教案善后章程

西士李提摩太因李傅相聘请代筹妥法，务使中国以后永无教案。爰先拟定大略情形，兹将原稿刊登于下：

各国之所最要之事，惟政教两端。若此两端不定妥，则其国必不能平安。有以政事为主者，略如法国、美国等类。有以教务为主者，如昔日之意大利与近之西藏等类。但大半政教两端相合。查基督教是五洲第一大教，随从之人比信从别教者多至三倍，所以议立章程，断非一二日间所能定妥，不可草率从事，视于等闲。若欲妥定章程，须将五洲有关教务之事逐一查明，勒为一书，乃能妥当。但目下大略情形不能不知，今开列于左：一、和约，既难传教，则传教章程万不可与和约相背，相背则必不能安。一、立传教章程总要仿效教务平安之国，如英国、德国、美国、印度、日本皆绝教案。不可效常有教案之国，如俄罗斯、奥国、西班牙等类。一、教士不可干预民间词讼。一、地方官不可将教中、教外自行歧视，均当持平办理。若官吏能持平，则教士自无从把持。一、教士见地方官近年新章按教士职位与官吏并行，如主教与巡抚平行、司铎与道府平行之类，殊未公允。查主教、司铎等名目乃教士自定，不作为凭，皆不能安所管教务地方广狭之权限定。主客相见之礼，如主持一省教务则可与巡抚平行，主持一府一县教务则与一府一县官长平行，如此较有限制。又天主教之教士多系教皇所派，耶稣教之教士多系教中公举，教例不同。中国于此两等教士不得歧视，嗣后宜与两教商定，一省各立一人总管教务，乃与巡抚并行，其余分管一省中教案者每省往往三四人，此等止可与道员平行，乃为主客相当。一、除外国教士外，中国国家宜于教中另行选派一人与各国教士协办一切教务，则教事与国事无异，教案必减少。今英、法国皆如此办法。以上各条均系现筹大略情形，俟五洲教务之书编成，再当详细审定。

五月初一日(6 月 16 日)

《新闻报》

论丁税难行

赔款四百五十兆,分年摊还连利计算约须二十兆上下。按自甲午以来中国度支每年常不敷一千余万两,今又加以岁债二千万,是每年当不敷三千余万也。言利者欲就全国岁入之款骤然增十分之三四,不为开源之■而铸分利之法,是犹移以东补西、挖肉以补疮,终难有济。其间尤难通行者,则莫如丁税一层。日前本报载京友来函云:近闻行在有人条陈加抽人丁税以维国用,李傅相以丁税一项目下■■■■行之者■■我国办理此事不及西人妥当,与其扰害人民、无益国家,不如不办之为愈。诚哉,识远见大之言也。夫丁税之不可行久矣,故国朝雍正年间将应抽丁税摊派于田赋之内,名之曰地丁,直欲使后世子孙顾名思义,不于地丁之外另抽丁税。夫使有益于国、无损于民,则虽不合于祖宗之法,亦可因时制宜,量为变通。独是丁税之法但以滋弊未必可行,即使行之亦属无益于国、有损于民,实有不容不辨者,不得谓西国所行之政尽可仿行也。

夫丁税乃中国古法,非创自泰西。大约地多丁少之国可行,丁多地少之国不可行;开辟之初政事整齐之国可行,积弊之后国事丛脞之国不可行。周官之制,以岁时定民之多寡,辨物之多少,入其数于小司徒,以行征令三年,则天下大比,按为定法。夫曰定民之多寡以行征令,是即丁税也,但后世行之辄滋流弊。汉武帝征口钱,民产子三岁则出口钱,民重困,至于生子辄杀。唐租庸调法亦皆论丁,民多逃亡,未有如近时地丁并征之简便者。夫欲另抽丁税,必先清查户口。户口不多之处原易清查,若户口繁庶即难免隐匿之弊。近时保甲之法委之于当地绅士,宜较官吏为清楚,然且不能确实,而况一抽丁税,丁多必多输,丁少必少输,更以匿报为得计。即委清廉明干之员按户抽查,未必人人在家,亦难杜弊,而况人民日有生死,即丁数日有增减,更不能逐日清查,其余如行商、坐贾、游宦、流寓之类,征之于原籍则寄籍之户口难清,征之于寄籍则原籍之户口难清,此清查户口之难也。即使户口竟能清查,然人民贫富不一,或有年输数十金而不为病者,或有年输数百文而以为病者,今若不计贫富统令年输若干,是独病贫民也。中国贫民多、富民少,病之必为乱,此贫富统征之难也。若欲但征富民不征贫民,或多征富民少征贫民,则其流弊必较清查户口为尤甚。或纳贿而以富报贫,或不纳贿而以贫报富,或先富而后贫,或先贫而后富。田地荒歉一望可知,犹且难免以熟报荒之弊,而况中国富民多讳言富,更无从核实者耶?此分别贫富之难也。是故欲行丁税,必使通国大经骚扰,既增吏胥纳贿之法,又启民穷思变之端,病国病民终于难行而已。西国丁少富民多,又政事整齐,户口之册秩然井然,故可行。中国丁多贫民多,且当积弊之后,故不可行。中国欲行丁税,必先整齐其政事,并为民筹生利之法,而后积弊除,百姓富,多取之而不为虐也。

五月初七日(6 月 22 日)

《新闻报》

论武清县辩减教款事

大丈夫当平居慷慨激昂，浩气陵厉，辄有死国死民之愿，及其任之以国事，任之以民事，猝然遇当死之会而吝于一死者，岂不比比皆然哉？均此一死，必至万无逃死而后死。苟可以不死，则虽伤天害理，卖国虐民，其羞辱困苦，疼痛残废，有甚于死者。宁生毋死，顾人生不过百年，终有万无逃死之一日。愿死于刀兵、水火、疾疫，而不愿死于国，死于民，夫亦自视太轻矣。非特其自视轻也，因其吝死，而国与民于是死，是吝一人之死而使千万人万无逃死也。中国之坏尽由于此，使中国文武皆有以死报国、以死救民之心，则中国之振兴易于反掌。我故观于直隶武清县知县赵炳文，而以为可以风也。特是我之以为可风者，非以其能抵制外人也，以其能为民请命也。民间贫富，外人本不能知，外人所知者，教中损失若干应令赔偿，告其数于办理教案诸大员而已。诸大员惟命是从不敢辩，摊其数于各州县，饬令各归各办。各州县办法有三等：一等竭力追比，惨无天日，务盈其数并取其余，则罔法之辈也。一等既不敢以不赔怒外人，又不敢以敲逼酿民变，惟有拖延之秘诀，冀稍缓于须臾，究之外人视拖延同于违抗，一旦联军压境，民何以堪？则误事之辈也。一等知民贫苦难于取盈而又无术挽回、束手待毙，或禀请交卸，或托言病剧，但能离任即为出死入生，苟其不能尚可弃官而走，迫至逃无可逃然后一死，则无用之辈也。曰罔法，曰误事，曰无用，其存心虽有仁暴之别，然以其吝于一死，致使国民不得生，固同为国民之罪人也。夫外人苦于不知华民贫富之实情耳，苟知所索已奢必致激变，亦孰愿再睹地方之变乱者？乃连庄会聚众抗缴赔款，其势已张，闻风响应，大乱即在目前。华官犹偷生怕死，不敢为外人言。夫亦闻武清县赵炳文之事而爽然若失乎？赵炳文见林主教请减教案赔款不允，则请死于前，于是由十四万五千骤减至八万。夫赵非欲以敢死抵制外人也，特是不请死则其言不能取信，故发于至诚请死于前，向使有丝毫诈伪，则其气已馁，其言必不壮，何能使外人义之而骤减六万五千两乎？盖其心中实有进退均死、前后均死之心，与其万无逃死，与民俱死，不若进而求死，死在民之前，而民或可以不死，故能救民出死也。夫使赵以请死而竟死，其较之死于刀兵、水火、疾疫万无逃死而死者，何如哉？而况既得救民之实、敢死之名，又可以不死。彼吝死者，其亦闻之而起乎？人人如赵之敢死而谓不能救国救民者，未之有也。呜呼！自庚子之乱，士大夫羞辱困苦、疼痛残废、当死不死者不知凡几，羞辱困苦、疼痛残废、当死不死而仍死于刀兵、水火、疾疫者亦不知凡几，且以后之羞辱困苦、疼痛残废、求死不得亦不知何若，然则何不以赵炳文为法也？

辩减教款志闻

京函云：顺直各县教案赔款均由各州县自行摊派，州县官之懦弱者见教士则惟命是从,否则迟迟不结。武清县索赔款十四万五千两,该县知民力实有未逮,爰亲至京城西什库教堂与副主教林德茂君婉商,请其减少。林君不允,于是彼此争持。该县抗然而谓林君曰:“所索十四万五千两我已细细筹核,民力实有未逮。汝必不肯减少,我只敲逼小民之一法,然照此办理,必激民变,轻则革职,重则丧命,莫如此时请汝知照全权将我革职,否则请汝以枪将我击死”云云。其时慷慨激昂,浩气凌厉,为主教樊国梁君所闻,出谓林君曰:“此君为民请命系属好官,彼此和平商办,不必固执。”林乃询该县究能出若干,赵云八万两,须两次交付。樊君允之,遂定议。按:该县姓赵,印炳文,号蔚如,镇江丹徒县人,居官公正,今与林主教辩论数言,即减去六万五千两,可谓爱民如子者矣。又按赵于联军到该县时,先已筹款立支应局办供给,逢乡民来城上集时,集上派局内若干人,如联军买物不出钱者,即由局内代付,故市肆不扰,民皆感颂不置。

《申报》

摘录香港教士王炳耀上合肥傅相要政条陈十则

一、政教宜分治也。圣人立教传道以治心为主,帝王立制经国以治身为要。故儒者之守道抗时,与为政之因时制宜两相歧者,当两相分也。近百年来,欧西益明斯理。凡政教分治之国,教化渐兴,国运亦渐臻格致富强之治,如英、美、德、奥是已。政教混一,其国必衰,如突厥、西班牙、埃及是已。我国政教久合,以义理为干禄之阶。学士文人立德之心已失,治事之法亦疏,竟酿成今日不振之势。言念及之,不胜痛泣。泰西重教,然亦教于家,勉于会,必不教于政、勖于国。故朝廷虽尊隆教化,鼓励官民,而迄无祀典之昭垂,限人以定律。惟其教于家者朝夕有教,勖于会者七日有教,善举代兴,教堂林立,无乡无教,更能体教主救世深心,探广教化,施及地极。我国祀典代隆,教于政、勖于国者,岁月有祭,外似政教同臻郅治,惜于国事有碍,且戕贼士子之道心于今为极,上古郅隆之治以爵赏德,圣贤犹悲之,谓恐得人爵者弃天爵也。今以爵禄赏虚文不赏实德,岂复有求德之人?且道心微,人心危。古以爵禄赏道心,尚有人心之危以乘之,况今明逞人心,定知道心之微,不言而喻。故以经义取士,实败德之阶也。孟子言:“牛山木美而濯濯者,实害于牛羊斧斤。”今之科目爵禄虽非斧斤牛羊比,惟萌蘖所生已不敌爵禄之念之戕伐,且所学又非所用。推之事理,若欲兴强中国,政教实宜分治。经义所取者授教民职,实学所取者授治民职。此今日兴国要政之大纲也。

一、视教无偏畸也。朝廷封典劝忠劝孝,故朔望致祭。臣下所感虽或甚微,而民望所关甚大。泰西各国君后宰臣礼拜日临堂听道,所以养己德而立民表也。今出使随员不交教士、不入教堂,安知泰西仁人君子概出教门哉?英君主病不临堂,犹命录讲义呈览,其诚如此。我国古人视教不分畛域,既无禁条,亦无约命。惜基督教有禁,故有除禁立约传教之条。前禁虽除,听民信奉,然民知官绅嫉恶教士,故恶教之念常存于衷,如火种潜伏,遇事即发。况有官宦入教,朝廷借端黜之;士民入教,官绅藉故辱之。教案恶得不日甚?诚使明降谕旨,群臣遵国典入庙以礼神,或遵教规入堂以听道,悉听自择。日本即系如是,故永无闹教之祸。

一、修教通中外也。基督教旨,敬天孝亲、忠君爱人。恶教者以为无益于国,恒立心抗压之，失权丧地犹不思改，惜哉！夫泰西之宗基督教也，仍各守本国之正俗，故其教旨同而教规异。今我国若洞察其事天之理，而以教人知罪悔过为体，以孔圣伦常之理为用，参以儒道礼教之正义，订为中国教会大规，颁行国中，不惟教案全消，终且泰西有兴观止之叹者。

一、立部总教商也。泰西民心，以通商传教为重。我国民情乐其商业，乃不思争胜，日失利权，恶其传教，乃徒思梗阻，渐刽土地。宜立教部，派满汉大臣各一员，请教皇派主教一人，英、德、美各派教士一人，常驻京师。遇教案大事据理同商，平时则委以译书重任，给予厚俸。译书既出，得其精义，助国中兴。译书一事与儒学教民之职，并归教部。更立商部，保荐通达时务之人，不论官阶，即由部派往各省立局兴商。更察士民申有出游而探商情、著书而实能益世者，或有习艺归国堪胜艺院教习之任者，咸予职衔，及时登进商教事，治中兴之急务也。

一、借才助中兴也。学堂之设，得人为要。教士心存救世，天实豫备以供天下开化之需。救世教益，书中具有明证。夫天久为我国备之之人，我若承顺天心，早思聘用，必无今日之危患。惜恶教者惧其教之藉以大行也，拒绝不用，逆天命而伤国脉，心实悲之。今图中兴，时已甚亟，宜请泰西可倚之国、可信之人，分辅要职，助我变法，以防内外不测之虞。是法也，泰西已有行之者。

五月初八日（6 月 23 日）

《新闻报》

论东三省作公共通商口岸

东三省者，俄国之所占据而不肯退还者也。俄之计最狡，不肯居占据之名，故前者立约交还，而约中无一不干预，即不啻阳交还而阴占据也。前者沪上绅商以俄约公电商阻，而各国亦同斯宗旨，日本尤竭力襄助。幸而俄约未成，事搁至今，盖俄约虽未成而地面亦无实在之交还也。日本具同洲之谊，尤为关切，盖唇齿相依，义当如是也。上月二十八日本报载有辩论俄约文件，由驻日本钦使奉政府电询日本外部者，其中所指各节皆直抉俄人之隐微而醒中国之睡梦，以中国不能自辩而倩人代辩之，亦可叹矣！乃今日报载东友函，论东三省宜作为公共通商口岸事宜。其中宗旨大致谓：宜将三省并为一省，任各国商贾自由贸迁，不为限制。凡铁路、矿山、渔业等利权一体均沾，以期彼此互相牵制，不使一国独逞其欲，以此为抵制俄人之法，是为公共通商口岸。其办法则撤去三将军，设一总管府，又顾问、大理二院，又民部、兵部、财部。其中大纲小目皆变旧法而用新法等语，其意盖不以中国治东三省，而以各国治东三省也。故立法全去中国之法，而另立公共之法。其间恐民情不甚接洽，故兼用华官以治之。是法也，与俄约二而一、一而二也。一国立约牵制中国也，各国立约牵制俄也，而中国则左之右之，无不可也。夫东三省之属俄，何以日本独如是其为将伯之助哉？盖东三省本甲午日人已得之地，而为俄国夺去久假不归也。日之所以图东三省者，以得东三省则日本之疆宇固，失东三省则日本之疆宇危。又不幸而适为俄人所据，则不特中国可危，即日本亦甚可危也。此至易明晓之理也。

特是中国朝廷之亲俄，有宁以东三省畀俄而不愿以东三省畀之各国者，正自有说。其意盖谓满洲与俄接壤自昔已然，列祖列宗姻好相联，庆吊相通，无诈无虞，载在盟府。今已结好于平时，设或事出意外，穷促归依，当亦念先代之旧德救难扶危，咏同袍于秦廷，复已亡之楚社。即或势不获已，亦必尽其心力覆翼而抚字之，封安乐于刘禅，赠阜平于汉帝，亦不致流离琐尾葛咏毛邱，等郿子之无归，悲纪侯之大去。况一线苟延，皇嗣不斩，则虞虽不腊，许仍有君，凡此皆朝廷所以附俄之故，而固执不移久而弥笃者也。以中国朝廷之思想如此，岂日本公共通商口岸之思想所能夺哉？然而中国朝廷之思想有为各国所不容者。盖以俄自前王彼得锐志振兴，垂训子孙，皆以远交近攻、拓地辟疆为政策。试观波兰为俄之近邻，其祖若宗岂与俄无缔好？而一举灭之，隶为郡县，放其君，子其民，曾不少惜。是其国之宗旨，专以灭人土地为思想者也。假使以待波者转而待清，又以待清者转而待日本，则亚东称雄，舍俄其谁？而中国全图在俄之掌握中，则即各通商口岸为各国所分据，而俄已不啻高屋建瓴矣！则中国之不利，非亦各国之所不利哉？乃上年俄既占据东三省矣，各国既无以兵力为中国夺还之理势，又无以群起为中国夺还之公法，在各国之或图山东、或图海南、或图长江，与俄之图东三省本无异。中国不能夺回台湾、九龙、广州、威海、胶州，又焉能夺回东三省哉？各国不能自免于夺人土地，又焉有词可措而逼俄人之退还东三省哉？矧俄之兵力强而必不受各国之逼迫，而各国亦岂肯为中国而得罪于俄哉？据是而论，其有于东三省亟亟焉而视为己之事、视为己之土地者，惟日本为最关心也。故各国于俄约但阻中国勿画押，而不能逼令俄国还地。今日本立一公共通商口岸之法，是日本图存中国之思想也，即图存日本之思想也。而在中国，则作为俄国通商口岸与作为各国公共通商口岸等于失利权而已，然以各国之牵制而不使一国逞其欲计，亦甚得也。故上策者以中国制俄，下策者以各国公共制俄，不能从其上策，无宁从其下策欤？

东人函论照录

昨承东友以开通东三省事宜函稿见示，并云此稿已经新宁宫保会同南皮尚书核准会奏，请将东三省作为公共通商口岸，但未知能邀俞允否也？日本来函云：清国时局孔亟，朝不保夕，可虞可虑者不一而足，然莫若俄占满洲为甚也。不欲保全清国则已，苟欲保全，不可不使俄人撤退满洲，然撤退不易，唯有将该地洞开，作为万国公共通商口岸，俾列国商贾自由贸迁，不设制限。凡铁路、矿山、渔业等利权一体均沾，不得厚薄彼此，互相牵制，不能一国独逞其欲，盖以大众防俄，亚东可保无事也。惟必须摆脱从来拘迂之见，拟节略如(左)[下]：宗旨：一、废撤从来三将军，并三省为一，置总管府治之。一、府中军政、行政、司法三权须分立，以昭权限。一、总管府设顾问或作参政、大理二院任立法、讼狱。一、总管府立民、兵、财三部，分掌民政、军政、度支。一、总管由宗室亲王中简放，各部官吏选国中俊才充之，无分满汉。一、各部聘外国人之携异优秀者为顾问官及教师，以备咨询。一、上开变法各项稍就头绪，将牛庄以下各口海关撤去，以便各国人自由来往贸易。一、既准各国人于牛庄以下各口自由来往贸易，须一面于山海关及蒙古各地方设立税关，为稽征之地。一、上论路非等利权准外人均沾，其购有田产及自由住栖均在不妨。

新法梗概 总管府二院及各部之职：一、总管府为统治满洲之处，一切全权揽于该府。一、顾问院专任立法，为参预总管一切机务之处。一、大理院为狱讼总汇之处，兼司法、警察之事。警察有二：一曰行政警察，保护闾阎，防害杜弊于未然；一曰司法警察，摘发钩距廉察罪状于事后。一、民部为地方行政之总汇，办理河湖、道路、户口各事，保护农、工、商。一、兵部为兵权枢纽，专办边防，弹压土匪。一、财部专办租税事宜，兼监矿山、林原，保护其利源之地。

《申报》

续录香港教士王炳耀上合肥傅相要政条陈十则

一、变制洗国耻也。法度之设，因时制宜，惟以保国安民为旨而已。今外交自主之权已失，士商之气亦丧，此甚可耻。日本深耻之，探本寻源，急变内政，修律例，改官制，易冠服，去泰西外视之心，于是尽收自主之权，民耻亦遂尽洗。若欲自强，以洗前耻。急宜变学校，开民智，修军政，改武科，固也。然心术不化，内政不变，律例不改，彼反惧我如虎，恐我恃勇以泄忿，反速其图害之心。且公法之理皆本基督道之微旨，久为各国内政之基。今我不欲本之以自修，而欲人守之以待我。其于基督教也，又阳许而阴沮之，国患乌得不日深？故内洗国耻，外安旅民，宜法日本也。

一、学校求实用也。泰西文实学院门类繁多，今更加以中学，能至二十五岁而卒业者，千人中恐不得一，再令苦心讲肄，不暇谋仰事俯畜之资，其何以淑？为今日计，中西学术宜分途考取，且不论普通专精皆可应考。凡考译汉各书，由浅入深，均有次第。某科考普通学某书、专精学某书，皆有定率，使秀才、举人、进士诸科名与四民共之，各必争尽所能。其考西学者，宜用西文，与西师拟定秀才、举人、进士各科之书。初莫过繁，阻人前进。当新政初行之始，中西学各别宗师，庶不屈中西学士，而得讲求实学之真才，则中兴之基在是矣。

一、学堂宜慎选也。县设小学堂不拘多寡，中式为秀才，给以凭照，升诸府设之中学堂。中式者为举人，给以凭照，升诸省设之大学堂。中式者为进士，而选其尤者给以凭照升于京师之太学，取入翰林。故京师之太学即可以翰苑名之。就学者须有进士凭照，以免滥竽充数，灰天下志士之气而乱国家仕进之阶，此厘正真才之法也。秀才考于府，举人试于省，进士擢于京师。凡学堂不论官设民设，一律考取，无分轩轾。惟京师之翰苑设自朝廷，由县小学堂至京师翰苑皆立日册，录诸生品行，将届考期由学堂列品呈送，宗师取列高下，或因品定才，或定才参品。倘查呈送之册有与日册异者，宜黜总教习，且令族长父兄将各生处家品行随报学堂登录品册。或立学院监督，或由各县学正巡视各堂，稽察品诣。如是，则德有选，艺有序，学士之德业并进。此强国之本也。

一、民志宜鼓励也。今日百姓之志，灰于鸦片，害已深矣。英教士见而恻然，归国倡禁。故丙子年粤东香港教士立劝禁鸦片会票，经出使英国大臣郭向英廷议禁。庚寅、壬辰等年复上书英廷请禁。乃下议院员多藉词于我朝自不欲禁，事遂中止。然其会至今未散，遇便仍力劝国人倡禁。所惜今日者，中英国家同患烟利之心瘾，甚于百姓甘中烟毒之身瘾。英国无论矣。中国受害之大，不惟岁漏银五十兆两于外洋已也，且灰民志，弱民身，欲振奋而不能，哀哉，痛哉！跪求皇上严谕，吸烟之士不准应考职官，予限戒除，或奖励善士立会，劝戒多一人入会，即少一人吸烟。然后与英廷议定，中国植烟限以五年、十年改种他物。总计印烟年来若干，值银几何，烟数递减，烟价递加，或烟与银递年渐减。烟税虽绌，他税转赢。此使德随员潘参赞之妙策，谅可施行。或烟税视改植之物，增税几何。行之十年而大祸除，诚普天之福也。

一、新字求准行也。我国势力衰，人民苦，积成此患，几至莫救。其故实多，而最要者，人心虚伪、各省异心与民智之未启耳。欲挽虚伪，首在崇道德；欲联各省，首在通言语；欲启民智，首在识文字。我国文字之美，实冠地球而成一家之艺学，其难亦冠天下。此举国所以鲜识字之人也。中日和后，下士撰拼音新字，笔划简易，人虽至愚，旬日可通，且可助文字切音之用。用以译各种艺学，教授男女，民智必易启而艺业兴矣。日本用汉文并有土音助读之字，今日几无不学之人，艺业大振，有据可征。此新字者分韵母、声母，共一百二十三字可以拼写全国土音，教授各省。言语通而心志孚，于强国握要之图，不无小补焉。

五月初九日(6 月 24 日)

《新闻报》

东人函论续录

一、总管府总管一人，协理二人，办事官若干人。顾问院顾问官十人，办事官若干人。大理院审官十人，以清国三人、外国七人为额。其一为院长，办事官若干人。民部大臣一人，参赞二人，办事官若干人。军部、财部视此。

立法 国家既将满洲门户洞开，关市讥而不征，五方之民纷至沓来，不可用清国旧法治之，宜变通成法，参以西国律制定新法。由顾问院拟案付各部大臣，各部大臣、顾问官酌议，从多数而决。由总管分布中外，以昭公平。

司法 新法既设，一切狱讼须从其处断。听讼之官须精通律学，兼晓外国语言事情，始使两造心服。所以大理院官吏将中外等材任用，不专任华人。

一、大理院为至高听讼之处，该院所谳，断为定案，不得控诉。

一、大理院设于奉天府，各地方设按察衙门，隶于该院。每衙门以三人为额，不妨以外国人充之。

一、两造并为外国人或其一为外国人者，由按察使审理。其系初审，且两造均华人者始由地方官处断，但两造之一人不愿地方官审理者，由按察使处断。

一、不服按察使处断及被地方官枉屈者，许其控诉大理院，以昭雪冤枉。

民部 一、分盛京、吉林、黑龙江三部，置布政使一员，督管内民政。

一、地方行政区画由旧各府州县厅置知事官一人。

一、厅以下镇堡村邑无更其旧，即如保甲制度，法良意美，宜存此以维系民心也。

一、行政警察由镇堡村邑办理，州县责其成。

一、各省以下除狱讼、军务不别设专任之官，由地方官一体办理。

兵部 一、军队用募兵之制如旧，但参酌文明各国兵法折中，宜别为一式，从其训练。

一、全洲以六十营为限，分三大区，区置都统一人。

一、驻防大区更分数小区，分派兵士，置将领统之。

财部 据光绪十六年报册，营口一口贸易额不过九百六十三万两，至十五年（编者按：应为二十五年）则有三千二百廿三万八千两之谱。该口所入国税每年约五十万，为政府进项大宗。论者云：将营口为自由口岸不征以税，于政府有损，是未通大局之言。不知列国商未往此地，所入内地租税债、关税两有余也。今将将来进项大略言之，一木材、二拍卖未开垦之地、三矿税、四人头税、五地税、六盐税、七火酒税、八土药税，之八者统而计之，共计三千一百廿五万两。用此小绘测全洲，开凿道路，浚通口岸，并及军防、行政各项，认真办理，而国不富强者未之有也。

《申报》

照录岑大中丞清理山西教案章程

一、本部院已奏请前在张家口内外严惩拳匪、清理教案、中外悦服之江苏候补道沈道敦和来晋，派委督办全省洋务。

二、行凶焚杀之拳匪头目，所谓大师兄、二师兄有尚稽显戮者，不待全权大臣以及洋人指告，先行严拿正法，以扶人心而昭宪典。其余胁从者，概不株连，免使民教结仇更深。

三、各州县地方官内如有不顾大局以及曾从拳匪焚杀者，一概撤任。

四、护理主教安怀珍所管太、大、宁、朔、汾五府教案，由本部院先借赔款银八万两，移作抚恤教民修盖房屋、添购农具、购办籽种之用。此八万两应交某府若干，交与何人领用，均由洋务局问明安教士即日办理。至安教士先借赔款二万两以作教堂之用，亦准照行。所有一切借款将来均在赔款内扣回。现在既有此款，由教士分别抚恤教民，洋务局不再抚恤。

五、各府教民田产被百姓占据者，派员督同乡约教民认领。如契据遗失者，由地方官照粮册给发新契。

六、如教民全家被害，所遗田产有被百姓占据者，应由各该地方官派乡约查明，由官通还归教堂，以作抚孤之用。无契者亦给新契。

七、天主教保赤堂所育之女孩并教民之妻女，如有百姓留养者，由洋务局出示悬赏，送往洋务局呈报，饬由各家属领归。凡送到妇女，每口赏银十两。女孩减半。由局给与护照收条，保留养之家将来无事，并不问其来历。如隐匿不报，经洋务局派人密访查出者，除将妇女追还外，隐匿之家重罚。如邻右知情报信查获者，大口一口赏银二两，小口一口赏银一两。其由邻右送信查获者，留养之家一概不赏。

八、现在已奉旨保教，凡教士往来，应照常办理。各城门业经本部院传谕，守城各兵凡遇洋教士出入，概不阻止。

九、本部院已饬洋务局设立发审公堂。凡教民告追被抢物产者，随时持平清理。凡有教民控告家属被害指控凶手者，照沈道前在张家口内外办法，概不偿命，惟责成凶手量力罚钱,抚恤苦主,以期此后民教永远相安。

十、从前有各国教堂物件由地方官代收存库者,一概给领。报明洋务局估价扣银,以轻赔款。

十一、五府教堂教民房屋被毁者,由洋务局遴派委员五员,请教堂亦派华洋司铎五员,会同到被毁地面确查房屋间数、物产细数、遭害人口,造册咨呈全权大臣核办,亦照沈道前在张家口内外办法。若非委员教士会查者,概不算数。

十二、归绥七厅教案除由恩道借过抚恤款银一万两外,现由本部院再借二万两,由洋务局派员解至恩道,转送方主教所辖之司铎,为极贫教民修盖房屋,购办农具、籽种之用。将来在赔款内扣除。

十三、派护理潞安府刘守寿春赴河南林县,将主教贺福满请至马厂居住,即委刘守为潞安府洋务分局总办。潞、泽、平、蒲四府教案均照所议章程同时举办。

十四、归绥七厅教案所毁物产,亦饬恩道督同归绥洋务分局照所议章程同时举办。

十五、英、美、瑞典教案已经本部院函聘英士李提摩太来晋办理。如不能来,请其另举一员来晋,与沈道商办英、美、瑞典教案。洋员未到,以发其有耶稣教民亟须抚恤、无可禀诉者,应由洋务局传知华教士到局商办。如有被害耶稣教民,于洋教士未来以前自愿向洋务局请恤,具结先行完案,不再向洋教士琐渎者,此等深明大义之人,尤宜格外体恤,速即了案。盖我能自了一事,将来洋教士即省一案。

十六、凡有商民误收洋人器用物件者,此皆由于不识时务,情尚可原。应仿照张家口内外办法,由商民自行送往洋务局代收,由局发给护照收条,保其将来无事,并不问其来历。如不送往,经洋务局查出者,加重惩办。盖物件多得一分,即少一分赔款。

十七、凡有教民房屋门窗虽毁而梁宇犹存,亦饬洋务局委员估工修复,求地方官业已修复或教民愿酌领修费自行修复者,均听其便。委员教士会查之时不再列册,以轻赔款。

以上所议各条,本部院因晋省风气未开,民俗朴厚,办理尤宜审慎。况因循不理,尤疑和局操持过急,不协舆情。细释沈道前在张家口内外所办章程为中外所悦服,其道不外持平两字。且口内外商民多有籍隶山西者,以张家口素所习闻之事移之晋省,当不致于枘凿。本部院因地制宜,亦持平详订章程,以期民教相安,各无疑虑。续添第十八条,口外七厅民智未开,人心浮动,最易听信谣言。前由浑源州抄来假托刘大臣告示,谣言惑众,仍复仇视洋人。庆邸行文查禁,如果尚敢抄录、传诵,照匿名揭帖,尽法惩治。口外七厅教民有自赴乡村索取银米并追寻被抢物件者,既有官借恤款,失物官为追查,自应专责。恩道随时商之教士,将此风禁绝,以期此后永远相安。惟无知愚民仍有头裹红布,以为藉此可以恫喝教民,此等举动尤为愚顽。应仿照张家口外办法,由道派员带兵禁止,劝散具结,不准再有联庄会等名目学习拳棒,再启祸端。

五月初十日(6月25日)

《申报》

照录京师《新闻汇报》所登办理山西教案电文

山西巡抚岑大中丞于四月初一日来电云:"晋省拳匪首要已饬严拿。据报多飏避,索愈急,逃愈远,缓则可望就惩。刻令设法,密缉务获。其已获者,并饬讯明正法。晋得透泽,恐各教民无力播种,迭借给意国护主教安怀珍银十二万两、和兰总铎瞿安仁银五万两、归绥二厅比国方主教银三万两;耶稣教因无牧师在晋,教民急需抚恤,借给经理人朱郁文银四万两。均令自行散放,为口食、籽种、牛具并修盖房屋之用,以期共沾实惠。现又勒限委员严查教案,逐议赔偿。晋案贻误,官吏已奉旨明定罪名。刻查有泄沓印委,分别撤换。重者参革示惩,却不能罚锾拳产,拟全查封入官作赔。至教堂教产候会查定数议赔,不能强以局署、书院、学堂、祠庙、水利及民间田庐罚抵。晋省连年旱荒,自京津辽东相继变乱,富商顿至穷乏,巨款万难骤筹。惟有宽立限期,分年摊清之一法。洞儿沟等处教堂俱存,各教士不致无住处。省内教堂全被毁,即觅宽洁大房为西宾公所,以便西士来晋居住。由太原至正定均设马队巡捕,护送来往洋人。以上拟办各节,务恳婉达英廷、义钦使,曲垂体谅赐允。"煊东英士李提摩太君于四月初六日去电云:"太等二十六日到京后,接沈道信,获见中外全权大臣及天主耶稣教士等,查直隶如何办理。李傅相交出贵抚三电,知极力办理教案。如山东、河南并派员来接,太心甚喜。第山西耶稣教有五会,现只有三会人在京,太已电达各会派一人来京商议大纲,以便五会教士同委员赴晋料理。至散银种地意甚美,但教内、教外须当一律,方免嫌隙。惟焚掠教内房物,俟数会人齐再议赔款。李提摩太。鱼。"

会匪猖狂

天津《直报》登保定友人来函云:近日深州武举田某倡立连庄会,联合七八十村丁壮,杂以武卫军溃勇及各项无业游民,多至二万余人。啸聚萑苻,跳刀拍张。旋又勾结安平县匪会,制备军械、旗帜,口称"扫清灭洋"。较之去夏义和拳匪,尤为猖獗。业经大兵叠次剿洗,始力竭溃逃。此外,大名府属清丰、南乐二县亦结成连庄会,聚集三四千人。为首之二匪,一称李保境,一称张保境,皆少年无赖、横霸一方者。日来张已由邑令拿获惩治,李则依然漏网。

五月十二日(6 月 27 日)

《新闻报》

论近来督抚之难

今中国督抚行政之难也,其中难行之故有两大纲,有数小目。两大纲者何?一受困于财政,一受制于枢臣。数小目者何?一地方绅商掣肘,一地方盗匪日多,一属员不应手,一俗吏不识体,一幕府吏胥牵制,此碍于人也。一顾惜富贵功名,一保全身家性命,此碍于己也。何言乎受困于财政?凡百政事,非经营莫能张举,非的款莫能久持。今各省库款支绌无论矣,又责之按年摊赔国款,又责之按期挪赔教款,于是关税作抵,常税作抵,厘金作抵,盐课作抵,甚至田赋作抵,人税作抵,房捐铺捐作抵,掘尽一省之财力,求其抵赔洋款且恐不及,更何有多款办公?是故,尽有志新政,尽畅言新政,其新政奏稿非不言开学堂也,而筹及经费则多番艰难,如浙省拟开师范学堂是也。非不言重武备也,而筹及经费则极力撙节,如江省、皖省、鄂省皆有裁撤营兵之举也。非不言扩铁路也,而筹及经费则仰给外人,如苏、杭、宁、沪终非洋股不可行,至今仍莫办也。非不言兴矿务也,而筹及经费则殷实无人,如江浦、江西、云贵及他省矿务至今皆未举办也。此外诸事尤不可枚举,总之能言不能行,其为财政所困可知。何言乎受制于枢臣?督抚入奏有各部辩驳,有军机辩驳,有总理衙门辩驳,今则又有政务处辩驳,又有政务处新入之幕府辩驳,或以此省之折辨彼省之折,或以彼省之折辨此省之折,皆不患无辞例不能驳,以案驳之,案不能驳,又借案牵例以驳之。故督抚无权,皇上无权,其权全操之六部各衙门之吏胥及总署军机之章京及今政务处之提调,以致督抚新政奏稿已上者不过堆积如山,不特政务处大臣未暇寓目,即政务处提调亦不过略看标题而已。督抚新政奏稿未上者冥思遐想,苦于不能一当政务处之意,太新则恐刺政务处之目,稍新亦实不济事,于是思以新旧间半之文,冀有以动政务处之听,遂辗转商量,苦于无从下笔矣。盖非新政条陈之难言,政务处提调之难于揣摩也。如某报所论顽党宜除,诚的当不移之论,则为枢臣所制,又可知此行政两大纲之难也。

若夫地方绅商之掣肘,如江鄂展缓科举以为变科举地步,而偏有绅士之渎请举行也,江浙之议改盐课以为抵洋盐地步,而偏有盐商之不肯变改也,衡州、绍兴皆以绅士而出干考试之事,曰不完钱粮,曰不缴地丁,扬州钱绅且出场袒护盐商,无非与大府为难。教案一条外人迫皇上以明谕,皇上命督抚以誊黄,而绅士则浮言谣诼,暗中诬陷矣。地方匪盗日多者,近如直隶之连庄会、太乙会,以及苏州、扬州、镇江盐匪,长江轮船之拐匪,两湖、江皖之票匪,加之将来裁勇,私枭有增无已,其中最易牵动闹教,颇关督抚考成者也。属员不应手者,如札饬裁汰书吏一层,江藩则但谕书吏痛改前非而并不裁汰,赣藩则以进贿多少为弃留,其他移花接木,变书吏之名为缮生。又如厘捐剔除中饱,防务格外加严及饬密查、饬详复者,谁其听之?不过一申覆完事矣。俗吏不识体者,如湖南洋务局委员不过仅知以番菜供奉西人,苏州州县不过仅知带征二百文之法,此类最多,难以尽举。幕府吏胥牵制者,如浙藩幕府沮止师范学堂经费，青浦总书纠葛一事，此类尤多，更难枚举。凡此小目皆碍于人，书不胜书，而举一可以类百者也。况乃碍于己者又复顾惜富贵功名，保全身家性命，不肯以直言谏君上，不肯以戆言劝同僚，揣摩政府之时宜，阿顺西人之气焰，一教案示谕不惜痛骂愚民而高明自诩，一匪案札饬不惜铺张声势而护卫綦严，又如闽督宁罢官而必广收寿礼，汴抚因畏罪而遂顿改面容，又比比不足道矣。呜呼！内外交逼，方寸难容，官场皆棘地荆天，衣冠亦早朝暮市，尚何政事之可行哉？吾是以掷笔三叹也！

五月十五日（6 月 30 日）

《申报》

节译西报论中国偿银事

英京伦敦来电云：日前美京华盛顿传闻中国政府虽允偿各国银四百五十兆两，其实各国意见尚有参差云云。某西字报从而论之曰：中国此次赔款不为不巨，倘某国欲酌减其数，亦系平情之论。本馆顷得登州友人来信，请从此款中筹出若干，供中国十八省开设新学堂之费，惟堂中一切须由西人经理。此议一出，吾知必有乐从之者。而我尤望英国朝廷将赔款悉数蠲免，美国亦照此而行，责令中国将应付之银就二十一行省中多设西学堂，以冀振兴新学。盖我辈深知中国执政大臣之筹集此款，必向民人剥削而来。今我若慷慨乐输，则东南各省之民必将额手称庆，我辈既明示不愿分割中国土地，还示以体谅中国之心。若是，则中国民人必感西人于不朽。此后和约一定，吾辈商务即可望日渐扩充矣，亦何惮而不为哉？

五月十八日（7 月 3 日）

《新闻报》

论洋盐入口事

盐法弊矣！弊在私枭充斥而引课销不及额。私枭之盛，在官盐价值过昂，避重就轻，避贵就贱，凡人之情则然，于枭贩乎何尤？然而公帑所入不容亏短，朘肌剥肤则病商，划岸勒销则病民，顾商与民虽交病而但可勉力支持，则国家岁入二千余万之款项尚无恙也。前闻弛洋盐入口之禁，洋商运盐已抵镇江，并闻许其每百觔售钱二千八百文。呜呼！从此中国之财政可堪问乎？夫官盐价岸远者至觔七八十文，近者亦不下三十文，而出场时权其所值才五六文，其渐增至三十文以上者，成本重也。成本重则价无可减，现议赔款仍责加课。他省不备知，就淮岸而谕，闻令加课一百万，商认报效一百万，此二百者势必并入盐价中。

加且不暇,又焉能减?而以与洋盐二十八文者较,为贵为贱,孰重孰轻,敻乎异矣!且洋盐到处挟其诈力,我不复得以岸限制之,是驱天下而食洋盐也。私枭托庇于洋商,而捆运无复忌禁,是召天下而食私盐也。且洋商之盐仍必购之中国,是人以贱取,我以贵偿,一转移间而括无算之大利以予人也。夫食盐之人只有此数,贵贱悬殊显分级等。华商将来必至无可销之岸,无可捆之盐,而仍无可宽之课。夫倾家破产,商则受之矣。独惜朝廷岁入二千余万之巨款将何取给耶?不惟此也,查中国盐务一项,每岁公私上下统计输转之银数有一万一千七百二十余万两之多,则待以仰给者又何止千万万人?一旦堙塞其利源,绝灭其生路,此千万万人者罹乎死亡贼盗之戚,而国家之祸乱亟矣,可胜痛哉!虽然,窃有大惑不解者。各国议和言赔款而已,言抵赔款者而已,即不然但须议及整顿我之财政,令所入有赢以饱囊橐耳。若明已指为的款而暗则掣其肘,令此的款必无着,则何说也?此所惑者一也。禁盐入口载在约章,则宜归入商务案内议办。现值英国换约之期,当于议约时言之,不当无端而破坏条约,此所惑者二也。换约之事,设前约不便有须更改者,则于先一年声明后方可议,此通例也。从前美盐入口,帖然受我之罚,各国原不能强我以必弛其禁,则此次为无理横行,甘违公法而弃约章,此所惑者三也。以我今日之情势,彼凌压之,抑制之,鞭策而驰驱之,俯首帖耳,惟命是从,其不能相与抗亦明甚。所不解者,洋盐既欲入口,何以全权大臣不明示天下议之?盐船既至镇江,何以不切据条约争之?争之不能,何不令在北京公议?议之不可,何不电出使大臣婉商?且何不以我现售官盐之价相较而遽以二十八文为定价?既为定价,亦须照我商运之成本而重征课税,何以未闻商量?既许运行,或者援我划分口岸之例而立之限制,何以漫无禁令?凡此皆百思而莫得其故者也。夫刀锯之伤肌肤之痛也,痈疽之溃心腹之疾也。爱肌肤惟恐不至,痈疽内溃乃厚其毒而引之攻心,非天下之大愚哉?东三省之事、中俄之约几于举全国之精神以抗之,可谓爱肌肤者矣。洋盐进口害不胜言,朝野上下吞炭为哑,其以为无救耶,是何争俄之不遗余力耶?其以无伤耶,是何畏刀锯之智而玩痈疽之愚耶?呜呼!当路诸公春秋盛矣,玩岁愒日朝不保夕,其又焉能谋远而为吾国吾民计?不亦大可哀乎哉!

方今盐法亟宜更章矣,然以国帑之绌、官司之敝、商之顽固、民之愚谬,一议更张,百喙摇惑,其亦恶能集事耶?是虽政府有更张之意,孰从而更张之?夫立大功者不避小嫌,非出死力以冒犯当世之不韪,万万无挽回补救之法。谓莫如尽举东南各省盐务,概由我国自聘洋员经理,如用税务司法撤去运司以下各员,而别设监理帮办之华官,限以赔款既清之年则洋员一律辞退,仍归华官管理。岁入款项除提偿赔款若干外,概归公家。又必须先与商订办法若何,凡一律切轇轕窒碍之敝政,悉行革除,与民更始,务在惠商而不病国。救时之策,愚以为无逾此者。但管窥之子必疑以利权予人,且群然哗其为参我内政也。不知洋盐进口利益均沾,由镇江而各埠、各省、旅、大、胶、广,前车未远。我国帑商业民命将交困而俱穷,无利何有于权?则不如立之制而限之也。至内政则其参预者多矣,矿务、铁路何一不足制我之命?然由兵力要胁而得与由爵赏延聘而致者,必有间矣,则亦无能为诟也。或虑用洋员改敝政而仍不能持入口之禁,则奈何?曰:交涉之道顺理近情,虽有至强不能凌驾,我既予人以设官之利,则彼方助我收变政之功,从而掣之肘焉。万国公议之所不予者也,其入口可必禁矣,不然者准其入口而徒谋抵制之方,是犹断绝水火而欲人之善自培补也,庸有济乎?

《申报》

直隶匪患

日本报云：去年中国拳匪之乱，皆藉口于“扶清灭洋”。兹者直隶河间一带复有匪党蜂起，旗上大书“扶明灭清”四字，盘踞各处，扰害地方。计匪首黄金标，天津咸水沽人。孟庆功，天津人。手下有匪类千余人，横行于距芦台六十里许之造甲城。赤减滩回民刘德麟，沧州人，手下有匪类四百余人，以军粮城为巢穴，时出没于距芦台四十里许之淮渔甸。凡丰润、玉田、宝坻各邑村民皆遭其荼毒。张四、刘二、孟献廷手下匪类约千人，盘踞宁车沽迤南各村庄。孟广汉、贾二皆窝罗沽人。张宝堂，北塘人。戴洛、徐洛、王跛子、尚宝均，手下匪党或数百人，或数十人，或从水路乘舟滋扰内河及沿海各口。往来行旅叠遭劫掠，为害良深。此外，又有武举田洛相者，在深州倡立联庄会，专与耶稣教中人为难，要结海盗溃兵多至二三万人，行劫远近七百余村，无一免者。似此地棘天荆，真寸步难于行动矣。不知军符在握者，将何术以敉平之？

五月十九日（7 月 4 日）

《新闻报》

论盐商不顾后患

近日，以盐漕抵赔款之说风声愈紧，而洋盐进口之说抵御亦渐懈，此皆有害于盐商，而洋盐进口之说尤有害于中国，故不惮一再言之以冀醒悟也。初为就场征税之策，盖非此不足以裕盐课而平盐价。盐课裕，则赔款之外尚可补偿国用。盐价平，则洋盐无利自不进口，法至利也。而盐官、盐商则皆以为不利，主持盐政者即议更张，不能亲琐屑，其下多方阻挠已成敌国，又孰从而更张之？故昨又有延聘洋员经理盐务之策，盖亦所以抵御洋盐进口也。今观两淮运司所得某大臣电函，即知各国近情必须将盐课作抵，乃可免洋盐进口。而盐课作抵必须确有把握，乃可划押。若无实据，仍难免洋盐进口。是为抵制洋盐计，必将盐课作抵矣。曰确有把握，曰实据，是不能以空言作抵，必将干预我盐务矣。与其为各国所干预，孰若自聘洋员？若税务司之管理税务是自聘洋员之策，非特为抵制洋盐计，并以免外人之干预也。然而盐商闻之必哗然，以为二说皆足以病商，惟加认盐课，加价数文，庶于商无碍，是犹寝处于积薪之上而不知厝火之忧也。盐商多世业，执有引票，如执业田单互相卖买，一旦更张，无异素有之资产骤然被夺，以为病宜也，然实无后患。若夫加认盐课，加价数文，彼以为无碍者，则后患实无所底止焉。有明末年，盐商大困，将盐票委弃于道路，无敢拾之者；或不知而拾之，则官吏执之指为盐商，追比欠课，其家立破。窃谓今日盐商，犹是执迷不悟，则有明之覆辙必将复见于今日也。两淮盐课骤加二百万，在盐商为保全目前之计，固已万分竭力，能否足额实无把握；如果收数短绌，必致赔垫，年复一年无所底止,所谓后患无穷者一也。然此犹可为希冀之想,希冀收数之不绌也。顾现在官价已不敌私,加价数文之后,官盐之价愈昂,即私盐之销愈畅,亦即官盐之销愈滞,亦即盐课之收愈绌,利害相因,无可幸免,所谓后患无穷者二也。盐务不更张即不能抵制洋盐进口,洋盐或挟粤私以俱来,其价必较江浙私盐为尤廉,盐商之一败涂地,尤属指顾间事,而盐课则必不能丝毫短缴,所谓后患无穷者三也。是故,议更张犹之夺其应食之食,而以加课敷衍目前,则必将其已食之食哇而出之,不足犹将破其腹取其脏腑也。彼盐商宁舍其食而另行谋食耶,抑宁破腹出脏腑以死耶?且非特盐商受其害也。禁洋盐,而以盐课抵赔款,苟不用自聘洋员之策,则盐政不可保;不禁洋盐,盐课不抵赔款,苟不用就场征税之策,则盐利不可保。是且病于通国也,病通国而盐商首受其病。孰若盐商弃其鸡肋以救通国之病,任从国家更张?国家嘉其志、悲其遇,或且别为设法以偿商本,则通国受其惠而盐商亦免蹈有明之覆辙,岂不善哉?

五月廿一日(7 月 6 日)

《清议报》第八十四册

匪惊叠志

近日频报北京列国守备兵区域内盗贼横行,极为猖獗。昨又接北京信云:近日深州一带地方有一种匪类,名联庄会,啸聚多人,其旗大书“扫清灭洋”四字,甚是猖獗。又西安高某近刊行一诗集,盛称义和团之忠勇。有某王大臣为之序跋及和章,购阅者甚多云云。呜呼!诗类扇惑人心,较谣言为更甚。当道尚不设法阻止,则去年之乱又将再见于今日也。中国惨云何日开乎?

又闻直隶深州地方,联庄会匪因赔款之事频唱危激之议论,诱说村落。被惑者有七百余村之多,且其中武卫军之败兵及拳匪之混入者不少。现已啸聚三万人上下,其所贮武器甚是精巧。提督吕道生率其部下兵前往征伐,法国亦率兵向该地进发云。

五月廿五日(7 月 10 日)

《新闻报》

论各省贫苦情形

中国患贫已久,今又骤加赔款四百五十兆,分年摊还,连息计之每年将二十兆。在各国所用兵费及因战事受损之处自必向中国索取,而中国为苟安旦夕计,亦不得不俯首相从,慨然应允,然亦思应允之后如何筹措乎?今言利之臣所谓筹款以补不足者,曰印花税、丁税、加征钱漕及房捐、烟膏捐数端而已。此数者皆非天生之财,实系多立名目以重征之于贫民也。民苟富足,虽多取之而不为虐。泰西各国之取于民者,名目之多、赋敛之重十数倍于中国,而民不以为苦,盖为民生利之政多也。为民生利之政中国不能仿,而欲仿其取民之政,可以久乎?非特不能久也,并不可以暂。即就目前而论,以若所为筹款者虽日以敲扑为事,恐亦不能年收二十兆,盖其机固已著也。从前遇有偏灾,他省义绅相率劝赈,义举虽大,数月毕集,即有以功名为劝者,不过虚衔翎枝。乃上年秦晋苦旱,义赈为难,不得不以实官相劝,而上兑者亦殊寥落,数万饥民犹待拯救。顺天直隶大兵之后必有凶年,顺直赈捐亦如弩末,而彼处富户一创于团匪,再创于华兵,三创于联军,早已十室九空,兹复摊赔教款,地方官日事敲扑,犹难筹集。河南在上年亦已歉收,今后跸路所经,尤必不留鸡犬。湖南、湖北现均有水灾,而以江西为尤重,九县之大尽成泽国,官民之被难者不可以数计,亦将开办赈捐。福建上年大水,民气未苏,现在又罹水患,虽无去年之甚,亦已颗粒无收。浙江衢严等处水灾亦重,杭州各属虽无冲失庐舍、人口之事,然田园积水亦难有秋。是就目前而论,陕西、山西、顺天、直隶、河南、湖南、湖北、江西、福建、浙江十省,即额征之数虽日事敲扑亦难足额,而欲新立名目以取于民亦安可得?夫现在各省水灾本非意料所及,则以后偏灾岂能保其必无?故曰以若所为恐亦不能年收二十兆也。至于广东、江苏二省素称最富之区,凡征调之饷、兴作之费类多取给于二省。今观广东盗风甚炽,盗贼起于饥寒,则百姓之贫可知。罗掘至于赌饷,虽以陶制军之贤,欲别筹款项以抵赌饷而不能,则筹款之难可知,更何能别立名目以取于民乎?又观江南度支,即如筹饷一项为国家出款要宗,极不应取之于捐输者,而两江总督方且请照赈捐成案颁发空白部照以广招徕,是亦可见筹款之难,何能别立名目以取于民乎?统观以上情形,灾害之区如彼,支绌之处如此,而欲每年多征二十兆,敲扑之必致激变,广开捐输以劝之,亦惟多无数剥民之官以激变也。夫赔款之漫无把握,在诸大员无不知之而不假思索、慨然应允,应允之后亦不急思生利之法,窃不知其何以应命也?但求目前和议之成,而以后外人之逼索、百姓之变乱皆所不问,此岂特挖肉补疮,肉去而疮仍不愈哉?盖无肉可挖而遍体皆将生疮矣。呜呼!各国不暇为中国忧而中国不知自忧之,以若所为,数年之后不可问矣!

六月初一日(7 月 16 日)

《清议报》第八十五册

匪惊再志

凤凰厅之饪贼久有所闻,因其势不大,故未登报。兹闻已将安东县占据,又断绝附近之电线。虽目下无由知其详,而其势猖獗已可概见。今已迫鸭绿江,其地居民避难芝罘等处者,已有三千人之多,此诚眉睫之忧者也。现在俄国为保护铁道,力镇辽东。幸贼毫无政治思想,专以劫掠为事,非然亦难设想矣。

又山东省及辽东沿岸之海贼,前月因地方官驻兵海船上,捕数十名处以死刑,始行星散。兹因凤凰厅等处土匪蜂起,故又聚有数千人,劫掠各地。兵官亦竟不能镇压。地方居民附日本船逃难他方者,实繁有徒。故该处商务因此甚阻碍云云。

近闻宜昌长阳一带地方有土匪作乱,地方官已派兵前往弹压。情形若何,尚未探知。静海、青县,亦设有联庄会。其设会之意,因教民时据民间田地,盗贼横行,抢掠之事时有所闻,不得已联村落以收互相保护之益。其会中费用,则拟以此回摊赔列国款项为抵,与深州连庄会目的又不同也。

闻深州安平县拳匪又起,村落被劫者已有两处。某营被困甚急,官兵殆难抵挡。皇城中被劫亦数次,百姓死伤不少。闻守者仍偷安虎口,绝不防备,恐中西又将从此启衅也。

闻满城县因连庄会势日猖獗,人心甚为惊惶。西六月某日,县城门已闭其三。情形汹涌,已可概见。不知当道何以处此也?

闻连庄会已将目的上奏清廷,只不许赔外国金额。若不俯允,则拥止回銮。现在啸聚多人,欲与清国官吏为难云云。

北京和议仅仅结局,而连庄会又起。旗号用“扫清灭洋”,欲内革清命,外排列国,较去年义和团又进一步。一点星火,虽不足畏,然亦甚可忧也。

据最近报,曩避难义州等处之中国良民,闻匪徒弃安东西遁,今已渐次归还。目下鸭绿江等处虽无匪踪,而中国官吏尚尽力镇压云云。

六月初五日(7 月 20 日)

《新闻报》

论东三省变局

近时东三省消息皆言马贼刘弹子为乱于盛京,势甚猖獗,此诚东三省局势一变之大关系也。中国于此而处置不宜,各国于此而处置不宜,则东三省因此一变,遂为俄有,各国无不蒙其害矣。中国于此而处置得宜,各国于此而处置得宜,则东三省因此一变,洞辟门户,中国之利亦即各国之利也。东三省之有马贼百余年矣,有田可耕,有矿可采,故蒂固根深,历久不绝。近见华兵无用、俄兵不多,遂乘间以起。先在凤凰城、海城等处占地释囚,放火劫财,继又分窜雅尔浒、河长店、客店等处,波及韩地。该处山岭丛杂,地旷人稀。东捕则西窜,西捕则东窜,又为马贼长技。故一闻此马贼之猖獗,无不谓然,为中国忧,盖以俄人必藉此乱事永不撤兵也。俄人垂涎东三省已久,乘上年之乱遂即占据,其言曰“我为代平内乱,乱平乃可撤兵”,故至今未撤。假使地方平静,俄亦将另设他词屯兵不退,而况忽有此马贼之乱,假俄以口实者哉?虽然,亦惟视中国与各国之处置若何耳。上年之祸,各国与俄国皆因团匪而用兵,无分于直隶、东三省也。则现在之和议与现在之撤兵亦宜各国同之,俄之于东三省不能独异也。今各国既撤京津之兵,中国即宜请俄国撤东三省之兵,各国亦即宜诘责俄国必令同时撤东三省之兵,不可默尔而息,同一事而办法各异也。顾于此而问诸俄国,俄必以马贼肇乱尚未平静为辞,虽然,盛京之马贼无以异于直隶之联庄会乎?

直隶地方已允由华兵前往平定，则盛京马贼亦应由华兵前往平定。俄人向来自称与中国交情最笃，试以此语之亦奚说之辞？顾俄人犹必以甘言辞中国，曰中国时局日艰，筹饷既难，购械尤难，且贼势猖獗，縻兵伤财，恐难即平，不如由俄兵代任其劳，事平仍以地还诸中国。虽然，中国之人其果昏睡糊涂，竟信其甘言乎？世岂有自主之国而其地由他国平乱者乎？至于各国之诘责俄国更为有辞，盖马贼与联庄会无异。各国让华兵以自平内乱，俄国亦即应让华兵以自平内乱也，否则东三省地方各国亦皆有商务人民，既有内乱皆可调兵前往。虽俄必以保护自任，然各国苟视东三省为俄地，则各国人民商务之在东三省者应由俄国保护否？则明明为中国之地而藉俄人以保护各国之人民商务，亦各国之耻也。是故，中国今日即当因马贼之乱明告俄国，应由中国派兵前往平乱。俄如能允，固为中国之福。苟其不允，即应明告各国，请各国联军前往平之。事后即以其地洞辟门户，无论海口、内地皆作为万国通商之地，而华民仍由中国自治，则中国无失地之辱而各国得通商之利，且地球各国之地丑德齐者仍无偏重之患，岂不善哉？各国当上年调兵之初，日本颇以抵制俄国为宗旨，英隐助之。俄调兵若干，日亦调兵若干。及后东三省之役各国皆不能兼顾，一误也。初开和款之时不及东三省，二误也。及今犹不言，一任俄人之经营于东三省，马贼永不平则俄兵永不退，将成三误。夫亦岂各国之利哉？中国与各国其果能因马贼之乱而一变东三省之局势乎哉？

六月初六日（7 月 21 日）

《新闻报》

粤督陶制军覆广学会李提摩太书

闻大教士之名久矣，踪迹相左，不得一见，每读译(箸)[著]诸书，新理名言，固尝闻其一二。夫以大教士之悯我中国，不远数万里而来，欲我四万万人德、智、力三者皆有以进步改良而跻于文明之极轨，此其愿力之宏大，盖自贵教入华以来所未尝有，非玛利孙、利玛窦诸君足以及此。大教士昔传道于齐鲁之间，声称藉甚。迨临沪上，规模益廓，又译书百数十种，风行二十一行省，凡西国之政教学艺吾华士之得窥崖略者，惟大教士实启之。虽然，此非大教士一人之事也。贵教之视人如己，其为道本如是，惟以立教之心为心，故收效之远非自私自利者所可同年而语。诚使欧美诸教士传教吾华，人人有此苦心毅力，则惠我中国者何穷？兹者乃蒙不弃，远贻尺书，所以奖许之者甚厚，而期望之者甚深。自维谫陋，愧不敢当，承赐《万国通史前编》，披读一过，恍然于欧斐二洲政教之原、种族学问之本始，以古证今，诚学者不可不读之书。其正后二编最裨实用，未知何日成书，尤以先睹为快。译书要义暨速，兴新学条例条理秩然，而发挥译书要义尤为透辟。诚能率此而行，数年之后中国译本大有可观。今者和议已定，学校将兴，需用之书日多一日，非广开译馆不足集事。近日文士喜从东文译西籍，亦由限于材力，不得不然。然辗转翻述，既虑不备，亦恐后时，自不如尊论径译西文之为善。谨当商之江鄂两处筹措资费，辅助盛举，以副大君子维持中国之盛心。虽近来国帑支窘,又须加筹偿项,督抚于筹款一事甚难为力,然译书乃富强中国之首务,不敢见难而止也。

惟鄙人愚见,尝谓中国学者详于考古,略于证今,故学术渐流于无用,而守旧者故见自封,不肯讲求新理,其原亦由于此。今之学者宜以全力详考近今之政治学艺,一以致用为主。至于上古、中古之事,虽沿委溯源,亦所当及,然宜以余力为之。以中国之人考中国之事,于古尚可从缓,况乎欧斐古事相隔数万里、相距数千年者哉?虽欧西古学与中国古学取径不同,用意亦异,要亦学业既盛,故学者得有余暇以究知古今之得失分合。若今之中国,于近数纪兴盛废亡之故茫然者尚比比也,而遽示以西国往古之事,其不惊为河汉无极也几何?是以今之译书,首在翻译泰西政治新书及各种工艺,而政治之学尤以各政之详细章程为最亟,使能次第译刊、厘然具在,则中国士大夫既晓然于西政之美备,无所用其疑议,而朝廷变法亦有所取资。至于工艺之书,中国已译行者皆数十年前旧本,不足以考求新法。今学堂方将广设,势不能遍延外国教习,即学堂生徒亦不能尽学西文,欲考欧洲学艺,舍译本其何以矣?盖振兴中国之策,政治、学艺二者并重,惟其间有应分属者。政治者,上之事也。为上者不讲政治,但慕西国学艺,则于本末先后之序已紊,虽日仿西法终无成效,中国之前事是已。学艺者,下之事也。文学之进、商务之廓、工艺之精,此在下者所得自为,非上之所能督责,亦无俟上之督责也。乃一切置之不为,而徒日日放言高论,褒贬政治之得失以讥切朝廷,士气日嚣,空言何补?非徒无益,而又害之。然则译书者取西国行之已效之政,考其成法,详译其书,以待在上者之取求其事,固不容缓。而广译各种学艺,使中国士民增广见闻,扩充智慧。大教士所谓民智者,尤不可不亟亟也。硁硁之见,尚望采择。

抑中西交涉尚有一极要之端于欧亚和平之局关系最巨者,传教是矣。夫基督教之入中国,发端于唐之景教,迨利氏东来,教堂始建,自明迄今三百年矣,为时不为不久,然而乾嘉以前未尝以仇教闻。自传教载入约章,而闹教之事日甚一日,至义和团匪而祸变极矣。夫团匪之猖獗无忌,冥顽不灵,虽野蛮行径不过如是,岂惟东西各国所当仇视?即我中国亦何尝不痛心疾首?恨其肇中国之衅端而坏我国之声名也。诸教士来我中国一以行善为宗旨,设教堂,开育婴,施医药,立学塾,凡所以美人性术、延人生命、开人智慧者,亦既无微不至。此宜中国人民敬爱之不暇,而顾报德以怨,横加恶名,纷争不已,至于残杀,至使贵教之士不得已而与官吏争胜,更不得已而以势力求伸,是岂诸教士悯爱中国之心所愿出此哉?时势所迫,不得不然也。

六月初七日(7月22日)

《新闻报》

粤督陶制军覆广学会李提摩太书　续昨稿

夫我中国人之胸中素无嫉忌异教人之思想,即如佛教之来二千年,儒士间有诵言以辟之者，而民间与僧侣则始终相安，焚香膜拜且遍天下，况贵教之肫诚恳挚、与人为善者哉？然则民教相仇之故，其不因宗教起见可知也。不因宗教起见而争竞至于此者，其中有原因焉，大教士不可不察也。传教之始，从教与否，纯任自然。及道光以后息战言和，始以传教内地列之条约。夫中外开衅特因通商之故，与教无预，惟传教之约既因兵事而立，于是中国民人意谓外国传教，特以势力相驱迫而疑畏之心遂生，此一原因也。基督教规本极严肃，惟闻教会定例，以入教者多寡为教士之功过殿最，则立法不无流弊。在教会初意，但以念教士之勤惰、从教之衰旺而已，非有他故。然而神甫、牧师惟欲教民之多以为功，于从教者之来不暇别择限制，贤否杂进，美恶混淆，教案之起每由于此，此又一原因也。入教之人良莠既不可知，于是争讼之案日甚一日。夫教士之干预词讼，初惟有关教务者不得不为之申理，积渐既久，虽寻常户婚田土案件，亦往往出而关说。教士远来中国，于地方情形岂能深晓？但凭教民一面之词与官争论，地方官以外交之故不免有以曲为直、以是为非者，民既受屈，从而生怨，此又一原因也。虽然安分良民，虽有冤抑必不肯起而发难，其滋事者必奸民无赖，藉仇教为名耸动乡愚乘间起事，以便其夺掠之计。此种教案大率以赔偿议结而赔款，惟地方及绅富认为彼奸民无赖贫无立锥，赔偿虽多于彼何预？在教士之意，岂不曰重责偿款儆其将来。不知赔款者甲，滋事者乙，各不相涉，何从示戒？且因此而绅民之忌教愈深，奸民且益得志，此又一原因也。

前之一因，偶误于始无可言者，且事在数十年前，亦已渐忘之矣。后之三因，则方今之事无有切于此者，诸教士而以为然耶？则愿有以慎度之也。或谓中国刑律严重，故教民讼事，司铎者不得不预闻，则又不然。中国刑讯之案惟于盗贼劫掠为然，用之于命案者已少。若寻常两造案件，虽严酷之吏亦无动辄用刑之理。今教士于盗劫之案未尝干预，即命案亦非所常有，其日与官吏断断者惟两造控案。尔大教士游历内地亦已有年，果见地方官吏遇两造控案擅用重刑者乎？然则中国刑罚即较西律为重，岂能无端加之教民之身？而教士干预其间，其非为重刑之故可知矣。数十年前中外情形未能明显，官吏嫉教之事诚不谓无。至于今日，亦人人知贵教之当敬礼，而教民之不可屈抑矣。且教民以有恃无恐之故，无理取闹事所常有。官吏身任地方，以无事为第一要义，苟能民教相安，即委曲求全亦所不恤，孰肯袒民抑教以来各国领事之诘问者？而诸教士犹鳃鳃然虑官与民比以鱼肉教民，则亦过矣。夫以地球之大、人种之繁、古今之远，各有明哲出乎其间，立教岂能无异？然达道明理以使人悔过迁善者，未始有异也。是故教也者，公事也，非私事也。既为公事，则不当有界限，是宜无国界，无种界，并无教界。信吾教者爱之教之、不信吾教者亦爱之惜之者，以其同为上天之赤子也。惜之者，特惜其不从吾教不能去恶进善而已。若夫以异教之故而嫉之恶之，甚且以兵力争之，不亦大违上帝好生之德而负教主爱人之意哉？今者基督教徒传道之广无远弗届，亦可谓无国界，无种界矣。而教民与非教民之间，似犹有歧视之见存，得无于所谓教界者，尚未能廓然大公欤？夫事固有缓之而始行、急之而愈阻者，阻力之生于速力，此诸教士所熟知也。自然勉强之分，诸教士宜加意焉。今者大难甫平，百事更始。大教士应聘入都，实具转圜之力、凡模之言。此亦欲贵教声施之美，化导之盛，被于无穷，推之弥远，与吾孔孟之教同肩觉世牖民之任，以福我四百兆人，而永固五大洲弭兵之会，以偿大教士之夙愿焉！是用谒其缕缕，伏祈垂察。

六月初八日(7 月 23 日)

《新闻报》

读粤督覆书感论

昨前报载粤督陶制军覆李提摩太书一,首于译书、传教二事皆指其要义而商榷之。窃谓译书、传教皆中国应自行办理之事。译书事固责之中国自为之,无庸函商外人矣。传教事虽当与泰西明理之事,反复商论,然空具信函亦何所补益?要当咨商全权,请与各公使趁此签定和约之际妥为商订也,亦不必商之于信函中也。全权于议和外全不理问国事,窃谓弭干戈之衅,暂使中外止兵祸者,全权为功之首,而坐视中国危亡不救,各督抚有咨请商之于各公使,如洋盐进口及加税事宜、传教事宜,傅相皆置不理,并讥鄂督为书生之见,暮气之深亦实为罪之魁。夫一一如和约而以利权畀之,人人所能。皇上畀傅相以全权者,岂惟是悉以利权畀之外人哉?利权不能不畀之外人,然不必失之利权,要当为中国力争,岂有于洋盐进口及加税、传教二事置之不问之理?此诚不能为全权讳其过也。

译书一事,鄂督《劝学篇》所论最详,此外各督抚奏稿中颇有见及之者,东抚袁中丞函购广学会译书。因之李提摩太先覆函,谓中国须发巨帑办理此事,并函致粤督,亦以广译为告。夫以译书之益人智慧、增人见识,尚何待言?乃中国不思考求西国之事,一意默守成编,视人之政教技艺不以为不切于中国之情势,即以为不合于中国之古法,于是视译书为不急之需。而经营时务者虽有译书之志,亦坐言而不能起行,仅恃在下数君子分译之。其力有限,其书亦有限,致反劳外人代谋,亦自暴自弃之甚也。粤督与李君函商译书之理既精且详,然而不必商之外人,速会同江鄂筹办此事而已,一面即于粤省开设译书局,延聘专门名家分部译刊,此吾所谓中国自办之事,何暇与人空言哉?传教各节粤督(柝)[析]理亦最精,其条分原因的是近日情势。然而斯理也,粤督以为然,李君亦以为然,要在全权与各公使之办理何如耳。以上年拳衅而始于民教不和,及十二纲议毕而于传教一事反从略焉。直藩周方伯及胡侍郎办理教案亦不过就直省偿赔教款一事办理,系与直省之教士私办,非全权与各公使办理中国通行之教案事宜也。挟兵力以传教,《劝学篇》早论之。今日人之视天主、耶稣两教指为强国之教,而于孔孟之教则视为弱国之教也。其只分国之强弱,不分教之宗旨者,岂非挟兵力传教之原因哉?此中西人士同为见到之理,全权尽可商之各公使着为传教程式永解衅端者,乃寂寂焉无所闻,吾所为大惑不解也。谓全权只有议和之责而不当议及他事欤?传教一事固在议和之中,而不当不议及也。前者李君至京商办山西教案,李君请以五十万偿赔教款之资作为开学堂之经费,而全权未之深允,以五十万不易筹措。呜呼!欲开民智,舍开学堂、译书二事无他办法,而译书尤开民智最捷之效能,使人人于译本切实讨究而洞澈各国政教大宗,尚何至酿成中外大衅如上年之事哉?是故,译书、传教不必与外人函商而亟宜自行办理者也。承外人之函劝而借以畅发论议,如陶制军之覆书可谓名言不朽,中外明理达道之士皆读之而不胜敬佩者矣!

《申报》

论报纪两教相残事

泰西天主、耶稣两教本出一源，自路德创新教而门户遂分，迄今不过四五百年。而其入中国也，则以天主教为先，明时华人已有崇信之者。耶稣教则通商以后始来中国。故向来传教于中国者，耶稣不及天主之盛。乃自数十年来，中国门户洞开，华洋杂处，耶稣教亦几遍于中国。华人各就其心之所服者信崇之。究之，中国之人信教者少，不信教者多。不逞之徒遂编造谣言，煽惑匪类，以致教案迭起。小则赔款，大则兴师。数十年来，几于无岁无之，无省无之，其得以事后弥缝者，已属幸事。至去岁拳匪事起，以“仇教灭洋”为名酿成内外交哄之祸。现虽和议将成，中外可重敦辑睦，而人心痛定思痛，尚无不惴惴焉以教案为忧。大抵泰西传教之士，无论天主、耶稣在中国几至无地蔑有，而信教者亦无地蔑有。民教一有龃龉，难保无匪类从而鼓惑。故朝廷迭颁保护之诏，而地方官亦以保护教堂为第一要务。似此详审精密，以后当可免闹教之忧矣。不知细故纷争，断非一时耳目之所及。其或涉讼公堂，则地方官秉公理断，或可化大为小，化小为无。或置官于不问，逞私忿以成械斗，官而从速弹压解散，犹属幸事。若至不可收拾，则教案成矣。故愚谓地方官不必忧教案之难理，而以私相斗殴为虑。然官苟能秉公理断，以平两造之心，则民教一有龃龉，当无不质之于官，何致逞忿私斗？余前谓：欲弭教祸，地方官不得偏护平民以助奸民之焰，亦不得偏护教民致平民积忿成仇，职是故也。乃不谓平民初未尝滋生事端，而教民与教民竟有互相残杀者，不诚大可异之事耶？昨报载南昌访事友人来函云：距江西省城六十里有地名荏巷者，人民多崇信天主、耶稣两教，迩因细故以致纷争，殴伤数人，舁请南昌县陈伯调明府察验。明府讯知一切，饬各延医调治。两教人民见南面者未分曲直，遂复各纠党类，格斗不休。天主教民为数甚多，且皆执有枪械。耶稣教民不能抵敌，伤毙十余人，又被驱入水中，淹毙二十人左右。明府闻之，急会同委员许君稚麟及刚字营营官蒋君云卿亲临弹压，刻尚不知若何办理云云。在明府以为，两教相争当可模棱了事，而不知后来之祸即由此酿成，明府至此当亦有自悔者。或有为之解者谓：两教之人气势各盛，当时明府即秉公理断，直者之心固可平矣，万一曲者不自以为曲，则出而私斗，仍不能免。且或当场辱及官长，将奈何？是明府之模棱了事，正明府之见机也。不知凡事须脚踏实地，而听讼尤不可苟且。教民即属势盛，究非不可情劝理喻，或互延两教传教士到堂商榷。西人素以文明自待，教士尤以劝人为善为怀，断不肯左袒本教之人，使问官难于判断。乃明府计不出此，吾知弄巧必致成拙也。以后教案繁多，愿南面者以此为鉴，毋畏难苟安，毋师心自用，则弭祸之道，其在此乎！

六月初九日(7月24日)

《新闻报》

以矿利抵洋债说

矿者,天生之财,无穷之利也。中国各省皆有矿,山西人查考中国矿产之多,谓可甲于全球,此固天之所以富中国者也。顾天欲富之而人自弃之,国家则债累百级,人民则十室九空,无异广田自荒而甘以贫死,岂不可痛之至哉?富翁某有万顷之田,周以围墙宅之,于中以为可以自固也。顾惑于风水之说,田无沟洫不堪种植,谓必如此乃可以常保其富。乃未几家无担石,入不敷出,又未几而称贷于人,利又生利,债主逼迫将并其田宅而畀之。此中国从前不肯开矿之故,害于风水之说也。及于贫至无可如何,乃准子弟广开沟洫以耕荒田。然开沟洫、辟草莱必需人工,必需资本,二者均不可得,则坐视大利之在前而束手以待毙。如近来已准商人集股开矿,而商本难集,已开者无几。奸商藉公司股本以自私开而得利者尤少,故近未有集议开矿者。此中国现在不能开矿之故,无人才、无经费也。富翁既以广田自荒入不敷出,围墙之日久倾圮势不能及时修理,于是藩篱之防既撤,蚕食之迹大彰,甚有入而操其家政者。如中国自通商以来藩篱已撤,犹守闭关之旧政,不知变政以为抵制,而属国相继离心,祖宗遗地相继被割,内政之权相继被侵。即以矿务而论,漠河以兵力占据,开平以私谋授受,盖已有渐而折入于人之势,此中国现在之窘状也。富翁既有万顷之田,则邻人必垂涎之,百计以谋之;藩篱既撤,则强者皆可以夺之;债累既重,本利相寻愈累愈重,则债主终必收其田。有此三者,富翁其犹能常保其田乎?势不至于四分五裂不止也。如各国于中国或以巧诈谋中国之地,或以兵力夺中国之地,而最足以亡中国者,尤莫如债。从前每年应还洋债本利二千数百万,以入抵出不敷一千数百万。今又加以赔款本利,每年将及二千万,统计度支每年不敷三千余万。苟欲多取于民,民力已属不支,何能自九千万之入款骤加至一万二千万?而况水旱为灾尤难逆料。顺天、直隶、山西、陕西无论矣,湖南、湖北、江西、安徽、福建、浙江、江苏今年亦皆以水灾颗粒难收,且须另筹款项以发急赈。常额无着,何能多取?即使翻然变政,与民维新,推广商务,讲求工艺,然收效亦在十年以后。此十年之中入不敷出,又须借债四万万。十年之后须再增输出本利每年二千万。苟其新政不行,则四十年后此次赔款本利已清,而新债又增三十万万矣。自此有增无已,中国犹能自保乎?中国不能保,而况中国之矿产哉?此中国将来之结果也。

彼富翁既有万顷之田而荒芜不治矣,欲为开沟洫、辟草莱又无资本、无人工矣,然世未闻既有万顷之田而犹饿死者也。则必有为之谋者曰:“子何不以子之田租于人而收其值,或以抵押于人而清偿宿负免岁息之巨,则出入相抵,岁有余资。”假使富翁能以创巨痛深,急求重振,以其所余勤权子母。数年之后,万顷之田一一收回,终得常保其富,岂非在此一转移间哉?是故中国今日为度支计,不妨以矿产抵洋债。如有外人欲在中国开矿者,先令报效若干,以后每年收矿税若干,几年之后全矿交还中国,必有应之者。然后中国无债累,可以行新政，四十年后由贫弱而至富强矣。顾忧国之士闻此一说，必群起而责之，谓矿利既失，国将随之，驱中国以入外国者。此说也，不知近百年来亡国遗迹，固有矿利先失而后国即亡者，然亦有亡于洋债者。观埃及之所以亡，则洋债甚可惧矣。而近时大国中亦有负债甚巨者，亦有本国之矿准他国人开采者，不失其为富强，是知存国、亡国之道果另有在也。况乎漠河以兵力占据矣，开平以私谋授受矣，于国家曾无丝毫之利，故及今不图，则中国矿产终必一一折入于人，岂能保哉？虽然，既以矿产抵债，而犹不知翻然变计，与民更新，则此说果速之亡也。

六月十一日(7 月 26 日)

《新闻报》

论房捐

各省大吏因库款奇绌又须筹还赔款，故皆有开办房捐之议。然创办之初，章程必须妥善，奉行之后，更当有以慰捐者之心，故观于粤督劝办房捐告示而不能已于言也。粤督知时事多艰，谋生不易，本不忍重累民间。惟以赔款一项，上关君国安危，下系民生休戚，不得已始行筹及房捐，故其示文恺诚恻怛，情溢于词。然欲民间之乐输，尚不在情文之恳挚，而在章程之妥善。章程既未宣示，则民间必多摇惑，必俟章程宣示之后，而后民心乃定，是则定章之初，可不慎哉？中国重官轻民已成积习，而完缴田赋尤多绅轻于民，此皆事之至不平者。今办房捐绅民固宜一律，官民尤不可歧视，故局、所、公馆皆宜一律收捐，民见官绅犹且不免，自无异说，定章时所宜留意者一也。房捐必视租价为高下，然以押租有多寡，故有衡宇相望而租价不同者，且自己屋产自设店铺或住家者，捐数从何厘定？承办者务在于多，缴捐者务求其少，官民之龃龉即因之而起，纳贿之流弊亦即因之而起。故承办者应先酌定准数，某街某屋收捐若干榜示通衢，许令一街之居民店铺各为拟议，某屋估价太巨，某屋估价太少，开列清单送至承办之局。承办者博采众议，三人从二，则民间自无异议。此虽有似乎泰西下议院之法意，然亦不至动嚣争之气，定章时所宜留意者二也。租户既须缴捐必向房主商让租价，官亦必帮助租户劝令房主酌让租价，是捐虽收之于租户，实系出之于房主。官必予房主以应得之利益，常见租户有欠租数月者，房主控之官，官每以为数甚微、为事甚细不为追理，或令房主酌给迁费，饬令速迁。以视租界，房主遇有租户欠租三月即可禀官，将租户器具拍卖者。一得一失，何啻霄壤？故承办房捐者应有为房主追租之责，而后房主无间言，捐务自必得手，定章时所宜留意者三也。完赋完粮无不假手胥吏，堂廉高远，若辈即因以为奸。故房捐一项若令到局呈缴，则阍人局差难保无需索情事。应由承办委员亲自带领司事三四人挨户收取，即给捐照，众目昭彰，弊窦自少。惟收捐之期亦须先时通谕，免致居民措手不及，定章时所宜留意者四也。章程既臻妥善，则小民自必乐输。然官之不能取信于民由来已久，更望承办者之实力奉行，不以章程为具文也。夫各处租界皆有房捐，店铺居民既不嫌其多征，反视为乐土，何哉？盖承办房捐者酌提捐款办理地方公事,捕务之密、道路之洁,较之租界之外有如天壤,故界外店铺民居多有迁往租界者。今租界之外又征房捐,苟不于收捐之余酌提捐款整顿地方,将成驱鱼驱雀之势。故曰奉文之后,更当有以慰捐者之心也。

《清议报》第八十六册

匪惊三志

驻保定府法军,探得连庄会亘布易州、涿州、深州等处,啸聚二万余人。地方官吏多遁居安平附近一带,且其中败兵甚多。传檄各州,抢掠金谷。外国人之入其中者,甚为危险。北京铁道必须认真保守,不然又恐有意外之虞。

《日本周报》云:直隶易州义和团闻联军撤退,以致死灰复燃,招集余党,思图再举。地方官虽派兵查办,现在尚未有着落也。

平壤来电云:西六月上旬,鸭绿江频传土匪来袭之信,以致人心恟惧。十九日匪类占领通化、怀仁、宽甸等县,而上之风传已属实矣。且匪来之势亦甚急,良民皆雇舟搬运财产,逃难他方。廿五日果有土匪数千匪至。官兵亦合之四出劫掠。后又往大孤山进发,遇俄军战败之,遂经安东遁走他方。闻目下安东已复旧观,可以高枕而卧。义州亦极平静云。

探得萍乡县亦有会匪蠢动,且有伪示多种,张贴各处。无非犯上作乱,煽惑民心之语。

据上海来电云:直隶拳匪与连庄会联为一气,派奸细来沪已有数礼拜之久。其来沪之意,盖欲探察中国南部情形云。

有从北京来者云:满洲沙河地方有匪名刘弹子者,啸聚数万人,势甚恟。惟并不与官军为难,一见俄人则与之决战。俄人被杀者亦殊不少。西七月一号,俄人率兵往剿,杀戮数百人,公然毫无退志。殆败至不堪时,始行遁去。闻俄人亦为之咋舌云。

闻东三省亦有土匪,各处滋扰。惟人数不过数百,料无关系也。

六月十二日(7月27日)

《申报》

备荒政以遏乱源策

积雨兼旬,河渠水溢,田庐尽淹,灾象已成,翘首苍穹,杞忧正切。既苦无术以回羲和之驾,正思设策以为桑土之谋。适有友人自乡间遗我以备荒策者,喜其先得我心也,爰为略加删润,弁之报端。其言曰:昔尧禹有九年之水,汤有七年之旱,而民无捐瘠者,以畜积多而备先具也。降及后世,盖藏渐少。每有凶年,即须(振)[赈]贷。然流寇之起,半由饥民,荒政之不讲乱源,所以不能遏也。今天作淫雨逾乎三旬,当盛夏时而冷若深秋,棉豆已大受亏损,禾苗无勃发之机,是荒虽未成而已有其兆矣。既有荒兆,即无乱形而不得不备。

顾长民者往往恪于成例，凡遇凶岁，必奏报得请，查勘得实，然后开仓。问有勤恤民隐如汲黯其人者乎？无有也。度今之势，备荒之有三要焉，试得而备陈之：一在清查积储也。义仓之设，法至良，意至美。三吴各属有改为积钱者，有积谷而兼积钱者。以谷有耗折，而钱则可生息也。然无论积钱积谷，约计十余年中，凶歉之岁仅一遇之，宜足以有备而无患矣。顾积之既多，司事未免侵蚀。虽或委员查核，弊窦终不能尽除，宜乘此时积谷者清查存数，按各乡贫户之多少公摊，设局平价以粜于民。其积钱者则买谷而粜之，择乡中富户司其事。如此则于成例无所碍，而旧时存数亦可借以清厘矣。一在劝谕殷富也。邑令谕各乡董劝乡中殷富，以百亩为始，酌抽数石，由局平粜给价。至城镇之富商大贾，亦当酌劝，无稍偏枯。如此则于富者无大损，不过稍贬其值而已，而实则获益甚大。盖以富视贫，倘如越人视秦人之肥瘠，或有心囤积，或待价居奇，至酿成变端。如前年各顽民抢米之事，富者至此始叹不能保其身家，邑令至此始欲图维补救，然恐均已晚矣。一在严防出口也。奸商惟利是图，罔知大局。轮船出口之米，岁以数十万计。吾省本产米之区，设遇有年流通固无所害，惟际此地方枯瘠，岂尚能经此漏卮乎？在长民者早严其禁，恐其弊终未绝也。今宜时时防察，勿使出洋。虽邻省告籴，当酌内地之盈虚，使少出多存，以纾民困，如此则市价亦可渐平矣。

顾或者谓江浙财赋甲于天下，今未荒而备荒，未乱而防乱，得毋过虑乎？曰此未审乎今之时势也。去岁北方告警，南省幸得平安。然盐枭伏莽，劫掠频闻。设遇凶年，则乡间桀黠之民未有不为其勾结者，惟先事而为之备，则斯饥既免，宁复有不爱身家而为作奸犯科之事乎？或更有难之者曰：如子之说，备之诚是矣。然窃见今陕省奇灾，奉谕筹（振）[赈]之长官无不竭尽心力，而绅富亦急公好义踊跃捐输，岂以切肤之灾长民者未能见及而子顾为之隐忧乎？曰此所谓旁观则清，当局或昧也。即如吴郡之田大率以亩二石为中年，多则丰，少则歉。前丁酉岁，农民有亩收四五斗者，尝入告邑令。邑令先以有年上报，故斥不准。至戊戌六月，米价腾贵，饥民遂起而抢夺。前事不忘，后事之师，此深为可虑者也。且农民之瘠苦，惟居乡者能知之。综计每岁所入，即得中稔而以偿租息几去其半，以抵赊贷又几去其半，终岁勤劬而所存无几。所谓“医得眼前疮，挖却心头肉”者，前人固已痛切言之矣。今岁又遇此淫霖灾荒之象，已可预决，不急备之，祸乱不将从此起乎？倘长民者俯采刍荛，则一切宏纲细目自能酌之尽善，此特其大略而已。

六月十三日（7月28日）

《新闻报》

论俄藏交涉

西藏喇嘛赴俄之事，各国皆知之矣，中国独漠然无动于中，何哉？夫西藏岂朝鲜、安南、暹罗、缅甸之比哉？朝鲜、安南、暹罗、缅甸之于中国如小之事大，仅修朝贡，而中国亦即以附庸视之，既无监国，又不干预其内政，于属国之制尚属有间。若夫西藏，其主持政事者为坐床喇嘛,坐床喇嘛中国所派也,而又派驻藏大臣以监察之。喇嘛视驻藏大臣如上司,是实中国之属地,岂朝鲜、安南、暹罗、缅甸之比哉?属地之长,无自行派使与他国订交之公例,各国亦无接待邻国属地所派使臣之公法。今西藏喇嘛至俄,俄皇见之于圣彼德堡相近之离宫,优待以头等公使之礼,此其意中岂尝有中国者哉?岂尝以西藏为中国之属地者哉?夫通使非细故也,中东未战以前,中国实以朝鲜为属国,然而朝鲜则久已与列国使聘往来,故日本视朝鲜为自主之国。及至中日龃龉,各国亦谓朝鲜久与通使往来,中国从不禁止,即已默许其为自主之国,于是中国之干预朝鲜内乱为中国之不直矣,岂不伤哉?以此为鉴,则西藏之通使于俄实为步武朝鲜之起点,中国政府断不可漠然而无动者也。漠然而无动是亦为默许之也,顾于此而诘问俄国,俄必曰喇嘛之来为教务,并不关涉政事,盖俄国当道之宣言固早已守定此说也。虽然,俄人以此说欺各国则可,以此欺中国则不可。西藏无政事,即以教务为政事,各国容不能尽知,中国岂亦未尝知乎?当西藏内附之时,中国察得西藏民人不知有君,不知有政事而笃信喇嘛教,一切惟大喇嘛是听,骤为设官施政,民必不服。乃因其俗,顺其情,派坐床喇嘛以为之长,仍以其素所崇奉之教务为政事,相沿至今,毫无更变。是中国即西藏之教务治西藏,而乃任令西藏以教务通使于俄乎?虽然,俄人固知中国之漠然无动者也,故悍然不顾,既待以头等使臣之礼,又令俄报昌言曰:各国以为俄人欲将西藏归其保护,此实猜测之,不可凭信。俄人之意,惟欲西藏为独立之国耳。呜呼!此说也岂非欲以西藏为朝鲜哉?中东之战,日人曰:日欲朝鲜为独立之国耳。先后之言浑如一辙。夫西藏非朝鲜、安南、暹罗、缅甸之比,而将为朝鲜、安南、暹罗、缅甸之续,中国政府犹是漠然无动于中者,何哉?中国政府痛过辄忘,往日朝鲜之交涉忘之既久,自必以俄藏通使为细故,不然电饬驻俄使臣诘问俄国可也,电饬驻藏大臣诘问喇嘛可也。既经诘问,则中国表明西藏实为中国之属地,而以后亦可免再行通使之事,盖其始制之甚易,不慎于始,则终将不可制矣。夫俄人久有囊括亚洲之意,其视新疆不啻为囊中之物,故必设谋与西藏通,然后可以拊印度之背而统一亚洲。是则通使一事,中国岂可漠然无动于中哉?虽然,亦岂特中国不当漠然无动者哉?

《申报》

论总署改为外部

京师之设立总理各国通商事务衙门也,时在咸丰十年之冬。各国互市之约既定,交涉纷烦,军机处难以兼顾,因议建总理衙门。十二月奉上谕,恭亲王等奏办理通商善后事宜一折均系实在情形,即照原议办理,京师设立总理各国通商事务衙门。即派恭亲王奕䜣、大学士桂良、户部右侍郎文祥管理,并着礼部颁给钦命总理各国通商事务关防,应设司员,即于内阁部院军机各司员章京内满汉挑取八员,即作为定额,毋庸再兼军机处行走,轮班办事。嗣恭亲王等复奏,请在额外行走,专管交涉事件。十一年正月奉上谕,著照所请,所有满汉军机章京每班挑取各四员,在总理衙门额外行走,仍照常在军机处值班,毋庸常川到署。此总理衙门初设章程也。既而分设办理英国、法国、俄国、美国等股章京。同治六年,复添同文馆。其办理英、法、俄、美等股章京由内阁六部正途各司员考取,然均系兼差,以总署本非实缺衙门也。本月初九日奉上谕,以从前设立总理各国事务衙门所派王大臣多系兼差,恐未能殚心职守,自应特设员缺,以专责成。总理各国事务衙门着改为外务部,班列六部之前。简派和硕庆亲王奕劻总理外务部事务,体仁阁大学士王文韶着授为会办外务大臣,工部尚书瞿鸿禨著调补外务部尚书,授为会办大臣,太仆寺卿徐寿朋候补,三四品京堂联芳著补授外务部左右侍郎。该部应设司员额缺选补章程,并堂司各官应如何优给俸糈之处,着政务处大臣会同吏部妥速核议具奏。然本报前日已载外部额缺述闻一则,盖得自由京至沪之友人所述。大致谓外务部设四司,每司设郎中、员外、主事各二员;司务应设郎中、员外各一员,主事二员;侍郎以下又设三品左右丞各一员、四品左右参议各一员。以本署总办升补斯缺,其额设各员缺不分满汉。每月酌给薪水,较出使参随各员减去五六成不等。然则初九日上谕谓:应设司员额缺选补章程,并堂司各官优给俸糈之处,虽未经政务处大臣会同吏部核定具奏,而据友人所述则大略已可概见矣。惟从前总理衙门所设司员约有六十员,今改外部自左右丞以下实缺只得三十二员,似乎太少,恐不敷办事之用。或谓前系兼差,今乃实缺。兼差则心有所分,实缺则事无旁贷。故缺虽少而已足办事,且外部既视同吏户等六部,六部自侍郎以下即郎中、员外、主事,而外部有左右丞、左右参议员,缺已较六部为多,况既有实缺,必有额外,亦足以分任其事,又何患缺之太少?惟国家慎重邦交,首重外部,列其班于六部之前,是视六部各官关系尤大,将来办理交涉,必当尽惬外人之意,而毋致或贻陨越之羞,方足以为改革美谈、维新盛治,若非多设员缺并定有妥善章程,致使竭蹶从公,贻讥丛脞,未免失朝廷柔远之意而授各国以口实之资,此不可不慎也。方今始创规模,或尚未能周至,他日补苴罅漏,必当有周详之策,以因时制宜者,且拭目以俟之。而尤望在部诸臣之各司其事,谨慎办公,不亢不卑,无虞无诈,联交情于各国,谋国家之富强,毋致以徒有虚名并无实效,使环球各国咥咥然皆笑于其后也。

六月十六日(7 月 31 日)

《新闻报》

书昨报力阻增税后

呜呼!国之不振而仰鼻息于他人,是坐亡之道也。环球万国,鹰瞵虎视,抱一利益均沾之说而割我之土地,夺我之财货,果谁是亲我爱我而保全我者哉?联俄以拒英,安知俄不波兰待我?联英以拒俄,安知英不印度待我?舍英、俄而独联日,安知日不琉球待我也?呜呼!国之不振而低首下心,求俄,求英,求日,思有以联之而借以拒他国者,皆策之下而亦最不可恃者也。夫俄、英、日非中国所亟欲联络之国哉,联俄者一党,联英者一党,近则联日者又一党。然辽藩俄不保全我,威海英不保全我,台湾则日不保全我,谁是可亲可爱之国?吾盖不得而知也。夫东三省为俄所觊觎,英、日助中国以不立约,是英、日之亲我爱我欤?亦以俄得不冰海口而东亚之利权英、日不利也,故日与英从而助我而恒以甘言慰我也。俄以铁路未成舍东三省又折而之西藏,而日人遂不过问,岂非以西藏与英有交涉而与日无关欤?呜呼!此可以知亲我爱我之由也。且夫英与中国通商最早者也,中国之商务惟英为最钜而最广也,而中国财政如税务、如邮政、如矿务、如铁路亦惟英代理最多,是英真我可亲可爱之国矣?历年之久,交涉之亲,情谊之笃,窃谓中国于英可谓财利与共者,亦可谓不吝惜之甚矣。乃中国财政之绌,英首先不之怜惜而落井又为之下石焉。昔者李傅相环游各国以加税事请于各国,德、法各国皆允,惟英不允,亲我爱我之国顾如是也?今日英公使以为加税有损英人之利益,独持议谓不可议加,亲我爱我之国又如是也?而英伯爵在下议院宣言之事,一谓该政府将欲与中国开议将中国水道及内地河道开通;二开办砂金;三添助各城内寄居西人保护之权等语,是亲我爱我?不过整顿其所利而非于我之所不利者而思有以扶救之也。然则英之助我拒俄约者,殆以俄约成而于彼有所不利尔。窃于英、俄二国之于中国比较之,俄之得土地,英之得利权,俄之所为不足以服英,英之所为亦不足服俄。土地、利权皆中国之物,各得其所宜而谓中国私于俄、私于英者,皆未统观之过也。夫中国财政至今日,惟加税为应有理财之道、为自然生财之理,今值百抽五舍能抽二十,即不然而抽十,其入款加倍以之抵赔款,亦为正办也。西人食物例得免税,设一并征税,入款又一倍也。日本于各国入口之税,盖争而得之。中国于外人食物征税一节,度今日之权力必不能为矣,然加税一层宁可用死力以争之。在各国抽税无一定之则,视其货而为之,抽十、抽二十、抽三十四十、抽百者恒有之。而中国一律抽五,加以金镑吃亏,为问地球之国有以税则一项由他国代定者乎?中国虽不与于公法之列,而斯理可以据论也。吾尝观西报,而见其载美国税务之旺矣,又见英国议加糖税等,而民不能不从矣;又近如德国于五谷、植产、牲畜中加税矣,其咖啡、香料并各式糖货一律照加。以各国之富过于中国,而加税一层又偏有议必成,与中国两相比较,岂不令中国赧颜无地哉?呜呼!一国之财政而无自主之权,而谓夺我自主之权者亲我爱我,亦何其自愚也?

中国今日盖力辟闭守之说矣,各国于中国又力主开通之说矣。排外者谓不可通,维新者谓不可不通。夫不可通之说病在不识时务,而不可不通之说弊亦在不识人己。我力求其通而彼之要求不已,彼之压制不已。虽以亲我爱我之英国亦无丝毫为中国推广财政之心,而反沮抑之,坐令中国将来赔偿不足而以土地作抵,必至四分八裂,任各国索逋而来、负地而去。而中国联英之得失,其与联俄相去又几何哉?故英之亲我爱我,于允肯加税与否决之而已。在中国今日之亲英、俄、日本,为万不得已之计,然亦万不可恃之计。彼鹰瞵我,虎视我,抱一利益均沾之说以向我,而我即长跪哀吁,彼且笑我之昏昧无知而掉头不顾也,而谓国之不振徒仰鼻息于他人也,岂计之得哉?

六月二十日(8月4日)

《新闻报》

直藩缉和民教函稿

直隶藩台周方伯为缉和民教起见,曾缮通函分致各牧师、各主教,兹将函稿抄录于下:“径启者,直隶各属教案近日大都了结,其未了结者甚少,但得教士与官绅和衷商(确)

[榷],指日即可一律清结。鄙意以后平民、教民正当永除嫌隙,共享太平。若教民仍怀前恨,逞忿报复,或遂鸱张横行,于贵教声名有关,亦于地方官保护之权有碍,将来之患殊难逆料。近日风闻各处教民抢夺讹索之事依然不息,层见叠出,又闻举止猖狂,目中无人,即如行路,直走中道,遇人不让,坐车亦然,以致道路侧目,此风何可长也?愚见不犯国法之百姓,即是谨守教规之教民。是二是一,官长虽有治理之权,仍望教士剀切开导。但得各教堂、教会首事与仆等同心商办,必能安保无事。特请阁下速缮谕单,传谕教民等安分守法,勿背教规。其教案已了之处,固不可别有要求。即未了者,亦应听官绅与教士公平商议,断不容教民私自讹抢,并请密派公正教士来往访察警戒。庶数月后,可期敛迹。若其形同土匪盗贼,则无论平民、教民,概照例办,李中堂早有示谕通行各州县矣。万一有此事,务望将前保此人入教之教民亦酌量示罚,更觉惩一警百。至州县保护教堂,严拿土匪,清理教案,俱系应办之事。鄙人即禀明中堂,函告省城两司衙门,再行通饬各州县认真办理。特此奉商,务请速赐照办,并将谕单稿见示,以便函告各州县,使知教堂决无庇护不法教民之意。鄙人为求地方平安起见,幸勿见却,即颂日祉。"

《申报》

直隶布政司周瀚如方伯请主教牧师禁约教民函牍附驻京樊主教覆函

径启者:直隶各属教案近日大都了结,其未了结者甚少,但得教士与官绅和衷商榷,指日即可一律清结。鄙意以后平民、教民正当永除嫌隙,共享太平。若教民仍怀前恨,逞忿报复或遂鸱张横行,于贵教声名有关,亦于地方官保护之权有碍,将来之患殊难料矣。近日风闻各处教民抢夺讹索之事依然层见叠出,甚至举止猖狂,目中无人。即如行路,直走中道,遇人不让,坐车亦然,以致道路侧目,此风何可长也?愚见不犯国法之百姓,即是谨守教规之教民。是二是一,官长虽有治理之权,仍望教士剀切开导。但得各教堂教会首事与仆等同心商办,必能安保无事。特请阁下速缮谕单,传谕教民等安分守法,勿背教规。其教案已了之处,固不可别有要求。即未了者,亦应听官绅与教士公平商议,断不容教民私自讹抢,并请密派公正教士来往访察警戒。庶数月后,可期敛迹。若其形同土匪盗贼,则无论平民、教民,概照例办,李中堂早有示谕通行各州县矣。万一有此事情,务望将前保此人入教之教民亦酌量示罚,更足惩一警百。至州县保护教堂,严拿土匪,清理教案,俱系应办之事。鄙人即禀明中堂,函告省城两司衙门,再行通饬各州县认真办理。特此奉商,务请速赐照办,并将谕单稿见示,以便函告各州县,使知教堂决无庇护不法教民之意。鄙人为求地方平安起见,幸勿见却,即颂日祉。名正具。

敬覆者:昨阅来函,内有"为办教案拟由州县举出教内外董事数人,凡有民教相争之事,准先由董事调处,不必控官;即控于官,将来仍以董事调处之言为采择底本"等语一节。阁下所拟极是,大合鄙意。将来各州县照此法办理教案,不惟易于了结,而且两得其平,如协公论,民教不期安而自相安于无事矣。此颂日祉。名另具。

六月廿一日(8月5日)

《申报》

约束教民告示

罗玛大教皇钦命总理北京等处天主教事务主教樊,为晓谕教民安分守己、和睦平民事。照得上年拳匪肇乱,教众阽危。尔等只因奉教之故,备历诸艰。案据上年五月初十日上谕,"教民传布中国历有年所,该教士无非劝人为善,而教民等亦从无恃教滋事,故尔民教均各相安,各行其道"等语。益见尔等所受拳匪之抢掠、焚毁、杀戮等患,实属无辜受害,然非朝廷之意,乃拳匪不遵谕旨而横行也。夫尔等之财物、家产被拳匪抢掠,尔等之父母、兄弟、妻子被拳匪惨害,尔等幸存余生,心怀忿恨拳匪之意,揆谕人情,原无足怪。但当念圣教有恕仇之命,尔等自宜仰体圣教爱仇之心,捐弃宿怨,勿思报复。目今教外平民亦皆奉有皇帝及官长之命,禁与教民挟仇报复。总之,弗论教民、平民,同是一民,均是国家赤子,均当诚心遵听上命,辑睦乡党。俨若一家以皇上为君父,视平民为弟兄,安居乐业,共享升平也。至尔等身家所受拳匪各害,国家俱照公道赔抚,主教神父业将此事与各地方官商办完结,汝等不可别有要求。容俟一两月后赔款一到,本主教即同地方官按照公平分散于尔众。自此以后,应将尔等从前所受诸害付之流水,置之不问,慎毋再以前事翻控究诘,靡所底止。犹忆全权大臣李中堂曾言,倘平民再以乱时旧事具控教民,到官着即立案不行,教民控告平民亦然。倘日后平民再有欺压教民情事,汝等可据实禀明主教或本处大司铎,与地方官秉公查办,以期事归平允。若尔等欺压平民,具控到官,官府行文于主教或大司铎,亦必秉公查办,务使两得其平。当知教民、平民同是皇上之百姓,无差等之分,无贵贱之别,除与教规有碍之事,均得一律奉公守法。盖国法之立,非专为教民,亦非专为平民,乃为通国之民而立者也。去年患难围攻,汝等莫不毅忍坚持。今日风平浪息,幸复太平。吾与本省官吏均相友善,官府有管民守法之任,主教有保教守规之责,本主教钦奉教皇谕旨,治理教务。汝等素皆听命,余所深知。今若善遵此谕,圣教因尔等之善表行见日益显扬,民众因尔等之忍耐爱德将亦日加亲附。因爱德之力最能使人心悦诚服也,此谕。

《清议报》第八十七册

匪惊四志

据祁州来电云:联庄会势力销沈,全绝足迹。其头目田洛相,称迎董福祥。与其从者数十名,弃通州根据之地,向北而遁云。

马贼占领凤凰城后,闻俄兵来攻,悉数遁走。故目下主持该城者俄兵也。

安东县一带地方,匪徒不时骚扰。后因俄国讨伐队出征,有匪徒溃走之报。兹闻西七月十六日,宽田城土匪蜂起。知县蔺维垣幸免于难,遁走凤凰城。匪首林某率众追来,城内华兵二千余人为内应，城池遂全为贼有。寻陷安东，势如破竹，掠劫民家，杀戮男女，极其惨状。凤凰城道台荣及同知刘无计可施，皆狼狈遁走。百姓多避往大孤山，乘汽船避往芝罘者亦有五千余人。其后道台及同知与安东知县、宽田知县等恐奉天将军加罪，乃进退踌躇，不能陈其实状，乃赴牛庄求救于俄官。俄发兵二千余名往救，大小十数战，始克复凤凰城，匪徒乃四散。

福建省目下会党甚多，插血结盟日有所闻，以致民心纷纷摇动。惟现在尚未闻有劫夺之事，与北清匪徒之主义不同，亦未可知。

粤东来电云：防城县之十万山，本为匪类之巢窟，每出滋闹。现在则肆行无忌，抢掠村落时有所闻，势甚汹汹。该处地方官已飞禀上台，请派兵前往剿办。

北京目下每夜炮声不绝，居民甚为惊惶。闻系荣禄部下某提督遣散之勇，常劫掠村落。现有某国兵与之为敌云。

纪联庄会之关系

《字林报》录北京访事来函云：联庄会按户出丁一人，违则指其交通外人，举事时杀其全家。会中以武生为前锋，然皆出于自愿，不若拳匪之强拉绅士、屋主、商民等为之，此即其分别也。惟山西、直隶、河南三省交界处之拳匪，则颇与相同，故该处与教民为难亦最甚。今山西平阳府之西，亦有武生四人联合乡村七十座，并告于河南拳匪等曰，如与联为一气，则前罪可免。而西安三虎一见联庄会如此举动，遂尔复生奢望，以为此次如再大举，定能将洋人杀尽。即华人之通同洋人者，亦必杀之无遗。按各国联军到京，本欲索办罪魁，使不再见去年之祸。乃事未告成，即行撤退，其故何也？查罪魁中最著者，为李连英、端王、荣禄、董福祥等数人，既均未见究办。而刚毅、毓贤死否，亦不可知。即有已办者亦不过听人所指使之人，非真正罪魁也。况各国既开单索办罪魁，自应俟中国政府一一交出，始可将兵撤退。乃又不能等待，反先开单以告，是明明令罪魁以脱逃矣。近日传说有罪魁遁逃来沪，中国政府欲洋人助拿一节，此真中国政府之诡计也。按华官获罪，无论已否交卸，总能就获。盖一经遁逃，即不免有累家属。今乃反能脱逃，是明明为中国政府之所纵矣。往岁被革各官，今已悉行附入联庄会，致地方官欲往剿办，反不免多所顾忌。使各国今仍宽待之，岂不大谬乎？联庄会所用旗帜，上书“灭清”二字，此明明欲使外人知与中国政府不相干涉耳。然拳匪初起时，亦曾用此二字，后始改“扶清灭洋”字样，借观之亦可晓然矣。

近有淮军八千名在直隶为联庄会所败，军械被夺无遗。此亦恐其中另有诡计，或借此以军火供给该会为用也。否则华兵果败，华兵真不足恃矣。联军退后，即以袁军三千名守卫神京。设李相以淮军之败而调袁军往剿，一旦匪徒或乘机起事，又将藉何兵以弹压哉？直隶复乱，如果为西安政府所指使，则西安政府必借此托言两宫因乱事未已，故尚未敢遽回。今虽明降谕旨，饬令修宫治道，亦因外人之疑其未肯回銮，故借此以遮掩外人耳目耳。以上乃本馆访事来函之大意也，各国闻之，其能置之度外乎？惟日军统领福岛君回国后，则所言与本馆访事相反。渠言联庄会实不足为患，其各村乡之所以联合者，乃天主教民勒索赔款过大，故连合以拒之耳。英、法两国武员，近由直隶南境至沪者，亦言北人虽不喜外人，然现已俯首帖耳，不敢明与外人为仇。李相性最明达，该会既攻夺城池，杀官劫库，李相亦岂任其横行而不一申挞伐哉?其熟悉华情之外人,亦均谓年来中国欲图再举仇洋之事,万不能成。如各公使急欲皇太后及三虎不再揽权,则定须请光绪皇帝秉政。庶去年杀戮之事,不致再见耳。

六月廿二日(8月6日)

《申报》

照录天津《直报》所登直隶总督李傅相通饬各州县办理教案札稿

为通饬事,访闻各州县办理教案赔款,每于议定赔数之外,任意加派,有多至倍蓰者,以致民不聊生,闻之殊堪痛恨。查直隶穷民,始被团匪之乱,继被溃勇之扰,又被洋兵之抢掠诛求,节经本阁爵部堂通饬,查缓钱粮,截漕振济,其欲保此遗黎者何等周至?乃各州县辄敢假公济私,藉端鱼肉。若不严加惩办,何以肃官箴而卫民生?除分委妥员明查暗访外,合先通饬各州县,先将议定赔款共银若干,内提借公款若干,罚捐团匪若干,摊派若干,一面胪列禀明,一面出示晓谕,使民间共见共闻。倘有赔少派多,即系侵吞,人已定,即严参查抄,仍计赃科罪。其洋兵过境动用犒赏夫马柴草牛羊等费,或借公项,或系官捐,或系绅商派捐,共犒过洋兵几次,每次用过银钱若干,饬即另为一示,遍贴城乡晓谕。如有丁胥差役从中讹勒,并即招告拿办。以上两端,各该管道府厅州皆有督察之责,应即随时考察,一经得实,即行据实揭参。倘该管上司有意瞻徇,或安心袒庇,经本阁爵部堂访查纠劾,并予随折附参,以儆玩愒。除分饬外,合行札饬。札到,该员即便转饬,凛遵毋违,此札。

照录京师《新闻汇报》所登驻直隶正定府包主教覆周玉山方伯函牍并附送约束教民谕单

敬覆者:本日午接奉钧谕,浣诵再三。其恳恳爱教及平安地方之心流于言表,远人实钦佩之至。因忆去年九月中拳匪败蹶之后,敝处即函恳闹事处州县官,谓教民久受凌逼,现又无衣无食,若不量加安抚,恐开报复寻衅之渐等语,均未见覆。厥后,即有不逞之教民,更有冒教之匪人,借寻找衣食之机讹诈索讨,所在多有。至谓横行抢夺,未免传言太甚也。远人尔时见恶机已张,即督同教士严束教民。于十一月初委本堂陈教士面谒府宪,将不守本分之教民逐一开呈送案,恳转饬严拿办理,并随时晓谕教民,更复捕送数名。倘得各官同心认真办理,自已早形安静矣。今得贵藩台转恳李中堂通谕各处,凡形同土匪盗贼不安本分之民教,概照例办,自必指日安靖矣。谨将本堂谕单一纸附函呈阅,以便函告各州县为荷。本堂陈教士多年管理教民,颇能约以礼法,仍即派伊来往访察警戒,以副雅意。至定州赔款,名虽不少,实则非多。因杀毙人口、拆毁房屋、抢掠什物所值几四十万。因款大难筹,故巴帅核减定数。本堂方愁难对教民,何可再行减让?但既承台命,自当酌情办理也。此覆。顺候勋安。惟照不具名正具五月二十七日。附谕单:

本主教包今特晓谕阖属教友知悉,尔辈奉教原为救灵升天。然欲救灵升天,务须恪守天主教规。现在尔辈中谨遵教规守分安己者固多,而违背教规任意妄为者亦复不少。兼以本地各官长均以仁厚慈祥之心善待教民，不忍遽绳以法，遂致若辈肆无忌惮，惟所欲为，大失圣教之体而败圣教之名。在若辈自蹈愆尤，在他人亦共沾恶表。倘不严加惩处，其贻害于身灵及圣教公会者，何堪设想？故特详告尔等，自今而后务当痛改前非。如再犯以下所开诸恶迹，除按教规严罚外，本主教尚当商恳地方官长，照律严拿重办，不用再看情面。尔等其各慎之。计开：

一、奉教人不论何样名色，向人讹索钱文，一经告发，或被访实，官必治以讹索之罪。

二、奉教人于不干己之事领外教成讼或外教人于堂供中指出奉教人挑唆斧架者，官必以讼棍治之。

三、钱粮差徭均系维正之供，如敢不纳，官必以刁民抗粮论。此条明犯第七诫，显属不公道，关系最要，其格外小心。

四、凡以多年无影旧账控官请追或代外教人索讨债欠，而捏称以为保账、以为兑账者，官必均以讹诈治之。

五、凡兜揽闲事过付银钱或奉教人向人讹诈，而他奉教人即出为说合，致外教人被罚受害者，官必均治以讹诈之罪。

六、奉教人成讼不遵衙规，或一人有事而他奉教人成群聚伙代探信息或代助声势以图挟制官长者，官必立加锁拿人。

以上六条，本主教已逐恳地方官认真照办矣，尔等切莫以身试法，此谕。救世后一千九百零一年四月　日正定府天主堂发。

六月廿五日（8月9日）

《新闻报》

直藩详稿照录（正任直隶藩台周方伯上全权大臣详稿）

为详请咨商户部奏请拨款津贴顺直各属教案赔款事。案奉宪台札开："准仓场总督刘咨，光绪二十七年四月二十七日，本仓场暨同乡京官等奏恳筹颁巨款一折，钦奉朱批着全权大臣、直隶总督就近体察情形，会同户部妥筹办理。钦此。"相应抄录原奏，移咨查照会筹等因，准此合行札司，即便查照，妥筹具复等因，奉此。查原奏内称，上年拳匪倡乱起自山东，日延日炽酿成今日之祸，实由奸邪徒党煽惑愚顽，并无殷实良善守分农民敢于轻起衅端。及至强邻压境，兵祸已成，乃纷纷溃败。向之红巾白刃杀人纵火之徒均已伤亡奔窜，而良善农民转实受其殃。自天津失陷，直犯京师焚杀之惨，通州、良乡被祸尤烈，近畿州县到处骚然。败兵之劫杀，土匪之焚掠，洋兵之搜括，教民之逼勒，遂使万众流离死丧，十室九空。而各国洋将、教士索偿多款，藉口毁教堂、杀教民，皆责罚于民间，每州县或数万或数十万之多，且均限当时立办，不容延缓。惟议约以教案严责守令，地方官自顾考成，不敢不办，竟至计亩勒派，按户严追。向办教案费用悉出有司，京师现毁教堂赔偿亦由公款,而环畿州县将责民间,茕独孑遗,仰恳天恩,饬下户部咨商全权大臣筹款办理,俟民气稍复以后,或亩捐,或户捐,酌分年数陆续归款,则民力纾而教案亦结等语。查本司前奉奏派办理京城教案,实因无从筹款,详蒙奏请部拨现银二百万两在案。

直藩致函照录(周方伯馥致顺直各州县绅士函稿)

敬启者:现在和局大定,指日两宫回銮。凡我臣民,同深欣跃。近有义和团余党托名联庄会负嵎啸聚,抗拒官军。既于恭办回銮事宜大有违碍,且贻害闾阎伊于胡底。现奉爵阁督宪李调兵进剿,实迫于势不得已而为之。某奉命重莅此邦,悯斯民之叠遭蹂躏、满目疮痍,何堪此凶恶之徒仍复揭竿横行,到处诱胁,使良民身家性命同罹锋镝。想大君子关怀桑梓,亦必引为深忧。现某即日履任,其良民无以为生者固亟思抚绥安辑,而甘心为匪者亦不能不痛加惩办。闻该匪等多以教案摊款藉词煽惑,殊不知京城教案系某奉旨办理,已经议结,奏请发帑,并未摊派民间。此外,各州县教案经该地方官会同绅士与教士议结,亦多划入和约。夫赔款之内所派及民间者不及其半,近复禀蒙爵阁督宪奏请拨款,凡查有实在困苦地方尚拟酌量贴补,又奉旨饬议民教永远相安章程,现正与各国教士会商,不日当可订议。各国教士近均谕劝教民,不得再事寻仇报复,此皆圣恩优渥,体恤民艰,有加无已。凡有血气,应如何激发天良洗心革面,何至怙恶不悛依然梗化?此或由民间不尽知朝廷德意,所以愚氓易为匪徒所惑。素仰德望久为乡里钦服,用敢借重椠才广为开导。或亲临晓谕设法解散,或遍访衿耆转相函嘱,同为告诫,务使释兵归农,勉为良善,则亿兆生灵免遭荼毒,仁言利溥贤于百万之师。倘该匪等再执迷不悟,则前者既贻君国之忧,今者又为地方之害,在国法固所不宥,即天理亦所不容。大兵加临,旦夕殄灭。言念及此,可为痛心。其办理情形,仍乞随时迅赐函告,以慰悬盼。某另颁告示,已通行各州县张贴,又各国教士所出谕单,兹并附录底稿,祈察阅是幸。六月初十日。

六月廿六日(8 月 10 日)

《新闻报》

直藩详稿续录

至京外顺直各属教案,皆由各道府督同州县官绅议办,前经高兼署司通行各属,将已结、未结教案查明禀报。现据陆续报到,已议结者九十余州县,除归入大赔款不计外,须筹银二百九十余万两,已交银五十万两,未交银二百三十余万两。尚有未经报明之四十余州县,约略亦须银百万内外,总共须银三百数十万两。若全责之民间自筹,实属力有未逮。然当议赔之初,民间若不自筹自付,其祸更有甚于摊捐者。缘去■■杀劫掠之惨,教民受害最深。迨各国联军入境,教民汹汹,无不思图报复。各属官绅势处危急,多与教民贿和。迨道路稍靖,教士亦自向各州县商议。据各州县陆续禀陈办法,或议罚拳匪产业,或挪移地方公款,不足或按村或按亩摊捐,盖欲求安免祸,非此无以救急。初非京师议约时责令各属捐派，官虽不肖，安敢公然如此苛敛？民虽至愚，亦不肯贸然认捐。威驱势迫，情歉理曲，各库荡然，无从请款，实出于无可如何。本司议办京城教案时，察知顺天、保定、天津、宣化等属，民力实有未逮，商准各教士将教堂赔项归入大赔款之内，两次详报共合银三百九十四万八千九百余两之多。议明日后力能筹还，仍由大赔款内剔出。前月复奉中堂通饬，凡赔教堂万两以上之州县，钱粮酌量缓征，如遭岁歉兵灾，准两忙并缓，此诚不得已而为此调剂之策。本拟俟各属教案议结，查明未赔教堂若干、未抚教民若干，择其力难筹措之各州县请款津贴，而教士与官绅正在磋磨，尚未议定。今钦奉朱批："着全权大臣、直隶总督就近体察情形，会商户部妥筹办理，钦此。"本司复奉中堂札饬，妥筹具复。窃计此时未付教案赔款大略在三百余万。各属议定交款日期大都匀分数限，有限至明年秋冬者。拟请王爷、中堂咨商户部，奏请拨银二百万两，择其赔多而力难筹者量为津贴。庶几民困稍苏，而教民亦得早沾抚恤，不致日久流离，似属两利之道。至不敷之款，或仍听民间自筹，或随后再请公款，届时察酌情形详办。本司虽未履任，近与省城两司往返函商，意见相同。属由本司就近具文，详请王爷、中堂察核，俯赐批示祇遵，实为恩便。为此备由另册具呈，伏乞照详施行。光绪二十七年六月。

六月廿七日(8 月 11 日)

《新闻报》

劝谕教民文稿

直隶省耶稣圣教众牧师为剀切劝谕事。照得接奉藩宪周来函，欲教民与平民永久相安，同守国律，同得国家保护等因，奉此。查去岁拳匪肇乱，教民等猝遭奇祸，惨苦难言。若以常情论之，固有愤懑不胜、心存报复者。而吾会中之教友信道有年，涵濡有素，岂尚有世俗之念横亘于中乎？主曰"勿复仇"，又曰"尔曹无因作恶受苦，因为善受苦，则无羞愧，惟当归荣于上主耳"。圣经明训久在吾人心目之间，可知事变之来，乃主上试炼我心，使去其渣滓，得成纯全也。故虽教外顽固之徒横逆相加，仍当以善胜恶，不可以恶报恶，冀有以感化之也。且教友等孰非食毛践土之俦乎？当思为教友者非以弛为民之分，更当尽为民之分。教中端正之教友必为本国安分之子民，若不能遵守国律，安能望其遵守主律乎？况国家因教友亲族丧亡，财产荡尽，业经抚恤周至并治匪首之罪，日后自必实力保护。若仍有匪徒迫害污蔑，亦必从严惩处。是国家既尽其抚绥，吾人固宜深其爱戴也。此后教友当益加淬厉，勉作善良，不但于国法无可指摘，更能于道理得以纯全。必如是，方合圣经之训。如云：在上掌权者皆宜顺服，违道掌权者即违逆上主也。又云：宜顺服掌权者或君王，或君王近派惩恶劝善之臣宰。若知有假冒教民肆行不法者，即告之会中，以便禀官惩办。或有不法之徒混入会中欲以教会为逋逃薮者，更当指明送官，勿使有玷于教会。凡事宜求尽力与众和睦，若不得已与外教有争讼之事，宜听地方判断，不可存求胜之心。倘有不公之处，可忍则忍之。若果关系重大，宜思善法挽回，不可操之过激。总之，非理犯分之事本为国法所不容,更为吾教会所禁止。当守洁己爱人之训,为奉公守法之民,两释嫌疑,共敦和睦,庶为教中之忠徒,亦不负宪台之至意也。切切特谕。

六月廿九日(8月13日)

《新闻报》

美国李佳白民教相安议

自中西通好以来,历有年所,始而相处未久、相知未深时,或动于浮言,妄相揣测。今则三十年来迄无他故,诚可谓信义昭孚,邦交永固矣。然犹不免稍有扞格未尽交融者,则以传道之一事。夫传教为西国之首务,而守旧又中土所最拘,固结莫移,积重难返,其不能挽彼以就此,犹不能驱此以适彼也。设于此,持之过急而交有谪焉,则水火立见矣,处之一不得当,争端必由是起,此实中外安危之机,非故之细者也。然交之所以能固,则惟相见以诚。是必各降其心,各尽其道,勿矜此而訾彼,勿是己而非人,勿强干,勿侧重,猜嫌悉泯,形迹胥蠲,尚何民教不能相安之有乎?试观中土二氏之兴,皆自汉代,今将二千年。在上者犹间有龂龂,在下者迄未闻纷竞。虽二教迭有盛衰,而彼此不蕲相胜,用能各画其疆,两无妨害,绵绵勿替并行,以至于今也。所愿西来之士知夫道之行也自有时,固非旦夕可几而需之以渐,内地之人知夫教之设也不相悖,无庸嫌疑妄起而款之以诚。一则随地制宜,力破固执之成见;一则通时达变,勿泥尊攘之旧文。风俗之易移匪易,讵能驱迫以同途?儒生之口舌几何,不必侈谈夫拒辟。交以道而接以礼,尔无诈而我无虞。习而狎焉,久而化焉,是岂闾阎一方之安?而实邦家万世之庆也。今不揣固陋,谨拟四端开列于后:

第一端,论教士各有当尽之本分。一、自来西国所传之教有两途焉,一曰耶稣,一曰天主。循其名虽与中国各等教门不无稍异之处,而究其实则同一劝善之意也。于国家毫无所损,断不能有出乎劝善行善之外。是以朝廷特沛厚恩,准西国教士在内地通商海口等处设堂传教,而各该教士宜如何竭尽其力,使人不致生疑而收与人为善之乐乎!二、伏查和约条款内载外国人有在中华者,一切悉归其本国关照保护,与中国无涉云云。今愚以为各教士在内地传教,而本国官长既不能随其所居之地而保护之,似不得不求中国官长关照,故该教士等务当格外体恤中国官长之难,以报怀柔远人之德可也。三、西国教士既在内地为客,总宜遵主人之礼貌而顺主人之情,此天下各国自然之理也。四、内地所设之教堂,不必尽循西国洋楼之式,务须随地制宜,使人不致疑而搆怨。五、教与教不同,而亦有相同之处。该教士等务当多传通行之礼与众人所服之善事,自然彼此洽和而泯争执矣。

第二端,论进教者各有当尽之本分。一、自来传教者乃西国之人,而入教者系中国之人,因此不免有相累之处。或因进教者无端而受他人之凌辱,或因进教者依仗外国权势欺压平民以致讨众人之嫌。若教士从中调处,代伸其理,为民教和好之意,诚无不可。然华人或进教者或不进教者皆为中国之民,务当守中国之律,以尽其本分。二、入教之先,主教者当细访其人,可收者则收之,不可收者则去之。至于耶稣教遵中国规矩甚严,从无犯法违律之人。倘有此人，教堂则令其迅速出教，万不能有碍于官长照律治罪。三、倘进教者遇有交涉讼事，虽可求其教堂之教士代为伸愬，然不必拘定教堂情面，不分事之巨细、理之可否而概为准行。总宜格外尽心思为中国良善之民，万不可骄矜自大，藐视官长，抗违法令。四、既朝廷业经准各省之民随意进教，严禁一切欺虐逼迫之事，而进教之人即应行一切于国有益之事，以报朝廷厚待之恩而勉为良善之民。五、进教者倘有被人凌辱逼勒，亦应委曲隐忍，善为调停，万不可恃势与地方官哗然争论，使地方官事事棘手，大难为情，况传教者系天下一件善举，不惟西国有名有德之人所乐从，亦朝廷所愿准者。故各处教中之人并无他意，不过欲化人一心向善、万国同风而已，其法顾不良哉。

七月初一日（8 月 14 日）

《新闻报》

美国李佳白民教相安议　续昨稿

第三端，论教外之人俱有当尽之本分。民教相安原非一面之事，故不但进教者有当尽之本分，即未进教者亦有当尽之本分。一、既任或进或不进各听其便，何必未进教之人常勉强其亲友不可进教，致有一切凌辱逼迫出族妄告之事乎？中国自来各项教门行善之人，虽与西国所传之教有异，然其大意则无不同也。务须彼此相助，为一切于人有益之善事，不得分门别户，各存畛域之见，以致诸多不睦，互相攻讦。二、[既然是]朝廷准此传教之事与三教一例通行，中国之民无论何省何处，亟宜仰体皇恩，不可擅行禁止，有违谕旨。

第四端，论中国官长当尽之职。一、中国以官长为尊，各有权柄。总宜豫先设法保全地方，慎重办事，即或有人滋生事端，亦当迅速强压，不致酿成巨案。二、嗣后有地方之责者，每遇民教相关之事，不妨准西国教士自行陈说，不得使其有转折难白之怀，且若有重大事件，亦可禀覆该省督抚核办，以防其转向本国钦差、领事等官伸愬，至成两国交涉公事。中国官长与西国教士互相来往，虽非载在和约，然亦不得谓有违于和约。倘能如此行之，不但两国俱有裨益，且免许多疑难重大之事，不致有所掣肘，不然则官长在此小事尚不肯尽力，又何能妥办较此更为重大之事乎？三、西国教士在各省置地，或为教堂，或为医院，或为书院，该处地方官务必出示，剀切晓谕民间，以免嫌疑。倘官长不能公正居心，力祛一切暧昧之事，吾恐无知乡民势必群起而与教堂作对为仇矣，可不慎欤？

以上所陈系为民教相安起见，予非专指他人之本分而言，予亦有当行之事，敢不殚精竭虑以图之乎？倘大小官员肯为通融办理，随时查核，予敢谓数年后必获和睦之效，必须筹一万全之法，使教与教、国与国、民与民彼此相和而无隔膜之虞矣。前议四端大要，总期酌理准情消融意见，守分尽道杜绝纷争，患在防于未然，法在垂于可久，全国体，固邦交，保民生，祛积弊，非细故也。循而行之，习而化之，中外一家相安无事矣。然其间节目尚有未尽，谨陈六宜以申前说。

一宜开布公诚，以释疑忌。传教之来本意化人为善，必无暧昧不明之事，或系进教者失教中之本意,倚仗外国权势不安本分,任彼所为所作,适以济其私图。否则平民之受其欺侮者造言谤毁,互相传播,寖成疑忌,稍有争执,遂至聚众滋闹波及教堂。自今以后,传教者务宜开诚布公,随时宣道,随时约束。倘有此等不法之人,本与教士无涉,民间果执有确实证验,许其向教堂声明,立将不法之教民逐出,任交本地官长治罪,不为开脱,不为袒庇。为本地官长者亦宜随时剀切晓谕,示以朝廷准设教堂与不禁进教之人之本意,并饬乡董里保戒约平民各安本分,不得无端生事累及国家。

七月初二日(8 月 15 日)

《新闻报》

美国李佳白民教相安议　再续前稿

二宜分别良莠,以清本源。传教者既主化人为善,则当引进良民,无进莠民。夫使化莠为良,岂不甚善?特无如莠民易进,莠民每不易化,而教堂适受其病也。大率中国进教之人,良民不乏,而莠民入教不肯为善者亦有之。其桀骜不驯之概不知礼义、廉耻、孝悌、忠信为何物,既不受中国之教,岂能受他国之教?不过恃为护符,阳奉阴违以逞其所欲而已。此等之人平时既多丛怨,一旦进教,恣睢暴戾,为害滋甚。良民寻仇报复,教堂又袒庇之,则怨府归于教堂矣。然则教堂虽大公无我,以劝善为要务,以济众为当然,来者不拒,第恐将来有损教堂声名,正不得不先为辨别。若系莠民入教之后不遵教化者,万不可容。凡为官长者,亦宜分别良莠,不得因系教中之人即指为莠民,动加责辱,且无论天主教、耶稣教,与中国之儒教有稍异处,亦有相同处,均当细为考察,不拘何教,果能救人之苦,济人之危,理宜敬重之,保护之也。

三宜讲明礼让,以弭衅隙。事端之来,皆由彼此不知退让,自小而大,遂成交涉之案。前议第二端、第三端论及进教之人与教外之人各有本分,诚以衅隙之开,实缘畛域太分、攻讦太甚,有所激而为之也。若能讲明礼让,进教之人不以骄矜自大、作奸犯科,教外之人不以疑忌为怀、同仁一视。平时相交,亲者无失其为亲,故者无失其为故,各自守其礼节,群相率于善良,遇有事端彼此退让,即可彼此开解,既无凌辱逼迫,不难委曲调停。进教之人是在教士平时化导之,教外之人是在官长平时劝戒之。且无论何教以及教外之人必有相同之理,既能相同,自能相洽。即有稍异之处亦当相谅,各遵其道,各守其礼,听其自便,不以势力相强,所谓彼此退让,即彼此开解也。

四宜斟酌事理,以息嚣争。凡事不外一理,泥理者事多胶执,达理者事贵通融。此后若果进教之人与教外之人咸知退让,即可无事。设使有事,若果官长与教士情谊既洽,即可准情以酌理,据理以断事,平心静气,不动声色,不存意见,随时随地从权调处。教士不以本国势力与官长为难,官长不执中国法令与教士相阋,通融办理,大事可化为小事,小事可化为无事,何致转辗申诉浸成两国龃龉之事乎?

五宜慎重主宾,以联情谊。教士职分原系师长,与中国官长相见宜加以礼貌,如待宾客，不可藐视为平民，亦不必尊之为官府。如教士曾受中国官爵者，亦不妨就所得官爵待之，何则？藐之为平民，教士原不肯相下；尊之为官府，官长亦不肯相下。两不相下，此情谊所由日暌也。诚用中国官长与绅士交际之礼，彼此相见不啻主宾晋接，则教士乐与官长相亲，官长亦乐与教士相洽。设有事端，官长可延教士理论，教士可请官长弹压，自不致酿成巨案。且上行下效，官长既与教士各联情谊，进教之人亦必渐与教外之人各联情谊。消患未萌，实在于此。

六宜消融畛域，以通往来。主宾相接，情谊既敦，办事之易较然矣。第恐中国官长拘泥旧文，动云彼此往来未经载在和约致招物议，又或教堂众多之处安能尽与往来？似亦正论。窃谓此后地方官员不论文武皆当于教士时常熟习，设遇教堂多处，可择一二通达中国人情事理者与之往来，其未能通达者不必尽与往来，以免纷扰。盖有一二通达者彼此联络之、商榷之，亦不患其隔膜也。以上六条虽似章复词赘，其实语长心重，合之本一事，分之不二端。总之，过此以往苟无难达之情，必无难办之事，所谓患防于未然、法垂于可久者，不能无厚望焉！

七月初七日（8 月 20 日）

《新闻报》

傅相复书照录

李傅相曾接王中堂信，当即答覆，兹将覆信稿录下：“中堂阁下：顷展惠翰，藉审谟猷，内告襄赞宣勤，山甫补兖之勋，郇候安亲之奏，中外仰望，曷胜钦迟。直隶教民赔款，本以外兵在境、洋教士威劫州县官之时，则祸在眉睫，焚杀随之。牧令意在保全，不得不权宜因应，节据禀商办法，当经批令先尽拳匪物产变价充公，次由习拳之村量为捐助，若犹不足则以各县积谷、书院生息存款先提应急，事定再筹捐补，初不准扰及平民也。第州县有存款罚款俱无，间有由地摊捐者，其数目每亩不过百数十文，犹恐民力难支，则又将上忙钱粮通饬查办缓征，以纾喘息。乃各牧令贤否不齐，亦有苛敛横征、藉端肥己者。除查实纠参外，即如安平县朱贞保办理不善，致子文、崔安等村借口抗捐，意图逞乱。经据实参劾，一面派队查办，然犹密诫将领，外慑兵威，内存宽大，是以事即寝息。讵意法帅巴尧行经该境，村人鼓众阻遏其行，以致巴尧纵兵击之，伤毙数百人，本非我兵所能保卫。至土匪所在烽起，盖由上年拳匪之乱蔓延几及全省，杀人放火习为故常，各路官兵曾未痛加剿除，而联军已入京保。各匪闻风溃散，潜伏未动，而各路溃勇、各路马贼、土匪、枭匪从之如归，迨闻洋兵阻隔，华兵不能畅行，于是啸聚成群，各据一隅，肆行劫掳。洋兵虽亦往剿，而路径不明，语言不通，兵至则扬，兵去则聚，徒使良善村庄重受焚掠，究未办一真匪。地方守令纷纷告急，又以德统帅华尔德西定有红线界限，我兵不得往来，不能接应，于是历将下民涂炭实情向之再三磋商，始稍宽展，其线犹约距洋兵二十里外不得行军也。比至华尔德西临行之先，始商允吕、梅、郑、董、郭五军得以入界追捕，然各国之师犹复此从彼违，多方阻滞，即姜军已抵河间，不得径入京师；马军已抵赵州，阻于新乐；法兵不得径入顺属，此办匪掣肘之情形也。”

《申报》

直藩文告

钦命随同办理和议条款事宜正任直隶布政使司布政使周为剀切晓谕事。照得现在和局大定，指日两宫回銮，薄海臣民无不欢欣鼓舞，重睹太平。乃畿辅一带犹复有土匪麇集，扰害地面。现奉爵阁督部堂调集大军，痛加剿办。本司深念尔等莫非圣朝赤子，食毛践土，具有天良。去年肇衅以来，上致乘舆播迁，下使生灵涂炭，凡有人心，莫不痛恨。尔等正宜洗心革面，悔祸自新。谁无身家，谁非性命，何竟甘心自罹锋镝？直隶系本司旧治，今复奉命，重莅兹土办理。京城教案已经议结，请旨发帑，免累民间。此外，各州县教案由该地方官绅议结，分期摊赔。其实在困苦地方，并禀蒙爵阁督部堂奏请拨帑，量予津贴。尔等仰沐皇仁至优且渥，凡属臣民咸应感泣。现本司即日赴任，值此疮痍之后，亟思抚绥休养，以奠民生。一面晤商各国教士严谕教民，不准滋事寻仇报复，并妥议善后章程，以期民教永远相安；一面延请各该地方公正绅士敬谨宣布朝廷德意，俾一夫不致失所，各获安业度日。其有无知愚民被匪徒煽惑诱胁者，速即缴械归农。倘因去年匪乱，家产荡然、无业可归者，准由官绅据实查报，妥筹安抚。如仍怙恶不悛，不受招抚，负嵎拒敌，则是自外生成，法无可宥，定即进兵痛剿，断不能稍存姑息，贻害地方。合亟出示，剀切晓谕。为此示仰各属军民诸色人等一体知悉。自示之后，尔等务即转相告诫，使匪徒闻风解散，勉为良民。上纾君国之忧，下保身家之计。倘有书吏差役藉端讹诈，或别有受屈重情，亦准投诚后再理，不得以他故藉口甘心为逆。本司保护地方，安良除暴，决不袒教抑民，亦不能纵民仇教，一切秉公办理。尔等幸勿执迷不悟，后悔无及。凛之，慎之，切切特示！光绪二十七年六月初十日

七月初八日(8 月 21 日)

《新闻报》

傅相复书续录

至赔款一事，通省计之不及三百万两。宣化一属多至一百六十余万，除已划六十余万入赔款外，尚余九十万。阖属分赔，屡经驳减，而口北道禀称款已就近筹定，合同并已画诺，则势已莫挽，只有察其力所难胜，量为拨济。此外，如河间一府已具禀到院者七属，唯献县认赔制钱二十万吊，景州认赔制钱十七万吊，东光故城认赔制钱四万余吊，为最多。然景州故城已拨归大赔款者过半，此外皆二三千吊或数百吊，统计不过五十万吊，亦无九十四万吊之说。任邱一县未据具禀，昨已飞檄饬查，然亦未闻有七十万吊之说。恐系民间

讹传，探员妄报。第民间十室九空，即为数无多，亦力难重累。前奉谕旨，以直隶官绅陈请酌拨官款先行垫付，饬与户部商酌办理。圣恩汪涉，官民闻之无不感涕。第既知户库之艰难，又稔民情之况瘁，而且省帑罄竭，绅富凋耗，兼筹并顾，不得已而请借拨银一百万两先行垫付，仍俟一二年后收回归补。发电已逾十日，尚未准行在户部复电，尚望垂念旧疆，请切倒悬，与大司农切商速复，不胜感荷。此赔款难措之情形也。至保、顺两属有拳土游勇各匪，永平有绑匪，津属有海洋盗匪，现派吕军、姜军剿办祁、博、蠡、广昌等处。在山中，已由吕军击散；在博、蠡，已由姜、吕会师击散；在祁州者，已由董镇履高击散，正在搜捕匪首，招抚胁从。其事渐有眉目，省东已调何镇永盛扼扎，京东已派郭镇学海扼扎，河间、沧州已派梅提督扼扎，津属除洋兵未退之地外已派章镇高元扼扎。以上数处皆与洋兵交收地面并搜缉匪徒，均极紧要。但期日内与外人商妥，俾姜、马两军早日到顺、到津，似尚易于平定。此现在办匪之情形也。弟年衰事棘，智虑难周，尚望频锡箴言，以匡不逮。

七月初九日（8 月 22 日）

《新闻报》

定州教案详述

前报载，定州地方又有仇杀教民之事。兹据京友述称，事在上月十九晚，定州油味村地方忽有自称为义和拳者百余人鸣枪喊杀，并号于众曰："我等为报仇而来，好人速为避开，与众无涉。"乃将该村教民李四儿弟兄二人用枪打死，并用刀乱砍其尸，放火烧屋，李四儿尸身亦被烧焦。天将黎明，匪载李妻张氏、刘氏而去。民间传言遂有谓匪与李妻另有别情者，事无佐证，亦难深信。州尊得报，急请练军连夜追赶，以期一鼓而擒。练军坚不肯往，第二日始由州官借练军二哨赴该村验尸。悉匪于天明时尚在村外盘踞，今已远飏，遂严谕捕役，悬赏三百两，限三日拿获。至第三日，据报有土匪四名并李张氏、李刘氏均在高粱地内。捕役赶往捕获解州，此案想易了结矣。

七月廿一日（9 月 3 日）

《新闻报》

照录直藩善后谕贴

六月间，直隶藩台周方伯因各属办理教案善后事宜漫无一定，物议沸腾，遂即分派委员会县妥办，并发通行谕帖，俾有折衷，兹将谕帖录后：

第一条，教案赔款。一、天主教系归何处主教统管？耶稣教系某国某会司铎，即神父何人?教堂几处?教民约若干人?向来、近日有无滋事?二、去年烧教堂,华式、洋式共几座?毁教民几家?议赔堂抚教民银共若干?分几期付?已付若干?未付若干?三、赔抚教案之银数及如何摊捐?是否官绅与教士三面议明?抑官自与教士商议罚变拳匪产业若干?是否酌留若干养其家属?地方公款挪垫若干?摊捐若干?是否官绅会议?摊捐之数是否适如认赔之数?现在未付之银约计每村每亩仍应摊捐多少?届时能否如数筹出?应否酌请津贴或遵示酌缓钱粮差徭?或将赔教堂之款请主教、牧师开单送其使馆归入大赔款内,如彼难允,能否再商司铎、牧师,将认定赔抚之款展迟期限?近日州县或因赔款多而未将如何捐凑之法禀明,或因赔款恐招民怨而求剔归大款之内,或请公款津贴,上下隔阂,谣言四起,甚非办法。夫拳匪产业虽奉文可以变抵,究属无多,且恐不能尽变,绝其家属生计。督宪前劾延庆州秦奎良疏称教款难筹,不得不捐罚并行,固知各属全恃摊捐,然捐数亦不可过多。前本藩司在京查阅院卷,有州县禀明按亩派一百文上下者,有竟未禀明者。近闻有每亩派至数千者,民力何堪?无怪怨谤沸腾,谓官绅染指也。至赔修教堂之款,照和议条约原可商请教士开单交其公使,归入大赔款之内。然教士或欲图得现银,或欲示罚本地以儆将来不肯照办,亦有州县官恐增入大赔款贻累国家不愿照此办理者。然通盘核计,权其轻重缓急,不妨诉陈上司。近有州县欲于议定合同之后复请教士将修堂赔款援案办理,诚恐不易。又闻大款内实有余地可入此款,姑候印委与教堂相商。此时和议垂成,大赔款四万五千万两之数已经议定,分年摊还,认四厘息须三十九年还清,本利并计,加倍有余。国家财力已极艰绌,何以堪此?去年大乱,上下如狂如疯,愚民虽属无知,官与绅何竟一无禁止?抚今追昔,能无痛恨?今乃因赔款难出而归国家认列款内,为臣民者何颜以对君父也?本藩司办理京中教案,曾有剔归大款之奏,均声明日后如能筹还,仍由大款数内抽出,实不欲以此久累国家也。至抚恤教民之款照约应归地方自筹,各国公使意谓华民应归华官抚恤,不与各国相干,而此款较赔堂尤要。若不按期发给,则教民无以为生,心图报复,或抢或讹,几难禁阻,非所以息争释怨之道。本藩司日前在京力请全权大臣与户部奏请二百万两,以为津贴教案极苦州县,兼抚穷民及资遣土匪一切善后之用。而度支告绌,昨始闻蒙拨京饷一百万,稍可指望。其拨北洋防费一百万,难期抵用。际此时事,本司等何敢再请?今与各州县开诚相商,务须体察民力,实筹若干再为通盘筹画。苟可勉筹,切勿请款津贴也。

七月廿二日(9月4日)

《新闻报》

续录直藩善后谕帖

第二条,调和民教。一、天主教归教皇统管,传教者如出家僧,■不婚不宦,不营产业,生游某国,死葬某国,总以劝人行善为主,其要语大约禁止偷盗邪淫、不诳语、不欺人、勿争、勿贪而已。每省有一二主教系教皇谕派,故前年总理各国事务衙门今名外务部,奏定各官与教士相见礼节。准主教请见督抚,司铎准其请见司道,盖欲通情愫,泯猜嫌也。司铎即神父,系主教所派,在中国称曰司铎,只劝教民修行,惟大司铎管事。地方官与司铎等相见自应待以客礼,岁时往来,彼此自无隔阂,免致旁人播弄。近日官场中称主教曰大人,尊教皇命也。称司铎曰神父或即曰大司铎,从众也。此如师友帮同劝化百姓,非有权力管理公事。故地方官只可用信,不可用公文信面,尤不可用"老爷"等字,致失名义。故总署奏定章程,教士不干预词讼。而教士亦每曰"我不管地方词讼",然教民每以讼事干托教士,甚有户婚田债细故,毫不与教务相干,亦来关说。此非教规,亦非主教本意也。地方官若果能平心讯究,勿轻用刑,查明证据确凿,自应不分是教非教,概从理法公断,彼又何从辩驳?万一彼听教民一面之词,或径请翻案,或函请上司衙门提讯,不妨将案中细情从容告知。如彼再不悟,即申请上司衙门派员复讯。万不可因彼请托,率尔改断,此指寻常词讼而言。若教民有犯命盗重案,自应照平民一律办理。地方官知此是交情关照,并非例章所有。教士遇此等事,多将此教民革出教外。然在官秉公议罪,固不必问其革逐与否。至若平民欺侮教民,此风尤不可长。近日大乱甫平,仇教之禁新章綦严。而地方平民多,教民寡,若平民欺侮教民不速查禁,恐酿巨案。如遇此等案件,务须秉公从速剖判,勿稍偏抑,见好愚氓。然其要尤在平时恺切开导,使化畛域之见。近日各教士劝谕教民说帖想俱阅过,可见教士绝无袒教之意,其欲保护平安,固彼此所同心也。

二、耶稣教即由天主分出,不归教皇管辖,听各国各人自立一会。近日在中国耶稣教有英国伦敦会、圣道会、安立甘会,有美国美以美会、公理会、长[老]会、浸礼会,以外名目甚多,各不相辖。即同会而分住数处,每处各自教士管理亦不相辖。惟美以美会有总董一人,主持会事调度。一切耶稣教士称曰牧师,近有人呼之为"大人"、"老爷"者,可笑。一切规矩不加勉强,可婚,可宦,或一家人此奉教而彼不奉教,或一人先奉教而后出教,皆听其自便。至牧师传教劝善与天主略同,而通民情无城府,人皆谓较天主易于亲近,然亦视传教牧师为何如人耳。各属境内如有耶稣教,须问明何国何会。前年总署奏定教士相见礼节不提牧师,诚以耶稣一教会多人众,不便例以官常礼节被视他人,亦略如僧道平等,不斤斤于此节,但州县相见总宜以客礼相待为是。地方官遇有民教争讼事,办法如天主教同,已具前说。但司铎如或意见不合,可见主教评论。牧师意见不合,可请其同国同会之牧师代为排解。然遇此等事,总宜据实申请上司衙门核夺,不可隐饰其词,尤不可夹以负气(慢)[谩]骂之语,致增口实。

七月廿三日(9月5日)

《新闻报》

再续直藩善后谕帖

三、历年教案叠出,上下忧心。曾经总宪裕德条奏保护教堂,由官择地设立保甲,慎选本地士绅二三人为董事,额设巡勇,用教堂附近之人,局董免差。如三年民教相安,照寻常劳绩请奖;或事起仓猝,果能弹压解释,照异常劳绩请奖等语。经总署于光绪二十四年十月议复,奉旨准行在案。至今各州县未能一律照行,固由奉行不力。推究其故有二:一因教民于应出保甲积谷等费抗不肯出,彼先自异,人遂异视之,绅董地甲焉肯保护?二因教民间有逞强欺人者,人多侧目,绅董等难以约束,更不愿保护。查教民应出公费,除迎神赛会听其不出外,余俱照平民一律摊派,早有通行定章。前日本藩司在京与各教士谈及并言决无听教民抗捐之理,至教民不法者总是我同类之人,教士既屡经训诫,绅士并官认真查禁,一体保护约束。教堂左近绅董既奉旨保护教堂、教民,官与绅共宜任其责成,如逾三年平安无事,照案准由官择尤请奖。

四、教民与平民涉讼,最为酿事之端。人谓教民恃势占强固属不免,而官亦不能不认其咎也。本藩司在京曾告各教士曰:“天主、耶稣以忍让为先,我尝见教士常劝教民勿因小事兴讼,必待人欺负已极,无可如何,教士准其控官,始敢递呈。”犹必谆诫教民曰:“呈词内万勿说谎,否则大犯教规。”倘若教民不先诉于教士而辄控于官,教士必深恶而痛绝之。诸位能照此行否?答曰:“皆愿照此行,且早有照此行者。”

七月廿四日(9月6日)

《新闻报》

三续直藩善后谕帖

余又曰:“凡教民因讼到官,每谓官不公断,此语原不可尽信,今思得一法。凡教民如与平民争讼或教民与教民争讼,先请乡党中公正人调处。此公正人须由两造各请一人或二人,不论在教与否,不问有职衔与否。如两造再不遵议,再听其各请一公正人评断。本藩司办理交涉多年,照此了事不少,从无流弊,亦各国从同办法也。万一事仍难了,不得不控于官,官须查明公正人调处之言,以为采择张本,如此安有冤枉?且省费省事多矣。”各教士皆答曰:“甚善。”余又曰:“教士常言教民与平民争讼,教民多输,以平民有秀才、举人、进士说情,而教民无之云云。自是教民一面之词。然余亦有办法。教士收善人入教，原取其改过自新，略如佛教忏悔之意，而人类不齐，乡绅遂薄视之，故教民列于绅董之列者极少。今宜由教士择其身家清白、年长性醇、入教已逾十年、不犯教规、不滋事端、为乡里所信服者，举出数人开单，交地方官复加查访。如是素孚乡望，不论有无职衔顶戴，准官谕派任为教中董事。凡遇教堂公事，教堂即系本地方公产，非外国人之产也，总署早有通行，切勿误会，准某来见州县官，待以乡绅之礼，略如生监见官礼节。若彼为自家事与人争讼，自应照例长跪听审，与平民无异。此等教董每县不得过二三人，如能办事妥当，众心允服，亦准三年后择其尤出力者，与保护教堂之士绅一体请奖。倘教董别有不妥，由官撤换，会同教士另举，岂非安民息争之一大关键耶？”各教士皆曰：“甚善！甚善！”将来商订民教相安章程必有此条，望各属先照此意与教士商酌，权宜试行。又民教争讼，书差、酒饭、路费，一切多取于平民，而于教民或少取之，此亦平民不服之一端。余以为，此等事皆由官不明不勤之故，在平民又可听书差多索耶？言念及此，弊难尽举，惟贤有司各自努力为之可也。

五、此次教案议结之后必订立合同，如载有“匪首应缉获惩办”字样，应即访查，确实速行严拿，不获即悬缉终身，不可迟逾一二月始出票■缉，以致人心惶惑。若匪类自行投首，照例罪可轻减，倘有公正绅士保其以后安分，并能帮同缉匪保护地方，可与教士商明，通禀请示，免其重办。教士不重在复雠，重在保护后来平安也。至附从之匪，合同内必未指拿，此应一概免究。本藩司前月在京，有教士单开应办之犯极多。复经商定，除首要重犯百中不过一二人应拿办外，其余皆一概免究。又虑传案具结多所扰累，遂饬各属将单开免究从犯出榜谕知，交保约束，使其改过自新，或开谕单交绅董传知，免其到案。教士无不允此，亦了事之一法。瞬届回銮薄海，重睹升平，前劫已过，正宜休养，求地方安靖，不可到彼时再办缉匪等事。

六、教案议结，无论赔抚各款已付、未付，凡平民、教民概应遵照合同办理。如拳匪先占夺教民房产，自应归还。若教民因家业被毁占夺他人房产者，亦应归还。倘因抚款尚未到手而教民实无屋栖身，可准其暂住，勒限退还原主。至零星物件彼此抢夺者，除先经归还外，以外不准再索。总之，既立合同之后，无论何事总算一概了结。

七、教民常畏平民欺侮，竟有日久不敢归家者。近日土匪风炽，教民复畏扰害纷纷逃出，依旁教堂及亲友家者。此皆地方官漫不经心之所致也。教案虽已议结，教民究属胆虚，且恐其夙忿未消寻雠报复，自应谕委绅董将教民一体约束保护，使其安居乐业。一县之中，何村醇良？何村不醇良？必略知其大概，仍应时常下乡察看，善为开道，即匪类亦无从生心。若于案结事定之后忽起焚杀教民之案，必是义和余焰再起风波。为官者何颜以对君父耶？上司能相容耶？杜渐防微，是所望于贤令尹矣。

七月廿五日(9月7日)

《新闻报》

四续直藩善后谕帖

第三条,缉捕盗匪。一、每县四境之内必用侦探。如有拳土各匪藏匿,立即悬赏严拿。其出名匪首,应发犒赏,准定案后赴司请领。惟买眼线,给差人盘缠,皆须官自探囊。故爱民之官断无不严办贼匪之理,重利之官决非能办事之人。试设身一想,官若视民如子,安忍惜不费而听盗匪扰我民耶?即捕盗之眼线,官亦时常惩劝兼施而不肯松手矣。二、办保甲诚是善法。若贼匪势盛,办亦无益,宜先设计歼其渠魁。倘因循浸炽,聚众抗差,官宜亲身往查。如系怙恶不悛,只得请兵擒剿。兵到之时,官宜同在行间,一面招抚,一面作为向导,且免兵勇扰民。近日乡民滋事,官即请兵弹压。及至官兵击贼,而官仍坐衙斋不出,但遣差探视,不知其何以心安也?三、匪首如果投诚,万无杀降之理。但此辈胆大,若不剿而抚,恐为所绐。如果真降,一说必成,多说即非真降,非剿不可。收降之道,其要在先取妥保缴枪械,然后给免死照,资遣归农。若无业可归不便骤遣者,须与绅董暂行设法安插。费用不足,不妨禀司请示,总须有法以钤束之,勿使再入匪途。四、似匪非匪之徒所在多有,或藉口教民欺侮,或藉口摊捐太多,兵到则释械为民,兵退又啸聚讹抢。此等伎俩只可瞒官,不能瞒乡里。官若常下乡与绅董见面,时派眼线四出访查,决无不知其头目之理。知之而不能擒其渠魁,解散胁从,无怪其势日张。法宜清查保甲,选举村董,重赏线捕,勤练小队,一面开导,一面搜拿。万一愈聚愈多,只好请兵弹压。然官仍宜尽其心力,不可尽委于兵也。

第四条,休息培养。一、查教案赔款,每村每亩已出若干?未出若干?二、查供应洋兵摊捐若干?以上二端虽奉督宪通饬,将收发数目榜示,委员到县仍须细访民间,以期核实。三、教民私讹之款应即追抵,若私和之款不必再问。本藩司早与教士说明,然皆出自民膏,官应略知其数。四、地方公款如积谷、书院、庙会、育婴、恤嫠等费提用若干?将来如何筹还?五、地方官亏挪公款若干?如何填补?是否又出于摊捐?六、钱粮差徭已缓若干?七、民力已困,如何调剂?其有已认赔款而实未能筹捐者若干?八、平民遭此次大乱,家破人亡或孤苦无依者,亦应谕绅董速查,禀司核夺。或由地方筹款,或由本司设法,当请督宪示行。九、各村藏有后膛快枪连子弹,不论多少,务饬一并缴出送省。枪好者连子弹不拘多少,准每枪一枝给银十两,枪坏而能收拾者每枝准给银五两,极坏而不能用者每枝准给银三两,由各县一面收枪,一面垫款给领,即在正款内开支,不可克扣。迟延缴清,仍饬村董具结。如以后该村查出有此枪枝存放,即照私藏军火例办罪。如闻该村实有快枪而抗拒不肯查交,即是有心为匪,应由官督同绅董挨户搜查,再抗即照土匪例重惩。至前膛土枪如有缴者,准地方官收买作缉捕之用。如村董愿留数杆防夜,准官验明,烙字发还。庶几卖剑买牛,盗风永息。

土匪投诚缴后膛枪，亦照此发价作为遣散归农之资。其前膛土枪及刀矛杂项，亦准酌给价值，留作地方官缉捕之用。十、从前团练及连庄会现奉督宪一概严禁，惟巡更守夜各保各村不在此例，仍由州县选举绅董速办保甲，不惟清查盗贼以安善良，且可排难解纷，消除无数争端。当兹大难之后，官绅并宜同心一气，且绅尤重于官，官可更代，绅则身家永共休戚也。各绅士有愿来省见本司者，一到即见。如保护地方平靖、缉盗安良有功乡党，准由官年终酌请奖叙。十一、大乱后地方如何安辑休养，有无更张整顿之法能保永远无事、共享升平，应由官绅各抒所见，禀候核夺。光绪二十七年六月　日

十月初一日（11 月 11 日）

《清议报》第九十七册

帝国主义（译《国民新闻》）

帝国主义，近顷政治家、实业家、爱国者凡百士庶说不离口之名词也。欧美之论坛，讨论研究之不遑。我国之新闻记者，亦以为议论之好题目。然仅以“帝国主义”四字，为一个趋时之名词，不包含人类文明之大事实，则吾人亦无须索枯肠、绞脑浆而研究之。盖帝国主义者，非趋时之谈话，又非新闻杂志之新题目，其主义更非由平民主义反动而出，仅现于一时。自国家之利害祸福及人类进化之大局而观，皆为严明重大之一事也。

帝国主义，非独政治上、经济上之问题，实总合人种、人口、伦理、教育等各种之问题。而为一大问题。非独政治家、学者、新闻记者当为研究，凡社会之人皆当以解释此问题为义务，而不可袖手旁观。则此主义者实为国民之大问题，则国民不可不实力研究之，而为健全之舆论。由舆论而定国是，而作国民之运动。试观帝国主义之影响于世界各国，各增加租税，而扩张军备，或为战争失几多之人命，亦所不惜。此等之事，将谓不得已而然乎，抑由国民一时之暴动乎？观此亦可知帝国主义之非等闲矣。

请先观俄国。彼国之财政，固有陷于困难之状，然不拘经济界之不稳，忙向巴尔干、小亚细亚伸张其势力，又对波斯、亚布坦之方面寸退尺进，汲汲于膨胀之经营。至于对中国之政略，则于伊犁、于北满洲策画无遗，大有举国力而向此之势。且观俄国之太平洋政策蒸蒸日上，则其帝国主义之如何壮大，亦可想而知。夫俄国本帝国主义发达最早之国，更逼于近来之大势，殆恰如火山熔石之溢，向亚细亚大陆而膨胀之状。

德国建国以来，虽不过三十余年，于领地之扩张、于殖民之事业、于商业政略，努力而欲追先进之诸大国。其皇帝则如帝国主义之化身，其宰相卑路伯亦热心而主张此主义。德国政府之大事业，非帝国主义之直接发挥，乃其反射也。于阿非利加、于小亚细亚、于南洋极东、于南美，德国之所为皆帝国主义之政略。于其内国，海军之扩张、运河之开凿、关税之改正，无非皆帝国主义直接、间接之结果也。

转眼于英国，则现政府者以帝国主义为其主义者也。殖民地之统合自此而来，南亚之

战争由此而起。帝国主义,非独现政府所主张也,即反对党之自由党中罗米卑利卿阿士剞士等皆倡道帝国主义。英国今日之大问题,如外交问题、党派问题、经济问题,皆帝国主义之问题也。若以现时之英国政界,比之苏兰斯顿全盛之时代政治问题,全变其面目矣。

更观北美合众国。自华盛顿、邀化逊之理想渐渐转移,自蒙路之主义一变而至麦端尼为帝国主义,合布哇,取乔■,并吞非律宾,为帝国的大运动之起点。如昨年总举大统领麦端尼之帝国主义,与拉罂之非帝国主义为大竞争,帝国主义得大胜利。本月廿七日大审院,自此以后于共和国之宪法,破格而下帝国主义之解释,遂于宪法上确认美国之帝国主义,使国民正正堂堂得实行其膨胀政策。

更观弱国未开之地。自土耳其、中国、朝鲜、埃及各旧国,至于亚细亚、阿非利加之各处,些为帝国主义之角逐场。南美诸邦及太平洋诸岛亦尽为膨胀国民所分领,将有并吞之势。由此观之,则谓二十世纪为帝国主义之时代,亦非过言。是帝国主义为现时之大势,可断言也。

自历史之初至二十世纪,人类之大运动、英雄之大举动多于帝国而现出。历史之大部分,几为帝国兴亡之实录。于上古则有埃及、巴比伦、波斯之帝国,有亚历山大之帝国,又有罗马之帝国,伟观壮景,活现于历史上,然其后卒土崩瓦解。又成吉思汗、帖不儿之帝国,土耳其帝国,拿破伦之帝国,然亦皆无以善其后。此等诸大国之所以失败者,在集各种之民族于己权力之下,以国家之压力使为统一。压力强大时,虽可维持。势力一衰,各民族之反动力一起,不得不分裂。历史者以此等之阅历,实教后人以不伴民族之膨胀,徒以征服侵略之,不可以奠国家于磐石之安也。

又观俳尼沙民族之膨胀于地中海、黑海之沿岸及希腊民族之广大殖民地。彼等民族不能为合同强力之国家,空为他国侵略军之饵而已。自此等经验而观,只民族之膨胀,非国家之膨胀,终必失败。国家之健全膨胀者与民族之膨胀及政府之政策经营,相辅而不可离者也。

人或以英帝国昔由放任主义而维持发达者,是决非有识之言。试观十八世纪之历史,英国之财力、兵力之大部分,非为帝国主义而费之乎?十八世纪之英国,自西班牙继续战争至拿破伦战争,为六大战争。然其战争,皆敌法国而战争者也。英国因何而频与法国剧战乎?盖英国之帝国主义有与法国不得不争领土之关系也。

当时英之帝国政略比之十九世纪尤甚。自黑人狰狞之印度山谷,至赤人咆哮之美国原野,于世界之各处,为夺法国之领土,累为激烈之战争,是英国决非于不知不识之间,而能扩张此大版图者也。

如西班牙、葡萄牙、荷兰、法兰西虽皆建设广大帝国,实力不足维持,政策又不得其宜。民族今虽尚膨胀,然帝国终陷于不得不缩少之不幸。

吾人请更论帝国主义与民族主义之关系。历史家之论曰:封建制度,不拘人种之异同,可随意划地而分领。同民族而有异邦之人,异民族而有同邦之人。胡汉吴越,可得杂居。自封建之制既坏,各民族渐觉种族之界限。同族则相吸集,异族则相反拨,民族主义遂为人类之一大理想。意大利之同民族、德意志之同民族遂相合而建一国。匈牙利之异民族,即自奥地利而分离。此人种自然之倾向,遂为近世造成国民之大动力。

然以吾人之所见,则国民造成之动力,非同民族之吸集力而已。此外更有异民族同化力，即强力民族同化弱力民族，而抹杀其界限之力也。美国百余年间，自大西洋岸之十三州膨胀而为达太平洋岸之大国，自三百万人增至八千万，固因民族膨胀吸集同民族之效力，其外或买收或并吞外国之领土，有同化异民族之力，故至此也。今日之美国，收容德国、爱兰等之移民尚绰有余裕，非其同化力之盛，岂能为此哉？日本之于台湾，德国之于阿沙士路连，所行之政策皆民族同化之事业也。

同族相吸收，又同化异族，诚为十九世纪国民运动之最大动力。然今日之帝国主义最可注意者，即和合“殖民帝国”与“征服帝国”之所长，以谋国家之发达，是今日之帝国主义也。

帝国主义，固有民族主义，亦有经济主义。故欲观今日列强之政策，不可不注眼于民族膨胀与经济膨胀之二大动机。而民族主义本属天然，其势力虽强大，其发达甚缓。至经济主义，合工业制度之革命，交通机关之进步，其活动急剧，其影响结果又甚猛烈。殆使人疑今日人类之活动，无非由经济而起。且想像帝国主义之动机，亦全由经济而出。故考察现时之帝国主义，不可不注意于经济之方面，离经济则二十世纪之帝国主义到底不能解释。

英国之政论家耶道哇泰士氏于南亚战争论中有言曰，英国为进取或保持经济上之利益，虽并吞他国，或惹起战争，亦所不辞。唯大可注意者，于占领他国，或为保护时，其政策不可不注意于经济上。即其口实，亦不可不在保持增进大英国物质上之利益云云。观此亦可知现时帝国主义之真相矣。

于商业竞争之不剧时代，虽取自由贸易主义，以殖民地与母国有历史习惯、血族等之关系，为母国之好市场，助经济上之动力。虽颇盛大，如今日之竞争剧烈，不问何国，交通机关、商业机关皆大进步。以广价而得精良货物，侵略他国之商业，殆不问国境。而夺掠利益之时势，苟能建一国者，不论何国，皆注意“于经济无国境”之大势。于是以税关政略而划国境，保护内国之产业，排斥外国之商业，至以经济上之生活为国家之生命。

吾人试观自由贸易始祖之英国，其属领加奈陀、埃及、印度等，近年大败于德国之商法。德国日侵入英国殖民地商业之动脉内，吸收其精血。又于加奈陀大被美国商业之侵入。今日之加奈陀，自经济上而观，虽谓为英国之领地，宁谓为美国之属地也。

英国既于德、美新进气锐之商业国自八方而被侵入掠夺，更以俄、法两国大筑保护主义之栅栏，驱逐外国之商业。美国、德国亦高税关之障壁，讲排外自强之策，有驱英国抛掷自由贸易主义之势。

如此自由主义之英国，近亦取保护主义。俄、法、德、美，益讲排外之商策。列国悉坚关税之城壁，世界遂为商业割据之时代。

以如斯保护政策，相侵害，相排斥，则商业非世界之商业，有限于国内之倾向。以此之故，物产稀少之小国需外国之品物必多，不得不陷于困难之境。至于大国则有各种之气候，有各种之产物，地理之变化亦多，自国内各部之商业互通有无，于经济上可为独立，困难之事颇少也。

各国竞取保护政策，则小国于经济上立于不利之地，殆有不能维持独立之势，遂不得已而谋领地之扩张。于是保护商业之时代，属地殖民地等实于国家存立上，殆有不可缺之势。由此观之，膨胀主义诱起保护主义。故帝国主义与保护贸易主义，有不可须臾离之关系。

十月十一日(11月21日)

《清议报》第九十八册

帝国主义(接前册)(译《国民新闻》)

帝国主义与殖民事业,决非同一。于殖民事业之外,更含种种之政略,且殖民事业有与帝国主义全不相关者。如彼爱兰人虽结伍为群移住于合众国,然彼等只被吸收或同化于美国民族,不得结为帝国主义,能扩张本国之势力也?又德国年年移极多之人民于美国,然亦只失其人口,并不能膨胀国力。故今日之德国尽己力之所及,务移民于小亚细亚及南美之未开地,以避美国之吸收。又如中国之人,虽散布于世界各处,亦只掠多少之金钱或供他国之牛马,于政治上绝无影响。此殖民之不适于帝国主义者也。然今日之帝国主义,全根原于民族之膨胀,民族不可不藉殖民而遂行。故殖民事业终与帝国主义有密接而不可相离之关系。

故列强为将来得领土之故,必尽力于殖民政策。国民生息之地,必向未开之地而膨胀,以扩张本国之活动舞台。彼传教师之所住,商卖人之所行,皆帝国政略之所联系。故热心于殖民地而不遗约策之事,实自有历史以来未尝有也。即国民保护权,亦无有过于今日者。如彼英杜之战争,实英国于杜国之金矿地,为保护英民权力,以扩张其利益之故。又德国之于南美及西尼亚之殖民地,其国民受土人之凌虐,必伺有机会之可乘,不主张其极大之权利,增进其利益不止也。

于以前之殖民地,约自二种之势力而发达。一则为国民自然之膨胀力(即个人之经营),一则为国家之政策。如俄国于前数世纪间,渐伸张其势力于东方。又美国自大西洋狭小之地,而膨胀如此广大国土。皆先以国民自然之膨胀力而成,而后以国家之政策,以经营之者也。英国之占领印度,亦先由一公司之力,其后英国政府承彼等事业之结果,而为政治上及军事上之经营也。俄国之向中央亚细亚及土耳其而扩张版图,亦皆热心功名之军人,不受政府之命令,自负责任,征服土番,移殖本国民之结果也。更观之黑龙江畔俄国版图之扩张,又非毛拉威夫个人之事业为之先驱哉?

更观近时之事实。彼遭支柯治者,于阿非利加之拿楂,不惮气候之酷热、风土之不宜,不受政府之特别保护,苦心惨淡以营殖民事业,终使英国得广大之属土。又赊是卢住自南亚而向中央阿非利加伸张英国之势,皆以一人而遂行帝国政略,助英国之经营阿非利加,其力不少。

自国民自然膨胀而成之殖民地,比受政府之干涉缚束,其发达虽甚速,然到底不能堪敌国之压迫侵略,遂不得不待政府之经营。

于今日不藉国家政策之殖民事业,不论何国,皆不能行。国家之竞争,非独于亚细亚于阿非利加而剧烈。今于南美,列国之角逐剧烈日加。盖现时之膨胀事业,以全力之经营与永久之目的而遂行。俄国则建造西伯利亚之大铁道,获旅顺大连湾,以谋海军之大扩张。德国则极力主张教育策、商业策、海军策、航业策。英国则自好望角至海楼府，敷设亚洲(应为“阿洲”)大陆之纵贯铁路，恰有以大铁锁而结束属地之观。美国则于太平洋得若干之要岛，开凿大运河，大讲经营亚细亚之策，此岂非其欲为大膨胀及长久之计而为此者哉?

列国经营殖民事业，为扩张土地竞争之烈。故不暇待健全之膨胀，争协定势力范围，恍呈占空想的领土之奇观。夫所谓势力范围者，前时则不过欲使国民自殖民，工业自商，吸收他国利益。至今日而一变，豫划将来扩张殖民及实业之地，而为排斥他国事业之范围。故列强既欲扩张商业殖民之实利，又弄外交之手段，为特别分割势力范围之战争。如中国本为独立之帝国，然其国土之大部分既被分割于列强之势力范围，而列强(遂)[逐]日忙于利用势力范围之政策。

列国之专心一志，遂行殖民政策既如斯，是列强欲达其野心之伎俩。及各国殖民政略之巧拙，固大有研究之一值也。

列强各异其历史、习惯、人种，故其殖民之方法及其对于殖民之思想各不相同。今吾人试就英、法、德、俄之殖民事业，以愚见之所及，略为论列。

英人以其独立自治之性及勇于进取之精神移住于世界各处，比之他种，常占优胜之地位。盖于殖民最获成效之国民也，非独人种优胜已也，政府之施政亦极得其宜。英人有好自由忌束缚之特性，故政府之对殖民地大与自由。凡事皆主放任，只监督其大体。而于外来之危险及内部政治、经济之紊乱，则时为警告，力为保护。一切可以障害殖民地发达之繁文缛节删除殆尽，使移住者得享自由之福，翱翔于活泼之天。然彼政府之对殖民地得行宽大之政者，实英人自治之特性使然。然其特性与施政，亦即英人之于殖民地所以得收大效之故也。故他国人民，欲大挥其手腕于自由之天，而行安乐太平之商业者，皆麇集于英国之殖民地。如彼香港，包含种种混杂之人种，使彼等于英国保护之下，得大展其商略，即可为一证也。

英人于小农业，虽不及德人与荷兰人，然于大农业，则英人决不劣于他国之国民。于南美，于阿非利加，英人所成功之农业，皆大农而非小农。于未开之地，一切开掘矿山、敷设铁道、组织工商业之机关等，虽近来德国与美国为非常之发达，与英人为大竞争，然英人于此等事业，决不让他国也。

法国从前虽有广大之殖民地，然其殖民事业逐渐失败，其版图亦次第缩减。至十九纪之顷，殖民无所成功。盖法国之殖民地，其官吏虽多，然从事实业之法人固甚寡也。如亚遮利亚为法国领土，极占便利之位置。然移住之法人不过三十一万八千人，然外国人民住此地者四十四万六千人。至于路楂拿及加拿大，则更只留法国殖民地之纪念，并无可警可畏之势力也。

法国之于殖民地，不能收大益、成大功者何也?其原因虽极繁杂，然其大原因则在法国之人口不多。近法国人口增加之成数渐次减少，不有移住他国之余力。且自拿破伦以来，法国之民法定子女均分财产，故不名一钱落拓穷途之青年颇少，皆有少少之财产，各自满足，不肯冒险而飘摇海外。且法国之社会颇极快乐，故皆不肯弃此乐土而过荒漠之乡。即有移住，总不能忘甘甜之故乡，转瞬又复归国。其所以不适于殖民者，职此故也。

法国之殖民地不能隆盛之故，非此而已。法政府之施政于殖民地，不能如英国之宽大,以种种之繁文缛礼而为捡束。故凡外人之移住者,比之他国殖民地恒少。故挟大资本之外国人亦因此而稀。此亦妨其发达之一大原因也。

德人者最适于农业之民族,能忍如何之艰苦,以开拓未开之地而永为居住,与恋故乡而畏远行之法人判若天壤。故于美国之农业地,常比美国人、爱兰人,占优胜之地位。重以近年商业大为进步,侵入各国之殖民地而伸张其势力,故于亚细亚及南美,英国商人被德人蚕食其利益不少。

德人虽能侵入他国之殖民地而立优胜之位,然于本国之领土,政府之干涉极多,颇被缚束,不能为自由之动作。德国之殖民事业犹未得成大功者,亦非无因也。

俄国则于农业殖民,为最成功之国。彼等于前数世纪之间,以农业而膨胀。至近时始变为军事上之膨胀者也。中央亚细亚之诸族,频被其征服。俄国之治征服民族之技,为最巧之国民。彼等者厚遇所擒获之酋长,授以官位而买其欢心,宽待士民,使共知俄国之可亲。盛起工业,增进土民之福祉。风俗习惯及宗教上之事,皆与以自由,绝不干涉。

盖俄人者于欧洲人中殖民于亚细亚,亦为最适当之国民。彼以半欧半亚之人种,与亚细亚人甚异混淆,又最能识亚细亚人之性质。重以彼等军队之雄壮、仪式之壮丽,足夺亚细亚之魄。是俄人者,长于权谋,长于威吓,驾御亚细亚人有特别之技能与天性。于亚细亚殖民,欧人中以俄人为第一。

各国殖民事业既如此,是帝国主义与殖民事业之关系,其颇为重大可知。各国帝国之主义,亦可因此而窥一斑乎。今日之最能发挥帝国主义之特性及能代表近来世界之历史者,盖德国帝国也。若欲彻底研究帝国主义,则吾人试将德国帝国略下观察。

夫德国之始行帝国政略,十年以前之事。于俾斯麦之时代,德政府之政策只倾于统一国民之事业,如欲领有远隔土地等事,铁血宰相未尝有所计画也。即于殖民事业间有经营,亦只扩张商业之手段,决不有政治上领土之心事也。观彼之于小亚细亚,则任俄国之经营,于中国辽远之地,则更无利害之感。是法国之殖民事业,则在军事上。德国之殖民业,则全在商业上也。

然至一八九〇年之顷,德国之政略一变。既藉俾斯麦之政策,整顿其国家,充实其民力。国家之精力,有不得不向外而发泄之势。以俾斯麦商业政策之故,德国之商业遂大扩张于世界。然商业竞争又甚剧烈,政府遂不得不保护之。俾斯麦之国家主义,其结果遂诱起威廉二世之帝国主义。

一八九〇年,于阿非利加与英国结划定境界之条约以来,德国之政策欲为帝国主义。凡世界德国工商业之殖民地,遂皆以政治而保护。一八九七年,外务大臣封孙楂于议会演说曰:“吾等不可不保护国民之利益,又不可不保护在外国之德人。凡在外之德人,不被他国吸收,永得以德国人民而维持之地,必多移本国人民使之住居”云云。是年于茄龙皇帝之演说曰:“吾等于世界有大义务。不问世界何处,凡有德人者,吾等皆须保护。德国增进之势力,不论用如何手段,必思所以维持之”云云。观德国帝国之代表者皆倾心于此,故政府或自铁道政略,或自殖民政略,或自商业政略,倾全力而求达其帝国主义之目的。

德国于阿非利加有广大版图。近来复向中国扩张其势力,或派轩利亲王、或派华德斯元帅或以英、德协商而对列国。其政策虽大有研究之一值,然吾人只略说其于小亚细亚西利亚地方之计划及其于南美之政策,其帝国主义亦可概见矣。

小亚细亚美疏波米西利亚之地方，不过人口稀薄未开之土。然德国殖民政策之主力所以倾注于此者何也？此地非如中国之丰腴，然当诸种之物产，可盛兴农工之业。山多矿产，有商业之便。且其人口稀薄，土民压迫之力不强，故无同化于土民之恐。其皇帝之垂涎于此地者，职此故也。自水陆上而观，则当三大陆交通之要冲，山河险阻，为军略上重要之地。若领有此地，于将来世界政略，可占优势。现今德国虽只云保护殖民商业，然一有机可乘即占为己有，固无疑义也。他日阿洲大陆铁道一成，自海楼府经波斯、印度而到北京之大铁道线路连络之日，巴列士煎者为三大铁道之接续点，又为商业上至要之地，德人固已熟为研究矣。

德国皇帝自其治世之初，早已画小亚细亚政策，汲汲买土耳其政府之欢心。故于阿美尼亚虐杀事件，束缚国内之言论，力求不触土耳其之感情。于希土战争，又密援土耳其而破希腊，与土帝加亲密之交情。德国之注意于小亚细亚，今倾于铁道政略。自君士但丁至波斯之巴俄打敷设铁道之权，约九十九年让与德国银行。其一部早已竣工，此他更得许多支路建造之权利。故德国之铁道公司，甚忙于此云。

最近十年间，在南美德国之产业及殖民，殆为突飞之进步。其对南美输出入之总额虽未及英国，然其资本之增加及其发达之速，非他国之所及。只计其放下于伯西尔之资本，已在三亿圆以上。此之资本，或为铁道，或为银行，或为商会，或为运河桥梁。以活动于伯西尔，威尼治拉之大铁道以德国之资本而成。智利之农业，多为德人之所营。亚尔善共和国之地主，半是德国之臣民也。

今日德国于南美之势力虽在产业上及殖民上，然政治之势力吾人可决信其随此伸张。德国皇帝曾公言德国臣民所到之处，政府不可不扩张其保护权。观此则南美者将来为德国帝国主义之活动场，固可豫决也。

十月廿一日(12月1日)

《清议报》第九十九册

帝国主义(接前册)(译《国民新闻》)

德国之帝国主义，由俾士麦之商业政略而发达。彼之目的，欲于帝国主义基础巩固之后，更建商工业之帝国，使向外而溢之国民精力，得一发泄之所。故德国巧避政争，扩张产业，与俄和亲，与法和睦，与英提携，务圆滑国际之关系，以扶植商工殖民之业。

惟时与势，驱列国而入二十世纪商业之大战场。而德国之四面，如被英、美、俄数强敌所围绕，故倾其全力以训练从事商战之兵士及武器兵械，且作商战之准备，努力联络世界之市场。恐此尚不足以达其目的，故更欲于航业海军及世界要所之领地等，凌驾他国。此皆德皇之所专心一志策划而经营之也。

德国之航业，二十年以来进步颇缓。然最近数年间，殆为突飞之进步，而惊世界之视听。一千八百七十一年，大汽船仅百五十艘，重八万吨。至一千九百年，忽为一千三百艘，百十五万吨。近来汽船增加之比例,德国与美国共为世界第一。德之政府大与补助金于商船,以谋其发达,欲驾夫先进等国而上之。如此德意志路德公司及汉美邮船公司,非被推为世界最大之汽船公司者耶?一千八百九十六年前,入汉堡之船舶,英船之数比德船多,德国之贸易藉英船而行。今一变其面目,德国商业之大部分皆由德船而行。且德国非独于商船之吨数进步,足凌他国已也,于航业政略,亦极发达。观其在大西洋与英国竞争,得占优势,即可窥其一斑。此后之如何进步,未有艾也。

今之航业世界,将一变而为巨舶时代。而德国已造近二万吨之巨舶,如"道忽治兰道"号、"威廉第二世"号等,以迎新时代。

德国前以陆军国而发达。陆军既已成功,且咸推为世界第一之陆军国。彼国防藉陆军之扩张,德国国民虽所深信,至海军则大为轻视。近来感商业殖民之利害,渐认海军之必要。帝国政略,遂以海军扩张为德国国家最大之事业。

德国苟欲自商业而建设帝国,则不可不以海军为国家机关。夫当世界的竞争之时代,德国之运命比之自法国、俄国之境以陆军而决战,不如于支那之海或阿洲之水上、南美之港湾而决胜负。故皇帝于扩张海军之策,热心而主张之。惟国民之多数未容其说,不能即行。然其国之大臣又利用各国所起之事变,说海军之握要。皇帝又亲自演说于各处,诉德国海权之微弱,卒能大达其目的。当轩利亲王向东洋出发时,皇帝之演说曰:"帝国之势力,一依海军。二者相离,则无以存立。凡在海外之我大德国民,当知海军须受帝国之保护"云云。

一千八百九十八年,议会决议以十亿圆之豫算而扩张海军。因此之故,俄、美两国亦谋海军之扩张。美国又扬威海上而破西班牙。德国以一八九八年之扩张犹未满足,更于一千九百年春决议新海军建造之案。此案实施之后,至一千九百一十六年,则除英国外,德国遂为世界第一之海军。

德国非独于军舰之吨数扩张海军而已,更广建造船所,筑船渠,养成海员,期保护海外之利益而无遗憾。如海员现今有二万九千人,依其计划,至一千九百二十年可得十万人以上云。

德国自建国以来时日尚短,故于领土未能及他之强国。既然于太平洋取纽忌尼亚岛及拉龙岛,又于中国租借胶州湾,于东亚得活动之根据地。

德国对商战之准备既如斯,然使吾人更有可惊之事者,即其实业教育之大发达也。德国之商业学校专养成通世界商埠事情之事务员及通各国语言之商人,以冀海外工商业竞争时,俾德国独占优胜之地位。夫英国之制造家,以本国之风味而制造物品,卖之于异风俗惯习之外国人。德国之商工业,则弃尽本国之风味习惯。虽如何奇异之衣服,如何异样之器具,揣摩彼处之嗜好以巧手而制造,廉价而贩卖。故其物品,不问文明国、未开国,所到之处,皆被欢迎。此虽为德人天性使然,抑亦可见其实业教育之方针矣。

帝国主义者,非近时而始发明,实由昔时国家发达之结果而生。苟国家异其性质,帝国主义亦大异其趣。试比较俄国之帝国主义与美国之帝国主义真有天渊之隔。世界中俄国者,诚为不[可]思议之国。虽与欧洲诸国相伍而异,其文明异,其国家之性异,至其发达之倾向亦大异。其历史今不具论,请即其现在而论之。彼西欧诸国之平民[主]义,俄国之所嫌忌也。西欧诸国之产业主义,俄国之所蔑视也。不尊重西洋之文明,不蹈西洋之迹辙，别求进步之道，俄人一般之意思也。自彼得大帝以前，西洋之文明已盛输入俄国，然俄人得之，即俄化之。只供生活之器具，绝不蒙根本之感化。今观俄国于政治界、宗教界最有大势力波卑那士威夫氏之近著，亦可略知俄国对西洋之文明为如何态度矣。

波氏以西欧之文明，实罹于不治之症。其所谓不治之症者，即无政府思想、无宗教思想及社会党等。谓："此等之腐败霉菌将蔓延于世界，俄国亦将被其传染。欲防御之而发达俄国，不可不用俄国之专制主义、俄国之教会、俄国之社会组织。夫统一、调和、服从、尊敬、质朴，实为我俄国文明之特质。如个人主义、平等主义者，实杀害国家之毒药，须视彼如蛇蝎"云云。彼极力排斥西欧文明，发挥俄国固有之文明。其议论虽走极端，本不足以观俄国之帝国主义，然其为有大势力之言论，固不容疑也。

近年俄国益倾于狭隘国家主义，专制主义愈为加甚，贵族社会之势力亦大为增加。观一千八百九十五年，诸种团体之代表者集于冬宫，祝皇帝之即位及大婚时，皇帝之演说曰："俄国之人民，有不可不知之一事。朕必倾全力以增进国民之幸福，虽然，不可不为独裁政治"云云。故虚无党及学生或改革派如何运动，而俄国之压制主义反有日增月盛之势。

俄国之帝国主义，全然俄国的非他国所可模仿者也。其帝国非商业帝国，其国家之竞争非产业之竞争。俄国之一外交家曾曰，俄人者非商业国民，彼等者向比商业利益而上之高尚目的以进行云。即此一言，可觇全体。俄国之工业近来虽大发达，其输出、输入亦大增加，然其商工业之重大者，皆藉外国人之手。俄人之所自为经营者，极为微小也。故俄国于商工业上，不得谓为成功之国。

俄国虽采保护贸易主义，排斥外国商品。然其结果，国内之新工业不起，只旧式之产业独为繁昌。故俄国之帝国主义，非如他国力求市场于外国。盖彼虽有市场，亦无可卖之制造品也。故俄国之世界的竞争，不在乎市场之竞争。

俄国之膨胀者，农业之膨胀也。俄人之意，以为自狭少之地面，虽如何改良土地及如何改良耕作法，其所多得之物产有限，不如自地面之扩张而增产额。故俄国之地面与人口之增加，农业之盛大，日向抵抗颇少之东方而膨胀。俄人者实为土民，彼无地面即不能挥其势力者也。故俄国于凡可为膨胀之地，恐他国之着先鞭，遂极力而讲求侵略土地之策。

又于俄国最有势力之军人社会，大鼓吹侵略主义。欲于亚细亚为大膨胀之野心，如火之燃，逼政府之政策倾于此方，而求达其目的。故俄国帝国主义之倾向，与其保全国粹主义，宁在欲于亚细亚建俄罗斯大帝国也。彼大体之倾向虽如斯，然亦非无反对之潮流。如彼大藏大臣威地氏，大诱入西欧之文明，欲建设俄国帝国于经济基础之上。又欲以立宪政体代专制政体者不少。然潮头正急，恐此支流之势力未易抵抗耳。

至慕平等与自由、进步与活动而移住于新世界之人民，一战而建政治的自由独立之国家，再战而造实行平等博爱思想之社会，三战而开演经济的大舞台。此皆美国之地理、住民及历史，自然生出之结果也。故今之美国为经济的一大帝国。昔为农业国之美国，当入二十世纪之时，俄然而为工业国、商业国。经济学者波利夭尝曰："昔输出食品以苦欧洲农业界之美国，今以制造品之洪水而溺欧洲之产业界"云云。是美国之现状，亦可想矣。

其商业进步之急，实从古所未有。于一千八百九十九年一年间，其输出之增加实达四亿六百万圆之额。其制铁之事业壮大宏伟，实寒欧洲工业界之胆。美国将吸收世界之货币，世界经济之霸权自然归于美国之手。故欧洲诸国冒恐美热，汲汲而研究对美问题。或有唱欧洲对美同盟之政治家，或有向美国劝其废止关税之经济学者，索枯肠，绞脑浆，日求所以抵抗之法。以有恐美病之故，忘却恐黄病，是对美策为今日欧洲共通之最大问题也。

美国商业势力之所及，岂只欧洲而已哉？即于东洋，其产物之入支那，入满洲，入西伯利亚，入日本，其额逐年而增加。如日本之石油、烟草，满洲之采掘矿山、器械、铁道材料等，皆非美国势力之所侵入哉？

其势力之伸张于东、西两洋，使两洋之经济界有不稳之状。其初美人尚不自知其势力，然迩来欲以经济力霸世界之念勃发于国民之胸中脑里。元老院议员常警戒国民曰："今日美国对欧洲，始为商战。非使全世界之国，服从我国经济力之下，则不可止。现诸国皆向美国而攻击，其准备防御，虽一日不可怠"云云。即此数语，非即可以察美人之意向耶？

其如此之势力，决非偶然涌出者。实世界之大势，驱美国之富源及美人之活动力而至此者也。麦端尼之帝国主义，即察此大势，定美国发达之方针，而讲扶翼辅助之政策。其谋国之深长远大，诚令人钦敬无已。故彼之起战争，占领土，背弃旧例，自立政策，实明识时势谋进国力不得已之计也。麦端尼之帝国主义，先以战争布露于世界。故或误解其为侵略主义，不知其纯然经济的帝国主义也。彼之占取领土，决非由欲灭西班牙之志而出，又非由欲扩张美国版舆之野心，只欲得商业政略不可缺之地而已。故其政策，国民皆所深识。当其再选就职之日，大审院非使彼脱宪法之羁绊而行其政策，从新解释宪法，俾得遂行帝国主义之自由哉。

若拘泥昔时之历史，麦端尼之帝国主义非无背美国历史之处。然以人类活动之大势为历史，彼经济的帝国主义，非独不矛盾北共和国之历史，且有必然之关系。华盛顿之事业，实为麦端尼事业之前驱也。

麦端尼之合布哇，取非律宾，实欲向东洋作商战之根据地。昔时大西洋为文明之重心，今日文明之重心有移于太平洋之势。故美国之对东洋，有重大之关系。麦端尼实先见及此，故占取非律宾，欲使孟尼拿为美国之支店，以压倒香港、星架坡，使东洋之商业皆被支配于此地者也。彼之政策，苟有识者当一览而知矣。

东洋之贸易于地理上最有便利者，除我帝国，则俄国与美国。然俄国于商业上断非美国之敌。其所云地理之便利者，只自一条之铁道而入中国，一切货物不可不由铁道而搬运。至美国则以巨舶而走太平洋，有以低廉运费而营敏捷商业之地位。此外欧洲各国须经印度洋而来，迂回曲折，更不待言。此美国所以于东洋之商界，得占优势者此也。

美国对东洋商战之准备，欲向东洋各国之殖民地、俄国之领土、中国、日本等。而扩张其商业既如斯，其使吾人之所最注目者，则为美国欲于东部接近东洋之事。如尼加拉运河之急于开凿，奖励太平洋之航业，及为便美亚之通信沈设太平洋海底电线等。此皆美国之欲其商业得活动于东洋，而以美国之文明支配东洋者也。

麦端尼于巴不路最末之演说曰："吾国之生产力甚为膨胀，吾国之产物有可惊之增加。倾全力而求新市场之问题，实今日最握要紧切之问题也。若不以博大智识、贤明识见而划政策，吾等之势力必无以维持。吾国商业之膨胀，实压迫吾人研究于大问题者也"云云。麦端尼既死，彼之政策尚留于国中。其帝国主义深印于国民之脑里。新大统领罗斯维氏亦欲以强大之精力遂行其膨胀主义，是美国帝国之前途，其前进固未可限量也。

社会学者突丁古士尝曰:"美国者集西欧一切之所长,综合之调和而为国"云云。美国之帝国虽纯然经济的,然一切文明之要质藉经济而播散。是美国将来欧化亚细亚,其有绝大之势力,可豫决也。

帝国主义者,国家主义之大希望也。然国家主义者,国家的竞争之主义。帝国主义,亦绝大的竞争主义也。夫进步者,竞争之结果。今日之文明,非几千年前人类竞争之产出物乎?世界之历史,非人类竞争之记录乎?彼历史之初开幕时,人类实分无数之小部落,相为竞争。由小部落合为大部落而竞争,大部落合而为种族竞争。种族竞争,合而为小国家竞争。小国家竞争,合而大国家竞争。竞争不已,终成今日大帝国竞争之时代。

帝国主义竞争者,最剧烈、最大希望之争竞也。其竞争之方面,亦甚复杂。故世界各国尽今日文明程度所有之智识、所有之器械、所有之财力,而为竞争。德国扩张海军为二倍,则俄国、法国、英国皆求所以匹敌之,或更求出乎其上。一国之军舰用无烟火药,设无线电信机。他国亦尽力经营,恐居其后。故各国皆以岁入之过半供应军备,其竞争实不知所底止。夫军备问题者,即财力之问题。军备竞争剧烈时,遂惹起经济剧烈竞争。于是一国讲保护产业之政策,各国皆踵而效之,诱出关税之大竞争。一国于未开之国扩张利益,各国亦惟恐后时,以谋伸张其势力。德国造一万七千吨之巨舶,英国、美国直造超而过之之大舰。英国于支那敷设铁路,俄、美、法、德竞而求相等之权利。其竞争之至何时何地而止,虽识见卓绝之政治家、思想致密之学者,亦不能下一断语也。

今日者非安心于势力平均之时代,又非只以国家之得以独立而满足者也。非倾全力以凌人胜人,难维持其独立。故质言今日帝国主义之竞争,无异中国、日本战国时代之弱肉强食主义。政治家之所行所为,无理想,无公理,总以利益为标准。为增进国家势力之故,虽牺牲人命,掷弃财宝,亦所不惜。势力即为公理,强国之志意即为条约,以支配国际关系。风烈铁骑大王之孖乔威利政略,于今日亦不乏其例。如以小事为口实而攫大利益,几为万国公用之手段。德国利用教士被杀之好时机,遂于中国得一根据地以伸张其势力;英国于阿非利加为己国之政策,无端而与杜国开战而欲扑灭之等,皆是也。

剧烈竞争,虽为帝国主义时代之一大特色。然其竞争之标准大为高尚,残忍腕力之竞争逐渐减少。昔时者国民之感情,一有冲突即便开战,利害一不相容即诉干戈。然今日文明国之间,则不妄开战端,横挑战衅。一则由国际法渐觉进步,调停国家之效力日为增加;一则军备过为扩张,战争之结果颇为巨大。故国民不敢轻动干戈者,职此故也。

扩张军备,即为避战争之原因。此虽奇异之想,然即所谓武装平和,又世界以高价而买得之平和也。科学之进步,武器益为锐利,杀戮人类、破坏器物之力,百倍、千倍于昔时,其冲突之结果甚为可恐。且世界列国之商业关系颇为复杂,战争之影响及于何处不可豫知。故各国政府亦不肯容易而负战争之责任。

为军备之可恐而得平和。彼英、法之于土耳其,意见互相冲突,战争几不可避。然两国政府尽力之所及,力为调停,卒归平和。又今年中俄密约,我日本与俄国将为冲突,终以无事得结其局,是岂非文明国恐战争之一例哉?至如西美之战争,则由西班牙之军备太不完全。又英杜之战争,则由军备幼稚之杜国向英国而抵抗。又北清之战乱,则由军事不备之中国,加暴举于列强而起。帝国主义之时代,大武装国与大武装国之间,未尝开一度之战端也。

国家竞争,虽渐变其性质、形体,然其竞争之手段实日加剧。彼绝大的竞争主义之帝国主义,由竞争而生如何结果,是吾人所欲一研究之问题也。

十一月十一日(12月21日)

《清议报》第壹百册

帝国主义　续前稿(译《国民新闻》)

(中略)当列国竞争剧烈之时,而欲伸张国力所最握要者,则在国民之协同一致与调和运动,使于国内惟务争斗轧轹。国家机关转运不能圆滑,而欲扩张国势,是无核而欲播种,无胎而望生子也。夫帝国主义,非徒谋侵略。与外竞争之主义,必使国家之要质健全发达,俾其欲溢之精力向外发泄之政策也。然欲健全内部,徒整顿内治亦无大效,必向与外部有关系之内治,自外部而谋内部之发达乃始奏功。如欲发达内国之经济,必先于外国得一大市场。如欲开国民之智识,必先自外国输入文明。谋外即以图内之手段,策略甚多。举其大要,则不外养精蓄锐,向外膨胀一言。此即吾人所谓帝国主义也。

如欲整理国家之内部,不可不考求国民之历史,不可不察人种性质之倾向。或自平民主义而设政治机关,或取社会主义之一部而改良社会,必兼收并蓄,慎为采择,以谋国民之幸福与国家之膨胀。苟问以如何国家最适为强健调和膨胀之国家?是颇难作答。盖亚细亚之人种有亚细亚之特性,欧洲人种有欧洲人之特质。罂固路索逊民族之倾向与斯拉威民族之倾向,自相悬殊。俄国则发达俄国之风,美国则发达美国之风。以两国而望同一之文明、同一之社会组织,是必不可为之事也。

虽然,各国各异其境地及发达之倾向。然欲向外膨胀之国家,于内必有充实调和之势力。英国如此,美国如此,德、俄亦无不如此。英国者,平民主义最发达之国也。久以平民主义使国民自由而活动,以立宪政治调和内部之阶级。整顿之结果,遂建今日之大帝国。而其能统一此大帝国者,亦不外以自由政治。于其领土加拿大、澳洲亦行其母国所固有之平民政治。英帝国者,为帝国主义与平民主义最相调和之国,即撷颠固士所谓平民主义的帝国者也。

美国比之英国,行自由平等之政治更进一步。其国家之统一、国民之调和始近完全,而为平民主义之理想乡。美国之帝国主义,即不外此主义之能调和发达之结果。如谓美国帝国主义为平民主义之反动,是非深观美国之言也。

俄国则与英、美全异其发达之国也。其国家则以特别之状态而整顿,国民以特别之关系而调和。统一俄国者,非立宪自由政治之力,乃独裁专制政治之力也,又国教之力也。其社会团集之力,比他国稍能整顿。故其帝国主义,即自此一致和合而出。俄国之伟大,实由其国家之坚实、国民之调和。俄国虽时受西欧文明之影响,蒙东洋之感化,时起骚扰,时遇恐慌,然其伟大之国力能团结而处理之,故国家全体之秩序不至紊乱,渐向外而膨胀。

斯拉威民族与罂固路索逊民族,虽异其国家之性质、膨胀之倾向,其于内则保秩序而调和，于外则谋国势之伸张。其点则一。若于内部，党派时相争斗，阶级时相冲突，经济、宗教、人种上常不调和，国民时欲分裂，则国家之精力全消耗于整理内治，无向外注射之余力。

帝国主义者，非平民主义之敌也。夫盛兴国民之教育，高国民之品位，与国以参政权，俾无智顽固之辈不得专制横行，政治转捩之机关得以转运圆滑，是欲行帝国主义之国家所可取而效法之而施行之者也。虽然，国民之智识未开、道德未进，而遽以政权畀之愚蒙之手，则纷扰轧轹，徒满政界，阻碍国家之行动，害亦不少。忧国者不可不深长思也。

至社会主义，亦非全与帝国主义不相容者也。社会主义之空想的道理及破坏的手段，虽与国家之存立不能相容，与帝国主义不能相提携，至其实际，则欲遂行帝国主义之国家，亦不可不择而采用。如社会党之所主张保护劳动者之工厂法、养老法、救助贫民等法，于国家之调和发达大有关系。虽如何国家，不可不尽其力之所及以求实行。至破坏的社会主义，非独与国家不相容、帝国主义不相容，即现在之社会，亦不能相容也。

要而论之：帝国主义者，于内则固国家之根本，于外则如大木之扩其枝叶，固国基，张国威，如此而已耳。

至帝国之理想，果向何方乎？将欲并吞世界乎，抑欲永久继续竞争乎，抑又欲谋人类全体之协同和合乎？吾人请自迂远之见地，先为论列，而后移于实际上之研究。

人类自太古时，割据单简之小部落，渐向复杂大团体而进行，此组织团体之自然力永无间断，以支配人类之活动及指导社会之进化，终至统一调和人类之全体，遂生一有生机之一大团体。德国之大哲学家蕾地尝曰："天然之大法者，造人类相结合之团体，通各部之气脉，发达各部文明相等之程度，统一各时代之文明、各处之特色而为一社会。天然者尽力而导人类，向此目的以达今日之社会，则先进民族不可不为后进民族有所尽力。苟能造一大同之社会，则地球上之人益整齐步武，向绝高极大之文明而进步"云云。

自古代人类不知不识，向此目的而进行。故征服者马蹄之所蹂躏，宗教家传教之所到，冒险家鼓勇之所进，商人谋利之所赴，皆接触人类之各部，一一向世界之和亲而进步。更至汽车、汽船、电信、电话之世，人类更进入公同之社会，大速其步。

地球表面之分裂离散人类，如何始至统合之大问题，吾人虽不能骤答，然观学者之所论，则结合人类有三种之大压力。三种之压力为何？其一为强大团体压迫弱小团体，进步团体压迫未开团体之力；二为人种之压力；三为商业之压力是也。

从国民的竞争之剧烈，小国蒙大国压迫之事益多。将甘心被并吞于大国乎，抑合几多小国团体以抗拒大国乎？小国之运命不出此二者。然不论其为并吞，为团结，至其结果则不外团体益大，大团体更被压迫于大团体。其团体之大，遂至于不可限量。又文明国加压力于未开国。彼无能软弱之蛮族虽同化于文明人，至彼半开之种族大为醒悟，必至大为运动，大为团结，以试竞争。然其竞争之结果，亦不可不和合。

至人种之压力，譬如阿利扬种族中最异样一族之俄罗斯人，以强大压力加于西欧之种族，西欧诸国必不能堪，遂至互相结合组织一西欧合众国。又阿非利加之黑人，苟相团结而起，黄色人种或纠合而试竞争，则英、俄、德、美亦必至联合而组织一白人种之团体。如此则人种之压力，舍其小异，自大同而结合为大团体之竞争。大团体对峙之间，人种之差别逐渐消失，终归着于人类全体之结合。且人种之差别者，因地理上交通不便而生。然文明愈进,交通日趋于便利,人种之差别可豫决其消灭也。

商业之势力,若行自由贸易,则诸种团体之差别固归消灭。若世界列国执保护政策,则商业之压迫,大团压小团,遂与第一之压力生同一之结果。

人类之前途,非分裂而在结合,非割据而在统一。天然者,实对万物而为此善意压迫者也。宇宙之大法,又驱人类而使之不行则不止也。吾人之幸不幸,在从此大法与否而分。从此大法者,是尽吾等之天职;逆此大法,必至遭天然压迫鞭挞之不幸。吾人之所以称羡帝国主义者,即从宇宙之大法、世界之大势,极力发挥国民之特性,以贡献于人类之进步者也。

虽然,吾人思人类大团结之社会,决非排斥今日之帝国主义。固发达帝国主义,而使之达世界主义者也。抑世界之统合,固有两法。即一者以强大之力征服全世界,统一于己权力之下;一者数多强大之国民相并而存立,不互相侵略,不必相服从,同心合意以相团结,为协同之生活、协同之进步,而组织世界大联邦。前者可恐可畏之性质,后者于文明之进步最有大效。以吾人之所择,又趋世界之大势,实在后者也。

倘一国以其强大之势力征服世界,则势必灭却世界各国民之特性,以征服者之特质同化他族,而造单纯之社会。不然,则征服之业万不能成。虽然,如斯之大征服决不能行之事。若果可行,则必扑灭一切地理的、历史的特性,造一无变化、无活气、停滞不动之非进步社会。吾人所理想世界协同之生活,决非如此也。

吾人之所期望者,一则自国际法、道德、宗教、经济、利益之关系,各国以相和亲,以相提携。二则各尽力于世界的竞争,自养自省,发挥其特性,混合人类社会,以发达各国所特有之文字、美术、宗教、道德等,逐渐而赴于世界的团结。虽今日之世界,无国家资格之国虽多,未开之地面亦复不少,因经济、人种国际之压力,使国家生各种之变化,然各国之大势,有互尊重其独立,相竞争,相提携,向世界协同之大目的而进行之势。

约而言之,现在各文明国,互于国际法之范围内相为竞争,或开未开之地,或求市场而扩张商业,极力谋国民之发达,期于人类之文明,为美备之贡献。故从天然之大法,使至国民主义与世界主义卒相调和,是吾人于帝国主义所有之理想也。

以帝国主义为全无道德,人道之仇,平和之敌,弱肉强食之主义。是知其一,不知其他之论也。吾人非目各国今日所行之膨胀政略,悉为人道之美举、道德心之发挥,而赞赏之。如英国之于南阿,俄国之于满洲,美国之于非律宾,德国之于土耳其及支那,可非难之事不少,然以此之故,直排斥帝国主义为没道义。吾人所不能轻表同情者也。于狭小地面有过多人口之国家,于南美及阿非利加人口稀薄之地移植其人民,保护之,生息之,决非无道德心之举也。为发达国内之商工业,改进国民经济之生活,而求市场于外国,谋利益之扩张,又决非无道德心之举也。世界之大势,使各国非张势力于外,则不能发达其国民,不能尽国家之义务,不能完成国家之存立,故倾力而谋国力之伸张又决非无道德心之举也。苟认国家为必要之人,不可不认使国民向外膨胀之事为国家之义务及为国家之权利。今之大势,实促世界去小国时代,而入大国时代。大势本不可抗,故于消灭国家或倾全力以取大国主义之两途,二者不可不择一。不问谁人,当采后者,是行大国家之责任,无误其方向,又非道德之至哉?

于世界各处举野蛮蒙昧之民,教育训练,使进文明,先进国之责任也。彼遂行帝国主义之国家，一则谋己国之利益，一则藉此以尽大责任。文明之制造品，各国为扩张商业遂流入世界之各方，而促蛮族之进步。俄国为帝国主义，于北亚细亚之寒村僻地，中央亚细亚之荒野大原大通铁道，警醒未开之民。英国为帝国主义，于阿非利加之黑暗大陆纵贯铁路，大与蛮民以利益。蛮民之训练，实帝国主义直接之大结果，固非自悲观的道德之眼孔所能观察者也。

文明诸国人口增加，感物产之不足，于未开之地知有大富源，然一切高价金山、铁山、铜山、石炭层归不能利用此物之蛮民所有，空埋没于地中。百里之森林，任良材之老朽。有可耕之沃野，委为荒邱。暴殄天物，是谓不祥。则以文明之利器采掘之，开拓之，利用之，得巨额之富，以增进人类之幸福。是非纯全道德耶？世界尚多未开之良港，未发之水利，商业未开之市场，以文明之手广人类活动之场，是又非先进国之义务哉？

为遂行帝国主义之故，不可不大扩张军备，以干与外国之事变，注力于无间断之大竞争。夫费巨额之费用，增税租之负担，以绞国民之膏血，是诚可忧之现象。然今日之国民皆藉国家而发达，命身、财产、幸福皆赖国家而安全。得美善之物，则出巨大之价值，亦固其所也。且当世界竞争而欲维持国力，伟大国势则出相当之价值，非又不可已之事者哉？

至若未开化之民族被并吞、同化于文明国，其状虽属可怜可悯，然彼等既属劣败之人种，无优胜者之助力，亦终归灭亡。且文明国以无报答、无酬谢而训练彼等，诲教彼等，则驱役彼等，利用彼等之外，并无他策。日本国民之于虾夷人种，台湾士族是也。倘以此为强者之专横，又无道德心，是诚不解真正道德者之言也。

若强力蛮族厌恶文明，起与为敌，则文明国为世界之进化征服彼等，亦不可已之事。况征服之后，又非屠戮其人民，只执利用之法哉。盖人道者，不使狰狞人种纵其狰狞之性以荼毒人类，则为文明而利用彼等，又何有背戾道德之处存夫其间耶？

帝国主义者，一面盛行竞争，一面促各国各地之和亲者也。自南美之隅至阿非利加之中心，殖民之所到，商人之所赴，资本之所投，事业之所起，使世界各部之事情互相了解。虽远隔之地，风俗习惯之互异，大开交亲之道，使人类得享协同之利益。苟以为帝国主义只敌忾心之所散布，是大误解也。

（中略）今日之帝国主义与过去之帝国，以个人之功名心徒企侵略者，大异其趣，于新时世、新事实，不可不以新思想、新判断而研究。误解帝国主义，即误解时世也。盖主解时世，为人生之大不幸，亦国民之最不幸也。为公共而运动之人，为公共而议论之人，其最大责任者在正当而了解时世者也。帝国主义者，非闲问题，非空名词。天然者实促廿世纪之先进国，而使入时世之大势者也。

光绪廿九年

三月初一日（1903 年 3 月 29 日）

《湖北学生界》第三期

［论说］ 论中国之前途及国民应尽之责任

二十世纪之世有轰动全球之一大问题，为列强之政治家、外交家咬脑筋耗心血，而不敢下一断定之解释者，非我中国之前途乎？东西各国或竞制新图以思宰割，或倡言保护以揽利权，或以我国民必逐渐衰亡，或以我国民必昂首独立，异论纷呶，莫衷一是。虽然，外界之议论，我国民何足介意乎？吾以为我国民而听其亡也，则虽合地球之人类，欲存我而不可得也；我国民而能自强也，则虽合地球之人类，欲亡我而亦不可得也。

虽然今日之时何时乎？我中国固世界竞争之中心点也。十九世纪，欧洲各国由民族主义进而为民族帝国主义。帝国主义者何？即曰“野蛮人无开发土地富源之能力，文明人必代为开拓之”，又曰“优等人种虐待劣等人种，为人道之当然者”是也。各国挟此主义，如贪狼饿虎，四出搜索，不顾天理，不依公法，而惟以强权竞争，为独一无二之目的，杀人如草不闻声，此帝国主义之真本领也。非洲、澳洲之大，既全奉白人为主人翁，而亚细亚洲亦失去三分之二矣。世界者白皙人种之所专有，此固白人之常言，而如锦如荼之五洲只剩此喜马拉亚东麓之一块土。其气候适，其土地广，其物产饶，其人民无发达天府富源之才力，无爱国爱种之热诚，此殆天所以待白人演帝国主义活剧之大舞台也。于是鹰瞵虎视之十数强国，风发潮涌，咸抱此高掌远蹠之政策，横渡太平洋而东，以向我老大病夫帝国，其欲取此无主权之物，而私之蹠中也久矣。

当庚子之役，联军入京。此时以其余力宰割中原，中国无以御之也，而东西人士万口同声，以保全领土开放门户为政策。嘻！外人岂真有所爱于中国耶？何其狼子野心，一变而为慈悲佛法耶？说者谓列强惧瓜分之后，起均势之冲突，故息而言和。而不知今日之亡人国者，不用野蛮之手段亡之，而必用文明之手段亡之。用野蛮之手段者，则兵连祸结，适足激其国民之愤，而生自强独立之心。用文明之手段者，则主权尽失，民气尽灰，甚至以奴隶牛马为分所应尔而噤不发声者。此西人之夷人家国为领土，屡试屡验之长技也。今外人之对我中国，曰势力范围，曰特别利益，为各国独营之政策。曰国债，曰教务，曰商务，曰开矿筑路，曰内河航行，为各国共同之政策。美其名曰交通利益，输入文明。从表面观之，一似平和无事，依然锦绣之山河，而不知夺我主权灰我民气之狡谋，其毒不知几千万倍于枪林弹雨也。夫岂必待屠鼎易器改正朔易服色而始谓之亡国哉？埃及、印度、安南、缅甸国权之失，已数十年矣。虽酋长之尊如故，官吏之众如故，而主人之上，复有主人，其国民不过奴隶之奴隶，终无自由独立之一日矣。无形之瓜分，更惨于有形之瓜分，而外人遂亡我四万万同胞于此保全领土、开放门户政策之下。

虽然，物必先腐也，而后虫生之。外谋虽狡，中国苟有以御之，外人其如我何？夫我中国之政府，非国民所特为铁壁金城，而托之以身家性命者乎？乃其对外也，惟以媚外为宗旨。教案者，治外法权之所在，而孰是孰非，必听外人之指使矣。督抚钦使者，用人权之所在，而孰去孰从，必仰外人之鼻息矣。开矿筑路者，全国利权之所在，国人请之之则百方挑剔者，外人一启口则应之如响矣。且也赔款则代索之，民党则代平之，甘心为外人之傀儡而不辞。噫！我国民之所听命者惟政府，而政府之所听命者惟外人，岂知外人不过间接以亡我，而政府乃直接以亡我乎？夫以今日之十数强国，皆以支那大陆为竞争之中心点，虽有敏活之外交家应之，犹虞不济，况不保全之而断送之，中国其尚有望耶？

至我国民，则与国有直接之关系者也。强则国民之荣，亡则国民之祸，故身家不足爱，土地财产不足恤，而惟“爱国”二字，为国民无上之天职。何者？国亡则皮之不存而毛将安附也。乃我国民值国亡种灭之时，犹是歌舞承平，未破数千余年之酣梦者何也？岂以文明古国为可恃乎？则游印度之野，但见恒山苍苍，恒河泱泱，而印度之古帝国，徒供历史上之美谈矣。过埃及之都，但见数千年前古物之金字三角塔高矗云霄，而“埃及”二字不过地球上之名词矣。中国虽有尧舜禹汤文武周孔之遗教，四千年英雄豪杰拿龙斗虎之历史，而祖父虽圣，何救于子孙之昏顽也。岂以地之大为可恃乎？藩属已割、门户已失者无论已，即本部之十八行省，亦无一不在外人不许让与别国之条约内，黄族子孙无一寸之干净土矣。岂以民之众为可恃乎？则今日种战之烈，红人黑人日见澌灭，即使我同胞如常繁殖，而人为主人，我为奴隶，人为圉夫，我为牛马，则吾愿我四万万同胞，殄种灭嗣，而不愿长此奴颜婢膝、千秋万岁为虬须碧眼儿之孝子顺孙也。我国民将何所恃而不恐耶？

顾或谓国之存亡无定形，安知一亡而不能复图自立耶？嘻！此不明时势之言也。今外人灭国之后，施奴隶教育以束缚之，练土人为兵以压制之，即有爱国之士欲图自立者，而外人恃其轮船铁路电信之便，平乱之兵朝发夕至。十九世纪之亡国者众矣，吾未见其能自立也。天道无亲，惟祐强者。时势既去，虽洒尽志士仁人之血而亦无可如何矣！岂非亡国之明鉴耶？

然则我国民之不以亡国为念者，岂欲如印度人之日顶礼三拜而犹不得一饱乎？岂欲如犹太人之弃其祖父以来所食息居游之故国，而飘蓬海岛随地被逐乎？中国在外洋之华民，被逐被辱而死者无算矣。即内地广州、九龙、胶州、旅大之民财产被夺，妻女被辱，惨虐之状，笔不胜书。此孰一非巢燧羲轩之子孙哉？而今已若此矣，奴隶牛马万劫不复者。昔日志士之危言，今且成为中国灭亡之谶语，此则痛哭流涕而无可如何者也。我国民其亦念亡国之惨焉否耶？

虽然今日之中国，国民主义之时代也。中国灭亡之现象，何一不自政府之顽固不事事致之，而外人顾不咎政府而咎我国民者，则以我国民有亡国之责耳。夫外人之敢于圈割我土地，剥削我膏腴，监督我政权，刍狗我士庶者，以我无国民故也。故吾不悲中国之亡，而悲中国之无国民。

且夫立国于地球之上者,无国民则亡,有国民则强,此固历史上之明证也。今日据欧亚二洲之地,为大陆上第一强国者,非俄国乎?然其辟中亚细亚,占领西伯利亚、黑龙江诸地者,非俄国政府之力,而其国民坚忍不屈,怀统一世界之野心为之也。以极西三岛,而握海上之霸权,国旗翻飞于日所出入处者,非英国乎?然其辟非洲、澳洲,取五印度为藩属者,非英国政府之力,而其国民不依赖父母,不依赖政府,自信其有航海殖民之天才为之也。意大利为蛮族之奴隶者,不知几何年矣,然一旦树独立之旗,击同仇之鼓,脱外人之羁绊,而建一堂堂新帝国者,非意国政府之力,而其国民愤外族之压制,思恢复罗马帝国之盛业为之也。亚洲之日本,三十年前其名字曾不入欧洲人之耳,然由亚东之岛国一跃而入于六大强国之林者,非日本政府之力,而其国民夙抱所谓武士道太和魂者,有任侠敢死之精神为之也。其余如菲律宾脱兰斯,不过地球上之一撮土,然敢与威势炎炎炙手可热之英、美二强国开衅,血战数年,卒使民族倔强之名誉远播于地球之上者,非菲律宾脱兰斯政府之力,而其国民独立不屈爱国爱种之热诚为之也。故立国于今日者,无国民则已,若其有之,国大者固强,国小者亦必不能亡。何者?举国之人,皆有我即国、国即我之理想,深入于脑中,牢固而不可拔。是必墟夷其土地,澌灭其士庶,而后其国可得而亡也。非然者,则万无可亡之理矣。吁嗟呼!如火如荼者,国民之气焰也。如风如潮者,国民之势力也。如圭如璋者,国民之价值也。吾安得不顶礼膜拜,馨香祝之,而愿我国民之早日出世,以增进我同胞之幸福也?

虽然,国民者,非望人之助己而自助者也,非求人之利己而自利者也,非专欲自由而不能自治者也,非专求权利而不尽义务者也。我国民数千年以来,具最恶之二根性,万不能立于今日生存竞争最惨最烈之天演界中,愿举之以为我国民告焉。

一、日去倚赖官吏之根性也。夫国者合无数之公民,而为一有机体之物。政治之善恶,常视国民进化之程度为正比例。其民为自主独立之民,其国即为自主独立之国,故政治者不过人民之集合体而放一回光返照者也。欧洲自希腊时,其国民即得有长老参与政治、人民咨问国务之权,不为政治下之私人,而为政治上之监督,逐渐发达至于今日。虽有尧舜,其治无所加;虽有桀纣,其治无所损。政治界之竞争既泯,遂得从事于殖产兴业,而收帝国主义之成功。则阿利安人之所以独尊于世界人种中者,岂非以有政治能力之故哉?吾独不解,夫我国民夙钟倚赖之恶根性,以土地为一家之私产,以人民为一家之私奴,以政治特权为仅少人士之专有物,而于监督政权之事,则曰非吾侪小人之所能及焉。饮食男女之外无思想,自私自利之外无责任,纳租税、供鞭挞之外无事业,惟知服从专制主权,视为神圣不可侵犯之天宪。荣辱之惟彼,生杀之惟彼,曾未尝建一言、参一政,以增进和平之幸福焉。则如在网之鱼,在笼之兽,一任主人之左右之、支配之,而无丝毫自主之能力者,何以异哉?我国民不尊人格,不明权限之罪,何可逃乎?试读二十四朝之历史,出一令辟,则吾民皆欢欣鼓舞,歌诵太平焉;出一暴主,则吾民又流离困苦,不能逃血风肉雨之惨焉。日本田口卯吉曰:“支那一部历史,实以脓血充塞之历史也。”哀哀浩劫,千沉古沦。何莫非由我民族之不能自治,而专望治者之阶之厉乎?且今日各国对我之政策,既为民族帝国主义,则其逞势力于我者,非徒政府一二人之野心,乃其无量数民族膨胀之热力,而徒恃在上者,以数人之力御之,讵非以卵投石之势耶?吾恐摩西复生于犹太而无救于犹太之亡,穆罕默德复生于埃及而无救于埃及之亡。何者？以徒有有名之英雄，而无无名之英雄立其后耳！此愿为我国民告者一也。

一、日去奴隶外人之根性也。自十九世纪法兰西革命以来，其人权宣言书曰："立于同一法下之人类集合体，即所谓国民者，不可受治于外国人，又其国之全体或一部分，不可分割于外国，盖国民者固宜独立而不可分解者也。"自此主义一出世，遂如电火之飞天、疾雷之轰地，而震荡磅礴乎全球。凡民族之聚处者，同族则相吸聚，异族则相反拨，各民族咸务发挥其特质，以与他族相竞争。若民族之不同者，则虽率大彼得、拿破伦、华盛顿、林肯以为之君，而终不愿彼夺我公产，窃我主权，宁从事于铁血主义，粉骨(粹)[碎]身，国亡种灭而后已。十九世纪希腊之拒土，比利时之抗荷、德、意，二国之独立，皆食此主义之福而收文明之效果者也。我民族今日权利尽失，疲靡茶尔，"支那人"三字为地球上可嫌可恶之名词，岂非以民族主义不发达之故哉？且我国民亦自念于历史上，占何等之位置乎！中国数千年以前，苗獞獠猺者，神洲大陆之主人翁也。而黄帝率支那民族，沿黄河而南下，旌旗所指，无敌不摧，遂一举而驱之于深山幽谷之内，而黄帝之子孙为独尊焉。即中古之世，秦皇汉武犹能南征北伐，演轰轰烈烈有名誉、有光彩之事业，此岂非我民族可赞可叹可歌可泣之历史，足令后世子孙拔剑起舞而生继承祖宗盛业之雄心者乎？乃自以民族不振之故，每当外族入侵之际，金戈铁马蹂躏中原，而国民迎新送旧，如老妓之事情夫而恬不知耻。其所谓元勋佐命者，则皆以屠戮同胞为丰功伟业焉。外人所以讥我为无种性之劣等民族也与，不见夫联军入京之日乎？我国民伈伈伣伣摇尾乞怜，高张某大国之顺民旗，而跪道迎降者，项背相接。即高官显宦，亦以求外人之保护为护符。设使各国当日实行瓜分政策，吾知英、德、俄、法、美、日、奥、意、葡、比之孝子忠臣，复偏于支那大陆矣，耗矣哀哉！我国民若不急行民族主义，其被淘汰于二十世纪民族帝国主义之潮流中乎！夫各国民族，如拉丁族、条顿族、斯拉夫族，皆具有独立不羁之精神、自尊自重之气慨，各国之所以强也。我四千年文明最古之国民，岂遽让彼东西后进之人种哉？而乃奉之如帝天，事之如祖父，岂非神明遗胄之羞与？且我国民亦知埃及之亡，由财权、政权俱入外人之手乎？印度之亡，由为外人之鹰犬，以印度人而杀印度人乎？吾闻美人有言曰：美洲者，美人之美洲，非欧人所得而干涉也。日本人有言曰：亚洲者，亚洲人之亚洲，非白人所得而干涉也。吾愿我国民亦曰：中国者，中国人之中国，非外人所得而干涉也。具此精神，具此气魄，用文明排外之手段，则中国或庶几为中国人之中国乎？若徒以媚外为目的，则蹈印度、埃及之覆辙不远矣。

嗟呼！不自为而以依赖官吏为得计者，此亡国之恶根性也；不自为而以奴隶外人为得计者，亦亡国之恶根性也。我国民其割弃此二根性，别开生面，以求自立之道乎？夫二十世纪，为我国民定未来运命之日，必决死以争自存，非可侥倖以图苟免。譬如孤军深陷于重围，无援兵之足恃，无敌隙之可乘，必以全力冲突，求九死一生于腥风血雨之中，庶有生存之一日。吾愿国民自今以后，同心协力，矢沉舟破釜之忱，以尽国民之天职。我有法律，可自守之，乃君民相约之规条，非阉宦权奸胥吏之意旨也。我有教育，我自兴之，乃国民完全之国魂，非外人奴隶之课本也。我有土地，我自守之，乃子孙聚族之安乐窝，非外人游牧之殖民地也。我有实业，我自理之，乃全国公共之母财，非外人积贮之外府也。我有军备，我自整之，乃同仇敌忾之军国民，非残屠同胞之刽子手也。席二百余万方里之地，率四万万同种之民,一举而战胜于政治界,再举而战胜于经济界。使我国民自由独立之国旗,高扬于灿烂庄严之新世界,以压倒白人种于二十世纪之舞台,岂非支那民族史上空前绝后之光荣哉?非然者,茫茫大陆,鬼气阴阴,一任彼白皙天骄,铁罗密布,而大昏顽梦觉起无时,则二十世纪终场,必为我支那民族亡国亡种之一大纪念日矣!吾安得聚吾四万万同胞而泣血锥心以告之也?

光绪三十四年及以后

1908年

《中兴日报》

孙中山:论惧革命召瓜分者乃不识时务者也[①]

自精卫先生《民报》第六号《驳革命可以召瓜分〈说〉》一论出,言中外之情势原原本本,使中国人士恍然大悟,惧外之见为之一除。近又有申论革命决不致召瓜分一长编,并革命决不致召瓜分之实据,及汉民先生《驳某报惧召瓜分说》[②],透言列强之政策瞭如观火,使读者快慰不已。所引土耳其、么洛哥[③]二国近事为证,尤足征铁案如山,非惧外媚满者所能置辩也。

土耳其者,号为近东之病夫。其所征服各异种之地,数十年来已为列强所攫夺,或据为领土,或扶以独立,是故土国在欧洲之领土已被瓜分殆尽。仅存马士端尼亚[④]一省(为马其顿民族生息之邦)亦被列强干涉,各派政官、警察于其地,该地主权行将非土耳其之有矣。乃土耳其革命党,则就列强已入而干涉之地以起事,一举而擒土皇之大将,土兵遂叛而归革命党。当时各国并不以革命而干涉,且以革命而止干涉,作壁上观。及土皇退让,革命成功,各国且撤其政官,退其警察,任革命党之自由行动;今更致庆于土民,颂之以能发奋为雄矣。

么洛哥者,无名之国也。初入法国之势力范围,继为列强之公共地,已成俎上肉,久任欧洲之烹宰矣。法兰西、西班牙二国既派警察不已,再遣陆军,尽握海口,又入重地。么民不甘与孱王俱死、与主权同亡,乃发奋为雄,以拒外兵,以覆昏主。内外受敌,危险莫测,而么民不畏也;惟有万众一心,死而后已。其初也,败而愈愤,退而复进。其继也,有败有胜,或进或退,纠缠不已,久无解决。各国当局心焉忧之,恐此旋涡蔓延而成欧洲列强之势力冲突。乃忽一日,飞电传来,曰:"么洛哥革命军覆么王鸭都亚斯全军于马刺居时,么王或

---

① 是年秋天,孙中山以星加坡《中兴日报》为阵地,领导革命党人与《南洋总汇报》展开论战,并亲自用"南洋小学生"的笔名撰写了三篇批判保皇党的文章。

② 原题为《驳〈总汇报〉惧革命召瓜分说》,连载于《中兴日报》一九〇八年八月十九至二十二日。

③ 么洛哥:即摩洛哥。

④ 马士端尼亚(Macedonia):今译马其顿。

遁或擒,尚未得知。"欧洲各报一得此音,皆喜出望外,有从而论之(照译)。《自由西报》曰:"亚剌芝斯剌(西班牙南岸之邑,欧洲列强会议解决么洛哥问题之地也)之盟约未干,么国则陷于困难之境,而全欧随之纠缠无已;今此电音则略示其结果之涯岸矣,诚安慰之好音也!夫么洛哥之两党,其一(保王党)为列强外交上所承认,其一(革命党)为么民有识者所归心,二者各拥重兵、相顾不发者已久,惟各派员运动各地人民以争胜,而吾人昔尝意料之冲突今卒来矣。若此电音果确,则幸数已归于果敢有为之武黎哈佛(革命党首领)矣。以其主义乃得多数回徒之赞成,而鸭都亚斯之放纵卑劣久为回徒所共弃者也。在马剌居时旧都之战之结果,则武黎哈佛已由覆灭鸭都亚斯之军队,而树其声威于么民;而鸭都亚斯之自身或擒或遁,已一败涂地矣。此一战也,当能解决么洛哥之政权之所归宿矣。今旧王之权力已被敌人蹂躏至此,断难收拾余烬而恢复其位矣。么洛哥今已得其道,以自行解决其国内之问题,而列强当从此为之释然如脱重负矣。回思前者,旧王与革命军当为互相却退之战略,旷日持久,两不相下,几有使此问题永无解决之忧者。今幸矣,纷扰之事长此与鸭都亚斯之权力同去矣!法国所处艰难情形已略为解轻,将来更能解轻者,则得胜之武黎哈佛行即位之典于飞士京城,而接见欧洲列强之外交官并领事之时也。当此事既行之后,则彼之权力必得亚剌芝斯剌会盟列国之公认,而法国现负之责任亦由是释减矣。要之,么洛哥之国势昔为欧洲列强危险暴飓之旋涡者,可从此尽息,而化作宁静之场矣!"

睹于此论,可知欧洲之舆论,列强之政策矣。因势力之冲突,乃有以干涉他国政事,为负重任矣;有以他国人民能解决己国问题,为释然矣;有以他国问题纠缠日久,不能解决,为忧心如焚矣。中国问题之纷乱而不能解决者,自欧势东渐已百余年于兹,故有远东病夫之号也。今者,近东病夫之土耳其瓜分问题已由革命而解决,无名之么洛哥干涉问题亦由革命而解决(近日电音云:"德国行文促各国之承认革命党首领武黎哈佛为么洛哥新王,而法兰西、西班牙二国已承认之,而并议退兵回国"),中国岂异于是哉?!

拜读精卫先生革命可杜瓜分之论,不禁五体投地,神圣奉之,遂择译数节以质吾师。吾师曰:"此真中国人之先知先觉者。惟在吾西国,则此等言论已成为明日黄花。盖自日本败中国之后,西人见如此地广民众之国乃败于(撮)[蕞]尔弹丸之日本,各国之野心家遂大倡瓜分中国之议,谓:'支那人乏于爱种爱国之心,而富于服从媚异性质。以满洲数百万之蛮族,犹能征服之而宰制之二百余年,况吾欧洲之文明强盛乎?倘列强有欲为中国之主者,中国人民必欢迎恐后。近闻中国士人有在上海求捐俄国功名者,此可为证也。'(见德国某报)于是,俄、德遂试行其瓜分之政策于胶州、旅顺矣;然不见中国人民之欢迎,只见其仓皇失措,于是颇生疑忌,不敢立肆其蚕食鲸吞之志。无何,而扶清灭洋之义和拳起矣,其举虽野蛮暴乱,为千古所未闻,然而足见中国人民有敢死之气。同时又有革命军起于南方,举动文明,毫无排外,更足见中国人民有进化之机矣。各国于是已尽戢其野心,变其政策,不倡瓜分,而提议保全支那之领土,开放支那之门户。惟俄尚恋恋于满洲之野,故卒遇日本之一击。近数年来,西土人士,无贤不肖,皆知瓜分中国必不能行之事;倘犹有言此者,世必以不识时务目之。不意中国人士至今尚泥于拳变以前之言,真可谓不识时务者矣!兹有精卫先生为言以教之,亦发聩振聋之一道也。"吾不禁有感于师言,故述录之,以赠惧革命召瓜分者,想亦精卫先生之所许也。

据《南洋与创立民国》影印星加坡《中兴日报》一九〇八年九月十二日原文(南洋小学

生:《论惧革命召瓜分者乃不识时务者也》),字迹模糊及文末未影印的一百二十余字据同书转录文字校补。

(见《孙中山全集》第一卷,第380～383页)

1918年10月15日

《新青年》五卷五号

陈独秀:克林德碑

京中各校十一月十四、十五、十六放假三天,庆祝协约国战胜;旌旗满街,电彩照耀,鼓乐喧阗,好不热闹;东交民巷以及天安门左近,游人拥挤不堪;万种欢愉声中,第一欢愉之声,便是"好了好了,庚子以来举国蒙羞的'石头牌坊'(即克林德碑,北京人通称呼"石头牌坊")已经拆毁了"。余方卧病,不愿出门,一来是觉得此次协约战胜德国,我中国毫未尽力,不便厚着脸来参与这庆祝盛典;二来是觉得此次协约国胜利,不尽归功军事,在我看来,与其说是庆祝协约国战争胜利,不如说是庆祝德国政治进步。至于提起那块克林德碑,我更有无穷感慨,无限忧愁;所以不管门外如何热闹,只是缩着头在家中翻阅闲书消遣。

我在闲书中看见罗惇融氏两篇文章:一曰《庚子国变记》,一曰《拳变余闻》。这两篇文章和这一块克林德碑却大有关系;兹将其中顶有趣味的几处钞出来,给大家一读。

> 义和拳源于八卦教,起于山东堂邑县,旧名义和会;东抚捕之急,潜入直隶河间府景州献县。乾字拳先发,坎字继之。坎字拳蔓延沧州静海间,白沟河之张德成为之魁;设坛于静海属之独流镇,称天下第一坛,遂为天津之祸。乾字拳由景州蔓延于深州、冀州而涞州,而定兴、固安,以入京师。天津、北京拳匪本分二系,皆出于义和会,此后皆称义和团。……京师从授法者教师附其耳咒之,词曰:"请请志心归命礼。奉请龙王三太子、马朝师、马继朝师、天光老师、地光老师、日光老师、月光老师、长棍老师、短棍老师。"要请神仙某,随意呼一古人,则孙悟空、猪八戒、杨香、武松、黄天霸等也。又一咒云:"快马一鞭,西山老君,一指天门动,一指地门开,要学武艺,请仙师来。"一咒云:"天灵灵,地灵灵,奉请祖师来显灵,一请唐僧、猪八戒,二请沙僧、孙悟空,三请二郎来显圣,四请马超、黄汉升,五请济颠我佛祖,六请江湖柳树精,七请飞标黄三太,八请前朝冷于冰,九请华佗来治病,十请托塔天王、金吒、木吒、哪吒三太子,率领天上十万神兵。"诸坛所供之神不一,如姜太公、诸葛武侯、赵子龙、梨山老母、西楚霸王、梅山七弟兄、九天玄女。
>
> 慈禧太后以戊戌政变,康有为遁,英人庇之,大恨。己亥冬,端王载漪谋废立,先立载漪之子溥儁为大阿哥……载漪使人讽各国公使入贺,各公使不听,有违言,载漪愤甚,日夜谋报复。会义和团起,以灭洋为帜,载漪大喜,乃言诸太后,力言义民起国家之福;遂命刑部尚书赵舒翘、大学士刚毅先后行,(道)[导]之入京师,至者数万人。

义和拳谓铁路、电线皆洋人所藉以祸中国，遂焚铁路，毁电线，凡家藏洋画、洋图皆号“二毛子”，捕得，必杀之。

义和团自谓能(祝)[阻]枪炮不发，又能入空中，指划则火起，刀槊不能伤，出则命市向东南拜。都人崇拜极虔，有非笑者则僇辱之。仆隶厮圉，皆入义和团，主人不敢慢，或更藉其保护。稍有识者，皆结舌自全，无有敢公言其谬者矣。义和团既遍京师，朝贵崇奉者十之七八；大学士徐桐、尚书崇绮等，信仰尤笃。义和团既藉仇教为名，指光绪帝为教主；盖指戊戌变法，效法外洋，为帝之大罪也。

以启秀、溥兴、那桐入总理衙门，以载漪为总理。日本书记杉山彬出永定门，董福祥遣兵杀之，裂其尸于道。拳匪于右安门焚教民居，无老幼男女皆杀之。继焚顺治门内教堂，城门昼闭，京师大乱。……正阳门外商场为京师最繁盛处，拳匪纵火焚四千余家……火延城阙，三日不灭。……载漪等昂言以兵围攻使馆，尽歼之。

开御前会议，载漪请围攻使馆，杀使臣，太后许之。

下诏褒拳匪为义民，给内帑十万两。载漪于邸中设坛，晨夕虔拜，太后亦祠之禁中。城中焚劫，火光蔽天，日夜不息。车夫小工，弃业从之。近邑无赖，纷趋都下。数十万人，横行都市。夙所不快，指为教民，全家皆尽，死者十数万人。杀人刀矛并下，肢体分裂。被害之家，婴儿未匝月，亦毙之。

太后召见其大师兄，慰劳有加。士大夫之谄谀干进者，争以拳匪为奇货。知府曾廉、编修王龙文三献策，乞载漪代奏：“攻交民巷，尽杀使臣，上策也；废旧约，令夷人就我范围，中策也；若始仗终和，与衔璧舆榇何异?”载漪得书，大喜曰：“此公论也。”御史徐道焜奏言：“洪钧老祖已命五龙守大沽，夷船当尽没。”御史陈嘉言自云：“得关壮缪帛书言，夷当自灭。”编修萧荣爵言：“夷狄无君父二千余年，天将假手义民尽灭之。”……当时上书言神怪者以百数。

太后谕各国使臣入总理衙门议，德使克林德先行，载漪令所部虎神营伺之于道，杀之，后至者皆折回；徐桐、崇绮闻之，大喜，谓“夷酋诛，中国强矣”。太后命董福祥及武卫中军攻交民巷，炮声日夜不绝。拳匪助之，披发禹步，升屋而号者数万人，声动天地。洋兵仅四百，董福祥所部万人，攻月余不能下，武卫军死者千人。……尚书启秀奏言：“使臣不除，必为后患；五台僧普济有神兵十万，请召之会歼逆夷。”……御史彭述谓：“义和拳咒炮不燃，其术至神，无畏夷兵。”太后亦欲用山东僧普法、余蛮子、周汉。三人者，王龙文上书所谓“三贤”也。

天津陷，……京师大震。彭述曰：“此汉奸张夷势以相恫喝也。姜桂题杀夷兵万余，夷方穷蹙，行乞和矣。”时桂题方在山东，未至天津也。

李秉衡至自江南，太后大喜。……太后闻天津败，方旁皇；得秉衡言，乃决战。……洋兵既将逼京师，乃变计欲议和……以桂春、陈夔龙送使臣至天津，使臣不肯行，覆书词甚慢。彭述请“俟其出，张旗为疑兵，数百里皆满，可以怵夷”。闻者笑之。是日李秉衡出视师，请义和拳三千人以从。秉衡新拜其大师兄，各持引魂幡、混天大旗、雷火扇、阴阳瓶、九连环、如意钩、火牌、飞剑，拥秉衡而行，谓之“八宝”。北人思想，多源于戏剧；北剧最重神权，每日必演一神剧，《封神传》、《西游记》其最有力者也。

无何通州陷，李秉衡死之。……敌兵自通州至，董福祥战于广渠门，大败。……

七月二十日黎明，北京城破。

五月中，有黄莲圣母乘舟泊北门外，船四周皆裹红绉，有三仙姑、九仙姑，同居舟中。……直督裕禄迎入署，朝服九拜，弗为动。……圣母坐神橱中，垂黄幔，香烛敬供，万众礼拜，城陷逃去。拳匪散为盗，劫圣于舟中；审为圣母也，缚而献诸都统衙门，获重赏；一仙姑投水死，一仙姑与圣母同被执，皆僇之。

义和拳称“神拳”，以降神召众，号令皆神语。……庚子四五月间，津民传习殆遍，有“关帝降坛文，观音托梦词，济颠醉后示，皆言灭洋人。忽传玉帝勅：命关帝为先锋。灌口二郎神为合后，增财神督粮，赵子龙、马孟起、黄汉升、尉迟敬德、秦叔宝、杨继业、李存孝、常遇春、胡大海皆来会师”。其所依据，则《西游记》、《封神传》、《三国演义》、《绿牡丹》、《七侠五义》诸小说，此中所常演之剧也。

匪扬言海口起沙横亘百里外，阻夷船，团中海干神师为之也。既而一僧来，自称海干，众虔奉之，着黄缎服，手念珠，持禅杖，受众供养；城陷后，不知所终。

拳匪之祸，成于匪首张德成、曹福田。……德成语其众曰：“顷睡时，元神赴天津紫竹林，见洋人正剖妇女，以秽物涂楼上，为压神团法也。”他日又言：“元神赴敌，盗得洋炮机管，炮不得然矣。”更率众周行镇外，三匝，以杖划地曰：“此一周土城，一周铁城，一周铜城，洋人即来，无能越者。”……无何城陷，张匪挟巨赀行；至王家口，索盐商王姓具供张……王不能堪，村人愤甚，乃共谋刺之；共捕德成，余匪尽逃，德成叩头乞饶。众曰：“试其能避刀剑否?”共斫之，成血糜焉。……福田不敢与洋人战，日列队行周衢，遇武卫军，则缚而僇之，报聂士成落垡一战之仇也。……绅商虑开战则全城糜烂，力请于裕禄议和，裕禄令请命于福田，福田不可，曰：“吾奉玉帝勅，命率天兵天将，尽歼洋人，吾何敢悖命勅。”……众以商民生命为请。福田曰：“死者皆劫数中人。吾扫荡洋人后，犹当痛戮不忠不孝不仁不义之人，完此劫数。”及马玉昆兵败，津城陷，福田易装遁。……潜归里，里人缚送之官，磔之于静海县。

徐桐以汉军翰林至大学士，以理学自命，日诵《太上感应篇》，恶新学如雠。门人李家驹充大学堂提调，严修请开经济特科，桐榜二人之名于门，拒其进见。其宅在东交民巷，恶见洋楼，每出城拜客，不欲经洋楼前，乃不出正阳门，绕地安门西出。……拳匪起京师，桐大喜，谓中国自此强矣。其赠大师兄联云：“创千古未有奇闻，非大非邪，攻异端而正人心，忠孝节廉，只此精神未泯；为斯世少留佳话，一惊一喜，仗神威以寒夷胆，农工商贾，于今怨愤能消。”

这一篇过去的历史，本无甚足道；但是今日提起那块克林德碑，便不由人要回顾这一段可笑可惊可恼可悲的往事。古人说：“往事不忘，后事之师。”所以首先钞出来给我健忘的国民一读，然后再发起我的意见。

原来这块克林德碑，是庚子年议和时设立，向德国赔罪的。为何要设立此碑向德国赔罪呢？因为义和团无故杀了德国公使克林德氏，各国联军打破了北京城，为须要中国在克林德被害的地方设立一块石碑，方肯罢休；你说中国何等可耻！义和团何等可恶！

现在德国的民党，正在要革那皇帝和军国主义的命，协约国乘势将德国打败；我们中国人也乘势将这块克林德碑拆毁；大家都喜欢的了不得，都以为这块国耻的纪念碑已经拆毁，好不痛快！在我看来，这块碑实拆得多事。因为这块碑是义和拳闹出来的，不久义和拳又要闹事,闹出事来,又要请各国联军来我们中华大国朝贺一次,那时要设立的石碑,恐怕还不只一处,此时急忙拆毁这一块克林德碑,岂非多事?

何以见得义和拳又要闹事?这是诸君必然要质问我的。诸君!诸君!莫道我故作惊人之语!诸君若不相信,请听我将义和拳过去、现在及将来发生的原因、结果,略说一番:

这过去造成义和拳的原因,第一是道教。义和拳真正的匪魁,就是从张道陵一直到现在的天师。道教出于方士,方士出于阴阳家,——与九流之道家无关,此说应有专篇论之。——这是我中华国民原始思想,也就是我中华自古迄今之普遍国民思想,较之后起的儒家孔子"忠孝节"之思想入人尤深。一切阴阳、五行、吉凶、灾祥、生克、画符、念咒、奇门、遁甲、吞刀、吐火、飞沙、走石、算命、卜卦、炼丹、出神、采阴、补气、圆光、呼风、唤雨、求晴、求雨、招魂、捉鬼、拿妖、降神、扶乩、静坐、设坛、授法、风水、谶语,种种迷信邪说普遍社会,都是历代阴阳家、方士、道士造成的。义和拳就是全社会种种迷信、种种邪说的结晶,所以彼等开口便称"奉了玉皇大帝勅命来灭洋人"也。

第二原因,就是佛教。佛教造成义和拳,有两方面:一方面是佛教哲理,承认有超物质的灵魂世界,且承认超物质的世界有绝大威权,可以左右这虚幻的物质世界。超物质的世界果有此种威权,义和拳便有存在的余地了。一方面是大日如来教(即秘密宗)种种神通的迷信,也是造成义和拳的重要分子。所以义和拳所请的神,也把达摩、济颠和《西游记》上的唐僧等一班人都拉进去了。

第三原因,就是孔教。孔子虽不语神怪,然亦不曾绝对否认鬼神;而且《春秋》大义,无非是"尊王攘夷"四个大字。义和拳所标榜的"扶清灭洋",岂不和"尊王攘夷"是一样的意思吗?

儒、释、道三教合一的中国戏,乃是造成义和拳的第四种原因。这"脸谱"、"打把子"的中国戏剧,不是演那孔教的忠孝节义,便是装那释、道教的神仙鬼怪;有时观音土地和天兵天将,出来搭救那忠孝节义的人,更算得三教同归了。义和拳所请的神,多半是戏中"打把子"、"打脸"的好汉,若关羽、张飞、赵云、孙悟空、黄三太、黄天霸等是也。津、京、奉戏剧特盛,所以义和拳格外容易流传。义和拳神来之时,言语摹仿戏上的说白,行动摹仿戏上的台步,这是当时京、津、奉的人亲眼所见,非是鄙人信口开河罢!

最近第五原因,乃是那仇视新学妄自尊大之守旧党。庚子事变,虽是西太后和载漪因为废立的事仇恨各国公使,然还是少数;当是政府中人,因为新旧之争,主张纵匪仇洋者,实居十之八九,徐桐、刚毅、启秀其代表也。这班人不知西洋文明为何物,守着历代相传保存国粹妄自尊大的旧思想,以为我们中华大国先圣先贤的纲常礼教灿然大备,那外洋各国的夷人算得什么。戊戌年康、梁主张效法西洋,改变旧法,被旧党推倒,也就是这个缘故。所以戊戌年谭、林等六人被逮时,西太后台见刑部尚书赵舒翘,命严究其事,赵对曰:"此等无父无君的禽兽,(康有为听者!)杀无赦,不必问供。"他们眼里,以各国夷人不懂得中国圣贤的纲常礼教,都是禽兽;至于附和而且主张效法那禽兽的中国人,不更可杀吗?所以他们戊戌年将一班附和禽兽的新党杀尽赶尽,还不痛快;到了庚子年,有了保存国粹三教合一的义和拳出来,要杀尽禽兽,他这班理学名臣自然十分痛快,以为是根本解决了。徐桐赠大师兄的对联,正是这班人的思想之代表。

以这过去五种原因,造成了义和拳大乱。以义和拳大乱,造成了一块国耻的克林德碑。这因果分明的事实，非是鄙人杜撰得来的。以过去的因果推测将来，制造义和拳的五种原因，现在都依然如旧。义和拳的名目，此时虽还未发生，而义和拳的思想，义和拳的事实，却是遍满国中，方兴未艾，保得将来义和拳不再发生吗？将来义和拳再要发生，保得不又要竖起国耻的纪念碑吗？诸君倘不信吾言，请观左列之事实：

扶乩的风气，遍于南北；上海的盛德坛算是最有名了；所有古代的名鬼，一齐出现；鬼的字，鬼的画，鬼的文章，鬼的相片，无奇不有，实在比义和拳还要荒唐。

长江一带三教合一的泰州教，京津一带静坐授法的先天道，都在那里鬼鬼祟祟的活动，这派头不和白莲教、义和拳是一鼻孔出气吗？

北京城里新华街修了一条马路，本打算直通城外；只因为北京的官场和商民都恐怕拆城坏了风水，这条马路只造到城根而止，你说可笑不可笑！

安庆修理宝塔，动工的日子，要算算和省长的八字冲犯不冲犯。北京选举总统的日子，听说也曾请有名的算命先生，推算和候补总统的八字合不合。

济南镇守使马良所提倡的中华新武术，现在居然风行全国。我看他所印教科书(曾经教育部审定)中的图像，简直和义和拳一模一样；而且他所作的发起总说中，说道："考世界各国，武术体育之运用，未有愈于我中华之武术者。前庚子变时，民气激烈，尚有不受人奴隶之主动力；惜无自卫制人之术，反致自相残害，浸以酿成杀身之祸。良蒿月时艰，抚膺太息……"岂不是对于义和拳大表同情吗？

湖南督军张敬尧带兵到四川到湖南打仗，到处都建造九天玄女庙；出战时招呼兵士左手心写一"得"字，右手心写一"胜"字，向西对九天玄女磕几个头，保管得胜。诸君看看这是什么玩意儿！

皖南镇守使马联甲的侄女得了疯病，用五千元请张天师来治，那天师带领一班法官，请到天兵天将，用掌心雷将妖捉去。天师所过的芜湖、安庆、九江等地方，众人围着求符咒的不计其数。这是何等世界！

山东东(河)[阿]、平阴、(茌)[茌]平、肥城等县，发现了三阳教匪(教首为王会臣、李同升等)，在各乡镇集传教，说入教的人能避刀枪；无知愚民入会学习者，日见其多。

天津南开学校开教职员游艺会的时候，有一位国文主任某君，讲一篇历史的谈话说：曾国藩是蟒蛇精转胎，他身上的癣就是蛇皮的证据。有一天去见张天师，天师不肯见他；他再三要见，见面之后，他的蛇魂便被天师收去，随即无病而死。哈哈！这就是北方一个著名的学校的教育！

天津庆祝协约战胜，各界游行街市，内中最奇怪的是南开学校做了一个船名叫"国魂舟"，学生二人扮做关羽、岳飞坐在舟中。校中复以"国魂舟感言"为题，考试学生的国文；一般学生的文章，无非是称赞关、岳二位武圣为中国的国魂；这还不算奇怪，最好的有二位学生文章内中有云："噫，其中亦不思吾国魂舟中曾有关公、岳飞其人乎？洋人洋人，毋笑吾驽弱为！""安得有如关、岳者昂坐舟中，而使黄毛碧眼之辈伏跪膝下，而大快人心者耶！"唉呀！曹、张(是义和拳两位大师兄；不是现在两位大督军)出产地之青年思想，仍旧是现在社会上国粹的医、卜、星、相，种种迷信，那一样不到处风行，全国国民脑子里有丝毫科学思想的影子吗？慢说老腐败了，就是在东、西洋学过科学的新人物，仍然迷信国粹的医、卜、星、相的人，我还知道不少咧！

政府当局的人,目下为时势所迫,也说要提倡新学,也说要输入西洋文化,这不过是表面上敷衍洋人,怕外交团不承认他的位置罢了。其实(的)[他]们脑子里装满了和新学、和西洋文化绝对相反的纲常名教,和徐桐、刚毅是一流人物,还不及徐、刚诚实,所以开口一个礼教,闭口一个纲纪。像那非纲纪礼教、无君臣上下的西洋文化,岂不是他们的眼中钉吗?

现在的新派人物,虽说没什么思想学问,但总算是倾向共和、科学方面;在代表专制迷信的旧人物看起来,这些新人物无非是叛逆,是异端邪教,所以时时刻刻想讨灭这班叛逆异端邪教,方足以肃纲纪而正人心。这就是中国自戊戌以来政变的根本原因了。

照上列的事实看起来,现在中国制造义和拳的原因,较庚子以前,并未丝毫减少,将来的结果,可想而知。我国民要想除去现在及将来国耻的纪念碑,必须要叫义和拳不再发生。要想义和拳不再发生,非将制造义和拳的种种原因完全消灭不可。

现在世界上有两条道路:一条是向共和的科学的无神的光明道路;一条是向专制的迷信的神权的黑暗道路。我国民若是希望义和拳不再发生,讨厌像克林德碑这样可耻纪念物不再竖立,到底是向那条道路而行才好呢?

1924年9月3日

《向导》第八十一期

独秀:我们对于义和团两个错误的观念

义和团,在中国现代史上是一重要事件,其重要不减于辛亥革命,然而一般人不但忽略了他的重要,并且对他怀着两个错误的观念:

第一个错误的观念:憎恶义和团是野蛮的排外。他们只看见义和团排外;他们不看见义和团排外所以发生之原因——鸦片战争以来全中国所受外国军队、外交官、教士之欺压的血腥与怨气!他们只看见义和团杀死德公使及日本书记官;他们不看见英人将广东总督叶名琛捉到印度害死,并装入玻璃器内游行示众!他们只看见义和团损害了一些外人的生命财产;他们不看见帝国主义军事的、商业的侵略损害了中国人无数生命财产!他们只看见义和团杀人放火的凶暴;他们不看见帝国主义者强卖鸦片烟、焚毁圆明园、强占胶州湾等更大的凶暴!他们自夸文明有遵守条约及保护外人生命财产的信义;他们忘了所有条约都是帝国主义者控制中国人之奴券(最明显的是关税协定及领事裁判权),所有在华外人(军警、外交官、商人、教士)都是屠戮中国人之刽子手,所有在华外人财产都是中国人血汗之结晶!他们指责义和团号召"扶清灭洋"及依托神权是顽旧迷信;他们忘记了今日的中国仍旧是宗法道德、封建政治及神权这三样东方的精神文化支配着!义和团诚然不免顽旧、迷信而且野蛮;然而全世界(中国当然也在其内)都还在顽旧、迷信、野蛮的状态中,何能独责义和团?更何能独责含有民族反抗运动意义的义和团?与其憎恶当年排外的义和团之野蛮,我们宁憎恶现在媚外的军阀、官僚、奸商、大学教授、新闻记者之文明!

第二个错误观念：以为义和团事件是少数人之罪恶，列强不应因少数人之故惩罚全中国人民以巨额负担。他们不曾统观列强侵略中国是对于全民族的，不是对于少数人的；剧烈的列强侵略，激起了剧烈的义和团反抗，这种反抗也是代表全民族的意识与利益，决不是出于少数人之偶然的举动。即或义和团当中及纵容义和团之贵族夹有思想上、政治上争执的动机或其他更卑劣的动机，而群众之附和义和团，则由于外力尤其是教会压迫的反应，可以说毫无疑义。义和团事件，无论是功是罪，都是全民族之责任，不当推在义和团少数人身上。全民族都在外人压迫之下，若真只有少数人义和团不甘屈服，那更是全民族无上的耻辱了！若因为参加义和团运动者为全民中之少数，则参加辛亥革命与“五四”运动者，也是全民中之少数，我们决不能只据实际参加者之数量，便否认其质量上代表全民族的意识与利益。文明的绅士、学者们，说义和团事件是少数人之罪恶，说列强不应该惩罚到义和团以外的人，不啻是向列强跪着说：我们是文明人，我们不曾反抗汝们惩罚少数的义和团，不应该皂白不分连累到我们大多数安分屈服的良民。情形如果是这样，还幸亏有野蛮的义和团少数人，保全了中国民族史上一部分荣誉！

义和团的野蛮，义和团的顽旧与迷信，义和团时的恐怖空气，我都亲身经验过；我读八十年来中国的外交史、商业史，我终于不能否认义和团事件是中国民族革命史之悲壮的序幕。

述之：帝国主义与义和团运动

一

中国自义和团这个真正民族群众之反帝国主义运动失败，亡国辱种之《辛丑条约》成立，一直到现在（一九〇一～一九二四年），整整的二十三周年了。在这二十三周年中，中国无论经济、政治各方面，实际上已完全变成了国际帝国主义的殖民地，中国四万万民众已完全变成了国际帝国主义者的“栏内牛马”、“锅内鱼肉”，宰割烹煮，都任其所为，而莫可如何。更可耻的，就是一部分中国人，尤其是所谓“士大夫”之流，甘作帝国主义者之奴隶走狗，对伟大的民族运动，反帝国主义之义和团，不是羞为称道，就是妄诬之为“拳匪”、为“恶徒”，替帝国主义作贱视自己民族之宣传。无怪乎民族革命精神之日日消沉，媚外的奴隶主义之日日澎涨啊！

今日！一九二四年的九月七日！亡国辱种之《辛丑条约》的廿三周年纪念日！一个唯一的反帝国主义之民族群众运动失败日！我们——真正被帝国主义压迫的民众，要想振刷中国的民族革命精神，打倒媚外的奴隶主义，在这个日子里，首先须把这个日子在中国被国际帝国主义压迫史上的意义重新介绍，尤其对于义和团运动须得重新沽定其在中国民族革命运动史上之真价值。我们应该替义和团宣雪其廿三年来被帝国主义者及其走狗所加之恶名，刷洗中国一班人脑中对于义和团运动之根本错误观念。总之，我们应告诉中国被帝国主义压迫之真正民众，重新起来认识这“九七”纪念日，认识义和团运动的革命精神，从这根本认识上得着解放自己的新道路。

可是要想真正了解“九七”纪念日，了解义和团的民族革命精神，就必须先懂得义和团运动与帝国主义的关系；因为义和团运动绝不是一个什么单纯的民族仇外运动，确完全是农民群众受了帝国主义的过分压迫之一种反抗运动。所以，我们首先须分（拆）[析]在义和团运动以前国际帝国主义在中国各方面的势力与其侵掠情形。

二

帝国主义本是资本主义发展过程中之必不可免的阶段。资本主义发展到了帝国主义,在其本身上本已到了末日,所以列宁谓帝国主义为临死的资本主义。可是资本主义虽到了末日,然而,始终想延长其残喘,如是就拼命地向经济落后的农业国——殖民地去掠夺,剜殖民地之肉以医己之疮。

资本的帝国主义之根本病源是:(一)生产过剩,(二)原料缺乏,(三)资本多余,(四)劳力缺乏。因生产过剩,于是要求广大的销货场;因原料缺乏,就要求广大的原料出产地;因资本多余和劳力缺乏,就要求投资地和低贱的劳动商场。所有这些,完全是帝国主义的经济要求。因为要达到他的经济要求,就不能不用政治威权来保证。可是经济与政治的要求大露面,于是又想出文化的要求来。所以无论任何帝国主义之对于殖民地或半殖民地,因要满足他的要求,必然行使三种侵掠——经济侵掠、政治侵掠和文化侵掠。以前的英、美、法、日、俄、德等帝国主义之对于中国也完全如此,不过运用这些侵掠的政策各有缓急轻重之不同罢了。

帝国主义侵掠中国要以鸦片战争为始,从此英国帝国主义在中国到得商业经济上的无上特权,因此法、美、俄、德、日、意各帝国主义,如蝇附毡,争先恐后地向中国进发,经过英法联军之役、中法战争、中日战争、胶州湾事件等,直到义和团起事之前日,国际帝国主义在中国政治、经济、文化各方面已无外交,中国隐然一国际帝国主义的殖民地。我们且看当时,义和团起事之前日,国际帝国主义在中国之实际势力究竟如何。

先看经济方面。国际帝国主义侵掠中国,首先就想实现他们第一个要求,强迫中国人买他们的“过剩商品”,强迫中国人民开他们(消)[销]售商品的商埠,中国人民不愿意,他们即以兵力临之。结果,中国人民被征服了,他们的目的达到了。现在把一八四二年至一九〇〇年由帝国主义强迫所开的商埠列表如下:

上海　宁波　福州　厦门　广州　芝(若)[罘]　镇江　南京　九江　汉口　汕头　海口　营口　秦皇岛　大沽　天津　张家口　吴淞　苏州　芜湖　沙市　宜昌　岳州　重庆　杭州　温州　三都澳　拙北　江门　三水　北海　南宁　龙州　蒙自　河口　思茅　腾越　云南府　嘉峪关　伊犁　塔尔巴哈台　喀什克尔　乌鲁木齐　吐鲁蕃　古城　哈密　恰克图　库伦　乌里雅苏台　科布多　亚尔

以上五十一个商埠是帝国主义者的“过剩商品”所堆集的地方,同时就是帝国主义的势力范围,帝国主义实际上的领土。再看他们商品入口之增进数目。

一八六四年,入口　五一,二九三,五七八两。
　　　　　出口　五四,〇〇六,五〇九两。
　　　　　出超　二,七一二,九三一两。
一八七四年,入口　六四,三六〇,一六四两。
　　　　　出口　(六六,七三,八六八两。)[六五,七一二,一六八两。]
　　　　　出超　一,三五二,〇〇四两。
一八八四年,入口　七二,七六〇,七五八两。
　　　　　出口　六七,一四七,六八〇两。

入超　五,六一(二)[三],〇七八两。
一八九四年,入口　一六二,一〇二,九一一两。
出口　一二八,一〇四,五一一两。
入超　三三,九九八,(三八九)[四〇〇]两。
一八九九年,入口　二六四,七四八,四五六两。
出口　一九五,七八四,八三三两。
入超　六八,九六三,六二(四)[三]两。

由上表可以看出帝国主义商业侵掠的突进,入口由五千一百万余两增到二万六千四百万余两,由出超二百万余两倒转来至入超六千九百万两。此中尤须注意将入口品多工业品,而毒人之鸦片每占入口十分之一,出口品则完全为原料。因入口大超过出口,于是中国现银几全为帝国主义者所吸收,以致中国旧来的金融完全破产。

在中国工业经济方面,当时帝国主义者亦已开始进行。譬如仅纺织一业,英国有"怡和"(设立于一八九五年)、"老公茂"(设立年仝上),德国有"瑞宝"(即现在英之"东方",一八九五年设立),日本有"上海纺织有限公司"第一厂(一八九六年设立)、第二厂和第三厂(均设立于一八九五年)。这些纺织工厂当时规模虽不甚宏大,然比起中国人自己所办的来(如恒丰、三新、久通源鼎新……等),始终是占优势。在矿业方面,帝国主义的势力也是非常大的。许多重要矿山采办权,都归他们掌握。

在财政经济方面,那时帝国主义者更是独霸。因为那时中国的旧钱号已渐破产,新式银行尚未有一家成立。而帝国主义银行则已有麦加利(一八五三年设立)、汇丰(一八六五年设立)、有利(一八七五年创办)、东方汇理(一八七五年设立)、荷兰(一八二四年设立)、横滨正经(一八八〇年设立)与台湾(一八九五年设立)等。对国外的一切通商汇兑,固然完全由这些银行包办,即国内一切金融,尤其"商埠"所在地,亦几完全受他们的操纵。他们还在中国发行钞票,又放债满洲政府,从中取得重利。我们把外国银行和帝国主义者直接所借与满洲政府的借款列表如下:

借款别	起债期	债额	年利
汇丰银借款	一八九四年	一,六三五,〇〇〇镑	七分
汇丰金借款	一八九五年	三,〇〇〇,〇〇〇·	六分
麦加利借款	同上	一,〇〇〇,〇〇〇·	六分
瑞记借款	同上	一,〇〇〇,〇〇〇·	六分
俄、法借款	同上	一五,八二〇,〇〇〇·	四分
英、德第一借款	一八九六年	一六,〇〇〇,〇〇〇·	五分
英、德第二借款	一八九八年	一六,〇〇〇,〇〇〇·	四分五厘

以上借款总计起来,为四千九百四十五万五千镑,以每镑值中洋十元计,则为四万九千四百五十五元。利息又是从四分至七分,超过寻常利息二三倍。这种巨大的借款和过分的利息,究竟归谁担负?难道是满洲政府?很明显的,这个负担完全落到中国最大多数

的农民肩上。

看上边帝国主义对于中国工业的投资与对于满洲政府的借款投资,在帝国主义本身,确已解决了他们的“多余资本”问题。可是对中国民众,新工业破坏了旧时的手工业,借款则加重农民负担,迫之急速破产而失业,这就是帝国主义之赐。

还有关于当时交通上的权利,也完全操在帝国主义者手里。铁路不是由他们建筑,就是借他们的借款,聘他们的技师。总之名义上建筑铁路、管理铁路虽为中国政府,在实际上完全是帝国主义者所把持。航业一层,又全归他们包办,对海外航业固不待说,即内河流域,如扬子江、西江等的大轮航行,又几全为帝国主义者所操纵。邮政一层也是法国帝国主义者暗中支配。

我们再看帝国主义者当时在中国政治上的特权。自一八五八年天津《中英条约》第五条订立“英民犯罪,由英领事惩办,中国民欺害英民,由中国地方官办理。两国人民争讼事件,由中国地方官与英领事官同审办”之后(同时《中法和约》第六条亦有同样的规定),从此帝国主义者在中国享有“领事裁判”之(持)[特]权,从此中国人民在法律上弃掉了自卫的权力,从此中国在政治上几成了“合法的半殖民地”。此后凡帝国主义者在中国各地之一切跋扈行为及一切之纠纷教案,莫不由此种法权的让与所造成。同时在中英和约第一条上均规定英、法各派公使驻北京。从此就成就了东交民巷无上威权的太上政府——公使团,直接统治北京政府,间接统治中国全民众,一直到现在。

自南京条约为英国帝国主义强迫规定海关税值百抽五。一八五四年英、法、美帝国主义乘洪秀全与满洲政府内讧之机,夺得管理海关权。从此中国全部经济生命完全操诸帝国主义者之手,以致对外贸易毫无发展之可能,本国产业绝没有振兴之机会。

至帝国主义当时对中国的“文化”侵掠,更是可怕。凡帝国主义文化侵掠的唯一方法是布宗教,开学校。宗教一方面是帝国主义昏迷殖民地民众之一种催眠术,另一面又是帝国主义侵掠殖民地之探险队、先锋军。现在且录关于德国帝国主义者俾斯麦对于加特力教徒之前后相反的态度情形如左:

先是俾斯麦在一八七三至一八七五年之间,对于加特力教徒尽剥夺其政治上之权力。凡不服从政府命令者,皆严重处分之。因此当时教徒多逃往他国。后来有加特力教徒安察耳和富制南特美士于一八七九年至山东传教。不久安察耳竟在山京南部取得牧师长,甚有势力。适其时值德国探险家维斯曼乌尔夫之徒,称扬传教事业于取得殖民地大有作用。俾欺麦闻之,于是即回复加特力教徒之权力。适安察耳归柏林,他又接见安察耳,厚加礼貌,与之约束,并说德国今后对于传教事业,当加以热心之保护。结果因安察耳,德国竟取得青岛、胶州湾以及山东一切特权。(见《清朝全史》第四册)

由此看来,传教与帝国主义殖民政策之关系如何,传教徒与帝国主义者本身有什么分别?读者当能明瞭。

在义和团起事以前,帝国主义的宗教在中国的实在势力如何,如多少教令,多少宣教师,信徒多少,我手边没有确实的统计可查,无从断定。可是我们根据当时教案之多(自西江流域、扬子江流域以至山东、直隶、东三省各地,差不多无日不发生教案),即可以反证当时宗教势力之盛。教会学校也没有确实的统计,但是有教会的地方差不多都附有学校,由此亦可想像当时教会学校的势力绝不在小。

末了我们把帝国主义所割据中国的领土、强迫所借的租借地以及因历次战争或教案所得的赔款列举如左：

领土除安南、缅甸不计外，有香港、九龙、澳门、台湾。

租借地除上海、天津、汉口、广州各地的租界不计外，有广州湾、胶州湾、威海卫、大连、旅顺。

赔款有鸦片战争共赔款二千万元，英、法同盟进攻北京之役共赔款一千六百万两，天津事件（同治九年）赔款二十五万两，台湾事件（同治八年）赔款五十万两，烟台（条）[事]件（光绪元年）二十万两，伊犁事件（光绪七年）赔款九百万卢布，中日战争（光绪二十一[年]）赔款二万万两。

三

由以上帝国主义对中国经济、政治、文化各方面之种种侵掠，以及用强迫所取得种种权力，如此究竟对中国一般民众发生什么影响呢？中国一般民众对帝国主义有什么反感呢？这些问题，用不着我来答复，只把帝国主义的侦探——牧师斯魏磁（Hswith）所招的口供抄写出来，就很够了。斯魏磁对义和团运动曾特别著了一部《波动的中国》（*China in Convulsion*）。他在那部书上批评国际商业说："许多从'文明'逐渐地进攻中国内地，无数受祸者他们自己不明白受灾害的原因，好像日本农民被地震所造成的海水或海岸沉落所起的潮水之淹没一样。可是有许多人很知道在外国商业未进来扰乱旧秩序以前，在普通的年岁里是够吃够穿的。现在各方面都缺乏，觉得前途一天一天地可怕，像这样的经验，在活动的各方面，能怪中国人对新秩序感觉很深的不满意吗？

"火柴从外来，洋油及洋油所带来的各种洋灯，代替了中国工业大部分，对社会有极大的影响，此处不能详说。人们读了轮船公司的报告，纱货商业在中国怎样兴盛，此种商业从广东到牛庄，将来极可乐观。……但是没有一人能读到此种商业的发展，实大影响于中国生产棉花地面上之无数万人民。这些人民以前靠着纺织十五寸宽的布来谋极低度的生活：一尺布须费两天劳力，在市场上把布卖去，买进能供一家最低度的生活需要品，余则再买些棉花来继续纺织。但是现在呢，外国棉纱货有很好的'乐观'，可是土货则完全失掉了它的市场，从那时到现在，都是如此。……费力的纺纱工作没有利益了，又没有别的生产来代替他！"

斯魏磁虽然是帝国主义的走狗，可是他在这段文字里，关于中国农民群众和手工业者，受了帝国主义的商业经济侵掠之后，是如何破产，如何穷困、悲惨、可怕，却描写得非常明显，非常合于客观事实。我们再从反面举一件事实来看，恰与此相合。这就是大家所知道的中国近数十年来失业游民、土匪之众多，可惜我们对于游民、土匪没有统计，如果统计起来，其数目必然多得可怕。但是游民和土匪从那里来的呢？非常明显，所谓游民和土匪，就是失业的农民和手工业者。他们起初也是很好的安分守己的"有职业人"，但是自从帝国主义者，右手拿手枪，左手挟商品，强迫输入中国以后，他们竞争不过，于是就堕落成为无业的游民和土匪了。

我们再看斯魏磁引加勒勾耗（A，R，Colpuhoun）所著《行到中国》（*Oveiland o China*）一书上的话，批评天主教说："牺牲者的血是法国在中国侵掠的种子（当时在中国的天主教，完全在法国帝国主义者（卯）[卵]育之下，故单言法国），法国用教会和本地的教徒作挑拨的代理人;遭祸与牺牲是他政治上的收获。英国商业的优势之对于英国,犹之天主教徒的保护权对于法国一样,因此他们地位的影响,对于中国人差不多相等。但是法国从宗教的材料较英国从商业的材料所得利益更十倍。在法国政府卵育之下,天主教已经成(功)[为]无上的威权。不顾本地的法律和习惯,宰制异教邻舍,超越所在国国法权。无论何时,教徒与非教徒有争论,不管争论的是非如何,牧师就立刻为之袒护。牧师如果不能恐吓地方官,强迫给权利与教徒时,他即自己作当事人,控告于法国领事。如此无法无天,是非的真意完全颠倒了。在外强方面,这样的干预自必跟着而来,天主教徒由此亦更为横蛮而腐败。当法国教会官厅可以压迫人民时,本地的教徒更变本加厉的恐吓。"

加勒勾耗这一段文章,完全是描写法帝国主义怎样利用天主教侵掠中国,天主教徒在中国怎样横行无忌,牧师怎样袒护天主教。这些完全是事实。不过不仅法国帝国主义强护下之天主教如此,就是德、英、美所拥护的新教也一样可其他称"难兄难弟"。

由上两段客观实事的描写看来,中国手工业者和农民群众受帝国主义如此之经济的严惩压迫,另一方面,又受教会与教徒之无理摧残。农民群众与手工业者以及一班普通人民,在这样严重压迫与无理摧残之下,若非木石,他们必然要发生反动出来。所谓义和团运动,不过是这种必然的反动之结晶罢了。

现在我们来分析义和团的起源和其结合的成分。义和团的祖先是白莲教,创造白莲教的韩林儿是一个仇视北胡——元鞑子的民族主义者,所以白莲教的根源就是反抗外族压迫的民族结合。他们假教为名,不过希冀藉以逃避当时之法网而已,自朱元璋恢复汉族统治,于是白莲教之目的已达,因而自然消灭,所以白莲教在明代三百年中,寂然无闻。自满族入主中夏,汉族统治权又落于外人之手,于是明朝遗老与当时一班不甘屈服于满族统治下之志士,群起结合,复借白莲教之名,以图实行恢复汉族统治权之实。在乾隆末年与嘉庆十八年,两次大举皆以"恢复明祚"为口号,惜为满洲政府所压灭。从此白莲教更被严禁,其教遂分为"天理教"与"八卦教"二派,义和团实为八卦教之一分派,由此我们可以知道义和团的来源,其历史上天然带有反抗外族压迫之特性。

但是义和团为什么抛弃反抗满族之本来目的,反与之结合而反抗国际帝国主义呢?其理由非常简单,义和团本性是封建时代的真正民族革命者,他见着那时剥削中国民众、压迫中国民众的唯一敌人,不是满族,而是国际帝国主义,所以他转舵回帆,抛弃对满洲政府之旧怨而反抗帝国主义。然此不过就和义和团的历史上说,要真正明白义和团所以反抗国际帝国主义之原因,还须看他的组成分子。

白莲教原来的组成分子,在封建的农业社会里,不用说最大多数是农民。其余一部分是失业游民、手工业者、少数的"士阶级"。义和团也一样。他的成分自然大多是农民和着手工业者、失业游民与"士阶级"。可是须特别注意的,义和团组成分子的性质已大与白莲教异。因为那时的中国,已经成了资本帝国主义宰制下的中国,农民、手工业者等已经尝着资本主义的第一重滋味。他们的感觉与一百年前或数百年前白莲教徒的感觉全然不同。他们眼见天津、上海各大城市里所卖的货品很少是中国人自制的。他们亲眼见着洋鬼子好几次派兵遣舰,硬要中国政府开某某城作商埠,租借某某城,某某地方应该割让给他。他们又看见中国政府赔了许多款项给外国人,在另一方面政府把他们的田租加到好几倍。他们又看见地(力)[方]的痞棍、有钱的地主、新老爷们都入了洋鬼子的教堂,巴结洋鬼子的势力来欺压他们(因当时吃教的多半是地痞与地主或新式官僚)。他们亲自看见他们的亲戚或朋友们在中日之战被外国人打死了。他们又看见洋鬼子烧毁了他们皇帝很好看的圆明园,许多外国的兵队却在北京、天津附近乡村里抢劫他们的物件(指英法联军入北京事)。所有这些极深刻的印像印在那些头脑本来十分简单的农夫、手工业者和失业游民的脑子里,在他们眼中、心中,只有"可恨的洋鬼子"、"该杀的洋鬼子",(那)[哪]里还有闲工夫来记得要报复什么满洲人和受人利用等事呢?这就是义和团(指义和团的群众)所以丢了满洲政府来反抗帝国主义的根本动因。有了此种动因,只要有人说"杀洋鬼子"、"我们有方法可以杀洋鬼子"、"我们可以堵住洋鬼子的枪,不能开放",他们听了,直狂跳起来,什么都不管了,只一心一意"杀洋人去"。所以有人说,当着山东、直隶各处农民投入义和团,及天津与直隶邻近的义和团进北京之时,好像疯人一样。殊不知这就是封建社会里农民群众的原始暴动之本色。

四

我们已经知道帝国主义对于中国农民群众(中国最大多数是农民,所以说中国人民直以农民群众代之)之严酷的侵掠如彼,农民群众对于帝国主义之侵掠无形中所起之反感又如此,于是中国农民群众之对于帝国主义的反抗暴动,是历史必然律(在印度、波斯、土尔其等均曾经过),发动不过是迟早的问题,谁也不能作违反他们本意的利用(譬如利用之保护帝国主义),更不能根本阻止他们不动发;而只能在一定的范围内不违反他们的本意来利用他们,或以更良好的方法来领导他们。有人说:"义和团的暴动,全由义和团几个领袖的野心(如李中来之流)与满洲政府反动派的仇外心理(如(戴)[载]漪、毓贤等)所造成。"这个观念完全错误。没有李中来,在当时义和团自然有别的领袖来发展它;即没有义和团的名目,当时义和团的群众必由旁的名目和旁的形式来结合。义和团没有(戴)[载]漪、毓贤来发动,必有旁的人来发动。义和团的群众好像一付炸药,李中来、毓贤、(戴)[载]漪等不过一束引火,偶然借他们作一时的发动力而已。李中来、毓贤、(戴)[载]漪等这些引火不发动,终究有旁的引火来发动,炸药迟早是要爆裂的。

我现要批评义和团一句。义和团固然是一个农民群众的反帝国主义运动,但因为它的经济基础始终是在封建的农业的社会里,所以它是一个无组织的原始的农民之反帝国主义暴动,因此彼带有几分复古的色彩。被反动的封建阶级利用,徒有其冲动的反抗热情,而没有看到历史的进化趋势,不了解科学的革命方法,所以终于失败。然而这完全是客观历史条件的限制,绝不是当时义和团领袖与其群众之主观的错误。可是义和团运动,在中国近百年来的民族运动史上,甚至在全部中国历史上,始终占着极重要的位置,有伟大的历史价值,它的价值决不减于辛亥革命与"五四运动"。它虽然失败,但是我们可以从它的失败里,寻到将来成功的真教训。

所以我现在对义和团运动的结论是:

义和团运动,是中国农民群众受了外国帝国主义过分压迫而起的一种反帝国主义之民族革命运动。

义和团的失败是由于:(一)不懂得历史进步的趋向,(二)因被反动的封建阶级利用,(三)不知道科学革命方法(组织与战略)。

因此我们从义和团运动与其失败所得的教训是:

一、我们——真正被帝国主义压迫的民众,真正的民族革命者,应该继续义和团之广大民族群众革命运动的伟大精神。

二、我们应仔细看清历史前进的趋向,尽力脱去复古的色彩,往进化的路上前进。

三、我们认定真正的敌人——帝国主义者与军阀;可是绝对不能与任何反动派合作。

四、尽力运用最进步的科学的革命组织与科学的革命策略。

中国被帝国主义压迫的人们啊,起来奋斗吧!我们前途的光彩无限呢。

和森:义和团与国民革命

中国农民群众反抗外国帝国主义的起事,第一是鸦片战争中广东的平英团及各乡团,第二是一九〇〇年蔓延北方各省的义和团。二者都是对于外国帝国主义的侵略(直接的与间接的)不堪忍受的反射运动,而后者在中国民族革命史上比较的更为严重、更为悲壮。

然而义和团运动不仅被他的敌人——外国资产阶级与帝国主义者普通宣传为中国野蛮的排外举动,就是他的连带责任的同胞——甚至于革命党也公然这样的指斥他。他们不是向外国帝国主义者声明这是少数无知愚民的罪恶,便要把自己的革命说为比较满清或军阀更进一层的尊重对外条约、保护外人生命财产的文明行为!

自从外国帝国主义侵入中国以来,中国的革命已经不是单纯对付某一朝代某一军阀的内政问题,但是对付国际资本帝国主义之野蛮酷烈的侵略问题,而某一朝代某一军阀不过为这问题中之一部分。在这一点上,义和团运动是最足以代表中国革命之客观的需要与性质的;也只有由这一点才能真正理解义和团的精神与价值。

这时候,农人群众迫切的需要是反抗洋人。因为帝国主义武装送来的外国商品、鸦片烟、传教(师)[士],不仅使农人手工业者不停的破产与失业,而且使他们不停的吃洋官司,懊洋气,洋教的势力横行乡里,莫可谁何。这时候,自方镇总督以至地方官,自李鸿章、袁世凯以至二毛子、三毛子,莫不渐渐成为孝顺洋人的机械;独在朝之顽固的王公大臣富有排外思想。于[是]这些王公大臣遂成为一时的历史的工具,起来利用并领导这种“扶清灭洋”的反帝国主义运动。

因此,反动派与开明派之间成为这样一种可耻的对照:前者顽强不屈的去反抗外国帝国主义,后者奴颜婢膝宣告“不顾北京形势如何,对于外人条约权利保护不怠”(这是当时两江总督刘坤一、湖广总督张之洞、两广总督李鸿章、闽浙总督许应骙联合通知上海领事团的话)去讨好外国帝国主义。袁世凯(山东巡抚)在这时候更以“保让外人剿讨挑匪”树立他以后在外国帝国主义者中的被雇人地位。

义和团排外的精神,是中国国民革命精神头一次充分的表现,可是这种本能的幼稚的国民革命运动并不是没有缺点。他的缺点是在方法上面;然而这种缺点是历史限定他的,并且是必然的。在尚未发明铁器的美洲土人和非洲土人,他们或在半开化时代,或还停滞于野蛮时代;当欧洲“文明”人携带近代的新式武器与技术来侵略他们的时候,他们怎样去抵抗呢?自然,不仅只能运用已有的腕力、石器、弓箭等去抵当大炮与机关枪,而且只能运用半开化的或野蛮时代神秘的宗教势力去团结他们并鼓舞他们的勇气;除了这些已有的物质与精神的武器之外,他们一时是无可如何的。义和团亦然,按照当时中国历史发展的条件,当然只能容许农人拿着刀、枪、矛、锄,张真人、吕洞宾、神兵、天将……去与大炮、机关枪以及帝国主义者一切近代的知识、技术去决胜负。

没有近代的知识与方法，这是义和团的致命伤。所以义和团的失败，乃是经济落后的中国民族之历史的必然的结果。然而这种历史的失败包含着神圣的意义；换过说，被侵掠者抵抗侵掠者的战争乃是神圣的战争，这种战争虽败犹荣。是故义和团虽因没有近代知识与方法而失败，但决不因没有近代知识与方法而减其运动之历史的神圣的价值。

义和团失败后十一年，即一九一一年，辛亥革命起。以辛亥革命和义和团运动比较，形式与精神都大不相同：辛亥革命一面完全采取了近代资产阶级民主革命的形式；别面完全抹煞了庚子起义的排外精神。不仅完全抹煞排外的精神，而且于此精神的反面再三向国际帝国主义宣言革命政府将怎样加倍的尊重"友邦"条约及个人权利，怎样革除（满清时代）通商与实业之障碍以待外资之开发，怎样期望跻于所谓文明国家之林，以享文明国家应享之权利与应尽之义务。

这种非革命性（对于外国帝国主义）的精神与期望，现在已证明其完全错误与无效。引起这根本错误的原因，大约不外下列三事：第一，没有认清中国革命运动之国际的性质，即没有认清中国的革命为普通一般殖民地之反帝国主义的革命，而非单纯对内的民主革命。第二，不知道帝国主义的资产阶级决不会帮助他所欲永远掠夺的殖民地经济落后国之独立自主的民主革命运动。第三，鉴于洪杨革命（太平天国）未与帝国主义列强讲外交之失败。

自资本主义发达到帝国主义，显然把地球各部分经济落后的民族圈定于他的隶属地位，而不容其翻身。帝国主义的资产阶级与从前民主主义的资产阶级显然不同。从前的资产阶级不自觉的在各方面（主要的是经济与政治方面）都尽了一种革命的作用，他不仅完成了自己的革命，而且要帮助别国同阶级的人完成其革命。现在帝国主义的资产阶级则不然，他反而成为全世界一切反革命的中坚，尤其是对于殖民地和半殖民地，他必出死力以维持这些地方封建的半封建的旧制度与旧势力（在印度、在中国、在高丽都是一样的），因为这样于他是极便利的。所以在殖民地和半殖民地闭着眼睛模仿一二世纪前单纯对内的民主革命，简直是牛头不对马嘴；而希望帝国主义的资产阶级与他以帮助更是莫（明）[名]其妙的昏谬。这种昏谬在洪杨革命中是没有的（洪、杨、李秀成等皆耻求助于外人——侵掠者），这正是洪杨革命的卓越。不然，岂有真正独立自主的民族革命能与外国帝国主义讲外交而成功？

然而这些昏谬的趋向，在辛亥革命以及在现在国民党的右翼中还是很严重的。他们或是卵翼于外国帝国主义之下的革命代表，或是久居租界受惯外人之保护的元老，他们不仅不赞成反对外国帝国主义，而且攻击如此主张之左派诸人为破坏国民党，嚷为什么"开罪友邦"！

所以，辛亥革命表面上似乎比义和团运动进步一些，因为形式上和精神上都似近代资产阶级化；然而实际上，这次革命是完全失败了，他的意义转不如义和团之重大。义和团是因为没有近代化而失败，辛亥革命却反因为效颦近代资产阶级化而失败。这是怎样说呢？因为革命党不知按照殖民地革命运动的性质和人民群众反帝国主义的忠实需要去把革命弄实在，他们只知拘守从前欧美资产阶级改革内政的目的，一天一天的把革命弄虚空。因此，他们只知以军事行动建立政府，求援"友邦"为惯用方法，而不知道这些方法都是离开群众的需要而得不到结果的。不仅得不到结果，而且要使革命濒于危险与破产。

群众对于军事行动与革命政府之不满意,对于抽象的主义宣传之厌听,一切实际的政治宣传与群众组织工作之不能施行,甚至于有时宣布禁止排外……这些都是危机的兆朕。

然则可知陈旧的方法和资产阶级的精神是于中国革命无益,而且可以杀死中国革命的。要挽救这危机,只有与世界无产阶级革命联合而受其感化之一法。只有这样才能使中国革命弄实在,才能与国际帝国主义及其爪牙——中国军阀作战。由资本帝国主义剥夺了生存方法的中国农民群众,本来是国际无产阶级天然的同盟。这样同盟的结果是要使义和团的遗烈先被于东方的。

最后我要在义和团与国民党之间说几句话,以做这篇文字的结论:

国民党自今年第一次大会改组以来,他已具有一个顶好的明确的政府,假设当时义和团具有一个这样反帝国主义的政纲,义和团是可以领导中国国民革命至于成功。反之,现在具有这好的政纲之国民党,若加以义和团排斥外国帝国主义的真精神,国民党更是可以领导中国国民革命至于成功的。义和团是中国国民革命史上悲壮淋漓、可歌可泣的遗产——排外精神,我们希望国民党双肩承受这种伟大的遗产!

大雷:列宁与义和团

在一九〇〇年借口于义和团事件而实行侵掠中国的列强中,要算俄皇的俄国最利害;俄国得赔款独多,并欲强占东三省全土。待俄皇政[府]倒后,苏俄政府成立以来,他在一九一九年以后累次单独宣言放弃《辛丑条约》上俄国所得的特权。这种在俄国方面的剧烈变更,并不是一件偶然的事。因为旧俄皇政府的性质与苏俄政府的完全相反,因之而他们对华的政策亦绝对不相同。

俄皇政府是一个代表俄国贵族、地主、商人、实业家的利益之政府,他的政策是帝国主义的政策,口号是"大俄罗斯",在他压迫之下不知有多少小民族。当俄皇屡次想在欧洲波罗的海或地中海求一出口而终被英国等所阻止,不得逞其志,因此有向东方发展的计划,想设立"黄色俄罗斯"。在辛丑以前虽已占领海参威,然不能厌其欲,义和团事件因此给俄皇政府建立"黄色俄罗斯"的一个好机会。

苏俄政府的性质则完全不同,他是代表俄国被压迫的无产阶级和各小民族的政府,他的政策是联合世界的无产阶级和被压迫民族,来推倒帝国主义,来建设共产主义的社会。自苏俄政府成立以来,短期的历史已证明他解放国内的弱小民族,曾援土耳其建设自立政府,曾放弃他在波斯的权利。宣言放弃《辛丑条约》,亦是苏俄政府照他的主义上的必然政策。

要知道苏俄所奉的主义就是列宁的主义。列宁主义 Lininism 中最重要成份之一,就是对于民族问题的主张。列宁这种主张并不是到他做了苏俄人民委员会之后,而是在廿多年前即是这样主张,当一九〇〇年义和团事件发生时,列宁在《火星报》第一期上做了一篇论《中国之战》,他分析帝国主义和暴露俄皇的阴谋。

各国政府,俄国政府同样宣传中国义和团的野蛮,说他们是仇视白种和西欧的"文明",想因此可以得到人民的帮助来满足少数人的利益。

列宁回答说:"中国人民并不仇恨欧洲的人民,他们对于他们没有什么反对,然而他们确仇恨欧洲的资本家,和为资本家用的欧洲的政府。他们到中国去只为求利,他们用了他所矜夸的文明去欺骗,去抢掠和压迫,他们同他开战,强迫他承认输入使中国人民愚蠢的鸦片之权(一八五六英法联军),他们用传教遮掩他们的活动。对于这些,人们除掉仇恨之之外还有什么呢?”

中国人有许多像外国帝国主义者的口吻一样说义和团事是野蛮的排外,仇视西欧文明,因此是不对的,看了列宁的话亦可稍明白了。

列宁又说:“他们‘帝国主义者’并不公开地动手瓜分,而像夜间的偷贼,他们抢掠中国像掘坟墓一样,但是如果假尸要想抗拒的时候,他们又像野兽一样对着他,把树林亦烧了,屠杀没有武装的人民。”列宁这种描写真把当时帝国主义国对中国的形态完全表露出来了。可惜在我们中国的凤毛麟角的外交史上只看见把惨杀少数教士描写得十二分惨酷,而于八国联军屠杀没有武装的人民就几句话轻轻放过,真是一件可耻之事。

列宁并披露俄皇这种帝国主义的政策和唤起群众来反对这种政策。他说:“这种政策”只有益于一部分同中国行商的资本家,有益于一部分为亚洲市场生产货物的厂主,有益于一部分从紧急军事的(定)[订]货而获得厚利的店铺。俄皇政府牺牲全人民为这班少数资本家和高尚的欺骗者。他用极明白的口号来唤起民众反对这种政策。他说:“起来用全力反对那些人们,他们想制造成民族的仇恨;并因此想从劳动人民对他们的真正仇敌的注意转移过来,这是一切有阶级的觉悟的工人所要注意的。俄国政府在中国的政策是一个万恶的政策,这政策将完成人民的毁灭,使他的做奴隶更确定和他的痛苦更大。俄皇政府不仅奴隶我们自己的人民,并且他利用他们来奴隶别的人民。”

列宁对于帝国主义和被人压迫民族的这种见解在廿年前既已成熟,到廿年以后在他的领导之下居然实行,这就是苏俄之所以成为反对帝国主义之殖民地的良友,而列宁之所以成为民族解放的(为)记号。

1924年9月7日

孙中山:“九七”国耻纪念宣言

什么叫做“九七”国耻纪念日?

因为这一日是辛丑和约签字的一日。

辛丑和约签字何以是国耻纪念呢?

试看看辛丑和约的内容。他的内容,无一不是丧权辱国的条件。尤其重大的,是下列几个条件:

(一)中国允付赔款海关银四万万五千万两于各国。

(二)各国在北京划定公使馆境界,在公使馆境界内完全由公使管理。为保护公使馆,各国得设置护卫兵。

(三)中国政府要将大沽炮台,及有碍北京至海滨间交通之各炮台一律削平。

(四)中国政府承认各国占领黄村、廊坊、杨村、天津、军粮城、塘沽、芦台、唐山、昌黎、滦州、秦皇岛、山海关等处,以保北京至海滨无断绝交通之虞。

以上四项,第一项,使我中国人民负担屈辱的赔款,不但物质上此重大负担至今未能清偿,成为中国民穷财尽之原因,而精神上使我中国人民的人格,至今未能昭雪。第二项,不但使北京丧失一部分之土地主权,而且各国得驻兵于北京。第三项,使北京至海滨间,中国不得为军事防御之设备,各国可以随时进兵,直达北京,如入无人之境。第四项,则北京附近一带要地,完全在各国控制之下。有了第三、四各项,所以辛丑以后,北京便低头受制于各国,没了一些抵抗的力量。所以北京政府中人,对于各国宛如牛犊,听人穿鼻;媚外不知耻,卖国亦无所顾忌。唉!你说是国耻不是!你说是应该纪念不是!

有人说道:"《辛丑条约》由于庚子八国联军入京,而八国联军入京由于义和团事件。"这话不错,只是我要问的,义和团事件何以发生呢?

中国自有历史以来,以和平为民族之特性。有时不幸遇着他民族的侵略,方不得已而抵抗,例如殷以前的荤粥,周之猃狁,汉之匈奴,都因为他无故扰边,才出兵征伐。又如东晋之五胡,北宋之女真,或则分裂中国,或则将中国抢去了大半,才要合中国人来驱除他。又如南宋末之蒙古,明末之满洲,并吞中国,才要合中国人来光复。我们根据历史,可以确确实实的说,如果别人不欺负中国,中国决不欺负别人的。再拿一个例来说,印度和中国之交通,自东汉时代已经开始,彼此以和平相往来,做学问思想的交换,彼此何等互相钦敬,互相爱慕,何尝有些微的冲突。更可以证明中国的民族是和平的,不是空言,是可以将历史的事实来说明白的。然则义和团事件何以发生呢?

我们要答这一问,先要知道现时所谓列强,他对于美洲的红人是怎样?对于非洲的黑人是怎样?对于澳洲的棕色人是怎样?对于亚洲的印度人是怎样?世界上五大洲之土地,被他改换了三大洲有半的颜色;五大人种,被他剪灭或奴役了三大人种有半。我们想想,中国能在例外吗?能得他格外的矜恕、格外的礼遇吗?自从鸦片战争以来,我们的藩属安南、缅甸等等次第被他割去,我们的海口胶州湾、旅顺、大连、威海卫、广州湾、九龙、香港等等,次第被他抢去。各省势力范围,次第被他划定。到了前清光绪二十四年的时候,瓜分中国的论调,可谓到了极盛的时代了。怎怪得两年之后,便发生义和团事件呢?

以上所说,还单指政治上、武力上的侵略。至于经济上、财政上的侵略,还要(利)[厉]害十倍,以至万倍。自从鸦片战争以来,强迫中国订了种种不平等的条约,领事裁判权啊,租借地啊,税关权啊,已筑了经济上、财政上侵略的基础。于是大发挥其对于殖民地之策略,将中国作成他的商场,源源不绝的销售商品,一方面又将中国的土地出产及人民劳力,来满足他掠夺原料、榨取劳力的欲望。这样绝人生计、灭人种族的政策,在美、非、澳诸洲都是百发百中的,不怕中国会逃到哪里去。那时候的中国人民,虽然没有明白透了他的灭种政策,只是生计的压迫,一日紧似一日,不由得不害怕,不由得不着急,这也是义和团事件发生的重要原因啊!除了以上两般之外,还有宗教的侵略。他们用政治力、经济力来耗夺中国人的物质还不算,又用宗教来耗夺中国人的精神。一般神甫、牧师,倚仗着他们的国力,包庇教民,干(与)[预]词讼,欺压吃教以外的人,无所不至。受其虐者,忍心刺骨,这也是义和团事件发生的重要原因啊!如此说来,我们对于"义和团事件何以发生"的一问,可以无疑无二的答道:"是因为帝国主义逼着他发生的!"我们也承认义和团观察既有错误,方法更为笨劣,须知我们所反对的不是外国,是外国的帝国主义。外国之持帝国主义者,固是我们的敌人,外国之不持帝国主义或已抛弃帝国主义者,便是我们的朋友,怎好不分别清楚,笼统地说排外呢?所以说他观察错误。帝国主义者的势力,岂是舞大刀、练拳头所能打破的？所以说他方法笨劣。他还有个极大的错误，想依靠满人来驱逐洋人，贸贸然的揭起“扶清灭洋”的旗帜；遂致为满洲所利用，徒然牺牲了无数的精神、物质，却唤不起国民的自觉，真是一件可痛的事情。这些地方，我们不为义和团掩饰的。

然而拿义和团的人格，与庚子、辛丑以后一班媚外的巧宦和卖国的奸贼比较起来，真是天渊之隔。可怪他们还笑义和团野蛮。哼！义和团若是野蛮，他们连猴子也赶不上。

庚子、辛丑以后，中国人的脾气被帝国主义者认识清楚了些，知道一味的强硬手段，还不济事，必须用些柔和方法，才能将爱和平、讲礼貌的中国人压(伏)[服]得住，所以政治上、武力上的侵略便放松了些。经济上、财政上的侵略却加紧起来。从前对于中国官吏是一味的悖蛮逞强，如今不然了，留心的寻着一个傀儡，颠之倒之，无不如意。既不必生气，又用不着费力，真是得心应手。皇太极说得好：“朕得洪承畴，犹水母之得虾。”这个秘诀，竟被帝国主义抄了去。从前只用这方法对于中国官吏，渐渐地竟适用于一般社会了。说也奇怪，义和团起，倒唤醒了中国无数热血之人；而共管说起，竟会大家都不甚理会。看见了中国人如此的麻木，不能不惊讶帝国主义者的大成功。十三年以来，帝国主义者，对于中国有一件梗心的事，便是中国忽然成了中华民国。有一班革命党，要实行他的主义，将中华民国造成在世界上独立自由的地位。帝国主义者对之自然是眼中钉、肉中刺了。这个原因，说来却甚简单。帝国主义者要将中国来做他们的殖民地，革命党要将中国造成在世界上独立自由的地位。这不是和他利益正正冲突么？他如何容得过。所以立定主意，利用中国一般官僚武人来做他的傀儡，对付革命党。试看看有民国二年袁世凯和革命党作战，便有五国银行团的大借款；有民国六年的冯国璋和革命党作战，便有日本的大借款；近年有曹锟、吴佩孚和革命党作战，便有无数零星杂凑的大小借款。现时国民革命的口号是“打倒军阀，打倒帝国主义！”其实拆穿西洋镜，军阀便是帝国主义的傀儡，帝国主义便是军阀的牵线。十三年来，自袁世凯以至曹锟、吴佩孚，先后傀儡登场。一个傀儡扑了下去，又一个傀儡矗了起来。傀儡所以如此层出不穷，是有人在后台牵线的缘故。

以上所说，都是《辛丑条约》的前因后果。有了以前种种，才会发生《辛丑条约》；发生了《辛丑条约》，才会有以后种种。我们今日纪念国耻，并不是痛定思痛，乃是在痛愈深、创愈巨的时候，追究痛创的来源。我们今日纪念国耻，并不是专从过去着想，乃是从现在至将来着想。所以纪念国耻的目的，在于昭雪国耻。不然，那就不是国耻纪念会，简直是国耻追悼会了！这还有什么意义呢！

我们既然要雪国耻，则有千万要注意的两件事：一是认清对象。如今站在我们面前，压在我们头上的，是帝国主义。以上所说，已极明白。二是慎选方法。帝国主义的势力，如今还是不可向迩。我们要打倒帝国主义，必须有全盘的计划准备，决不是轻举妄动所可以奏效，也不是侥幸尝试所可以成功。要达到打倒帝国主义的目的，至少限度，我们必须针锋相对，确立一种主义，并严定实行主义的步骤，纠合大多数的人民，团结一个牢不可破的团体，方才能将打倒帝国主义的责任负荷起来。不然，中国人民依然一盘散沙似的，只有永远地给帝国主义之践踏，还能说什么打倒帝国主义呢！

因此，我们不能不介绍中国国民党的主义与政纲于大多数的同胞。这是雪耻的唯一方法。我们努力于雪耻，才不辜负今日的国耻纪念。中国国民党中央执行委员会。

（据《总理遗教·宣言》，见陈旭麓主编《孙中山集外集》，第530～534页）

1925年9月7日

《向导》第一百二十八期

秋白:义和团运动之意义与五卅运动之前途

"九七"纪念,亡国的《辛丑条约》签字的纪念,使全中国的平民不能不想庚子义和团之役与八国联军侵略我们中国的痛史。同时,我们现在正在五卅以后全国民众反抗帝国主义的运动里,更使我们不能不想起:为什么会发生五卅屠杀?怎样方能推翻《辛丑条约》以及一切不平等的条约?何以五卅运动比二十六年前的义和团运动对于民众解放的斗争有更大的希望、更远的前途?

普通谈起庚子义和团运动的时候,往往有许多人以为这是"拳匪",这是野蛮的排外主义;——假使这班匪徒不这样胡闹,八国联军也不会来,《辛丑条约》也不会订了。这种人固然反对《辛丑条约》,反对"庚子赔款",可是他们的论点是:义和团是少数无知愚民做的事,外国人不应当将这种责任和罪名归到全国人身上,使全国人负担这样巨大的赔款。

这种意见完全是受帝国主义宣传的一般士大夫阶级的谬论。诚然不错,义和团讲拳术、讲符咒,都是一种迷信;这种拳术和符咒无论如何也不能抵抗枪炮。诚然不错,义和团联络满清的反动贵族,打着"扶清灭洋"的尊皇口号,完全是一种帝制主义的反动思想。然而何以会有这种义和团运动呢?难道不是各国帝国主义侵略的结果么?帝国主义的侵略、外货的输入、原料的吸收,使中国旧时的经济逐渐破坏,手工业及农民经济破产,其结果游民一天一天的多起来。这些破产的农民迫于经济上的困苦,本能的发生反抗帝国主义者的思想。实际上不但是庚子之役,就是那一时期种种平英团(广东)等类的组织,历次的所谓教案,无不是这种反抗运动的表现。客观上这是中国被压迫被剥削的阶级——失业的劳动民众反抗外国资产阶级的阶级斗争,同时,当然就是反帝国主义的民族解放运动。他们这种反抗的精神是非常之可敬的。况且,他们的反抗又是帝国主义者高压的侵略政策所必然要逼迫出来的。帝国主义者自己逼迫出这种反抗运动之后,再来"惩罚"中国,这是他们惯用的手段。即使真要讲什么"公理",外国帝国主义者以前杀中国人、夺中国地方种种罪恶,决非义和团那些小小的"排外"行动所抵得过的。列强那时的侵略中国,完全因为他们国内资本主义的发展,他们国内资产阶级的野心,不得不然;即使没有义和团,他们也会想出种种别的方式来进攻,来取得他们在《辛丑条约》上所得的特权。

可是,义和团的反抗精神和民族解放运动,何以带着那种极迷信、极反动的思想呢?义和团运动的缺点是很多的。他们拒绝一切"洋货",拒绝并且反对一切科学文化;他们主张"国粹",相信五行符咒等的"国民文化"(戴季陶先生所说"国民文化"大概和这个不同罢);他们的组织是一种宗教式的团体;他们盲目的"共信"他们的"排外主义";他们盲目的服从他们的"中心思想",有极巩固的"互信",不许有一个怀疑中国符咒的无用和外国科学的有用,不然便算做"二毛子",立刻驱逐出团体,甚至于处以死刑;他们都盲目的服从所谓

“大师父”、“二师父”，只有“大师父”、“二师父”能独创，绝对不许普通的徒弟独创的。然而这些都不是主要的缺点。最主要的是义和团运动里，没有一个先进的有组织、有力量的阶级做主干。义和团的运动实在是一种原始的农民暴动，而且是失业群众的运动。这种游民阶级、失业的劳动阶级，因为自己经济地位及生活条件的缘故，不能有明确的政治意识和阶级觉悟。自己手上所做的是阶级斗争，可是心上所想的是狭义的民族主义及国家主义。他们这种运动，没有阶级斗争的理论指导，亦没有真正团结的实行力量。这种斗争，一方面是对外的阶级斗争，别方面便应当同时是对内的阶级斗争——反抗满清贵族的平民阶级的斗争。可是，因为义和团被狭义的民族主义及国家主义思想所蒙蔽，他们竟为贵族阶级所利用，来巩固自己的统治地位，反对一切进步的资产阶级的维新运动。他们只知道一切中国人都要团结来反对一切外国人，他们以为这样，外国的侵略便可以防止，中国的国家和文化便可以保存，他们的权利便可以有保证，生活便可以安定。殊不知道，当时的一切平民应当同时反抗满清，自己握得政权，才能抵御帝国主义者的进攻。于是他们真以为“国家民族利益高于一切”、“心目中只有一个中国国家和民族的需要”，竟认满清贵族是这所谓“国家”、“民族”的代表；这种运动即便胜利了，也不过为治者阶级巩固地位，更加要压迫平民。他们一切迷信反动的思想和策略，完全根据于这狭义的民族主义、国家主义、国民文化主义而发生的。他们事实上争自己经济地位的改善，可是不能明白提出自己阶级的经济要求。他们知道反对所谓“二毛子”，他们却不知道，国内真正反对他们的人，是代表大部分地主商人的利益的地方政府（如当时山东巡抚袁世凯、江南总督刘坤一等）。他们当然更不知道，应当以利于其他阶级的国际的经济要求，去联合一般的商人和比较进步的反抗侵略的份子。可见他们失败的原因，完全在于不能以自己的阶级斗争引导一般的普通农民的大群众，更不能以这种阶级斗争来领导各阶级反帝国主义的联合战线。他们于“扶清灭洋”的狭义国家主义的口号以外，甚么“阶级的要求”都没有，他们自身虽是农民，却甘心做反动贵族（所谓“国家”或“民族”）的工具——这或者可以得着“纯正的三民主义者”的赏识，果真是“利他的”、“为国牺牲的”勇士罢！

这也无怪其然的呵！那时的中国，可以说简直没有无产阶级——先进的、善于组织的、有政治的觉悟和阶级的意识的阶级。那时能有反抗精神的，还只有这种游民的或纯粹小农的落后阶级。这种阶级要他站在反帝国主义斗争的先锋地位，当然是不能胜任；于是这壮烈的反抗侵略的运动，便以迷信的拼命的无希望的原始暴动结局了！

当时帝国主义的列强，便能用很简单的方法，一举而扑灭这种运动。那时帝国主义的列强，在远东的侵略，还没有到相互之间剧烈冲突的时候，他们还要合力的先在政治上、军事上、思想上征服中国。义和团的对外要求是很单独的排外，亦没有关涉到各国利益不同的条件，所以列强竟能一致的向中国进攻。于是八国联军对华的“惩罚战争”，敢于施行极无人道的残杀，占领中国的都城，强迫签订《辛丑条约》。北方的国防，如大沽炮台等完全撤废；京城附近，自北京至天津，沿路长扎帝国主义的驻防军；北京使馆界变（了）[成]外国领土，东交民巷变成中国太上政府的堡垒；规定极大的赔款，以关税、盐税作抵，从此连常关也归外国人主持的税务司管辖，中国的财政几乎完全受外国监督。……这样一来，中国便实际上等于完完全全亡国，成了列强的共同殖民地。

可是，帝国主义的胜利，还不止此。庚子辛丑之后，帝国主义者丝毫不用费力，便在思想上征服了中国。一般"士大夫"和"文明人"从此绝口的断定"拳匪"是野蛮的暴徒;帝国主义者教训中国人应当怎样服从外国人,怎样遵守所谓"国际公法",怎样尊重外人的生命财产……中国人都伏伏贴贴的遵从;从此以后,稍有反抗侵略思想,便是"排外"、"拳匪"、"下流社会的无知愚民";政治上、舆论上、社会上,无不以外人的一言为重;直到辛亥革命,各派政党都争以保护外人生命财产为荣,未求民众的赞助之前,先求外人承认他是"适当的"、"驯(伏)[服]的"代理外人管理中国的统治者。这种心理和"舆论",便做了好几十年来帝国主义侵略中国的工具。从此,反帝国主义运动便消沉了不少。

义和团的反抗精神的完全恢复,而打破这种媚外的、鄙视"下等社会无知愚民"反对压迫的心理,一直经过五四运动到五卅的屠杀之后,方才实现。这亦不是偶然的。

中国在这二十六年中,经济上因受帝国主义的影响,已经起了很大的变化。那些破产农民和手工业者,一部分已经吸收进了工厂及种种资本主义的新式企业,发现了中国的无产阶级。中国的资本主义——尤其在欧战之后,得到了一种相当的发展,从前的买办阶级渐渐的脱胎而变成了工业的资产阶级。中国国内日趋于死灭的封建军阀,也已经比满清贵族更加丧失了好几倍的独立性;他们的存在和统治已经不能不完全依赖帝国主义,完全做帝国主义的走狗。于是国内民族解放的要求一天一天的迫切起来,反帝国主义、反军阀运动自然一天一天的普遍起来。可是这种运动中最重要的原动力,现在却是无产阶级。从五四运动以来,反帝国主义的斗争差不多完全跟着无产阶级的阶级斗争而发展。最早,从一九二一年起,京汉罢工、唐山罢工、安源水口山矿工罢工、海员罢工、上海浦东烟厂罢工之后,国内国民革命的运动便有长足的进步。无产阶级的政党——共产党成立,最早的主张民主主义的联合战线,各地有民权运动大同盟的发现;一九二三年更提出具体的国民革命的要求,废除不平等条约等口号;再进而主张具体的集中革命力量,共产党员加入国民党,国民党改组和发展。此后,上海丝厂及南洋烟厂罢工(一九二四年),南方农民运动的开始……一般的劳动民众觉悟到他们自己的阶级利益,实行经济的、政治的、阶级斗争的经验,使他们一天一天多量的参加国民革命运动,反抗直系军阀,北京政变之后,更努力的进行国民会议促成会的运动。在这些运动之中,各地的工人团体无不是最积极的站在民族斗争的地位。一般民众之间,反帝国主义的思想因此而格外普遍的传播起来;而国民党也因此而渐渐深入民众,得着民众的赞助。一九二五年,上海的工人阶级继续这种斗争,于是而有日本纱厂的罢工。帝国主义知道这种新势力和义和团不同,确是非常可怕的,赶紧想以高压的屠杀政策扑灭他。可是纱厂工人顾正红的杀死,已经激起民众——尤其是青年学生的愤怒;而五卅的南京路屠杀,遂使逐渐积聚着的革命力量大大的爆发,反帝国主义的运动普遍全国各地,并且深入穷乡僻壤。

五卅运动,实在说起来,是义和团的反抗侵略运动的继续。不过五卅运动的方法、组织、策略,完全与义和团不同了:第一,五卅运动中的工人阶级,有极明确的反对帝国主义侵略、压迫、剥削的观念,绝不是盲目的排外。他们的要求是很具体的:反对不平等条约,反对帝国主义的屠杀和租界制度、领事裁判权、驻防中国的外国海陆军,要求中国一般民众的政治自由权、组织工会和罢工的权利。——却不是反对一切"西洋文化",保存中国的所谓"国民文化"(仁义、道德、五行、符咒等)。第二,工人阶级为自己阶级的利益而奋斗,反对资本主义(帝国主义)的剥削和压迫,反对中国军阀的压迫和卖国,反对中国资产阶级的妥协和软化。他们绝不敢“心目中只有‘国家’、‘民族’的利益”，冒充什么利他的义举。他们绝不肯为保存利于帝国主义者的“内部一致”，而完全为资产阶级所利用，跟着他们妥协。只看上海罢工工人反对总商会的妥协条件，宣言要求中外资本家承认工会增加工资，便可以知道：中国工人阶级参加国民革命运动，必然要以阶级斗争的理论做指导；工人阶级切身的经验知道不能靠“诱发资本家仁爱性能”的“戴季陶主义”和“劝告日本人回东方来”的“戴季陶策略”，来得到自己的权利和日本的让步，而要用阶级斗争的方法。他们知道所谓民族解放运动是要得大多数中国人民独立自由的权利；这样的运动方针，方能使胜利之后确有真正的民族国家的独立和自由。如果抛弃他们自己，抛弃中国大多数劳动民众切身利益，还有甚么“民族”利益或需要！第三，中国工人阶级知道自己阶级在民族解放运动中的责任，所以他们提出极具体的阶级的和民族的政治、经济要求。他们的一般口号“废除不平等条约，撤退外国海陆军”以及最近关税自主的要求，能够结合一般被压迫的革命的各阶级，督促着资产阶级和小资产阶级向帝国主义者奋斗，因此，国民革命的联合战线能够建立起来，持续下去。他们竭力的拥护这种利于中国民族的一般被压迫阶级之间的一致，他们不要求勉强的“中心思想”，而只是建立真正的中心思想于各阶级对内对外的共同利益上。第四，中国工人阶级明白中国国民革命的国际意义。这种国民革命运动是对于世界帝国主义的有力的打击，列强帝国主义国家里的无产阶级和各国被压迫的民族，必至真诚的同情于中国的运动，而且能与以有力的援助。所以他们决不盲目的反对一切外国人，而只反对帝国主义者，努力的做国际宣传，联络世界的无产阶级和被压迫民族。中国无产阶级深切的明瞭：帝国主义的推翻和中国民族的完全解放，必须世界的社会革命胜利，全世界的资本主义消灭，才能成功。第五，五卅运动中的中国工人阶级，有很严密的组织，极伟大的团体，绝不是宗教式的结合。

五卅运动和义和团的区别，正在于五卅运动有无产阶级做指导者，而义和团没有；五卅运动中有无产阶级的阶级斗争做骨干，能督促资产阶级前进，而义和团没有；五卅运动中有具体的政治、经济要求，足以团结全国被压迫阶级，而义和团没有；五卅运动中有国际的联络和世界革命的前途，而义和团没有。

二十六年后的中国民族力量和二十六前的民族力量大不相同了。帝国主义者相互之间，现时在远东的利益，已经冲突得非常利害。列强虽然利用《辛丑条约》和一切不平等条约的特权——驻华海陆军、租界巡捕权、不受中国限制的外国工厂——能对于中国施行屠杀和剥削。然而中国民族在无产阶级指导之下起来反抗，一开始便给他们一个总打击，提出种种具体的要求。列强之间享受这些特权——关税管理、租界制度等等——并不是相同的；他们在中国的经济利益——货物的销场、投资的多寡——也不是相同的。所以中国民族反帝国主义既然剧烈，他们中间特权享得少的（如美、法等）便想取巧，声言应当对华让步，于是列强一致进攻的形势绝不可能。再则，中国国民革命运动，因有无产阶级的指导，与各国无产阶级相联合。同时，俄国革命后，世界的社会革命已经开始，列强自己国内无产阶级的政治势力也比二十六年前大得百倍。他们更不能轻易以兵力征服中国——因为他们国内的革命，可以因此而爆发的。况且五卅运动之中，无产阶级团结的阶级组织——工会等的力量，也非义和团可比。义和团的暴动的农民，绝无阶级的觉悟和阶级的策略，完全是孤立的；五卅运动中则无产阶级领导之下的国民革命联合战线，差不多团结工、商、学以及一切被压迫的民众。所以假使义和团暴动的结果,帝国主义者得以武力进攻而攫取在华的特权,置中国于殖民地的地位;那么,五卅运动的结果,至少使帝国主义的列强要表面上表示让步,要提起早已忘了的华盛顿会议的决议,要召集所谓关税会议,甚至于说可以讨论关税自主的问题。

不但如此,义和团时候,一般的"士大夫"、"文明人"都帮着帝国主义骂"拳匪",灭杀民众的反抗精神,甘心做帝国主义的工具,而且他们能得到所谓维新派的尊称。五卅运动之后,"反对帝国主义,废除不平等条约"的口号和一般的反抗精神在民众之间极普遍的发展。现时利用帝国主义者的谣言骂五卅运动是"赤化"、是"暴徒"的破坏、压迫工人、学生团体的所谓"中国人",亦已经为社会所公认是帝国主义的走狗了。

五卅运动之中,所可怕的是一种狭义的民族主义、国家主义的复辟。所谓"国家超于一切"、"工人不准行阶级斗争"一类的论调,我们现在可以常常在资产阶级报纸上看见,甚至于国民党领袖中也有这种倾向;这是一种新义和团的危险,危险在于他们要使劳工群众跟着资产阶级妥协,丧失自己的阶级觉悟,抛弃自己的阶级斗争——因而始终破坏了此种解放运动。这种妥协派的力量,始终要被帝国主义所利用,来压迫工人阶级——国民革命的主力军。这种国家主义的影响实际上是帮助一般帝国主义走狗——军阀工贼的。

这些走狗——大之如奉系军阀,小之如工贼及暗杀的凶徒,他们的实力还是非常之大。张作霖派的军阀,在奉天、天津、青岛、上海帮着帝国主义者残杀、压迫工人、学生及商人;上海一般工贼打毁总工会,伤害工会职员;河南资本家穆藕初雇用流氓打手捣毁工会;南京的买办和军阀屠杀工人;广州反革命派暗杀廖仲恺先生。五卅运动之所以不能再往前有很大的发展,工人所以只能得到日本厂主方面极少极少的让步,规模这样伟大的五卅运动所以只能争到帝国主义者答应开所谓关税会议,——完全因为国内种种国贼、军阀、工贼的势力帮着帝国主义者来压迫民众;完全因为民族解放运动中的妥协派、狭义的民族主义派,帮着军阀工贼遏抑工人阶级的阶级斗争;完全因为中国没有统一的人民政府,没有统一的真正拥护人民权利的军队。因此,要五卅运动能够再往前发展,必须继续扩大民众的力量。固然,五卅运动与义和团运动不同,他是有无产阶级领导的,比起义和团来,始终已经有些效果:日本单独来要求解决,至少也不能不承认所谓中国政府的工会条例,承认处理屠杀顾正红等的凶手,至少口头允许加工资……美国亟于赞成关税会议。英国的强硬也不过以为延宕沪汉等案手段,不敢猛然反攻。然而照现在这样,便能使帝国主义者实行让步,使中国得着完全的解放吗?那还差得远哩!中国既然因有几十万无产阶级的团结奋斗而能暂时制止帝国主义之直接进攻,那么,要使这解放运动完全胜利,便应当更加发展中国无产阶级的势力,发展一般民众力量,排除一切反动的帝国主义走狗的力量,那时才能废除《辛丑条约》,才能打破帝国主义束缚中国的一切锁链。所以五卅运动的前途和发展,必须根据下列的方针去进行:

一、力争工会组织的自由,一般民众应赞助工人的组织和斗争;

二、工人阶级和被压迫阶级联合一致,反对一切帝国主义的走狗——军阀工贼,平民应有武装自卫之权;

三、民众起来要求真正人民的国民会议;

四、建立统一的真正平民共和国,组织统一的国民革命军;

五、要求关税自主，废除一切不平等条约。

只有这样，五卅运动才能继续发展，实行推翻《辛丑条约》及一切不平等条约。

1926年8月8日

《政治生活》八十、八十一期合刊

猎夫[①]：鲁豫陕等省的红枪会

帝国主义者和军阀扰乱中国，以致内乱踵起，影响所及，日益扩大，其结果遂使中国全国的农民生活不安定，以急转直下的趋势，濒于破产的境遇。北方直接遭受兵祸最厉的省分，如山东、河南、陕西、直隶等处的农民，以不堪兵匪的骚扰，乃自然的有武装自卫的组织——就是红枪会的运动，这个运动在山东、河南、陕西尤为普遍。

在山东有红枪会、白枪会、红沙会、黄沙会、五煞会、黑枪会，在河南有黄枪会、绿枪会、白枪会、红枪会，在陕西有硬肚、白枪会、红枪会等名目。红枪会所用新式武器，如机关枪、迫激炮、来复枪等，故名。至如红沙、黄沙、五煞等名目，则带有阴阳、五行、沙语、符咒一类迷信的色彩，行动颇有类似义和团的地方。

这个现象可以证明中国的农民已经在那里觉醒起来，知道只有靠他们自己结合的力量才能从帝国主义和军阀所造成的兵匪扰乱之政局解放出来，这样的农民运动中形成一个伟大的势力。

红枪会名称的由来，乃是因为他们所用的武器多系长矛，在长矛上系以红缨，其起源实发于山东，而渐流衍于豫、陕。溯其渊源，远则为白莲教的支裔，近则为义和团的流派。其蔓延的猛迅，完全是因为外国帝国主义和本国军阀兵匪所压迫、所扰乱而自然发生的反响。红枪会的运动既这样普遍，其间自然的亦要发生分化，军阀利用土豪，土豪利用农民，其结果于纯粹农民自卫的红枪会外，更产生了匪化的红枪会。因为土豪要想以农民为牺牲，以达其升官劫财的目的，第一步就是设法使红枪会匪化。这种匪化的红枪会，自然要与纯粹农民的组织为仇。河南荥阳农民协会委员长张虎臣全家十一口惨遭屠杀，即是这匪化的红枪会徒所为。可是概括的说起来，红枪会确是一种武装自卫的农民团结。山东汶上、宁阳的红枪会据城七月，所住的地方都是庙宇、学校、公共机关，所吃的东西都是自己携带的大饼馒头，丝毫不扰及人民。洛阳的红枪会，当冯毓东为警备司令时，在城内清街查匪，在城外保护行旅，均是红枪会负责，并且红枪会所驻的地方格外安静。河南通许县知事下乡劝告绅民勿勾结红会，绅民向知事质问道："要叫我们不信红会很容易，只要地方不见土匪，军队不扰乱，官府不派苛捐杂税，完粮纳税收用纸币，便可不奉红会。"这都是可以证明大多数的红枪会，是农民自卫结合。通许绅士答知事的话，更可反映出来红枪会是代表农民利益，为防备兵匪，反抗苛捐杂税而组织的事实。

① "猎夫"系李大钊的笔名。

河南的红枪会可以消灭国民二军的军阀势力,陕西的红枪会可以消灭刘镇华的军阀势力。而且同样的红枪会分子当其在洛阳列入民众队伍的时候,则可以战胜国民二军,可以抗拒其他的军队,而一为刘镇华所改编,带入陕西形成军阀势力的时候,则为陕西红枪会所困败;反之,陕西农民编入国民二军,在河南形成军阀势力的时候,则为河南红枪会所困败,而那留在陕西组织农民自卫团的农民,则可以使刘镇华、麻振武一班军阀的军队屈服。这可以证明农民阶级的力量可以制胜军阀,可以崩溃军阀的军队,尤可以证明同一农民,守着他的阶级,则可以战胜一切军阀,离开他的阶级,则将与军阀同趋于灭亡的运命。

农民的乡土观念颇含有其阶级觉悟的质素,农民不忘其乡土,便是没有忘了他的阶级,即在军队中的农民似乎亦还没有完全与其阶级断绝关系。看那河南军队中助本省兵士不助国民军,和那山东兵士不愿在张宗昌军队中当兵而愿回到他的家乡,投入红枪会,反抗张宗昌,便可以证明兵士们与其本阶级——农民阶级尚未全然断绝关系。

武装农民自卫运动的发展,不但可以用他的阶级的力量打败军阀的军队,并且可以用他的阶级的力量召还军阀营垒中的农民,使之回到他们的乡井,保卫他们的闾里,这样子不但可以增加农村的壮丁,并且可以崩溃军阀的势力,根本的破坏军阀的营垒。

红枪会有几个显著的特征:(一)反洋人,(二)要真主,(三)迷信。但这都是外国帝国主义压迫下落后的农业经济生活反映出来的自然现象。

红枪会反对洋人,便是农民反对外国帝国主义的表现,因为他们感觉着自有洋人入中国以来,便给中国带来些不安和扰乱,便给中国农民带来些困苦和艰难。他们不认识帝国主义,却认识了洋人,洋人在他们的认识中便是帝国主义的代表。我们应该给他们以正确的解释,使他们知道帝国主义的本质,把他们的仇恨转移到帝国主义者压迫中国、剥削中国农民的行动和工具上去,以渐渐的消灭他们狭隘的人种的见解,知道全世界革命的工农民众都是他们的朋友。

红枪会要求"真主",便是农民要求政治的安定的表现。他们以为政治上的扰乱与他们生活上以莫大的痛苦,如果有"真主"那样一种东西出来把中国政治弄好,把那洋人和奸臣们镇压下去,才有日子好过。他们还不知道自己起来革命可以自救,不能够认识民众政治的实现可以结束中国政治的纷乱,故只模模糊糊的希望一个"真主"。我们应该告诉他们,只有工农民众自己团结起来,才是他们得到生活安定的唯一的出路,"从来没有什么救世主,不是神仙亦不是皇帝,谁也解放不了我们,只靠自己救自己"这一类的歌声,应该常常吹入他们的耳鼓。

至于迷信一端,亦是客观的事实自然的反映。自从现代的武器随着兵匪的扰乱入了农村,一般农民便不得不起来谋自卫。可是农民要想自卫,自然需要武器,但是他们的武器不外是些竹竿、木棍、刀、枪、剑、戟,乃至锹、叉、锄、镰等,他们也感觉着这些还不够,于是那些农业社会流传下来的术士拳师,便来教他们打拳练气用工夫,好补刀、剑、棍、棒的不足。这些还不够,他们便把农村生活中所有的家当,如那学房牌位上的孔子,庙中偶象的关帝、观音,以及道士口中的太上老君,土地庙中的土地爷爷,《三国演义》中的张飞、赵云,《西游(传)[记]》里的猪八戒、孙悟空,巫医符咒、乩台沙语、阴阳卜筮、八卦五行等等都搬出来,以为这回该可以吓退他们的敌人了。一边是些符咒拳术,一边是些机关枪大炮,自然是敌不过,自然在事实上与以很痛楚的教训。加以农村中有些农民曾经入过军阀的队伍，知道怎样的运用那些机关枪、大炮等利器，于是使他们有极猛的进步，毅然弃却那些妖魔鬼怪的迷信，采用现代的武器。他们有了机关枪、大炮，便用不着孙悟空、猪八戒了，便用不着画符念咒了，现代的武器入了他们的手中，五行八卦的迷信便渐渐的失了效力。

红枪会采用现代新式的武器，这一个事实将要在中国农民武装自卫运动史中开一新纪元，可以说这是中国农民运动的一大进步，同时亦可以认作乡村中少有产者起来反抗兵匪一个表征。

落后的农业经济反映而成一种农民的狭隘的村落主义、乡土主义，这村落主义、乡土主义可以把农民运动分裂，可以易受军阀土豪的利用，以致农民阶级自相残害，山东的白戟会与红枪会的冲突，河南洛阳红枪会城内派与城外派的冲突，陕州一带白枪会与红枪会的冲突，沘源一带黄枪会与绿枪会的冲突，吴佩孚唆动河南红枪会与樊钟秀冲突，乃至刘镇华利用河南的红枪会去残害陕西的红枪会，吴新田更利用陕西这一部分的红枪会杀戮陕西另一部分的红枪会，都是极鲜明的事例。这个事例是目下武装农民运动中一个极大的危机。我们应该使一般农民明了其阶级的地位，把他们的乡土观念渐渐发展而显出阶级的觉悟，知道农民的团结应该是扩大的而不应该是狭隘的，应该是联合而不应该是一村落或一县邑的分立的，甚至于自相冲突的。为的使他们消免相互间的冲突，应该使他们有集中的组织、联络的关系，否则一有冲突，必有一方为官府或土豪所利用，以蹂躏另一方的农民结合。

军阀改编红枪会，是一个消灭武装农民组织最毒的政策。因为把红枪会改编成他的军队，便可以使他们离开乡土，一面可以除去一部分人民的武力，一面增加一部分军阀的武力调往他处去残杀他处的人民。本地土豪以及土匪首领，最喜为军阀牵线，把本地的红枪会出卖给军阀，农民变成了猪仔，土豪作了大官。结果武装农民每以离开自己的阶级而终于自蹈灭亡。这一类的土豪，是出卖农民的贩子，是农民运动的仇敌。河南红枪会多被改编，便是吃了这一班人的亏，洛阳的刘镇华、张治公便是这一班人的代表者。应该使农民们深切的了解红枪会改编军队的害处。吴佩孚、刘镇华等诱骗农民牺牲农民的种种事实，应该可以使他们知所醒悟了。要知道乡村是他们的营垒，他们应该守着自己的营垒而固着于乡村，严防为兵匪一类离开乡土的运动所浮动，须知军阀们、土豪们骗他们去当兵或是当匪，便是骗他们出自己的营垒去送死。随着新式武器的使用，对于上述的危险更多，故宜多加提防。因为有枪有人更易为军阀土豪所居为奇货，我们的口号，是武装农民自卫的组织应该是属于乡村大多数群众而从事于守望相助的，而不是供军阀、土豪、流氓、土匪所驱使而离开农村化为兵匪的。

农村中觉悟的青年们，乡下的小学教师们、知识分子们，以及到田间去的农民运动者，你们应该赶快的加入红枪会的群众里去，开发他们，辅助他们，把现在中国农民困苦的原因和红枪会发生的必要解释给他们听，让他们很明了的知道农民阶级在国民革命运动中的地位和责任，很明了的认识出来谁是他们的仇敌和朋友，很明了的了解红枪会的性质及其应走的道路，然后这一种澎澎渤渤的农民大运动，才不至于走到错路上去，才不至蹈袭以前失败的覆辙，才不至于为军阀、土豪所利用以诱出其自己的营垒而归于消灭，才能脱去那落后的迷信的蒙蔽，变旧式的红枪会而为堂堂正正的现代的武装农民自卫团，变旧式的乡村的贵族的青苗会而为新式的乡村的民主的农民协会，才能真正的达到除暴安良、守望相助、阻御兵匪、抗拒苛税、抵制暴官污吏、打倒劣绅土豪的目的。同志们,水深火热的沟洫中倒卧着几千百万倒悬待解的农民,他们正在那里渴待着你们去导引他们走出这个陷溺,转入光明的道路。

(转引自《李大钊选集》,人民出版社1959年版)

后　记

《义和团运动文献资料汇编》(简称《汇编》)采自不同语种之文献资料,其编、译、审工作经历了艰辛的过程。撇开内容不提,仅从出版类型言,它具有本文献丛刊他书所未有的特点:一、除中文外,尚有四种外文(包括西文和日文)之译文;二、所选译之西方传教士文献,相当部分仍具古典色彩,而日文几乎全系"文语";三、本《汇编》体例,先是采取中文繁体竖排、译文简体横排,中经反复,最后又统一为简体横排。本《汇编》之能出版,实与国家清史编纂委员会各级领导和国家清史纂修工程领导小组等大力支持分不开。在此,我要特别向国家清史编纂委员会马大正副主任、国家清史纂修工程领导小组办公室顾春副主任,以及编委会项目中心徐兆仁主任,文献组陈桦组长,清史纂修工程出版中心赵海明、孟超主任等致以衷心的感谢!

还要特别指出的是,文献组派出著名清史专家黄爱平和王汝丰两位教授具体指导我们的编译工作,数年来极力督促,在各个重要环节上同我们艰苦与共,克服道道难关;出版中心派出王立新和乐嘉辉两位同志审核,为提高本书质量亦付出心血。他们之功,实不可没。

最后,还要感谢山东大学出版社马新总编辑、于良春社长、刘旭东副社长等的大力支持,他们高度重视,为本书出版创造了有利条件;陈海军、马银川、武迎新等责编加班加点认真编校,其敬业精神令我难忘。特志此以为后记。

路　遥

二〇一〇年九月

图书在版编目(CIP)数据

义和团运动文献资料汇编. 中文卷. 下/路遥主编. —济南:山东大学出版社,2012. 2

ISBN 978-7-5607-4206-9

Ⅰ. ①义…

Ⅱ. ①路…

Ⅲ. ①义和团运动—史料

Ⅳ. ①K256. 706

中国版本图书馆 CIP 数据核字(2010)第 187776 号

责任编辑 马银川

美术编辑 张 荔

出版发行 山东大学出版社

地　　址 山东省济南市山大南路 27 号(250100)

印　　刷 山东新华印刷厂

规　　格 787×1092 毫米

印　　张 237. 5

字　　数 5475 千字

版　　次 2012 年 2 月第 1 版　2012 年 2 月第 1 次印刷

定价(全八册) 1380. 00 元

凡购本书,如有缺页、倒页、脱页,由本社营销部负责调换